대한민국 법령 시리즈 85

관 세 법

법령
시행령
시행규칙

해광출판사

머리말

이 책은 방대한 법전을 보지 않고 간편하게 해당되는 법령만 참고해서 볼 수 있도록 하였습니다. 공공기관이나 관련 종사자들이 쉽고 간편하게 해당 법령을 참조 할 수 있도록 하였습니다.

특히 해당법률은 물론 관련 시행령, 시행규칙을 함께 실어 관련법을 서로 참고할 수 있게 하였습니다.

법률이라는 것이 크든 작든 항상 변하는 관계로, 출간 이후의 정확하고 최신의 법률은 법제처 국가법령정보센터에서 확인이 가능하니 법률의 실제 적용 시 확인이 필요한 점 유의하기를 바랍니다.

편집부

* 수록 법률은 법제처 국가법령정보센터에서 확인 가능합니다.
* 발행일 기준 시행 법률이므로 최신 법령은 위 센터에서 볼 수 있습니다.
* 본 책자에 수록된 법률의 문구에 대하여 법적인 효력은 없으며,
  실제 적용 법률은 위 센터에서 최신의 법률로 확인하시기 바랍니다.
* 해당 법령과 함께 시행령, 시행규칙도 수록되어 있습니다.
* 발행일 기준으로 개정 예정 법률은 밑줄로 별도 표시되어 있으며,
  보다 정확한 것은 법제처에서 확인하기 바랍니다.

목차

관세법

[시행 2025. 4. 1.] [법률 제20608호, 2024. 12. 31., 일부개정]

**개정 예정 법률 밑줄 별도 표시.

관세법

[시행 2025. 4. 1.] [법률 제20608호, 2024. 12. 31., 일부개정]

제1장 총칙 〈개정 2010. 12. 30.〉

제1절 통칙 〈개정 2010. 12. 30.〉

제1조(목적) 이 법은 관세의 부과·징수 및 수출입물품의 통관을 적정하게 하고 관세수입을 확보함으로써 국민경제의 발전에 이바지함을 목적으로 한다.

[전문개정 2010. 12. 30.]

제2조(정의) 이 법에서 사용하는 용어의 뜻은 다음과 같다. 〈개정 2020. 12. 22., 2022. 12. 31., 2023. 12. 31.〉

1. "수입"이란 외국물품을 우리나라에 반입(보세구역을 경유하는 것은 보세구역으로부터 반입하는 것을 말한다)하거나 우리나라에서 소비 또는 사용하는 것(우리나라의 운송수단 안에서의 소비 또는 사용을 포함하며, 제239조 각 호의 어느 하나에 해당하는 소비 또는 사용은 제외한다)을 말한다.

2. "수출"이란 내국물품을 외국으로 반출하는 것을 말한다.

3. "반송"이란 국내에 도착한 외국물품이 수입통관절차를 거치지 아니하고 다시 외국으로 반출되는 것을 말한다.

4. "외국물품"이란 다음 각 목의 어느 하나에 해당하는 물품을 말한다.

가. 외국으로부터 우리나라에 도착한 물품[외국의 선박 등이 공해(公海, 외국의 영해가 아닌 경제수역을 포함한다. 이하 같다)에서 채집하거나 포획한 수산물 등을 포함한다]으로서 제241조제1항에 따른 수입의 신고(이하 "수입신고"라 한다)가 수리(受理)되기 전의 것

나. 제241조제1항에 따른 수출의 신고(이하 "수출신고"라 한다)

가 수리된 물품

5. "내국물품"이란 다음 각 목의 어느 하나에 해당하는 물품을 말한다.

가. 우리나라에 있는 물품으로서 외국물품이 아닌 것

나. 우리나라의 선박 등이 공해에서 채집하거나 포획한 수산물 등

다. 제244조제1항에 따른 입항전수입신고(이하 "입항전수입신고"라 한다)가 수리된 물품

라. 제252조에 따른 수입신고수리전 반출승인을 받아 반출된 물품

마. 제253조제1항에 따른 수입신고전 즉시반출신고를 하고 반출된 물품

6. "국제무역선"이란 무역을 위하여 우리나라와 외국 간을 운항하는 선박을 말한다.

7. "국제무역기"란 무역을 위하여 우리나라와 외국 간을 운항하는 항공기를 말한다.

8. "국내운항선"이란 국내에서만 운항하는 선박을 말한다.

9. "국내운항기"란 국내에서만 운항하는 항공기를 말한다.

10. "선박용품"이란 음료, 식품, 연료, 소모품, 밧줄, 수리용 예비부분품 및 부속품, 집기, 그 밖에 이와 유사한 물품으로서 해당 선박에서만 사용되는 것을 말한다.

11. "항공기용품"이란 선박용품에 준하는 물품으로서 해당 항공기에서만 사용되는 것을 말한다.

12. "차량용품"이란 선박용품에 준하는 물품으로서 해당 차량에서만 사용되는 것을 말한다.

13. "통관"(通關)이란 이 법에 따른 절차를 이행하여 물품을 수출·수입 또는 반송하는 것을 말한다.

14. "환적"(換積)이란 동일한 세관의 관할구역에서 입국 또는 입항하는 운송수단에서 출국 또는 출항하는 운송수단으로 물품을 옮겨 싣는 것을 말한다.

15. "복합환적"(複合換積)이란 입국 또는 입항하는 운송수단의 물품을 다른 세관의 관할구역으로 운송하여 출국 또는 출항하는 운송수단으로 옮겨 싣는 것을 말한다.

16. “운영인”이란 다음 각 목의 어느 하나에 해당하는 자를 말한다.

가. 제174조제1항에 따라 특허보세구역의 설치ㆍ운영에 관한 특허를 받은 자

나. 제198조제1항에 따라 종합보세사업장의 설치ㆍ운영에 관한 신고를 한 자

17. “세관공무원”이란 다음 각 목의 사람을 말한다.

가. 관세청장, 세관장 및 그 소속 공무원

나. 그 밖에 관세청 소속기관의 장 및 그 소속 공무원

18. “탁송품”(託送品)이란 상업서류, 견본품, 자가사용물품, 그 밖에 이와 유사한 물품으로서 국제무역선ㆍ국제무역기 또는 국경출입차량을 이용한 물품의 송달을 업으로 하는 자(물품을 휴대하여 반출입하는 것을 업으로 하는 자는 제외한다)에게 위탁하여 우리나라에 반입하거나 외국으로 반출하는 물품을 말한다.

19. “전자상거래물품”이란 사이버몰(컴퓨터 등과 정보통신설비를 이용하여 재화를 거래할 수 있도록 설정된 가상의 영업장을 말한다. 이하 같다) 등을 통하여 전자적 방식으로 거래가 이루어지는 수출입물품을 말한다.

20. “관세조사”란 관세의 과세표준과 세액을 결정 또는 경정하기 위하여 방문 또는 서면으로 납세자의 장부ㆍ서류 또는 그 밖의 물건을 조사(제110조의2에 따라 통합하여 조사하는 것을 포함한다)하는 것을 말한다.

[전문개정 2010. 12. 30.]

제3조(관세징수의 우선) ① 관세를 납부하여야 하는 물품에 대하여는 다른 조세, 그 밖의 공과금 및 채권에 우선하여 그 관세를 징수한다.

② 국세징수의 예에 따라 관세를 징수하는 경우 강제징수의 대상이 해당 관세를 납부하여야 하는 물품이 아닌 재산인 경우에는 관세의 우선순위는 「국세기본법」에 따른 국세와 동일하게 한다. 〈개정 2020. 12. 29.〉

[전문개정 2010. 12. 30.]

제4조(내국세등의 부과ㆍ징수) ① 수입물품에 대하여 세관장이 부과ㆍ징수하는 부가가치세, 지방소비세, 담배소비세, 지방교육세, 개별소비세, 주세, 교육세, 교통ㆍ에너지ㆍ환경세 및 농어촌특별세(이하

"내국세등"이라 하되, 내국세등의 가산세 및 강제징수비를 포함한다)의 부과·징수·환급 등에 관하여 「국세기본법」, 「국세징수법」, 「부가가치세법」, 「지방세법」, 「개별소비세법」, 「주세법」, 「교육세법」, 「교통·에너지·환경세법」 및 「농어촌특별세법」의 규정과 이 법의 규정이 상충되는 경우에는 이 법의 규정을 우선하여 적용한다. 〈개정 2013. 1. 1., 2015. 12. 29., 2019. 12. 31., 2020. 12. 29.〉

② 수입물품에 대하여 세관장이 부과·징수하는 내국세등의 체납이 발생하였을 때에는 징수의 효율성 등을 고려하여 필요하다고 인정되는 경우 대통령령으로 정하는 바에 따라 납세의무자의 주소지(법인의 경우 그 법인의 등기부에 따른 본점이나 주사무소의 소재지)를 관할하는 세무서장이 체납세액을 징수할 수 있다. 〈신설 2013. 1. 1.〉

③ 이 법에 따른 가산세 및 강제징수비의 부과·징수·환급 등에 관하여는 이 법 중 관세의 부과·징수·환급 등에 관한 규정을 적용한다. 〈개정 2013. 1. 1., 2019. 12. 31., 2020. 12. 29.〉

④ 수입물품에 대하여 세관장이 부과·징수하는 내국세등에 대한 담보제공 요구, 국세충당, 담보해제, 담보금액 등에 관하여는 이 법 중 관세에 대한 담보 관련 규정을 적용한다. 〈신설 2013. 1. 1.〉

[전문개정 2010. 12. 30.]

제2절 법 적용의 원칙 등

제5조(법 해석의 기준과 소급과세의 금지) ① 이 법을 해석하고 적용할 때에는 과세의 형평과 해당 조항의 합목적성에 비추어 납세자의 재산권을 부당하게 침해하지 아니하도록 하여야 한다.

② 이 법의 해석이나 관세행정의 관행이 일반적으로 납세자에게 받아들여진 후에는 그 해석이나 관행에 따른 행위 또는 계산은 정당한 것으로 보며, 새로운 해석이나 관행에 따라 소급하여 과세되지 아니한다.

③ 제1항 및 제2항의 기준에 맞는 이 법의 해석에 관한 사항은 「국세기본법」 제18조의2에 따른 국세예규심사위원회에서 심의할 수 있다. 〈신설 2011. 12. 31.〉

④ 이 법의 해석에 관한 질의회신의 처리 절차 및 방법 등에 관하여 필요한 사항은 대통령령으로 정한다. 〈신설 2011. 12. 31.〉

[전문개정 2010. 12. 30.]

제6조(신의성실) 납세자가 그 의무를 이행할 때에는 신의에 따라 성실하게 하여야 한다. 세관공무원이 그 직무를 수행할 때에도 또한 같다.

[전문개정 2010. 12. 30.]

제7조(세관공무원 재량의 한계) 세관공무원은 그 재량으로 직무를 수행할 때에는 과세의 형평과 이 법의 목적에 비추어 일반적으로 타당하다고 인정되는 한계를 엄수하여야 한다.

[전문개정 2010. 12. 30.]

제3절 기간과 기한

제8조(기간 및 기한의 계산) ① 이 법에 따른 기간을 계산할 때 제252조에 따른 수입신고수리전 반출승인을 받은 경우에는 그 승인일을 수입신고의 수리일로 본다.

② 이 법에 따른 기간의 계산은 이 법에 특별한 규정이 있는 것을 제외하고는 「민법」에 따른다.

③ 이 법에 따른 기한이 다음 각 호의 어느 하나에 해당하는 경우에는 그 다음 날을 기한으로 한다. 〈개정 2022. 12. 31.〉

1. 토요일 및 일요일
2. 「공휴일에 관한 법률」에 따른 공휴일 및 대체공휴일
3. 「근로자의 날 제정에 관한 법률」에 따른 근로자의 날
4. 그 밖에 대통령령으로 정하는 날

④ 제327조에 따른 국가관세종합정보시스템, 연계정보통신망 또는 전산처리설비가 대통령령으로 정하는 장애로 가동이 정지되어 이 법에 따른 기한까지 이 법에 따른 신고, 신청, 승인, 허가, 수리, 교부, 통지, 통고, 납부 등을 할 수 없게 되는 경우에는 그 장애가 복구된 날의 다음 날을 기한으로 한다. 〈개정 2020. 12. 22., 2023. 12. 31.〉

[전문개정 2010. 12. 30.]

제9조(관세의 납부기한 등) ① 관세의 납부기한은 이 법에서 달리 규정하는 경우를 제외하고는 다음 각 호의 구분에 따른다. 〈개정 2020. 12. 22.〉

1. 제38조제1항에 따른 납세신고를 한 경우: 납세신고 수리일부

터 15일 이내

2. 제39조제3항에 따른 납부고지를 한 경우: 납부고지를 받은 날부터 15일 이내

3. 제253조제1항에 따른 수입신고전 즉시반출신고를 한 경우: 수입신고일부터 15일 이내

② 납세의무자는 제1항에도 불구하고 수입신고가 수리되기 전에 해당 세액을 납부할 수 있다.

③ 세관장은 납세실적 등을 고려하여 관세청장이 정하는 요건을 갖춘 성실납세자가 대통령령으로 정하는 바에 따라 신청을 할 때에는 제1항제1호 및 제3호에도 불구하고 납부기한이 동일한 달에 속하는 세액에 대하여는 그 기한이 속하는 달의 말일까지 한꺼번에 납부하게 할 수 있다. 이 경우 세관장은 필요하다고 인정하는 경우에는 납부할 관세에 상당하는 담보를 제공하게 할 수 있다. 〈개정 2016. 12. 20.〉

④ 삭제 〈2025. 3. 14.〉

[전문개정 2010. 12. 30.]

제10조(천재지변 등으로 인한 기한의 연장) 세관장은 천재지변이나 그 밖에 대통령령으로 정하는 사유로 이 법에 따른 신고, 신청, 청구, 그 밖의 서류의 제출, 통지, 납부 또는 징수를 정하여진 기한까지 할 수 없다고 인정되는 경우에는 1년을 넘지 아니하는 기간을 정하여 대통령령으로 정하는 바에 따라 그 기한을 연장할 수 있다. 이 경우 세관장은 필요하다고 인정하는 경우에는 납부할 관세에 상당하는 담보를 제공하게 할 수 있다. 〈개정 2016. 12. 20.〉

[전문개정 2010. 12. 30.]

제4절 서류의 송달 등

제11조(납부고지서의 송달) ① 관세 납부고지서의 송달은 납세의무자에게 직접 발급하는 경우를 제외하고는 인편(人便), 우편 또는 제327조에 따른 전자송달의 방법으로 한다. 〈개정 2015. 12. 15., 2020. 12. 22.〉

② 납부고지서를 송달받아야 할 자가 다음 각 호의 어느 하나에 해당하는 경우에는 납부고지사항을 공고한 날부터 14일이 지나면 제1항의 납부고지서의 송달이 된 것으로 본다. 〈개정 2022. 12. 31.〉

1. 주소, 거소(居所), 영업소 또는 사무소가 국외에 있고 송달하기 곤란한 경우
2. 주소, 거소, 영업소 또는 사무소가 분명하지 아니한 경우
3. 납세의무자가 송달할 장소에 없는 경우로서 등기우편으로 송달하였으나 수취인 부재로 반송되는 경우 등 대통령령으로 정하는 경우
③ 제2항에 따른 공고는 다음 각 호의 어느 하나에 해당하는 방법으로 게시하거나 게재하여야 한다. 이 경우 제1호에 따라 공시송달을 하는 경우에는 다른 공시송달 방법과 함께 하여야 한다. 〈개정 2022. 12. 31., 2023. 12. 31.〉
1. 제327조의 국가관세종합정보시스템에 게시하는 방법
2. 관세청 또는 세관의 홈페이지, 게시판이나 그 밖의 적절한 장소에 게시하는 방법
3. 해당 서류의 송달 장소를 관할하는 특별자치시·특별자치도·시·군·구(자치구를 말한다)의 홈페이지, 게시판이나 그 밖의 적절한 장소에 게시하는 방법
4. 관보 또는 일간신문에 게재하는 방법
[전문개정 2010. 12. 30.]
[제목개정 2020. 12. 22.]

제12조(장부 등의 보관) ① 이 법에 따라 가격신고, 납세신고, 수출입신고, 반송신고, 보세화물반출입신고, 보세운송신고를 한 자 또는 제출된 적재화물목록을 작성한 자는 신고 또는 작성한 자료의 내용을 증빙할 수 있는 장부 및 증거서류(신고필증을 포함한다. 이하 이 조에서 같다)를 성실하게 작성하여 신고일 또는 자료 제출일부터 5년의 범위에서 대통령령으로 정하는 기간 동안 갖추어 두어야 한다. 이 경우 장부 및 증거서류 중 제37조의4제1항 및 제2항에 따라 세관장이 제30조제3항제4호에 따른 특수관계에 있는 자에게 제출하도록 요구할 수 있는 자료의 경우에는 「소득세법」 제6조 또는 「법인세법」 제9조에 따른 납세지(「소득세법」 제9조 또는 「법인세법」 제10조에 따라 국세청장이나 관할지방국세청장이 지정하는 납세지를 포함한다)에 갖추어 두어야 한다. 〈개정 2024. 12. 31.〉
② 제1항에 따라 장부 및 증거서류를 작성·보관하여야 하는 자는 그 장부와 증거서류의 전부 또는 일부를 「전자문서 및 전자거래 기본법」에 따른 정보처리시스템을 이용하여 작성할 수 있다. 이 경

우 그 처리과정 등을 대통령령으로 정하는 기준에 따라 디스켓 또는 그 밖의 정보보존 장치에 보존하여야 한다.

③ 제1항을 적용하는 경우 「전자문서 및 전자거래 기본법」에 따른 전자문서로 작성하거나 같은 법 제5조제2항에 따른 전자화문서로 변환하여 같은 법 제31조의2에 따른 공인전자문서센터에 보관한 경우에는 제1항에 따라 장부 및 증거서류를 갖춘 것으로 본다. 다만, 계약서 등 위조·변조하기 쉬운 장부 및 증거서류로서 대통령령으로 정하는 것은 그러하지 아니하다.

[전문개정 2023. 12. 31.]

제5절 삭제 〈2008. 12. 26.〉

제13조 삭제 〈2008. 12. 26.〉

제2장 과세가격과 관세의 부과·징수 등

제1절 통칙 〈개정 2010. 12. 30.〉

제14조(과세물건) 수입물품에는 관세를 부과한다.

[전문개정 2010. 12. 30.]

제15조(과세표준) 관세의 과세표준은 수입물품의 가격 또는 수량으로 한다.

[전문개정 2010. 12. 30.]

제16조(과세물건 확정의 시기) 관세는 수입신고(입항전수입신고를 포함한다. 이하 이 조에서 같다)를 하는 때의 물품의 성질과 그 수량에 따라 부과한다. 다만, 다음 각 호의 어느 하나에 해당하는 물품에 대하여는 각 해당 호에 규정된 때의 물품의 성질과 그 수량에 따라 부과한다. 〈개정 2018. 12. 31.〉

1. 제143조제6항(제151조제2항에 따라 준용되는 경우를 포함한다)에 따라 관세를 징수하는 물품: 하역을 허가받은 때
2. 제158조제7항에 따라 관세를 징수하는 물품: 보세구역 밖에서 하는 보수작업을 승인받은 때
3. 제160조제2항에 따라 관세를 징수하는 물품: 해당 물품이 멸실되거나 폐기된 때
4. 제187조제7항(제195조제2항과 제202조제3항에 따라 준용되는 경우를 포함한다)에 따라 관세를 징수하는 물품: 보세공장 외 작

업, 보세건설장 외 작업 또는 종합보세구역 외 작업을 허가받거나 신고한 때

5. 제217조에 따라 관세를 징수하는 물품: 보세운송을 신고하거나 승인받은 때

6. 수입신고가 수리되기 전에 소비하거나 사용하는 물품(제239조에 따라 소비 또는 사용을 수입으로 보지 아니하는 물품은 제외한다): 해당 물품을 소비하거나 사용한 때

7. 제253조제1항에 따른 수입신고전 즉시반출신고를 하고 반출한 물품: 수입신고전 즉시반출신고를 한 때

8. 우편으로 수입되는 물품(제258조제2항에 해당하는 우편물은 제외한다): 제256조에 따른 통관우체국(이하 "통관우체국"이라 한다)에 도착한 때

9. 도난물품 또는 분실물품: 해당 물품이 도난되거나 분실된 때

10. 이 법에 따라 매각되는 물품: 해당 물품이 매각된 때

11. 수입신고를 하지 아니하고 수입된 물품(제1호부터 제10호까지에 규정된 것은 제외한다): 수입된 때

[전문개정 2010. 12. 30.]

제17조(적용 법령) 관세는 수입신고 당시의 법령에 따라 부과한다. 다만, 다음 각 호의 어느 하나에 해당하는 물품에 대하여는 각 해당 호에 규정된 날에 시행되는 법령에 따라 부과한다.

1. 제16조 각 호의 어느 하나에 해당되는 물품: 그 사실이 발생한 날

2. 제192조에 따라 보세건설장에 반입된 외국물품: 사용 전 수입신고가 수리된 날

[전문개정 2010. 12. 30.]

제18조(과세환율) 과세가격을 결정하는 경우 외국통화로 표시된 가격을 내국통화로 환산할 때에는 제17조에 따른 날(보세건설장에 반입된 물품의 경우에는 수입신고를 한 날을 말한다)이 속하는 주의 전주(前週)의 기준환율 또는 재정환율을 평균하여 관세청장이 그 율을 정한다. 〈개정 2022. 9. 15.〉

[전문개정 2010. 12. 30.]

제19조(납세의무자) ① 다음 각 호의 어느 하나에 해당하는 자는 관세의 납세의무자가 된다. 〈개정 2013. 1. 1., 2017. 12. 19.,

2018. 12. 31., 2020. 12. 22.〉

1. 수입신고를 한 물품인 경우에는 그 물품을 수입신고하는 때의 화주(화주가 불분명할 때에는 다음 각 목의 어느 하나에 해당하는 자를 말한다. 이하 이 조에서 같다). 다만, 수입신고가 수리된 물품 또는 제252조에 따른 수입신고수리전 반출승인을 받아 반출된 물품에 대하여 납부하였거나 납부하여야 할 관세액이 부족한 경우 해당 물품을 수입신고하는 때의 화주의 주소 및 거소가 분명하지 아니하거나 수입신고인이 화주를 명백히 하지 못하는 경우에는 그 신고인이 해당 물품을 수입신고하는 때의 화주와 연대하여 해당 관세를 납부하여야 한다.

가. 수입을 위탁받아 수입업체가 대행수입한 물품인 경우: 그 물품의 수입을 위탁한 자

나. 수입을 위탁받아 수입업체가 대행수입한 물품이 아닌 경우: 대통령령으로 정하는 상업서류에 적힌 물품수신인

다. 수입물품을 수입신고 전에 양도한 경우: 그 양수인

2. 제143조제6항(제151조제2항에 따라 준용되는 경우를 포함한다)에 따라 관세를 징수하는 물품인 경우에는 하역허가를 받은 자

3. 제158조제7항에 따라 관세를 징수하는 물품인 경우에는 보세구역 밖에서 하는 보수작업을 승인받은 자

4. 제160조제2항에 따라 관세를 징수하는 물품인 경우에는 운영인 또는 보관인

5. 제187조제7항(제195조제2항 또는 제202조제3항에 따라 준용되는 경우를 포함한다)에 따라 관세를 징수하는 물품인 경우에는 보세공장 외 작업, 보세건설장 외 작업 또는 종합보세구역 외 작업을 허가받거나 신고한 자

6. 제217조에 따라 관세를 징수하는 물품인 경우에는 보세운송을 신고하였거나 승인을 받은 자

7. 수입신고가 수리되기 전에 소비하거나 사용하는 물품(제239조에 따라 소비 또는 사용을 수입으로 보지 아니하는 물품은 제외한다)인 경우에는 그 소비자 또는 사용자

8. 제253조제4항에 따라 관세를 징수하는 물품인 경우에는 해당 물품을 즉시 반출한 자

9. 우편으로 수입되는 물품인 경우에는 그 수취인

10. 도난물품이나 분실물품인 경우에는 다음 각 목에 규정된 자

가. 보세구역의 장치물품(藏置物品): 그 운영인 또는 제172조제2항에 따른 화물관리인(이하 "화물관리인"이라 한다)

나. 보세운송물품: 보세운송을 신고하거나 승인을 받은 자

다. 그 밖의 물품: 그 보관인 또는 취급인

11. 이 법 또는 다른 법률에 따라 따로 납세의무자로 규정된 자

12. 제1호부터 제11호까지 외의 물품인 경우에는 그 소유자 또는 점유자

② 제1항제1호에 따른 화주 또는 신고인과 제1항제2호부터 제11호까지에 규정된 자가 경합되는 경우에는 제1항제2호부터 제11호까지에 규정된 자를 납세의무자로 한다.

③ 이 법 또는 다른 법령, 조약, 협약 등에 따라 관세의 납부를 보증한 자는 보증액의 범위에서 납세의무를 진다.

④ 법인이 합병하거나 상속이 개시된 경우에는 「국세기본법」 제23조 및 제24조를 준용하여 관세·가산세 및 강제징수비의 납세의무를 승계한다. 이 경우 같은 법 제24조제2항 및 제4항의 "세무서장"은 "세관장"으로 본다. 〈신설 2014. 1. 1., 2019. 12. 31., 2020. 12. 22.〉

⑤ 제1항 각 호에 따른 물품에 관계되는 관세·가산세 및 강제징수비에 대해서는 다음 각 호에 규정된 자가 연대하여 납부할 의무를 진다. 〈신설 2014. 1. 1., 2017. 12. 19., 2019. 12. 31., 2020. 6. 9., 2020. 12. 22., 2021. 12. 21., 2022. 12. 31.〉

1. 제1항제1호에 따른 수입신고물품의 경우 다음 각 목에 규정된 자

가. 수입신고물품이 공유물이거나 공동사업에 속하는 물품인 경우: 그 공유자 또는 공동사업자인 납세의무자

나. 수입신고인이 수입신고를 하면서 수입신고하는 때의 화주가 아닌 자를 납세의무자로 신고한 경우: 수입신고인 또는 납세의무자로 신고된 자가 제270조제1항 또는 제4항에 따른 관세포탈 또는 부정감면의 범죄를 저지르거나 제271조제1항(제270조제1항 또는 제4항에 따른 행위를 교사하거나 방조한 경우에 한정한다)에 따른 범죄를 저질러 유죄의 확정판결을 받은 경우 그 수입신고인 및 납세의무자로 신고된 자와 해당 물품을 수입신고하는 때의 화주. 다

만, 관세포탈 또는 부정감면으로 얻은 이득이 없는 수입신고인 또는 납세의무자로 신고된 자는 제외한다.

다. 다음 중 어느 하나를 업으로 하는 자(이하 "구매대행업자"라 한다)가 화주로부터 수입물품에 대하여 납부할 관세 등에 상당하는 금액을 수령하고, 수입신고인 등에게 과세가격 등의 정보를 거짓으로 제공한 경우: 구매대행업자와 수입신고하는 때의 화주

1) 자가사용물품을 수입하려는 화주의 위임에 따라 해외 판매자로부터 해당 수입물품의 구매를 대행하는 것

2) 사이버몰 등을 통하여 해외로부터 구매 가능한 물품의 정보를 제공하고 해당 물품을 자가사용물품으로 수입하려는 화주의 요청에 따라 그 물품을 구매해서 판매하는 것

2. 제1항제2호부터 제12호까지의 규정에 따른 물품에 대한 납세의무자가 2인 이상인 경우 그 2인 이상의 납세의무자

⑥ 다음 각 호의 어느 하나에 해당되는 경우 「국세기본법」 제25조제2항부터 제4항까지의 규정을 준용하여 분할되는 법인이나 분할 또는 분할합병으로 설립되는 법인, 존속하는 분할합병의 상대방 법인 및 신회사가 관세·가산세 및 강제징수비를 연대하여 납부할 의무를 진다. 〈신설 2014. 1. 1., 2019. 12. 31., 2020. 12. 22.〉

1. 법인이 분할되거나 분할합병되는 경우

2. 법인이 분할 또는 분할합병으로 해산하는 경우

3. 법인이 「채무자 회생 및 파산에 관한 법률」 제215조에 따라 신회사를 설립하는 경우

⑦ 이 법에 따라 관세·가산세 및 강제징수비를 연대하여 납부할 의무에 관하여는 「민법」 제413조부터 제416조까지, 제419조, 제421조, 제423조 및 제425조부터 제427조까지의 규정을 준용한다. 〈신설 2014. 1. 1., 2019. 12. 31., 2020. 12. 22.〉

⑧ 관세의 징수에 관하여는 「국세기본법」 제38조부터 제41조까지의 규정을 준용한다. 〈개정 2014. 1. 1.〉

⑨ 제8항에 따라 준용되는 「국세기본법」 제38조부터 제41조까지의 규정에 따른 제2차 납세의무자는 관세의 담보로 제공된 것이 없고 납세의무자와 관세의 납부를 보증한 자가 납세의무를 이행하지 아니하는 경우에 납세의무를 진다. 〈개정 2014. 1. 1.〉

⑩ 납세의무자(관세의 납부를 보증한 자와 제2차 납세의무자를 포

함한다. 이하 이 조에서 같다)가 관세ㆍ가산세 및 강제징수비를 체납한 경우 그 납세의무자에게 「국세기본법」 제42조제3항에 따른 양도담보재산이 있을 때에는 그 납세의무자의 다른 재산에 대하여 강제징수를 하여도 징수하여야 하는 금액에 미치지 못한 경우에만 「국세징수법」 제7조를 준용하여 그 양도담보재산으로써 납세의무자의 관세ㆍ가산세 및 강제징수비를 징수할 수 있다. 다만, 그 관세의 납세신고일(제39조에 따라 부과고지하는 경우에는 그 납부고지서의 발송일을 말한다) 전에 담보의 목적이 된 양도담보재산에 대해서는 그러하지 아니하다. 〈개정 2014. 1. 1., 2019. 12. 31., 2020. 12. 22.〉

[전문개정 2010. 12. 30.]

제2절 납세의무의 소멸 등

제20조(납부의무의 소멸) 관세 또는 강제징수비를 납부하여야 하는 의무는 다음 각 호의 어느 하나에 해당되는 때에는 소멸한다. 〈개정 2019. 12. 31., 2020. 12. 29.〉

1. 관세를 납부하거나 관세에 충당한 때
2. 관세부과가 취소된 때
3. 제21조에 따라 관세를 부과할 수 있는 기간에 관세가 부과되지 아니하고 그 기간이 만료된 때
4. 제22조에 따라 관세징수권의 소멸시효가 완성된 때

[전문개정 2010. 12. 30.]

제21조(관세부과의 제척기간) ① 관세는 해당 관세를 부과할 수 있는 날부터 5년이 지나면 부과할 수 없다. 다만, 다음 각 호의 경우에는 관세를 부과할 수 있는 날부터 해당 호에서 정하는 기간이 지나면 부과할 수 없다. 〈개정 2011. 12. 31., 2013. 8. 13., 2024. 12. 31.〉

1. 수입신고를 하지 아니하고 수입한 경우(제16조제1호부터 제10호까지에 따른 물품은 제외한다): 7년
2. 부정한 방법으로 관세를 포탈하였거나 환급 또는 감면받은 경우: 10년

② 다음 각 호의 어느 하나에 해당하는 경우에는 제1항에도 불구하고 해당 호에 규정된 기간까지는 해당 결정ㆍ판결ㆍ회신결과 또는

경정청구에 따라 경정이나 그 밖에 필요한 처분을 할 수 있다. 〈개정 2020. 12. 22.〉

1. 다음 각 목의 어느 하나에 해당하는 경우: 그 결정·판결이 확정된 날부터 1년

가. 제5장제2절(제119조부터 제132조까지)에 따른 이의신청, 심사청구 또는 심판청구에 대한 결정이 있은 경우

나. 「감사원법」에 따른 심사청구에 대한 결정이 있은 경우

다. 「행정소송법」에 따른 소송에 대한 판결이 있은 경우

라. 제313조에 따른 압수물품의 반환결정이 있은 경우

2. 이 법과 「자유무역협정의 이행을 위한 관세법의 특례에 관한 법률」 및 조약·협정 등에서 정하는 바에 따라 양허세율의 적용여부 및 세액 등을 확정하기 위하여 원산지증명서를 발급한 국가의 세관이나 그 밖에 발급권한이 있는 기관에게 원산지증명서 및 원산지증명서확인자료의 진위 여부, 정확성 등의 확인을 요청한 경우: 다음 각 목의 날 중 먼저 도래하는 날부터 1년

가. 해당 요청에 따라 회신을 받은 날

나. 이 법과 「자유무역협정의 이행을 위한 관세법의 특례에 관한 법률」 및 조약·협정 등에서 정한 회신기간이 종료된 날

3. 다음 각 목의 어느 하나에 해당하는 경우: 경정청구일 또는 결정통지일부터 2개월

가. 제38조의3제2항·제3항 또는 제38조의4제1항에 따른 경정청구가 있는 경우

나. 제38조의4제4항에 따른 조정 신청에 대한 결정통지가 있는 경우

③ 제1항에도 불구하고 제2항제1호가목부터 다목까지의 결정 또는 판결에 따라 명의대여 사실이 확인된 경우에는 당초의 부과처분을 취소하고 그 결정 또는 판결이 확정된 날부터 1년 이내에 실제로 사업을 경영한 자에게 경정이나 그 밖에 필요한 처분을 할 수 있다. 〈신설 2023. 12. 31.〉

④ 제1항에 따른 관세를 부과할 수 있는 날은 대통령령으로 정한다. 〈개정 2023. 12. 31.〉

[전문개정 2010. 12. 30.]

제22조(관세징수권 등의 소멸시효) ① 관세의 징수권은 이를 행사할

수 있는 날부터 다음 각 호의 구분에 따른 기간 동안 행사하지 아니하면 소멸시효가 완성된다. 〈개정 2014. 12. 23.〉

1. 5억원 이상의 관세(내국세를 포함한다. 이하 이 항에서 같다): 10년

2. 제1호 외의 관세: 5년

② 납세자가 납부한 금액 중 잘못 납부하거나 초과하여 납부한 금액 또는 그 밖의 관세의 환급청구권은 그 권리를 행사할 수 있는 날부터 5년간 행사하지 아니하면 소멸시효가 완성된다. 〈개정 2023. 12. 31.〉

③ 제1항에 따른 관세의 징수권과 제2항에 따른 잘못 납부하거나 초과하여 납부한 금액 또는 그 밖의 관세의 환급청구권을 행사할 수 있는 날은 대통령령으로 정한다. 〈개정 2023. 12. 31.〉

[전문개정 2010. 12. 30.]

제23조(시효의 중단 및 정지) ① 관세징수권의 소멸시효는 다음 각 호의 어느 하나에 해당하는 사유로 중단된다. 〈개정 2020. 12. 22.〉

1. 납부고지
2. 경정처분
3. 납부독촉
4. 통고처분
5. 고발
6. 「특정범죄 가중처벌 등에 관한 법률」 제16조에 따른 공소제기
7. 교부청구
8. 압류

② 환급청구권의 소멸시효는 환급청구권의 행사로 중단된다.

③ 관세징수권의 소멸시효는 관세의 분할납부기간, 징수유예기간, 압류·매각의 유예기간 또는 사해행위(詐害行爲) 취소소송기간 중에는 진행하지 아니한다. 〈개정 2020. 12. 22.〉

④ 제3항에 따른 사해행위 취소소송으로 인한 시효정지의 효력은 소송이 각하, 기각 또는 취하된 경우에는 효력이 없다.

⑤ 관세징수권과 환급청구권의 소멸시효에 관하여 이 법에서 규정한 것을 제외하고는 「민법」을 준용한다.

[전문개정 2010. 12. 30.]

제3절 납세담보

제24조(담보의 종류 등) ① 이 법에 따라 제공하는 담보의 종류는 다음 각 호와 같다.

1. 금전
2. 국채 또는 지방채
3. 세관장이 인정하는 유가증권
4. 납세보증보험증권
5. 토지
6. 보험에 가입된 등기 또는 등록된 건물·공장재단·광업재단·선박·항공기 또는 건설기계
7. 세관장이 인정하는 보증인의 납세보증서

② 제1항제4호에 따른 납세보증보험증권 및 제7호에 따른 납세보증서는 세관장이 요청하면 특정인이 납부하여야 하는 금액을 일정 기일 이후에는 언제든지 세관장에게 지급한다는 내용의 것이어야 한다.

③ 제1항에 따른 담보의 제공에 필요한 사항은 대통령령으로 정한다.

④ 납세의무자(관세의 납부를 보증한 자를 포함한다)는 이 법에 따라 계속하여 담보를 제공하여야 하는 사유가 있는 경우에는 관세청장이 정하는 바에 따라 일정 기간에 제공하여야 하는 담보를 포괄하여 미리 세관장에게 제공할 수 있다.

[전문개정 2010. 12. 30.]

제25조(담보의 관세충당) ① 세관장은 담보를 제공한 납세의무자가 그 납부기한까지 해당 관세를 납부하지 아니하면 기획재정부령으로 정하는 바에 따라 그 담보를 해당 관세에 충당할 수 있다. 이 경우 담보로 제공된 금전을 해당 관세에 충당할 때에는 납부기한이 지난 후에 충당하더라도 제42조를 적용하지 아니한다. 〈개정 2019. 12. 31.〉

② 세관장은 제1항에 따라 담보를 관세에 충당하고 남은 금액이 있을 때에는 담보를 제공한 자에게 이를 돌려주어야 하며, 돌려줄 수 없는 경우에는 이를 공탁할 수 있다.

③ 세관장은 관세의 납세의무자가 아닌 자가 관세의 납부를 보증한 경우 그 담보로 관세에 충당하고 남은 금액이 있을 때에는 그 보증인에게 이를 직접 돌려주어야 한다.

[전문개정 2010. 12. 30.]

제26조(담보 등이 없는 경우의 관세징수) ① 담보 제공이 없거나 징수한 금액이 부족한 관세의 징수에 관하여는 이 법에 규정된 것을 제외하고는 「국세기본법」과 「국세징수법」의 예에 따른다.

② 세관장은 관세의 강제징수를 할 때에는 재산의 압류, 보관, 운반 및 공매에 드는 비용에 상당하는 강제징수비를 징수할 수 있다. 〈개정 2020. 12. 29.〉

[전문개정 2010. 12. 30.]

제26조의2(담보의 해제) 세관장은 납세담보의 제공을 받은 관세 및 강제징수비가 납부되었을 때에는 지체 없이 담보해제의 절차를 밟아야 한다. 〈개정 2019. 12. 31., 2020. 12. 29.〉

[전문개정 2010. 12. 30.]

제4절 과세가격의 신고 및 결정

제1관 가격신고 등

제27조(가격신고) ① 관세의 납세의무자는 수입신고를 할 때 대통령령으로 정하는 바에 따라 세관장에게 해당 물품의 가격에 대한 신고(이하 "가격신고"라 한다)를 하여야 한다. 다만, 통관의 능률을 높이기 위하여 필요하다고 인정되는 경우에는 대통령령으로 정하는 바에 따라 물품의 수입신고를 하기 전에 가격신고를 할 수 있다.

② 가격신고를 할 때에는 대통령령으로 정하는 바에 따라 과세가격의 결정과 관계되는 자료(이하 "과세가격결정자료"라 한다)를 제출하여야 한다. 〈개정 2013. 8. 13., 2020. 6. 9.〉

③ 과세가격을 결정하기가 곤란하지 아니하다고 인정하여 기획재정부령으로 정하는 물품에 대하여는 가격신고를 생략할 수 있다.

[전문개정 2010. 12. 30.]

제28조(잠정가격의 신고 등) ① 납세의무자는 가격신고를 할 때 신고하여야 할 가격이 확정되지 아니한 경우로서 대통령령으로 정하는 경우에는 잠정가격으로 가격신고를 할 수 있다. 이 경우 신고의 방법과 그 밖에 필요한 사항은 대통령령으로 정한다.

② 납세의무자는 제1항에 따른 잠정가격으로 가격신고를 하였을 때에는 대통령령으로 정하는 기간 내에 해당 물품의 확정된 가격을 세관장에게 신고하여야 한다.

③ 세관장은 납세의무자가 제2항에 따른 기간 내에 확정된 가격

을 신고하지 아니하는 경우에는 해당 물품에 적용될 가격을 확정할 수 있다. 다만, 납세의무자가 폐업, 파산신고, 법인해산 등의 사유로 확정된 가격을 신고하지 못할 것으로 인정되는 경우에는 제2항에 따른 기간 중에도 해당 물품에 적용될 가격을 확정할 수 있다. 〈개정 2015. 12. 15.〉

④ 세관장은 제2항에 따라 확정된 가격을 신고받거나 제3항에 따라 가격을 확정하였을 때에는 대통령령으로 정하는 바에 따라 잠정가격을 기초로 신고납부한 세액과 확정된 가격에 따른 세액의 차액을 징수하거나 환급하여야 한다.

[전문개정 2010. 12. 30.]

제29조(가격조사 보고 등) ① 기획재정부장관 또는 관세청장은 과세가격을 결정하기 위하여 필요하다고 인정되는 경우에는 수출입업자, 경제단체 또는 그 밖의 관계인에게 과세가격 결정에 필요한 자료를 제출할 것을 요청할 수 있다. 이 경우 그 요청을 받은 자는 정당한 사유가 없으면 이에 따라야 한다.

② 관세청장은 다음 각 호의 어느 하나에 해당하는 경우 국민 생활에 긴요한 물품으로서 국내물품과 비교 가능한 수입물품의 평균 신고가격이나 반입 수량에 관한 자료를 대통령령으로 정하는 바에 따라 집계하여 공표할 수 있다.

1. 원활한 물자수급을 위하여 특정물품의 수입을 촉진시킬 필요가 있는 경우

2. 수입물품의 국내가격을 안정시킬 필요가 있는 경우

[전문개정 2010. 12. 30.]

제2관 과세가격의 결정

제30조(과세가격 결정의 원칙) ① 수입물품의 과세가격은 우리나라에 수출하기 위하여 판매되는 물품에 대하여 구매자가 실제로 지급하였거나 지급하여야 할 가격에 다음 각 호의 금액을 더하여 조정한 거래가격으로 한다. 다만, 다음 각 호의 금액을 더할 때에는 객관적이고 수량화할 수 있는 자료에 근거하여야 하며, 이러한 자료가 없는 경우에는 이 조에 규정된 방법으로 과세가격을 결정하지 아니하고 제31조부터 제35조까지에 규정된 방법으로 과세가격을 결정한다. 〈개정 2013. 1. 1.〉

1. 구매자가 부담하는 수수료와 중개료. 다만, 구매수수료는 제외한다.

2. 해당 수입물품과 동일체로 취급되는 용기의 비용과 해당 수입물품의 포장에 드는 노무비와 자재비로서 구매자가 부담하는 비용

3. 구매자가 해당 수입물품의 생산 및 수출거래를 위하여 대통령령으로 정하는 물품 및 용역을 무료 또는 인하된 가격으로 직접 또는 간접으로 공급한 경우에는 그 물품 및 용역의 가격 또는 인하차액을 해당 수입물품의 총생산량 등 대통령령으로 정하는 요소를 고려하여 적절히 배분한 금액

4. 특허권, 실용신안권, 디자인권, 상표권 및 이와 유사한 권리를 사용하는 대가로 지급하는 것으로서 대통령령으로 정하는 바에 따라 산출된 금액

5. 해당 수입물품을 수입한 후 전매·처분 또는 사용하여 생긴 수익금액 중 판매자에게 직접 또는 간접으로 귀속되는 금액

6. 수입항(輸入港)까지의 운임·보험료와 그 밖에 운송과 관련되는 비용으로서 대통령령으로 정하는 바에 따라 결정된 금액. 다만, 기획재정부령으로 정하는 수입물품의 경우에는 이의 전부 또는 일부를 제외할 수 있다.

② 제1항 각 호 외의 부분 본문에서 "구매자가 실제로 지급하였거나 지급하여야 할 가격"이란 해당 수입물품의 대가로서 구매자가 지급하였거나 지급하여야 할 총금액을 말하며, 구매자가 해당 수입물품의 대가와 판매자의 채무를 상계(相計)하는 금액, 구매자가 판매자의 채무를 변제하는 금액, 그 밖의 간접적인 지급액을 포함한다. 다만, 구매자가 지급하였거나 지급하여야 할 총금액에서 다음 각 호의 어느 하나에 해당하는 금액을 명백히 구분할 수 있을 때에는 그 금액을 뺀 금액을 말한다.

1. 수입 후에 하는 해당 수입물품의 건설, 설치, 조립, 정비, 유지 또는 해당 수입물품에 관한 기술지원에 필요한 비용

2. 수입항에 도착한 후 해당 수입물품을 운송하는 데에 필요한 운임·보험료와 그 밖에 운송과 관련되는 비용

3. 우리나라에서 해당 수입물품에 부과된 관세 등의 세금과 그 밖의 공과금

4. 연불조건(延拂條件)의 수입인 경우에는 해당 수입물품에 대한

연불이자

③ 다음 각 호의 어느 하나에 해당하는 경우에는 제1항에 따른 거래가격을 해당 물품의 과세가격으로 하지 아니하고 제31조부터 제35조까지에 규정된 방법으로 과세가격을 결정한다. 이 경우 세관장은 다음 각 호의 어느 하나에 해당하는 것으로 판단하는 근거를 납세의무자에게 미리 서면으로 통보하여 의견을 제시할 기회를 주어야 한다. 〈개정 2011. 12. 31., 2014. 12. 23.〉

1. 해당 물품의 처분 또는 사용에 제한이 있는 경우. 다만, 세관장이 제1항에 따른 거래가격에 실질적으로 영향을 미치지 아니한다고 인정하는 제한이 있는 경우 등 대통령령으로 정하는 경우는 제외한다.

2. 해당 물품에 대한 거래의 성립 또는 가격의 결정이 금액으로 계산할 수 없는 조건 또는 사정에 따라 영향을 받은 경우

3. 해당 물품을 수입한 후에 전매·처분 또는 사용하여 생긴 수익의 일부가 판매자에게 직접 또는 간접으로 귀속되는 경우. 다만, 제1항에 따라 적절히 조정할 수 있는 경우는 제외한다.

4. 구매자와 판매자 간에 대통령령으로 정하는 특수관계(이하 "특수관계"라 한다)가 있어 그 특수관계가 해당 물품의 가격에 영향을 미친 경우. 다만, 해당 산업부문의 정상적인 가격결정 관행에 부합하는 방법으로 결정된 경우 등 대통령령으로 정하는 경우는 제외한다.

④ 세관장은 납세의무자가 제1항에 따른 거래가격으로 가격신고를 한 경우 해당 신고가격이 동종·동질물품 또는 유사물품의 거래가격과 현저한 차이가 있는 등 이를 과세가격으로 인정하기 곤란한 경우로서 대통령령으로 정하는 경우에는 대통령령으로 정하는 바에 따라 납세의무자에게 신고가격이 사실과 같음을 증명할 수 있는 자료를 제출할 것을 요구할 수 있다.

⑤ 세관장은 납세의무자가 다음 각 호의 어느 하나에 해당하면 제1항과 제2항에 규정된 방법으로 과세가격을 결정하지 아니하고 제31조부터 제35조까지에 규정된 방법으로 과세가격을 결정한다. 이 경우 세관장은 빠른 시일 내에 과세가격 결정을 하기 위하여 납세의무자와 정보교환 등 적절한 협조가 이루어지도록 노력하여야 하고, 신고가격을 과세가격으로 인정하기 곤란한 사유와 과세가격 결정 내용을 해당 납세의무자에게 통보하여야 한다. 〈개정 2013. 1. 1.〉

1. 제4항에 따라 요구받은 자료를 제출하지 아니한 경우

2. 제4항의 요구에 따라 제출한 자료가 일반적으로 인정된 회계 원칙에 부합하지 아니하게 작성된 경우

3. 그 밖에 대통령령으로 정하는 사유에 해당하여 신고가격을 과세가격으로 인정하기 곤란한 경우

[전문개정 2010. 12. 30.]

제31조(동종·동질물품의 거래가격을 기초로 한 과세가격의 결정) ① 제30조에 따른 방법으로 과세가격을 결정할 수 없는 경우에는 과세가격으로 인정된 사실이 있는 동종·동질물품의 거래가격으로서 다음 각 호의 요건을 갖춘 가격을 기초로 하여 과세가격을 결정한다.

1. 과세가격을 결정하려는 해당 물품의 생산국에서 생산된 것으로서 해당 물품의 선적일(船積日)에 선적되거나 해당 물품의 선적일을 전후하여 가격에 영향을 미치는 시장조건이나 상관행(商慣行)에 변동이 없는 기간 중에 선적되어 우리나라에 수입된 것일 것

2. 거래 단계, 거래 수량, 운송 거리, 운송 형태 등이 해당 물품과 같아야 하며, 두 물품 간에 차이가 있는 경우에는 그에 따른 가격차이를 조정한 가격일 것

② 제1항에 따라 과세가격으로 인정된 사실이 있는 동종·동질물품의 거래가격이라 하더라도 그 가격의 정확성과 진실성을 의심할만한 합리적인 사유가 있는 경우 그 가격은 과세가격 결정의 기초자료에서 제외한다. 〈신설 2013. 1. 1.〉

③ 제1항을 적용할 때 동종·동질물품의 거래가격이 둘 이상 있는 경우에는 생산자, 거래 시기, 거래 단계, 거래 수량 등(이하 "거래내용등"이라 한다)이 해당 물품과 가장 유사한 것에 해당하는 물품의 가격을 기초로 하고, 거래내용등이 같은 물품이 둘 이상이 있고 그 가격도 둘 이상이 있는 경우에는 가장 낮은 가격을 기초로 하여 과세가격을 결정한다. 〈개정 2013. 1. 1.〉

[전문개정 2010. 12. 30.]

제32조(유사물품의 거래가격을 기초로 한 과세가격의 결정) ① 제30조와 제31조에 따른 방법으로 과세가격을 결정할 수 없을 때에는 과세가격으로 인정된 사실이 있는 유사물품의 거래가격으로서 제31조제1항 각 호의 요건을 갖춘 가격을 기초로 하여 과세가격을 결정한다.

② 제1항에 따라 과세가격으로 인정된 사실이 있는 유사물품의

거래가격이라 하더라도 그 가격의 정확성과 진실성을 의심할만한 합리적인 사유가 있는 경우 그 가격은 과세가격 결정의 기초자료에서 제외한다. 〈신설 2013. 1. 1.〉

③ 제1항을 적용할 때 유사물품의 거래가격이 둘 이상이 있는 경우에는 거래내용등이 해당 물품과 가장 유사한 것에 해당하는 물품의 가격을 기초로 하고, 거래내용등이 같은 물품이 둘 이상이 있고 그 가격도 둘 이상이 있는 경우에는 가장 낮은 가격을 기초로 하여 과세가격을 결정한다. 〈개정 2013. 1. 1.〉

[전문개정 2010. 12. 30.]

제33조(국내판매가격을 기초로 한 과세가격의 결정) ① 제30조부터 제32조까지에 규정된 방법으로 과세가격을 결정할 수 없을 때에는 제1호의 금액에서 제2호부터 제4호까지의 금액을 뺀 가격을 과세가격으로 한다. 다만, 납세의무자가 요청하면 제34조에 따라 과세가격을 결정하되 제34조에 따라 결정할 수 없는 경우에는 이 조, 제35조의 순서에 따라 과세가격을 결정한다. 〈개정 2011. 12. 31.〉

1. 해당 물품, 동종·동질물품 또는 유사물품이 수입된 것과 동일한 상태로 해당 물품의 수입신고일 또는 수입신고일과 거의 동시에 특수관계가 없는 자에게 가장 많은 수량으로 국내에서 판매되는 단위가격을 기초로 하여 산출한 금액

2. 국내판매와 관련하여 통상적으로 지급하였거나 지급하여야 할 것으로 합의된 수수료 또는 동종·동류의 수입물품이 국내에서 판매되는 때에 통상적으로 부가되는 이윤 및 일반경비에 해당하는 금액

3. 수입항에 도착한 후 국내에서 발생한 통상의 운임·보험료와 그 밖의 관련 비용

4. 해당 물품의 수입 및 국내판매와 관련하여 납부하였거나 납부하여야 하는 조세와 그 밖의 공과금

② 제1항제1호에 따른 국내에서 판매되는 단위가격이라 하더라도 그 가격의 정확성과 진실성을 의심할만한 합리적인 사유가 있는 경우에는 제1항을 적용하지 아니할 수 있다. 〈신설 2014. 12. 23.〉

③ 해당 물품, 동종·동질물품 또는 유사물품이 수입된 것과 동일한 상태로 국내에서 판매되는 사례가 없는 경우 납세의무자가 요청할 때에는 해당 물품이 국내에서 가공된 후 특수관계가 없는 자에게 가장 많은 수량으로 판매되는 단위가격을 기초로 하여 산출된

금액에서 다음 각 호의 금액을 뺀 가격을 과세가격으로 한다. 〈개정 2014. 12. 23.〉

1. 제1항제2호부터 제4호까지의 금액

2. 국내 가공에 따른 부가가치

[전문개정 2010. 12. 30.]

제34조(산정가격을 기초로 한 과세가격의 결정) ①제30조부터 제33조까지에 규정된 방법으로 과세가격을 결정할 수 없을 때에는 다음 각 호의 금액을 합한 가격을 기초로 하여 과세가격을 결정한다. 〈개정 2013. 1. 1.〉

1. 해당 물품의 생산에 사용된 원자재 비용 및 조립이나 그 밖의 가공에 드는 비용 또는 그 가격

2. 수출국 내에서 해당 물품과 동종·동류의 물품의 생산자가 우리나라에 수출하기 위하여 판매할 때 통상적으로 반영하는 이윤 및 일반 경비에 해당하는 금액

3. 해당 물품의 수입항까지의 운임·보험료와 그 밖에 운송과 관련된 비용으로서 제30조제1항제6호에 따라 결정된 금액

② 납세의무자가 제1항 각 호의 금액을 확인하는데 필요한 자료를 제출하지 않은 경우에는 제1항을 적용하지 않을 수 있다. 〈신설 2013. 1. 1.〉

[전문개정 2010. 12. 30.]

제35조(합리적 기준에 따른 과세가격의 결정) ① 제30조부터 제34조까지에 규정된 방법으로 과세가격을 결정할 수 없을 때에는 대통령령으로 정하는 바에 따라 제30조부터 제34조까지에 규정된 원칙과 부합되는 합리적인 기준에 따라 과세가격을 결정한다.

② 제1항에 따른 방법으로 과세가격을 결정할 수 없을 때에는 국제거래시세·산지조사가격을 조정한 가격을 적용하는 방법 등 거래의 실질 및 관행에 비추어 합리적으로 인정되는 방법에 따라 과세가격을 결정한다.

[전문개정 2013. 8. 13.]

제36조(과세가격 결정방법 등의 통보) 세관장은 납세의무자가 서면으로 요청하면 과세가격을 결정하는 데에 사용한 방법과 과세가격 및 그 산출근거를 그 납세의무자에게 서면으로 통보하여야 한다.

[전문개정 2010. 12. 30.]

제37조(과세가격 결정방법의 사전심사) ① 제38조제1항에 따라 납세신고를 하여야 하는 자는 과세가격 결정과 관련하여 다음 각 호의 사항에 관하여 의문이 있을 때에는 가격신고를 하기 전에 대통령령으로 정하는 바에 따라 관세청장에게 미리 심사하여 줄 것을 신청할 수 있다. 〈개정 2018. 12. 31.〉

1. 제30조제1항부터 제3항까지에 규정된 사항

2. 제30조에 따른 방법으로 과세가격을 결정할 수 없는 경우에 적용되는 과세가격 결정방법

3. 특수관계가 있는 자들 간에 거래되는 물품의 과세가격 결정방법

② 제1항에 따른 신청을 받은 관세청장은 대통령령으로 정하는 기간 이내에 과세가격의 결정방법을 심사한 후 그 결과를 신청인에게 통보하여야 한다.

③ 제2항에 따라 결과를 통보받은 자가 그 결과에 이의가 있는 경우에는 그 결과를 통보받은 날부터 30일 이내에 대통령령으로 정하는 바에 따라 관세청장에게 재심사를 신청할 수 있다. 이 경우 재심사의 기간 및 결과의 통보에 관하여는 제2항을 준용한다. 〈신설 2014. 12. 23., 2018. 12. 31.〉

④ 세관장은 관세의 납세의무자가 제2항 또는 제3항에 따라 통보된 과세가격의 결정방법에 따라 납세신고를 한 경우 대통령령으로 정하는 요건을 갖추었을 때에는 그 결정방법에 따라 과세가격을 결정하여야 한다. 〈개정 2014. 12. 23.〉

⑤ 제1항제3호에 따라 사전심사를 신청하여 제2항에 따라 결과를 통보받은 자는 심사결과 결정된 과세가격 결정방법을 적용하여 산출한 과세가격 및 그 산출과정 등이 포함된 보고서를 대통령령으로 정하는 바에 따라 관세청장에게 제출하여야 한다. 〈신설 2018. 12. 31.〉

⑥ 관세청장은 제5항에 따른 보고서를 제출하지 아니하는 등 대통령령으로 정하는 사유에 해당하는 경우에는 제2항에 따른 사전심사 결과를 변경, 철회 또는 취소할 수 있다. 이 경우 관세청장은 사전심사를 신청한 자에게 그 사실을 즉시 통보하여야 한다. 〈신설 2018. 12. 31.〉

[전문개정 2010. 12. 30.]

제37조의2(관세의 과세가격 결정방법과 국세의 정상가격 산출방법의 사전조정) ① 제37조제1항제3호에 관하여 의문이 있어 같은 항

에 따른 사전심사를 신청하는 자는 관세의 과세가격과 국세의 정상가격을 사전에 조정(이하 이 조에서 "사전조정"이라 한다)받기 위하여 「국제조세조정에 관한 법률」 제14조제1항에 따른 정상가격 산출방법의 사전승인(같은 조 제2항 단서에 따른 일방적 사전승인의 대상인 경우에 한정한다)을 관세청장에게 동시에 신청할 수 있다. 〈개정 2017. 12. 19., 2020. 12. 22.〉

② 관세청장은 제1항에 따른 신청을 받은 경우에는 국세청장에게 정상가격 산출방법의 사전승인 신청서류를 첨부하여 신청을 받은 사실을 통보하고, 국세청장과 과세가격 결정방법, 정상가격 산출방법 및 사전조정 가격의 범위에 대하여 대통령령으로 정하는 바에 따라 협의하여야 한다. 〈개정 2017. 12. 19.〉

③ 관세청장은 제2항에 따른 협의가 이루어진 경우에는 사전조정을 하여야 한다. 〈개정 2017. 12. 19.〉

④ 관세청장은 제1항에 따른 신청의 처리결과를 사전조정을 신청한 자와 기획재정부장관에게 통보하여야 한다. 〈개정 2017. 12. 19.〉

⑤ 제1항부터 제4항까지의 규정에 따른 사전조정 신청 방법 및 절차 등에 관하여 필요한 사항은 대통령령으로 정한다.

[본조신설 2014. 12. 23.]

[종전 제37조의2는 제37조의3으로 이동 〈2014. 12. 23.〉]

제37조의3(관세의 부과 등을 위한 정보제공) 관세청장 또는 세관장은 과세가격의 결정·조정 및 관세의 부과·징수를 위하여 필요한 경우에는 국세청장, 지방국세청장 또는 관할 세무서장에게 대통령령으로 정하는 정보 또는 자료를 요청할 수 있다. 이 경우 요청을 받은 기관은 정당한 사유가 없으면 요청에 따라야 한다.

[본조신설 2011. 12. 31.]

[제37조의2에서 이동, 종전 제37조의3은 제37조의4로 이동 〈2014. 12. 23.〉]

제37조의4(특수관계자의 수입물품 과세가격결정자료등 제출) ① 세관장은 관세조사 및 제38조제2항에 따른 세액심사시 특수관계에 있는 자가 수입하는 물품의 과세가격의 적정성을 심사하기 위하여 해당 특수관계자에게 과세가격결정자료(전산화된 자료를 포함한다)를 제출할 것을 요구할 수 있다. 이 경우 자료의 제출범위, 제출방법 등은 대통령령으로 정한다. 〈개정 2013. 8. 13., 2022. 12. 31.,

2023. 12. 31.〉

② 세관장은 제1항에 따라 제출받은 과세가격결정자료에서 제30조제1항 각 호의 어느 하나에 해당하는 금액이 이에 해당하지 아니하는 금액과 합산되어 있는지 불분명한 경우에는 이를 구분하여 계산할 수 있는 객관적인 증명자료(전산화된 자료를 포함한다)의 제출을 요구할 수 있다. 〈신설 2016. 12. 20., 2022. 12. 31.〉

③ 제1항에 따른 과세가격결정자료 또는 제2항에 따른 증명자료(이하 "과세가격결정자료등"이라 한다)의 제출을 요구받은 자는 자료제출을 요구받은 날부터 60일 이내에 해당 자료를 제출하여야 한다. 다만, 대통령령으로 정하는 부득이한 사유로 제출기한의 연장을 신청하는 경우에는 세관장은 한 차례만 60일까지 연장할 수 있다. 〈개정 2016. 12. 20., 2022. 12. 31.〉

④ 세관장은 특수관계에 있는 자가 다음 각 호의 어느 하나에 해당하는 경우에는 제31조부터 제35조까지의 규정에 따른 방법으로 과세가격을 결정할 수 있다. 이 경우 세관장은 과세가격을 결정하기 전에 특수관계에 있는 자와 대통령령으로 정하는 바에 따라 협의를 하여야 하며 의견을 제시할 기회를 주어야 한다. 〈신설 2016. 12. 20., 2018. 12. 31., 2022. 12. 31.〉

1. 과세가격결정자료등을 제3항에 따른 기한까지 제출하지 아니하는 경우

2. 과세가격결정자료등을 거짓으로 제출하는 경우

⑤ 제4항에도 불구하고 세관장은 특수관계에 있는 자가 제30조제3항제4호 단서에 해당하는 경우임을 증명하는 경우에는 같은 조 제1항 및 제2항에 따라 과세가격을 결정하여야 한다. 〈신설 2018. 12. 31.〉

⑥ 세관장은 과세가격결정자료등의 제출을 요구받은 자가 제277조제1항에 따라 과태료를 부과받고도 자료를 제출하지 아니하거나 거짓의 자료를 시정하여 제출하지 아니하는 경우에는 미제출된 자료를 제출하도록 요구하거나 거짓의 자료를 시정하여 제출하도록 요구할 수 있다. 〈신설 2021. 12. 21., 2022. 12. 31.〉

⑦ 제6항에 따라 자료제출을 요구받은 자는 그 요구를 받은 날부터 30일 이내에 그 요구에 따른 자료를 제출하여야 한다. 〈신설 2021. 12. 21.〉

[본조신설 2013. 1. 1.]
[제목개정 2022. 12. 31.]
[제37조의3에서 이동 〈2014. 12. 23.〉]

제5절 부과와 징수

제1관 세액의 확정

제38조(신고납부) ① 물품(제39조에 따라 세관장이 부과고지하는 물품은 제외한다)을 수입하려는 자는 수입신고를 할 때에 세관장에게 관세의 납부에 관한 신고(이하 "납세신고"라 한다)를 하여야 한다.

② 세관장은 납세신고를 받으면 수입신고서에 기재된 사항과 이 법에 따른 확인사항 등을 심사하되, 신고한 세액 등 납세신고 내용에 대한 심사(이하 "세액심사"라 한다)는 수입신고를 수리한 후에 한다. 다만, 신고한 세액에 대하여 관세채권을 확보하기가 곤란하거나, 수입신고를 수리한 후 세액심사를 하는 것이 적당하지 아니하다고 인정하여 기획재정부령으로 정하는 물품의 경우에는 수입신고를 수리하기 전에 이를 심사한다. 〈개정 2023. 12. 31.〉

③ 세관장은 세액심사를 할 때 제1항에 따라 제출된 신고서나 그 밖의 서류에 미비한 점이 있거나 오류가 있는 경우에는 보완할 것을 요구할 수 있다. 〈신설 2024. 12. 31.〉

④ 세관장은 제2항 본문에도 불구하고 납세실적과 수입규모 등을 고려하여 관세청장이 정하는 요건을 갖춘 자가 신청할 때에는 납세신고한 세액을 자체적으로 심사(이하 "자율심사"라 한다)하게 할 수 있다. 이 경우 해당 납세의무자는 자율심사한 결과를 세관장에게 제출하여야 한다. 〈개정 2024. 12. 31.〉

⑤ 납세의무자는 납세신고한 세액을 납부하기 전에 그 세액이 과부족(過不足)하다는 것을 알게 되었을 때에는 납세신고한 세액을 정정할 수 있다. 이 경우 납부기한은 당초의 납부기한(제9조에 따른 납부기한을 말한다)으로 한다. 〈개정 2024. 12. 31.〉

⑥ 납세신고, 자율심사 및 제5항에 따른 세액의 정정과 관련하여 그 방법 및 절차 등 필요한 사항은 대통령령으로 정한다. 〈개정 2024. 12. 31.〉

⑦ 관세의 납부에 관하여는 「국세징수법」 제12조제1항제3호, 같은 조 제2항 및 제3항을 준용한다. 〈개정 2020. 12. 22., 2024.

12. 31.〉

[전문개정 2010. 12. 30.]

제38조의2(보정) ① 납세의무자는 신고납부한 세액이 부족하다는 것을 알게 되거나 세액산출의 기초가 되는 과세가격 또는 품목분류 등에 오류가 있는 것을 알게 되었을 때에는 신고납부한 날부터 6개월 이내(이하 "보정기간"이라 한다)에 대통령령으로 정하는 바에 따라 해당 세액을 보정(補正)하여 줄 것을 세관장에게 신청할 수 있다. 〈개정 2011. 12. 31.〉

② 세관장은 신고납부한 세액이 부족하다는 것을 알게 되거나 세액산출의 기초가 되는 과세가격 또는 품목분류 등에 오류가 있다는 것을 알게 되었을 때에는 대통령령으로 정하는 바에 따라 납세의무자에게 해당 보정기간에 보정신청을 하도록 통지할 수 있다. 이 경우 세액보정을 신청하려는 납세의무자는 대통령령으로 정하는 바에 따라 세관장에게 신청하여야 한다. 〈개정 2011. 12. 31.〉

③ 삭제 〈2011. 12. 31.〉

④ 납세의무자가 제1항과 제2항 후단에 따라 부족한 세액에 대한 세액의 보정을 신청한 경우에는 해당 보정신청을 한 날의 다음 날까지 해당 관세를 납부하여야 한다.

⑤ 세관장은 제1항과 제2항 후단에 따른 신청에 따라 세액을 보정한 결과 부족한 세액이 있을 때에는 제42조에도 불구하고 납부기한(제9조에 따른 납부기한을 말한다) 다음 날부터 보정신청을 한 날까지의 기간과 금융회사의 정기예금에 대하여 적용하는 이자율을 고려하여 대통령령으로 정하는 이율에 따라 계산한 금액을 더하여 해당 부족세액을 징수하여야 한다. 다만, 다음 각 호의 어느 하나에 해당하는 경우에는 그러하지 아니하다. 〈개정 2011. 12. 31., 2019. 12. 31., 2021. 12. 21.〉

1. 국가 또는 지방자치단체가 직접 수입하는 물품 등 대통령령으로 정하는 물품의 경우

2. 신고납부한 세액의 부족 등에 대하여 납세의무자에게 대통령령으로 정하는 정당한 사유가 있는 경우

⑥ 제5항에도 불구하고 납세의무자가 제42조제2항에 따른 부정한 행위로 과소신고한 후 제1항과 제2항 후단에 따른 신청을 한 경우에는 세관장은 제42조제2항에 따른 가산세를 징수하여야 한다. 〈신

설 2021. 12. 21., 2022. 12. 31.〉
[전문개정 2010. 12. 30.]

제38조의3(수정 및 경정) ① 납세의무자는 신고납부한 세액이 부족한 경우에는 대통령령으로 정하는 바에 따라 수정신고(보정기간이 지난 날부터 제21조제1항에 따른 기간이 끝나기 전까지로 한정한다)를 할 수 있다. 이 경우 납세의무자는 수정신고한 날의 다음 날까지 해당 관세를 납부하여야 한다. 〈개정 2013. 1. 1.〉

② 납세의무자는 신고납부한 세액, 제38조의2제1항에 따라 보정신청한 세액 및 이 조 제1항에 따라 수정신고한 세액이 과다한 것을 알게 되었을 때에는 최초로 납세신고를 한 날부터 5년 이내에 대통령령으로 정하는 바에 따라 신고한 세액의 경정을 세관장에게 청구할 수 있다. 〈개정 2011. 12. 31., 2013. 8. 13., 2014. 12. 23., 2016. 12. 20., 2022. 12. 31.〉

③ 납세의무자는 최초의 신고 또는 경정에서 과세표준 및 세액의 계산근거가 된 거래 또는 행위 등이 그에 관한 소송에 대한 판결(판결과 같은 효력을 가지는 화해나 그 밖의 행위를 포함한다)에 의하여 다른 것으로 확정되는 등 대통령령으로 정하는 사유가 발생하여 납부한 세액이 과다한 것을 알게 되었을 때에는 제2항에 따른 기간에도 불구하고 그 사유가 발생한 것을 안 날부터 2개월 이내에 대통령령으로 정하는 바에 따라 납부한 세액의 경정을 세관장에게 청구할 수 있다. 〈신설 2011. 12. 31., 2016. 12. 20.〉

④ 세관장은 제2항 또는 제3항에 따른 경정의 청구를 받은 날부터 2개월 이내에 세액을 경정하거나 경정하여야 할 이유가 없다는 뜻을 그 청구를 한 자에게 통지하여야 한다. 〈신설 2016. 12. 20.〉

⑤ 제2항 또는 제3항에 따라 경정을 청구한 자가 제4항에 따라 2개월 이내에 통지를 받지 못한 경우에는 그 2개월이 되는 날의 다음 날부터 제5장에 따른 이의신청, 심사청구, 심판청구 또는 「감사원법」에 따른 심사청구를 할 수 있다. 〈신설 2016. 12. 20.〉

⑥ 세관장은 납세의무자가 신고납부한 세액, 납세신고한 세액 또는 제2항 및 제3항에 따라 경정청구한 세액을 심사한 결과 과부족하다는 것을 알게 되었을 때에는 대통령령으로 정하는 바에 따라 그 세액을 경정하여야 한다. 〈개정 2011. 12. 31., 2016. 12. 20.〉

[전문개정 2010. 12. 30.]

제38조의4(수입물품의 과세가격 조정에 따른 경정) ① 납세의무자는 「국제조세조정에 관한 법률」 제7조제1항에 따라 관할 지방국세청장 또는 세무서장이 해당 수입물품의 거래가격을 조정하여 과세표준 및 세액을 결정·경정 처분하거나 같은 법 제14조제3항(일방적 사전승인의 대상인 경우에 한정한다)에 따라 국세청장이 해당 수입물품의 거래가격과 관련하여 소급하여 적용하도록 사전승인을 함에 따라 그 거래가격과 이 법에 따라 신고납부·경정한 세액의 산정기준이 된 과세가격 간 차이가 발생한 경우에는 그 결정·경정 처분 또는 사전승인이 있음을 안 날(처분 또는 사전승인의 통지를 받은 경우에는 그 받은 날)부터 3개월 또는 최초로 납세신고를 한 날부터 5년 내에 대통령령으로 정하는 바에 따라 세관장에게 세액의 경정을 청구할 수 있다. 〈개정 2014. 1. 1., 2014. 12. 23., 2017. 12. 19., 2020. 12. 22.〉

② 제1항에 따른 경정청구를 받은 세관장은 대통령령으로 정하는 바에 따라 해당 수입물품의 거래가격 조정방법과 계산근거 등이 제30조부터 제35조까지의 규정에 적합하다고 인정하는 경우에는 세액을 경정할 수 있다.

③ 세관장은 제1항에 따른 경정청구를 받은 날부터 2개월 내에 세액을 경정하거나 경정하여야 할 이유가 없다는 뜻을 청구인에게 통지하여야 한다.

④ 제3항에 따른 세관장의 통지에 이의가 있는 청구인은 그 통지를 받은 날(2개월 내에 통지를 받지 못한 경우에는 2개월이 지난 날)부터 30일 내에 기획재정부장관에게 국세의 정상가격과 관세의 과세가격 간의 조정을 신청할 수 있다. 이 경우 「국제조세조정에 관한 법률」 제20조를 준용한다. 〈개정 2020. 6. 9., 2020. 12. 22.〉

⑤ 청구인은 제3항에 따라 2개월 이내에 통지를 받지 못한 경우에는 그 2개월이 되는 날의 다음 날부터 제5장에 따른 이의신청, 심사청구, 심판청구 또는 「감사원법」에 따른 심사청구를 할 수 있다. 〈신설 2016. 12. 20.〉

⑥ 세관장은 제2항에 따라 세액을 경정하기 위하여 필요한 경우에는 관할 지방국세청장 또는 세무서장과 협의할 수 있다. 〈개정 2016. 12. 20.〉

[본조신설 2011. 12. 31.]

제38조의5(경정청구서 등 우편제출에 따른 특례) 제38조의2제1항, 제38조의3제1항부터 제3항까지, 제38조의4제1항 및 제4항에 따른 각각의 기한까지 우편으로 발송(「국세기본법」 제5조의2에서 정한 날을 기준으로 한다)한 청구서 등이 세관장 또는 기획재정부장관에게 기간을 지나서 도달한 경우 그 기간의 만료일에 신청·신고 또는 청구된 것으로 본다.

[본조신설 2014. 1. 1.]

[제38조의6에서 이동, 종전 제38조의5는 삭제

제39조(부과고지) ① 다음 각 호의 어느 하나에 해당하는 경우에는 제38조에도 불구하고 세관장이 관세를 부과·징수한다. 〈개정 2011. 12. 31., 2024. 12. 31., 2025. 3. 14.〉

1. 제16조제1호부터 제6호까지 및 제8호부터 제11호까지에 해당되어 관세를 징수하는 경우
2. 보세건설장에서 건설된 시설로서 제248조에 따라 수입신고가 수리되기 전에 가동된 경우
3. 보세구역(제156조제1항에 따라 보세구역 외 장치를 허가받은 장소를 포함한다)에 반입된 물품이 제248조제3항을 위반하여 수입신고가 수리되기 전에 반출된 경우
4. 납세의무자가 관세청장이 정하는 사유로 과세가격이나 관세율 등을 결정하기 곤란하여 부과고지를 요청하는 경우
5. 제253조에 따라 즉시 반출한 물품을 같은 조 제3항의 기간 내에 수입신고를 하지 아니하여 관세를 징수하는 경우
6. 그 밖에 제38조에 따른 납세신고가 부적당한 것으로서 기획재정부령으로 정하는 경우

② 세관장은 과세표준, 세율, 관세의 감면 등에 관한 규정의 적용 착오 또는 그 밖의 사유로 이미 징수한 금액이 부족한 것을 알게 되었을 때에는 그 부족액을 징수한다.

③ 제1항과 제2항에 따라 세관장이 관세를 징수하려는 경우에는 대통령령으로 정하는 바에 따라 납세의무자에게 납부고지를 하여야 한다. 〈개정 2020. 12. 22.〉

[전문개정 2010. 12. 30.]

제40조(징수금액의 최저한) 세관장은 납세의무자가 납부하여야 하는

세액이 대통령령으로 정하는 금액 미만인 경우에는 이를 징수하지 아니한다.

[전문개정 2010. 12. 30.]

제41조 삭제 〈2019. 12. 31.〉

제42조(가산세) ① 세관장은 납세의무자가 제9조에 따른 납부기한(이하 이 조에서 "법정납부기한"이라 한다)까지 납부하지 아니한 관세액(이하 이 조에서 "미납부세액"이라 한다)을 징수하거나 제38조의3제1항 또는 제6항에 따라 부족한 관세액(이하 이 조에서 "부족세액"이라 한다)을 징수할 때에는 다음 각 호의 금액을 합한 금액을 가산세로 징수한다. 〈개정 2011. 12. 31., 2014. 12. 23., 2016. 12. 20., 2019. 12. 31., 2020. 12. 22., 2024. 12. 31., 2025. 3. 14.〉

1. 부족세액의 100분의 10

2. 다음 각 목의 금액을 합한 금액

가. 미납부세액 또는 부족세액 × 법정납부기한의 다음 날부터 납부일까지의 기간(납부고지일부터 납부고지서에 따른 납부기한까지의 기간은 제외한다) × 금융회사 등이 연체대출금에 대하여 적용하는 이자율 등을 고려하여 대통령령으로 정하는 이자율

나. 법정납부기한까지 납부하여야 할 세액 중 납부고지서에 따른 납부기한까지 납부하지 아니한 세액 × 100분의 3(관세를 납부고지서에 따른 납부기한까지 완납하지 아니한 경우에 한정한다)

② 제1항에도 불구하고 납세자가 부정한 행위(납세자가 관세의 과세표준 또는 세액계산의 기초가 되는 사실의 전부 또는 일부를 은폐하거나 가장하는 것에 기초하여 관세의 과세표준 또는 세액의 신고의무를 위반하는 것으로서 대통령령으로 정하는 행위를 말한다)로 과소신고한 경우에는 세관장은 부족세액의 100분의 60에 상당하는 금액과 제1항제2호의 금액을 합한 금액을 가산세로 징수한다. 〈개정 2019. 12. 31., 2022. 12. 31., 2024. 12. 31.〉

③ 세관장은 제16조제11호에 따른 물품에 대하여 관세를 부과·징수할 때에는 다음 각 호의 금액을 합한 금액을 가산세로 징수한다. 다만, 제241조제5항에 따라 가산세를 징수하는 경우와 천재지변 등 수입신고를 하지 아니하고 수입한 데에 정당한 사유가 있는 것으로 세관장이 인정하는 경우는 제외한다. 〈신설 2015. 12. 15.,

2019. 12. 31., 2020. 12. 22., 2024. 12. 31.〉

1. 해당 관세액의 100분의 20(제269조의 죄에 해당하여 처벌받거나 통고처분을 받은 경우에는 100분의 60)

2. 다음 각 목의 금액을 합한 금액

가. 해당 관세액 × 수입된 날부터 납부일까지의 기간(납부고지일부터 납부고지서에 따른 납부기한까지의 기간은 제외한다) × 금융회사 등이 연체대출금에 대하여 적용하는 이자율 등을 고려하여 대통령령으로 정하는 이자율

나. 해당 관세액 중 납부고지서에 따른 납부기한까지 납부하지 아니한 세액 × 100분의 3(관세를 납부고지서에 따른 납부기한까지 완납하지 아니한 경우에 한정한다)

④ 제1항부터 제3항까지의 규정을 적용할 때 납부고지서에 따른 납부기한의 다음 날부터 납부일까지의 기간이 5년을 초과하는 경우에는 그 기간은 5년으로 한다. 〈신설 2019. 12. 31., 2020. 12. 22.〉

⑤ 체납된 관세(세관장이 징수하는 내국세가 있을 때에는 그 금액을 포함한다)가 150만원 미만인 경우에는 제1항제2호가목 및 제3항제2호가목의 가산세를 적용하지 아니한다. 〈신설 2019. 12. 31., 2021. 12. 21.〉

⑥ 제1항제2호 및 제3항제2호에 따른 가산세(이하 "납부지연가산세"라 한다) 중 납부고지서에 따른 납부기한 후의 납부지연가산세를 징수하는 경우에는 납부고지서를 발급하지 아니할 수 있다. 〈신설 2019. 12. 31., 2020. 12. 22.〉

⑦ 납부지연가산세(납부고지서에 따른 납부기한 후의 납부지연가산세에 한정한다)의 납세의무의 성립 및 확정에 관하여는 「국세기본법」 제21조제2항제11호나목·다목 및 제22조제4항제5호를 준용한다. 이 경우 「국세기본법」 제21조제2항제11호나목의 "제47조의4제1항제1호·제2호에 따른 납부지연가산세" 및 "법정납부기한"은 각각 "제1항제2호가목 및 제3항제2호가목에 따른 가산세" 및 "납부고지서에 따른 납부기한"으로, 같은 호 다목의 "제47조의4제1항제3호에 따른 납부지연가산세"는 "제1항제2호나목 및 제3항제2호나목에 따른 가산세"로 본다. 〈신설 2019. 12. 31., 2020. 12. 22.〉

[전문개정 2010. 12. 30.]

제42조의2(가산세의 감면) ① 세관장은 다음 각 호의 어느 하나에 해당하는 경우에는 제42조제1항에 따른 가산세액에서 다음 각 호에서 정하는 금액을 감면한다. 〈개정 2021. 12. 21., 2022. 12. 31., 2023. 12. 31.〉

1. 제9조제2항에 따라 수입신고가 수리되기 전에 관세를 납부한 결과 부족세액이 발생한 경우로서 수입신고가 수리되기 전에 납세의무자가 해당 세액에 대하여 수정신고를 하거나 세관장이 경정하는 경우: 제42조제1항제1호 및 제2호의 금액을 합한 금액

2. 제28조제1항에 따른 잠정가격신고를 기초로 납세신고를 하고 이에 해당하는 세액을 납부한 경우(납세의무자가 제출한 자료가 사실과 다름이 판명되어 추징의 사유가 발생한 경우는 제외한다): 제42조제1항제1호 및 제2호의 금액을 합한 금액

3. 제37조제1항제3호에 관한 사전심사의 결과를 통보받은 경우 그 통보일부터 2개월 이내에 통보된 과세가격의 결정방법에 따라 해당 사전심사의 결과를 통보받은 날 전에 신고납부한 세액을 수정신고하는 경우: 제42조제1항제1호의 금액

4. 제38조제2항 단서에 따라 기획재정부령으로 정하는 물품 중 감면대상 및 감면율을 잘못 적용하여 부족세액이 발생한 경우: 제42조제1항제1호의 금액

5. 제38조의3제1항에 따라 수정신고(제38조의2제1항에 따른 보정기간이 지난 날부터 1년 6개월이 지나기 전에 한 수정신고로 한정한다)를 한 경우에는 다음 각 목의 구분에 따른 금액. 다만, 해당 관세에 대하여 과세표준과 세액을 경정할 것을 미리 알고 수정신고를 한 경우로서 기획재정부령으로 정하는 경우는 제외한다.

가. 제38조의2제1항에 따른 보정기간이 지난 날부터 6개월 이내에 수정신고한 경우: 제42조제1항제1호의 금액의 100분의 30

나. 제38조의2제1항에 따른 보정기간이 지난 날부터 6개월 초과 1년 이내에 수정신고한 경우: 제42조제1항제1호의 금액의 100분의 20

다. 제38조의2제1항에 따른 보정기간이 지난 날부터 1년 초과 1년 6개월 이내에 수정신고한 경우: 제42조제1항제1호의 금액의 100분의 10

6. 국가 또는 지방자치단체가 직접 수입하는 물품 등 대통령령으

로 정하는 물품의 경우: 제42조제1항제1호 및 제2호의 금액을 합한 금액

7. 제118조의4제9항 전단에 따른 관세심사위원회가 제118조제3항 본문에 따른 기간 내에 과세전적부심사의 결정·통지(이하 이 호에서 "결정·통지"라 한다)를 하지 아니한 경우: 결정·통지가 지연된 기간에 대하여 부과되는 가산세(제42조제1항제2호가목에 따른 계산식에 결정·통지가 지연된 기간을 적용하여 계산한 금액에 해당하는 가산세를 말한다) 금액의 100분의 50

8. 신고납부한 세액의 부족 등에 대하여 납세의무자에게 대통령령으로 정하는 정당한 사유가 있는 경우: 제42조제1항제1호 및 제2호의 금액을 합한 금액

② 제1항에 따른 가산세 감면을 받으려는 자는 대통령령으로 정하는 바에 따라 감면을 신청할 수 있다.

[본조신설 2019. 12. 31.]

제43조(관세의 현장 수납) ① 다음 각 호의 어느 하나에 해당하는 물품에 대한 관세는 그 물품을 검사한 공무원이 검사 장소에서 수납할 수 있다.

1. 여행자의 휴대품

2. 조난 선박에 적재된 물품으로서 보세구역이 아닌 장소에 장치된 물품

② 제1항에 따라 물품을 검사한 공무원이 관세를 수납할 때에는 부득이한 사유가 있는 경우를 제외하고는 다른 공무원을 참여시켜야 한다.

③ 출납공무원이 아닌 공무원이 제1항에 따라 관세를 수납하였을 때에는 지체 없이 출납공무원에게 인계하여야 한다.

④ 출납공무원이 아닌 공무원이 선량한 관리자로서의 주의를 게을리하여 제1항에 따라 수납한 현금을 잃어버린 경우에는 변상하여야 한다.

[전문개정 2010. 12. 30.]

제2관 강제징수 등 〈개정 2018. 12. 31., 2020. 12. 22.〉

제43조의2(압류·매각의 유예) ① 세관장은 재산의 압류나 압류재산

의 매각을 유예함으로써 사업을 정상적으로 운영할 수 있게 되어 체납액의 징수가 가능하다고 인정되는 경우에는 그 체납액에 대하여 강제징수에 의한 재산의 압류나 압류재산의 매각을 대통령령으로 정하는 바에 따라 유예할 수 있다. 〈개정 2020. 12. 22.〉

② 세관장은 제1항에 따라 유예하는 경우에 필요하다고 인정하면 이미 압류한 재산의 압류를 해제할 수 있다.

③ 세관장은 제1항 및 제2항에 따라 재산의 압류를 유예하거나 압류한 재산의 압류를 해제하는 경우에는 그에 상당하는 납세담보의 제공을 요구할 수 있다.

④ 제3항에도 불구하고 세관장은 압류 또는 매각의 유예 결정일 기준으로 최근 3년 이내에 이 법, 「자유무역협정의 이행을 위한 관세법의 특례에 관한 법률」, 「수출용 원재료에 대한 관세 등 환급에 관한 특례법」 또는 「조세범 처벌법」 위반으로 처벌받은 사실이 없는 체납자로부터 체납액 납부계획서를 제출받고 그 납부계획의 타당성을 인정하는 경우에는 납세담보의 제공을 요구하지 아니할 수 있다. 〈개정 2020. 12. 22.〉

⑤ 세관장은 압류 또는 매각의 유예를 받은 체납자가 다음 각 호의 어느 하나에 해당하는 경우에는 그 압류 또는 매각의 유예를 취소하고, 유예에 관계되는 체납액을 한꺼번에 징수할 수 있다. 다만, 제1호에 정당한 사유가 있는 것으로 세관장이 인정하는 경우에는 압류 또는 매각의 유예를 취소하지 아니할 수 있다. 〈개정 2020. 12. 22.〉

1. 체납액을 분납계획에 따라 납부하지 아니한 경우
2. 담보의 변경이나 그 밖에 담보 보전에 필요한 세관장의 명령에 따르지 아니한 경우
3. 재산상황이나 그 밖의 사정의 변화로 유예할 필요가 없다고 인정될 경우
4. 다음 각 목 중 어느 하나의 경우에 해당되어 그 유예한 기한까지 유예에 관계되는 체납액의 전액을 징수할 수 없다고 인정될 경우
   가. 국세 · 지방세 또는 공과금의 체납으로 강제징수 또는 체납처분이 시작된 경우
   나. 「민사집행법」에 따른 강제집행 · 담보권 실행 등을 위한 경매가 시작된 경우

다. 「어음법」 및 「수표법」에 따른 어음교환소에서 거래정지처분을 받은 경우

라. 「채무자 회생 및 파산에 관한 법률」에 따른 파산선고를 받은 경우

마. 법인이 해산된 경우

바. 관세의 체납이 발생되거나 관세를 포탈하려는 행위가 있다고 인정되는 경우

⑥ 세관장은 제1항에 따라 압류 또는 매각을 유예하였거나 제5항에 따라 압류 또는 매각의 유예를 취소하였을 때에는 체납자에게 그 사실을 통지하여야 한다. 〈개정 2020. 12. 22.〉

⑦ 세관장은 다음 각 호의 어느 하나에 해당하는 경우에는 제1항에 따라 압류 또는 매각의 유예를 받은 체납액에 대하여 유예기간이 지난 후 다시 압류 또는 매각의 유예를 할 수 있다. 〈개정 2020. 12. 22.〉

1. 제5항 각 호 외의 부분 단서에 따라 압류 또는 매각의 유예를 취소하지 아니한 경우

2. 제5항제3호에 따라 압류 또는 매각의 유예를 취소한 경우

⑧ 관세청장은 제4항에 따른 법 위반 사실을 확인하기 위하여 관계 기관의 장에게 범죄경력자료(이 법, 「자유무역협정의 이행을 위한 관세법의 특례에 관한 법률」, 「수출용 원재료에 대한 관세 등 환급에 관한 특례법」 또는 「조세범 처벌법」 위반에 한정한다)의 조회를 요청할 수 있으며, 그 요청을 받은 관계 기관의 장은 정당한 사유가 없으면 이에 따라야 한다. 〈신설 2020. 12. 22.〉

⑨ 제1항부터 제8항까지에서 규정한 사항 외에 압류 또는 매각의 유예 신청, 통지 및 유예기간 등 압류 또는 매각의 유예에 필요한 세부사항은 대통령령으로 정한다. 〈개정 2020. 12. 22.〉

[본조신설 2018. 12. 31.]

[제목개정 2020. 12. 22.]

제44조(체납자료의 제공) ① 세관장은 관세징수 또는 공익목적을 위하여 필요한 경우로서 「신용정보의 이용 및 보호에 관한 법률」 제2조제6호에 따른 신용정보집중기관, 그 밖에 대통령령으로 정하는 자가 다음 각 호의 어느 하나에 해당하는 체납자의 인적사항 및 체납액에 관한 자료(이하 "체납자료"라 한다)를 요구한 경우에는 이를

제공할 수 있다. 다만, 체납된 관세 및 내국세등과 관련하여 이 법에 따른 이의신청·심사청구 또는 심판청구 및 행정소송이 계류 중인 경우나 그 밖에 대통령령으로 정하는 경우에는 체납자료를 제공하지 아니한다. 〈개정 2020. 2. 4.〉

1. 체납 발생일부터 1년이 지나고 체납액이 대통령령으로 정하는 금액 이상인 자

2. 1년에 3회 이상 체납하고 체납액이 대통령령으로 정하는 금액 이상인 자

② 제1항에 따른 체납자료의 제공 절차 등에 필요한 사항은 대통령령으로 정한다.

③ 제1항에 따라 체납자료를 제공받은 자는 이를 업무 목적 외의 목적으로 누설하거나 이용하여서는 아니 된다

[전문개정 2013. 1. 1.]

제45조(관세체납정리위원회) ① 관세(세관장이 징수하는 내국세등을 포함한다)의 체납정리에 관한 사항을 심의하기 위하여 세관에 관세체납정리위원회를 둘 수 있다

② 제1항에 따른 관세체납정리위원회의 조직과 운영에 필요한 사항은 대통령령으로 정한다.

[전문개정 2010. 12. 30.]

제3관 관세환급금의 환급 등 〈개정 2013. 1. 1.〉

제46조(관세환급금의 환급) ① 세관장은 납세의무자가 관세·가산세 또는 강제징수비로 납부한 금액 중 잘못 납부하거나 초과하여 납부한 금액 또는 이 법에 따라 환급하여야 할 환급세액의 환급을 청구할 때에는 대통령령으로 정하는 바에 따라 지체 없이 이를 관세환급금으로 결정하고 30일 이내에 환급하여야 하며, 세관장이 확인한 관세환급금은 납세의무자가 환급을 청구하지 아니하더라도 환급하여야 한다. 〈개정 2013. 1. 1., 2019. 12. 31., 2020. 12. 29., 2023. 12. 31.〉

② 세관장은 제1항에 따라 관세환급금을 환급하는 경우에 환급받을 자가 세관에 납부하여야 하는 관세와 그 밖의 세금, 가산세 또는 강제징수비가 있을 때에는 환급하여야 하는 금액에서 이를 충당할 수 있다 〈개정 2013. 1. 1., 2019. 12. 31., 2020. 12. 29.〉

③ 납세의무자의 관세환급금에 관한 권리는 대통령령으로 정하는 바에 따라 제3자에게 양도할 수 있다. 〈개정 2013. 1. 1.〉

④ 제1항에 따른 관세환급금의 환급은 「국가재정법」 제17조에도 불구하고 대통령령으로 정하는 바에 따라 「한국은행법」에 따른 한국은행의 해당 세관장의 소관 세입금에서 지급한다. 〈개정 2013. 1. 1.〉

[전문개정 2010. 12. 30.]

[제목개정 2013. 1. 1.]

제47조(과다환급관세의 징수) ① 세관장은 제46조에 따른 관세환급금의 환급에 있어서 그 환급액이 과다한 것을 알게 되었을 때에는 해당 관세환급금을 지급받은 자로부터 과다지급된 금액을 징수하여야 한다. 〈개정 2013. 1. 1.〉

② 세관장은 제1항에 따라 관세환급금의 과다환급액을 징수할 때에는 과다환급을 한 날의 다음 날부터 징수결정을 하는 날까지의 기간에 대하여 대통령령으로 정하는 이율에 따라 계산한 금액을 과다환급액에 더하여야 한다. 〈개정 2013. 1. 1.〉

[전문개정 2010. 12. 30.]

제48조(관세환급가산금) 세관장은 제46조에 따라 관세환급금을 환급하거나 충당할 때에는 대통령령으로 정하는 관세환급가산금 기산일부터 환급결정 또는 충당결정을 하는 날까지의 기간과 대통령령으로 정하는 이율에 따라 계산한 금액을 관세환급금에 더하여야 한다. 다만, 국가 또는 지방자치단체가 직접 수입하는 물품 등 대통령령으로 정하는 물품에 대하여는 그러하지 아니하다. 〈개정 2013. 1. 1., 2019. 12. 31.〉

[전문개정 2010. 12. 30.]

[제목개정 2013. 1. 1.]

제3장 세율 및 품목 분류 〈개정 2010. 12. 30.〉

제1절 통칙 〈개정 2010. 12. 30.〉

제49조(세율의 종류) 제14조에 따라 수입물품에 부과되는 관세의 세율은 다음 각 호와 같다.

1. 기본세율
2. 잠정세율
3. 제51조부터 제67조까지, 제67조의2 및 제68조부터 제77조까

지의 규정에 따라 대통령령 또는 기획재정부령으로 정하는 세율
[전문개정 2010. 12. 30.]

제50조(세율 적용의 우선순위) ① 기본세율과 잠정세율은 별표 관세율표에 따르되, 잠정세율을 기본세율에 우선하여 적용한다.

② 제49조제3호의 세율은 다음 각 호의 순서에 따라 별표 관세율표의 세율에 우선하여 적용한다. 〈개정 2018. 12. 31.〉

1. 제51조, 제57조, 제63조, 제65조, 제67조의2, 제68조 및 제69조제2호에 따른 세율
2. 제73조 및 제74조에 따른 세율
3. 제69조제1호 · 제3호 · 제4호, 제71조 및 제72조에 따른 세율
4. 제76조에 따른 세율

③ 제2항에도 불구하고 제2항제2호의 세율은 기본세율, 잠정세율, 제2항제3호 및 제4호의 세율보다 낮은 경우에만 우선하여 적용하고, 제2항제3호의 세율 중 제71조에 따른 세율은 제2항제4호의 세율보다 낮은 경우에만 우선하여 적용한다. 다만, 제73조에 따라 국제기구와의 관세에 관한 협상에서 국내외의 가격차에 상당하는 율로 양허(讓許)하거나 국내시장 개방과 함께 기본세율보다 높은 세율로 양허한 농림축산물 중 대통령령으로 정하는 물품에 대하여 양허한 세율(시장접근물량에 대한 양허세율을 포함한다)은 기본세율 및 잠정세율에 우선하여 적용한다.

④ 별표 관세율표 중 잠정세율을 적용받는 물품에 대하여는 대통령령으로 정하는 바에 따라 그 물품의 전부 또는 일부에 대하여 잠정세율의 적용을 정지하거나 기본세율과의 세율차를 좁히도록 잠정세율을 올리거나 내릴 수 있다.

⑤ 제49조제3호에 따른 세율을 적용할 때 별표 관세율표 중 종량세인 경우에는 해당 세율에 상당하는 금액을 적용한다.
[전문개정 2010. 12. 30.]

제2절 세율의 조정

제1관 덤핑방지관세

제51조(덤핑방지관세의 부과대상) 국내산업과 이해관계가 있는 자로서 대통령령으로 정하는 자 또는 주무부장관이 부과요청을 한 경우로서 외국의 물품이 대통령령으로 정하는 정상가격 이하로 수입(이

하 “덤핑”이라 한다)되어 다음 각 호의 어느 하나에 해당하는 것(이하 이 관에서 “실질적 피해등”이라 한다)으로 조사를 통하여 확인되고 해당 국내산업을 보호할 필요가 있다고 인정되는 경우에는 기획재정부령으로 그 물품과 공급자 또는 공급국을 지정하여 해당 물품에 대하여 정상가격과 덤핑가격 간의 차액(이하 “덤핑차액”이라 한다)에 상당하는 금액 이하의 관세(이하 “덤핑방지관세”라 한다)를 추가하여 부과할 수 있다. 〈개정 2020. 6. 9.〉

1. 국내산업이 실질적인 피해를 받거나 받을 우려가 있는 경우
2. 국내산업의 발전이 실질적으로 지연된 경우

[전문개정 2010. 12. 30.]

제52조(덤핑 및 실질적 피해등의 조사) ① 제51조에 따른 덤핑 사실과 실질적 피해등의 사실에 관한 조사는 대통령령으로 정하는 바에 따른다.

② 기획재정부장관은 덤핑방지관세를 부과할 때 관련 산업의 경쟁력 향상, 국내 시장구조, 물가안정, 통상협력 등을 고려할 필요가 있는 경우에는 이를 조사하여 반영할 수 있다. 〈개정 2016. 12. 20.〉

[전문개정 2010. 12. 30.]

제53조(덤핑방지관세를 부과하기 전의 잠정조치) ① 기획재정부장관은 덤핑방지관세의 부과 여부를 결정하기 위하여 조사가 시작된 경우로서 다음 각 호의 어느 하나에 해당하는 경우에는 조사기간 중에 발생하는 피해를 방지하기 위하여 해당 조사가 종결되기 전이라도 대통령령으로 정하는 바에 따라 그 물품과 공급자 또는 공급국 및 기간을 정하여 잠정적으로 추계(推計)된 덤핑차액에 상당하는 금액 이하의 잠정덤핑방지관세를 추가하여 부과하도록 명하거나 담보를 제공하도록 명하는 조치(이하 이 관에서 “잠정조치”라 한다)를 할 수 있다. 〈개정 2020. 6. 9.〉

1. 해당 물품에 대한 덤핑 사실 및 그로 인한 실질적 피해등의 사실이 있다고 추정되는 충분한 증거가 있는 경우
2. 제54조에 따른 약속을 위반하거나 약속의 이행에 관한 자료제출 요구 및 제출자료의 검증 허용 요구를 따르지 아니한 경우로서 이용할 수 있는 최선의 정보가 있는 경우

② 다음 각 호의 어느 하나에 해당하는 경우에는 대통령령으로

정하는 바에 따라 납부된 잠정덤핑방지관세를 환급하거나 제공된 담보를 해제하여야 한다.

1. 잠정조치를 한 물품에 대한 덤핑방지관세의 부과요청이 철회되어 조사가 종결된 경우

2. 잠정조치를 한 물품에 대한 덤핑방지관세의 부과 여부가 결정된 경우

3. 제54조에 따른 약속이 수락된 경우

③ 제2항에도 불구하고 다음 각 호의 어느 하나에 해당하는 경우 덤핑방지관세액이 잠정덤핑방지관세액 또는 제공된 담보금액을 초과할 때에는 그 차액을 징수하지 아니하며, 덤핑방지관세액이 잠정덤핑방지관세액 또는 제공된 담보금액에 미달될 때에는 그 차액을 환급하거나 차액에 해당하는 담보를 해제하여야 한다. 〈개정 2023. 12. 31.〉

1. 덤핑과 그로 인한 산업피해를 조사한 결과 해당 물품에 대한 덤핑 사실 및 그로 인한 실질적 피해등의 사실이 있는 것으로 판정된 이후에 제54조에 따른 약속이 수락된 경우

2. 제55조 단서에 따라 덤핑방지관세를 소급하여 부과하는 경우

[전문개정 2010. 12. 30.]

제54조(덤핑방지관세와 관련된 약속의 제의) ① 덤핑방지관세의 부과 여부를 결정하기 위하여 예비조사를 한 결과 해당 물품에 대한 덤핑 사실 및 그로 인한 실질적 피해등의 사실이 있는 것으로 판정된 경우 해당 물품의 수출자 또는 기획재정부장관은 대통령령으로 정하는 바에 따라 덤핑으로 인한 피해가 제거될 정도의 가격수정이나 덤핑수출의 중지에 관한 약속을 제의할 수 있다.

② 제1항에 따른 약속이 수락된 경우 기획재정부장관은 잠정조치 또는 덤핑방지관세의 부과 없이 조사가 중지 또는 종결되도록 하여야 한다. 다만, 기획재정부장관이 필요하다고 인정하거나 수출자가 조사를 계속하여 줄 것을 요청한 경우에는 그 조사를 계속할 수 있다.

[전문개정 2010. 12. 30.]

제55조(덤핑방지관세의 부과 시기) 덤핑방지관세의 부과와 잠정조치는 각각의 조치일 이후 수입되는 물품에 대하여 적용된다. 다만, 잠정조치가 적용된 물품에 대하여 국제협약에서 달리 정하는 경우와 그 밖에 대통령령으로 정하는 경우에는 그 물품에 대하여도 덤핑방

지관세를 부과할 수 있다.

[전문개정 2010. 12. 30.]

제56조(덤핑방지관세에 대한 재심사 등) ① 기획재정부장관은 필요하다고 인정될 때에는 대통령령으로 정하는 바에 따라 다음 각 호의 조치(이하 이 조에서 "덤핑방지조치"라 한다)에 대하여 재심사를 할 수 있으며, 재심사의 결과에 따라 덤핑방지조치의 변경, 환급 등 필요한 조치를 할 수 있다. 〈개정 2023. 12. 31.〉

1. 덤핑방지관세의 부과
2. 제54조에 따른 약속

② 기획재정부장관은 제1항에 따른 재심사에 필요한 사항으로서 덤핑방지조치 물품의 수입 및 징수실적 등 대통령령으로 정하는 사항을 조사할 수 있다. 〈신설 2021. 12. 21.〉

③ 덤핑방지조치는 기획재정부령으로 그 적용시한을 따로 정하는 경우를 제외하고는 해당 덤핑방지조치의 시행일부터 5년이 지나면 그 효력을 잃으며, 제1항에 따라 덤핑과 산업피해를 재심사하고 그 결과에 따라 내용을 변경할 때에는 기획재정부령으로 그 적용시한을 따로 정하는 경우를 제외하고는 변경된 내용의 시행일부터 5년이 지나면 그 효력을 잃는다. 다만, 대통령령으로 정하는 사유로 재심사하는 경우에는 재심사가 끝나기 전에 해당 덤핑방지조치의 적용시한이 종료되더라도 재심사기간 동안 그 덤핑방지조치는 효력을 잃지 아니한다. 〈개정 2021. 12. 21., 2023. 12. 31.〉

④ 제1항부터 제3항까지의 규정과 제51조부터 제55조까지의 규정에 따른 덤핑방지관세의 부과 및 시행 등에 필요한 사항은 대통령령으로 정한다. 〈개정 2021. 12. 21.〉

[전문개정 2010. 12. 30.]

제56조의2(우회덤핑 물품에 대한 덤핑방지관세의 부과) ① 다음 각 호의 어느 하나에 해당하는 경우로서 제51조에 따라 덤핑방지관세가 부과되는 물품의 물리적 특성이나 형태 등을 경미하게 변경하는 행위 등 대통령령으로 정하는 행위를 통하여 해당 덤핑방지관세의 부과를 회피(이하 "우회덤핑"이라 한다)하려는 사실이 조사를 통하여 확인되는 경우에는 기획재정부령으로 그 물품을 지정하여 같은 조에 따른 덤핑방지관세를 부과할 수 있다.

1. 제51조에 따른 부과요청을 한 자가 우회덤핑 해당 여부에 대

한 조사를 신청한 경우

2. 그 밖에 대통령령으로 정하는 경우

② 제1항에 따른 물품(이하 이 조에서 “우회덤핑 물품”이라 한다)에 대해서는 제53조 및 제54조를 적용하지 아니한다.

③ 제55조에도 불구하고 제1항에 따른 덤핑방지관세의 부과는 해당 우회덤핑에 대한 조사의 개시일 이후 수입되는 물품에 대해서도 적용한다.

④ 우회덤핑에 관한 조사, 우회덤핑 물품에 대한 덤핑방지관세의 부과 및 시행 등에 필요한 사항은 대통령령으로 정한다.

[본조신설 2023. 12. 31.]

제2관 상계관세

제57조(상계관세의 부과대상) 국내산업과 이해관계가 있는 자로서 대통령령으로 정하는 자 또는 주무부장관이 부과요청을 한 경우로서, 외국에서 제조·생산 또는 수출에 관하여 직접 또는 간접으로 보조금이나 장려금(이하 “보조금등”이라 한다)을 받은 물품의 수입으로 인하여 다음 각 호의 어느 하나에 해당하는 것(이하 이 관에서 “실질적 피해등”이라 한다)으로 조사를 통하여 확인되고 해당 국내산업을 보호할 필요가 있다고 인정되는 경우에는 기획재정부령으로 그 물품과 수출자 또는 수출국을 지정하여 그 물품에 대하여 해당 보조금등의 금액 이하의 관세(이하 “상계관세”라 한다)를 추가하여 부과할 수 있다. 〈개정 2020. 6. 9.〉

1. 국내산업이 실질적인 피해를 받거나 받을 우려가 있는 경우

2. 국내산업의 발전이 실질적으로 지연된 경우

[전문개정 2010. 12. 30.]

제58조(보조금등의 지급과 실질적 피해등의 조사) ① 보조금등의 지급과 실질적 피해등의 사실에 관한 조사는 대통령령으로 정하는 바에 따른다.

② 기획재정부장관은 상계관세를 부과할 때 관련 산업의 경쟁력 향상, 국내 시장구조, 물가안정, 통상협력 등을 고려할 필요가 있는 경우에는 이를 조사하여 반영할 수 있다. 〈개정 2016. 12. 20.〉

[전문개정 2010. 12. 30.]

제59조(상계관세를 부과하기 전의 잠정조치) ① 기획재정부장관은

상계관세의 부과 여부를 결정하기 위하여 조사가 시작된 물품이 보조금등을 받아 수입되어 다음 각 호의 어느 하나에 해당한다고 인정되는 경우에는 대통령령으로 정하는 바에 따라 국내산업의 보호를 위하여 조사가 종결되기 전이라도 그 물품의 수출자 또는 수출국 및 기간을 정하여 보조금등의 추정액에 상당하는 금액 이하의 잠정상계관세를 부과하도록 명하거나 담보를 제공하도록 명하는 조치(이하 이 관에서 "잠정조치"라 한다)를 할 수 있다.

1. 국내산업에 실질적 피해등이 발생한 사실이 있다고 추정되는 충분한 증거가 있음이 확인되는 경우

2. 제60조에 따른 약속을 철회하거나 위반한 경우와 그 약속의 이행에 관한 자료를 제출하지 아니한 경우로서 이용할 수 있는 최선의 정보가 있는 경우

② 잠정조치가 취하여진 물품에 대하여 상계관세의 부과요청이 철회되어 조사가 종결되거나 상계관세의 부과 여부가 결정된 경우 또는 제60조에 따른 약속이 수락된 경우에는 대통령령으로 정하는 바에 따라 납부된 잠정상계관세를 환급하거나 제공된 담보를 해제하여야 한다. 다만, 다음 각 호의 어느 하나에 해당하는 경우 상계관세액이 잠정상계관세액 또는 제공된 담보금액을 초과할 때에는 그 차액을 징수하지 아니하며, 상계관세액이 잠정상계관세액 또는 제공된 담보금액에 미달될 때에는 그 차액을 환급하거나 차액에 해당하는 담보를 해제하여야 한다. 〈개정 2023. 12. 31.〉

1. 보조금등의 지급과 그로 인한 산업피해를 조사한 결과 해당 물품에 대한 보조금등의 지급과 그로 인한 실질적 피해등의 사실이 있다고 판정된 이후에 제60조에 따른 약속이 수락된 경우

2. 제61조 단서에 따라 상계관세를 소급하여 부과하는 경우

[전문개정 2010. 12. 30.]

제60조(상계관세와 관련된 약속의 제의) ① 제57조에 따른 상계관세의 부과 여부를 결정하기 위하여 예비조사를 한 결과 보조금등의 지급과 그로 인한 실질적 피해등의 사실이 있는 것으로 판정된 경우 해당 물품의 수출국 정부 또는 기획재정부장관은 대통령령으로 정하는 바에 따라 해당 물품에 대한 보조금등을 철폐 또는 삭감하거나 보조금등의 국내산업에 대한 피해효과를 제거하기 위한 적절한 조치에 관한 약속을 제의할 수 있으며, 해당 물품의 수출자는 수출

국 정부의 동의를 받아 보조금등의 국내산업에 대한 피해효과가 제거될 수 있을 정도로 가격을 수정하겠다는 약속을 제의할 수 있다.

② 제1항에 따른 약속이 수락된 경우 기획재정부장관은 잠정조치 또는 상계관세의 부과 없이 조사가 중지 또는 종결되도록 하여야 한다. 다만, 기획재정부장관이 필요하다고 인정하거나 수출국 정부가 피해 조사를 계속하여 줄 것을 요청한 경우에는 그 조사를 계속할 수 있다.

[전문개정 2010. 12. 30.]

제61조(상계관세의 부과 시기) 상계관세의 부과와 잠정조치는 각각의 조치일 이후 수입되는 물품에 대하여 적용된다. 다만, 잠정조치가 적용된 물품에 대하여 국제협약에서 달리 정하고 있는 경우와 그 밖에 대통령령으로 정하는 경우에는 그 물품에 대하여도 상계관세를 부과할 수 있다.

[전문개정 2010. 12. 30.]

제62조(상계관세에 대한 재심사 등) ① 기획재정부장관은 필요하다고 인정될 때에는 대통령령으로 정하는 바에 따라 다음 각 호의 조치(이하 이 조에서 "상계조치"라 한다)에 대하여 재심사를 할 수 있으며, 재심사의 결과에 따라 상계조치의 변경, 환급 등 필요한 조치를 할 수 있다. 〈개정 2023. 12. 31.〉

1. 상계관세의 부과
2. 제60조에 따른 약속

② 기획재정부장관은 제1항에 따른 재심사에 필요한 사항으로서 상계조치 물품의 수입 및 징수실적 등 대통령령으로 정하는 사항을 조사할 수 있다. 〈신설 2021. 12. 21.〉

③ 상계조치는 기획재정부령으로 그 적용시한을 따로 정하는 경우를 제외하고는 해당 상계조치의 시행일부터 5년이 지나면 그 효력을 잃으며, 제1항에 따라 보조금등의 지급과 산업피해를 재심사하고 그 결과에 따라 내용을 변경할 때에는 기획재정부령으로 그 적용시한을 따로 정하는 경우를 제외하고는 변경된 내용의 시행일부터 5년이 지나면 그 효력을 잃는다. 다만, 대통령령으로 정하는 사유로 재심사하는 경우에는 재심사가 끝나기 전에 해당 상계조치의 적용시한이 종료되더라도 재심사기간 동안 그 상계조치는 효력을 잃지 아니한다. 〈개정 2021. 12. 21., 2023. 12. 31.〉

④ 제1항부터 제3항까지의 규정과 제57조부터 제61조까지의 규정에 따른 상계관세의 부과 및 시행 등에 필요한 사항은 대통령령으로 정한다. 〈개정 2021. 12. 21.〉

[전문개정 2010. 12. 30.]

제3관 보복관세

제63조(보복관세의 부과대상) ① 교역상대국이 우리나라의 수출물품 등에 대하여 다음 각 호의 어느 하나에 해당하는 행위를 하여 우리나라의 무역이익이 침해되는 경우에는 그 나라로부터 수입되는 물품에 대하여 피해상당액의 범위에서 관세(이하 "보복관세"라 한다)를 부과할 수 있다.

1. 관세 또는 무역에 관한 국제협정이나 양자 간의 협정 등에 규정된 우리나라의 권익을 부인하거나 제한하는 경우

2. 그 밖에 우리나라에 대하여 부당하거나 차별적인 조치를 하는 경우

② 보복관세를 부과하여야 하는 대상 국가, 물품, 수량, 세율, 적용시한, 그 밖에 필요한 사항은 대통령령으로 정한다.

[전문개정 2010. 12. 30.]

제64조(보복관세의 부과에 관한 협의) 기획재정부장관은 보복관세를 부과할 때 필요하다고 인정되는 경우에는 관련 국제기구 또는 당사국과 미리 협의할 수 있다.

[전문개정 2010. 12. 30.]

제4관 긴급관세

제65조(긴급관세의 부과대상 등) ① 특정물품의 수입증가로 인하여 동종물품 또는 직접적인 경쟁관계에 있는 물품을 생산하는 국내산업(이하 이 조에서 "국내산업"이라 한다)이 심각한 피해를 받거나 받을 우려(이하 이 조에서 "심각한 피해등"이라 한다)가 있음이 조사를 통하여 확인되고 해당 국내산업을 보호할 필요가 있다고 인정되는 경우에는 해당 물품에 대하여 심각한 피해등을 방지하거나 치유하고 조정을 촉진(이하 "피해의 구제등"이라 한다)하기 위하여 필요한 범위에서 관세(이하 "긴급관세"라 한다)를 추가하여 부과할 수 있다.

② 긴급관세는 해당 국내산업의 보호 필요성, 국제통상관계, 긴급

관세 부과에 따른 보상 수준 및 국민경제 전반에 미치는 영향 등을 검토하여 부과 여부와 그 내용을 결정한다.

③ 기획재정부장관은 긴급관세를 부과하는 경우에는 이해당사국과 긴급관세부과의 부정적 효과에 대한 적절한 무역보상방법에 관하여 협의를 할 수 있다.

④ 긴급관세의 부과와 제66조제1항에 따른 잠정긴급관세의 부과는 각각의 부과조치 결정 시행일 이후 수입되는 물품에 한정하여 적용한다.

⑤ 긴급관세의 부과기간은 4년을 초과할 수 없으며, 제66조제1항에 따른 잠정긴급관세는 200일을 초과하여 부과할 수 없다. 다만, 제67조에 따른 재심사의 결과에 따라 부과기간을 연장하는 경우에는 잠정긴급관세의 부과기간, 긴급관세의 부과기간, 「대외무역법」 제39조제1항에 따른 수입수량제한 등(이하 이 조와 제66조에서 "수입수량제한등"이라 한다)의 적용기간 및 그 연장기간을 포함한 총 적용기간은 8년을 초과할 수 없다.

⑥ 긴급관세 또는 제66조제1항에 따른 잠정긴급관세를 부과하여야 하는 대상 물품, 세율, 적용기간, 수량, 수입관리방안, 그 밖에 필요한 사항은 기획재정부령으로 정한다.

⑦ 기획재정부장관은 긴급관세 또는 제66조제1항에 따른 잠정긴급관세의 부과 여부를 결정하기 위하여 필요하다고 인정되는 경우에는 관계 행정기관의 장 및 이해관계인 등에게 관련 자료의 제출 등 필요한 협조를 요청할 수 있다.

[전문개정 2010. 12. 30.]

제66조(잠정긴급관세의 부과 등) ① 긴급관세의 부과 여부를 결정하기 위하여 조사가 시작된 물품 또는 「불공정무역행위 조사 및 산업피해구제에 관한 법률」 제7조제1항에 따라 잠정조치가 건의된 물품에 대하여 조사기간 중에 발생하는 심각한 피해등을 방지하지 아니하는 경우 회복하기 어려운 피해가 초래되거나 초래될 우려가 있다고 판단될 때에는 조사가 종결되기 전에 피해의 구제등을 위하여 필요한 범위에서 잠정긴급관세를 추가하여 부과할 수 있다.

② 긴급관세의 부과 또는 수입수량제한등의 조치 여부를 결정한 때에는 제1항에 따른 잠정긴급관세의 부과를 중단한다.

③ 긴급관세의 부과 또는 수입수량제한등의 조치 여부를 결정하기

위하여 조사한 결과 수입증가가 국내산업에 심각한 피해를 초래하거나 초래할 우려가 있다고 판단되지 아니하는 경우에는 제1항에 따라 납부된 잠정긴급관세를 환급하여야 한다.

[전문개정 2010. 12. 30.]

제67조(긴급관세에 대한 재심사 등) 기획재정부장관은 필요하다고 인정되는 때에는 긴급관세의 부과결정에 대하여 재심사를 할 수 있으며, 재심사결과에 따라 부과내용을 변경할 수 있다. 이 경우 변경된 내용은 최초의 조치내용보다 더 강화되어서는 아니된다. 〈개정 2008. 2. 29.〉

제67조의2(특정국물품 긴급관세의 부과) ① 국제조약 또는 일반적인 국제법규에 따라 허용되는 한도에서 대통령령으로 정하는 국가를 원산지로 하는 물품(이하 이 조에서 "특정국물품"이라 한다)이 다음 각 호의 어느 하나에 해당하는 것으로 조사를 통하여 확인된 경우에는 피해를 구제하거나 방지하기 위하여 필요한 범위에서 관세(이하 "특정국물품 긴급관세"라 한다)를 추가하여 부과할 수 있다.

1. 해당 물품의 수입증가가 국내시장의 교란 또는 교란우려의 중대한 원인이 되는 경우

2. 세계무역기구 회원국이 해당 물품의 수입증가에 대하여 자국의 피해를 구제하거나 방지하기 위하여 한 조치로 인하여 중대한 무역전환이 발생하여 해당 물품이 우리나라로 수입되거나 수입될 우려가 있는 경우

② 제1항제1호에서 "국내시장의 교란 또는 교란우려"란 특정국물품의 수입증가로 인하여 동종물품 또는 직접적인 경쟁관계에 있는 물품을 생산하는 국내산업이 실질적 피해를 받거나 받을 우려가 있는 경우를 말한다.

③ 특정국물품 긴급관세 또는 제5항에 따른 특정국물품 잠정긴급관세를 부과하여야 하는 대상 물품, 세율, 적용기간, 수량, 수입관리 방안 등에 관하여 필요한 사항은 기획재정부령으로 정한다.

④ 기획재정부장관은 특정국물품 긴급관세를 부과할 때에는 이해당사국과 해결책을 모색하기 위하여 사전 협의를 할 수 있다.

⑤ 제1항제1호에 따라 특정국물품 긴급관세의 부과 여부를 결정하기 위한 조사가 시작된 물품에 대하여 조사기간 중에 발생하는 국내시장의 교란을 방지하지 아니하는 경우 회복하기 어려운 피해가

초래되거나 초래될 우려가 있다고 판단될 때에는 조사가 종결되기 전에 피해를 구제하거나 방지하기 위하여 필요한 범위에서 특정국물품에 대한 잠정긴급관세(이하 "특정국물품 잠정긴급관세"라 한다)를 200일의 범위에서 부과할 수 있다.

⑥ 특정국물품 긴급관세의 부과 여부를 결정하기 위하여 조사한 결과 국내시장의 교란 또는 교란우려가 있다고 판단되지 아니하는 경우에는 제5항에 따라 납부된 특정국물품 잠정긴급관세를 환급하여야 한다.

⑦ 제1항제2호에 따른 특정국물품 긴급관세 부과의 원인이 된 세계무역기구 회원국의 조치가 종료된 때에는 그 종료일부터 30일 이내에 특정국물품 긴급관세 부과를 중지하여야 한다.

⑧ 특정국물품 긴급관세 또는 특정국물품 잠정긴급관세의 부과에 관하여는 제65조제2항·제4항·제7항, 제66조제2항 및 제67조를 준용한다.

[전문개정 2010. 12. 30.]

제5관 농림축산물에 대한 특별긴급관세

제68조(농림축산물에 대한 특별긴급관세) ① 제73조에 따라 국내외 가격차에 상당한 율로 양허한 농림축산물의 수입물량이 급증하거나 수입가격이 하락하는 경우에는 대통령령으로 정하는 바에 따라 양허한 세율을 초과하여 관세(이하 "특별긴급관세"라 한다)를 부과할 수 있다.

② 특별긴급관세를 부과하여야 하는 대상 물품, 세율, 적용시한, 수량 등은 기획재정부령으로 정한다.

[전문개정 2010. 12. 30.]

제6관 조정관세

제69조(조정관세의 부과대상) 다음 각 호의 어느 하나에 해당하는 경우에는 100분의 100에서 해당 물품의 기본세율을 뺀 율을 기본세율에 더한 율의 범위에서 관세를 부과할 수 있다. 다만, 농림축수산물 또는 이를 원재료로 하여 제조된 물품의 국내외 가격차가 해당 물품의 과세가격을 초과하는 경우에는 국내외 가격차에 상당하는 율의 범위에서 관세를 부과할 수 있다. <개정 2018. 12. 31.,

2020. 12. 22.〉

1. 산업구조의 변동 등으로 물품 간의 세율 불균형이 심하여 이를 시정할 필요가 있는 경우

2. 공중도덕 보호, 인간·동물·식물의 생명 및 건강 보호, 환경보전, 한정된 천연자원 보존 및 국제평화와 안전보장 등을 위하여 필요한 경우

3. 국내에서 개발된 물품을 일정 기간 보호할 필요가 있는 경우

4. 농림축수산물 등 국제경쟁력이 취약한 물품의 수입증가로 인하여 국내시장이 교란되거나 산업기반이 붕괴될 우려가 있어 이를 시정하거나 방지할 필요가 있는 경우

[전문개정 2010. 12. 30.]

제70조(조정관세의 적용 세율 등) ① 제69조에 따른 관세(이하 “조정관세”라 한다)는 해당 국내산업의 보호 필요성, 국제통상관계, 국제평화·국가안보·사회질서·국민경제 전반에 미치는 영향 등을 검토하여 부과 여부와 그 내용을 정한다. 〈개정 2018. 12. 31.〉

② 조정관세를 부과하여야 하는 대상 물품, 세율 및 적용시한 등은 대통령령으로 정한다.

[전문개정 2010. 12. 30.]

제7관 할당관세

제71조(할당관세) ① 다음 각 호의 어느 하나에 해당하는 경우에는 100분의 40의 범위의 율을 기본세율에서 빼고 관세를 부과할 수 있다. 이 경우 필요하다고 인정될 때에는 그 수량을 제한할 수 있다.

1. 원활한 물자수급 또는 산업의 경쟁력 강화를 위하여 특정물품의 수입을 촉진할 필요가 있는 경우

2. 수입가격이 급등한 물품 또는 이를 원재료로 한 제품의 국내가격을 안정시키기 위하여 필요한 경우

3. 유사물품 간의 세율이 현저히 불균형하여 이를 시정할 필요가 있는 경우

② 특정물품의 수입을 억제할 필요가 있는 경우에는 일정한 수량을 초과하여 수입되는 분에 대하여 100분의 40의 범위의 율을 기본세율에 더하여 관세를 부과할 수 있다. 다만, 농림축수산물인 경

우에는 기본세율에 동종물품·유사물품 또는 대체물품의 국내외 가격차에 상당하는 율을 더한 율의 범위에서 관세를 부과할 수 있다.

③ 제1항과 제2항에 따른 관세를 부과하여야 하는 대상 물품, 수량, 세율, 적용기간 등은 대통령령으로 정한다

④ 기획재정부장관은 매 회계연도 종료 후 5개월 이내에 제1항부터 제3항까지의 규정에 따른 관세의 전년도 부과 실적 및 그 결과(관세 부과의 효과 등을 조사·분석한 보고서를 포함한다)를 국회 소관 상임위원회에 보고하여야 한다. 〈신설 2011. 12. 31., 2014. 1. 1.〉

[전문개정 2010. 12. 30.]

제8관 계절관세

제72조(계절관세) ① 계절에 따라 가격의 차이가 심한 물품으로서 동종물품·유사물품 또는 대체물품의 수입으로 인하여 국내시장이 교란되거나 생산 기반이 붕괴될 우려가 있을 때에는 계절에 따라 해당 물품의 국내외 가격차에 상당하는 율의 범위에서 기본세율보다 높게 관세를 부과하거나 100분의 40의 범위의 율을 기본세율에서 빼고 관세를 부과할 수 있다.

② 제1항에 따른 관세를 부과하여야 하는 대상 물품, 세율 및 적용시한 등은 기획재정부령으로 정한다.

[전문개정 2010. 12. 30.]

제9관 국제협력관세

제73조(국제협력관세) ① 정부는 우리나라의 대외무역 증진을 위하여 필요하다고 인정될 때에는 특정 국가 또는 국제기구와 관세에 관한 협상을 할 수 있다

② 제1항에 따른 협상을 수행할 때 필요하다고 인정되면 관세를 양허할 수 있다. 다만, 특정 국가와 협상할 때에는 기본 관세율의 100분의 50의 범위를 초과하여 관세를 양허할 수 없다.

③ 제2항에 따른 관세를 부과하여야 하는 대상 물품, 세율 및 적용기간 등은 대통령령으로 정한다.

[전문개정 2010. 12. 30.]

제10관 편익관세

제74조(편익관세의 적용기준 등) ① 관세에 관한 조약에 따른 편익을 받지 아니하는 나라의 생산물로서 우리나라에 수입되는 물품에 대하여 이미 체결된 외국과의 조약에 따른 편익의 한도에서 관세에 관한 편익(이하 "편익관세"라 한다)을 부여할 수 있다.

② 편익관세를 부여할 수 있는 대상 국가, 대상 물품, 적용 세율, 적용방법, 그 밖에 필요한 사항은 대통령령으로 정한다.

[전문개정 2010. 12. 30.]

제75조(편익관세의 적용 정지 등) 기획재정부장관은 다음 각 호의 어느 하나에 해당하는 경우에는 국가, 물품 및 기간을 지정하여 편익관세의 적용을 정지시킬 수 있다.

1. 편익관세의 적용으로 국민경제에 중대한 영향이 초래되거나 초래될 우려가 있는 경우
2. 그 밖에 편익관세의 적용을 정지시켜야 할 긴급한 사태가 있는 경우

[전문개정 2010. 12. 30.]

제11관 일반특혜관세

제76조(일반특혜관세의 적용기준) ① 대통령령으로 정하는 개발도상국가(이하 이 조에서 "특혜대상국"이라 한다)를 원산지로 하는 물품 중 대통령령으로 정하는 물품(이하 이 조에서 "특혜대상물품"이라 한다)에 대하여는 기본세율보다 낮은 세율의 관세(이하 이 관에서 "일반특혜관세"라 한다)를 부과할 수 있다.

② 일반특혜관세를 부과할 때 해당 특혜대상물품의 수입이 국내산업에 미치는 영향 등을 고려하여 그 물품에 적용되는 세율에 차등을 두거나 특혜대상물품의 수입수량 등을 한정할 수 있다.

③ 국제연합총회의 결의에 따른 최빈(最貧) 개발도상국[최빈 개발도상국에서 제외(2025년 4월 1일 전에 제외된 경우를 포함한다)된 날부터 대통령령으로 정하는 기간이 지나지 아니한 국가를 포함한다] 중 대통령령으로 정하는 국가를 원산지로 하는 물품에 대하여는 다른 특혜대상국보다 우대하여 일반특혜관세를 부과할 수 있다. 〈개정 2024. 12. 31.〉

④ 특혜대상물품에 적용되는 세율 및 적용기간과 그 밖에 필요한

사항은 대통령령으로 정한다.
[전문개정 2010. 12. 30.]

제77조(일반특혜관세의 적용 정지 등) ① 기획재정부장관은 특정한 특혜대상 물품의 수입이 증가하여 이와 동종의 물품 또는 직접적인 경쟁관계에 있는 물품을 생산하는 국내산업에 중대한 피해를 주거나 줄 우려가 있는 등 일반특혜관세를 부과하는 것이 적당하지 아니하다고 판단될 때에는 대통령령으로 정하는 바에 따라 해당 물품과 그 물품의 원산지인 국가를 지정하여 일반특혜관세의 적용을 정지할 수 있다.

② 기획재정부장관은 특정한 특혜대상국의 소득수준, 우리나라의 총수입액 중 특정한 특혜대상국으로부터의 수입액이 차지하는 비중, 특정한 특혜대상국의 특정한 특혜대상물품이 지니는 국제경쟁력의 정도, 그 밖의 사정을 고려하여 일반특혜관세를 부과하는 것이 적당하지 아니하다고 판단될 때에는 대통령령으로 정하는 바에 따라 해당 국가를 지정하거나 해당 국가 및 물품을 지정하여 일반특혜관세의 적용을 배제할 수 있다.
[전문개정 2010. 12. 30.]

제12관 관세양허에 대한 조치 등

제78조(양허의 철회 및 수정) ① 정부는 외국에서의 가격 하락이나 그 밖에 예상하지 못하였던 사정의 변화 또는 조약상 의무의 이행으로 인하여 특정물품의 수입이 증가됨으로써 이와 동종의 물품 또는 직접 경쟁관계에 있는 물품을 생산하는 국내 생산자에게 중대한 피해를 가져오거나 가져올 우려가 있다고 인정되는 경우에는 다음 각 호의 구분에 따른 조치를 할 수 있다.

1. 조약에 따라 관세를 양허하고 있는 경우: 해당 조약에 따라 이루어진 특정물품에 대한 양허를 철회하거나 수정하여 이 법에 따른 세율이나 수정 후의 세율에 따라 관세를 부과하는 조치

2. 특정물품에 대하여 제1호의 조치를 하려고 하거나 그 조치를 한 경우: 해당 조약에 따른 협의에 따라 그 물품 외에 이미 양허한 물품의 관세율을 수정하거나 양허품목을 추가하여 새로 관세의 양허를 하고 수정 또는 양허한 후의 세율을 적용하는 조치

② 제1항제2호의 조치는 같은 항 제1호의 조치에 대한 보상으로

서 필요한 범위에서만 할 수 있다.

③ 제1항에 따른 조치의 시기 및 내용과 그 밖에 필요한 사항은 대통령령으로 정한다.

[전문개정 2010. 12. 30.]

제79조(대항조치) ① 정부는 외국이 특정물품에 관한 양허의 철회·수정 또는 그 밖의 조치를 하려고 하거나 그 조치를 한 경우 해당 조약에 따라 대항조치를 할 수 있다고 인정될 때에는 다음 각 호의 조치를 할 수 있다.

1. 특정물품에 대하여 이 법에 따른 관세 외에 그 물품의 과세가격 상당액의 범위에서 관세를 부과하는 조치

2. 특정물품에 대하여 관세의 양허를 하고 있는 경우에는 그 양허의 적용을 정지하고 이 법에 따른 세율의 범위에서 관세를 부과하는 조치

② 제1항 각 호의 조치는 외국의 조치에 대한 대항조치로서 필요한 범위에서만 할 수 있다.

③ 제1항에 따른 조치의 대상 국가, 시기, 내용, 그 밖에 필요한 사항은 대통령령으로 정한다.

[전문개정 2010. 12. 30.]

제80조(양허 및 철회의 효력) ① 조약에 따라 우리나라가 양허한 품목에 대하여 그 양허를 철회한 경우에는 해당 조약에 따라 철회의 효력이 발생한 날부터 이 법에 따른 세율을 적용한다.

② 제1항에 따른 양허의 철회에 대한 보상으로 우리나라가 새로 양허한 품목에 대하여는 그 양허의 효력이 발생한 날부터 이 법에 따른 세율을 적용하지 아니한다.

[전문개정 2010. 12. 30.]

제3절 세율의 적용 등

제81조(간이세율의 적용) ① 다음 각 호의 어느 하나에 해당하는 물품 중 대통령령으로 정하는 물품에 대하여는 다른 법령에도 불구하고 간이세율을 적용할 수 있다. 〈개정 2021. 12. 21.〉

1. 여행자 또는 외국을 오가는 운송수단의 승무원이 휴대하여 수입하는 물품

2. 우편물. 다만, 제258조제2항에 따라 제241조제1항에 따른 수

입신고를 하여야 하는 우편물은 제외한다.

3. 삭제 〈2018. 12. 31.〉

4. 탁송품 또는 별송품

② 삭제 〈2018. 12. 31.〉

③ 간이세율은 수입물품에 대한 관세, 임시수입부가세 및 내국세의 세율을 기초로 하여 대통령령으로 정한다. 〈개정 2018. 12. 31.〉

④ 제1항제1호에 해당하는 물품으로서 그 총액이 대통령령으로 정하는 금액 이하인 물품에 대하여는 일반적으로 휴대하여 수입하는 물품의 관세, 임시수입부가세 및 내국세의 세율을 고려하여 제3항에 따른 세율을 단일한 세율로 할 수 있다.

[전문개정 2010. 12. 30.]

제82조(합의에 따른 세율 적용) ① 일괄하여 수입신고가 된 물품으로서 물품별 세율이 다른 물품에 대하여는 신고인의 신청에 따라 그 세율 중 가장 높은 세율을 적용할 수 있다.

② 제1항을 적용할 때에는 제5장제2절(제119조부터 제132조까지)은 적용하지 아니한다.

[전문개정 2010. 12. 30.]

제83조(용도세율의 적용) ① 별표 관세율표나 제50조제4항, 제51조, 제57조, 제63조, 제65조, 제67조의2, 제68조, 제70조부터 제74조까지 및 제76조에 따른 대통령령 또는 기획재정부령으로 용도에 따라 세율을 다르게 정하는 물품을 세율이 낮은 용도에 사용하여 해당 물품에 그 낮은 세율(이하 "용도세율"이라 한다)의 적용을 받으려는 자는 대통령령으로 정하는 바에 따라 세관장에게 신청하여야 한다. 다만, 대통령령으로 정하는 바에 따라 미리 세관장으로부터 해당 용도로만 사용할 것을 승인받은 경우에는 신청을 생략할 수 있다. 〈개정 2021. 12. 21., 2023. 12. 31.〉

② 용도세율이 적용된 물품은 그 수입신고의 수리일부터 3년의 범위에서 대통령령으로 정하는 기준에 따라 관세청장이 정하는 기간에는 해당 용도 외의 다른 용도에 사용하거나 양도할 수 없다. 다만, 대통령령으로 정하는 바에 따라 미리 세관장의 승인을 받은 경우에는 그러하지 아니하다. 〈개정 2021. 12. 21., 2023. 12. 31.〉

1. 삭제 〈2023. 12. 31.〉

2. 삭제 〈2023. 12. 31.〉

③ 제1항의 물품을 제2항에 따른 기간에 해당 용도 외의 다른 용도에 사용하거나 그 용도 외의 다른 용도에 사용하려는 자에게 양도한 경우에는 해당 물품을 특정용도 외에 사용한 자 또는 그 양도인으로부터 해당 물품을 특정용도에 사용할 것을 요건으로 하지 아니하는 세율에 따라 계산한 관세액과 해당 용도세율에 따라 계산한 관세액의 차액에 상당하는 관세를 즉시 징수하며, 양도인으로부터 해당 관세를 징수할 수 없을 때에는 그 양수인으로부터 즉시 징수한다. 다만, 재해나 그 밖의 부득이한 사유로 멸실되었거나 미리 세관장의 승인을 받아 폐기한 경우에는 그러하지 아니하다.

[전문개정 2010. 12. 30.]

제4절 품목분류

제84조(품목분류체계의 수정) 기획재정부장관은 「통일상품명 및 부호체계에 관한 국제협약」에 따른 관세협력이사회의 권고 또는 결정 등 대통령령으로 정하는 사유로 다음 각 호에 따른 표 또는 품목분류의 품목을 수정할 필요가 있는 경우 그 세율이 변경되지 아니하는 경우에는 대통령령으로 정하는 바에 따라 품목을 신설 또는 삭제하거나 다시 분류할 수 있다.

1. 별표 관세율표

2. 제73조 및 제76조에 따라 대통령령으로 정한 품목분류

3. 「통일상품명 및 부호체계에 관한 국제협약」 및 별표 관세율표를 기초로 기획재정부장관이 품목을 세분하여 고시하는 관세·통계통합품목분류표(이하 "품목분류표"라 한다)

[전문개정 2023. 12. 31.]

제85조(품목분류의 적용기준 등) ① 기획재정부장관은 대통령령으로 정하는 바에 따라 품목분류를 적용하는 데에 필요한 기준을 정할 수 있다. 〈개정 2010. 12. 30., 2014. 12. 23.〉

② 다음 각 호의 사항을 심의하기 위하여 관세청에 관세품목분류위원회(이하 이 조에서 "분류위원회"라 한다)를 둔다. 〈개정 2010. 12. 30., 2014. 12. 23.〉

1. 제1항에 따른 품목분류 적용기준의 신설 또는 변경과 관련하여 관세청장이 기획재정부장관에게 요청할 사항

2. 제86조에 따른 특정물품에 적용될 품목분류의 사전심사 및 재

심사

3. 제87조에 따른 특정물품에 적용될 품목분류의 변경 및 재심사

4. 그 밖에 품목분류에 관하여 관세청장이 분류위원회에 부치는 사항

③ 삭제 〈2003. 12. 30.〉

④ 분류위원회의 구성, 기능, 운영 등에 필요한 사항은 대통령령으로 정한다. 〈개정 2010. 12. 30.〉

제86조(특정물품에 적용될 품목분류의 사전심사) ① 다음 각 호의 어느 하나에 해당하는 자는 제241조제1항에 따른 수출입신고를 하기 전에 대통령령으로 정하는 서류를 갖추어 관세청장에게 해당 물품에 적용될 별표 관세율표 또는 품목분류표상의 품목분류를 미리 심사하여 줄 것을 신청할 수 있다. 〈개정 2023. 12. 31.〉

1. 물품을 수출입하려는 자

2. 수출할 물품의 제조자

3. 「관세사법」에 따른 관세사·관세법인 또는 통관취급법인(이하 "관세사등"이라 한다)

② 제1항에 따른 심사(이하 "사전심사"라 한다)의 신청을 받은 관세청장은 해당 물품에 적용될 품목분류를 심사하여 대통령령으로 정하는 기간 이내에 이를 신청인에게 통지하여야 한다. 다만, 제출자료의 미비 등으로 품목분류를 심사하기 곤란한 경우에는 그 뜻을 통지하여야 한다. 〈개정 2014. 12. 23., 2015. 12. 15.〉

③ 제2항에 따라 통지를 받은 자는 통지받은 날부터 30일 이내에 대통령령으로 정하는 서류를 갖추어 관세청장에게 재심사를 신청할 수 있다. 이 경우 관세청장은 해당 물품에 적용될 품목분류를 재심사하여 대통령령으로 정하는 기간 이내에 이를 신청인에게 통지하여야 하며, 제출자료의 미비 등으로 품목분류를 심사하기 곤란한 경우에는 그 뜻을 통지하여야 한다. 〈신설 2014. 12. 23., 2018. 12. 31.〉

④ 관세청장은 제2항 본문에 따라 품목분류를 심사한 물품 및 제3항에 따른 재심사 결과 적용할 품목분류가 변경된 물품에 대하여는 해당 물품에 적용될 품목분류와 품명, 용도, 규격, 그 밖에 필요한 사항을 고시 또는 공표하여야 한다. 다만, 신청인의 영업 비밀을 포함하는 등 해당 물품에 적용될 품목분류를 고시 또는 공표하는

것이 적당하지 아니하다고 인정되는 물품에 대하여는 고시 또는 공표하지 아니할 수 있다. 〈개정 2013. 1. 1., 2014. 12. 23., 2015. 12. 15.〉

⑤ 세관장은 제241조제1항에 따른 수출입신고가 된 물품이 제2항 본문 및 제3항에 따라 통지한 물품과 같을 때에는 그 통지 내용에 따라 품목분류를 적용하여야 한다. 〈개정 2014. 12. 23., 2015. 12. 15., 2023. 12. 31.〉

1. 삭제 〈2023. 12. 31.〉
2. 삭제 〈2023. 12. 31.〉

⑥ 관세청장은 제2항 본문 및 제3항에 따라 품목분류를 심사 또는 재심사하기 위하여 해당 물품에 대한 구성재료의 물리적·화학적 분석이 필요한 경우에는 해당 품목분류를 심사 또는 재심사하여 줄 것을 신청한 자에게 기획재정부령으로 정하는 수수료를 납부하게 할 수 있다. 〈개정 2014. 12. 23.〉

⑦ 제2항 본문에 따라 통지받은 사전심사 결과 또는 제3항에 따라 통지받은 재심사 결과는 제87조제1항 또는 제3항에 따라 품목분류가 변경되기 전까지 유효하다. 〈개정 2020. 12. 22.〉

⑧ 품목분류 사전심사 및 재심사의 절차, 방법과 그 밖에 필요한 사항은 대통령령으로 정한다. 〈신설 2014. 12. 23.〉

⑨ 관세청장은 사전심사의 신청이 없는 경우에도 수출입신고된 물품에 적용될 품목분류를 결정할 수 있다. 이 경우 제85조제2항제4호에 따라 관세품목분류위원회의 심의를 거쳐 품목분류가 결정된 물품에 대해서는 제4항을 준용하여 해당 물품의 품목분류에 관한 사항을 고시 또는 공표하여야 한다. 〈신설 2023. 12. 31.〉

[전문개정 2010. 12. 30.]

제87조(특정물품에 적용되는 품목분류의 변경 및 적용) ① 관세청장은 제86조에 따라 사전심사 또는 재심사한 품목분류를 변경하여야 할 필요가 있거나 그 밖에 관세청장이 직권으로 한 품목분류를 변경하여야 할 부득이한 사유가 생겼을 경우 등 대통령령으로 정하는 경우에는 해당 물품에 적용할 품목분류를 변경할 수 있다. 〈개정 2014. 12. 23., 2015. 12. 15., 2019. 12. 31.〉

② 관세청장은 제1항에 따라 품목분류를 변경하였을 때에는 그 내용을 고시 또는 공표하고, 제86조제2항 및 제3항에 따라 통지한

신청인에게는 그 내용을 통지하여야 한다. 다만, 신청인의 영업 비밀을 포함하는 등 해당 물품에 적용될 품목분류를 고시 또는 공표하는 것이 적당하지 아니하다고 인정되는 물품에 대해서는 고시 또는 공표하지 아니할 수 있다. 〈개정 2014. 12. 23., 2015. 12. 15., 2023. 12. 31.〉

③ 제2항에 따라 통지를 받은 자는 통지받은 날부터 30일 이내에 대통령령으로 정하는 서류를 갖추어 관세청장에게 재심사를 신청할 수 있다. 이 경우 재심사의 기간, 재심사 결과의 통지 및 고시·공표, 수수료 및 재심사의 절차·방법 등에 관하여는 제86조제3항, 제4항, 제6항 및 제8항을 준용한다. 〈신설 2014. 12. 23., 2015. 12. 15.〉

④ 제1항 및 제3항에 따라 품목분류가 변경된 경우에는 제86조에 따른 신청인이 변경 내용을 통지받은 날과 변경 내용의 고시 또는 공표일 중 빠른 날(이하 "변경일"이라 한다)부터 변경된 품목분류를 적용한다. 다만, 다음 각 호의 구분에 따라 변경 내용을 달리 적용할 수 있다. 〈개정 2023. 12. 31.〉

1. 변경일부터 30일이 지나기 전에 우리나라에 수출하기 위하여 선적된 물품에 대하여 변경 전의 품목분류를 적용하는 것이 수입신고인에게 유리한 경우: 변경 전의 품목분류 적용

2. 다음 각 목의 어느 하나에 해당하는 경우: 제86조에 따라 품목분류가 결정된 이후 변경일 전까지 수출입신고가 수리된 물품에 대해서도 소급하여 변경된 품목분류 적용

가. 제86조에 따른 사전심사 또는 재심사 과정에서 거짓자료 제출 등 신청인에게 책임 있는 사유로 해당 물품의 품목분류가 결정되었으나 이를 이유로 품목분류가 변경된 경우

나. 다음의 어느 하나에 해당하는 경우로서 수출입신고인에게 유리한 경우

1) 제86조에 따른 사전심사 또는 재심사 과정에서 신청인에게 자료제출 미비 등의 책임 있는 사유 없이 해당 물품의 품목분류가 결정되었으나 다른 이유로 품목분류가 변경된 경우

2) 제86조에 따른 신청인이 아닌 자가 관세청장이 결정하여 고시하거나 공표한 품목분류에 따라 수출입신고를 하였으나 품목분류가 변경된 경우

⑤ 제86조에 따라 사전심사 또는 재심사한 품목분류가 제1항 또는 제3항에 따라 변경된 경우 그 변경된 품목분류는 제1항 또는 제3항에 따라 다시 변경되기 전까지 유효하다. 〈개정 2020. 12. 22.〉

[전문개정 2010. 12. 30.]

제4장 감면 · 환급 및 분할납부 등

제1절 감면 〈개정 2010. 12. 30.〉

제88조(외교관용 물품 등의 면세) ① 다음 각 호의 어느 하나에 해당하는 물품이 수입될 때에는 그 관세를 면제한다.

1. 우리나라에 있는 외국의 대사관 · 공사관 및 그 밖에 이에 준하는 기관의 업무용품
2. 우리나라에 주재하는 외국의 대사 · 공사 및 그 밖에 이에 준하는 사절과 그 가족이 사용하는 물품
3. 우리나라에 있는 외국의 영사관 및 그 밖에 이에 준하는 기관의 업무용품
4. 우리나라에 있는 외국의 대사관 · 공사관 · 영사관 및 그 밖에 이에 준하는 기관의 직원 중 대통령령으로 정하는 직원과 그 가족이 사용하는 물품
5. 정부와 체결한 사업계약을 수행하기 위하여 외국계약자가 계약조건에 따라 수입하는 업무용품
6. 국제기구 또는 외국 정부로부터 우리나라 정부에 파견된 고문관 · 기술단원 및 그 밖에 기획재정부령으로 정하는 자가 사용하는 물품

② 제1항에 따라 관세를 면제받은 물품 중 기획재정부령으로 정하는 물품은 수입신고 수리일부터 3년의 범위에서 대통령령으로 정하는 기준에 따라 관세청장이 정하는 기간에 제1항의 용도 외의 다른 용도로 사용하기 위하여 양수할 수 없다. 다만, 대통령령으로 정하는 바에 따라 미리 세관장의 승인을 받았을 때에는 그러하지 아니하다.

③ 제2항에 따라 기획재정부령으로 정하는 물품을 제2항에 따른 기간에 제1항에 따른 용도 외의 다른 용도로 사용하기 위하여 양수한 경우에는 그 양수자로부터 면제된 관세를 즉시 징수한다.

[전문개정 2010. 12. 30.]

제89조(세율불균형물품의 면세) ① 세율불균형을 시정하기 위하여 「조세특례제한법」 제6조제1항에 따른 중소기업(이하 이 조에서 "중소기업"이라 한다)이 대통령령으로 정하는 바에 따라 세관장이 지정하는 공장에서 다음 각 호의 어느 하나에 해당하는 물품을 제조 또는 수리하기 위하여 사용하는 부분품과 원재료(수출한 후 외국에서 수리·가공되어 수입되는 부분품과 원재료의 가공수리분을 포함한다. 이하 이 조에서 같다) 중 기획재정부령으로 정하는 물품에 대해서는 그 관세를 면제할 수 있다. 〈개정 2013. 1. 1., 2018. 12. 31., 2020. 12. 22.〉

1. 항공기(부분품을 포함한다)
2. 반도체 제조용 장비(부속기기를 포함한다)

② 다음 각 호의 어느 하나에 해당하는 자는 제1항에 따른 지정을 받을 수 없다. 〈신설 2015. 12. 15.〉

1. 제175조제1호부터 제5호까지 및 제7호의 어느 하나에 해당하는 자
2. 제4항에 따라 지정이 취소(제175조제1호부터 제3호까지의 어느 하나에 해당하여 취소된 경우는 제외한다)된 날부터 2년이 지나지 아니한 자
3. 제1호 또는 제2호에 해당하는 사람이 임원(해당 공장의 운영업무를 직접 담당하거나 이를 감독하는 자로 한정한다)으로 재직하는 법인

③ 제1항에 따른 지정기간은 3년 이내로 하되, 지정받은 자의 신청에 의하여 연장할 수 있다.

④ 세관장은 제1항에 따라 지정을 받은 자가 다음 각 호의 어느 하나에 해당하는 경우에는 그 지정을 취소할 수 있다. 다만, 제1호 또는 제2호에 해당하는 경우에는 지정을 취소하여야 한다. 〈신설 2015. 12. 15., 2018. 12. 31.〉

1. 제2항 각 호의 어느 하나에 해당하는 경우. 다만, 제2항제3호에 해당하는 경우로서 제175조제2호 또는 제3호에 해당하는 사람을 임원으로 하는 법인이 3개월 이내에 해당 임원을 변경하는 경우에는 그러하지 아니하다.
2. 거짓이나 그 밖의 부정한 방법으로 지정을 받은 경우
3. 1년 이상 휴업하여 세관장이 지정된 공장의 설치목적을 달성

하기 곤란하다고 인정하는 경우

⑤ 제1항에 따라 지정된 공장에 대하여는 제179조, 제180조제2항, 제182조 및 제187조를 준용한다. 〈개정 2013. 1. 1., 2015. 12. 15.〉

⑥ 중소기업이 아닌 자가 제1항의 대통령령으로 정하는 바에 따라 세관장이 지정하는 공장에서 제1항제1호의 물품을 제조 또는 수리하기 위하여 사용하는 부분품과 원재료에 대해서는 다음 각 호에 따라 그 관세를 감면한다. 〈신설 2018. 12. 31., 2020. 12. 22., 2021. 12. 21., 2025. 3. 14.〉

1. 「세계무역기구 설립을 위한 마라케쉬 협정 부속서 4의 민간항공기 무역에 관한 협정」 대상 물품 중 기획재정부령으로 정하는 물품의 관세 감면에 관하여는 다음 표의 기간 동안 수입신고하는 분에 대하여는 각각의 적용기간에 해당하는 감면율을 적용한다.

2025년 1월 1일부터 12월 31일까지	2026년 1월 1일부터 12월 31일까지	2027년 1월 1일부터 12월 31일까지	2028년 1월 1일부터 12월 31일까지	2029년 1월 1일부터 12월 31일까지
100분의 100	100분의 80	100분의 60	100분의 40	100분의 20

2. 제1호 이외의 물품의 관세감면에 관하여는 다음 표의 기간 동안 수입신고하는 분에 대하여는 각각의 적용기간에 해당하는 감면율을 적용한다.

2019년 5월 1일부터 12월 31일까지	2020년 1월 1일부터 12월 31일까지	2021년 1월 1일부터 12월 31일까지	2022년 1월 1일부터 12월 31일까지	2023년 1월 1일부터 12월 31일까지	2024년 1월 1일부터 12월 31일까지	2025년 1월 1일부터 12월 31일까지
100분의 90	100분의 80	100분의 70	100분의 60	100분의 50	100분의 40	100분의 20

⑦ 국가 및 지방자치단체가 제1항제1호의 물품을 제조 또는 수리하기 위하여 사용하는 부분품과 원재료에 관하여는 제6항에도 불구하고 제1항을 준용한다. 〈신설 2020. 12. 22.〉

⑧ 제1항에 따라 지정을 받은 자가 지정사항을 변경하려는 경우에는 관세청장이 정하는 바에 따라 세관장에게 변경신고하여야 한다. 〈신설 2020. 12. 22.〉

[전문개정 2010. 12. 30.]
[제목개정 2013. 1. 1.]

제90조(학술연구용품의 감면) ① 다음 각 호의 어느 하나에 해당하는 물품이 수입될 때에는 그 관세를 감면할 수 있다.

1. 국가기관, 지방자치단체 및 기획재정부령으로 정하는 기관에서 사용할 학술연구용품·교육용품 및 실험실습용품으로서 기획재정부령으로 정하는 물품

2. 학교, 공공의료기관, 공공직업훈련원, 박물관, 그 밖에 이에 준하는 기획재정부령으로 정하는 기관에서 학술연구용·교육용·훈련용·실험실습용 및 과학기술연구용으로 사용할 물품 중 기획재정부령으로 정하는 물품

3. 제2호의 기관에서 사용할 학술연구용품·교육용품·훈련용품·실험실습용품 및 과학기술연구용품으로서 외국으로부터 기증되는 물품. 다만, 기획재정부령으로 정하는 물품은 제외한다.

4. 기획재정부령으로 정하는 자가 산업기술의 연구개발에 사용하기 위하여 수입하는 물품으로서 기획재정부령으로 정하는 물품

② 제1항에 따라 관세를 감면하는 경우 그 감면율은 기획재정부령으로 정한다.

[전문개정 2010. 12. 30.]
[제목개정 2020. 12. 22.]

제91조(종교용품, 자선용품, 장애인용품 등의 면세) 다음 각 호의 어느 하나에 해당하는 물품이 수입될 때에는 그 관세를 면제한다. 〈개정 2020. 12. 22.〉

1. 교회, 사원 등 종교단체의 의식(儀式)에 사용되는 물품으로서 외국으로부터 기증되는 물품. 다만, 기획재정부령으로 정하는 물품은 제외한다.

2. 자선 또는 구호의 목적으로 기증되는 물품 및 기획재정부령으로 정하는 자선시설·구호시설 또는 사회복지시설에 기증되는 물품으로서 해당 용도로 직접 사용하는 물품. 다만, 기획재정부령으로 정하는 물품은 제외한다.

3. 국제적십자사·외국적십자사 및 기획재정부령으로 정하는 국제기구가 국제평화봉사활동 또는 국제친선활동을 위하여 기증하는 물품

4. 시각장애인, 청각장애인, 언어장애인, 지체장애인, 만성신부전

증환자, 희귀난치성질환자 등을 위한 용도로 특수하게 제작되거나 제조된 물품 중 기획재정부령으로 정하는 물품

5. 「장애인복지법」 제58조에 따른 장애인복지시설 및 장애인의 재활의료를 목적으로 국가ㆍ지방자치단체 또는 사회복지법인이 운영하는 재활 병원ㆍ의원에서 장애인을 진단하고 치료하기 위하여 사용하는 의료용구

[전문개정 2010. 12. 30.]

제92조(정부용품 등의 면세) 다음 각 호의 어느 하나에 해당하는 물품이 수입될 때에는 그 관세를 면제할 수 있다. 〈개정 2013. 3. 23., 2017. 7. 26., 2021. 12. 21.〉

1. 국가기관이나 지방자치단체에 기증된 물품으로서 공용으로 사용하는 물품. 다만, 기획재정부령으로 정하는 물품은 제외한다.

2. 정부가 외국으로부터 수입하는 군수품(정부의 위탁을 받아 정부 외의 자가 수입하는 경우를 포함한다). 다만, 기획재정부령으로 정하는 물품은 제외한다.

2의2. 국가원수의 경호용으로 사용하기 위하여 수입하는 물품

3. 외국에 주둔하는 국군이나 재외공관으로부터 반환된 공용품

4. 과학기술정보통신부장관이 국가의 안전보장을 위하여 긴요하다고 인정하여 수입하는 비상통신용 물품 및 전파관리용 물품

5. 정부가 직접 수입하는 간행물, 음반, 녹음된 테이프, 녹화된 슬라이드, 촬영된 필름, 그 밖에 이와 유사한 물품 및 자료

6. 국가나 지방자치단체(이들이 설립하였거나 출연 또는 출자한 법인을 포함한다)가 환경오염(소음 및 진동을 포함한다)을 측정하거나 분석하기 위하여 수입하는 기계ㆍ기구 중 기획재정부령으로 정하는 물품

7. 상수도 수질을 측정하거나 이를 보전ㆍ향상하기 위하여 국가나 지방자치단체(이들이 설립하였거나 출연 또는 출자한 법인을 포함한다)가 수입하는 물품으로서 기획재정부령으로 정하는 물품

8. 국가정보원장 또는 그 위임을 받은 자가 국가의 안전보장 목적의 수행상 긴요하다고 인정하여 수입하는 물품

[전문개정 2010. 12. 30.]

제93조(특정물품의 면세 등) 다음 각 호의 어느 하나에 해당하는 물품이 수입될 때에는 그 관세를 면제할 수 있다. 〈개정 2013. 3.

23., 2019. 12. 31., 2020. 6. 9.〉

1. 동식물의 번식·양식 및 종자개량을 위한 물품 중 기획재정부령으로 정하는 물품

2. 박람회, 국제경기대회, 그 밖에 이에 준하는 행사 중 기획재정부령으로 정하는 행사에 사용하기 위하여 그 행사에 참가하는 자가 수입하는 물품 중 기획재정부령으로 정하는 물품

3. 핵사고 또는 방사능 긴급사태 시 그 복구지원과 구호를 목적으로 외국으로부터 기증되는 물품으로서 기획재정부령으로 정하는 물품

4. 우리나라 선박이 외국 정부의 허가를 받아 외국의 영해에서 채집하거나 포획한 수산물(이를 원료로 하여 우리나라 선박에서 제조하거나 가공한 것을 포함한다. 이하 이 조에서 같다)

5. 우리나라 선박이 외국의 선박과 협력하여 기획재정부령으로 정하는 방법으로 채집하거나 포획한 수산물로서 해양수산부장관이 추천하는 것

6. 해양수산부장관의 허가를 받은 자가 기획재정부령으로 정하는 요건에 적합하게 외국인과 합작하여 채집하거나 포획한 수산물 중 해양수산부장관이 기획재정부장관과 협의하여 추천하는 것

7. 우리나라 선박 등이 채집하거나 포획한 수산물과 제5호 및 제6호에 따른 수산물의 포장에 사용된 물품으르서 재사용이 불가능한 것 중 기획재정부령으로 정하는 물품

8. 「중소기업기본법」 제2조에 따른 중소기업이 해외구매자의 주문에 따라 제작한 기계·기구가 해당 구매자가 요구한 규격 및 성능에 일치하는지를 확인하기 위하여 하는 시험생산에 필요한 원재료로서 기획재정부령으로 정하는 요건에 적합한 물품

9. 우리나라를 방문하는 외국의 원수와 그 가족 및 수행원의 물품

10. 우리나라의 선박이나 그 밖의 운송수단이 조난으로 인하여 해체된 경우 그 해체재(解體材) 및 장비

11. 우리나라와 외국 간에 건설될 교량, 통신시설, 해저통로, 그 밖에 이에 준하는 시설의 건설 또는 수리에 필요한 물품

12. 우리나라 수출물품의 품질, 규격, 안전도 등이 수입국의 권한 있는 기관이 정하는 조건에 적합한 것임을 표시하는 수출물품에 붙

이는 증표로서 기획재정부령으로 정하는 물품

13. 우리나라의 선박이나 항공기가 해외에서 사고로 발생한 피해를 복구하기 위하여 외국의 보험회사 또는 외국의 가해자의 부담으로 하는 수리 부분에 해당하는 물품

14. 우리나라의 선박이나 항공기가 매매계약상의 하자보수 보증기간 중에 외국에서 발생한 고장에 대하여 외국의 매도인의 부담으로 하는 수리 부분에 해당하는 물품

15. 국제올림픽 · 장애인올림픽 · 농아인올림픽 및 아시아운동경기 · 장애인아시아운동경기 종목에 해당하는 운동용구(부분품을 포함한다)로서 기획재정부령으로 정하는 물품

16. 국립묘지의 건설 · 유지 또는 장식을 위한 자재와 국립묘지에 안장되는 자의 관 · 유골함 및 장례용 물품

17. 피상속인이 사망하여 국내에 주소를 둔 자에게 상속되는 피상속인의 신변용품

18. 보석의 원석(原石) 및 나석(裸石)으로서 기획재정부령으로 정하는 것

[전문개정 2010. 12. 30.]

제94조(소액물품 등의 면세) 다음 각 호의 어느 하나에 해당하는 물품이 수입될 때에는 그 관세를 면제할 수 있다. 〈개정 2020. 12. 22.〉

1. 우리나라의 거주자에게 수여된 훈장 · 기장(紀章) 또는 이에 준하는 표창장 및 상패

2. 기록문서 또는 그 밖의 서류

3. 상업용견본품 또는 광고용품으로서 기획재정부령으로 정하는 물품

4. 우리나라 거주자가 받는 소액물품으로서 기획재정부령으로 정하는 물품

[전문개정 2010. 12. 30.]

제95조(환경오염방지물품 등에 대한 감면) ① 다음 각 호의 어느 하나에 해당하는 물품으로서 국내에서 제작하기 곤란한 물품이 수입될 때에는 그 관세를 감면할 수 있다.

1. 오염물질(소음 및 진동을 포함한다)의 배출 방지 또는 처리를 위하여 사용하는 기계 · 기구 · 시설 · 장비로서 기획재정부령으로 정하는 것

2. 폐기물 처리(재활용을 포함한다)를 위하여 사용하는 기계·기구로서 기획재정부령으로 정하는 것

3. 기계·전자기술 또는 정보처리기술을 응용한 공장 자동화 기계·기구·설비(그 구성기기를 포함한다) 및 그 핵심부분품으로서 기획재정부령으로 정하는 것

② 제1항에 따라 관세를 감면하는 경우 그 감면기간과 감면율은 기획재정부령으로 정한다.

[전문개정 2010. 12. 30.]

[제목개정 2020. 12. 22.]

제96조(여행자 휴대품 및 이사물품 등의 감면) ①다음 각 호의 어느 하나에 해당하는 물품이 수입될 때에는 그 관세를 면제할 수 있다. 〈개정 2014. 12. 23., 2020. 12. 22.〉

1. 여행자의 휴대품 또는 별송품으로서 여행자의 입국 사유, 체재기간, 직업, 그 밖의 사정을 고려하여 기획재정부령으로 정하는 기준에 따라 세관장이 타당하다고 인정하는 물품

2. 우리나라로 거주를 이전하기 위하여 입국하는 자가 입국할 때 수입하는 이사물품으로서 거주 이전의 사유, 거주기간, 직업, 가족 수, 그 밖의 사정을 고려하여 기획재정부령으로 정하는 기준에 따라 세관장이 타당하다고 인정하는 물품

3. 국제무역선 또는 국제무역기의 승무원이 휴대하여 수입하는 물품으로서 항행일수, 체재기간, 그 밖의 사정을 고려하여 기획재정부령으로 정하는 기준에 따라 세관장이 타당하다고 인정하는 물품

② 여행자가 휴대품 또는 별송품(제1항제1호에 해당하는 물품은 제외한다)을 기획재정부령으로 정하는 방법으로 자진신고하는 경우에는 20만원을 넘지 아니하는 범위에서 해당 물품에 부과될 관세(제81조에 따라 간이세율을 적용하는 물품의 경우에는 간이세율을 적용하여 산출된 세액을 말한다)의 100분의 30에 상당하는 금액을 경감할 수 있다. 〈신설 2014. 12. 23., 2019. 12. 31., 2022. 12. 31.〉

[전문개정 2010. 12. 30.]

[제목개정 2020. 12. 22.]

제97조(재수출면세) ① 수입신고 수리일부터 다음 각 호의 어느 하나의 기간에 다시 수출하는 물품에 대하여는 그 관세를 면제할 수

있다.

1. 기획재정부령으로 정하는 물품: 1년의 범위에서 대통령령으로 정하는 기준에 따라 세관장이 정하는 기간. 다만, 세관장은 부득이한 사유가 있다고 인정될 때에는 1년의 범위에서 그 기간을 연장할 수 있다.

2. 1년을 초과하여 수출하여야 할 부득이한 사유가 있는 물품으로서 기획재정부령으로 정하는 물품: 세관장이 정하는 기간

② 제1항에 따라 관세를 면제받은 물품은 같은 항의 기간에 같은 항에서 정한 용도 외의 다른 용도로 사용되거나 양도될 수 없다. 다만, 대통령령으로 정하는 바에 따라 미리 세관장의 승인을 받았을 때에는 그러하지 아니하다.

③ 다음 각 호의 어느 하나에 해당하는 경우에는 수출하지 아니한 자, 용도 외로 사용한 자 또는 양도를 한 자로부터 면제된 관세를 즉시 징수하며, 양도인으로부터 해당 관세를 징수할 수 없을 때에는 양수인으로부터 면제된 관세를 즉시 징수한다. 다만, 재해나 그 밖의 부득이한 사유로 멸실되었거나 미리 세관장의 승인을 받아 폐기하였을 때에는 그러하지 아니하다.

1. 제1항에 따라 관세를 면제받은 물품을 같은 항에 규정된 기간 내에 수출하지 아니한 경우

2. 제1항에서 정한 용도 외의 다른 용도로 사용하거나 해당 용도 외의 다른 용도로 사용하려는 자에게 양도한 경우

④ 세관장은 제1항에 따라 관세를 면제받은 물품 중 기획재정부령으로 정하는 물품이 같은 항에 규정된 기간 내에 수출되지 아니한 경우에는 500만원을 넘지 아니하는 범위에서 해당 물품에 부과될 관세의 100분의 20에 상당하는 금액을 가산세로 징수한다. 〈개정 2013. 1. 1.〉

[전문개정 2010. 12. 30.]

제98조(재수출 감면) ① 장기간에 걸쳐 사용할 수 있는 물품으로서 그 수입이 임대차계약에 의하거나 도급계약 또는 수출계약의 이행과 관련하여 국내에서 일시적으로 사용하기 위하여 수입하는 물품 중 기획재정부령으로 정하는 물품이 그 수입신고 수리일부터 2년(장기간의 사용이 부득이한 물품으로서 기획재정부령으로 정하는 것 중 수입하기 전에 세관장의 승인을 받은 것은 4년의 범위에서 대통령

령으로 정하는 기준에 따라 세관장이 정하는 기간을 말한다) 이내에 재수출되는 것에 대해서는 다음 각 호의 구분에 따라 그 관세를 경감할 수 있다. 다만, 외국과 체결한 조약·협정 등에 따라 수입되는 것에 대해서는 상호 조건에 따라 그 관세를 면제한다. 〈개정 2020. 12. 22.〉

1. 재수출기간이 6개월 이내인 경우: 해당 물품에 대한 관세액의 100분의 85

2. 재수출기간이 6개월 초과 1년 이내인 경우: 해당 물품에 대한 관세액의 100분의 70

3. 재수출기간이 1년 초과 2년 이내인 경우: 해당 물품에 대한 관세액의 100분의 55

4. 재수출기간이 2년 초과 3년 이내인 경우: 해당 물품에 대한 관세액의 100분의 40

5. 재수출기간이 3년 초과 4년 이내인 경우: 해당 물품에 대한 관세액의 100분의 30

② 제1항에 따라 관세를 감면한 물품에 대하여는 제97조제2항부터 제4항까지의 규정을 준용한다.

[전문개정 2010. 12. 30.]

[제목개정 2020. 12. 22.]

제99조(재수입면세) 다음 각 호의 어느 하나에 해당하는 물품이 수입될 때에는 그 관세를 면제할 수 있다. 〈개정 2014. 1. 1., 2019. 12. 31.〉

1. 우리나라에서 수출(보세가공수출을 포함한다)된 물품으로서 해외에서 제조·가공·수리 또는 사용(장기간에 걸쳐 사용할 수 있는 물품으로서 임대차계약 또는 도급계약 등에 따라 해외에서 일시적으로 사용하기 위하여 수출된 물품이나 박람회, 전시회, 품평회, 국제경기대회, 그 밖에 이에 준하는 행사에 출품 또는 사용된 물품 등 기획재정부령으로 정하는 물품의 경우는 제외한다)되지 아니하고 수출신고 수리일부터 2년 내에 다시 수입(이하 이 조에서 "재수입"이라 한다)되는 물품. 다만, 다음 각 목의 어느 하나에 해당하는 경우에는 관세를 면제하지 아니한다.

가. 해당 물품 또는 원자재에 대하여 관세를 감면받은 경우

나. 이 법 또는 「수출용원재료에 대한 관세 등 환급에 관한 특

례법」에 따른 환급을 받은 경우

다. 이 법 또는 「수출용 원재료에 대한 관세 등 환급에 관한 특례법」에 따른 환급을 받을 수 있는 자 외의 자가 해당 물품을 재수입하는 경우. 다만, 재수입하는 물품에 대하여 환급을 받을 수 있는 자가 환급받을 권리를 포기하였음을 증명하는 서류를 재수입하는 자가 세관장에게 제출하는 경우는 제외한다.

라. 보세가공 또는 장치기간경과물품을 재수출조건으로 매각함에 따라 관세가 부과되지 아니한 경우

2. 수출물품의 용기로서 다시 수입하는 물품

3. 해외시험 및 연구를 목적으로 수출된 후 재수입되는 물품

[전문개정 2010. 12. 30.]

제100조(손상물품에 대한 감면) ① 수입신고한 물품이 수입신고가 수리되기 전에 변질되거나 손상되었을 때에는 대통령령으로 정하는 바에 따라 그 관세를 경감할 수 있다.

② 이 법이나 그 밖의 법률 또는 조약·협정 등에 따라 관세를 감면받은 물품에 대하여 관세를 추징하는 경우 그 물품이 변질 또는 손상되거나 사용되어 그 가치가 떨어졌을 때에는 대통령령으로 정하는 바에 따라 그 관세를 경감할 수 있다. 〈개정 2011. 12. 31.〉

[전문개정 2010. 12. 30.]

[제목개정 2020. 12. 22.]

제101조(해외임가공물품 등의 감면) ① 다음 각 호의 어느 하나에 해당하는 물품이 수입될 때에는 대통령령으로 정하는 바에 따라 그 관세를 경감할 수 있다.

1. 원재료 또는 부분품을 수출하여 기획재정부령으로 정하는 물품으로 제조하거나 가공한 물품

2. 가공 또는 수리할 목적으로 수출한 물품으로서 기획재정부령으로 정하는 기준에 적합한 물품

② 제1항의 물품이 다음 각 호의 어느 하나에 해당하는 경우에는 그 관세를 경감하지 아니한다.

1. 해당 물품 또는 원자재에 대하여 관세를 감면받은 경우. 다만, 제1항제2호의 경우는 제외한다.

2. 이 법 또는 「수출용원재료에 대한 관세 등 환급에 관한 특례

법」에 따른 환급을 받은 경우

3. 보세가공 또는 장치기간경과물품을 재수출조건으로 매각함에 따라 관세가 부과되지 아니한 경우

[전문개정 2010. 12. 30.]

[제목개정 2020. 12. 22.]

제102조(관세감면물품의 사후관리) ① 제89조부터 제91조까지와 제93조 및 제95조에 따라 관세를 감면받은 물품은 수입신고 수리일부터 3년의 범위에서 대통령령으로 정하는 기준에 따라 관세청장이 정하는 기간에는 그 감면받은 용도 외의 다른 용도로 사용하거나 양도(임대를 포함한다. 이하 같다)할 수 없다. 다만, 기획재정부령으로 정하는 물품과 대통령령으로 정하는 바에 따라 미리 세관장의 승인을 받은 물품의 경우에는 그러하지 아니하다.

② 다음 각 호의 어느 하나에 해당하면 그 용도 외의 다른 용도로 사용한 자나 그 양도인(임대인을 포함한다. 이하 같다)으로부터 감면된 관세를 즉시 징수하며, 양도인으로부터 해당 관세를 징수할 수 없을 때에는 양수인(임차인을 포함한다. 이하 같다)으로부터 감면된 관세를 징수한다. 다만, 재해나 그 밖의 부득이한 사유로 멸실되었거나 미리 세관장의 승인을 받아 폐기하였을 때에는 그러하지 아니하다.

1. 제1항에 따라 관세를 감면받은 물품을 제1항에 따른 기간에 감면받은 용도 외의 다른 용도로 사용한 경우

2. 제1항에 따라 관세를 감면받은 물품을 제1항에 따른 기간에 감면받은 용도 외의 다른 용도로 사용하려는 자에게 양도한 경우

[전문개정 2010. 12. 30.]

제103조(관세감면물품의 용도 외 사용) ① 법령, 조약, 협정 등에 따라 관세를 감면받은 물품을 감면받은 용도 외의 다른 용도로 사용하거나 감면받은 용도 외의 다른 용도로 사용하려는 자에게 양도하는 경우(해당 물품을 다른 용도로 사용하는 자나 해당 물품을 다른 용도로 사용하기 위하여 양수하는 자가 그 물품을 다른 용도로 사용하기 위하여 수입하는 경우에는 그 물품에 대하여 법령 또는 조약, 협정 등에 따라 관세를 감면받을 수 있는 경우로 한정한다)에는 대통령령으로 정하는 바에 따라 제83조제3항, 제88조제3항, 제97조제3항, 제98조제2항, 제102조제2항 또는 제109조제2항에 따

라 징수하여야 하는 관세를 감면할 수 있다. 다만, 이 법 외의 법령, 조약, 협정 등에 따라 그 감면된 관세를 징수할 때에는 그러하지 아니하다. 〈개정 2011. 12. 31.〉

② 제98조제2항과 제102조제1항에도 불구하고 제90조, 제93조, 제95조 또는 제98조에 따라 관세를 감면받은 물품은 「대·중소기업 상생협력 촉진에 관한 법률」 제2조제4호에 따른 수탁·위탁거래의 관계에 있는 기업에 양도할 수 있으며, 이 경우 제98조제2항과 제102조제2항에 따라 징수할 관세를 감면할 수 있다. 다만, 이 법 외의 법령, 조약, 협정 등에 따라 그 감면된 관세를 징수할 때에는 그러하지 아니하다.

③ 제1항과 제2항에 따라 관세를 감면받은 경우 그 사후관리기간은 당초의 수입신고 수리일부터 계산한다.

[전문개정 2010. 12. 30.]

제104조 삭제 〈2011. 12. 31.〉

제105조(시설대여업자에 대한 감면 등) ① 「여신전문금융업법」에 따른 시설대여업자(이하 이 조에서 "시설대여업자"라 한다)가 이 법에 따라 관세가 감면되거나 분할납부되는 물품을 수입할 때에는 제19조에도 불구하고 대여시설 이용자를 납세의무자로 하여 수입신고를 할 수 있다. 이 경우 납세의무자는 대여시설 이용자가 된다. 〈개정 2016. 3. 29.〉

② 제1항에 따라 관세를 감면받거나 분할납부를 승인받은 물품에 대하여 관세를 징수하는 경우 납세의무자인 대여시설 이용자로부터 관세를 징수할 수 없을 때에는 시설대여업자로부터 징수한다.

[전문개정 2010. 12. 30.]

제2절 환급 및 분할납부 등

제106조(계약 내용과 다른 물품 등에 대한 관세 환급) ① 수입신고가 수리된 물품이 계약 내용과 다르고 수입신고 당시의 성질이나 형태가 변경되지 아니한 경우로서 다음 각 호의 어느 하나에 해당하는 경우에는 그 관세를 환급한다. 〈개정 2022. 12. 31., 2024. 12. 31.〉

1. 외국으로부터 수입된 물품: 다음 각 목의 어느 하나에 해당하는 장소에 해당 물품을 반입(수입신고 수리일부터 1년 이내에 반입

한 경우로 한정한다)하였다가 다시 수출한 경우

가. 보세구역(제156조제1항에 따라 세관장의 허가를 받았을 때에는 그 허가받은 장소를 포함한다. 이하 이 조에서 같다)

나. 「자유무역지역의 지정 및 운영에 관한 법률」에 따른 자유무역지역 중 관세청장이 수출물품을 일정기간 보관하기 위하여 필요하다고 인정하여 고시하는 장소

다. 통관우체국

2. 보세공장에서 생산된 물품: 수입신고 수리일부터 1년 이내에 보세공장에 해당 물품을 다시 반입한 경우

② 제1항에 따른 수입물품으로서 세관장이 환급세액을 산출하는 데에 지장이 없다고 인정하여 승인한 경우에는 그 수입물품의 일부를 수출하였을 때에도 제1항에 따라 그 관세를 환급할 수 있다.

③ 제1항과 제2항에 따른 수입물품의 수출을 갈음하여 이를 폐기하는 것이 부득이하다고 인정하여 그 물품을 수입신고 수리일부터 1년 내에 보세구역에 반입하여 미리 세관장의 승인을 받아 폐기하였을 때에는 그 관세를 환급한다.

④ 수입신고가 수리된 물품이 수입신고 수리 후에도 지정보세구역에 계속 장치되어 있는 중에 재해로 멸실되거나 변질 또는 손상되어 그 가치가 떨어졌을 때에는 대통령령으로 정하는 바에 따라 그 관세의 전부 또는 일부를 환급할 수 있다.

⑤ 제1항부터 제4항까지의 규정을 적용할 때 해당 수입물품에 대한 관세의 납부기한이 종료되기 전이거나 징수유예 중 또는 분할납부기간이 끝나지 아니하여 해당 물품에 대한 관세가 징수되지 아니한 경우에는 세관장은 해당 관세의 부과를 취소할 수 있다. 〈개정 2013. 1. 1.〉

⑥ 제1항부터 제4항까지에서 규정한 관세의 환급에 관하여는 제46조와 제47조를 준용한다.

[전문개정 2010. 12. 30.]

제106조의2(수입한 상태 그대로 수출되는 자가사용물품 등에 대한 관세 환급) ① 수입신고가 수리된 개인의 자가사용물품이 수입한 상태 그대로 수출되는 경우로서 다음 각 호의 어느 하나에 해당하는 경우에는 수입할 때 납부한 관세를 환급한다. 이 경우 수입한 상태 그대로 수출되는 경우의 기준은 대통령령으로 정한다. 〈개정 2021.

12. 21., 2022. 12. 31.〉

1. 수입신고 수리일부터 6개월 이내에 보세구역 또는 「자유무역지역의 지정 및 운영에 관한 법률」에 따른 자유무역지역 중 관세청장이 수출물품을 일정기간 보관하기 위하여 필요하다고 인정하여 고시하는 장소에 반입하였다가 다시 수출하는 경우

2. 수입신고 수리일부터 6개월 이내에 관세청장이 정하는 바에 따라 세관장의 확인을 받고 다시 수출하는 경우

3. 제241조제2항에 따라 수출신고가 생략되는 탁송품 또는 우편물로서 기획재정부령으로 정하는 금액 이하인 물품을 수입신고 수리일부터 6개월 이내에 수출한 후 관세청장이 정하는 바에 따라 세관장의 확인을 받은 경우

② 여행자가 제96조제2항에 따라 자진신고한 물품이 다음 각 호의 어느 하나에 해당하게 된 경우에는 자진신고할 때 납부한 관세를 환급한다. 〈개정 2021. 12. 21.〉

1. 제143조제1항제2호에 따른 국제무역선 또는 국제무역기 안에서 구입한 물품이 환불된 경우

2. 제196조에 따른 보세판매장에서 구입한 물품이 환불된 경우

③ 제1항 및 제2항에 따른 관세 환급에 관하여는 제46조, 제47조 및 제106조제2항·제5항을 준용한다. 〈개정 2019. 12. 31.〉

[본조신설 2015. 12. 15.]

[제목개정 2019. 12. 31.]

제107조(관세의 분할납부) ① 세관장은 천재지변이나 그 밖에 대통령령으로 정하는 사유로 이 법에 따른 신고, 신청, 청구, 그 밖의 서류의 제출, 통지, 납부 또는 징수를 정하여진 기한까지 할 수 없다고 인정될 때에는 1년을 넘지 아니하는 기간을 정하여 대통령령으로 정하는 바에 따라 관세를 분할하여 납부하게 할 수 있다.

② 다음 각 호의 어느 하나에 해당하는 물품이 수입될 때에는 세관장은 기획재정부령으로 정하는 바에 따라 5년을 넘지 아니하는 기간을 정하여 관세의 분할납부를 승인할 수 있다.

1. 시설기계류, 기초설비품, 건설용 재료 및 그 구조물과 공사용 장비로서 기획재정부장관이 고시하는 물품. 다만, 기획재정부령으로 정하는 업종에 소요되는 물품은 제외한다.

2. 정부나 지방자치단체가 수입하는 물품으로서 기획재정부령으로

정하는 물품

3. 학교나 직업훈련원에서 수입하는 물품과 비영리법인이 공익사업을 위하여 수입하는 물품으로서 기획재정부령으로 정하는 물품

4. 의료기관 등 기획재정부령으로 정하는 사회복지기관 및 사회복지시설에서 수입하는 물품으로서 기획재정부장관이 고시하는 물품

5. 기획재정부령으로 정하는 기업부설연구소, 산업기술연구조합 및 비영리법인인 연구기관, 그 밖에 이와 유사한 연구기관에서 수입하는 기술개발연구용품 및 실험실습용품으로서 기획재정부장관이 고시하는 물품

6. 기획재정부령으로 정하는 중소제조업체가 직접 사용하려고 수입하는 물품. 다만, 기획재정부령으로 정하는 기준에 적합한 물품이어야 한다.

7. 기획재정부령으로 정하는 기업부설 직업훈련원에서 직업훈련에 직접 사용하려고 수입하는 교육용품 및 실험실습용품 중 국내에서 제작하기가 곤란한 물품으로서 기획재정부장관이 고시하는 물품

③ 제2항에 따라 관세의 분할납부를 승인받은 자가 해당 물품의 용도를 변경하거나 그 물품을 양도하려는 경우에는 미리 세관장의 승인을 받아야 한다.

④ 관세의 분할납부를 승인받은 법인이 합병·분할·분할합병 또는 해산을 하거나 파산선고를 받은 경우 또는 관세의 분할납부를 승인받은 자가 파산선고를 받은 경우에는 제6항부터 제8항까지의 규정에 따라 그 관세를 납부하여야 하는 자는 지체 없이 그 사유를 세관장에게 신고하여야 한다.

⑤ 관세의 분할납부를 승인받은 물품을 동일한 용도로 사용하려는 자에게 양도한 경우에는 그 양수인이 관세를 납부하여야 하며, 해당 용도 외의 다른 용도로 사용하려는 자에게 양도한 경우에는 그 양도인이 관세를 납부하여야 한다. 이 경우 양도인으로부터 해당 관세를 징수할 수 없을 때에는 그 양수인으로부터 징수한다.

⑥ 관세의 분할납부를 승인받은 법인이 합병·분할 또는 분할합병된 경우에는 합병·분할 또는 분할합병 후에 존속하거나 합병·분할 또는 분할합병으로 설립된 법인이 연대하여 관세를 납부하여야 한다.

⑦ 관세의 분할납부를 승인받은 자가 파산선고를 받은 경우에는 그 파산관재인이 관세를 납부하여야 한다.

⑧ 관세의 분할납부를 승인받은 법인이 해산한 경우에는 그 청산인이 관세를 납부하여야 한다.

⑨ 다음 각 호의 어느 하나에 해당하는 경우에는 납부하지 아니한 관세의 전액을 즉시 징수한다.

1. 관세의 분할납부를 승인받은 물품을 제2항에서 정한 기간에 해당 용도 외의 다른 용도로 사용하거나 해당 용도 외의 다른 용도로 사용하려는 자에게 양도한 경우

2. 관세를 지정된 기한까지 납부하지 아니한 경우. 다만, 관세청장이 부득이한 사유가 있다고 인정하는 경우는 제외한다.

3. 파산선고를 받은 경우

4. 법인이 해산한 경우

[전문개정 2010. 12. 30.]

제108조(담보 제공 및 사후관리) ① 세관장은 필요하다고 인정될 때에는 대통령령으로 정하는 범위에서 관세청장이 정하는 바에 따라 이 법이나 그 밖의 법령·조약·협정 등에 따라 관세를 감면받거나 분할납부를 승인받은 물품에 대하여 그 물품을 수입할 때에 감면받거나 분할납부하는 관세액(제97조제4항 및 제98조제2항에 따른 가산세는 제외한다)에 상당하는 담보를 제공하게 할 수 있다.

② 이 법이나 그 밖의 법률·조약·협정 등에 따라 용도세율을 적용(제83조제1항 단서에 해당하는 경우는 제외한다)받거나 관세의 감면 또는 분할납부를 승인받은 자는 대통령령으로 정하는 바에 따라 해당 조건의 이행 여부를 확인(이하 이 조에서 "사후관리"라 한다)하는 데에 필요한 서류를 세관장에게 제출하여야 한다. 〈개정 2023. 12. 31.〉

③ 관세청장은 사후관리를 위하여 필요한 경우에는 대통령령으로 정하는 바에 따라 해당 물품의 사후관리에 관한 업무를 주무부장관에게 위탁할 수 있으며, 주무부장관은 물품의 사후관리를 위하여 필요한 경우에는 미리 관세청장과 협의한 후 위탁받은 사후관리에 관한 업무를 관계 기관이나 법인·단체 등에 재위임하거나 재위탁할 수 있다. 〈개정 2019. 12. 31., 2023. 12. 31.〉

④ 용도세율을 적용받거나 관세를 감면받은 물품을 세관장의 승인을 받아 수출한 경우에는 이 법을 적용할 때 용도 외의 사용으로 보지 아니하고 사후관리를 종결한다. 다만, 용도세율을 적용받거나

관세를 감면받은 물품을 가공하거나 수리할 목적으로 수출한 후 다시 수입하거나 해외시험 및 연구를 목적으로 수출한 후 다시 수입하여 제99조제3호 또는 제101조제1항제2호에 따른 감면을 받은 경우에는 사후관리를 계속한다.

[전문개정 2010. 12. 30.]

제109조(다른 법령 등에 따른 감면물품의 관세징수) ① 이 법 외의 법령이나 조약·협정 등에 따라 관세가 감면된 물품을 그 수입신고 수리일부터 3년 내에 해당 법령이나 조약·협정 등에 규정된 용도 외의 다른 용도로 사용하거나 양도하려는 경우에는 세관장의 확인을 받아야 한다. 다만, 해당 법령이나 조약·협정 등에 다른 용도로 사용하거나 양도한 경우에 해당 관세의 징수를 면제하는 규정이 있을 때에는 그러하지 아니하다. 〈개정 2011. 12. 31.〉

② 제1항에 따라 세관장의 확인을 받아야 하는 물품에 대하여는 해당 용도 외의 다른 용도로 사용한 자 또는 그 양도를 한 자로부터 감면된 관세를 즉시 징수하여야 하며, 양도인으로부터 해당 관세를 징수할 수 없을 때에는 그 양수인으로부터 감면된 관세를 즉시 징수한다. 다만, 그 물품이 재해나 그 밖의 부득이한 사유로 멸실되었거나 미리 세관장의 승인을 받아 그 물품을 폐기하였을 때에는 예외로 한다.

[전문개정 2010. 12. 30.]

제5장 납세자의 권리 및 불복절차

제1절 납세자의 권리

제110조(납세자권리헌장의 제정 및 교부) ① 관세청장은 제111조부터 제116조까지, 제116조의2 및 제117조에서 규정한 사항과 그 밖에 납세자의 권리보호에 관한 사항을 포함하는 납세자권리헌장(이하 이 조에서 "납세자권리헌장"이라 한다)을 제정하여 고시하여야 한다.

② 세관공무원은 다음 각 호의 어느 하나에 해당하는 경우에는 납세자권리헌장의 내용이 수록된 문서를 납세자에게 내주어야 하며, 조사사유, 조사기간, 제118조의4제1항에 따른 납세자보호위원회에 대한 심의 요청사항·절차 및 권리구제 절차 등을 설명하여야 한다. 〈개정 2011. 12. 31., 2017. 12. 19., 2019. 12. 31., 2023. 12. 31.〉

1. 제283조에 따른 관세범(「수출용 원재료에 대한 관세 등 환급에 관한 특례법」 제23조제1항부터 제4항까지의 규정에 따른 죄를 포함한다)에 관한 조사를 하는 경우

2. 관세조사를 하는 경우

3. 그 밖에 대통령령으로 정하는 경우

③ 세관공무원은 납세자를 긴급히 체포·압수·수색하는 경우 또는 현행범인 납세자가 도주할 우려가 있는 등 조사목적을 달성할 수 없다고 인정되는 경우에는 납세자권리헌장을 내주지 아니할 수 있다.

[전문개정 2010. 12. 30.]

제110조의2(통합조사의 원칙) 세관공무원은 특정한 분야만을 조사할 필요가 있는 등 대통령령으로 정하는 경우를 제외하고는 신고납부세액과 이 법 및 다른 법령에서 정하는 수출입 관련 의무 이행과 관련하여 그 권한에 속하는 사항을 통합하여 조사하는 것을 원칙으로 한다.

[본조신설 2011. 12. 31.]

제110조의3(관세조사 대상자 선정) ① 세관장은 다음 각 호의 어느 하나에 해당하는 경우에 정기적으로 신고의 적정성을 검증하기 위하여 대상을 선정(이하 "정기선정"이라 한다)하여 조사를 할 수 있다. 이 경우 세관장은 객관적 기준에 따라 공정하게 그 대상을 선정하여야 한다.

1. 관세청장이 수출입업자의 신고 내용에 대하여 정기적으로 성실도를 분석한 결과 불성실 혐의가 있다고 인정하는 경우

2. 최근 4년 이상 조사를 받지 아니한 납세자에 대하여 업종, 규모 등을 고려하여 대통령령으로 정하는 바에 따라 신고 내용이 적정한지를 검증할 필요가 있는 경우

3. 무작위추출방식으로 표본조사를 하려는 경우

② 세관장은 정기선정에 의한 조사 외에 다음 각 호의 어느 하나에 해당하는 경우에는 조사를 할 수 있다. 〈개정 2013. 8. 13., 2017. 12. 19.〉

1. 납세자가 이 법에서 정하는 신고·신청, 과세가격결정자료의 제출 등의 납세협력의무를 이행하지 아니한 경우

2. 수출입업자에 대한 구체적인 탈세제보 등이 있는 경우

3. 신고내용에 탈세나 오류의 혐의를 인정할 만한 자료가 있는 경우

4. 납세자가 세관공무원에게 직무와 관련하여 금품을 제공하거나 금품제공을 알선한 경우

③ 세관장은 제39조제1항에 따라 부과고지를 하는 경우 과세표준과 세액을 결정하기 위한 조사를 할 수 있다.

④ 세관장은 최근 2년간 수출입신고 실적이 일정금액 이하인 경우 등 대통령령으로 정하는 요건을 충족하는 자에 대해서는 제1항에 따른 조사를 하지 아니할 수 있다. 다만, 객관적인 증거자료에 의하여 과소 신고한 것이 명백한 경우에는 그러하지 아니하다.

[본조신설 2011. 12. 31.]

제111조(관세조사권 남용 금지) ① 세관공무원은 적정하고 공평한 과세를 실현하고 통관의 적법성을 보장하기 위하여 필요한 최소한의 범위에서 관세조사를 하여야 하며 다른 목적 등을 위하여 조사권을 남용하여서는 아니 된다.

② 세관공무원은 다음 각 호의 어느 하나에 해당하는 경우를 제외하고는 해당 사안에 대하여 이미 조사받은 자를 다시 조사할 수 없다. 〈개정 2017. 12. 19., 2023. 12. 31., 2024. 12. 31.〉

1. 관세탈루 등의 혐의를 인정할 만한 명백한 자료가 있는 경우
2. 이미 조사받은 자의 거래상대방을 조사할 필요가 있는 경우
3. 제118조제4항제2호 후단 또는 제128조제1항제3호 후단(제132조제4항 본문에서 준용하는 경우를 포함한다)에 따른 재조사 결정에 따라 재조사를 하는 경우(결정서 주문에 기재된 범위의 재조사에 한정한다)
4. 납세자가 세관공무원에게 직무와 관련하여 금품을 제공하거나 금품제공을 알선한 경우
5. 그 밖에 제1호부터 제4호까지와 유사한 경우로서 대통령령으로 정하는 경우

[전문개정 2011. 12. 31.]

제112조(관세조사의 경우 조력을 받을 권리) 납세자는 제110조제2항 각 호의 어느 하나에 해당하여 세관공무원에게 조사를 받는 경우에 변호사, 관세사로 하여금 조사에 참여하게 하거나 의견을 진술하게 할 수 있다. 〈개정 2014. 1. 1.〉

[전문개정 2010. 12. 30.]

제113조(납세자의 성실성 추정 등) ① 세관공무원은 납세자가 이 법

에 따른 신고 등의 의무를 이행하지 아니한 경우 또는 납세자에게 구체적인 관세포탈 등의 혐의가 있는 경우 등 대통령령으로 정하는 경우를 제외하고는 납세자가 성실하며 납세자가 제출한 신고서 등이 진실한 것으로 추정하여야 한다.

② 제1항은 세관공무원이 납세자가 제출한 신고서 등의 내용에 관하여 질문을 하거나 신고한 물품에 대하여 확인을 하는 행위 등 대통령령으로 정하는 행위를 하는 것을 제한하지 아니한다.

[전문개정 2010. 12. 30.]

제114조(관세조사의 사전통지와 연기신청) ① 세관공무원은 제110조제2항 각 호의 어느 하나에 해당하는 조사를 하기 위하여 해당 장부, 서류, 전산처리장치 또는 그 밖의 물품 등을 조사하는 경우에는 조사를 받게 될 납세자(그 위임을 받은 자를 포함한다. 이하 이 조에서 같다)에게 조사 시작 15일 전에 조사 대상, 조사 사유, 그 밖에 대통령령으로 정하는 사항을 통지하여야 한다. 다만, 다음 각 호의 어느 하나에 해당하는 경우에는 그러하지 아니하다. 〈개정 2016. 12. 20., 2017. 12. 19.〉

1. 범칙사건에 대하여 조사하는 경우

2. 사전에 통지하면 증거인멸 등으로 조사 목적을 달성할 수 없는 경우

② 제1항에 따른 통지를 받은 납세자가 천재지변이나 그 밖에 대통령령으로 정하는 사유로 조사를 받기가 곤란한 경우에는 대통령령으로 정하는 바에 따라 해당 세관장에게 조사를 연기하여 줄 것을 신청할 수 있다.

[전문개정 2010. 12. 30.]

제114조의2(장부ㆍ서류 등의 보관 금지) ① 세관공무원은 관세조사의 목적으로 납세자의 장부ㆍ서류 또는 그 밖의 물건(이하 이 조에서 "장부등"이라 한다)을 세관관서에 임의로 보관할 수 없다.

② 제1항에도 불구하고 세관공무원은 제110조의3제2항 각 호의 어느 하나의 사유에 해당하는 경우에는 조사목적에 필요한 최소한의 범위에서 납세자, 소지자 또는 보관자 등 정당한 권한이 있는 자가 임의로 제출한 장부등을 납세자의 동의를 받아 세관관서에 일시 보관할 수 있다.

③ 세관공무원은 제2항에 따라 납세자의 장부등을 세관관서에 일

시 보관하려는 경우 납세자로부터 일시 보관 동의서를 받아야 하며, 일시 보관증을 교부하여야 한다.

④ 세관공무원은 제2항에 따라 일시 보관하고 있는 장부등에 대하여 납세자가 반환을 요청한 경우에는 납세자가 그 반환을 요청한 날부터 14일을 초과하여 장부등을 보관할 수 없다. 다만, 조사목적을 달성하기 위하여 필요한 경우에는 제118조의4제1항에 따른 납세자보호위원회의 심의를 거쳐 한 차례만 14일 이내의 범위에서 보관기간을 연장할 수 있다. 〈개정 2019. 12. 31.〉

⑤ 제4항에도 불구하고 세관공무원은 납세자가 제2항에 따라 일시 보관하고 있는 장부등의 반환을 요청한 경우로서 관세조사에 지장이 없다고 판단될 때에는 요청한 장부등을 즉시 반환하여야 한다.

⑥ 제4항 및 제5항에 따라 납세자에게 장부등을 반환하는 경우 세관공무원은 장부등의 사본을 보관할 수 있고, 그 사본이 원본과 다름없다는 사실을 확인하는 납세자의 서명 또는 날인을 요구할 수 있다.

⑦ 제1항부터 제6항까지에서 규정한 사항 외에 장부등의 일시 보관 방법 및 절차 등에 관하여 필요한 사항은 대통령령으로 정한다.

[본조신설 2017. 12. 19.]

제115조(관세조사의 결과 통지) 세관공무원은 제110조제2항 각 호의 어느 하나에 해당하는 조사를 종료하였을 때에는 종료 후 20일 이내에 그 조사 결과를 서면으로 납세자에게 통지하여야 한다. 다만, 납세자가 폐업한 경우 등 대통령령으로 정하는 경우에는 그러하지 아니하다. 〈개정 2017. 12. 19.〉

[전문개정 2010. 12. 30.]

제116조(비밀유지) ① 세관공무원은 납세자가 이 법에서 정한 납세의무를 이행하기 위하여 제출한 자료나 관세의 부과·징수 또는 통관을 목적으로 업무상 취득한 자료 등(이하 "과세정보"라 한다)을 타인에게 제공하거나 누설하여서는 아니 되며, 사용 목적 외의 용도로 사용하여서도 아니 된다. 다만, 다음 각 호의 어느 하나에 해당하는 경우에는 그 사용 목적에 맞는 범위에서 납세자의 과세정보를 제공할 수 있다. 〈개정 2017. 12. 19., 2022. 12. 31.〉

1. 국가기관이 관세에 관한 쟁송이나 관세범에 대한 소추(訴追)를 목적으로 과세정보를 요구하는 경우

2. 법원의 제출명령이나 법관이 발부한 영장에 따라 과세정보를

요구하는 경우

3. 세관공무원 상호간에 관세를 부과·징수, 통관 또는 질문·검사하는 데에 필요하여 과세정보를 요구하는 경우

4. 통계청장이 국가통계작성 목적으로 과세정보를 요구하는 경우

5. 다음 각 목에 해당하는 자가 급부·지원 등의 대상자 선정 및 그 자격을 조사·심사하는데 필요한 과세정보를 당사자의 동의를 받아 요구하는 경우

가. 국가행정기관 및 지방자치단체

나. 「공공기관의 운영에 관한 법률」에 따른 공공기관 중 대통령령으로 정하는 공공기관

다. 「은행법」에 따른 은행

라. 그 밖에 급부·지원 등의 업무와 관련된 자로서 대통령령으로 정하는 자

6. 제5호나목 또는 다목에 해당하는 자가 「대외무역법」 제2조제3호에 따른 무역거래자의 거래, 지급, 수령 등을 확인하는데 필요한 과세정보를 당사자의 동의를 받아 요구하는 경우

7. 다른 법률에 따라 과세정보를 요구하는 경우

② 제1항제5호 및 제6호에 해당하는 경우에 제공할 수 있는 과세정보의 구체적인 범위는 대통령령으로 정한다. 〈신설 2022. 12. 31.〉

③ 제1항제1호 및 제4호부터 제7호까지의 규정에 따라 과세정보의 제공을 요구하는 자는 대통령령으로 정하는 바에 따라 문서로 관세청장 또는 해당 세관장에게 요구하여야 한다. 〈개정 2022. 12. 31.〉

④ 세관공무원은 제1항부터 제3항까지의 규정에 위반되게 과세정보의 제공을 요구받으면 이를 거부하여야 한다. 〈개정 2022. 12. 31.〉

⑤ 관세청장은 제1항제5호부터 제7호까지에 따른 과세정보의 제공 업무를 제322조제5항에 따른 대행기관에 대행하게 할 수 있다. 이 경우 관세청장은 과세정보 제공 업무를 위한 기초자료를 대행기관에 제공하여야 한다. 〈신설 2022. 12. 31.〉

⑥ 제1항에 따라 과세정보를 알게 된 자 또는 제5항에 따라 과세정보의 제공 업무를 대행하는 자는 과세정보를 타인에게 제공하거나 누설하여서는 아니 되며, 그 목적 외의 용도로 사용하여서도 아니 된다. 〈개정 2022. 12. 31.〉

⑦ 제1항에 따라 과세정보를 알게 된 자 또는 제5항에 따라 과세

정보의 제공 업무를 대행하는 자는 과세정보의 유출을 방지하기 위한 시스템 구축 등 대통령령으로 정하는 바에 따라 과세정보의 안전성 확보를 위한 조치를 하여야 한다. 〈신설 2022. 12. 31.〉

⑧ 이 조에 따라 과세정보를 제공받아 알게 된 자 또는 과세정보의 제공 업무를 대행하는 자 중 공무원이 아닌 자는 「형법」이나 그 밖의 법률에 따른 벌칙을 적용할 때 공무원으로 본다. 〈개정 2022. 12. 31.〉

[전문개정 2010. 12. 30.]

제116조의2(고액·상습체납자 등의 명단 공개) ① 관세청장은 제116조에도 불구하고 다음 각 호의 구분에 따라 해당 사항을 공개할 수 있다. 〈개정 2023. 12. 31.〉

1. 체납발생일부터 1년이 지난 관세 및 내국세등(이하 이 항에서 "체납관세등"이라 한다)이 2억원 이상인 체납자: 해당 체납자의 인적사항과 체납액 등. 다만, 체납관세등에 대하여 이의신청·심사청구 등 불복청구가 진행 중이거나 체납액의 일정금액 이상을 납부한 경우 등 대통령령으로 정하는 사유에 해당하는 경우에는 그러하지 아니하다.

2. 제270조제1항·제4항 및 제5항에 따른 범죄로 유죄판결이 확정된 자로서 같은 조에 따른 포탈, 감면, 면탈 또는 환급받은 관세 및 내국세등의 금액(이하 이 조에서 "포탈관세액"이라 한다)이 연간 2억원 이상인 자(이하 이 조에서 "관세포탈범"이라 한다): 해당 관세포탈범의 인적사항과 포탈관세액 등. 다만, 제2항에 따른 관세정보위원회가 공개할 실익이 없거나 공개하는 것이 부적절하다고 인정하는 경우 등 대통령령으로 정하는 사유에 해당하는 경우에는 그러하지 아니하다.

② 제1항과 제4항에 따른 체납자의 인적사항과 체납액 또는 관세포탈범의 인적사항과 포탈관세액 등에 대한 공개 여부를 심의 또는 재심의하고 제116조의4제1항제3호에 따른 체납자에 대한 감치 필요성 여부를 의결하기 위하여 관세청에 관세정보위원회(이하 이 조에서 "심의위원회"라 한다)를 둔다. 〈개정 2019. 12. 31., 2023. 12. 31.〉

③ 관세청장은 심의위원회의 심의를 거친 공개대상예정자에게 체납자 또는 관세포탈범 명단 공개대상예정자임을 통지하여 소명할 기

회를 주어야 한다. 〈개정 2023. 12. 31.〉

④ 관세청장은 제3항에 따라 통지한 날부터 6개월이 지나면 심의위원회로 하여금 체납액 또는 포탈관세액의 납부이행 등을 고려하여 체납자 또는 관세포탈범의 명단 공개 여부를 재심의하게 한다. 〈개정 2023. 12. 31.〉

⑤ 제1항에 따른 공개는 관보에 게재하거나 관세청장이 지정하는 정보통신망 또는 관할 세관의 게시판에 게시하는 방법으로 한다.

⑥ 제1항부터 제5항까지의 규정에 따른 체납자·관세포탈범 명단 공개 및 심의위원회의 구성·운영 등에 필요한 사항은 대통령령으로 정한다. 〈개정 2023. 12. 31.〉

[전문개정 2010. 12. 30.]

[제목개정 2023. 12. 31.]

제116조의3(납세증명서의 제출 및 발급) ① 납세자(미과세된 자를 포함한다. 이하 이 조에서 같다)는 다음 각 호의 어느 하나에 해당하는 경우에는 대통령령으로 정하는 바에 따라 납세증명서를 제출하여야 한다. 〈개정 2018. 12. 31., 2023. 3. 4.〉

1. 국가, 지방자치단체 또는 대통령령으로 정하는 정부관리기관으로부터 대금을 지급받을 경우

2. 「출입국관리법」 제31조에 따른 외국인등록 또는 「재외동포의 출입국과 법적 지위에 관한 법률」 제6조에 따른 국내거소신고를 한 외국인이 체류기간 연장허가 등 대통령령으로 정하는 체류허가를 법무부장관에게 신청하는 경우

3. 내국인이 해외이주 목적으로 「해외이주법」 제6조에 따라 재외동포청장에게 해외이주신고를 하는 경우

② 세관장은 납세자로부터 납세증명서의 발급신청을 받았을 때에는 그 사실을 확인하고 즉시 납세증명서를 발급하여야 한다.

[본조신설 2014. 12. 23.]

제116조의4(고액·상습체납자의 감치) ① 법원은 검사의 청구에 따라 체납자가 다음 각 호의 사유에 모두 해당하는 경우 결정으로 30일의 범위에서 체납된 관세(세관장이 부과·징수하는 내국세등을 포함한다. 이하 이 조에서 같다)가 납부될 때까지 그 체납자를 감치(監置)에 처할 수 있다.

1. 관세를 3회 이상 체납하고 있고, 체납발생일부터 각 1년이 경

과하였으며, 체납금액의 합계가 2억원 이상인 경우

2. 체납된 관세의 납부능력이 있음에도 불구하고 정당한 사유 없이 체납한 경우

3. 제116조의2제2항에 따른 관세정보위원회의 의결에 따라 해당 체납자에 대한 감치 필요성이 인정되는 경우

② 관세청장은 체납자가 제1항 각 호의 사유에 모두 해당하는 경우에는 체납자의 주소 또는 거소를 관할하는 지방검찰청 또는 지청의 검사에게 체납자의 감치를 신청할 수 있다.

③ 관세청장은 제2항에 따라 체납자의 감치를 신청하기 전에 체납자에게 대통령령으로 정하는 바에 따라 소명자료를 제출하거나 의견을 진술할 수 있는 기회를 주어야 한다.

④ 제1항의 결정에 대하여는 즉시항고를 할 수 있다.

⑤ 제1항에 따라 감치에 처하여진 체납자는 동일한 체납사실로 인하여 재차 감치되지 아니한다.

⑥ 제1항에 따라 감치에 처하는 재판을 받은 체납자가 그 감치의 집행 중에 체납된 관세를 납부한 경우에는 감치집행을 종료하여야 한다.

⑦ 제1항에 따른 감치집행시 세관공무원은 감치대상자에게 감치사유, 감치기간, 제6항에 따른 감치집행의 종료 등 감치결정에 대한 사항을 설명하고 그 밖의 감치집행에 필요한 절차에 협력하여야 한다.

⑧ 제1항에 따른 감치에 처하는 재판 절차 및 그 집행, 그 밖에 필요한 사항은 대법원규칙으로 정한다.

[본조신설 2019. 12. 31.]

제116조의5(출국금지 요청 등) ① 관세청장은 정당한 사유 없이 5천만원 이상의 관세(세관장이 부과·징수하는 내국세등을 포함한다. 이하 이 조에서 같다)를 체납한 자 중 대통령령으로 정하는 자에 대하여 법무부장관에게 「출입국관리법」 제4조제3항 및 같은 법 제29조제2항에 따라 출국금지 또는 출국정지를 즉시 요청하여야 한다.

② 법무부장관은 제1항에 따른 출국금지 또는 출국정지 요청에 따라 출국금지 또는 출국정지를 한 경우에는 관세청장에게 그 결과를 「정보통신망 이용촉진 및 정보보호 등에 관한 법률」 제2조제1항 제1호에 따른 정보통신망 등을 통하여 통보하여야 한다.

③ 관세청장은 다음 각 호의 어느 하나에 해당하는 경우에는 즉시

법무부장관에게 출국금지 또는 출국정지의 해제를 요청하여야 한다.

1. 체납자가 체납액을 전부 또는 일부 납부하여 체납된 관세가 5천만원 미만으로 된 경우

2. 체납자 재산의 압류, 담보 제공 등으로 출국금지 사유가 해소된 경우

3. 관세징수권의 소멸시효가 완성된 경우

4. 그 밖에 대통령령으로 정하는 사유가 있는 경우

④ 제1항부터 제3항까지에서 규정한 사항 외에 출국금지 및 출국정지 요청 등의 절차에 관하여 필요한 사항은 대통령령으로 정한다.

[본조신설 2019. 12. 31.]

제116조의6(납세자 본인에 관한 과세정보의 전송 요구) ① 납세자는 관세청장에 대하여 본인에 관한 정보로서 제116조에 따른 과세정보를 본인이나 본인이 지정하는 자로서 본인정보를 이용하여 업무를 처리하려는 다음 각 호에 해당하는 자에게 전송하여 줄 것을 요구할 수 있다.

1. 납세자 본인

2. 「관세사법」 제7조에 따라 등록한 관세사, 같은 법 제17조의2에 따라 등록한 관세법인 또는 같은 법 제19조에 따라 등록한 통관취급법인등

3. 「세무사법」 제6조에 따라 등록한 세무사 또는 같은 법 제16조의4에 따라 등록한 세무법인

4. 「세무사법」에 따라 세무대리를 할 수 있는 공인회계사 또는 변호사

5. 「전기통신사업법」 제2조제8호에 따른 전기통신사업자로서 대통령령으로 정하는 자

② 관세청장은 제1항에 따른 전송 요구를 받은 경우에는 대통령령으로 정하는 범위에서 해당 정보를 컴퓨터 등 정보처리장치를 이용하여 처리 가능한 형태로 전송하여야 한다.

③ 납세자는 제1항에 따른 전송 요구를 철회할 수 있다.

④ 제2항에도 불구하고 관세청장은 납세자의 본인 여부가 확인되지 아니하는 경우 등 대통령령으로 정하는 경우에는 제1항에 따른 전송 요구를 거절하거나 전송을 중단할 수 있다. 이 경우 관세청장은 지체 없이 해당 사실을 납세자에게 통지하여야 한다.

⑤ 납세자는 제1항 각 호의 어느 하나에 해당하는 자에게 제1항에 따른 전송 요구를 할 때에는 다음 각 호의 사항을 모두 특정하여 전자문서나 그 밖에 안전성과 신뢰성이 확보된 방법으로 하여야 한다.

1. 전송을 요구하는 본인의 과세정보
2. 본인의 과세정보를 제공받는 자
3. 정기적인 전송을 요구하는지 여부 및 요구하는 경우 그 주기
4. 그 밖에 제1호부터 제3호까지에서 정한 사항과 유사한 사항으로서 관세청장이 정하는 사항

⑥ 납세자는 제1항에 따른 전송 요구로 인하여 타인의 권리나 정당한 이익을 침해하여서는 아니 된다.

⑦ 제1항부터 제6항까지에서 규정한 사항 외에 전송 요구의 방법, 전송의 기한·주기 및 방법, 전송 요구 철회의 방법 등 필요한 사항은 대통령령으로 정한다.

⑧ 관세청장은 이 조에 따른 과세정보의 전송 업무를 제322조제5항에 따른 대행기관에 대행하게 할 수 있다. 이 경우 관세청장은 과세정보 전송 업무를 위하여 기초자료를 대행기관에 제공하여야 한다.

⑨ 제2항에 따라 전송된 과세정보를 알게 된 제1항 각 호(제1호는 제외한다)의 자 또는 제8항에 따라 과세정보의 전송 업무를 대행하는 자는 대통령령으로 정하는 바에 따라 과세정보의 유출을 방지하기 위한 시스템 구축 등 과세정보의 안정성 확보를 위한 조치를 하여야 한다.

⑩ 제2항에 따라 전송된 과세정보를 알게 된 제1항 각 호(제1호는 제외한다)의 자 또는 제8항에 따라 과세정보의 전송 업무를 대행하는 자는 과세정보를 타인에게 제공 또는 누설하거나 그 목적 외의 용도로 사용하여서는 아니 된다.

⑪ 제1항에 따른 과세정보를 전송 요구하려는 자는 기획재정부령으로 정하는 바에 따라 관세청장에게 수수료를 납부하여야 한다. 다만, 제8항에 따라 대행기관이 업무를 대행하는 경우에는 대행기관이 정하는 수수료를 해당 대행기관에 납부하여야 한다.

[본조신설 2023. 12. 31.]

제117조(정보의 제공) 세관공무원은 납세자가 납세자의 권리행사에 필요한 정보를 요구하면 신속하게 제공하여야 한다. 이 경우 세관공

무원은 납세자가 요구한 정보와 관련되어 있어 관세청장이 정하는 바에 따라 납세자가 반드시 알아야 한다고 판단되는 그 밖의 정보도 함께 제공하여야 한다.

[전문개정 2010. 12. 30.]

제118조(과세전적부심사) ① 세관장은 제38조의3제6항 또는 제39조제2항에 따라 납부세액이나 납부하여야 하는 세액에 미치지 못한 금액을 징수하려는 경우에는 미리 납세의무자에게 그 내용을 서면으로 통지하여야 한다. 다만, 다음 각 호의 어느 하나에 해당하는 경우에는 통지를 생략할 수 있다. 〈개정 2011. 12. 31., 2016. 12. 20., 2021. 12. 21.〉

1. 통지하려는 날부터 3개월 이내에 제21조에 따른 관세부과의 제척기간이 만료되는 경우

2. 제28조제2항에 따라 납세의무자가 확정가격을 신고한 경우

3. 제38조제2항 단서에 따라 수입신고 수리 전에 세액을 심사하는 경우로서 그 결과에 따라 부족세액을 징수하는 경우

4. 제97조제3항(제98조제2항에 따라 준용되는 경우를 포함한다)에 따라 면제된 관세를 징수하거나 제102조제2항에 따라 감면된 관세를 징수하는 경우

5. 제270조에 따른 관세포탈죄로 고발되어 포탈세액을 징수하는 경우

6. 그 밖에 관세의 징수가 곤란하게 되는 등 사전통지가 적당하지 아니한 경우로서 대통령령으로 정하는 경우

② 납세의무자는 제1항에 따른 통지를 받았을 때에는 그 통지를 받은 날부터 30일 이내에 기획재정부령으로 정하는 세관장에게 통지 내용이 적법한지에 대한 심사(이하 이 조에서 "과세전적부심사"라 한다)를 청구할 수 있다. 다만, 법령에 대한 관세청장의 유권해석을 변경하여야 하거나 새로운 해석이 필요한 경우 등 대통령령으로 정하는 경우에는 관세청장에게 이를 청구할 수 있다.

③ 과세전적부심사를 청구받은 세관장이나 관세청장은 그 청구를 받은 날부터 30일 이내에 제118조의4제9항 전단에 따른 관세심사위원회의 심사를 거쳐 결정을 하고, 그 결과를 청구인에게 통지하여야 한다. 다만, 과세전적부심사 청구기간이 지난 후 과세전적부심사 청구가 제기된 경우 등 대통령령으로 정하는 사유에 해당하는 경우

에는 해당 위원회의 심사를 거치지 아니하고 결정할 수 있다. 〈개정 2011. 12. 31., 2015. 12. 15., 2022. 12. 31.〉

④ 과세전적부심사 청구에 대한 결정은 다음 각 호의 구분에 따른다. 〈개정 2017. 12. 19.〉

1. 청구가 이유 없다고 인정되는 경우: 채택하지 아니한다는 결정

2. 청구가 이유 있다고 인정되는 경우: 청구의 전부 또는 일부를 채택하는 결정. 이 경우 구체적인 채택의 범위를 정하기 위하여 사실관계 확인 등 추가적으로 조사가 필요한 경우에는 제1항 본문에 따른 통지를 한 세관장으로 하여금 이를 재조사하여 그 결과에 따라 당초 통지 내용을 수정하여 통지하도록 하는 재조사 결정을 할 수 있다.

3. 청구기간이 지났거나 보정기간 내에 보정하지 아니하는 경우 또는 적법하지 아니한 청구를 하는 경우: 심사하지 아니한다는 결정

⑤ 제1항 각 호 외의 부분 본문에 따른 통지를 받은 자는 과세전적부심사를 청구하지 아니하고 통지를 한 세관장에게 통지받은 내용의 전부 또는 일부에 대하여 조기에 경정해 줄 것을 신청할 수 있다. 이 경우 해당 세관장은 즉시 신청받은 대로 세액을 경정하여야 한다. 〈신설 2011. 12. 31.〉

⑥ 과세전적부심사에 관하여는 제121조제3항, 제122조제2항, 제123조, 제126조, 제127조제3항, 제128조제4항부터 제6항까지, 제129조의2 및 제130조를 준용한다. 〈개정 2011. 12. 31., 2017. 12. 19., 2019. 12. 31., 2020. 12. 22.〉

⑦ 과세전적부심사에 관하여는 「행정심판법」 제15조, 제16조, 제20조부터 제22조까지, 제29조, 제39조 및 제40조를 준용한다. 이 경우 "위원회"는 "관세심사위원회"로 본다. 〈신설 2011. 12. 31.〉

⑧ 과세전적부심사의 방법과 그 밖에 필요한 사항은 대통령령으로 정한다. 〈개정 2011. 12. 31.〉

[전문개정 2010. 12. 30.]

제118조의2(관세청장의 납세자 권리보호) ① 관세청장은 직무를 수행할 때 납세자의 권리가 보호되고 실현될 수 있도록 성실하게 노력하여야 한다.

② 납세자의 권리보호를 위하여 관세청에 납세자 권리보호업무를 총괄하는 납세자보호관을 두고, 대통령령으로 정하는 세관에 납세자

권리보호업무를 수행하는 담당관을 각각 1명을 둔다.

③ 관세청장은 제2항에 따른 납세자보호관을 개방형직위로 운영하고 납세자보호관 및 담당관이 업무를 수행할 때 독립성이 보장될 수 있도록 하여야 한다. 이 경우 납세자보호관은 관세·법률·재정 분야의 전문지식과 경험을 갖춘 사람으로서 다음 각 호의 어느 하나에 해당하지 아니하는 사람을 대상으로 공개모집한다.

1. 세관공무원
2. 세관공무원으로 퇴직한 지 3년이 지나지 아니한 사람

④ 관세청장은 납세자 권리보호업무의 추진실적 등의 자료를 일반 국민에게 정기적으로 공개하여야 한다.

⑤ 납세자보호관 및 담당관은 세금 관련 고충민원의 처리 등 대통령령으로 정하는 직무 및 권한을 가지며, 납세자보호관 및 담당관의 자격 등 납세자보호관 제도의 운영에 필요한 사항은 대통령령으로 정한다.

[본조신설 2019. 12. 31.]

제118조의3(납세자의 협력의무) 납세자는 세관공무원의 적법한 질문·조사, 제출명령에 대하여 성실하게 협력하여야 한다.

[본조신설 2019. 12. 31.]

제118조의4(납세자보호위원회) ① 다음 각 호의 사항을 심의(제3호의 사항은 의결을 포함한다)하기 위하여 제118조의2제2항의 세관 및 관세청에 납세자보호위원회(이하 "납세자보호위원회"라 한다)를 둔다. 〈개정 2022. 12. 31.〉

1. 납세자 권리보호에 관한 사항
2. 제118조제2항에 따른 과세전적부심사
3. 제122조제1항에 따른 심사청구
4. 제132조제1항에 따른 이의신청

② 제1항에 따라 제118조의2제2항의 세관에 두는 납세자보호위원회(이하 "세관 납세자보호위원회"라 한다)는 다음 각 호의 사항을 심의한다. 〈개정 2022. 12. 31.〉

1. 관세조사 범위의 확대
2. 관세조사 기간 연장에 대한 납세자의 관세조사 일시중지 또는 중지 요청
3. 위법·부당한 관세조사 및 관세조사 중 세관공무원의 위법·부

당한 행위에 대한 납세자의 관세조사 일시중지 또는 중지 요청

4. 제114조의2제4항 단서에 따른 장부등의 일시 보관 기간 연장

5. 제118조제2항 본문에 따른 과세전적부심사

6. 제132조제1항에 따른 이의신청

7. 그 밖에 고충민원의 처리 등 납세자의 권리보호를 위하여 납세자보호담당관이 심의가 필요하다고 인정하는 안건

③ 제1항에 따라 관세청에 두는 납세자보호위원회(이하 "관세청 납세자보호위원회"라 한다)는 다음 각 호의 사항을 심의(제3호의 사항은 의결을 포함한다)한다. 〈개정 2022. 12. 31.〉

1. 제2항제1호부터 제3호까지의 사항에 대하여 세관 납세자보호위원회의 심의를 거친 해당 세관장의 결정에 대한 납세자의 취소 또는 변경 요청

2. 제118조제2항 단서에 따른 과세전적부심사

3. 제122조제1항에 따른 심사청구

4. 그 밖에 고충민원의 처리 또는 납세자 권리보호를 위한 관세행정의 제도 및 절차 개선 등으로서 납세자보호위원회의 위원장 또는 납세자보호관이 심의가 필요하다고 인정하는 사항

④ 삭제 〈2022. 12. 31.〉

⑤ 납세자보호위원회의 위원장은 다음 각 호의 구분에 따른 사람이 된다.

1. 세관 납세자보호위원회: 공무원이 아닌 사람 중에서 해당 세관장의 추천을 받아 관세청장이 위촉하는 사람

2. 관세청 납세자보호위원회: 공무원이 아닌 사람 중에서 기획재정부장관의 추천을 받아 관세청장이 위촉하는 사람

⑥ 납세자보호위원회의 위원은 관세·법률·재정 분야에 전문적인 학식과 경험이 풍부한 사람과 관계 공무원 중에서 관세청장(세관 납세자보호위원회의 위원은 해당 세관장)이 임명 또는 위촉한다.

⑦ 납세자보호위원회의 위원은 업무 중 알게 된 과세정보를 타인에게 제공 또는 누설하거나 목적 외의 용도로 사용해서는 아니 된다.

⑧ 납세자보호위원회의 위원은 공정한 심의를 기대하기 어려운 사정이 있다고 인정될 때에는 대통령령으로 정하는 바에 따라 위원회 회의에서 제척되거나 회피하여야 한다.

⑨ 제2항제5호·제6호 및 제3항제2호·제3호의 사항을 심의하거나 심의·의결하기 위하여 세관 납세자보호위원회 및 관세청 납세자보호위원회에 각각 분과위원회로 관세심사위원회(이하 "관세심사위원회"라 한다)를 둔다. 이 경우 관세심사위원회의 심의 또는 심의·의결은 납세자보호위원회의 심의 또는 심의·의결로 본다. 〈신설 2022. 12. 31.〉

⑩ 납세자보호위원회의 구성 및 운영 등에 필요한 사항은 대통령령으로 정한다. 〈개정 2022. 12. 31.〉

⑪ 납세자보호관은 납세자보호위원회의 의결사항에 대한 이행여부 등을 감독한다. 〈개정 2022. 12. 31.〉

[본조신설 2019. 12. 31.]

제118조의5(납세자보호위원회에 대한 납세자의 심의 요청 및 결과 통지 등) ① 납세자는 관세조사 기간이 끝나는 날까지 제118조의2제2항의 세관의 세관장(이하 이 조에서 "세관장"이라 한다)에게 제118조의4제2항제2호 또는 제3호에 해당하는 사항에 대한 심의를 요청할 수 있다.

② 세관장은 제118조의4제2항제1호부터 제4호까지의 사항에 대하여 세관 납세자보호위원회의 심의를 거쳐 결정을 하고, 납세자에게 그 결과를 통지하여야 한다. 이 경우 제118조의4제2항제2호 또는 제3호에 대한 결과는 제1항에 따른 요청을 받은 날부터 20일 이내에 통지하여야 한다.

③ 납세자는 제2항에 따라 통지를 받은 날부터 7일 이내에 제118조의4제2항제1호부터 제3호까지의 사항으로서 세관 납세자보호위원회의 심의를 거친 세관장의 결정에 대하여 관세청장에게 취소 또는 변경을 요청할 수 있다.

④ 제3항에 따른 납세자의 요청을 받은 관세청장은 관세청 납세자보호위원회의 심의를 거쳐 세관장의 결정을 취소하거나 변경할 수 있다. 이 경우 관세청장은 요청받은 날부터 20일 이내에 그 결과를 납세자에게 통지하여야 한다.

⑤ 제118조의2제2항에 따른 납세자보호관 또는 담당관은 납세자가 제1항 또는 제3항에 따른 요청을 하는 경우에는 납세자보호위원회의 심의 전까지 세관공무원에게 관세조사의 일시중지 등을 요구할 수 있다. 다만, 납세자가 관세조사를 기피하려는 것이 명백한 경우

등 대통령령으로 정하는 경우에는 그러하지 아니하다.

⑥ 납세자보호위원회는 제118조의4제2항제2호 또는 제3호에 따른 요청이 있는 경우 그 의결로 관세조사의 일시중지 드는 중지를 세관공무원에게 요구할 수 있다. 이 경우 납세자보호위원회는 정당한 사유 없이 위원회의 요구에 따르지 아니하는 세관공무원에 대하여 관세청장에게 징계를 건의할 수 있다.

⑦ 제1항 및 제3항에 따른 요청을 한 납세자는 대통령령으로 정하는 바에 따라 세관장 또는 관세청장에게 의견을 진술할 수 있다.

⑧ 제1항부터 제7항까지에서 규정한 사항 외에 납세자보호위원회에 대한 납세자의 심의 요청 및 결과 통지 등에 관하여 필요한 사항은 대통령령으로 정한다.

[본조신설 2019. 12. 31.]

제2절 심사와 심판

제119조(불복의 신청) ① 이 법이나 그 밖의 관세에 관한 법률 또는 조약에 따른 처분으로서 위법한 처분 드는 부당한 처분을 받거나 필요한 처분을 받지 못하여 권리나 이익을 침해당한 자는 이 절의 규정에 따라 그 처분의 취소 또는 변경을 청구하거나 필요한 처분을 청구할 수 있다. 다만, 다음 각 호의 처분에 대해서는 그러하지 아니하다. 〈개정 2018. 12. 31., 2020. 12. 22.〉

1. 이 법에 따른 통고처분

2. 「감사원법」에 따라 심사청구를 한 처분이나 그 심사청구에 대한 처분

3. 이 법이나 그 밖의 관세에 관한 법률에 따른 과태료 부과처분

② 제1항 각 호 외의 부분 본문에 따른 처분이 관세청장이 조사·결정 또는 처리하거나 하였어야 할 것인 경우를 제외하고는 그 처분에 대하여 심사청구 또는 심판청구에 앞서 이 절의 규정에 따른 이의신청을 할 수 있다. 〈개정 2018. 12. 31.〉

③ 이 절의 규정에 따른 심사청구 또는 심판청구에 대한 처분에 대해서는 이의신청, 심사청구 또는 심판청구를 제기할 수 없다. 다만, 제128조제1항제3호 후단(제131조에서 「국세기본법」을 준용하는 경우를 포함한다)의 재조사 결정에 따른 처분청의 처분에 대해서는 해당 재조사 결정을 한 재결청에 심사청구 또는 심판청구를 제기할

수 있다. 〈신설 2018. 12. 31.〉

④ 이 절의 규정에 따른 이의신청에 대한 처분과 제128조제1항제3호 후단(제132조제4항에서 준용하는 경우를 포함한다)의 재조사 결정에 따른 처분청의 처분에 대해서는 이의신청을 할 수 없다. 〈신설 2018. 12. 31.〉

⑤ 제1항제2호의 심사청구는 그 처분을 한 것을 안 날(처분의 통지를 받았을 때에는 그 통지를 받은 날을 말한다)부터 90일 이내에 하여야 한다. 〈개정 2018. 12. 31.〉

⑥ 제1항제2호의 심사청구를 거친 처분에 대한 행정소송은 「행정소송법」 제18조제2항·제3항 및 같은 법 제20조에도 불구하고 그 심사청구에 대한 결정을 통지받은 날부터 90일 내에 처분청을 당사자로 하여 제기하여야 한다. 〈개정 2018. 12. 31.〉

⑦ 제5항과 제6항의 기간은 불변기간으로 한다. 〈개정 2018. 12. 31.〉

⑧ 수입물품에 부과하는 내국세등의 부과, 징수, 감면, 환급 등에 관한 세관장의 처분에 불복하는 자는 이 절에 따른 이의신청·심사청구 및 심판청구를 할 수 있다. 〈개정 2018. 12. 31.〉

⑨ 이 법이나 그 밖의 관세에 관한 법률 또는 조약에 따른 처분으로 권리나 이익을 침해받게 되는 제2차 납세의무자 등 대통령령으로 정하는 이해관계인은 그 처분에 대하여 이 절에 따른 심사청구 또는 심판청구를 하여 그 처분의 취소 또는 변경이나 그 밖에 필요한 처분을 청구할 수 있다. 이 경우 제2항부터 제4항까지 및 제8항을 준용한다. 〈개정 2018. 12. 31.〉

⑩ 동일한 처분에 대하여는 심사청구와 심판청구를 중복하여 제기할 수 없다. 〈개정 2018. 12. 31.〉

[전문개정 2010. 12. 30.]

제120조(「행정소송법」 등과의 관계) ① 제119조에 따른 처분에 대하여는 「행정심판법」을 적용하지 아니한다. 다만, 심사청구 또는 심판청구에 관하여는 「행정심판법」 제15조, 제16조, 제20조부터 제22조까지, 제29조, 제39조, 제40조, 제42조 및 제51조를 준용하며, 이 경우 "위원회"는 "관세심사위원회", "조세심판관회의" 또는 "조세심판관합동회의"로 본다. 〈개정 2011. 12. 31.〉

② 제119조에 따른 위법한 처분에 대한 행정소송은 「행정소송법」 제18조제1항 본문, 제2항 및 제3항에도 불구하고 이 법에 따른 심

사청구 또는 심판청구와 그에 대한 결정을 거치지 아니하면 제기할 수 없다. 다만, 심사청구 또는 심판청구에 대한 제128조제1항제3호 후단(제131조에서 「국세기본법」을 준용하는 경우를 포함한다)의 재조사 결정에 따른 처분청의 처분에 대한 행정소송은 그러하지 아니하다. 〈개정 2018. 12. 31.〉

③ 제2항 본문에 따른 행정소송은 「행정소송법」 제20조에도 불구하고 심사청구나 심판청구에 따른 결정을 통지받은 날부터 90일 이내에 제기하여야 한다. 다만, 제128조제2항 본문 또는 제131조에 따른 결정기간 내에 결정을 통지받지 못한 경우에는 제2항에도 불구하고 결정을 통지받기 전이라도 그 결정기간이 지난 날부터 행정소송을 제기할 수 있다. 〈개정 2018. 12. 31.〉

④ 제2항 단서에 따른 행정소송은 「행정소송법」 제20조에도 불구하고 다음 각 호의 구분에 따른 기간 내에 제기하여야 한다. 〈신설 2018. 12. 31.〉

1. 이 법에 따른 심사청구 또는 심판청구를 거치지 아니하고 제기하는 경우: 재조사 후 행한 처분청의 처분의 결과 통지를 받은 날부터 90일 이내. 다만, 제128조제5항 전단(제131조에 따라 「국세기본법」을 준용하는 경우를 포함한다)에 따른 처분기간(제128조제5항 후단에 따라 조사를 연기 또는 중지하거나 조사기간을 연장한 경우에는 해당 기간을 포함한다. 이하 이 호에서 같다)에 처분청의 처분 결과 통지를 받지 못하는 경우에는 그 처분기간이 지난 날부터 행정소송을 제기할 수 있다.

2. 이 법에 따른 심사청구 또는 심판청구를 거쳐 제기하는 경우: 재조사 후 행한 처분청의 처분에 대하여 제기한 심사청구 또는 심판청구에 대한 결정의 통지를 받은 날부터 90일 이내. 다만, 제128조제2항(제131조에서 「국세기본법」을 준용하는 경우를 포함한다)에 따른 결정기간에 결정의 통지를 받지 못하는 경우에는 그 결정기간이 지난 날부터 행정소송을 제기할 수 있다.

⑤ 제119조제1항제2호에 따른 심사청구를 거친 경우에는 이 법에 따른 심사청구나 심판청구를 거친 것으로 보고 제2항을 준용한다. 〈개정 2018. 12. 31.〉

⑥ 제3항 및 제4항의 기간은 불변기간으로 한다. 〈개정 2018. 12. 31.〉

[전문개정 2010. 12. 30.]

제121조(심사청구기간) ① 심사청구는 해당 처분을 한 것을 안 날(처분하였다는 통지를 받았을 때에는 통지를 받은 날을 말한다)부터 90일 이내에 제기하여야 한다.

② 이의신청을 거친 후 심사청구를 하려는 경우에는 이의신청에 대한 결정을 통지받은 날부터 90일 이내에 하여야 한다. 다만, 제132조제4항 단서에 따른 결정기간 내에 결정을 통지받지 못한 경우에는 결정을 통지받기 전이라도 그 결정기간이 지난 날부터 심사청구를 할 수 있다.

③ 제1항과 제2항 본문의 기한 내에 우편으로 제출(「국세기본법」 제5조의2에서 정한 날을 기준으로 한다)한 심사청구서가 청구기간이 지나 세관장 또는 관세청장에게 도달한 경우에는 그 기간의 만료일에 청구된 것으로 본다. 〈개정 2014. 1. 1.〉

④ 심사청구인이 제10조에서 규정하는 사유(신고, 신청, 청구, 그 밖의 서류의 제출 및 통지에 관한 기한 연장 사유로 한정한다)로 제1항에서 정한 기간 내에 심사청구를 할 수 없을 때에는 그 사유가 소멸한 날부터 14일 이내에 심사청구를 할 수 있다. 이 경우 심사청구인은 그 기간 내에 심사청구를 할 수 없었던 사유, 그 사유가 발생한 날과 소멸한 날, 그 밖에 필요한 사항을 적은 문서를 함께 제출하여야 한다.

[전문개정 2010. 12. 30.]

제122조(심사청구절차) ① 심사청구는 대통령령으로 정하는 바에 따라 불복하는 사유를 심사청구서에 적어 해당 처분을 하였거나 하였어야 하는 세관장을 거쳐 관세청장에게 하여야 한다.

② 제121조에 따른 심사청구기간을 계산할 때에는 제1항에 따라 해당 심사청구서가 세관장에게 제출된 때에 심사청구가 된 것으로 본다. 해당 심사청구서가 제1항에 따른 세관장 외의 세관장이나 관세청장에게 제출된 경우에도 또한 같다.

③ 제1항에 따라 해당 심사청구서를 제출받은 세관장은 이를 받은 날부터 7일 내에 그 심사청구서에 의견서를 첨부하여 관세청장에게 보내야 한다.

④ 관세청장은 제3항에 따라 세관장의 의견서를 받은 때에는 지체 없이 해당 의견서의 부본을 심사청구인에게 송부하여야 한다.

〈신설 2017. 12. 19.〉

⑤ 심사청구인은 제4항에 따라 송부받은 의견서에 대하여 반대되는 증거서류 또는 증거물을 관세청장에게 제출할 수 있다. 〈신설 2017. 12. 19.〉

[전문개정 2010. 12. 30.]

제123조(심사청구서의 보정) ① 관세청장은 심사청구의 내용이나 절차가 이 절에 적합하지 아니하지만 보정할 수 있다고 인정되는 경우에는 20일 이내의 기간을 정하여 해당 사항을 보정할 것을 요구할 수 있다. 다만, 보정할 사항이 경미한 경우에는 직권으로 보정할 수 있다.

② 제1항 본문의 요구를 받은 심사청구인은 보정할 사항을 서면으로 작성하여 관세청장에게 제출하거나, 관세청에 출석하여 보정할 사항을 말하고 그 말한 내용을 세관공무원이 기록한 서면에 서명 또는 날인함으로써 보정할 수 있다. 〈신설 2019. 12. 31.〉

③ 제1항의 보정기간은 제121조에 따른 심사청구기간에 산입(算入)하지 아니한다. 〈개정 2019. 12. 31.〉

[전문개정 2010. 12. 30.]

제124조 삭제 〈2022. 12. 31.〉

제125조(심사청구 등이 집행에 미치는 효력) ① 이의신청 · 심사청구 또는 심판청구는 법령에 특별한 규정이 있는 경우를 제외하고는 해당 처분의 집행에 효력을 미치지 아니한다. 다만, 해당 재결청이 처분의 집행 또는 절차의 속행 때문에 이의신청인, 심사청구인 또는 심판청구인에게 중대한 손해가 생기는 것을 예방할 긴급한 필요성이 있다고 인정할 때에는 처분의 집행 또는 절차 속행의 전부 또는 일부의 정지(이하 "집행정지"라 한다)를 결정할 수 있다. 〈개정 2019. 12. 31.〉

② 재결청은 집행정지 또는 집행정지의 취소에 관하여 심리 · 결정하면 지체 없이 당사자에게 통지하여야 한다. 〈신설 2019. 12. 31.〉

[전문개정 2010. 12. 30.]

제126조(대리인) ① 이의신청인, 심사청구인 또는 심판청구인은 변호사나 관세사를 대리인으로 선임할 수 있다. 〈개정 2016. 12. 20.〉

② 이의신청인, 심사청구인 또는 심판청구인은 신청 또는 청구의 대상이 대통령령으로 정하는 금액 미만인 경우에는 배우자, 4촌 이

내의 혈족 또는 배우자의 4촌 이내의 혈족을 대리인으로 선임할 수 있다. 〈신설 2016. 12. 20.〉

③ 대리인의 권한은 서면으로 증명하여야 한다. 〈개정 2016. 12. 20.〉

④ 대리인은 본인을 위하여 청구에 관한 모든 행위를 할 수 있다. 다만, 청구의 취하는 특별한 위임을 받은 경우에만 할 수 있다. 〈개정 2016. 12. 20.〉

⑤ 대리인을 해임하였을 때에는 그 뜻을 서면으로 해당 재결청에 신고하여야 한다. 〈개정 2016. 12. 20.〉

[전문개정 2010. 12. 30.]

제127조(결정절차) ① 제122조에 따른 심사청구가 있으면 관세청장은 관세심사위원회의 의결에 따라 결정하여야 한다. 다만, 심사청구기간이 지난 후 심사청구가 제기된 경우 등 대통령령으로 정하는 사유에 해당하는 경우에는 그러하지 아니하다. 〈개정 2020. 12. 22.〉

② 관세청장은 제1항에 따른 관세심사위원회의 의결이 법령에 명백히 위반된다고 판단하는 경우 구체적인 사유를 적어 서면으로 관세심사위원회에 한 차례에 한정하여 다시 심의할 것을 요청할 수 있다. 〈신설 2020. 12. 22.〉

③ 관세심사위원회의 회의는 공개하지 아니한다. 다만, 관세심사위원회의 위원장이 필요하다고 인정할 때에는 공개할 수 있다. 〈개정 2020. 12. 22.〉

[전문개정 2010. 12. 30.]

제128조(결정) ① 심사청구에 대한 결정은 다음 각 호의 구분에 따른다. 〈개정 2016. 12. 20., 2017. 12. 19.〉

1. 심사청구가 다음 각 목의 어느 하나에 해당하는 경우: 그 청구를 각하하는 결정

가. 심판청구를 제기한 후 심사청구를 제기(같은 날 제기한 경우도 포함한다)한 경우

나. 제121조에 따른 심사청구 기간이 지난 후에 심사청구를 제기한 경우

다. 제123조에 따른 보정기간 내에 필요한 보정을 하지 아니한 경우

라. 적법하지 아니한 심사청구를 제기한 경우

마. 가목부터 라목까지의 규정에 따른 경우와 유사한 경우로서

대통령령으로 정하는 경우

2. 심사청구가 이유 없다고 인정되는 경우: 그 청구를 기각하는 결정

3. 심사청구가 이유 있다고 인정되는 경우: 그 청구의 대상이 된 처분의 취소·경정 또는 필요한 처분의 결정. 이 경우 취소·경정 또는 필요한 처분을 하기 위하여 사실관계 확인 등 추가적으로 조사가 필요한 경우에는 처분청으로 하여금 이를 재조사하여 그 결과에 따라 취소·경정하거나 필요한 처분을 하도록 하는 재조사 결정을 할 수 있다.

② 제1항에 따른 결정은 심사청구를 받은 날부터 90일 이내에 하여야 한다. 다만, 부득이한 사유가 있을 때에는 그러하지 아니하다.

③ 제1항에 따른 결정을 하였을 때에는 제2항의 결정기간 내에 그 이유를 적은 결정서를 심사청구인에게 통지하여야 한다.

④ 제123조에 따른 보정기간은 제2항에 따른 결정기간에 산입하지 아니한다.

⑤ 제1항제3호 후단에 따른 재조사 결정이 있는 경우 처분청은 재조사 결정일부터 60일 이내에 결정서 주문에 기재된 범위에 한정하여 조사하고, 그 결과에 따라 취소·경정하거나 필요한 처분을 하여야 한다. 이 경우 처분청은 대통령령으로 정하는 바에 따라 조사를 연기 또는 중지하거나 조사기간을 연장할 수 있다. 〈신설 2017. 12. 19.〉

⑥ 제1항제3호 후단 및 제5항에서 규정한 사항 외에 재조사 결정에 필요한 사항은 대통령령으로 정한다. 〈신설 2017. 12. 19.〉

[전문개정 2010. 12. 30.]

제128조의2(불고불리·불이익변경 금지) ① 관세청장은 제128조에 따른 결정을 할 때 심사청구를 한 처분 외의 처분에 대해서는 그 처분의 전부 또는 일부를 취소 또는 변경하거나 새로운 처분의 결정을 하지 못한다.

② 관세청장은 제128조에 따른 결정을 할 때 심사청구를 한 처분보다 청구인에게 불리한 결정을 하지 못한다.

[본조신설 2019. 12. 31.]

제129조(불복방법의 통지) ① 이의신청·심사청구 또는 심판청구의 재결청은 결정서에 다음 각 호의 구분에 따른 사항을 함께 적어야

한다.

1. 이의신청인 경우: 결정서를 받은 날부터 90일 이내에 심사청구 또는 심판청구를 제기할 수 있다는 뜻

2. 심사청구 또는 심판청구인 경우: 결정서를 받은 날부터 90일 이내에 행정소송을 제기할 수 있다는 뜻

② 이의신청·심사청구 또는 심판청구의 재결청은 해당 신청 또는 청구에 대한 결정기간이 지날 때까지 결정을 하지 못한 경우에는 지체 없이 신청인이나 청구인에게 다음 각 호의 사항을 서면으로 통지하여야 한다.

1. 이의신청인 경우: 결정을 통지받기 전이라도 그 결정기간이 지난 날부터 심사청구 또는 심판청구를 제기할 수 있다는 뜻

2. 심사청구 또는 심판청구인 경우: 결정을 통지받기 전이라도 그 결정기간이 지난 날부터 행정소송을 제기할 수 있다는 뜻

[전문개정 2010. 12. 30.]

제129조의2(정보통신망을 이용한 불복청구) ① 이의신청인, 심사청구인 또는 심판청구인은 관세청장 또는 조세심판원장이 운영하는 정보통신망을 이용하여 이의신청서, 심사청구서 또는 심판청구서를 제출할 수 있다.

② 제1항에 따라 이의신청서, 심사청구서 또는 심판청구서를 제출하는 경우에는 관세청장 또는 조세심판원장에게 이의신청서, 심사청구서 또는 심판청구서가 전송된 때에 이 법에 따라 제출된 것으로 본다.

[본조신설 2019. 12. 31.]

제130조(서류의 열람 및 의견 진술) 이의신청인·심사청구인·심판청구인 또는 처분청(처분청의 경우 심판청구에 한정한다)은 그 청구와 관계되는 서류를 열람할 수 있으며 대통령령으로 정하는 바에 따라 해당 재결청에 의견을 진술할 수 있다. 〈개정 2015. 12. 15.〉

[전문개정 2010. 12. 30.]

제131조(심판청구) 제119조제1항에 따른 심판청구에 관하여는 다음 각 호의 규정을 준용한다.

1. 「국세기본법」 제65조의2 및 제7장제3절(제80조의2는 제외한다). 이 경우 「국세기본법」 중 “세무서장”은 “세관장”으로, “국세청장”은 “관세청장”으로 보며, 같은 법 제79조제1항·제2항 및 제80

조제1항 중 "제80조의2에서 준용하는 제65조에 따른 결정"은 각각 "제128조에 따른 결정"으로 본다.

2. 제121조제3항·제4항, 제123조 및 제128조(제1항제1호가목 중 심사청구와 심판청구를 같은 날 제기한 경우는 제외한다). 이 경우 제123조제1항 본문 중 "20일 이내의 기간"은 "상당한 기간"으로 본다.

[전문개정 2023. 12. 31.]

제132조(이의신청) ① 이의신청은 대통령령으로 정하는 바에 따라 불복의 사유를 갖추어 해당 처분을 하였거나 하였어야 할 세관장에게 하여야 한다. 이 경우 제258조에 따른 결정사항 또는 제259조제1항에 따른 세액에 관한 이의신청은 해당 결정사항 또는 세액에 관한 통지를 직접 우송한 우체국의 장에게 이의신청서를 제출함으로써 할 수 있고, 우체국의 장이 이의신청서를 접수한 때에 세관장이 접수한 것으로 본다.

② 제1항에 따라 이의신청을 받은 세관장은 관세심사위원회의 심의를 거쳐 결정하여야 한다. 〈개정 2011. 12. 31.〉

③ 삭제 〈2011. 12. 31.〉

④ 이의신청에 관하여는 제121조, 제122조제2항, 제123조, 제127조제1항 단서·같은 조 제3항, 제128조 및 제128조의2를 준용한다. 다만, 제128조제2항 중 "90일"은 "30일"(제6항에 따라 증거서류 또는 증거물을 제출한 경우에는 "60일")로 본다. 〈개정 2017. 12. 19., 2019. 12. 31., 2020. 12. 22.〉

⑤ 제1항에 따라 이의신청을 받은 세관장은 이의신청을 받은 날부터 7일 이내에 이의신청의 대상이 된 처분에 대한 의견서를 이의신청인에게 송부하여야 한다. 이 경우 의견서에는 처분의 근거·이유 및 처분의 이유가 된 사실 등이 구체적으로 기재되어야 한다. 〈신설 2017. 12. 19.〉

⑥ 이의신청인은 제5항 전단에 따라 송부받은 의견서에 대하여 반대되는 증거서류 또는 증거물을 세관장에게 제출할 수 있다. 〈신설 2017. 12. 19.〉

[전문개정 2010. 12. 30.]

제6장 운송수단

제1절 국제항 〈개정 2020. 12. 22.〉

第133조(국제항의 지정 등) ① 국제항은 대통령령으로 지정한다. 〈개정 2020. 12. 22.〉

② 제1항에 따른 국제항의 시설기준 등에 관하여 필요한 사항은 대통령령으로 정한다. 〈개정 2020. 12. 22.〉

③ 국제항의 운영자는 국제항이 제2항에 따른 시설기준 등에 미치지 못하게 된 경우 그 시설 등을 신속하게 개선하여야 하며, 기획재정부장관은 대통령령으로 정하는 바에 따라 그 시설 등의 개선을 명할 수 있다. 〈신설 2018. 12. 31., 2020. 12. 22.〉

[전문개정 2010. 12. 30.]

[제목개정 2020. 12. 22.]

第134조(국제항 등에의 출입) ① 국제무역선이나 국제무역기는 국제항에 한정하여 운항할 수 있다. 다만, 대통령령으로 정하는 바에 따라 국제항이 아닌 지역에 대한 출입의 허가를 받은 경우에는 그러하지 아니하다. 〈개정 2020. 12. 22.〉

② 국제무역선의 선장이나 국제무역기의 기장은 제1항 단서에 따른 허가를 받으려면 기획재정부령으로 정하는 바에 따라 허가수수료를 납부하여야 한다. 〈개정 2020. 12. 22.〉

③ 세관장은 제1항 단서에 따른 허가의 신청을 받은 날부터 10일 이내에 허가 여부를 신청인에게 통지하여야 한다. 〈신설 2018. 12. 31.〉

④ 세관장이 제3항에서 정한 기간 내에 허가 여부 또는 민원 처리 관련 법령에 따른 처리기간의 연장을 신청인에게 통지하지 아니하면 그 기간(민원 처리 관련 법령에 따라 처리기간이 연장 또는 재연장된 경우에는 해당 처리기간을 말한다)이 끝난 날의 다음 날에 허가를 한 것으로 본다. 〈신설 2018. 12. 31.〉

[전문개정 2010. 12. 30.]

[제목개정 2020. 12. 22.]

제2절 선박과 항공기

제1관 입출항절차

第135조(입항절차) ① 국제무역선이나 국제무역기가 국제항(제134조 제1항 단서에 따라 출입허가를 받은 지역을 포함한다. 이하 같다)에 입항하려는 때에는 선장이나 기장은 대통령령으로 정하는 사항이 적힌 선박용품 또는 항공기용품의 목록, 여객명부, 승무원명부, 승무원 휴대품목록과 적재화물목록을 첨부하여 관세청장이 정하는 바에 따라 세관장에게 입항보고를 하여야 하며, 국제무역선은 선박국적증서와 최종 출발항의 출항허가증이나 이를 갈음할 서류를 제시하여야 한다. 다만, 세관장은 감시·단속에 지장이 없다고 인정될 때에는 선박용품 또는 항공기용품의 목록이나 승무원 휴대품목록의 첨부를 생략하게 할 수 있다. 〈개정 2020. 12. 22., 2024. 12. 31.〉

② 세관장은 신속한 입항 및 통관절차의 이행과 효율적인 감시·단속을 위하여 필요할 때에는 관세청장이 정하는 바에 따라 입항하는 해당 선박 또는 항공기가 소속된 선박회사 또는 항공사(그 업무를 대행하는 자를 포함한다. 이하 같다)로 하여금 제1항에 따른 여객명부·적재화물목록 등을 입항하기 전에 제출하게 할 수 있다. 다만, 제222조제1항제2호에 따른 화물운송주선업자(제254조의2제1항에 따른 탁송품 운송업자로 한정한다. 이하 이 항에서 같다)로서 대통령령으로 정하는 요건을 갖춘 자가 작성한 적재화물목록은 관세청장이 정하는 바에 따라 해당 화물운송주선업자로 하여금 제출하게 할 수 있다. 〈개정 2015. 12. 15., 2020. 12. 22.〉

[전문개정 2010. 12. 30.]

제136조(출항절차) ① 국제무역선이나 국제무역기가 국제항을 출항하려면 선장이나 기장은 출항하기 전에 관세청장이 정하는 바에 따라 세관장에게 출항허가를 받아야 한다. 〈개정 2020. 12. 22., 2024. 12. 31.〉

② 선장이나 기장은 제1항에 따른 출항허가를 받으려면 그 국제항에서 적재화물목록을 제출하여야 한다. 다만, 세관장이 출항절차를 신속하게 진행하기 위하여 필요하다고 인정하여 출항허가 후 7일의 범위에서 따로 기간을 정하는 경우에는 그 기간 내에 그 목록을 제출할 수 있다. 〈개정 2020. 12. 22.〉

③ 세관장은 신속한 출항 및 통관절차의 이행과 효율적인 감시·단속을 위하여 필요한 경우에는 관세청장이 정하는 바에 따라 출항하는 해당 국제무역선 또는 국제무역기가 소속된 선박회사 또는 항공사로 하여금 제2항에 따른 적재화물목록을 출항허가 신청 전에 제출하게 할 수 있다. 다만, 제222조제1항제2호에 따른 화물운송주선업자(제254조의2제1항에 따른 탁송품 운송업자로 한정한다. 이하 이 항에서 같다)로서 대통령령으로 정하는 요건을 갖춘 자가 작성한

적재화물목록은 관세청장이 정하는 바에 따라 해당 화물운송주선업자로 하여금 제출하게 할 수 있다. 〈신설 2019. 12. 31., 2020. 12. 22.〉

④ 세관장은 제1항에 따른 허가의 신청을 받은 날부터 10일 이내에 허가 여부를 신청인에게 통지하여야 한다. 〈신설 2018. 12. 31., 2019. 12. 31.〉

⑤ 세관장이 제4항에서 정한 기간 내에 허가 여부 또는 민원 처리 관련 법령에 따른 처리기간의 연장을 신청인에게 통지하지 아니하면 그 기간(민원 처리 관련 법령에 따라 처리기간이 연장 또는 재연장된 경우에는 해당 처리기간을 말한다)이 끝난 날의 다음 날에 허가를 한 것으로 본다. 〈신설 2018. 12. 31., 2019. 12. 31.〉

[전문개정 2010. 12. 30.]

제137조(간이 입출항절차) ① 국제무역선이나 국제무역기가 국제항에 입항하여 물품(선박용품 또는 항공기용품과 승무원의 휴대품은 제외한다)을 하역하지 아니하고 입항한 때부터 24시간 이내에 출항하는 경우 세관장은 제135조에 따른 적재화물목록, 선박용품 또는 항공기용품의 목록, 여객명부, 승무원명부, 승무원 휴대품목록 또는 제136조에 따른 적재화물목록의 제출을 생략하게 할 수 있다. 〈개정 2020. 12. 22.〉

② 세관장은 국제무역선이나 국제무역기가 국제항에 입항하여 제135조에 따른 절차를 마친 후 다시 우리나라의 다른 국제항에 입항할 때에는 제1항을 준용하여 서류제출의 생략 등 간소한 절차로 입출항하게 할 수 있다. 〈개정 2020. 12. 22.〉

[전문개정 2010. 12. 30.]

제137조의2(승객예약자료의 요청) ① 세관장은 다음 각 호의 어느 하나에 해당하는 업무를 수행하기 위하여 필요한 경우 제135조에 따라 입항하거나 제136조에 따라 출항하는 선박 또는 항공기가 소속된 선박회사 또는 항공사가 운영하는 예약정보시스템의 승객예약자료(이하 이 조에서 "승객예약자료"라 한다)를 정보통신망을 통하여 열람하거나 기획재정부령으로 정하는 시한 내에 제출하여 줄 것을 선박회사 또는 항공사에 요청할 수 있다. 이 경우 해당 선박회사 또는 항공사는 이에 따라야 한다. 〈개정 2023. 12. 31.〉

1. 제234조에 따른 수출입금지물품을 수출입한 자 또는 수출입하

려는 자에 대한 검사업무

2. 제241조제1항 · 제2항을 위반한 자 또는 제241조제1항 · 제2항을 위반하여 다음 각 목의 어느 하나의 물품을 수출입하거나 반송하려는 자에 대한 검사업무

가. 「마약류관리에 관한 법률」에 따른 마약류(이하 "마약류"라 한다)

나. 「총포 · 도검 · 화약류 등 단속법」에 따른 총포 · 도검 · 화약류 · 분사기 · 전자충격기 및 석궁

② 세관장이 제1항에 따라 열람이나 제출을 요청할 수 있는 승객예약자료는 다음 각 호의 자료로 한정한다.

1. 국적, 성명, 생년월일, 여권번호 및 예약번호
2. 주소 및 전화번호
3. 예약 및 탑승수속 시점
4. 항공권 또는 승선표의 번호 · 발권일 · 발권도시 및 대금결제방법
5. 여행경로 및 여행사
6. 동반탑승자 및 좌석번호
7. 수하물 자료
8. 항공사 또는 선박회사의 회원으로 가입한 경우 그 회원번호 및 등급과 승객주문정보

③ 제1항에 따라 제공받은 승객예약자료를 열람할 수 있는 사람은 관세청장이 지정하는 세관공무원으로 한정한다.

④ 제3항에 따른 세관공무원은 직무상 알게 된 승객예약자료를 누설 또는 권한 없이 처리하거나 타인이 이용하도록 제공하는 등 부당한 목적을 위하여 사용하여서는 아니 된다.

⑤ 제1항에 따라 제공받은 승객예약자료의 열람방법, 보존기한 등에 관하여 필요한 사항은 대통령령으로 정한다.

[전문개정 2010. 12. 30.]

제2관 재해나 그 밖의 부득이한 사유로 인한 면책 등 〈개정 2010. 12. 30.〉

제138조(재해나 그 밖의 부득이한 사유로 인한 면책) ① 제134조부터 제137조까지 및 제140조부터 제143조까지의 규정은 재해나 그 밖의 부득이한 사유에 의한 경우에는 적용하지 아니한다.

② 제1항의 경우 선장이나 기장은 지체 없이 그 이유를 세관공무원이나 경찰공무원(세관공무원이 없는 경우로 한정한다)에게 신고하여야 한다. 〈개정 2020. 12. 22.〉

③ 제2항에 따른 신고를 받은 경찰공무원은 지체 없이 그 내용을 세관공무원에게 통보하여야 한다. 〈개정 2020. 12. 22.〉

④ 선장이나 기장은 재해나 그 밖의 부득이한 사유가 종료되었을 때에는 지체 없이 세관장에게 그 경과를 보고하여야 한다.

[전문개정 2010. 12. 30.]

제139조(임시 외국 정박 또는 착륙의 보고) 재해나 그 밖의 부득이한 사유로 국내운항선이나 국내운항기가 외국에 임시 정박 또는 착륙하고 우리나라로 되돌아왔을 때에는 선장이나 기장은 지체 없이 그 사실을 세관장에게 보고하여야 하며, 외국에서 적재한 물품이 있을 때에는 그 목록을 제출하여야 한다. 〈개정 2020. 12. 22.〉

[전문개정 2010. 12. 30.]

[제목개정 2020. 12. 22.]

제3관 물품의 하역

제140조(물품의 하역) ① 국제무역선이나 국제무역기는 제135조에 따른 입항절차를 마친 후가 아니면 물품을 하역하거나 환적할 수 없다. 다만, 세관장의 허가를 받은 경우에는 그러하지 아니하다. 〈개정 2020. 12. 22.〉

② 세관장은 제1항 단서에 따른 허가의 신청을 받은 날부터 10일 이내에 허가 여부를 신청인에게 통지하여야 한다. 〈신설 2018. 12. 31.〉

③ 세관장이 제2항에서 정한 기간 내에 허가 여부 또는 민원 처리 관련 법령에 따른 처리기간의 연장을 신청인에게 통지하지 아니하면 그 기간(민원 처리 관련 법령에 따라 처리기간이 연장 또는 재연장된 경우에는 해당 처리기간을 말한다)이 끝난 날의 다음 날에 허가를 한 것으로 본다. 〈신설 2018. 12. 31.〉

④ 국제무역선이나 국제무역기에 물품을 하역하려면 세관장에게 신고하고 현장에서 세관공무원의 확인을 받아야 한다. 다만, 세관공무원이 확인할 필요가 없다고 인정하는 경우에는 그러하지 아니하다. 〈개정 2018. 12. 31., 2020. 12. 22., 2021. 12. 21.〉

⑤ 세관장은 감시·단속을 위하여 필요할 때에는 제4항에 따라

물품을 하역하는 장소 및 통로(이하 "하역통로"라 한다)와 기간을 관세청장이 정하는 바에 따라 제한할 수 있다. 〈개정 2018. 12. 31., 2024. 12. 31.〉

⑥ 국제무역선이나 국제무역기에는 내국물품을 적재할 수 없으며, 국내운항선이나 국내운항기에는 외국물품을 적재할 수 없다. 다만, 세관장의 허가를 받았을 때에는 그러하지 아니하다. 〈개정 2018. 12. 31., 2020. 12. 22.〉

⑦ 세관장은 제4항에 따라 신고된 물품이 폐기물·화학물질 등 관세청장이 관계 중앙행정기관의 장과 협의하여 고시하는 물품으로서 하역 장소 및 통로, 기간을 제한하는 방법으로는 사회안전 또는 국민보건 피해를 방지하기 어렵다고 인정되는 경우에는 하역을 제한하고, 적절한 조치 또는 반송을 명할 수 있다. 〈신설 2020. 12. 22.〉

[전문개정 2010. 12. 30.]

제141조(외국물품의 일시양륙 등) 다음 각 호의 어느 하나에 해당하는 행위를 하려면 세관장에게 신고를 하고, 현장에서 세관공무원의 확인을 받아야 한다. 다만, 관세청장이 감시·단속에 지장이 없다고 인정하여 따로 정하는 경우에는 간소한 방법으로 신고 또는 확인하거나 이를 생략하게 할 수 있다.

1. 외국물품을 운송수단으로부터 일시적으로 육지에 내려 놓으려는 경우

2. 해당 운송수단의 여객·승무원 또는 운전자가 아닌 자가 타려는 경우

3. 외국물품을 적재한 운송수단에서 다른 운송수단으로 물품을 환적 또는 복합환적하거나 사람을 이동시키는 경우

[전문개정 2010. 12. 30.]

제142조(항외 하역) ① 국제무역선이 국제항의 바깥에서 물품을 하역하거나 환적하려는 경우에는 선장은 세관장의 허가를 받아야 한다. 〈개정 2020. 12. 22.〉

② 선장은 제1항에 따른 허가를 받으려면 기획재정부령으로 정하는 바에 따라 허가수수료를 납부하여야 한다.

③ 세관장은 제1항에 따른 허가의 신청을 받은 날부터 10일 이내에 허가 여부를 신청인에게 통지하여야 한다. 〈신설 2018. 12. 31.〉

④ 세관장이 제3항에서 정한 기간 내에 허가 여부 또는 민원 처리 관련 법령에 따른 처리기간의 연장을 신청인에게 통지하지 아니하면 그 기간(민원 처리 관련 법령에 따라 처리기간이 연장 또는 재연장된 경우에는 해당 처리기간을 말한다)이 끝난 날의 다음 날에 허가를 한 것으로 본다. 〈신설 2018. 12. 31.〉

[전문개정 2010. 12. 30.]

제143조(선박용품 및 항공기용품 등의 하역 등) ① 다음 각 호의 어느 하나에 해당하는 물품을 국제무역선·국제무역기 또는 「원양산업발전법」 제2조제6호에 따른 조업에 사용되는 선박(이하 이 조에서 "원양어선"이라 한다)에 하역하거나 환적하려면 세관장의 허가를 받아야 하며, 하역 또는 환적허가의 내용대로 하역하거나 환적하여야 한다. 〈개정 2014. 1. 1., 2020. 12. 22., 2021. 12. 21.〉

1. 선박용품 또는 항공기용품
2. 국제무역선 또는 국제무역기 안에서 판매하는 물품
3. 「원양산업발전법」 제6조제1항, 제17조제1항 및 제3항에 따라 해양수산부장관의 허가·승인 또는 지정을 받은 자가 조업하는 원양어선에 무상으로 송부하기 위하여 반출하는 물품으로서 해양수산부장관이 확인한 물품

② 제1항 각 호의 어느 하나에 해당하는 물품이 외국으로부터 우리나라에 도착한 외국물품일 때에는 보세구역으로부터 국제무역선·국제무역기 또는 원양어선에 적재하는 경우에만 그 외국물품을 그대로 적재할 수 있다. 〈개정 2020. 12. 22., 2021. 12. 21.〉

③ 제1항 각 호에 따른 물품의 종류와 수량은 선박이나 항공기의 종류, 톤수 또는 무게, 항행일수·운행일수 또는 조업일수, 여객과 승무원·선원의 수 등을 고려하여 세관장이 타당하다고 인정하는 범위이어야 한다. 〈개정 2021. 12. 21.〉

④ 세관장은 제1항에 따른 허가의 신청을 받은 날부터 10일 이내에 허가 여부를 신청인에게 통지하여야 한다. 〈신설 2018. 12. 31.〉

⑤ 세관장이 제4항에서 정한 기간 내에 허가 여부 또는 민원 처리 관련 법령에 따른 처리기간의 연장을 신청인에게 통지하지 아니하면 그 기간(민원 처리 관련 법령에 따라 처리기간이 연장 또는 재연장된 경우에는 해당 처리기간을 말한다)이 끝난 날의 다음 날에 허가를 한 것으로 본다. 〈신설 2018. 12. 31.〉

⑥ 제2항에 따른 외국물품이 제1항에 따른 하역 또는 환적허가의 내용대로 운송수단에 적재되지 아니한 경우에는 해당 허가를 받은 자로부터 즉시 그 관세를 징수한다. 다만, 다음 각 호의 어느 하나에 해당하는 경우에는 그러하지 아니하다. 〈개정 2014. 12. 23., 2018. 12. 31., 2020. 12. 22., 2021. 12. 21.〉

1. 세관장이 지정한 기간 내에 그 물품이 다시 보세구역에 반입된 경우
2. 재해나 그 밖의 부득이한 사유로 멸실된 경우
3. 미리 세관장의 승인을 받고 폐기한 경우

⑦ 제1항에 따라 허가를 받아야 하는 물품의 종류와 수량, 사용 또는 판매내역관리, 하역 또는 환적절차 등에 관하여 필요한 사항은 관세청장이 정하여 고시한다. 〈개정 2014. 12. 23., 2018. 12. 31.〉

[전문개정 2010. 12. 30.]

[제목개정 2021. 12. 21.]

제4관 국제무역선의 국내운항선으로의 전환 등 〈개정 2020. 12. 22.〉

제144조(국제무역선의 국내운항선으로의 전환 등) 국제무역선 또는 국제무역기를 국내운항선 또는 국내운항기로 전환하거나, 국내운항선 또는 국내운항기를 국제무역선 또는 국제무역기로 전환하려면 선장이나 기장은 세관장의 승인을 받아야 한다. 〈개정 2020. 12. 22.〉

[전문개정 2010. 12. 30.]

[제목개정 2020. 12. 22.]

제145조(선장 등의 직무대행자) 선장이나 기장이 하여야 할 직무를 대행하는 자에게도 제134조제2항, 제135조제1항, 제136조, 제138조제2항·제4항, 제139조, 제142조 및 제144조를 적용한다.

[전문개정 2010. 12. 30.]

제146조(그 밖의 선박 또는 항공기) ① 다음 각 호의 어느 하나에 해당하는 선박이나 항공기는 국제무역선이나 국제무역기에 관한 규정을 준용한다. 다만, 대통령령으로 정하는 선박 및 항공기에 대해서는 그러하지 아니하다. 〈개정 2020. 12. 22.〉

1. 국제무역선 또는 국제무역기 외의 선박이나 항공기로서 외국에 운항하는 선박 또는 항공기

2. 외국을 왕래하는 여행자와 제241조제2항제1호의 물품을 전용으로 운송하기 위하여 국내에서만 운항하는 항공기(이하 "환승전용국내운항기"라 한다)

② 제1항에도 불구하고 환승전용국내운항기에 대해서는 제143조제2항은 적용하지 아니하며 효율적인 통관 및 감시 · 단속을 위하여 필요한 사항은 대통령령으로 따로 정할 수 있다. 〈개정 2020. 12. 22.〉

[전문개정 2011. 12. 31.]

제147조(국경하천을 운항하는 선박) 국경하천만을 운항하는 내국선박에 대해서는 국제무역선에 관한 규정을 적용하지 아니한다. 〈개정 2020. 12. 22.〉

[전문개정 2010. 12. 30.]

제3절 차량 〈개정 2010. 12. 30.〉

제148조(관세통로) ① 국경을 출입하는 차량(이하 "국경출입차량"이라 한다)은 관세통로를 경유하여야 하며, 통관역이나 통관장에 정차하여야 한다.

② 제1항에 따른 관세통로는 육상국경(陸上國境)으로부터 통관역에 이르는 철도와 육상국경으로부터 통관장에 이르는 육로 또는 수로 중에서 세관장이 지정한다.

③ 통관역은 국외와 연결되고 국경에 근접한 철도역 중에서 관세청장이 지정한다.

④ 통관장은 관세통로에 접속한 장소 중에서 세관장이 지정한다.

[전문개정 2010. 12. 30.]

제149조(국경출입차량의 도착절차) ① 국경출입차량이 통관역이나 통관장에 도착하면 통관역장이나 도로차량(선박 · 철도차량 또는 항공기가 아닌 운송수단을 말한다. 이하 같다)의 운전자는 차량용품목록 · 여객명부 · 승무원명부 및 승무원 휴대품목록과 관세청장이 정하는 적재화물목록을 첨부하여 지체 없이 세관장에게 도착보고를 하여야 하며, 최종 출발지의 출발허가서 또는 이를 갈음하는 서류를 제시하여야 한다. 다만, 세관장은 감시 · 단속에 지장이 없다고 인정될

때에는 차량용품목록이나 승무원 휴대품목록의 첨부를 생략하게 할 수 있다. 〈개정 2020. 12. 22.〉

② 세관장은 신속한 입국 및 통관절차의 이행과 효율적인 감시·단속을 위하여 필요한 경우에는 관세청장이 정하는 바에 따라 도착하는 해당 차량이 소속된 회사(그 업무를 대행하는 자를 포함한다. 이하 같다)로 하여금 제1항에 따른 여객명부·적재화물목록 등을 도착하기 전에 제출하게 할 수 있다. 〈개정 2020. 12. 22.〉

③ 제1항에도 불구하고 대통령령으로 정하는 물품을 일정 기간에 일정량으로 나누어 반복적으로 운송하는 데에 사용되는 도로차량의 운전자는 제152조제2항에 따라 사증(査證)을 받는 것으로 도착보고를 대신할 수 있다. 다만, 최종 도착보고의 경우는 제외한다.

④ 제3항에 따라 사증을 받는 것으로 도착보고를 대신하는 도로차량의 운전자는 최종 도착보고를 할 때에 제1항에 따른 서류를 한꺼번에 제출하여야 한다.

[전문개정 2010. 12. 30.]

제150조(국경출입차량의 출발절차) ① 국경출입차량이 통관역이나 통관장을 출발하려면 통관역장이나 도로차량의 운전자는 출발하기 전에 세관장에게 출발보고를 하고 출발허가를 받아야 한다.

② 통관역장이나 도로차량의 운전자는 제1항에 따른 허가를 받으려면 그 통관역 또는 통관장에서 적재한 물품의 목록을 제출하여야 한다.

③ 제1항에도 불구하고 대통령령으로 정하는 물품을 일정 기간에 일정량으로 나누어 반복적으로 운송하는 데에 사용되는 도로차량의 운전자는 제152조제2항에 따라 사증을 받는 것으로 출발보고 및 출발허가를 대신할 수 있다. 다만, 최초 출발보고와 최초 출발허가의 경우는 제외한다.

④ 제3항에 따른 도로차량을 운행하려는 자는 기획재정부령으로 정하는 바에 따라 미리 세관장에게 신고하여야 한다.

[전문개정 2010. 12. 30.]

제151조(물품의 하역 등) ① 통관역이나 통관장에서 외국물품을 차량에 하역하려는 자는 세관장에게 신고를 하고, 현장에서 세관공무원의 확인을 받아야 한다. 다만, 세관공무원이 확인할 필요가 없다고 인정할 때에는 그러하지 아니하다.

② 차량용품과 국경출입차량 안에서 판매할 물품을 해당 차량에

하역하거나 환적하는 경우에는 제143조를 준용한다.
[전문개정 2010. 12. 30.]
제151조의2(국경출입차량의 국내운행차량으로의 전환 등) 국경출입차량을 국내에서만 운행하는 차량(이하 "국내운행차량"이라 한다)으로 전환하거나 국내운행차량을 국경출입차량으로 전환하려는 경우에는 통관역장 또는 도로차량의 운전자는 세관장의 승인을 받아야 한다. 다만, 기획재정부령으로 정하는 차량의 경우에는 그러하지 아니하다.
[전문개정 2010. 12. 30.]
제151조의3(통관역장 등의 직무대행자) 통관역장이나 도로차량의 운전자가 하여야 할 직무를 대행하는 자에게도 제149조제1항, 제150조, 제151조의2 및 제152조를 적용한다.
[전문개정 2010. 12. 30.]
제152조(도로차량의 국경출입) ① 국경을 출입하려는 도로차량의 운전자는 해당 도로차량이 국경을 출입할 수 있음을 증명하는 서류를 세관장으로부터 발급받아야 한다.
② 국경을 출입하는 도로차량의 운전자는 출입할 때마다 제1항에 따른 서류를 세관공무원에게 제시하고 사증을 받아야 한다. 이 경우 전자적인 방법으로 서류의 제시 및 사증 발급을 대신할 수 있다.
③ 제2항에 따른 사증을 받으려는 자는 기획재정부령으로 정하는 바에 따라 수수료를 납부하여야 한다. 다만, 기획재정부령으로 정하는 차량은 수수료를 면제한다.
[전문개정 2010. 12. 30.]
제153조 삭제 〈2006. 12. 30.〉

제7장 보세구역

제1절 통칙 〈개정 2010. 12. 30.〉

제154조(보세구역의 종류) 보세구역은 지정보세구역·특허보세구역 및 종합보세구역으로 구분하고, 지정보세구역은 지정장치장 및 세관검사장으로 구분하며, 특허보세구역은 보세창고·보세공장·보세전시장·보세건설장 및 보세판매장으로 구분한다.
[전문개정 2010. 12. 30.]
제155조(물품의 장치) ① 외국물품은 보세구역이 아닌 장소에 장치

할 수 없다. 다만, 다음 각 호의 어느 하나에 해당하는 물품은 그러하지 아니하다. 〈개정 2024. 12. 31.〉

1. 제241조제1항에 따른 수출신고가 수리된 물품

2. 크기 또는 무게의 과다나 그 밖의 사유로 보세구역에 장치하기 곤란하거나 부적당한 물품

3. 재해나 그 밖의 부득이한 사유로 임시로 장치한 물품

4. 검역물품

5. 압수물품

6. 우편물품

② 제1항제1호부터 제4호까지에 해당되는 물품에 대하여는 제157조, 제158조부터 제161조까지, 제163조, 제172조, 제177조, 제208조부터 제212조까지 및 제321조를 준용한다.

[전문개정 2010. 12. 30.]

제156조(보세구역 외 장치의 허가) ① 제155조제1항제2호에 해당하는 물품을 보세구역이 아닌 장소에 장치하려는 자는 세관장의 허가를 받아야 한다.

② 세관장은 외국물품에 대하여 제1항의 허가를 하려는 때에는 그 물품의 관세에 상당하는 담보의 제공, 필요한 시설의 설치 등을 명할 수 있다.

③ 제1항에 따른 허가를 받으려는 자는 기획재정부령으로 정하는 금액과 방법 등에 따라 수수료를 납부하여야 한다.

[전문개정 2010. 12. 30.]

제157조(물품의 반입·반출) ① 보세구역에 물품을 반입하거나 반출하려는 자는 대통령령으로 정하는 바에 따라 세관장에게 신고하여야 한다.

② 제1항에 따라 보세구역에 물품을 반입하거나 반출하려는 경우에는 세관장은 세관공무원을 참여시킬 수 있으며, 세관공무원은 해당 물품을 검사할 수 있다.

③ 세관장은 보세구역에 반입할 수 있는 물품의 종류를 제한할 수 있다.

[전문개정 2010. 12. 30.]

제157조의2(수입신고수리물품의 반출) 관세청장이 정하는 보세구역에 반입되어 수입신고가 수리된 물품의 화주 또는 반입자는 제177

조에도 불구하고 그 수입신고 수리일부터 15일 이내에 해당 물품을 보세구역으로부터 반출하여야 한다. 다만, 외국물품을 장치하는 데에 방해가 되지 아니하는 것으로 인정되어 세관장으로부터 해당 반출기간의 연장승인을 받았을 때에는 그러하지 아니하다.

[전문개정 2010. 12. 30.]

제158조(보수작업) ① 보세구역에 장치된 물품은 그 현상을 유지하기 위하여 필요한 보수작업과 그 성질을 변하지 아니하게 하는 범위에서 포장을 바꾸거나 구분·분할·합병을 하거나 그 밖의 비슷한 보수작업을 할 수 있다. 이 경우 보세구역에서의 보수작업이 곤란하다고 세관장이 인정할 때에는 기간과 장소를 지정받아 보세구역 밖에서 보수작업을 할 수 있다.

② 제1항에 따른 보수작업을 하려는 자는 세관장의 승인을 받아야 한다.

③ 세관장은 제2항에 따른 승인의 신청을 받은 날부터 10일 이내에 승인 여부를 신청인에게 통지하여야 한다. 〈신설 2018. 12. 31.〉

④ 세관장이 제3항에서 정한 기간 내에 승인 여부 또는 민원 처리 관련 법령에 따른 처리기간의 연장을 신청인에게 통지하지 아니하면 그 기간(민원 처리 관련 법령에 따라 처리기간이 연장 또는 재연장된 경우에는 해당 처리기간을 말한다)이 끝난 날의 다음 날에 승인을 한 것으로 본다. 〈신설 2018. 12. 31.〉

⑤ 제1항에 따른 보수작업으로 외국물품에 부가된 내국물품은 외국물품으로 본다. 〈개정 2018. 12. 31.〉

⑥ 외국물품은 수입될 물품의 보수작업의 재료로 사용할 수 없다. 〈개정 2018. 12. 31.〉

⑦ 제1항 후단에 따라 보수작업을 하는 경우 해당 물품에 관한 반출검사 등에 관하여는 제187조제4항·제5항 및 제7항을 준용한다. 〈개정 2018. 12. 31.〉

[전문개정 2010. 12. 30.]

제159조(해체·절단 등의 작업) ① 보세구역에 장치된 물품에 대하여는 그 원형을 변경하거나 해체·절단 등의 작업을 할 수 있다.

② 제1항에 따른 작업을 하려는 자는 세관장의 허가를 받아야 한다.

③ 세관장은 제2항에 따른 허가의 신청을 받은 날부터 10일 이내에 허가 여부를 신청인에게 통지하여야 한다. 〈신설 2018. 12. 31.〉

④ 세관장이 제3항에서 정한 기간 내에 허가 여부 또는 민원 처리 관련 법령에 따른 처리기간의 연장을 신청인에게 통지하지 아니하면 그 기간(민원 처리 관련 법령에 따라 처리기간이 연장 또는 재연장된 경우에는 해당 처리기간을 말한다)이 끝난 날의 다음 날에 허가를 한 것으로 본다. 〈신설 2018. 12. 31.〉

⑤ 제1항에 따라 작업을 할 수 있는 물품의 종류는 관세청장이 정한다. 〈개정 2018. 12. 31.〉

⑥ 세관장은 수입신고한 물품에 대하여 필요하다고 인정될 때에는 화주 또는 그 위임을 받은 자에게 제1항에 따른 작업을 명할 수 있다. 〈개정 2018. 12. 31.〉

[전문개정 2010. 12. 30.]

제160조(장치물품의 폐기) ① 부패·손상되거나 그 밖의 사유로 보세구역에 장치된 물품을 폐기하려는 자는 세관장의 승인을 받아야 한다.

② 보세구역에 장치된 외국물품이 멸실되거나 폐기되었을 때에는 그 운영인이나 보관인으로부터 즉시 그 관세를 징수한다. 다만, 재해나 그 밖의 부득이한 사유로 멸실된 때와 미리 세관장의 승인을 받아 폐기한 때에는 예외로 한다.

③ 제1항에 따른 승인을 받은 외국물품 중 폐기 후에 남아 있는 부분에 대하여는 폐기 후의 성질과 수량에 따라 관세를 부과한다.

④ 세관장은 제1항에도 불구하고 보세구역에 장치된 물품 중 다음 각 호의 어느 하나에 해당하는 것은 화주, 반입자, 화주 또는 반입자의 위임을 받은 자나 「국세기본법」 제38조부터 제41조까지의 규정에 따른 제2차 납세의무자(이하 "화주등"이라 한다)에게 이를 반송 또는 폐기할 것을 명하거나 화주등에게 통고한 후 폐기할 수 있다. 다만, 급박하여 통고할 여유가 없는 경우에는 폐기한 후 즉시 통고하여야 한다.

1. 사람의 생명이나 재산에 해를 끼칠 우려가 있는 물품
2. 부패하거나 변질된 물품
3. 유효기간이 지난 물품
4. 상품가치가 없어진 물품
5. 제1호부터 제4호까지에 준하는 물품으로서 관세청장이 정하는 물품

⑤ 제4항에 따른 통고를 할 때 화주등의 주소나 거소를 알 수 없거나 그 밖의 사유로 통고할 수 없는 경우에는 공고로써 이를 갈음할 수 있다.

⑥ 제1항과 제4항에 따라 세관장이 물품을 폐기하거나 화주등이 물품을 폐기 또는 반송한 경우 그 비용은 화주등이 부담한다.

[전문개정 2010. 12. 30.]

제161조(견본품 반출) ① 보세구역에 장치된 외국물품의 전부 또는 일부를 견본품으로 반출하려는 자는 세관장의 허가를 받아야 한다. 국제무역선에서 물품을 하역하기 전에 외국물품의 일부를 견본품으로 반출하려는 경우에도 또한 같다. 〈개정 2023. 12. 31.〉

② 세관장은 제1항에 따른 허가의 신청을 받은 날부터 10일 이내에 허가 여부를 신청인에게 통지하여야 한다. 〈신설 2018. 12. 31.〉

③ 세관장이 제2항에서 정한 기간 내에 허가 여부 또는 민원 처리 관련 법령에 따른 처리기간의 연장을 신청인에게 통지하지 아니하면 그 기간(민원 처리 관련 법령에 따라 처리기간이 연장 또는 재연장된 경우에는 해당 처리기간을 말한다)이 끝난 날의 다음 날에 허가를 한 것으로 본다. 〈신설 2018. 12. 31.〉

④ 세관공무원은 보세구역에 반입된 물품 또는 국제무역선에 적재되어 있는 물품에 대하여 검사상 필요하면 그 물품의 일부를 견본품으로 채취할 수 있다. 〈개정 2018. 12. 31., 2023. 12. 31.〉

⑤ 다음 각 호의 어느 하나에 해당하는 물품이 사용·소비된 경우에는 수입신고를 하여 관세를 납부하고 수리된 것으로 본다. 〈개정 2016. 12. 20., 2018. 12. 31., 2019. 12. 31.〉

1. 제4항에 따라 채취된 물품

2. 다른 법률에 따라 실시하는 검사·검역 등을 위하여 견본품으로 채취된 물품으로서 세관장의 확인을 받은 물품

[전문개정 2010. 12. 30.]

제162조(물품취급자에 대한 단속) 다음 각 호의 어느 하나에 해당하는 자는 물품 및 보세구역감시에 관한 세관장의 명령을 준수하고 세관공무원의 지휘를 받아야 한다.

1. 제155조제1항 각 호의 물품을 취급하는 자

2. 보세구역에 출입하는 자

[전문개정 2010. 12. 30.]

제163조(세관공무원의 파견) 세관장은 보세구역에 세관공무원을 파견하여 세관사무의 일부를 처리하게 할 수 있다.

[전문개정 2010. 12. 30.]

제164조(보세구역의 자율관리) ① 보세구역 중 물품의 관리 및 세관감시에 지장이 없다고 인정하여 관세청장이 정하는 바에 따라 세관장이 지정하는 보세구역(이하 "자율관리보세구역"이라 한다)에 장치한 물품은 제157조에 따른 세관공무원의 참여와 이 법에 따른 절차 중 관세청장이 정하는 절차를 생략한다.

② 보세구역의 화물관리인이나 운영인은 자율관리보세구역의 지정을 받으려면 세관장에게 지정을 신청하여야 한다.

③ 제2항에 따라 자율관리보세구역의 지정을 신청하려는 자는 해당 보세구역에 장치된 물품을 관리하는 사람(이하 "보세사"라 한다)을 채용하여야 한다.

④ 세관장은 제2항에 따른 지정신청을 받은 경우 해당 보세구역의 위치와 시설상태 등을 확인하여 제1항에 따른 자율관리보세구역으로 적합하다고 인정될 때에는 해당 보세구역을 자율관리보세구역으로 지정할 수 있다.

⑤ 제4항에 따라 자율관리보세구역의 지정을 받은 자는 제1항에 따라 생략하는 절차에 대하여 기록하고 관리하여야 한다. 〈개정 2023. 12. 31.〉

⑥ 세관장은 자율관리보세구역의 지정을 받은 자가 이 법에 따른 의무를 위반하거나 세관감시에 지장이 있다고 인정되는 경우 등 대통령령으로 정하는 사유가 발생한 경우에는 제4항에 따른 지정을 취소할 수 있다. 〈개정 2017. 12. 19.〉

[전문개정 2010. 12. 30.]

제165조(보세사의 자격 등) ① 제175조제2호부터 제7호까지의 어느 하나에 해당하지 아니하는 사람으로서 보세화물의 관리업무에 관한 시험(이하 이 조에서 "보세사 시험"이라 한다)에 합격한 사람은 보세사의 자격이 있다. 〈개정 2013. 1. 1., 2014. 1. 1., 2019. 12. 31., 2023. 12. 31.〉

1. 삭제 〈2019. 12. 31.〉
2. 삭제 〈2019. 12. 31.〉

② 제1항에도 불구하고 일반직공무원으로 5년 이상 관세행정에

종사한 경력이 있는 사람이 제1항의 보세사 시험에 응시하는 경우에는 시험 과목 수의 2분의 1을 넘지 아니하는 범위에서 대통령령으로 정하는 과목을 면제한다. 다만, 다음 각 호의 어느 하나에 해당하는 사람은 면제하지 아니한다. 〈신설 2019. 12. 31.〉

1. 탄핵이나 징계처분에 따라 그 직에서 파면되거나 해임된 자
2. 강등 또는 정직처분을 받은 후 2년이 지나지 아니한 자

③ 제1항의 자격을 갖춘 사람이 보세사로 근무하려면 해당 보세구역을 관할하는 세관장에게 등록하여야 한다. 〈개정 2019. 12. 31.〉

④ 다음 각 호의 어느 하나에 해당하는 사람은 제3항에 따른 등록을 할 수 없다. 〈개정 2023. 12. 31.〉

1. 제5항에 따라 등록이 취소(제175조제1호부터 제3호까지의 어느 하나에 해당하여 등록이 취소된 경우는 제외한다)된 후 2년이 지나지 아니한 사람
2. 등록 신청일을 기준으로 제175조제1호에 해당하는 사람

⑤ 세관장은 제3항에 따른 등록을 한 사람이 다음 각 호의 어느 하나에 해당하는 경우에는 등록의 취소, 6개월 이내의 업무정지, 견책 또는 그 밖에 필요한 조치를 할 수 있다. 다만, 제1호 및 제2호에 해당하면 등록을 취소하여야 한다. 〈개정 2017. 12. 19., 2018. 12. 31., 2019. 12. 31.〉

1. 제175조제1호부터 제7호까지의 어느 하나에 해당하게 된 경우
2. 사망한 경우
3. 이 법이나 이 법에 따른 명령을 위반한 경우

⑥ 제5항에 따른 행정처분이나 조치의 세부기준은 기획재정부령으로 정한다. 〈신설 2024. 12. 31.〉

⑦ 관세청장은 다음 각 호의 어느 하나에 해당하는 사람에 대하여는 해당 시험을 정지시키거나 무효로 하고, 그 처분이 있는 날부터 5년간 시험 응시자격을 정지한다. 〈신설 2015. 12. 15., 2017. 12. 19., 2019. 12. 31., 2024. 12. 31.〉

1. 부정한 방법으로 시험에 응시한 사람
2. 시험에서 부정한 행위를 한 사람

⑧ 보세사의 직무, 보세사 시험 및 등록절차와 그 밖에 필요한 사

항은 대통령령으로 정한다. 〈개정 2014. 1. 1., 2015. 12. 15., 2017. 12. 19., 2019. 12. 31., 2024. 12. 31.〉

[전문개정 2010. 12. 30.]

제165조의2(보세사의 명의대여 등의 금지) ① 보세사는 다른 사람에게 자신의 성명·상호를 사용하여 보세사 업무를 하게 하거나 그 자격증 또는 등록증을 빌려주어서는 아니 된다. 〈개정 2020. 12. 22.〉

② 누구든지 다른 사람의 성명·상호를 사용하여 보세사의 업무를 수행하거나 자격증 또는 등록증을 빌려서는 아니 된다. 〈신설 2020. 12. 22.〉

③ 누구든지 제1항 또는 제2항의 행위를 알선해서는 아니 된다. 〈신설 2020. 12. 22.〉

[본조신설 2014. 1. 1.]

제165조의3(보세사의 의무) ① 보세사는 이 법과 이 법에 따른 명령을 준수하여야 하며, 그 직무를 성실하고 공정하게 수행하여야 한다.

② 보세사는 품위를 손상하는 행위를 하여서는 아니 된다.

③ 보세사는 직무를 수행할 때 고의로 진실을 감추거나 거짓 진술을 하여서는 아니 된다.

[본조신설 2020. 12. 22.]

[종전 제165조의3은 제165조의5로 이동 〈2020. 12. 22.〉]

제165조의4(금품 제공 등의 금지) 보세사는 다음 각 호의 행위를 하여서는 아니 된다.

1. 공무원에게 금품이나 향응을 제공하는 행위 또는 그 제공을 약속하는 행위

2. 제1호의 행위를 알선하는 행위

[본조신설 2020. 12. 22.]

제165조의5(보세사징계위원회) ① 세관장은 보세사가 제165조제5항제3호에 해당하여 등록의 취소 등 필요한 조치를 하는 경우 보세사징계위원회의 의결에 따라 징계처분을 한다. 〈개정 2019. 12. 31.〉

② 제1항에 따른 보세사징계위원회의 구성 및 운영 등에 필요한 사항은 대통령령으로 정한다.

[본조신설 2018. 12. 31.]

[제165조의3에서 이동 〈2020. 12. 22.〉]

제2절 지정보세구역

제1관 통칙 〈개정 2010. 12. 30.〉

제166조(지정보세구역의 지정) ① 세관장은 다음 각 호의 어느 하나에 해당하는 자가 소유하거나 관리하는 토지·건물 또는 그 밖의 시설(이하 이 관에서 "토지등"이라 한다)을 지정보세구역으로 지정할 수 있다.

1. 국가
2. 지방자치단체
3. 공항시설 또는 항만시설을 관리하는 법인

② 세관장은 해당 세관장이 관리하지 아니하는 토지등을 지정보세구역으로 지정하려면 해당 토지등의 소유자나 관리자의 동의를 받아야 한다. 이 경우 세관장은 임차료 등을 지급할 수 있다.

[전문개정 2010. 12. 30.]

제167조(지정보세구역 지정의 취소) 세관장은 수출입물량이 감소하거나 그 밖의 사유로 지정보세구역의 전부 또는 일부를 보세구역으로 존속시킬 필요가 없어졌다고 인정될 때에는 그 지정을 취소하여야 한다.

[전문개정 2010. 12. 30.]

제168조(지정보세구역의 처분) ① 지정보세구역의 지정을 받은 토지등의 소유자나 관리자는 다음 각 호의 어느 하나에 해당하는 행위를 하려면 미리 세관장과 협의하여야 한다. 다만, 해당 행위가 지정보세구역으로서의 사용에 지장을 주지 아니하거나 지정보세구역으로 지정된 토지등의 소유자가 국가 또는 지방자치단체인 경우에는 그러하지 아니하다.

1. 해당 토지등의 양도, 교환, 임대 또는 그 밖의 처분이나 그 용도의 변경
2. 해당 토지에 대한 공사나 해당 토지 안에 건물 또는 그 밖의 시설의 신축
3. 해당 건물 또는 그 밖의 시설의 개축·이전·철거나 그 밖의 공사

② 세관장은 제1항에 따른 협의에 대하여 정당한 이유 없이 이를 거부하여서는 아니 된다.

[전문개정 2010. 12. 30.]

제2관 지정장치장

제169조(지정장치장) 지정장치장은 통관을 하려는 물품을 일시 장치하기 위한 장소로서 세관장이 지정하는 구역으로 한다.

[전문개정 2010. 12. 30.]

제170조(장치기간) 지정장치장에 물품을 장치하는 기간은 6개월의 범위에서 관세청장이 정한다. 다만, 관세청장이 정하는 기준에 따라 세관장은 3개월의 범위에서 그 기간을 연장할 수 있다.

[전문개정 2010. 12. 30.]

제171조 삭제 〈2003. 12. 30.〉

제172조(물품에 대한 보관책임) ① 지정장치장에 반입한 물품은 화주 또는 반입자가 그 보관의 책임을 진다.

② 세관장은 지정장치장의 질서유지와 화물의 안전관리를 위하여 필요하다고 인정할 때에는 화주를 갈음하여 보관의 책임을 지는 화물관리인을 지정할 수 있다. 다만, 세관장이 관리하는 시설이 아닌 경우에는 세관장은 해당 시설의 소유자나 관리자와 협의하여 화물관리인을 지정하여야 한다. 〈개정 2011. 12. 31.〉

③ 지정장치장의 화물관리인은 화물관리에 필요한 비용(제323조에 따른 세관설비 사용료를 포함한다)을 화주로부터 징수할 수 있다. 다만, 그 요율에 대하여는 세관장의 승인을 받아야 한다.

④ 지정장치장의 화물관리인은 제3항에 따라 징수한 비용 중 세관설비 사용료에 해당하는 금액을 세관장에게 납부하여야 한다.

⑤ 세관장은 불가피한 사유로 화물관리인을 지정할 수 없을 때에는 화주를 대신하여 직접 화물관리를 할 수 있다. 이 경우 제3항에 따른 화물관리에 필요한 비용을 화주로부터 징수할 수 있다.

⑥ 제2항에 따른 화물관리인의 지정기준, 지정절차, 지정의 유효기간, 재지정 및 지정 취소 등에 필요한 사항은 대통령령으로 정한다. 〈신설 2011. 12. 31.〉

[전문개정 2010. 12. 30.]

제3관 세관검사장

제173조(세관검사장) ① 세관검사장은 통관하려는 물품을 검사하기 위한 장소로서 세관장이 지정하는 지역으로 한다.

② 세관장은 관세청장이 정하는 바에 따라 검사를 받을 물품의 전부 또는 일부를 세관검사장에 반입하여 검사할 수 있다

③ 제2항에 따라 세관검사장에 반입되는 물품의 채취·운반 등에 필요한 비용(이하 이 항에서 "검사비용"이라 한다)은 화주가 부담한다. 다만, 국가는 「중소기업기본법」 제2조에 따른 중소기업 또는 「중견기업 성장촉진 및 경쟁력 강화에 관한 특별법」 제2조제1호에 따른 중견기업의 컨테이너 화물로서 해당 화물에 대한 검사 결과 이 법 또는 「대외무역법」 등 물품의 수출입과 관련된 법령을 위반하지 아니하는 경우의 물품 등 대통령령으로 정하는 물품에 대해서는 예산의 범위에서 관세청장이 정하는 바에 따라 해당 검사비용을 지원할 수 있다. 〈개정 2019. 12. 31.〉

[전문개정 2010. 12. 30.]

제3절 특허보세구역

제1관 통칙 〈개정 2010. 12. 30.〉

제174조(특허보세구역의 설치·운영에 관한 특허) ① 특허보세구역을 설치·운영하려는 자는 세관장의 특허를 받아야 한다. 기존의 특허를 갱신하려는 경우에도 또한 같다.

② 특허보세구역의 설치·운영에 관한 특허를 받으려는 자, 특허보세구역을 설치·운영하는 자, 이미 받은 특허를 갱신하려는 자는 기획재정부령으로 정하는 바에 따라 수수료를 납부하여야 한다.

③ 제1항에 따른 특허를 받을 수 있는 요건은 보세구역의 종류별로 대통령령으로 정하는 기준에 따라 관세청장이 정한다.

[전문개정 2010. 12. 30.]

제175조(운영인의 결격사유) 다음 각 호의 어느 하나에 해당하는 자는 특허보세구역을 설치·운영할 수 없다. 다만, 제6호에 해당하는 자의 경우에는 같은 호 각 목의 사유가 발생한 해당 특허보세구역을 제외한 기존의 다른 특허를 받은 특허보세구역에 한정하여 설치·운영할 수 있다. 〈개정 2014. 12. 23., 2018. 12. 31., 2020. 12. 22., 2023. 12. 31.〉

1. 미성년자
2. 피성년후견인과 피한정후견인
3. 파산선고를 받고 복권되지 아니한 자

4. 이 법을 위반하여 징역형의 실형을 선고받고 그 집행이 끝나거나(집행이 끝난 것으로 보는 경우를 포함한다) 면제된 후 2년이 지나지 아니한 자

5. 이 법을 위반하여 징역형의 집행유예를 선고받고 그 유예기간 중에 있는 자

6. 다음 각 목의 어느 하나에 해당하는 경우에는 해당 목에서 정한 날부터 2년이 지나지 아니한 자. 이 경우 동일한 사유로 다음 각 목 모두에 해당하는 경우에는 그 중 빠른 날을 기준으로 한다.

가. 제178조제2항에 따라 특허보세구역의 설치·운영에 관한 특허가 취소(이 조 제1호부터 제3호까지의 규정 중 어느 하나에 해당하여 특허가 취소된 경우는 제외한다)된 경우: 해당 특허가 취소된 날

나. 제276조제3항제3호의2 또는 같은 항 제6호(제178조제2항제1호·제5호에 해당하는 자만 해당한다)에 해당하여 벌금형 또는 통고처분을 받은 경우: 벌금형을 선고받은 날 또는 통고처분을 이행한 날

7. 제268조의2, 제269조, 제270조, 제270조의2, 제271조, 제274조, 제275조의2, 제275조의3 또는 제275조의4에 따라 벌금형 또는 통고처분을 받은 자로서 그 벌금형을 선고받거나 통고처분을 이행한 후 2년이 지나지 아니한 자. 다만, 제279조에 따라 처벌된 개인 또는 법인은 제외한다.

8. 제2호부터 제7호까지에 해당하는 자를 임원(해당 보세구역의 운영업무를 직접 담당하거나 이를 감독하는 자로 한정한다)으로 하는 법인

[전문개정 2010. 12. 30.]

제176조(특허기간) ① 특허보세구역의 특허기간은 10년 이내로 한다.

② 제1항에도 불구하고 보세전시장과 보세건설장의 특허기간은 다음 각 호의 구분에 따른다. 다만, 세관장은 전시목적을 달성하거나 공사를 진척하기 위하여 부득이하다고 인정할 만한 사유가 있을 때에는 그 기간을 연장할 수 있다.

1. 보세전시장: 해당 박람회 등의 기간을 고려하여 세관장이 정하는 기간

2. 보세건설장: 해당 건설공사의 기간을 고려하여 세관장이 정하는 기간

[전문개정 2010. 12. 30.]

제176조의2(특허보세구역의 특례) ① 세관장은 제196조제1항에 따라 물품을 판매하는 보세판매장 특허를 부여하는 경우에 다음 각 호의 기업으로서 매출액, 자산총액 및 지분 소유나 출자 관계 등이 대통령령으로 정하는 기준에 맞는 기업 중 제174조제3항에 따른 특허를 받을 수 있는 요건을 갖춘 자(이하 이 조에서 "중소기업등"이라 한다)에게 대통령령으로 정하는 일정 비율 이상의 특허를 부여하여야 하고,「독점규제 및 공정거래에 관한 법률」제31조제1항에 따른 상호출자제한기업집단에 속한 기업에 대해 대통령령으로 정하는 일정 비율 이상의 특허를 부여할 수 없다. 다만, 세관장은 제196조제2항에 따라 물품을 판매하는 보세판매장의 경우에는 중소기업등에게만 특허를 부여할 수 있다. 〈개정 2014. 1. 1., 2014. 1. 21., 2018. 12. 31., 2020. 12. 29., 2024. 12. 31.〉

1. 「중소기업기본법」 제2조에 따른 중소기업

2. 「중견기업 성장촉진 및 경쟁력 강화에 관한 특별법」 제2조제1호에 따른 중견기업

② 제1항에도 불구하고 기존 특허가 만료되었으나 제3항에 따른 신규 특허의 신청이 없는 등 대통령령으로 정하는 경우에는 제1항을 적용하지 아니한다.

③ 보세판매장의 특허는 대통령령으로 정하는 일정한 자격을 갖춘 자의 신청을 받아 대통령령으로 정하는 평가기준에 따라 심사하여 부여한다. 기존 특허가 만료되는 경우에도 또한 같다. 〈개정 2014. 12. 23., 2024. 12. 31.〉

④ 보세판매장의 특허수수료는 제174조제2항에도 불구하고 운영인의 보세판매장별 매출액(기업회계기준에 따라 계산한 매출액을 말한다)을 기준으로 기획재정부령으로 정하는 바에 따라 다른 종류의 보세구역 특허수수료와 달리 정할 수 있다. 다만, 「재난 및 안전관리 기본법」 제3조제1호의 재난으로 인하여 보세판매장의 영업에 현저한 피해를 입은 경우 보세판매장의 특허수수료를 감경할 수 있다. 〈개정 2019. 12. 31., 2020. 12. 22.〉

⑤ 삭제 〈2022. 12. 31.〉

⑥ 제1항에 따라 특허를 받은 자는 두 차례에 한정하여 대통령령으로 정하는 바에 따라 특허를 갱신할 수 있다. 이 경우 갱신기간은 한 차례당 5년 이내로 한다. 〈신설 2014. 12. 23., 2018. 12. 31., 2020. 6. 9., 2022. 12. 31.〉

⑦ 기획재정부장관은 매 회계연도 종료 후 4개월 이내에 보세판매장별 매출액을 대통령령으로 정하는 바에 따라 국회 소관 상임위원회에 보고하여야 한다. 〈개정 2014. 12. 23., 2021. 12. 21.〉

⑧ 그 밖에 보세판매장 특허절차에 관한 사항은 대통령령으로 정한다. 〈개정 2014. 12. 23., 2020. 6. 9.〉

[본조신설 2013. 1. 1.]

제176조의3(보세판매장 특허심사위원회) ① 제176조의2에 따른 보세판매장의 특허에 관한 다음 각 호의 사항을 심의하기 위하여 관세청에 보세판매장 특허심사위원회를 둔다. 〈개정 2017. 12. 19., 2018. 12. 31.〉

1. 제176조의2제3항에 따른 보세판매장 특허 신청자의 평가 및 선정

1의2. 제176조의2제6항에 따른 특허 갱신의 심사

2. 그 밖에 보세판매장 운영에 관한 중요 사항

② 제1항에 따른 보세판매장 특허심사위원회의 설치·구성 및 운영방법 등에 관하여 필요한 사항은 대통령령으로 정한다. 〈개정 2017. 12. 19.〉

[본조신설 2015. 12. 15.]

제176조의4(보세판매장 제도운영위원회) ① 제176조의2에 따른 보세판매장의 특허 수 등 보세판매장 제도의 중요 사항을 심의하기 위하여 기획재정부에 보세판매장 제도운영위원회를 둔다.

② 제1항에 따른 보세판매장 제도운영위원회의 설치·구성 및 운영 등에 필요한 사항은 대통령령으로 정한다.

[본조신설 2018. 12. 31.]

제177조(장치기간) ① 특허보세구역에 물품을 장치하는 기간은 다음 각 호의 구분에 따른다. 〈개정 2024. 12. 31.〉

1. 보세창고: 다음 각 목의 어느 하나에서 정하는 기간

가. 외국물품(다목에 해당하는 물품은 제외한다): 1년의 범위에서 관세청장이 정하는 기간. 다만, 세관장이 필요하다고 인정하는

경우에는 1년의 범위에서 그 기간을 연장할 수 있다.

나. 내국물품(다목에 해당하는 물품은 제외한다): 1년의 범위에서 관세청장이 정하는 기간. 다만, 세관장이 필요하다고 인정하는 경우에는 1년의 범위에서 그 기간을 연장할 수 있다.

다. 정부비축용물품, 정부와의 계약이행을 위하여 비축하는 방위산업용물품, 장기간 비축이 필요한 수출용원재료와 수출품보수용 물품으로서 세관장이 인정하는 물품, 국제물류의 촉진을 위하여 관세청장이 정하는 물품: 비축에 필요한 기간

2. 그 밖의 특허보세구역: 해당 특허보세구역의 특허기간

② 세관장은 물품관리에 필요하다고 인정될 때에는 제1항제1호의 기간에도 운영인에게 그 물품의 반출을 명할 수 있다.

[전문개정 2010. 12. 30.]

제177조의2(특허보세구역 운영인의 명의대여 금지) 특허보세구역의 운영인은 다른 사람에게 자신의 성명·상호를 사용하여 특허보세구역을 운영하게 해서는 아니 된다.

[본조신설 2014. 12. 23.]

제178조(반입정지 등과 특허의 취소) ① 세관장은 특허보세구역의 운영인이 다음 각 호의 어느 하나에 해당하는 경우에는 관세청장이 정하는 바에 따라 6개월의 범위에서 해당 특허보세구역에의 물품반입 또는 보세건설·보세판매·보세전시 등(이하 이 조에서 "물품반입등"이라 한다)을 정지시킬 수 있다. 〈개정 2019. 12. 31.〉

1. 장치물품에 대한 관세를 납부할 자금능력이 없다고 인정되는 경우

2. 본인이나 그 사용인이 이 법 또는 이 법에 따른 명령을 위반한 경우

3. 해당 시설의 미비 등으로 특허보세구역의 설치 목적을 달성하기 곤란하다고 인정되는 경우

4. 그 밖에 제1호부터 제3호까지의 규정에 준하는 것으로서 대통령령으로 정하는 사유에 해당하는 경우

② 세관장은 특허보세구역의 운영인이 다음 각 호의 어느 하나에 해당하는 경우에는 그 특허를 취소할 수 있다. 다만, 제1호, 제2호 및 제5호에 해당하는 경우에는 특허를 취소하여야 한다. 〈개정 2011. 12. 31., 2014. 12. 23., 2016. 12. 20., 2018. 12. 31.〉

1. 거짓이나 그 밖의 부정한 방법으로 특허를 받은 경우

2. 제175조 각 호의 어느 하나에 해당하게 된 경우. 다만, 제175조제8호에 해당하는 경우로서 같은 조 제2호 또는 제3호에 해당하는 사람을 임원으로 하는 법인이 3개월 이내에 해당 임원을 변경한 경우에는 그러하지 아니하다.

3. 1년 이내에 3회 이상 물품반입등의 정지처분(제3항에 따른 과징금 부과처분을 포함한다)을 받은 경우

4. 2년 이상 물품의 반입실적이 없어서 세관장이 특허보세구역의 설치 목적을 달성하기 곤란하다고 인정하는 경우

5. 제177조의2를 위반하여 명의를 대여한 경우

③ 세관장은 제1항에 따른 물품반입등의 정지처분이 그 이용자에게 심한 불편을 주거나 공익을 해칠 우려가 있는 경우에는 특허보세구역의 운영인에게 물품반입등의 정지처분을 갈음하여 해당 특허보세구역 운영에 따른 매출액의 100분의 3 이하의 과징금을 부과할 수 있다. 이 경우 매출액 산정, 과징금의 금액, 과징금의 납부기한 등에 관하여 필요한 사항은 대통령령으로 정한다.

④ 제3항에 따른 과징금을 납부하여야 할 자가 납부기한까지 납부하지 아니한 경우 과징금의 징수에 관하여는 제26조를 준용한다.

[전문개정 2010. 12. 30.]

제179조(특허의 효력상실 및 승계) ① 특허보세구역의 설치·운영에 관한 특허는 다음 각 호의 어느 하나에 해당하면 그 효력을 상실한다.

1. 운영인이 특허보세구역을 운영하지 아니하게 된 경우

2. 운영인이 해산하거나 사망한 경우

3. 특허기간이 만료한 경우

4. 특허가 취소된 경우

② 제1항제1호 및 제2호의 경우에는 운영인, 그 상속인, 청산법인 또는 합병·분할·분할합병 후 존속하거나 합병·분할·분할합병으로 설립된 법인(이하 "승계법인"이라 한다)은 지체 없이 세관장에게 그 사실을 보고하여야 한다.

③ 특허보세구역의 설치·운영에 관한 특허를 받은 자가 사망하거나 해산한 경우 상속인 또는 승계법인이 계속하여 그 특허보세구역을 운영하려면 피상속인 또는 피승계법인이 사망하거나 해산한 날부

터 30일 이내에 제174조제3항에 따른 요건을 갖추어 대통령령으로 정하는 바에 따라 세관장에게 신고하여야 한다.

④ 상속인 또는 승계법인이 제3항에 따른 신고를 하였을 때에는 피상속인 또는 피승계법인이 사망하거나 해산한 날부터 신고를 한 날까지의 기간 동안 피상속인 또는 피승계법인의 특허보세구역의 설치·운영에 관한 특허는 상속인 또는 승계법인에 대한 특허로 본다. 〈개정 2020. 6. 9.〉

⑤ 제175조 각 호의 어느 하나에 해당하는 자는 제3항에 따른 신고를 할 수 없다.

[전문개정 2010. 12. 30.]

제180조(특허보세구역의 설치·운영에 관한 감독 등) ① 세관장은 특허보세구역의 운영인을 감독한다.

② 세관장은 특허보세구역의 운영인에게 그 설치·운영에 관한 보고를 명하거나 세관공무원에게 특허보세구역의 운영상황을 검사하게 할 수 있다.

③ 세관장은 특허보세구역의 운영에 필요한 시설·기계 및 기구의 설치를 명할 수 있다.

④ 제157조에 따라 특허보세구역에 반입된 물품이 해당 특허보세구역의 설치 목적에 합당하지 아니한 경우에는 세관장은 해당 물품을 다른 보세구역으로 반출할 것을 명할 수 있다.

[전문개정 2010. 12. 30.]

제181조 삭제 〈2010. 1. 1.〉

제182조(특허의 효력상실 시 조치 등) ① 특허보세구역의 설치·운영에 관한 특허의 효력이 상실되었을 때에는 운영인이나 그 상속인 또는 승계법인은 해당 특허보세구역에 있는 외국물품을 지체 없이 다른 보세구역으로 반출하여야 한다. 〈개정 2020. 12. 22.〉

② 특허보세구역의 설치·운영에 관한 특허의 효력이 상실되었을 때에는 해당 특허보세구역에 있는 외국물품의 종류와 수량 등을 고려하여 6개월의 범위에서 세관장이 지정하는 기간 동안 그 구역은 특허보세구역으로 보며, 운영인이나 그 상속인 또는 승계법인에 대해서는 해당 구역과 장치물품에 관하여 특허보세구역의 설치·운영에 관한 특허가 있는 것으로 본다. 〈개정 2020. 12. 22.〉

[전문개정 2010. 12. 30.]

제2관 보세창고

제183조(보세창고) ① 보세창고에는 외국물품이나 통관을 하려는 물품을 장치한다.

② 운영인은 미리 세관장에게 신고를 하고 제1항에 따른 물품의 장치에 방해되지 아니하는 범위에서 보세창고에 내국물품을 장치할 수 있다. 다만, 동일한 보세창고에 장치되어 있는 동안 수입신고가 수리된 물품은 신고 없이 계속하여 장치할 수 있다.

③ 운영인은 보세창고에 1년(제2항 단서에 따른 물품은 6개월) 이상 계속하여 제2항에서 규정한 내국물품만을 장치하려면 세관장의 승인을 받아야 한다.

④ 제3항에 따른 승인을 받은 보세창고에 내국물품만을 장치하는 기간에는 제161조와 제177조를 적용하지 아니한다.

[전문개정 2010. 12. 30.]

제184조(장치기간이 지난 내국물품) ① 제183조제2항에 따른 내국물품으로서 장치기간이 지난 물품은 그 기간이 지난 후 10일 내에 그 운영인의 책임으로 반출하여야 한다.

② 제183조제3항에 따라 승인받은 내국물품도 그 승인기간이 지난 경우에는 제1항과 같다.

[전문개정 2010. 12. 30.]

제3관 보세공장

제185조(보세공장) ① 보세공장에서는 외국물품을 원료 또는 재료로 하거나 외국물품과 내국물품을 원료 또는 재료로 하여 제조·가공하거나 그 밖에 이와 비슷한 작업을 할 수 있다.

② 보세공장에서는 세관장의 허가를 받지 아니하고는 내국물품만을 원료로 하거나 재료로 하여 제조·가공하거나 그 밖에 이와 비슷한 작업을 할 수 없다.

③ 세관장은 제2항에 따른 허가의 신청을 받은 날부터 10일 이내에 허가 여부를 신청인에게 통지하여야 한다. 〈신설 2018. 12. 31.〉

④ 세관장이 제3항에서 정한 기간 내에 허가 여부 또는 민원 처리 관련 법령에 따른 처리기간의 연장을 신청인에게 통지하지 아니하면 그 기간(민원 처리 관련 법령에 따라 처리기간이 연장 또는 재연장된 경우에는 해당 처리기간을 말한다)이 끝난 날의 다음 날에

허가를 한 것으로 본다. 〈신설 2018. 12. 31.〉

⑤ 보세공장 중 수입하는 물품을 제조·가공하는 것을 목적으로 하는 보세공장의 업종은 기획재정부령으로 정하는 바에 따라 제한할 수 있다. 〈개정 2018. 12. 31.〉

⑥ 세관장은 수입통관 후 보세공장에서 사용하게 될 물품에 대하여는 보세공장에 직접 반입하여 수입신고를 하게 할 수 있다. 이 경우 제241조제3항을 준용한다. 〈개정 2018. 12. 31.〉

[전문개정 2010. 12. 30.]

제186조(사용신고 등) ① 운영인은 보세공장에 반입된 물품을 그 사용 전에 세관장에게 사용신고를 하여야 한다. 이 경우 세관공무원은 그 물품을 검사할 수 있다.

② 제1항에 따라 사용신고를 한 외국물품이 마약, 총기 등 다른 법령에 따라 허가·승인·표시 또는 그 밖의 요건을 갖출 필요가 있는 물품으로서 관세청장이 정하여 고시하는 물품인 경우에는 세관장에게 그 요건을 갖춘 것임을 증명하여야 한다. 〈개정 2016. 12. 20.〉

[전문개정 2010. 12. 30.]

제187조(보세공장 외 작업 허가) ① 세관장은 가공무역이나 국내산업의 진흥을 위하여 필요한 경우에는 대통령령으로 정하는 바에 따라 기간, 장소, 물품 등을 정하여 해당 보세공장 외에서 제185조제1항에 따른 작업을 허가할 수 있다. 〈개정 2010. 12. 30.〉

② 세관장은 제1항에 따른 허가의 신청을 받은 날부터 10일 이내에 허가 여부를 신청인에게 통지하여야 한다. 〈신설 2018. 12. 31.〉

③ 세관장이 제2항에서 정한 기간 내에 허가 여부 또는 민원 처리 관련 법령에 따른 처리기간의 연장을 신청인에게 통지하지 아니하면 그 기간(민원 처리 관련 법령에 따라 처리기간이 연장 또는 재연장된 경우에는 해당 처리기간을 말한다)이 끝난 날의 다음 날에 허가를 한 것으로 본다. 〈신설 2018. 12. 31.〉

④ 제1항에 따른 허가를 한 경우 세관공무원은 해당 물품이 보세공장에서 반출될 때에 이를 검사할 수 있다. 〈개정 2010. 12. 30., 2018. 12. 31.〉

⑤ 제1항에 따라 허가를 받아 지정된 장소(이하 "공장외작업장"이

라 한다)에 반입된 외국물품은 지정된 기간이 만료될 때까지는 보세공장에 있는 것으로 본다. 〈개정 2010. 12. 30., 2018. 12. 31.〉

⑥ 세관장은 제1항에 따라 허가를 받은 보세작업에 사용될 물품을 관세청장이 정하는 바에 따라 공장외작업장에 직접 반입하게 할 수 있다. 〈개정 2010. 12. 30., 2018. 12. 31.〉

⑦ 제1항에 따라 지정된 기간이 지난 경우 해당 공장외작업장에 허가된 외국물품이나 그 제품이 있을 때에는 해당 물품의 허가를 받은 보세공장의 운영인으로부터 그 관세를 즉시 징수한다. 〈개정 2010. 12. 30., 2018. 12. 31.〉

[제목개정 2010. 12. 30.]

제188조(제품과세) 외국물품이나 외국물품과 내국물품을 원료로 하거나 재료로 하여 작업을 하는 경우 그로써 생긴 물품은 외국으로부터 우리나라에 도착한 물품으로 본다. 다만, 대통령령으로 정하는 바에 따라 세관장의 승인을 받고 외국물품과 내국물품을 혼용하는 경우에는 그로써 생긴 제품 중 해당 외국물품의 수량 또는 가격에 상응하는 것은 외국으로부터 우리나라에 도착한 물품으로 본다.

[전문개정 2010. 12. 30.]

제189조(원료과세) ① 보세공장에서 제조된 물품을 수입하는 경우 제186조에 따른 사용신고 전에 미리 세관장에게 해당 물품의 원료인 외국물품에 대한 과세의 적용을 신청한 경우에는 제16조에도 불구하고 제186조에 따른 사용신고를 할 때의 그 원료의 성질 및 수량에 따라 관세를 부과한다.

② 세관장은 대통령령으로 정하는 기준에 해당하는 보세공장에 대하여는 1년의 범위에서 원료별, 제품별 또는 보세공장 전체에 대하여 제1항에 따른 신청을 하게 할 수 있다.

[전문개정 2010. 12. 30.]

제4관 보세전시장

제190조(보세전시장) 보세전시장에서는 박람회, 전람회, 견본품 전시회 등의 운영을 위하여 외국물품을 장치·전시하거나 사용할 수 있다.

[전문개정 2010. 12. 30.]

제5관 보세건설장

제191조(보세건설장) 보세건설장에서는 산업시설의 건설에 사용되는 외국물품인 기계류 설비품이나 공사용 장비를 장치·사용하여 해당 건설공사를 할 수 있다.

[전문개정 2010. 12. 30.]

제192조(사용 전 수입신고) 운영인은 보세건설장에 외국물품을 반입하였을 때에는 사용 전에 해당 물품에 대하여 수입신고를 하고 세관공무원의 검사를 받아야 한다. 다만, 세관공무원이 검사가 필요 없다고 인정하는 경우에는 검사를 하지 아니할 수 있다.

[전문개정 2010. 12. 30.]

제193조(반입물품의 장치 제한) 세관장은 보세건설장에 반입된 외국물품에 대하여 필요하다고 인정될 때에는 보세건설장 안에서 그 물품을 장치할 장소를 제한하거나 그 사용상황에 관하여 운영인으로 하여금 보고하게 할 수 있다.

[전문개정 2010. 12. 30.]

제194조(보세건설물품의 가동 제한) 운영인은 보세건설장에서 건설된 시설을 제248조에 따른 수입신고가 수리되기 전에 가동하여서는 아니 된다.

[전문개정 2010. 12. 30.]

제195조(보세건설장 외 작업 허가) ① 세관장은 보세작업을 위하여 필요하다고 인정될 때에는 대통령령으로 정하는 바에 따라 기간, 장소, 물품 등을 정하여 해당 보세건설장 외에서의 보세작업을 허가할 수 있다. 〈개정 2020. 6. 9.〉

② 제1항에 따른 보세건설장 외에서의 보세작업 허가에 관하여는 제187조제2항부터 제7항까지의 규정을 준용한다. 〈개정 2018. 12. 31.〉

[전문개정 2010. 12. 30.]

제6관 보세판매장

제196조(보세판매장) ① 보세판매장에서는 다음 각 호의 어느 하나에 해당하는 조건으로 물품을 판매할 수 있다. 〈개정 2019. 12. 31.〉

1. 해당 물품을 외국으로 반출할 것. 다만, 외국으로 반출하지 아

니하더라도 대통령령으로 정하는 바에 따라 외국에서 국내로 입국하는 자에게 물품을 인도하는 경우에는 해당 물품을 판매할 수 있다.

2. 제88조제1항제1호부터 제4호까지의 규정에 따라 관세의 면제를 받을 수 있는 자가 해당 물품을 사용할 것

② 제1항에도 불구하고 공항 및 항만 등의 입국경로에 설치된 보세판매장에서는 외국에서 국내로 입국하는 자에게 물품을 판매할 수 있다. 〈개정 2018. 12. 31.〉

③ 보세판매장에서 판매하는 물품의 반입, 반출, 인도, 관리에 필요한 사항은 대통령령으로 정한다.

④ 세관장은 보세판매장에서 판매할 수 있는 물품의 수량, 장치장소 등을 제한할 수 있다. 다만, 보세판매장에서 판매할 수 있는 물품의 종류, 판매한도는 기획재정부령으로 정한다. 〈신설 2018. 12. 31.〉

[전문개정 2010. 12. 30.]

제196조의2(시내보세판매장의 현장 인도 특례) ① 보세판매장 중 공항 및 항만 등의 출입국경로의 보세구역 외의 장소에 설치되는 보세판매장(이하 이 조에서 "시내보세판매장"이라 한다)에서 제196조제1항제1호 본문의 조건으로 외국인에게 내국물품을 판매하고 이를 판매 현장에서 인도하는 경우에는 대통령령으로 정하는 바에 따라 해당 물품을 인도할 수 있다.

② 세관장은 제1항에 따라 판매 현장에서 인도된 물품의 외국 반출 여부를 확인하기 위하여 물품 구매자의 출입국관리기록 등 대통령령으로 정하는 정보 또는 자료를 관계 중앙행정기관의 장에게 요청할 수 있다. 이 경우 요청을 받은 관계 중앙행정기관의 장은 정당한 사유가 없으면 이에 따라야 한다.

③ 세관장은 제2항에 따른 물품 구매자의 출입국관리기록 등을 확인하여 대통령령으로 정하는 사람에 대하여는 제1항에 따른 인도를 제한할 수 있다.

④ 세관장은 제3항에 따라 인도가 제한되는 사람의 명단을 시내보세판매장의 운영인에게 통보하여야 한다.

⑤ 시내보세판매장의 운영인은 제4항에 따라 통보 받은 명단의 사람에게 물품을 판매할 때에는 해당 물품을 판매 현장에서 인도하여서는 아니되고, 관세청장이 정하는 바에 따라 인도하여야 한다.

[본조신설 2019. 12. 31.]

제4절 종합보세구역

제197조(종합보세구역의 지정 등) ① 관세청장은 직권으로 또는 관계 중앙행정기관의 장이나 지방자치단체의 장, 그 밖에 종합보세구역을 운영하려는 자(이하 "지정요청자"라 한다)의 요청에 따라 무역진흥에의 기여 정도, 외국물품의 반입·반출 물량 등을 고려하여 일정한 지역을 종합보세구역으로 지정할 수 있다.

② 종합보세구역에서는 보세창고·보세공장·보세전시장·보세건설장 또는 보세판매장의 기능 중 둘 이상의 기능(이하 "종합보세기능"이라 한다)을 수행할 수 있다.

③ 종합보세구역의 지정요건, 지정절차 등에 관하여 필요한 사항은 대통령령으로 정한다.

[전문개정 2010. 12. 30.]

제198조(종합보세사업장의 설치·운영에 관한 신고 등) ① 종합보세구역에서 종합보세기능을 수행하려는 자는 그 기능을 정하여 세관장에게 종합보세사업장의 설치·운영에 관한 신고를 하여야 한다.

② 제175조 각 호의 어느 하나에 해당하는 자는 제1항에 따른 종합보세사업장의 설치·운영에 관한 신고를 할 수 없다.

③ 종합보세사업장의 운영인은 그가 수행하는 종합보세기능을 변경하려면 세관장에게 이를 신고하여야 한다.

④ 제1항 및 제3항에 따른 신고의 절차 등에 관하여 필요한 사항은 대통령령으로 정한다.

[전문개정 2010. 12. 30.]

제199조(종합보세구역에의 물품의 반입·반출 등) ① 종합보세구역에 물품을 반입하거나 반출하려는 자는 대통령령으로 정하는 바에 따라 세관장에게 신고하여야 한다.

② 종합보세구역에 반입·반출되는 물품이 내국물품인 경우에는 기획재정부령으로 정하는 바에 따라 제1항에 따른 신고를 생략하거나 간소한 방법으로 반입·반출하게 할 수 있다.

[전문개정 2010. 12. 30.]

제199조의2(종합보세구역의 판매물품에 대한 관세 등의 환급) ① 외국인 관광객 등 대통령령으로 정하는 자가 종합보세구역에서 구입한 물품을 국외로 반출하는 경우에는 해당 물품을 구입할 때 납부한 관세 및 내국세등을 환급받을 수 있다.

② 제1항에 따른 관세 및 내국세등의 환급 절차 및 방법 등에 관하여 필요한 사항은 대통령령으로 정한다.

[전문개정 2010. 12. 30.]

제200조(반출입물품의 범위 등) ① 종합보세구역에서 소비하거나 사용되는 물품으로서 기획재정부령으로 정하는 물품은 수입통관 후 이를 소비하거나 사용하여야 한다.

② 종합보세구역에 반입한 물품의 장치기간은 제한하지 아니한다. 다만, 제197조제2항에 따른 보세창고의 기능을 수행하는 장소 중에서 관세청장이 수출입물품의 원활한 유통을 촉진하기 위하여 필요하다고 인정하여 지정한 장소에 반입되는 물품의 장치기간은 1년의 범위에서 관세청장이 정하는 기간으로 한다.

③ 세관장은 종합보세구역에 반입·반출되는 물품으로 인하여 국가안전, 공공질서, 국민보건 또는 환경보전 등에 지장이 초래되거나 종합보세구역의 지정 목적에 부합되지 아니하는 물품이 반입·반출되고 있다고 인정될 때에는 해당 물품의 반입·반출을 제한할 수 있다.

[전문개정 2010. 12. 30.]

제201조(운영인의 물품관리) ① 운영인은 종합보세구역에 반입된 물품을 종합보세기능별로 구분하여 관리하여야 한다.

② 세관장은 종합보세구역에 장치된 물품 중 제208조제1항 단서에 해당되는 물품은 같은 조에 따라 매각할 수 있다.

③ 운영인은 종합보세구역에 반입된 물품을 종합보세구역 안에서 이동·사용 또는 처분을 할 때에는 장부 또는 전산처리장치를 이용하여 그 기록을 유지하여야 한다. 이 경우 기획재정부령으로 정하는 물품은 미리 세관장에게 신고하여야 한다.

④ 제3항에 따른 기록의 방법과 절차 등에 관하여 필요한 사항은 관세청장이 정한다.

⑤ 운영인은 종합보세구역에 장치된 물품 중 반입한 날부터 6개월 이상의 범위에서 관세청장이 정하는 기간이 지난 외국물품이 다음 각 호의 어느 하나에 해당하는 경우에는 관세청장이 정하여 고시하는 바에 따라 세관장에게 그 외국물품의 매각을 요청할 수 있다. 〈신설 2018. 12. 31.〉

1. 화주가 분명하지 아니한 경우

2. 화주가 부도 또는 파산한 경우
3. 화주의 주소·거소 등 그 소재를 알 수 없는 경우
4. 화주가 수취를 거절하는 경우
5. 화주가 거절의 의사표시 없이 수취하지 아니한 경우

⑥ 제5항에 따른 세관장의 외국물품의 매각에 관하여는 제208조부터 제212조까지의 규정을 준용한다. 이 경우 제208조제1항 각 호 외의 부분 본문 중 "장치기간이 지나면"은 "매각요청을 접수하면"으로, 같은 조 제2항 중 "장치기간이 지난 물품" 및 제209조제1항 중 "외국물품"은 각각 "매각요청물품"으로 본다. 〈신설 2018. 12. 31., 2022. 12. 31.〉

[전문개정 2010. 12. 30.]

제202조(설비의 유지의무 등) ① 운영인은 대통령령으로 정하는 바에 따라 종합보세기능의 수행에 필요한 시설 및 장비 등을 유지하여야 한다.

② 종합보세구역에 장치된 물품에 대하여 보수작업을 하거나 종합보세구역 밖에서 보세작업을 하려는 자는 대통령령으로 정하는 바에 따라 세관장에게 신고하여야 한다.

③ 제2항에 따라 작업을 하는 경우의 반출검사 등에 관하여는 제187조를 준용한다.

[전문개정 2010. 12. 30.]

제203조(종합보세구역에 대한 세관의 관리 등) ① 세관장은 관세채권의 확보, 감시·단속 등 종합보세구역을 효율적으로 운영하기 위하여 종합보세구역에 출입하는 인원과 차량 등의 출입을 통제하거나 휴대 또는 운송하는 물품을 검사할 수 있다.

② 세관장은 종합보세구역에 반입·반출되는 물품의 반입·반출 상황, 그 사용 또는 처분 내용 등을 확인하기 위하여 제201조제3항에 따른 장부나 전산처리장치를 이용한 기록을 검사 또는 조사할 수 있으며, 운영인으로 하여금 업무실적 등 필요한 사항을 보고하게 할 수 있다.

③ 관세청장은 종합보세구역 안에 있는 외국물품의 감시·단속에 필요하다고 인정될 때에는 종합보세구역의 지정요청자에게 보세화물의 불법유출, 분실, 도난방지 등을 위한 시설을 설치할 것을 요구할 수 있다. 이 경우 지정요청자는 특별한 사유가 없으면 이에 따라야

한다.

[전문개정 2010. 12. 30.]

제204조(종합보세구역 지정의 취소 등) ① 관세청장은 종합보세구역에 반입·반출되는 물량이 감소하거나 그 밖에 대통령령으로 정하는 사유로 종합보세구역을 존속시킬 필요가 없다고 인정될 때에는 종합보세구역의 지정을 취소할 수 있다.

② 세관장은 종합보세사업장의 운영인이 다음 각 호의 어느 하나에 해당하는 경우에는 6개월의 범위에서 운영인의 종합보세기능의 수행을 중지시킬 수 있다. 〈개정 2018. 12. 31.〉

1. 운영인이 제202조제1항에 따른 설비의 유지의무를 위반한 경우

2. 운영인이 수행하는 종합보세기능과 관련하여 반입·반출되는 물량이 감소하는 경우

3. 1년 동안 계속하여 외국물품의 반입·반출 실적이 없는 경우

③ 세관장은 종합보세사업장의 운영인이 다음 각 호의 어느 하나에 해당하는 경우에는 그 종합보세사업장의 폐쇄를 명하여야 한다. 〈신설 2018. 12. 31.〉

1. 거짓이나 그 밖의 부정한 방법으로 종합보세사업장의 설치·운영에 관한 신고를 한 경우

2. 제175조 각 호의 어느 하나에 해당하게 된 경우. 다만, 제175조제8호에 해당하는 경우로서 같은 조 제2호 또는 제3호에 해당하는 사람을 임원으로 하는 법인이 3개월 이내에 해당 임원을 변경한 경우에는 그러하지 아니하다.

3. 다른 사람에게 자신의 성명·상호를 사용하여 종합보세사업장을 운영하게 한 경우

[전문개정 2010. 12. 30.]

제205조(준용규정) 종합보세구역에 대하여는 제175조, 제177조제2항, 제177조의2, 제178조제1항·제3항, 제180조제1항·제3항·제4항, 제182조, 제184조, 제185조제2항부터 제6항까지, 제186조, 제188조, 제189조, 제192조부터 제194조까지 및 제241조제2항을 준용한다. 〈개정 2018. 12. 31.〉

[전문개정 2010. 12. 30.]

제5절 유치 및 처분

제1관 유치 및 예치

제206조(유치 및 예치) ① 세관장은 제1호에 해당하는 물품이 제2호의 사유에 해당하는 경우에는 해당 물품을 유치할 수 있다. 〈개정 2020. 12. 22., 2023. 12. 31., 2024. 12. 31.〉

1. 유치대상: 다음 각 목의 어느 하나에 해당하는 물품
   가. 여행자의 휴대품
   나. 우리나라와 외국 간을 왕래하는 운송수단에 종사하는 승무원의 휴대품
2. 유치사유: 다음 각 목의 어느 하나에 해당하는 경우
   가. 제226조에 따라 필요한 허가·승인·표시 또는 그 밖의 조건이 갖추어지지 아니한 경우
   나. 제96조제1항제1호와 같은 항 제3호에 따른 관세의 면제 기준을 초과하여 반입하는 물품에 대한 관세를 납부하지 아니한 경우
   다. 제235조에 따른 지식재산권 등을 침해하는 물품을 수출하거나 수입하는 등 이 법에 따른 의무사항을 위반한 경우
   라. 불법·불량·유해물품 등 사회안전 또는 국민보건을 해칠 우려가 있는 물품으로서 대통령령으로 정하는 경우
   마. 「국세징수법」 제30조 또는 「지방세징수법」 제39조의2에 따라 세관장에게 강제징수 또는 체납처분이 위탁된 해당 체납자가 물품을 수입하는 경우

② 제1항에 따라 유치한 물품은 해당 사유가 없어졌거나 반송하는 경우에만 유치를 해제한다. 〈개정 2020. 6. 9.〉

③ 제1항제1호 각 목의 어느 하나에 해당하는 물품으로서 수입할 의사가 없는 물품은 세관장에게 신고하여 일시 예치시킬 수 있다. 다만, 부패·변질 또는 손상의 우려가 있는 물품 등 관세청장이 정하는 물품은 그러하지 아니하다. 〈개정 2020. 12. 22.〉

[전문개정 2010. 12. 30.]

제207조(유치 및 예치 물품의 보관) ① 제206조에 따라 유치하거나 예치한 물품은 세관장이 관리하는 장소에 보관한다. 다만, 세관장이 필요하다고 인정할 때에는 그러하지 아니하다.

② 제206조에 따라 유치하거나 예치한 물품에 관하여는 제160조제4항부터 제6항까지, 제170조 및 제208조부터 제212조까지의 규

정을 준용한다.

③ 세관장은 유치되거나 예치된 물품의 원활한 통관을 위하여 필요하다고 인정될 때에는 제2항에 따라 준용되는 제209조에도 불구하고 관세청장이 정하는 바에 따라 해당 물품을 유치하거나 예치할 때에 유치기간 또는 예치기간 내에 수출·수입 또는 반송하지 아니하면 매각한다는 뜻을 통고할 수 있다.

[전문개정 2010. 12. 30.]

제2관 장치기간경과물품의 매각 〈개정 2010. 12. 30.〉

제208조(매각대상 및 매각절차) ① 세관장은 보세구역에 반입한 외국물품의 장치기간이 지나면 그 사실을 공고한 후 해당 물품을 매각할 수 있다. 다만, 다음 각 호의 어느 하나에 해당하는 물품은 기간이 지나기 전이라도 공고한 후 매각할 수 있다. 〈개정 2022. 12. 31.〉

1. 살아 있는 동식물
2. 부패하거나 부패할 우려가 있는 것
3. 창고나 다른 외국물품에 해를 끼칠 우려가 있는 것
4. 기간이 지나면 사용할 수 없게 되거나 상품가치가 현저히 떨어질 우려가 있는 것
5. 관세청장이 정하는 물품 중 화주가 요청하는 것
6. 제26조에 따른 강제징수, 「국세징수법」 제30조에 따른 강제징수 및 「지방세징수법」 제39조의2에 따른 체납처분을 위하여 세관장이 압류한 수입물품(제2조제4호가목의 외국물품으로 한정한다)

② 장치기간이 지난 물품이 제1항 각 호의 어느 하나에 해당하는 물품으로서 급박하여 공고할 여유가 없을 때에는 매각한 후 공고할 수 있다.

③ 매각된 물품의 질권자나 유치권자는 다른 법령에도 불구하고 그 물품을 매수인에게 인도하여야 한다.

④ 세관장은 제1항에 따른 매각을 할 때 다음 각 호의 어느 하나에 해당하는 경우에는 대통령령으로 정하는 기관(이하 이 절에서 "매각대행기관"이라 한다)에 이를 대행하게 할 수 있다. 〈개정 2021. 12. 21.〉

1. 신속한 매각을 위하여 사이버몰 등에서 전자문서를 통하여 매

각하려는 경우

2. 매각에 전문지식이 필요한 경우

3. 그 밖에 특수한 사정이 있어 직접 매각하기에 적당하지 아니하다고 인정되는 경우

⑤ 제4항에 따라 매각대행기관이 매각을 대행하는 경우(제211조제6항에 따라 매각대금의 잔금처리를 대행하는 경우를 포함한다)에는 매각대행기관의 장을 세관장으로 본다.

⑥ 세관장은 제4항에 따라 매각대행기관이 매각을 대행하는 경우에는 매각대행에 따른 실비 등을 고려하여 기획재정부령으로 정하는 바에 따라 수수료를 지급할 수 있다.

⑦ 삭제 〈2016. 12. 20.〉

⑧ 제4항에 따라 매각대행기관이 대행하는 매각에 필요한 사항은 대통령령으로 정한다.

[전문개정 2010. 12. 30.]

제209조(통고) ① 세관장은 제208조제1항에 따라 외국물품을 매각하려면 관세청장이 정하는 바에 따라 그 화주등에게 통고일부터 1개월 내에 해당 물품을 수출·수입 또는 반송할 것을 통고하여야 한다. 〈개정 2022. 12. 31., 2024. 12. 31.〉

② 화주등이 분명하지 아니하거나 그 소재가 분명하지 아니하여 제1항에 따른 통고를 할 수 없을 때에는 공고로 이를 갈음할 수 있다.

[전문개정 2010. 12. 30.]

제210조(매각방법) ① 제208조에 따른 매각은 일반경쟁입찰·지명경쟁입찰·수의계약·경매 및 위탁판매의 방법으로 하여야 한다.

② 경쟁입찰의 방법으로 매각하려는 경우 매각되지 아니하였을 때에는 5일 이상의 간격을 두어 다시 입찰에 부칠 수 있으며 그 예정가격은 최초 예정가격의 100분의 10 이내의 금액을 입찰에 부칠 때마다 줄일 수 있다. 이 경우에 줄어들 예정가격 이상의 금액을 제시하는 응찰자가 있을 때에는 대통령령으로 정하는 바에 따라 그 응찰자가 제시하는 금액으로 수의계약을 할 수 있다. 〈개정 2016. 12. 20.〉

③ 다음 각 호의 어느 하나에 해당하는 경우에는 경매나 수의계약으로 매각할 수 있다. 〈개정 2016. 12. 20.〉

1. 제2항에 따라 2회 이상 경쟁입찰에 부쳐도 매각되지 아니한

경우

2. 매각물품의 성질·형태·용도 등을 고려할 때 경쟁입찰의 방법으로 매각할 수 없는 경우

④ 제3항에 따른 방법으로도 매각되지 아니한 물품과 대통령령으로 정하는 물품은 위탁판매의 방법으로 매각할 수 있다.

⑤ 제1항부터 제4항까지에 따라 매각된 물품에 대한 과세가격은 제30조부터 제35조까지의 규정에도 불구하고 제2항에 따른 최초 예정가격을 기초로 하여 과세가격을 산출한다.

⑥ 매각할 물품의 예정가격의 산출방법과 위탁판매에 관한 사항은 대통령령으로 정하고, 경매절차에 관하여는 「국세징수법」을 준용한다.

⑦ 세관장은 제1항에 따라 매각할 때에는 매각 물건, 매각 수량, 매각 예정가격 등을 매각 시작 10일 전에 공고하여야 한다.

[전문개정 2010. 12. 30.]

제211조(잔금처리) ① 세관장은 제210조에 따른 매각대금을 그 매각비용, 관세, 각종 세금의 순으로 충당하고, 잔금이 있을 때에는 이를 화주에게 교부한다.

② 제208조에 따라 매각하는 물품의 질권자나 유치권자는 해당 물품을 매각한 날부터 1개월 이내에 그 권리를 증명하는 서류를 세관장에게 제출하여야 한다.

③ 세관장은 제208조에 따라 매각된 물품의 질권자나 유치권자가 있을 때에는 그 잔금을 화주에게 교부하기 전에 그 질권이나 유치권에 의하여 담보된 채권의 금액을 질권자나 유치권자에게 교부한다.

④ 제3항에 따라 질권자나 유치권자에게 공매대금의 잔금을 교부하는 경우 그 잔금액이 질권이나 유치권에 의하여 담보된 채권액보다 적고 교부받을 권리자가 2인 이상인 경우에는 세관장은 「민법」이나 그 밖의 법령에 따라 배분할 순위와 금액을 정하여 배분하여야 한다.

⑤ 제1항에 따른 잔금의 교부는 관세청장이 정하는 바에 따라 일시 보류할 수 있다.

⑥ 제208조제4항에 따라 매각대행기관이 매각을 대행하는 경우에는 매각대행기관이 제1항부터 제5항까지의 규정에 따라 매각대금의

잔금처리를 대행할 수 있다.

[전문개정 2010. 12. 30.]

제212조(국고귀속) ① 세관장은 제210조에 따른 방법으로도 매각되지 아니한 물품(제208조제1항제6호의 물품은 제외한다)에 대하여는 그 물품의 화주등에게 장치 장소로부터 지체 없이 반출할 것을 통고하여야 한다. 〈개정 2022. 12. 31.〉

② 제1항의 통고일부터 1개월 내에 해당 물품이 반출되지 아니하는 경우에는 소유권을 포기한 것으로 보고 이를 국고에 귀속시킬 수 있다.

③ 세관장은 제208조제1항제6호의 물품이 제210조에 따른 방법으로 매각되지 아니한 경우에는 납세의무자에게 1개월 이내에 대통령령으로 정하는 유찰물품의 가격에 상당한 금액을 관세 및 체납액(관세 · 국세 · 지방세의 체납액을 말한다. 이하 이 조에서 같다) 충당금으로 납부하도록 통지하여야 한다. 〈신설 2022. 12. 31.〉

④ 제3항에 따른 통지를 받은 납세의무자가 그 기한 내에 관세 및 체납액 충당금을 납부하지 아니한 경우에는 같은 항에 따른 유찰물품의 소유권을 포기한 것으로 보고 이를 국고에 귀속시킬 수 있다. 〈신설 2022. 12. 31.〉

[전문개정 2010. 12. 30.]

제8장 운송 〈개정 2010. 12. 30.〉

제1절 보세운송

제213조(보세운송의 신고) ① 외국물품은 다음 각 호의 장소 간에 한정하여 외국물품 그대로 운송할 수 있다. 다만, 제248조에 따라 수출신고가 수리된 물품은 해당 물품이 장치된 장소에서 다음 각 호의 장소로 운송할 수 있다. 〈개정 2020. 12. 22.〉

1. 국제항
2. 보세구역
3. 제156조에 따라 허가된 장소
4. 세관관서
5. 통관역
6. 통관장
7. 통관우체국

② 제1항에 따라 보세운송을 하려는 자는 관세청장이 정하는 바에 따라 세관장에게 보세운송의 신고를 하여야 한다. 다만, 물품의 감시 등을 위하여 필요하다고 인정하여 대통령령으로 정하는 경우에는 세관장의 승인을 받아야 한다.

③ 세관공무원은 감시·단속을 위하여 필요하다고 인정될 때에는 관세청장이 정하는 바에 따라 보세운송을 하려는 물품을 검사할 수 있다.

④ 수출신고가 수리된 물품은 관세청장이 따로 정하는 것을 제외하고는 보세운송절차를 생략한다.

⑤ 제2항과 제3항에 따른 보세운송의 신고·승인 및 검사에 대하여는 제247조와 제250조를 준용한다.

[전문개정 2010. 12. 30.]

제214조(보세운송의 신고인) 제213조제2항에 따른 신고 또는 승인신청은 다음 각 호의 어느 하나에 해당하는 자의 명의로 하여야 한다.

1. 화주
2. 관세사등
3. 보세운송을 업(業)으로 하는 자(이하 "보세운송업자"라 한다)

[전문개정 2010. 12. 30.]

제215조(보세운송 보고) 제213조제2항에 따라 보세운송의 신고를 하거나 승인을 받은 자는 해당 물품이 운송 목적지에 도착하였을 때에는 관세청장이 정하는 바에 따라 도착지의 세관장에게 보고하여야 한다.

[전문개정 2010. 12. 30.]

제216조(보세운송통로) ① 세관장은 보세운송물품의 감시·단속을 위하여 필요하다고 인정될 때에는 관세청장이 정하는 바에 따라 운송통로를 제한할 수 있다.

② 보세운송은 관세청장이 정하는 기간 내에 끝내야 한다. 다만, 세관장은 재해나 그 밖의 부득이한 사유로 필요하다고 인정될 때에는 그 기간을 연장할 수 있다.

③ 보세운송을 하려는 자가 운송수단을 정하여 제213조제2항에 따라 신고를 하거나 승인을 받은 경우에는 그 운송수단을 이용하여 운송을 마쳐야 한다. 〈신설 2023. 12. 31.〉

[전문개정 2010. 12. 30.]

제217조(보세운송기간 경과 시의 징수) 제213조제2항에 따라 신고를 하거나 승인을 받아 보세운송하는 외국물품이 지정된 기간 내에 목적지에 도착하지 아니한 경우에는 즉시 그 관세를 징수한다. 다만, 해당 물품이 재해나 그 밖의 부득이한 사유로 망실되었거나 미리 세관장의 승인을 받아 그 물품을 폐기하였을 때에는 그러하지 아니하다.

[전문개정 2010. 12. 30.]

제218조(보세운송의 담보) 세관장은 제213조에 따른 보세운송의 신고를 하거나 승인을 받으려는 물품에 대하여 관세의 담보를 제공하게 할 수 있다.

[전문개정 2010. 12. 30.]

제219조(조난물품의 운송) ① 재해나 그 밖의 부득이한 사유로 선박 또는 항공기로부터 내려진 외국물품은 그 물품이 있는 장소로부터 제213조제1항 각 호의 장소로 운송될 수 있다.

② 제1항에 따라 외국물품을 운송하려는 자는 제213조제2항에 따른 승인을 받아야 한다. 다만, 긴급한 경우에는 세관공무원이나 경찰공무원(세관공무원이 없는 경우로 한정한다)에게 신고하여야 한다. 〈개정 2020. 12. 22.〉

③ 제2항 단서에 따라 신고를 받은 경찰공무원은 지체 없이 그 내용을 세관공무원에게 통보하여야 한다. 〈개정 2020. 12. 22.〉

④ 제1항에 따른 운송에 관하여는 제215조부터 제218조까지의 규정을 준용한다.

[전문개정 2010. 12. 30.]

제220조(간이 보세운송) 세관장은 보세운송을 하려는 물품의 성질과 형태, 보세운송업자의 신용도 등을 고려하여 관세청장이 정하는 바에 따라 보세운송업자나 물품을 지정하여 다음 각 호의 조치를 할 수 있다.

1. 제213조제2항에 따른 신고절차의 간소화
2. 제213조제3항에 따른 검사의 생략
3. 제218조에 따른 담보 제공의 면제

[전문개정 2010. 12. 30.]

제220조의2(국제항 안에서 국제무역선을 이용한 보세운송의 특례) 제214조에도 불구하고 국제무역선이 소속된 선박회사(그 업무를 대

행하는 자를 포함한다)로서 기획재정부령으로 정하는 선박회사는 국제항 안에서 제213조제1항에 따라 환적물품 등 기획재정부령으로 정하는 물품을 국제무역선으로 보세운송할 수 있다.

[본조신설 2023. 12. 31.]

제2절 내국운송

제221조(내국운송의 신고) ① 내국물품을 국제무역선이나 국제무역기로 운송하려는 자는 대통령령으로 정하는 바에 따라 세관장에게 내국운송의 신고를 하여야 한다. 〈개정 2020. 12. 22.〉

② 제1항에 따른 내국운송에 관하여는 제215조, 제216조, 제246조, 제247조 및 제250조를 준용한다.

③ 제1항 및 제2항에서 규정한 사항 외에 내국운송의 방법과 절차에 관하여 필요한 사항은 관세청장이 정하여 고시한다. 〈신설 2024. 12. 31.〉

[전문개정 2010. 12. 30.]

제3절 보세운송업자 등

제222조(보세운송업자등의 등록 및 보고) ① 다음 각 호의 어느 하나에 해당하는 자(이하 "보세운송업자등"이라 한다)는 대통령령으로 정하는 바에 따라 관세청장이나 세관장에게 등록하여야 한다. 〈개정 2011. 7. 25., 2019. 12. 31., 2020. 12. 22.〉

1. 보세운송업자

2. 보세화물을 취급하려는 자로서 다른 법령에 따라 화물운송의 주선을 업으로 하는 자(이하 "화물운송주선업자"라 한다)

3. 국제무역선·국제무역기 또는 국경출입차량에 물품을 하역하는 것을 업으로 하는 자

4. 국제무역선·국제무역기 또는 국경출입차량에 다음 각 목의 어느 하나에 해당하는 물품 등을 공급하는 것을 업으로 하는 자

   가. 선박용품

   나. 항공기용품

   다. 차량용품

   라. 선박·항공기 또는 철도차량 안에서 판매할 물품

   마. 용역

5. 국제항 안에 있는 보세구역에서 물품이나 용역을 제공하는 것을 업으로 하는 자

6. 국제무역선·국제무역기 또는 국경출입차량을 이용하여 상업서류나 그 밖의 견본품 등을 송달하는 것을 업으로 하는 자

7. 구매대행업자 중 대통령령으로 정하는 자

② 제1항에 따른 등록의 기준·절차 등에 관하여 필요한 사항은 대통령령으로 정한다.

③ 관세청장이나 세관장은 이 법의 준수 여부를 확인하기 위하여 필요하다고 인정할 때에는 보세운송업자등에게 업무실적, 등록사항 변경, 업무에 종사하는 자의 성명이나 그 밖의 인적사항 등 그 영업에 관하여 보고를 하게 하거나 장부 또는 그 밖의 서류를 제출하도록 명할 수 있다. 이 경우 영업에 관한 보고 또는 서류제출에 필요한 사항은 관세청장이 정한다. 〈개정 2018. 12. 31., 2020. 12. 22.〉

④ 관세청장이나 세관장은 화물운송주선업자에게 제225조제2항에 따라 해당 업무에 관하여 보고하게 할 수 있다. 〈신설 2011. 7. 25.〉

⑤ 제1항에 따른 등록의 유효기간은 3년으로 하며, 대통령령으로 정하는 바에 따라 갱신할 수 있다. 다만, 관세청장이나 세관장은 제255조의7제1항에 따른 안전관리 기준의 준수 정도 측정·평가 결과가 우수한 자가 등록을 갱신하는 경우에는 유효기간을 2년의 범위에서 연장하여 정할 수 있다. 〈신설 2014. 1. 1., 2015. 12. 15., 2021. 12. 21.〉

[전문개정 2010. 12. 30.]

[제목개정 2011. 7. 25.]

제222조(보세운송업자등의 등록 및 보고) ① 다음 각 호의 어느 하나에 해당하는 자(이하 "보세운송업자등"이라 한다)는 대통령령으로 정하는 바에 따라 관세청장이나 세관장에게 등록하여야 한다. 〈개정 2011. 7. 25., 2019. 12. 31., 2020. 12. 22.〉

1. 보세운송업자

2. 보세화물을 취급하려는 자로서 다른 법령에 따라 화물운송의 주선을 업으로 하는 자(이하 "화물운송주선업자"라 한다)

3. 국제무역선·국제무역기 또는 국경출입차량에 물품을 하역하는 것을 업으로 하는 자

4. 국제무역선·국제무역기 또는 국경출입차량에 다음 각 목의 어

느 하나에 해당하는 물품 등을 공급하는 것을 업으로 하는 자
가. 선박용품
나. 항공기용품
다. 차량용품
라. 선박·항공기 또는 철도차량 안에서 판매할 물품
마. 용역
5. 국제항 안에 있는 보세구역에서 물품이나 용역을 제공하는 것을 업으로 하는 자
6. 국제무역선·국제무역기 또는 국경출입차량을 이용하여 상업서류나 그 밖의 견본품 등을 송달하는 것을 업으로 하는 자
7. 삭제 〈2024. 12. 31.〉
② 제1항에 따른 등록의 기준·절차 등에 관하여 필요한 사항은 대통령령으로 정한다.
③ 관세청장이나 세관장은 이 법의 준수 여부를 확인하기 위하여 필요하다고 인정할 때에는 보세운송업자등에게 업무실적, 등록사항 변경, 업무에 종사하는 자의 성명이나 그 밖의 인적사항 등 그 영업에 관하여 보고를 하게 하거나 장부 또는 그 밖의 서류를 제출하도록 명할 수 있다. 이 경우 영업에 관한 보고 또는 서류제출에 필요한 사항은 관세청장이 정한다. 〈개정 2018. 12. 31., 2020. 12. 22.〉
④ 관세청장이나 세관장은 화물운송주선업자에게 제225조제2항에 따라 해당 업무에 관하여 보고하게 할 수 있다. 〈신설 2011. 7. 25.〉
⑤ 제1항에 따른 등록의 유효기간은 3년으로 하며, 대통령령으로 정하는 바에 따라 갱신할 수 있다. 다만, 관세청장이나 세관장은 제255조의7제1항에 따른 안전관리 기준의 준수 정도 측정·평가 결과가 우수한 자가 등록을 갱신하는 경우에는 유효기간을 2년의 범위에서 연장하여 정할 수 있다. 〈신설 2014. 1. 1., 2015. 12. 15., 2021. 12. 21.〉
[전문개정 2010. 12. 30.]
[제목개정 2011. 7. 25.]
[시행일: 2026. 1. 1.] 제222조제1항제7호

제223조(보세운송업자등의 등록요건) 보세운송업자등은 다음 각 호의 요건을 갖춘 자이어야 한다. 〈개정 2014. 12. 23.〉
1. 제175조 각 호의 어느 하나에 해당하지 아니할 것

2. 「항만운송사업법」 등 관련 법령에 따른 면허 · 허가 · 지정 등을 받거나 등록을 하였을 것

3. 관세 및 국세의 체납이 없을 것

4. 보세운송업자등의 등록이 취소(제175조제1호부터 제3호까지의 어느 하나에 해당하여 등록이 취소된 경우는 제외한다)된 후 2년이 지났을 것

[전문개정 2010. 12. 30.]

제223조의2(보세운송업자등의 명의대여 등의 금지) 보세운송업자등은 다른 사람에게 자신의 성명 · 상호를 사용하여 보세운송업자등의 업무를 하게 하거나 그 등록증을 빌려주어서는 아니 된다.

[본조신설 2014. 1. 1.]

제224조(보세운송업자등의 행정제재) ①세관장은 관세청장이 정하는 바에 따라 보세운송업자등이 다음 각 호의 어느 하나에 해당하는 경우에는 등록의 취소, 6개월의 범위에서의 업무정지 또는 그 밖에 필요한 조치를 할 수 있다. 다만, 제1호 및 제2호에 해당하는 경우에는 등록을 취소하여야 한다. 〈개정 2011. 12. 31., 2013. 1. 1., 2014. 1. 1., 2014. 12. 23., 2018. 12. 31., 2023. 12. 31.〉

1. 거짓이나 그 밖의 부정한 방법으로 등록을 한 경우

2. 제175조 각 호의 어느 하나에 해당하는 경우. 다만, 제175조제8호에 해당하는 경우로서 같은 조 제2호 또는 제3호에 해당하는 사람을 임원으로 하는 법인이 3개월 이내에 해당 임원을 변경한 경우에는 그러하지 아니하다.

3. 「항만운송사업법」 등 관련 법령에 따라 면허 · 허가 · 지정 · 등록 등이 취소되거나 사업정지처분을 받은 경우

4. 보세운송업자등(그 임직원 및 사용인을 포함한다)이 보세운송업자등의 업무와 관련하여 이 법이나 이 법에 따른 명령을 위반한 경우

4의2. 제223조의2를 위반한 경우

5. 보세운송업자등(그 임직원 및 사용인을 포함한다)이 보세운송업자등의 업무와 관련하여 「개별소비세법」 제29조제1항 또는 「교통 · 에너지 · 환경세법」 제25조제1항에 따른 과태료를 부과받은 경우

② 세관장은 제1항에 따른 업무정지가 그 이용자에게 심한 불편을 주거나 공익을 해칠 우려가 있을 경우에는 보세운송업자등에게 업무정지처분을 갈음하여 해당 업무 유지에 따른 매출액의 100분의

3 이하의 과징금을 부과할 수 있다. 이 경우 매출액 산정, 과징금의 금액 및 과징금의 납부기한 등에 관하여 필요한 사항은 대통령령으로 정한다. 〈신설 2014. 12. 23.〉

③ 제2항에 따른 과징금을 납부하여야 할 자가 납부기한까지 납부하지 아니한 경우 과징금의 징수에 관하여는 제26조를 준용한다. 〈신설 2014. 12. 23.〉

[전문개정 2010. 12. 30.]

제224조의2(보세운송업자등의 등록의 효력상실) 다음 각 호의 어느 하나에 해당하면 제222조제1항에 따른 보세운송업자등의 등록은 그 효력을 상실한다.

1. 보세운송업자등이 폐업한 경우
2. 보세운송업자등이 사망한 경우(법인인 경우에는 해산된 경우)
3. 제222조제5항에 따른 등록의 유효기간이 만료된 경우
4. 제224조제1항에 따라 등록이 취소된 경우

[본조신설 2017. 12. 19.]

제225조(보세화물 취급 선박회사 등의 신고 및 보고) ① 보세화물을 취급하는 선박회사 또는 항공사(그 업무를 대행하는 자를 포함한다. 이하 같다)는 대통령령으로 정하는 바에 따라 세관장에게 신고하여야 한다. 신고인의 주소 등 대통령령으로 정하는 중요한 사항을 변경한 때에도 또한 같다. 〈개정 2011. 7. 25.〉

② 세관장은 통관의 신속을 도모하고 보세화물의 관리절차를 간소화하기 위하여 필요하다고 인정할 때에는 대통령령으로 정하는 바에 따라 제1항에 따른 선박회사 또는 항공사로 하여금 해당 업무에 관하여 보고하게 할 수 있다. 〈개정 2011. 7. 25., 2020. 6. 9.〉

③ 삭제 〈2011. 7. 25.〉

[전문개정 2010. 12. 30.]

[제목개정 2011. 7. 25.]

제9장 통관 〈개정 2010. 12. 30.〉

제1절 통칙 〈개정 2010. 12. 30.〉

제1관 통관요건

제226조(허가·승인 등의 증명 및 확인) ① 수출입을 할 때 법령에서 정하는 바에 따라 허가·승인·표시 또는 그 밖의 조건을 갖출

필요가 있는 물품은 세관장에게 그 허가·승인·표시 또는 그 밖의 조건을 갖춘 것임을 증명하여야 한다.

② 통관을 할 때 제1항의 구비조건에 대한 세관장의 확인이 필요한 수출입물품에 대하여는 다른 법령에도 불구하고 그 물품과 확인방법, 확인절차, 그 밖에 필요한 사항을 대통령령으로 정하는 바에 따라 미리 공고하여야 한다.

③ 제1항에 따른 증명에 관하여는 제245조제2항을 준용한다.

[전문개정 2010. 12. 30.]

제227조(의무 이행의 요구 및 조사) ① 세관장은 다른 법령에 따라 수입 후 특정한 용도로 사용하여야 하는 등의 의무가 부가되어 있는 물품에 대하여는 문서로써 해당 의무를 이행할 것을 요구할 수 있다.

② 제1항에 따라 의무의 이행을 요구받은 자는 대통령령으로 정하는 특별한 사유가 없으면 해당 물품에 대하여 부가된 의무를 이행하여야 한다.

③ 세관장은 제1항에 따라 의무의 이행을 요구받은 자의 이행 여부를 확인하기 위하여 필요한 경우 세관공무원으로 하여금 조사하게 할 수 있다. 이 경우 제240조의3을 준용한다. 〈신설 2021. 12. 21.〉

[전문개정 2010. 12. 30.]

[제목개정 2021. 12. 21.]

제228조(통관표지) 세관장은 관세 보전을 위하여 필요하다고 인정할 때에는 대통령령으로 정하는 바에 따라 수입하는 물품에 통관표지를 첨부할 것을 명할 수 있다.

[전문개정 2010. 12. 30.]

제2관 원산지의 확인 등

제229조(원산지 확인 기준) ① 이 법, 조약, 협정 등에 따른 관세의 부과·징수, 수출입물품의 통관, 제233조제3항의 확인요청에 따른 조사 등을 위하여 원산지를 확인할 때에는 다음 각 호의 어느 하나에 해당하는 나라를 원산지로 한다. 〈개정 2014. 1. 1.〉

1. 해당 물품의 전부를 생산·가공·제조한 나라
2. 해당 물품이 2개국 이상에 걸쳐 생산·가공 또는 제조된 경우

에는 그 물품의 본질적 특성을 부여하기에 충분한 정도의 실질적인 생산·가공·제조 과정이 최종적으로 수행된 나라

② 제1항 각 호를 적용할 물품의 범위, 구체적 확인 기준 등에 관하여 필요한 사항은 기획재정부령으로 정한다.

③ 제1항과 제2항에도 불구하고 조약·협정 등의 시행을 위하여 원산지 확인 기준 등을 따로 정할 필요가 있을 때에는 기획재정부령으로 원산지 확인 기준 등을 따로 정한다.

[전문개정 2010. 12. 30.]

제230조(원산지 허위표시물품 등의 통관 제한) 세관장은 법령에 따라 원산지를 표시하여야 하는 물품이 다음 각 호의 어느 하나에 해당하는 경우에는 해당 물품의 통관을 허용하여서는 아니 된다. 다만, 그 위반사항이 경미한 경우에는 이를 보완·정정하도록 한 후 통관을 허용할 수 있다.

1. 원산지 표시가 법령에서 정하는 기준과 방법에 부합되지 아니하게 표시된 경우
2. 원산지 표시가 부정한 방법으로 사실과 다르게 표시된 경우
3. 원산지 표시가 되어 있지 아니한 경우

[전문개정 2010. 12. 30.]

제230조의2(품질등 허위·오인 표시물품의 통관 제한) 세관장은 물품의 품질, 내용, 제조 방법, 용도, 수량(이하 이 조에서 "품질등"이라 한다)을 사실과 다르게 표시한 물품 또는 품질등을 오인(誤認)할 수 있도록 표시하거나 오인할 수 있는 표지를 붙인 물품으로서 「부정경쟁방지 및 영업비밀보호에 관한 법률」, 「식품 등의 표시·광고에 관한 법률」, 「산업표준화법」 등 품질등의 표시에 관한 법령을 위반한 물품에 대하여는 통관을 허용하여서는 아니 된다. 〈개정 2020. 6. 9., 2021. 12. 21.〉

[본조신설 2010. 12. 30.]

제231조(환적물품 등에 대한 유치 등) ① 세관장은 제141조에 따라 일시적으로 육지에 내려지거나 다른 운송수단으로 환적 또는 복합환적되는 외국물품 중 원산지를 우리나라로 허위 표시한 물품은 유치할 수 있다.

② 제1항에 따라 유치하는 외국물품은 세관장이 관리하는 장소에 보관하여야 한다. 다만, 세관장이 필요하다고 인정할 때에는 그러하

지 아니하다.

③ 세관장은 제1항에 따라 외국물품을 유치할 때에는 그 사실을 그 물품의 화주나 그 위임을 받은 자에게 통지하여야 한다.

④ 세관장은 제3항에 따른 통지를 할 때에는 이행기간을 정하여 원산지 표시의 수정 등 필요한 조치를 명할 수 있다. 이 경우 지정한 이행기간 내에 명령을 이행하지 아니하면 매각한다는 뜻을 함께 통지하여야 한다.

⑤ 세관장은 제4항 전단에 따른 명령이 이행된 경우에는 제1항에 따른 물품의 유치를 즉시 해제하여야 한다.

⑥ 세관장은 제4항 전단에 따른 명령이 이행되지 아니한 경우에는 이를 매각할 수 있다. 이 경우 매각 방법 및 절차에 관하여는 제160조제4항부터 제6항까지 및 제210조를 준용한다.

[전문개정 2010. 12. 30.]

제232조(원산지증명서 등) ① 이 법, 조약, 협정 등에 따라 원산지 확인이 필요한 물품을 수입하는 자는 해당 물품의 원산지를 증명하는 서류(이하 "원산지증명서"라 한다)를 제출하여야 한다. 다만, 대통령령으로 정하는 물품의 경우에는 그러하지 아니하다.

② 세관장은 제1항에 따라 원산지 확인이 필요한 물품을 수입하는 자가 원산지증명서를 제출하지 아니하는 경우에는 이 법, 조약, 협정 등에 따른 관세율을 적용할 때 일반특혜관세·국제협력관세 또는 편익관세를 배제하는 등 관세의 편익을 적용하지 아니할 수 있다.

③ 세관장은 원산지 확인이 필요한 물품을 수입한 자로 하여금 제1항에 따라 제출받은 원산지증명서의 내용을 확인하기 위하여 필요한 자료(이하 "원산지증명서확인자료"라 한다)를 제출하게 할 수 있다. 이 경우 원산지 확인이 필요한 물품을 수입한 자가 정당한 사유 없이 원산지증명서확인자료를 제출하지 아니할 때에는 세관장은 수입신고 시 제출받은 원산지증명서의 내용을 인정하지 아니할 수 있다.

④ 세관장은 제3항에 따라 원산지증명서확인자료를 제출한 자가 정당한 사유를 제시하여 그 자료를 공개하지 아니할 것을 요청한 경우에는 그 제출인의 명시적 동의 없이는 해당 자료를 공개하여서는 아니 된다.

⑤ 제1항부터 제4항까지의 규정에도 불구하고 조약·협정 등의 시행을 위하여 원산지증명서 제출 등에 관한 사항을 따로 정할 필요가 있을 때에는 기획재정부령으로 정한다. 〈신설 2011. 12. 31.〉

[전문개정 2010. 12. 30.]

제232조의2(원산지증명서의 발급 등) ① 이 법, 조약, 협정 등에 따라 관세를 양허받을 수 있는 물품의 수출자가 원산지증명서의 발급을 요청하는 경우에는 세관장이나 그 밖에 원산지증명서를 발급할 권한이 있는 기관은 그 수출자에게 원산지증명서를 발급하여야 한다.

② 세관장은 제1항에 따라 발급된 원산지증명서의 내용을 확인하기 위하여 필요하다고 인정되는 경우에는 다음 각 호의 자로 하여금 원산지증명서확인자료(대통령령으로 정하는 자료로 한정한다)를 제출하게 할 수 있다. 이 경우 자료의 제출기간은 20일 이상으로서 기획재정부령으로 정하는 기간 이내로 한다.

1. 원산지증명서를 발급받은 자
2. 원산지증명서를 발급한 자
3. 그 밖에 대통령령으로 정하는 자

③ 원산지증명서의 발급 요청 기한 및 발급 기관 등 원산지증명서의 발급에 필요한 사항은 기획재정부령으로 정한다. 〈신설 2024. 12. 31.〉

[본조신설 2010. 12. 30.]

제232조의3 삭제 〈2021. 12. 21.〉

제233조(원산지증명서 등의 확인요청 및 조사) ① 세관장은 원산지증명서를 발급한 국가의 세관이나 그 밖에 발급권한이 있는 기관(이하 이 조에서 "외국세관등"이라 한다)에 제232조제1항 및 제3항에 따라 제출된 원산지증명서 및 원산지증명서확인자료의 진위 여부, 정확성 등의 확인을 요청할 수 있다. 이 경우 세관장의 확인요청은 해당 물품의 수입신고가 수리된 이후에 하여야 하며, 세관장은 확인을 요청한 사실 및 회신 내용과 그에 따른 결정 내용을 수입자에게 통보하여야 한다. 〈개정 2013. 1. 1., 2014. 1. 1.〉

② 제1항에 따라 세관장이 확인을 요청한 사항에 대하여 조약 또는 협정에서 다르게 규정한 경우를 제외하고 다음 각 호의 어느 하나에 해당하는 경우에는 일반특혜관세·국제협력관세 또는 편익관세를 적용하지 아니할 수 있다. 이 경우 세관장은 제38조의3제6항 및

제39조제2항에 따라 납부하여야 할 세액 또는 납부하여야 할 세액과 납부한 세액의 차액을 부과·징수하여야 한다. 〈신설 2014. 1. 1., 2016. 12. 20.〉

1. 외국세관등이 기획재정부령으로 정한 기간 이내에 그 결과를 회신하지 아니한 경우

2. 세관장에게 신고한 원산지가 실제 원산지와 다른 것으로 확인된 경우

3. 외국세관등의 회신내용에 제229조에 따른 원산지증명서 및 원산지증명서확인자료를 확인하는 데 필요한 정보가 포함되지 아니한 경우

③ 세관장은 원산지증명서가 발급된 물품을 수입하는 국가의 권한 있는 기관으로부터 원산지증명서 및 원산지증명서확인자료의 진위 여부, 정확성 등의 확인을 요청받은 경우 등 필요하다고 인정되는 경우에는 다음 각 호의 어느 하나에 해당하는 자를 대상으로 서면조사 또는 현지조사를 할 수 있다. 〈개정 2014. 1. 1., 2018. 12. 31.〉

1. 원산지증명서를 발급받은 자

2. 원산지증명서를 발급한 자

3. 수출물품의 생산자 또는 수출자

④ 제1항에 따른 확인요청 및 제3항에 따른 조사에 필요한 사항은 대통령령으로 정한다. 〈개정 2014. 1. 1.〉

⑤ 제1항부터 제4항까지의 규정에도 불구하고 조약·협정 등의 시행을 위하여 원산지증명서 확인요청 및 조사 등에 관한 사항을 따로 정할 필요가 있을 때에는 기획재정부령으로 정한다. 〈신설 2011. 12. 31., 2014. 1. 1.〉

[전문개정 2010. 12. 30.]

제233조의2(한국원산지정보원의 설립) ① 정부는 이 법과 「자유무역협정의 이행을 위한 관세법의 특례에 관한 법률」 및 조약·협정 등에 따라 수출입물품의 원산지정보 수집·분석과 활용 및 검증 지원 등에 필요한 업무를 효율적으로 수행하기 위하여 한국원산지정보원(이하 "원산지정보원"이라 한다)을 설립한다. 〈개정 2023. 12. 31.〉

② 원산지정보원은 법인으로 한다. 〈개정 2023. 12. 31.〉

③ 정부는 원산지정보원의 운영 및 사업수행에 필요한 경비를 예산의 범위에서 출연하거나 보조할 수 있다. 〈개정 2023. 12. 31.〉

④ 원산지정보원은 설립목적을 달성하기 위하여 다음 각 호의 사

업을 수행한다. 〈개정 2023. 12. 31.〉

1. 자유무역협정과 원산지 관련 제도·정책·활용 등에 관한 정보의 수집·분석·제공

2. 수출입물품의 원산지정보 관리를 위한 시스템의 구축 및 운영에 관한 사항

3. 원산지인증수출자 인증, 원산지검증 등의 지원에 관한 사항

4. 자유무역협정 및 원산지 관련 교육·전문인력양성에 필요한 사업

5. 자유무역협정과 원산지 관련 정부, 지방자치단체, 공공기관 등으로부터 위탁받은 사업

6. 그 밖에 제1호부터 제5호까지의 사업에 따른 부대사업 및 원산지정보원의 설립목적을 달성하는 데 필요한 사업

⑤ 원산지정보원에 대하여 이 법과 「공공기관의 운영에 관한 법률」에서 규정한 것 외에는「민법」 중 재단법인에 관한 규정을 준용한다. 〈개정 2023. 12. 31.〉

⑥ 이 법에 따른 원산지정보원이 아닌 자는 한국원산지정보원 또는 이와 유사한 명칭을 사용하지 못한다. 〈개정 2023. 12. 31.〉

⑦ 관세청장은 원산지정보원의 업무를 지도·감독한다. 〈개정 2023. 12. 31.〉

[전문개정 2022. 12. 31.]

제233조의3(원산지표시위반단속기관협의회) ① 이 법, 「농수산물의 원산지 표시 등에 관한 법률」 및 「대외무역법」에 따른 원산지표시 위반 단속업무에 필요한 정보교류 등 대통령령으로 정하는 사항을 협의하기 위하여 관세청에 원산지표시위반단속기관협의회를 둔다. 〈개정 2021. 11. 30.〉

② 제1항에 따른 원산지표시위반단속기관협의회의 구성·운영과 그 밖에 필요한 사항은 대통령령으로 정한다.

[본조신설 2014. 1. 1.]

제3관 통관의 제한

제234조(수출입의 금지) 다음 각 호의 어느 하나에 해당하는 물품은 수출하거나 수입할 수 없다.

1. 헌법질서를 문란하게 하거나 공공의 안녕질서 또는 풍속을 해

치는 서적·간행물·도화, 영화·음반·비디오물·조각물 또는 그 밖에 이에 준하는 물품

2. 정부의 기밀을 누설하거나 첩보활동에 사용되는 물품

3. 화폐·채권이나 그 밖의 유가증권의 위조품·변조품 또는 모조품

[전문개정 2010. 12. 30.]

제234조의2(마약류 등의 수출입 제한) 마약류, 「마약류 관리에 관한 법률」에 따른 원료물질 및 같은 법 제5조의2에 따라 지정된 임시마약류는 같은 법에 따라 허가 또는 승인받은 경우를 제외하고 수출하거나 수입할 수 없다.

[본조신설 2024. 12. 31.]

제235조(지식재산권 등의 보호) ① 다음 각 호의 어느 하나에 해당하는 지식재산권 등을 침해하는 물품은 수출하거나 수입할 수 없다. 〈개정 2012. 6. 1., 2020. 12. 22., 2024. 12. 31.〉

1. 「상표법」에 따라 설정등록된 상표권

2. 「저작권법」에 따른 저작권과 저작인접권(이하 "저작권등"이라 한다)

3. 「식물신품종 보호법」에 따라 설정등록된 품종보호권

4. 「농수산물 품질관리법」에 따라 등록되거나 조약·협정 등에 따라 보호대상으로 지정된 지리적표시권 또는 지리적표시(이하 "지리적표시권등"이라 한다)

5. 「특허법」에 따라 설정등록된 특허권

6. 「디자인보호법」에 따라 설정등록된 디자인권

7. 「방위산업기술 보호법」에 따른 방위산업기술(이하 "방위산업기술"이라 한다)

② 관세청장은 제1항 각 호에 따른 지식재산권 등을 침해하는 물품을 효율적으로 단속하기 위하여 필요한 경우에는 해당 지식재산권 등을 관계 법령에 따라 등록 또는 설정등록한 자 등으로 하여금 해당 지식재산권 등에 관한 사항을 신고하게 할 수 있다. 〈개정 2024. 12. 31.〉

③ 세관장은 다음 각 호의 어느 하나에 해당하는 물품이 제2항에 따라 신고된 지식재산권 등을 침해하였다고 인정될 때에는 그 지식재산권 등을 신고한 자에게 해당 물품의 수출입, 환적, 복합환적,

보세구역 반입, 보세운송, 제141조제1호에 따른 일시양륙의 신고(이하 이 조에서 "수출입신고등"이라 한다) 또는 통관우체국 도착 사실을 통보하여야 한다. 이 경우 통보를 받은 자는 세관장에게 담보를 제공하고 해당 물품의 통관 보류나 유치를 요청할 수 있다. 〈개정 2022. 12. 31., 2024. 12. 31.〉

1. 수출입신고된 물품
2. 환적 또는 복합환적 신고된 물품
3. 보세구역에 반입신고된 물품
4. 보세운송신고된 물품
5. 제141조제1호에 따라 일시양륙이 신고된 물품
6. 통관우체국에 도착한 물품

④ 제1항 각 호에 따른 지식재산권 등을 보호받으려는 자는 세관장에게 담보를 제공하고 해당 물품의 통관 보류나 유치를 요청할 수 있다. 〈개정 2024. 12. 31.〉

⑤ 제3항 또는 제4항에 따른 요청을 받은 세관장은 특별한 사유가 없으면 해당 물품의 통관을 보류하거나 유치하여야 한다. 다만, 수출입신고등을 한 자 또는 제3항제6호에 해당하는 물품의 화주가 담보를 제공하고 통관 또는 유치 해제를 요청하는 경우에는 다음 각 호의 물품을 제외하고는 해당 물품의 통관을 허용하거나 유치를 해제할 수 있다. 〈개정 2020. 6. 9., 2022. 12. 31., 2024. 12. 31.〉

1. 위조하거나 유사한 상표를 붙여 제1항제1호에 따른 상표권을 침해하는 물품
2. 불법복제된 물품으로서 저작권등을 침해하는 물품
3. 같거나 유사한 품종명칭을 사용하여 제1항제3호에 따른 품종보호권을 침해하는 물품
4. 위조하거나 유사한 지리적표시를 사용하여 지리적표시권등을 침해하는 물품
5. 특허로 설정등록된 발명을 사용하여 제1항제5호에 따른 특허권을 침해하는 물품
6. 같거나 유사한 디자인을 사용하여 제1항제6호에 따른 디자인권을 침해하는 물품
7. 다음 각 목의 어느 하나에 해당하는 방위산업기술이 사용된 물품

가. 부정한 방법으로 취득한 방위산업기술

나. 가목에 해당하는 방위산업기술임을 알고 취득한 방위산업기술

⑥ 제2항부터 제5항까지의 규정에 따른 지식재산권 등에 관한 신고, 담보 제공, 통관의 보류·허용 및 유치·유치해제 등에 필요한 사항은 대통령령으로 정한다. 〈개정 2024. 12. 31.〉

⑦ 세관장은 제3항 각 호에 따른 물품이 제1항 각 호의 어느 하나에 해당하는 지식재산권 등을 침해하였음이 명백한 경우에는 대통령령으로 정하는 바에 따라 직권으로 해당 물품의 통관을 보류하거나 해당 물품을 유치할 수 있다. 이 경우 세관장은 해당 물품의 수출입 신고등을 한 자 또는 제3항제6호에 해당하는 물품의 화주에게 그 사실을 즉시 통보하여야 한다. 〈개정 2022. 12. 31., 2024. 12. 31.〉

[전문개정 2010. 12. 30.]

[제목개정 2024. 12. 31.]

제236조(통관물품 및 통관절차의 제한) 관세청장이나 세관장은 감시에 필요하다고 인정될 때에는 통관역·통관장 또는 특정한 세관에서 통관할 수 있는 물품을 제한할 수 있다.

[전문개정 2010. 12. 30.]

제237조(통관의 보류) ① 세관장은 다음 각 호의 어느 하나에 해당하는 경우에는 해당 물품의 통관을 보류할 수 있다. 〈개정 2015. 12. 15., 2016. 12. 20., 2020. 12. 22., 2021. 12. 21.〉

1. 제241조 또는 제244조에 따른 수출·수입 또는 반송에 관한 신고서의 기재사항에 보완이 필요한 경우

2. 제245조에 따른 제출서류 등이 갖추어지지 아니하여 보완이 필요한 경우

3. 이 법에 따른 의무사항(대한민국이 체결한 조약 및 일반적으로 승인된 국제법규에 따른 의무를 포함한다)을 위반하거나 국민보건 등을 해칠 우려가 있는 경우

4. 제246조의3제1항에 따른 안전성 검사가 필요한 경우

4의2. 제246조의3제1항에 따른 안전성 검사 결과 불법·불량·유해 물품으로 확인된 경우

5. 「국세징수법」 제30조 및 「지방세징수법」 제39조의2에 따라 세관장에게 강제징수 또는 체납처분이 위탁된 해당 체납자가 수입하는 경우

6. 그 밖에 이 법에 따라 필요한 사항을 확인할 필요가 있다고 인정하여 대통령령으로 정하는 경우

② 세관장은 제1항에 따라 통관을 보류할 때에는 즉시 그 사실을 화주(화주의 위임을 받은 자를 포함한다) 또는 수출입 신고인에게 통지하여야 한다. 〈신설 2020. 12. 22.〉

③ 세관장은 제2항에 따라 통지할 때에는 이행기간을 정하여 통관의 보류 해제에 필요한 조치를 요구할 수 있다. 〈신설 2020. 12. 22.〉

④ 제2항에 따라 통관의 보류 사실을 통지받은 자는 세관장에게 제1항 각 호의 통관 보류사유에 해당하지 아니함을 소명하는 자료 또는 제3항에 따른 세관장의 통관 보류 해제에 필요한 조치를 이행한 사실을 증명하는 자료를 제출하고 해당 물품의 통관을 요청할 수 있다. 이 경우 세관장은 해당 물품의 통관 허용 여부(허용하지 아니하는 경우에는 그 사유를 포함한다)를 요청받은 날부터 30일 이내에 통지하여야 한다. 〈신설 2020. 12. 22.〉

[전문개정 2010. 12. 30.]

제238조(보세구역 반입명령) ① 관세청장이나 세관장은 다음 각 호의 어느 하나에 해당하는 물품으로서 이 법에 따른 의무사항을 위반하거나 국민보건 등을 해칠 우려가 있는 물품에 대해서는 대통령령으로 정하는 바에 따라 화주(화주의 위임을 받은 자를 포함한다) 또는 수출입 신고인에게 보세구역으로 반입할 것을 명할 수 있다. 〈개정 2020. 12. 22.〉

1. 수출신고가 수리되어 외국으로 반출되기 전에 있는 물품
2. 수입신고가 수리되어 반출된 물품

② 제1항에 따른 반입명령을 받은 자(이하 이 조에서 "반입의무자"라 한다)는 해당 물품을 지정받은 보세구역으로 반입하여야 한다. 〈개정 2020. 12. 22.〉

③ 관세청장이나 세관장은 반입의무자에게 제2항에 따라 반입된 물품을 국외로 반출 또는 폐기할 것을 명하거나 반입의무자가 위반사항 등을 보완 또는 정정한 이후 국내로 반입하게 할 수 있다. 이 경우 반출 또는 폐기에 드는 비용은 반입의무자가 부담한다. 〈신설 2020. 12. 22.〉

④ 제2항에 따라 반입된 물품이 제3항에 따라 국외로 반출 또는

폐기되었을 때에는 당초의 수출입 신고 수리는 취소된 것으로 본다. 이 경우 해당 물품을 수입할 때 납부한 관세는 제46조 및 제48조에 따라 환급한다. 〈신설 2020. 12. 22.〉

⑤ 제1항에도 불구하고 관세청장이나 세관장은 법 위반사항이 경미하거나 감시·단속에 지장이 없다고 인정되는 경우에는 반입의무자에게 해당 물품을 보세구역으로 반입하지 아니하고 필요한 조치를 하도록 명할 수 있다. 〈신설 2020. 12. 22.〉

[전문개정 2010. 12. 30.]

제4관 통관의 예외 적용 〈개정 2010. 12. 30.〉

제239조(수입으로 보지 아니하는 소비 또는 사용) 외국물품의 소비나 사용이 다음 각 호의 어느 하나에 해당하는 경우에는 이를 수입으로 보지 아니한다. 〈개정 2018. 12. 31., 2020. 12. 22.〉

1. 선박용품·항공기용품 또는 차량용품을 운송수단 안에서 그 용도에 따라 소비하거나 사용하는 경우
2. 선박용품·항공기용품 또는 차량용품을 세관장이 정하는 지정보세구역에서 「출입국관리법」에 따라 출국심사를 마치거나 우리나라에 입국하지 아니하고 우리나라를 경유하여 제3국으로 출발하려는 자에게 제공하여 그 용도에 따라 소비하거나 사용하는 경우
3. 여행자가 휴대품을 운송수단 또는 관세통로에서 소비하거나 사용하는 경우
4. 이 법에서 인정하는 바에 따라 소비하거나 사용하는 경우

[전문개정 2010. 12. 30.]

제240조(수출입의 의제) ① 다음 각 호의 어느 하나에 해당하는 외국물품은 이 법에 따라 적법하게 수입된 것으로 보고 관세 등을 따로 징수하지 아니한다.

1. 체신관서가 수취인에게 내준 우편물
2. 이 법에 따라 매각된 물품
3. 이 법에 따라 몰수된 물품
4. 제269조, 제272조, 제273조 또는 제274조제1항제1호에 해당하여 이 법에 따른 통고처분으로 납부된 물품
5. 법령에 따라 국고에 귀속된 물품
6. 제282조제3항에 따라 몰수를 갈음하여 추징된 물품

② 체신관서가 외국으로 발송한 우편물은 이 법에 따라 적법하게 수출되거나 반송된 것으로 본다.

[전문개정 2010. 12. 30.]

제5관 통관 후 유통이력 관리 〈신설 2009. 5. 27.〉

제240조의2(통관 후 유통이력 신고) ① 외국물품을 수입하는 자와 수입물품을 국내에서 거래하는 자(소비자에 대한 판매를 주된 영업으로 하는 사업자는 제외한다)는 사회안전 드는 국민보건을 해칠 우려가 현저한 물품 등으로서 관세청장이 지정하는 물품(이하 "유통이력 신고물품"이라 한다)에 대한 유통단계별 거래명세(이하 "유통이력"이라 한다)를 관세청장에게 신고하여야 한다.

② 제1항에 따라 유통이력 신고의 의무가 있는 자(이하 "유통이력 신고의무자"라 한다)는 유통이력을 장부에 기록(전자적 기록방식을 포함한다)하고, 그 자료를 거래일부터 1년간 보관하여야 한다.

③ 관세청장은 유통이력 신고물품을 지정할 때 미리 관계 행정기관의 장과 협의하여야 한다.

④ 관세청장은 유통이력 신고물품의 지정, 신고의무 존속기한 및 신고대상 범위 설정 등을 할 때 수입물품을 내국물품에 비하여 부당하게 차별하여서는 아니 되며, 이를 이행하는 유통이력 신고의무자의 부담이 최소화 되도록 하여야 한다.

⑤ 유통이력 신고물품별 신고의무 존속기한, 유통이력의 범위, 신고절차, 그 밖에 유통이력 신고에 필요한 사항은 관세청장이 정한다.

[전문개정 2010. 12. 30.]

제240조의3(유통이력 조사) ① 관세청장은 제240조의2를 시행하기 위하여 필요하다고 인정할 때에는 세관공무원으로 하여금 유통이력 신고의무자의 사업장에 출입하여 영업 관계의 장부나 서류를 열람하여 조사하게 할 수 있다.

② 유통이력 신고의무자는 정당한 사유 없이 제1항에 따른 조사를 거부·방해 또는 기피하여서는 아니 된다.

③ 제1항에 따라 조사를 하는 세관공무원은 신분을 확인할 수 있는 증표를 지니고 이를 관계인에게 보여 주어야 한다.

[전문개정 2010. 12. 30.]

제6관 통관절차 등의 국제협력 〈신설 2014. 12. 23.〉

제240조의4(무역원활화 기본계획의 수립 및 시행) ① 기획재정부장관은 「세계무역기구 설립을 위한 마라케쉬협정」에 따라 이 법 및 관련법에서 정한 통관 등 수출입 절차의 원활화 및 이와 관련된 국제협력의 원활화(이하 "무역원활화"라 한다)를 촉진하기 위하여 다음 각 호의 사항이 포함된 무역원활화 기본계획(이하 "기본계획"이라 한다)을 수립·시행하여야 한다.

1. 무역원활화 정책의 기본 방향에 관한 사항
2. 무역원활화 기반 시설의 구축과 운영에 관한 사항
3. 무역원활화의 환경조성에 관한 사항
4. 무역원활화와 관련된 국제협력에 관한 사항
5. 무역원활화와 관련된 통계자료의 수집·분석 및 활용방안에 관한 사항
6. 무역원활화 촉진을 위한 재원 확보 및 배분에 관한 사항
7. 그 밖에 무역원활화를 촉진하기 위하여 필요한 사항

② 기획재정부장관은 기본계획을 시행하기 위하여 대통령령으로 정하는 바에 따라 무역원활화에 관한 업무를 수행하는 기관 또는 단체에 필요한 지원을 할 수 있다.

[본조신설 2014. 12. 23.]

제240조의5(상호주의에 따른 통관절차 간소화) 국제무역 및 교류를 증진하고 국가 간의 협력을 촉진하기 위하여 우리나라에 대하여 통관절차의 편익을 제공하는 국가에서 수입되는 물품에 대하여는 상호조건에 따라 대통령령으로 정하는 바에 따라 간이한 통관절차를 적용할 수 있다.

[본조신설 2014. 12. 23.]

제240조의6(국가 간 세관정보의 상호 교환 등) ① 관세청장은 물품의 신속한 통관과 이 법을 위반한 물품의 반입을 방지하기 위하여 세계관세기구에서 정하는 수출입 신고항목 및 화물식별번호를 발급하거나 사용하게 할 수 있다.

② 관세청장은 세계관세기구에서 정하는 수출입 신고항목 및 화물식별번호 정보를 다른 국가와 상호 조건에 따라 교환할 수 있다.

③ 관세청장은 관세의 부과와 징수, 과세 불복에 대한 심리, 형사소추 및 수출입신고의 검증을 위하여 수출입신고자료 등 대통령령으

로 정하는 사항을 대한민국 정부가 다른 국가와 관세행정에 관한 협력 및 상호지원에 관하여 체결한 협정과 국제기구와 체결한 국제협약에 따라 다른 법률에 저촉되지 아니하는 범위에서 다른 국가와 교환할 수 있다. 〈개정 2019. 12. 31.〉

④ 제3항에도 불구하고 관세청장은 상호주의 원칙에 따라 상대국에 수출입신고자료 등을 제공하는 것을 제한할 수 있다.

⑤ 관세청장은 제3항에 따라 다른 국가와 수출입신고자료 등을 교환하는 경우 대통령령으로 정하는 바에 따라 이를 신고인 또는 그 대리인에게 통지하여야 한다.

[본조신설 2014. 12. 23.]

제2절 수출·수입 및 반송

제1관 신고 〈개정 2010. 12. 30.〉

제241조(수출·수입 또는 반송의 신고) ① 물품을 수출·수입 또는 반송하려면 해당 물품의 품명·규격·수량 및 가격과 그 밖에 대통령령으로 정하는 사항을 세관장에게 신고하여야 한다.

② 다음 각 호의 어느 하나에 해당하는 물품은 대통령령으로 정하는 바에 따라 제1항에 따른 신고를 생략하게 하거나 관세청장이 정하는 간소한 방법으로 신고하게 할 수 있다. 〈개정 2014. 12. 23., 2018. 12. 31.〉

1. 휴대품·탁송품 또는 별송품

2. 우편물

3. 제91조부터 제94조까지, 제96조제1항 및 제97조제1항에 따라 관세가 면제되는 물품

3의2. 제135조, 제136조, 제149조 및 제150조에 따른 보고 또는 허가의 대상이 되는 운송수단. 다만, 다음 각 목의 어느 하나에 해당하는 운송수단은 제외한다.

가. 우리나라에 수입할 목적으로 최초로 반입되는 운송수단

나. 해외에서 수리하거나 부품 등을 교체한 우리나라의 운송수단

다. 해외로 수출 또는 반송하는 운송수단

4. 국제운송을 위한 컨테이너(별표 관세율표 중 기본세율이 무세인 것으로 한정한다)

③ 수입하거나 반송하려는 물품을 지정장치장 또는 보세창고에 반입하거나 보세구역이 아닌 장소에 장치한 자는 그 반입일 또는 장치일부터 30일 이내(제243조제1항에 해당하는 물품은 관세청장이 정하는 바에 따라 반송신고를 할 수 있는 날부터 30일 이내)에 제1항에 따른 신고를 하여야 한다.

④ 세관장은 대통령령으로 정하는 물품을 수입하거나 반송하는 자가 제3항에 따른 기간 내에 수입 또는 반송의 신고를 하지 아니한 경우에는 해당 물품 과세가격의 100분의 2에 상당하는 금액의 범위에서 대통령령으로 정하는 금액을 가산세로 징수한다.

⑤ 세관장은 다음 각 호의 어느 하나에 해당하는 경우에는 해당 물품에 대하여 납부할 세액(관세 및 내국세를 포함한다)의 100분의 20(제1호의 경우에는 100분의 40으로 하되, 반복적으로 자진신고를 하지 아니하는 경우 등 대통령령으로 정하는 사유에 해당하는 경우에는 100분의 60)에 상당하는 금액을 가산세로 징수한다. 〈개정 2014. 12. 23.〉

1. 여행자나 승무원이 제2항제1호에 해당하는 휴대품(제96조제1항제1호 및 제3호에 해당하는 물품은 제외한다)을 신고하지 아니하여 과세하는 경우

2. 우리나라로 거주를 이전하기 위하여 입국하는 자가 입국할 때에 수입하는 이사물품(제96조제1항제2호에 해당하는 물품은 제외한다)을 신고하지 아니하여 과세하는 경우

⑥ 제3항에도 불구하고 전기·유류 등 대통령령으로 정하는 물품을 그 물품의 특성으로 인하여 전선이나 배관 등 대통령령으로 정하는 시설 또는 장치 등을 이용하여 수출·수입 또는 반송하는 자는 1개월을 단위로 하여 해당 물품에 대한 제1항의 사항을 대통령령으로 정하는 바에 따라 다음 달 10일까지 신고하여야 한다. 이 경우 기간 내에 수출·수입 또는 반송의 신고를 하지 아니하는 경우의 가산세 징수에 관하여는 제4항을 준용한다.

[전문개정 2010. 12. 30.]

제241조의2(해외 수리 운송수단 수입신고의 특례) 제241조제2항제3호의2나목에 따른 운송수단을 수입신고하는 경우 해당 운송수단의 가격은 수리 또는 부품 등이 교체된 부분의 가격으로 한다.

[본조신설 2018. 12. 31.]

제242조(수출·수입·반송 등의 신고인) 제241조, 제244조 또는 제253조에 따른 신고는 화주 또는 관세사등의 명의로 하여야 한다. 다만, 수출신고의 경우에는 화주에게 해당 수출물품을 제조하여 공급한 자의 명의로 할 수 있다.

[전문개정 2010. 12. 30.]

제243조(신고의 요건) ① 제206조제1항제1호가목의 물품 중 관세청장이 정하는 물품은 관세청장이 정하는 바에 따라 반송방법을 제한할 수 있다. 〈개정 2020. 12. 22.〉

② 제241조제1항에 따른 수입의 신고는 해당 물품을 적재한 선박이나 항공기가 입항된 후에만 할 수 있다.

③ 제241조제1항에 따른 반송의 신고는 해당 물품이 이 법에 따른 장치 장소에 있는 경우에만 할 수 있다.

④ 밀수출 등 불법행위가 발생할 우려가 높거나 감시단속을 위하여 필요하다고 인정하여 대통령령으로 정하는 물품은 관세청장이 정하는 장소에 반입한 후 제241조제1항에 따른 수출의 신고를 하게 할 수 있다. 〈신설 2015. 12. 15., 2020. 6. 9.〉

[전문개정 2010. 12. 30.]

제244조(입항전수입신고) ① 수입하려는 물품의 신속한 통관이 필요할 때에는 제243조제2항에도 불구하고 대통령령으로 정하는 바에 따라 해당 물품을 적재한 선박이나 항공기가 입항하기 전에 수입신고를 할 수 있다. 이 경우 입항전수입신고가 된 물품은 우리나라에 도착한 것으로 본다.

② 세관장은 입항전수입신고를 한 물품에 대하여 제246조에 따른 물품검사의 실시를 결정하였을 때에는 수입신고를 한 자에게 이를 통보하여야 한다.

③ 제2항에 따라 검사대상으로 결정된 물품은 수입신고를 한 세관의 관할 보세구역(보세구역이 아닌 장소에 장치하는 경우 그 장소를 포함한다)에 반입되어야 한다. 다만, 세관장이 적재상태에서 검사가 가능하다고 인정하는 물품은 해당 물품을 적재한 선박이나 항공기에서 검사할 수 있다.

④ 제2항에 따라 검사대상으로 결정되지 아니한 물품은 입항 전에 그 수입신고를 수리할 수 있다.

⑤ 입항전수입신고가 수리되고 보세구역 등으로부터 반출되지 아

니한 물품에 대하여는 해당 물품이 지정보세구역에 장치되었는지 여부와 관계없이 제106조제4항을 준용한다. 〈개정 2020. 6. 9.〉

⑥ 입항전수입신고된 물품의 통관절차 등에 관하여 필요한 사항은 관세청장이 정한다.

[전문개정 2010. 12. 30.]

제245조(신고 시의 제출서류) ① 제241조 또는 제244조에 따른 수출·수입 또는 반송의 신고를 하는 자는 과세가격결정자료 외에 대통령령으로 정하는 서류를 제출하여야 한다. 〈개정 2013. 8. 13.〉

② 제1항에 따라 서류를 제출하여야 하는 자가 해당 서류를 관세사등에게 제출하고, 관세사등이 해당 서류를 확인한 후 제241조 또는 제244조에 따른 수출·수입 또는 반송에 관한 신고를 할 때에는 해당 서류의 제출을 생략하게 하거나 해당 서류를 수입신고 수리 후에 제출하게 할 수 있다.

③ 제2항에 따라 서류의 제출을 생략하게 하거나 수입신고 수리 후에 서류를 제출하게 하는 경우 세관장이 필요하다고 인정하여 신고인에게 관세청장이 정하는 장부나 그 밖의 관계 자료의 제시 또는 제출을 요청하면 신고인은 이에 따라야 한다.

[전문개정 2010. 12. 30.]

제2관 물품의 검사

제246조(물품의 검사) ① 세관공무원은 수출·수입 또는 반송하려는 물품에 대하여 검사를 할 수 있다.

② 관세청장은 검사의 효율을 거두기 위하여 검사대상, 검사범위, 검사방법, 검사 장비·시설 및 검사인력 양성 등에 관하여 필요한 사항을 정할 수 있다. 〈개정 2024. 12. 31.〉

③ 화주는 수입신고를 하려는 물품에 대하여 수입신고 전에 관세청장이 정하는 바에 따라 확인을 할 수 있다.

[전문개정 2010. 12. 30.]

제246조의2(물품의 검사에 따른 손실보상) ① 관세청장 또는 세관장은 이 법에 따른 세관공무원의 적법한 물품검사로 인하여 물품 등에 손실이 발생한 경우 그 손실을 입은 자에게 보상(이하 "손실보상"이라 한다)하여야 한다. 〈개정 2019. 12. 31., 2023. 12. 31.〉

② 제1항에 따른 손실보상의 기준, 대상 및 보상금액에 관한 사항

은 대통령령으로 정한다. 〈개정 2023. 12. 31.〉

③ 제1항에 따른 손실보상의 지급절차 및 방법, 그 밖에 필요한 사항은 관세청장이 정한다.

[본조신설 2015. 12. 15.]

제246조의3(물품에 대한 안전성 검사) ① 관세청장은 중앙행정기관의 장의 요청을 받아 세관장으로 하여금 제226조에 따른 세관장의 확인이 필요한 수출입물품 등 다른 법령에서 정한 물품의 성분·품질 등에 대한 안전성 검사(이하 "안전성 검사"라 한다)를 하게 할 수 있다. 다만, 관세청장은 제226조에 따른 세관장의 확인이 필요한 수출입물품에 대하여는 필요한 경우 해당 중앙행정기관의 장에게 세관장과 공동으로 안전성 검사를 할 것을 요청할 수 있다. 〈개정 2017. 12. 19., 2019. 12. 31.〉

② 중앙행정기관의 장은 제1항에 따라 안전성 검사를 요청하는 경우 관세청장에게 해당 물품에 대한 안전성 검사 방법 등 관련 정보를 제공하여야 하고, 필요한 인력을 제공할 수 있다. 〈신설 2017. 12. 19., 2019. 12. 31.〉

③ 관세청장은 제1항에 따라 중앙행정기관의 장의 안전성 검사 요청을 받거나 중앙행정기관의 장에게 안전성 검사를 요청한 경우 해당 안전성 검사를 위하여 필요한 인력 및 설비 등을 고려하여 안전성 검사 대상 물품을 지정하여야 하고, 그 결과를 해당 중앙행정기관의 장에게 통보하여야 한다. 〈신설 2017. 12. 19., 2019. 12. 31.〉

④ 관세청장은 안전성 검사를 위하여 협업검사센터를 주요 공항·항만에 설치할 수 있고, 세관장에게 제3항에 따라 지정된 안전성 검사 대상 물품의 안전성 검사에 필요한 자체 검사 설비를 지원하는 등 원활한 안전성 검사를 위한 조치를 취하여야 한다. 〈신설 2017. 12. 19., 2019. 12. 31.〉

⑤ 세관장은 제3항에 따라 안전성 검사 대상 물품으로 지정된 물품에 대하여 중앙행정기관의 장과 협력하여 안전성 검사를 실시하여야 한다. 〈신설 2017. 12. 19.〉

⑥ 관세청장은 안전성 검사 결과 불법·불량·유해 물품으로 확인된 물품의 정보를 관세청 인터넷 홈페이지를 통하여 공개할 수 있다. 〈신설 2017. 12. 19.〉

⑦ 안전성 검사에 필요한 정보교류, 제264조의10에 따른 불법·불량·유해물품에 대한 정보 등의 제공 요청 등 대통령령으로 정하는 사항을 협의하기 위하여 관세청에 수출입물품안전관리기관협의회를 둔다. 〈개정 2017. 12. 19., 2020. 12. 22.〉

⑧ 제7항에 따른 수출입물품안전관리기관협의회의 구성·운영과 그 밖에 필요한 사항은 대통령령으로 정한다. 〈개정 2017. 12. 19.〉

⑨ 제1항부터 제8항까지에서 규정한 사항 외에 안전성 검사의 방법·절차 등에 관하여 필요한 사항은 관세청장이 정한다. 〈개정 2017. 12. 19.〉

[본조신설 2015. 12. 15.]

제247조(검사 장소) ① 제186조제1항 또는 제246조에 따른 검사는 제155조제1항에 따라 장치할 수 있는 장소에서 한다. 다만, 수출하려는 물품은 해당 물품이 장치되어 있는 장소에서 검사한다.

② 제1항에도 불구하고 세관장은 효율적인 검사를 위하여 부득이하다고 인정될 때에는 관세청장이 정하는 바에 따라 해당 물품을 보세구역에 반입하게 한 후 검사할 수 있다.

③ 삭제 〈2023. 12. 31.〉

[전문개정 2010. 12. 30.]

제3관 신고의 처리

제248조(신고의 수리) ① 세관장은 제241조 또는 제244조에 따른 신고가 이 법에 따라 적합하게 이루어졌을 때에는 이를 지체 없이 수리하고 신고인에게 신고필증을 발급하여야 한다. 다만, 제327조제2항에 따라 국가관세종합정보시스템의 전산처리설비를 이용하여 신고를 수리하는 경우에는 관세청장이 정하는 바에 따라 신고인(신고명의인이 화주가 아닌 경우에는 화주를 포함한다)이 직접 전산처리설비를 이용하여 신고필증을 발급받을 수 있다. 〈개정 2023. 12. 31., 2024. 12. 31.〉

② 세관장은 관세를 납부하여야 하는 물품에 대하여는 제241조 또는 제244조에 따른 신고를 수리할 때에 다음 각 호의 어느 하나에 해당하는 자에게 관세에 상당하는 담보의 제공을 요구할 수 있다.

1. 이 법 또는 「수출용원재료에 대한 관세 등 환급에 관한 특례법」 제23조를 위반하여 징역형의 실형을 선고받고 그 집행이 끝나

거나(집행이 끝난 것으로 보는 경우를 포함한다) 면제된 후 2년이 지나지 아니한 자

2. 이 법 또는 「수출용원재료에 대한 관세 등 환급에 관한 특례법」 제23조를 위반하여 징역형의 집행유예를 선고받고 그 유예기간 중에 있는 자

3. 제269조부터 제271조까지, 제274조, 제275조의2, 제275조의3 또는 「수출용원재료에 대한 관세 등 환급에 관한 특례법」 제23조에 따라 벌금형 또는 통고처분을 받은 자로서 그 벌금형을 선고받거나 통고처분을 이행한 후 2년이 지나지 아니한 자

4. 제241조 또는 제244조에 따른 수입신고일을 기준으로 최근 2년간 관세 등 조세를 체납한 사실이 있는 자

5. 수입실적, 수입물품의 관세율 등을 고려하여 대통령령으로 정하는 관세채권의 확보가 곤란한 경우에 해당하는 자

③ 제1항에 따른 신고수리 전에는 운송수단, 관세통로, 하역통로 또는 이 법에 따른 장치 장소로부터 신고된 물품을 반출하여서는 아니 된다.

[전문개정 2010. 12. 30.]

제249조(신고사항의 보완) 세관장은 다음 각 호의 어느 하나에 해당하는 경우에는 제241조 또는 제244조에 따른 신고가 수리되기 전까지 갖추어지지 아니한 사항을 보완하게 할 수 있다. 다만, 해당 사항이 경미하고 신고수리 후에 보완이 가능하다고 인정되는 경우에는 관세청장이 정하는 바에 따라 신고수리 후 이를 보완하게 할 수 있다.

1. 제241조 또는 제244조에 따른 수출·수입 또는 반송에 관한 신고서의 기재사항이 갖추어지지 아니한 경우

2. 제245조에 따른 제출서류가 갖추어지지 아니한 경우

[전문개정 2010. 12. 30.]

제250조(신고의 취하 및 각하) ① 신고는 정당한 이유가 있는 경우에만 세관장의 승인을 받아 취하할 수 있다. 다만, 수입 및 반송의 신고는 운송수단, 관세통로, 하역통로 또는 이 법에 규정된 장치 장소에서 물품을 반출한 후에는 취하할 수 없다.

② 수출·수입 또는 반송의 신고를 수리한 후 제1항에 따라 신고의 취하를 승인한 때에는 신고수리의 효력이 상실된다.

③ 세관장은 제241조 및 제244조의 신고가 그 요건을 갖추지 못하였거나 부정한 방법으로 신고되었을 때에는 해당 수출·수입 또는 반송의 신고를 각하할 수 있다.

④ 세관장은 제1항에 따른 승인의 신청을 받은 날부터 10일 이내에 승인 여부를 신청인에게 통지하여야 한다. 〈신설 2020. 12. 22.〉

⑤ 세관장이 제4항에서 정한 기간 내에 승인 여부 또는 민원 처리 관련 법령에 따른 처리기간의 연장을 신청인에게 통지하지 아니하면 그 기간(민원 처리 관련 법령에 따라 처리기간이 연장 또는 재연장된 경우에는 해당 처리기간을 말한다)이 끝난 날의 다음 날에 승인을 한 것으로 본다. 〈신설 2020. 12. 22.〉

[전문개정 2010. 12. 30.]

제251조(수출신고수리물품의 적재 등) ① 수출신고가 수리된 물품은 수출신고가 수리된 날부터 30일 이내에 운송수단에 적재하여야 한다. 다만, 기획재정부령으로 정하는 바에 따라 1년의 범위에서 적재기간의 연장승인을 받은 것은 그러하지 아니하다.

② 세관장은 제1항에 따른 기간 내에 적재되지 아니한 물품에 대하여는 대통령령으로 정하는 바에 따라 수출신고의 수리를 취소할 수 있다.

[전문개정 2010. 12. 30.]

제4관 통관절차의 특례

제252조(수입신고수리전 반출) 수입신고를 한 물품을 제248조에 따른 세관장의 수리 전에 해당 물품이 장치된 장소로부터 반출하려는 자는 납부하여야 할 관세에 상당하는 담보를 제공하고 세관장의 승인을 받아야 한다. 다만, 정부 또는 지방자치단체가 수입하거나 담보를 제공하지 아니하여도 관세의 납부에 지장이 없다고 인정하여 대통령령으로 정하는 물품에 대하여는 담보의 제공을 생략할 수 있다.

[전문개정 2010. 12. 30.]

제253조(수입신고전의 물품 반출) ① 수입하려는 물품을 수입신고 전에 운송수단, 관세통로, 하역통로 또는 이 법에 따른 장치 장소로부터 즉시 반출하려는 자는 대통령령으로 정하는 바에 따라 세관장

에게 즉시반출신고를 하여야 한다. 이 경우 세관장은 납부하여야 하는 관세에 상당하는 담보를 제공하게 할 수 있다.

② 제1항에 따른 즉시반출을 할 수 있는 자 또는 물품은 대통령령으로 정하는 바에 따라 세관장이 지정한다.

③ 제1항에 따른 즉시반출신고를 하고 반출을 하는 자는 즉시반출신고를 한 날부터 10일 이내에 제241조에 따른 수입신고를 하여야 한다.

④ 세관장은 제1항에 따라 반출을 한 자가 제3항에 따른 기간 내에 수입신고를 하지 아니하는 경우에는 관세를 부과 · 징수한다. 이 경우 해당 물품에 대한 관세의 100분의 20에 상당하는 금액을 가산세로 징수하고, 제2항에 따른 지정을 취소할 수 있다.

[전문개정 2010. 12. 30.]

제254조(전자상거래물품의 특별통관 등) ① 관세청장은 전자상거래물품에 대하여 대통령령으로 정하는 바에 따라 수출입신고 · 물품검사 등 통관에 필요한 사항을 따로 정할 수 있다. 〈개정 2022. 12. 31.〉

② 관세청장은 관세의 부과 · 징수 및 통관을 위하여 필요한 경우 사이버몰을 운영하는 구매대행업자, 「전자상거래 등에서의 소비자보호에 관한 법률」에 따른 통신판매업자 또는 통신판매중개를 하는 자에게 전자상거래물품의 주문 · 결제 등과 관련된 거래정보로서 대통령령으로 정하는 정보를 제1항에 따른 수입신고 전에 제공하여 줄 것을 요청할 수 있다. 〈신설 2022. 12. 31.〉

③ 제2항에 따라 요청받은 정보의 제공 방법 · 절차 등 정보의 제공에 필요한 사항은 대통령령으로 정한다. 〈신설 2022. 12. 31.〉

④ 관세청장은 납세자의 권리 보호를 위하여 화주에게 전자상거래물품의 통관 및 납세와 관련된 사항으로서 대통령령으로 정하는 사항을 안내할 수 있다. 〈신설 2022. 12. 31.〉

⑤ 제1항은 제254조의2제1항 및 제258조제2항에 우선하여 적용한다. 〈신설 2022. 12. 31.〉

[전문개정 2010. 12. 30.]

[제목개정 2022. 12. 31.]

제254조(전자상거래물품의 특별통관 등) ① 전자상거래물품 중 대통령령으로 정하는 물품에 대하여는 대통령령으로 정하는 바에 따라

수출입신고·물품검사 등 통관에 필요한 사항을 생략하거나 간소한 방법으로 적용할 수 있다.

② 다음 각 호의 자(국내에 주소 또는 영업소가 없는 자를 포함하며, 이하 "전자상거래업자등"이라 한다)는 제1항에 따라 통관에 필요한 사항을 생략하거나 간소한 방법으로 적용받으려는 경우에는 대통령령으로 정하는 바에 따라 관세청장 또는 세관장에게 등록하여야 한다.

1. 「전자상거래 등에서의 소비자보호에 관한 법률」에 따른 통신판매업자

2. 「전자상거래 등에서의 소비자보호에 관한 법률」에 따른 통신판매중개를 하는 자

3. 화주의 위임을 받아 국외에서 전자상거래물품을 수령하여 배송을 대행하는 자

③ 관세청장은 관세의 부과·징수 및 통관을 위하여 필요한 경우 제2항에 따라 등록한 전자상거래업자등에게 전자상거래물품의 주문·결제 등과 관련된 거래정보로서 대통령령으로 정하는 정보를 수입 전에 제공하여 줄 것을 요청할 수 있다.

④ 제3항에 따라 요청받은 정보의 제공 방법·절차 등 정보의 제공에 필요한 사항은 대통령령으로 정한다.

⑤ 관세청장은 납세자의 권리 보호를 위하여 화주에게 전자상거래물품의 통관 및 납세와 관련된 사항으로서 대통령령으로 정하는 사항을 안내할 수 있다.

⑥ 제1항은 다음 각 호의 구분에 따른 규정에 우선하여 적용한다.

1. 수출입신고에 관한 사항의 경우: 제254조의2제1항 및 제258조제2항

2. 물품검사에 관한 사항의 경우: 제254조의2제5항, 제256조의2제3항 및 제257조

⑦ 제2항에 따른 등록의 유효기간은 3년으로 하며, 대통령령으로 정하는 바에 따라 갱신할 수 있다.

⑧ 다음 각 호의 어느 하나에 해당하면 제2항에 따른 등록은 그 효력을 상실한다.

1. 전자상거래업자등이 폐업한 경우

2. 전자상거래업자등이 사망한 경우(법인인 경우에는 해산된 경우)

3. 제7항에 따른 등록의 유효기간이 만료된 경우

[전문개정 2024. 12. 31.]

[시행일: 2026. 1. 1.] 제254조

제254조의2(탁송품의 특별통관) ① 제241조제2항제1호의 탁송품으로서 기획재정부령으로 정하는 물품은 운송업자(제222조제1항제6호에 따라 관세청장 또는 세관장에게 등록한 자를 말한다. 이하 "탁송품 운송업자"라 한다)가 다음 각 호에 해당하는 사항이 적힌 목록(이하 "통관목록"이라 한다)을 세관장에게 제출함으로써 제241조제1항에 따른 수입신고를 생략할 수 있다. 〈개정 2013. 1. 1., 2017. 12. 19., 2020. 12. 22.〉

1. 물품의 발송인 및 수신인의 성명, 주소, 국가
2. 물품의 품명, 수량, 중량 및 가격
3. 탁송품의 통관목록에 관한 것으로 기획재정부령으로 정하는 사항

② 탁송품 운송업자는 통관목록을 사실과 다르게 제출하여서는 아니 된다.

③ 탁송품 운송업자는 제1항에 따라 제출한 통관목록에 적힌 물품수신인의 주소지(제241조제1항에 따른 수입신고를 한 탁송품의 경우에는 수입신고서에 적힌 납세의무자의 주소지)가 아닌 곳에 탁송품을 배송하거나 배송하게 한 경우(「우편법」 제31조 단서에 해당하는 경우는 제외한다)에는 배송한 날이 속하는 달의 다음달 15일까지 실제 배송한 주소지를 세관장에게 제출하여야 한다. 〈신설 2014. 1. 1., 2017. 12. 19., 2020. 12. 22.〉

④ 세관장은 탁송품 운송업자가 제2항 또는 제3항을 위반하거나 이 법에 따라 통관이 제한되는 물품을 국내에 반입하는 경우에는 제1항에 따른 통관절차의 적용을 배제할 수 있다. 〈개정 2014. 1. 1.〉

⑤ 관세청장 또는 세관장은 탁송품에 대하여 세관공무원으로 하여금 검사하게 하여야 하며, 탁송품의 통관목록의 제출시한, 실제 배송지의 제출, 물품의 검사 등에 필요한 사항은 관세청장이 정하여 고시한다. 〈개정 2011. 12. 31., 2014. 1. 1.〉

⑥ 세관장은 관세청장이 정하는 절차에 따라 별도로 정한 지정장치장에서 탁송품을 통관하여야 한다. 다만, 세관장은 탁송품에 대한 감시·단속에 지장이 없다고 인정하는 경우 탁송품을 해당 탁송품 운송업자가 운영하는 보세창고 또는 시설(「자유무역지역의 지정 및 운영에 관한 법률」 제11조에 따라 입주계약을 체결하여 입주한 업

체가 해당 자유무역지역에서 운영하는 시설에 한정한다)에서 통관할 수 있다. 〈신설 2013. 1. 1., 2014. 1. 1., 2016. 1. 27.〉

⑦ 세관장은 제1항에 따른 통관절차가 적용되지 아니하는 탁송품으로서 제5항에 따른 검사를 마치고 탁송품에 대한 감시·단속에 지장이 없다고 인정하는 경우에는 제6항에도 불구하고 관세청장이 정하는 보세구역 등에서 탁송품을 통관하게 할 수 있다. 〈신설 2020. 12. 22.〉

⑧ 제6항 단서에 따라 탁송품 운송업자가 운영하는 보세창고 또는 시설에서 통관하는 경우 그에 필요한 탁송품 검사설비 기준, 설비이용 절차, 설비이용 유효기간 등에 관하여 필요한 사항은 대통령령으로 정한다. 〈신설 2013. 1. 1., 2014. 1. 1., 2020. 12. 22.〉

⑨ 관세청장은 탁송품의 신속한 통관과 탁송품에 대한 효율적인 감시·단속 등을 위하여 필요한 세관장과 탁송품 운송업자간 협력에 관한 사항 등 대통령령으로 정하는 사항에 대하여 고시할 수 있다. 〈신설 2020. 12. 22.〉

[전문개정 2010. 12. 30.]

제255조 삭제 〈2014. 12. 23.〉

제255조의2(수출입 안전관리 우수업체의 공인) ① 관세청장은 수출입물품의 제조·운송·보관 또는 통관 등 무역과 관련된 자가 시설, 서류 관리, 직원 교육 등에서 이 법 또는 「자유무역협정의 이행을 위한 관세법의 특례에 관한 법률」 등 수출입에 관련된 법령의 준수 여부, 재무 건전성 등 대통령령으로 정하는 안전관리 기준을 충족하는 경우 수출입 안전관리 우수업체로 공인할 수 있다.

② 관세청장은 제1항에 따른 공인을 받기 위하여 심사를 요청한 자에 대하여 대통령령으로 정하는 바에 따라 심사하여야 한다.

③ 제2항에 따른 심사를 요청하려는 자는 제출서류의 적정성, 개별 안전관리 기준의 충족 여부 등 관세청장이 정하여 고시하는 사항에 대하여 미리 관세청장에게 예비심사를 요청할 수 있다.

④ 관세청장은 제3항에 따른 예비심사를 요청한 자에게 예비심사 결과를 통보하여야 하고, 제2항에 따른 심사를 하는 경우 예비심사 결과를 고려하여야 한다.

⑤ 제1항에 따른 공인의 유효기간은 5년으로 하며, 대통령령으로 정하는 바에 따라 공인을 갱신할 수 있다.

⑥ 제1항부터 제5항까지에서 규정한 사항 외에 수출입 안전관리 우수업체의 공인에 필요한 사항은 대통령령으로 정한다.

[전문개정 2021. 12. 21.]

제255조의3(수출입 안전관리 우수업체에 대한 혜택 등) ① 관세청장은 제255조의2에 따라 수출입 안전관리 우수업체로 공인된 업체(이하 "수출입안전관리우수업체"라 한다)에 통관절차 및 관세행정상의 혜택으로서 대통령령으로 정하는 사항을 제공할 수 있다.

② 관세청장은 다른 국가의 수출입 안전관리 우수업체에 상호 조건에 따라 제1항에 따른 혜택을 제공할 수 있다.

③ 관세청장은 수출입안전관리우수업체가 제255조의4제2항에 따른 자율 평가 결과를 보고하지 아니하는 등 대통령령으로 정하는 사유에 해당하는 경우 6개월의 범위에서 제1항에 따른 혜택의 전부 또는 일부를 정지할 수 있다.

④ 관세청장은 제3항에 따른 사유에 해당하는 업체에 그 사유의 시정을 명할 수 있다.

[본조신설 2021. 12. 21.]

제255조의4(수출입안전관리우수업체에 대한 사후관리) ① 관세청장은 수출입안전관리우수업체가 제255조의2제1항에 따른 안전관리 기준을 충족하는지를 주기적으로 확인하여야 한다.

② 관세청장은 수출입안전관리우수업체에 제1항에 따른 기준의 충족 여부를 자율적으로 평가하도록 하여 대통령령으로 정하는 바에 따라 그 결과를 보고하게 할 수 있다.

③ 수출입안전관리우수업체가 양도, 양수, 분할 또는 합병하거나 그 밖에 관세청장이 정하여 고시하는 변동사항이 발생한 경우에는 그 변동사항이 발생한 날부터 30일 이내에 그 사항을 관세청장에게 보고하여야 한다. 다만, 그 변동사항이 수출입안전관리우수업체의 유지에 중대한 영향을 미치는 경우로서 관세청장이 정하여 고시하는 사항에 해당하는 경우에는 지체 없이 그 사항을 보고하여야 한다.

④ 제1항부터 제3항까지에서 규정한 사항 외에 수출입안전관리우수업체의 확인 및 보고에 필요한 세부사항은 관세청장이 정하여 고시한다.

[본조신설 2021. 12. 21.]

제255조의5(수출입안전관리우수업체의 공인 취소) 관세청장은 수출

입안전관리우수업체가 다음 각 호의 어느 하나에 해당하는 경우에는 공인을 취소할 수 있다. 다만, 제1호에 해당하는 경우에는 공인을 취소하여야 한다.

1. 거짓이나 그 밖의 부정한 방법으로 공인을 받거나 공인을 갱신받은 경우

2. 수출입안전관리우수업체가 양도, 양수, 분할 또는 합병 등으로 공인 당시의 업체와 동일하지 아니하다고 관세청장이 판단하는 경우

3. 제255조의2제1항에 따른 안전관리 기준을 충족하지 못하는 경우

4. 제255조의3제3항에 따른 정지 처분을 공인의 유효기간 동안 5회 이상 받은 경우

5. 제255조의3제4항에 따른 시정명령을 정당한 사유 없이 이행하지 아니한 경우

6. 그 밖에 수출입 관련 법령을 위반한 경우로서 대통령령으로 정하는 경우

[본조신설 2021. 12. 21.]

제255조의6(수출입안전관리우수업체의 공인 관련 지원사업) 관세청장은 「중소기업기본법」 제2조에 따른 중소기업 중 수출입물품의 제조·운송·보관 또는 통관 등 무역과 관련된 기업을 대상으로 수출입안전관리우수업체로 공인을 받거나 유지하는 데에 필요한 상담·교육 등의 지원사업을 할 수 있다.

[본조신설 2021. 12. 21.]

제255조의7(수출입 안전관리 기준 준수도의 측정·평가) ① 관세청장은 수출입안전관리우수업체로 공인받기 위한 신청 여부와 관계없이 수출입물품의 제조·운송·보관 또는 통관 등 무역과 관련된 자 중 대통령령으로 정하는 자를 대상으로 제255조의2제1항에 따른 안전관리 기준을 준수하는 정도를 대통령령으로 정하는 절차에 따라 측정·평가할 수 있다.

② 관세청장은 제1항에 따른 측정·평가 대상자에 대한 지원·관리를 위하여 같은 항에 따라 측정·평가한 결과를 대통령령으로 정하는 바에 따라 활용할 수 있다.

[본조신설 2021. 12. 21.]

제3절 우편물

제256조(통관우체국) ① 수출·수입 또는 반송하려는 우편물(서신은 제외한다. 이하 같다)은 통관우체국을 경유하여야 한다.

② 통관우체국은 체신관서 중에서 관세청장이 지정한다.

[전문개정 2010. 12. 30.]

제256조의2(우편물의 사전전자정보 제출) ① 통관우체국의 장은 수입하려는 우편물의 발송국으로부터 해당 우편물이 발송되기 전에 세관신고정보를 포함하여 대통령령으로 정하는 전자정보(이하 "사전전자정보"라 한다)를 제공받은 경우에는 그 제공받은 정보를 해당 우편물이 발송국에서 출항하는 운송수단에 적재되기 전까지 세관장에게 제출하여야 한다.

② 세관장은 관세청장이 우정사업본부장과 협의하여 사전전자정보 제출대상으로 정한 국가에서 발송한 우편물 중 사전전자정보가 제출되지 아니한 우편물에 대해서는 통관우체국의 장으로 하여금 반송하도록 할 수 있다.

③ 통관우체국의 장은 사전전자정보가 제출된 우편물에 대해서는 제257조 본문에 따른 우편물목록의 제출을 생략하고 세관장에게 검사를 받을 수 있다. 다만, 통관우체국의 장은 세관장이 통관절차의 이행과 효율적인 감시·단속을 위하여 대통령령으로 정하는 사유에 해당하여 우편물목록의 제출을 요구하는 경우에는 이를 제출하여야 한다.

④ 제1항부터 제3항까지에서 규정한 사항 외에 사전전자정보의 제출 절차 및 반송 등에 필요한 세부사항은 대통령령으로 정한다.

[본조신설 2021. 12. 21.]

제257조(우편물의 검사) 통관우체국의 장이 제256조제1항의 우편물을 접수하였을 때에는 세관장에게 우편물목록을 제출하고 해당 우편물에 대한 검사를 받아야 한다. 다만, 관세청장이 정하는 우편물은 검사를 생략할 수 있다.

[전문개정 2010. 12. 30.]

제258조(우편물통관에 대한 결정) ① 통관우체국의 장은 세관장이 우편물에 대하여 수출·수입 또는 반송을 할 수 없다고 결정하였을 때에는 그 우편물을 발송하거나 수취인에게 내줄 수 없다.

② 우편물이 「대외무역법」 제11조에 따른 수출입의 승인을 받은

것이거나 그 밖에 대통령령으로 정하는 기준에 해당하는 것일 때에는 해당 우편물의 수취인이나 발송인은 제241조제1항에 따른 신고를 하여야 한다. 〈개정 2021. 12. 21.〉

[전문개정 2010. 12. 30.]

제259조(세관장의 통지) ① 세관장은 제258조에 따른 결정을 한 경우에는 그 결정사항을, 관세를 징수하려는 경우에는 그 세액을 통관우체국의 장에게 통지하여야 한다.

② 제1항의 통지를 받은 통관우체국의 장은 우편물의 수취인이나 발송인에게 그 결정사항을 통지하여야 한다.

[전문개정 2010. 12. 30.]

제260조(우편물의 납세절차) ① 제259조제2항에 따른 통지를 받은 자는 대통령령으로 정하는 바에 따라 해당 관세를 수입인지 또는 금전으로 납부하여야 한다.

② 체신관서는 관세를 징수하여야 하는 우편물은 관세를 징수하기 전에 수취인에게 내줄 수 없다.

[전문개정 2010. 12. 30.]

제261조(우편물의 반송) 우편물에 대한 관세의 납세의무는 해당 우편물이 반송되면 소멸한다.

[전문개정 2010. 12. 30.]

제10장 세관공무원의 자료 제출 요청 등 〈개정 2010. 12. 30.〉

제1절 세관장 등의 과세자료 요청 등 〈개정 2010. 12. 30.〉

제262조(운송수단의 출발 중지 등) 관세청장이나 세관장은 이 법 또는 이 법에 따른 명령(대한민국이 체결한 조약 및 일반적으로 승인된 국제법규에 따른 의무를 포함한다)을 집행하기 위하여 필요하다고 인정될 때에는 운송수단의 출발을 중지시키거나 그 진행을 정지시킬 수 있다. 〈개정 2020. 12. 22.〉

[전문개정 2010. 12. 30.]

제263조(서류의 제출 또는 보고 등의 명령) 관세청장이나 세관장은 이 법(「수출용원재료에 대한 관세 등 환급에 관한 특례법」을 포함한다. 이하 이 조에서 같다) 또는 이 법에 따른 명령을 집행하기 위하

여 필요하다고 인정될 때에는 물품·운송수단 또는 장치 장소에 관한 서류의 제출·보고 또는 그 밖에 필요한 사항을 명하거나, 세관공무원으로 하여금 수출입자·판매자 또는 그 밖의 관계자에 대하여 관계 자료를 조사하게 할 수 있다.

[전문개정 2010. 12. 30.]

제264조(과세자료의 요청) 관세청장은 국가기관 및 지방자치단체 등 관계 기관 등에 대하여 관세의 부과·징수 및 통관에 관계되는 자료 또는 통계를 요청할 수 있다.

[전문개정 2013. 8. 13.]

제264조의2(과세자료제출기관의 범위) 제264조에 따른 과세자료를 제출하여야 하는 기관 등(이하 "과세자료제출기관"이라 한다)은 다음 각 호와 같다. 〈개정 2014. 1. 1., 2016. 12. 20., 2024. 12. 31., 2025. 3. 14.〉

1. 「국가재정법」 제6조에 따른 중앙관서(중앙관서의 업무를 위임받거나 위탁받은 기관을 포함한다. 이하 같다)와 그 하급행정기관 및 보조기관

2. 지방자치단체(지방자치단체의 업무를 위임받거나 위탁받은 기관과 지방자치단체조합을 포함한다. 이하 같다)

3. 공공기관, 정부의 출연·보조를 받는 기관이나 단체, 「지방공기업법」에 따른 지방공사·지방공단 및 지방자치단체의 출연·보조를 받는 기관이나 단체

4. 「민법」 외의 다른 법률에 따라 설립되거나 국가 또는 지방자치단체의 지원을 받는 기관이나 단체로서 그 업무에 관하여 제1호나 제2호에 따른 기관으로부터 감독 또는 감사·검사를 받는 기관이나 단체, 그 밖에 공익 목적으로 설립된 기관이나 단체 중 대통령령으로 정하는 기관이나 단체

5. 「여신전문금융업법」에 따른 신용카드업자와 여신전문금융업협회

6. 「금융실명거래 및 비밀보장에 관한 법률」 제2조제1호에 따른 금융회사등

7. 「가상자산 이용자 보호 등에 관한 법률」 제2조제2호의 가상자산사업자

[본조신설 2013. 8. 13.]

제264조의3(과세자료의 범위) ① 과세자료제출기관이 제출하여야 하는 과세자료는 다음 각 호의 어느 하나에 해당하는 자료로서 관세의 부과·징수와 통관에 직접적으로 필요한 자료로 한다. 〈개정 2014. 1. 1., 2014. 12. 23., 2019. 12. 31., 2020. 6. 9.〉

1. 수입하는 물품에 대하여 관세 또는 내국세등을 감면받거나 낮은 세율을 적용받을 수 있도록 허가, 승인, 추천 등을 한 경우 그에 관한 자료

2. 과세자료제출기관이 법률에 따라 신고·제출받거나 작성하여 보유하고 있는 자료(각종 보조금·보험급여·보험금 등의 지급 현황에 관한 자료를 포함한다) 중 제27조, 제38조, 제241조에 따른 신고내용의 확인 또는 제96조에 따른 감면 여부의 확인을 위하여 필요한 자료

3. 제226조에 따라 허가·승인·표시 또는 그 밖의 조건을 증명할 필요가 있는 물품에 대하여 과세자료제출기관이 허가 등을 갖추었음을 확인하여 준 경우 그에 관한 자료

4. 이 법에 따라 체납된 관세 등의 징수를 위하여 필요한 자료

5. 제264조의2제1호에 따른 중앙관서 중 중앙행정기관 외의 기관이 보유하고 있는 자료로서 관세청장이 관세의 부과·징수와 통관에 필요한 최소한의 범위에서 해당 기관의 장과 미리 협의하여 정하는 자료

6. 거주자의 「여신전문금융업법」에 따른 신용카드등의 대외지급(물품구매 내역에 한정한다) 및 외국에서의 외국통화 인출 실적

② 제1항에 따른 과세자료의 구체적인 범위는 과세자료제출기관별로 대통령령으로 정한다.

[본조신설 2013. 8. 13.]

제264조의4(과세자료의 제출방법) ① 과세자료제출기관의 장은 분기별로 분기만료일이 속하는 달의 다음 달 말일까지 대통령령으로 정하는 바에 따라 관세청장 또는 세관장에게 과세자료를 제출하여야 한다. 다만, 과세자료의 발생빈도와 활용시기 등을 고려하여 대통령령으로 정하는 바에 따라 그 과세자료의 제출시기를 달리 정할 수 있다.

② 제1항에 따라 과세자료제출기관의 장이 과세자료를 제출하는 경우에는 그 기관이 접수하거나 작성한 자료의 목록을 함께 제출하여야 한다.

③ 제2항에 따라 과세자료의 목록을 제출받은 관세청장 또는 세관장은 이를 확인한 후 제출받은 과세자료에 누락이 있거나 보완이 필요한 경우 그 과세자료를 제출한 기관에 대하여 추가하거나 보완하여 제출할 것을 요청할 수 있다.

④ 과세자료의 제출서식 등 제출방법에 관하여 그 밖에 필요한 사항은 기획재정부령으로 정한다.

[본조신설 2013. 8. 13.]

제264조의5(과세자료의 수집에 관한 협조) ① 관세청장 또는 세관장으로부터 제264조의3에 따른 과세자료의 제출을 요청받은 기관 등의 장은 다른 법령에 특별한 제한이 있는 경우 등 정당한 사유가 없으면 이에 협조하여야 한다.

② 관세청장 또는 세관장은 제264조의3에 따른 자료 외의 자료로서 관세의 부과·징수 및 통관을 위하여 필요한 경우에는 해당 자료를 보유하고 있는 과세자료제출기관의 장에게 그 자료의 수집에 협조하여 줄 것을 요청할 수 있다.

[본조신설 2013. 8. 13.]

제264조의6(과세자료의 관리 및 활용 등) ① 관세청장은 이 법에 따른 과세자료의 효율적인 관리와 활용을 위한 전산관리 체계를 구축하는 등 필요한 조치를 마련하여야 한다.

② 관세청장은 이 법에 따른 과세자료의 제출·관리 및 활용 상황을 수시로 점검하여야 한다.

[본조신설 2013. 8. 13.]

제264조의7(과세자료제출기관의 책임 등) ① 과세자료제출기관의 장은 그 소속 공무원이나 임직원이 이 법에 따른 과세자료의 제출 의무를 성실하게 이행하는지를 수시로 점검하여야 한다.

② 관세청장은 과세자료제출기관 또는 그 소속 공무원이나 임직원이 이 법에 따른 과세자료의 제출 의무를 이행하지 아니하는 경우 그 기관을 감독 또는 감사·검사하는 기관의 장에게 그 사실을 통보하여야 한다.

[본조신설 2013. 8. 13.]

제264조의8(비밀유지의무) ① 관세청 및 세관 소속 공무원은 제264조, 제264조의2부터 제264조의5까지의 규정에 따라 제출받은 과세자료를 타인에게 제공 또는 누설하거나 목적 외의 용도로 사용하여

서는 아니 된다. 다만, 제116조제1항 단서 및 같은 조 제2항에 따라 제공하는 경우에는 그러하지 아니하다.

② 관세청 및 세관 소속 공무원은 제1항을 위반하는 과세자료의 제공을 요구받으면 이를 거부하여야 한다.

③ 제1항 단서에 따라 과세자료를 제공받은 자는 이를 타인에게 제공 또는 누설하거나 목적 외의 용도로 사용하여서는 아니 된다.

[본조신설 2013. 8. 13.]

제264조의9(과세자료 비밀유지의무 위반에 대한 처벌) ① 제264조의8제1항 또는 제3항을 위반하여 과세자료를 타인에게 제공 또는 누설하거나 목적 외의 용도로 사용한 자는 3년 이하의 징역 또는 1천만원 이하의 벌금에 처한다.

② 제1항에 따른 징역과 벌금은 병과할 수 있다.

[본조신설 2013. 8. 13.]

제264조의10(불법·불량·유해물품에 대한 정보 등의 제공 요청과 협조) ① 관세청장은 우리나라로 반입되거나 우리나라에서 반출되는 물품의 안전 관리를 위하여 필요한 경우 중앙행정기관의 장에게 해당 기관이 보유한 다음 각 호의 불법·불량·유해물품에 대한 정보 등을 제공하여 줄 것을 요청할 수 있다.

1. 이 법 또는 다른 법령에서 정한 구비조건·성분·표시·품질 등을 위반한 물품에 관한 정보

2. 제1호의 물품을 제조, 거래, 보관 또는 유통하는 자에 관한 정보

② 제1항에 따른 요청을 받은 중앙행정기관의 장은 특별한 사유가 없는 경우에는 이에 협조하여야 한다.

[본조신설 2020. 12. 22.]

제264조의11(마약류 관련 정보의 제출 요구) ① 관세청장은 법령을 위반하여 우리나라에 반입되거나 우리나라에서 반출되는 마약류를 효과적으로 차단하기 위하여 대통령령으로 정하는 바에 따라 관계 중앙행정기관의 장에게 해당 기관이 보유한 다음 각 호의 정보의 제출을 요구할 수 있다.

1. 마약류 관련 범죄사실 등에 관한 정보

2. 「마약류 관리에 관한 법률」 제11조의2제1항에 따른 마약류 통합정보

3. 마약류 관련 국제우편물에 관한 정보

② 제1항에 따른 요구를 받은 중앙행정기관의 장은 특별한 사유가 없는 경우에는 이에 따라야 한다.

③ 제1항 및 제2항에 따라 제출받은 정보의 관리 및 활용에 관한 사항은 제264조의6을 준용한다.

[본조신설 2023. 12. 31.]

제2절 세관공무원의 물품검사 등

제265조(물품 또는 운송수단 등에 대한 검사 등) 세관공무원은 이 법 또는 이 법에 따른 명령(대한민국이 체결한 조약 및 일반적으로 승인된 국제법규에 따른 의무를 포함한다)을 위반한 행위를 방지하기 위하여 필요하다고 인정될 때에는 물품, 운송수단, 장치 장소 및 관계 장부·서류를 검사 또는 봉쇄하거나 그 밖에 필요한 조치를 할 수 있다. 〈개정 2011. 12. 31.〉

[전문개정 2010. 12. 30.]

제265조의2(물품분석) 세관공무원은 다음 각 호의 물품에 대한 품명, 규격, 성분, 용도, 원산지 등을 확인하거나 품목분류를 결정할 필요가 있을 때에는 해당 물품에 대하여 물리적·화학적 분석을 할 수 있다.

1. 제246조제1항에 따른 검사의 대상인 수출·수입 또는 반송하려는 물품

2. 제265조에 따라 검사하는 물품

3. 「사법경찰관리의 직무를 수행할 자와 그 직무범위에 관한 법률」 제6조제14호에 따른 범죄와 관련된 물품

[본조신설 2018. 12. 31.]

제266조(장부 또는 자료의 제출 등) ① 세관공무원은 이 법에 따른 직무를 집행하기 위하여 필요하다고 인정될 때에는 수출입업자·판매업자 또는 그 밖의 관계자에 대하여 질문하거나 문서화·전산화된 장부, 서류 등 관계 자료 또는 물품을 조사하거나, 그 제시 또는 제출을 요구할 수 있다. 〈개정 2011. 12. 31.〉

② 상설영업장을 갖추고 외국에서 생산된 물품을 판매하는 자로서 기획재정부령으로 정하는 기준에 해당하는 자는 해당 물품에 관하여 「부가가치세법」 제32조 및 제35조에 따른 세금계산서나 수입 사실

등을 증명하는 자료를 영업장에 갖춰 두어야 한다. 〈개정 2013. 6. 7.〉

③ 관세청장이나 세관장은 이 법 또는 이 법에 따른 명령을 집행하기 위하여 필요하다고 인정될 때에는 제2항에 따른 상설영업장의 판매자나 그 밖의 관계인으로 하여금 대통령령으로 정하는 바에 따라 영업에 관한 보고를 하게 할 수 있다.

④ 관세청장이나 세관장은 소비자 피해를 예방하기 위하여 필요한 경우 「전자상거래 등에서의 소비자보호에 관한 법률」 제2조제4호에 따른 통신판매중개(이하 이 조에서 "통신판매중개"라 한다)를 하는 자를 대상으로 통신판매중개를 하는 사이버몰에서 거래되는 물품 중 이 법 제226조, 제230조 및 제235조를 위반하여 수입된 물품의 유통실태 조사를 서면으로 실시할 수 있다. 〈신설 2019. 12. 31., 2021. 12. 21.〉

⑤ 관세청장은 제4항에 따라 실시한 서면실태조사의 결과를 공정거래위원회에 제공할 수 있고, 공정거래위원회와 소비자 피해 예방을 위하여 필요하다고 합의한 경우에는 대통령령으로 정하는 바에 따라 그 조사 결과를 공개할 수 있다. 〈신설 2019. 12. 31.〉

⑥ 관세청장이나 세관장은 제4항에 따른 서면실태조사를 위하여 필요한 경우에는 해당 통신판매중개를 하는 자에게 필요한 자료의 제출을 요구할 수 있다. 〈신설 2019. 12. 31.〉

⑦ 제4항에 따른 서면실태조사의 시기, 범위, 방법 및 조사결과의 공표범위 등에 관하여 필요한 사항은 대통령령으로 정한다. 〈신설 2019. 12. 31.〉

[전문개정 2010. 12. 30.]

제266조의2(위치정보의 수집) ① 관세청장이나 세관장은 제241조제1항 및 제2항을 위반하여 수입하는 마약류의 위치정보를 수집할 수 있다.

② 제1항에 따라 수집된 위치정보의 저장·보호·이용 및 파기 등에 관한 사항은 「위치정보의 보호 및 이용 등에 관한 법률」을 따른다.

③ 제1항에 따른 위치정보 수집대상 물품의 구체적인 범위와 방법, 절차 등에 관하여 필요한 사항은 관세청장이 정한다.

[본조신설 2023. 12. 31.]

제267조(무기등의 휴대 및 사용) ① 관세청장이나 세관장은 직무를 집행하기 위하여 필요하다고 인정될 때에는 그 소속 공무원에게 「경찰관 직무집행법」 제10조 및 제10조의2부터 제10조의4까지에 따른 장비, 장구, 분사기 및 무기(이하 이 조에서 "무기등"이라 한다)를 휴대하게 할 수 있다. 〈개정 2017. 12. 19., 2024. 12. 31.〉

② 세관공무원은 「경찰관 직무집행법」 제10조 및 제10조의2부터 제10조의4까지에 준하여 무기등을 사용할 수 있다. 〈개정 2024. 12. 31.〉

③ 삭제 〈2024. 12. 31.〉

[전문개정 2010. 12. 30.]

[제목개정 2017. 12. 19., 2024. 12. 31.]

제267조의2(운송수단에 대한 검문·검색 등의 협조 요청) ① 세관장은 직무를 집행하기 위하여 필요하다고 인정될 때에는 다음 각 호의 어느 하나에 해당하는 자에게 협조를 요청할 수 있다. 〈개정 2014. 11. 19., 2017. 7. 26., 2020. 12. 22.〉

1. 육군·해군·공군의 각 부대장
2. 국가경찰관서의 장
3. 해양경찰관서의 장

② 제1항에 따라 협조 요청을 받은 자는 밀수 관련 혐의가 있는 운송수단에 대하여 추적감시 또는 진행정지명령을 하거나 세관공무원과 협조하여 해당 운송수단에 대하여 검문·검색을 할 수 있으며, 이에 따르지 아니하는 경우 강제로 그 운송수단을 정지시키거나 검문·검색을 할 수 있다. 〈개정 2020. 12. 22.〉

[전문개정 2010. 12. 30.]

[제목개정 2020. 12. 22.]

제268조(명예세관원) ① 관세청장은 밀수감시단속 활동의 효율적인 수행을 위하여 필요한 경우에는 수출입 관련 분야의 민간종사자 등을 명예세관원으로 위촉하여 다음 각 호의 활동을 하게 할 수 있다.

1. 공항·항만에서의 밀수 감시
2. 정보 제공과 밀수 방지의 홍보

② 제1항에 따른 명예세관원의 자격요건, 임무, 그 밖에 필요한 사항은 기획재정부령으로 정한다.

[전문개정 2010. 12. 30.]

제11장 벌칙 〈개정 2010. 12. 30.〉

제268조의2(전자문서 위조·변조죄 등) ① 제327조의4제1항을 위반하여 국가관세종합정보시스템이나 전자문서중계사업자의 전산처리설비에 기록된 전자문서 등 관련 정보를 위조 또는 변조하거나 위조 또는 변조된 정보를 행사한 자는 1년 이상 10년 이하의 징역 또는 1억원 이하의 벌금에 처한다. 〈개정 2023. 12. 31.〉

② 다음 각 호의 어느 하나에 해당하는 자는 5년 이하의 징역 또는 5천만원 이하의 벌금에 처한다. 〈개정 2023. 12. 31.〉

1. 제327조의3제1항을 위반하여 관세청장의 지정을 받지 아니하고 전자문서중계업무를 행한 자
2. 제327조의4제2항을 위반하여 국가관세종합정보시스템 또는 전자문서중계사업자의 전산처리설비에 기록된 전자문서 등 관련 정보를 훼손하거나 그 비밀을 침해한 자
3. 제327조의4제3항을 위반하여 업무상 알게 된 전자문서 등 관련 정보에 관한 비밀을 누설하거나 도용한 한국관세정보원 또는 전자문서중계사업자의 임직원 또는 임직원이었던 사람

[전문개정 2010. 12. 30.]

제269조(밀수출입죄) ① 제234조 각 호의 물품을 수출하거나 수입한 자는 7년 이하의 징역 또는 7천만원 이하의 벌금에 처한다. 〈개정 2014. 12. 23.〉

② 다음 각 호의 어느 하나에 해당하는 자는 5년 이하의 징역 또는 관세액의 10배와 물품원가 중 높은 금액 이하에 상당하는 벌금에 처한다.

1. 제241조제1항·제2항 또는 제244조제1항에 따른 신고를 하지 아니하고 물품을 수입한 자. 다만, 제253조제1항에 따른 반출신고를 한 자는 제외한다.
2. 제241조제1항·제2항 또는 제244조제1항에 따른 신고를 하였으나 해당 수입물품과 다른 물품으로 신고하여 수입한 자

③ 다음 각 호의 어느 하나에 해당하는 자는 3년 이하의 징역 또는 물품원가 이하에 상당하는 벌금에 처한다.

1. 제241조제1항 및 제2항에 따른 신고를 하지 아니하고 물품을 수출하거나 반송한 자
2. 제241조제1항 및 제2항에 따른 신고를 하였으나 해당 수출물

품 또는 반송물품과 다른 물품으로 신고하여 수출하거나 반송한 자

[전문개정 2010. 12. 30.]

제270조(관세포탈죄 등) ① 제241조제1항·제2항 또는 제244조제1항에 따른 수입신고를 한 자(제19조제5항제1호다목에 따른 구매대행업자를 포함한다) 중 다음 각 호의 어느 하나에 해당하는 자는 3년 이하의 징역 또는 포탈한 관세액의 5배와 물품원가 중 높은 금액 이하에 상당하는 벌금에 처한다. 이 경우 제1호의 물품원가는 전체 물품 중 포탈한 세액의 전체 세액에 대한 비율에 해당하는 물품만의 원가로 한다. 〈개정 2015. 12. 15., 2019. 12. 31.〉

1. 세액결정에 영향을 미치기 위하여 과세가격 또는 관세율 등을 거짓으로 신고하거나 신고하지 아니하고 수입한 자(제19조제5항제1호다목에 따른 구매대행업자를 포함한다)

2. 세액결정에 영향을 미치기 위하여 거짓으로 서류를 갖추어 제86조제1항·제3항에 따른 사전심사·재심사 및 제87조제3항에 따른 재심사를 신청한 자

3. 법령에 따라 수입이 제한된 사항을 회피할 목적으로 부분품으로 수입하거나 주요 특성을 갖춘 미완성·불완전한 물품이나 완제품을 부분품으로 분할하여 수입한 자

② 제241조제1항·제2항 또는 제244조제1항에 따른 수입신고를 한 자 중 법령에 따라 수입에 필요한 허가·승인·추천·증명 또는 그 밖의 조건을 갖추지 아니하거나 부정한 방법으로 갖추어 수입한 자는 3년 이하의 징역 또는 3천만원 이하의 벌금에 처한다.

③ 제241조제1항 및 제2항에 따른 수출신고를 한 자 중 법령에 따라 수출에 필요한 허가·승인·추천·증명 또는 그 밖의 조건을 갖추지 아니하거나 부정한 방법으로 갖추어 수출한 자는 1년 이하의 징역 또는 2천만원 이하의 벌금에 처한다.

④ 부정한 방법으로 관세를 감면받거나 관세를 감면받은 물품에 대한 관세의 징수를 면탈한 자는 3년 이하의 징역에 처하거나, 감면받거나 면탈한 관세액의 5배 이하에 상당하는 벌금에 처한다.

⑤ 부정한 방법으로 관세를 환급받은 자는 3년 이하의 징역 또는 환급받은 세액의 5배 이하에 상당하는 벌금에 처한다. 이 경우 세관장은 부정한 방법으로 환급받은 세액을 즉시 징수한다.

[전문개정 2010. 12. 30.]

제270조의2(가격조작죄) 제1호에 따른 신청 또는 신고를 할 때 부당하게 재물이나 재산상 이득을 취득하거나 제3자로 하여금 이를 취득하게 할 목적으로 물품의 가격을 조작하여 신청 또는 신고한 자는 2년 이하의 징역 또는 제2호에 따른 금액 이하의 벌금에 처한다. 〈개정 2024. 12. 31.〉

1. 다음 각 목의 어느 하나에 해당하는 신청 또는 신고
   가. 제38조의2제1항 · 제2항에 따른 보정신청
   나. 제38조의3제1항에 따른 수정신고
   다. 제241조제1항 · 제2항에 따른 신고
   라. 제244조제1항에 따른 신고
2. 다음 각 목의 금액 중 가장 높은 금액
   가. 5천만원
   나. 물품원가
   다. 다음 1) 및 2) 간의 차액
      1) 제1호 각 목의 어느 하나에 해당하는 신청 또는 신고를 한 물품가격
      2) 과세가격(제241조제1항 · 제2항에 따른 수출신고 또는 반송신고의 경우에는 해당 물품을 국제무역선 또는 국제무역기에 인도하는 조건으로 실제로 지급받았거나 지급받아야 할 가격으로서 최종 선적항 또는 선적지까지의 운임 · 보험료를 포함한 가격을 말한다)
3. 삭제 〈2024. 12. 31.〉
4. 삭제 〈2024. 12. 31.〉

[전문개정 2014. 1. 1.]

제271조(미수범 등) ① 그 정황을 알면서 제269조 및 제270조에 따른 행위를 교사하거나 방조한 자는 정범(正犯)에 준하여 처벌한다.

② 제268조의2, 제269조 및 제270조의 미수범은 본죄에 준하여 처벌한다.

③ 제268조의2, 제269조 및 제270조의 죄를 저지를 목적으로 그 예비를 한 자는 본죄의 2분의 1을 감경하여 처벌한다. 〈개정 2020. 6. 9.〉

[전문개정 2010. 12. 30.]

제272조(밀수 전용 운반기구의 몰수) 제269조의 죄에 전용(專用)되는 선박 · 자동차나 그 밖의 운반기구는 그 소유자가 범죄에 사용된

다는 정황을 알고 있고, 다음 각 호의 어느 하나에 해당하는 경우에는 몰수한다.

1. 범죄물품을 적재하거나 적재하려고 한 경우

2. 검거를 기피하기 위하여 권한 있는 공무원의 정지명령을 받고도 정지하지 아니하거나 적재된 범죄물품을 해상에서 투기·파괴 또는 훼손한 경우

3. 범죄물품을 해상에서 인수 또는 취득하거나 인수 또는 취득하려고 한 경우

4. 범죄물품을 운반한 경우

[전문개정 2010. 12. 30.]

제273조(범죄에 사용된 물품의 몰수 등) ① 제269조에 사용하기 위하여 특수한 가공을 한 물품은 누구의 소유이든지 몰수하거나 그 효용을 소멸시킨다.

② 제269조에 해당되는 물품이 다른 물품 중에 포함되어 있는 경우 그 물품이 범인의 소유일 때에는 그 다른 물품도 몰수할 수 있다.

[전문개정 2010. 12. 30.]

제274조(밀수품의 취득죄 등) ① 다음 각 호의 어느 하나에 해당되는 물품을 취득·양도·운반·보관 또는 알선하거나 감정한 자는 3년 이하의 징역 또는 물품원가 이하에 상당하는 벌금에 처한다.

1. 제269조에 해당되는 물품

2. 제270조제1항제3호, 같은 조 제2항 및 제3항에 해당되는 물품

② 제1항에 규정된 죄의 미수범은 본죄에 준하여 처벌한다.

③ 제1항에 규정된 죄를 저지를 목적으로 그 예비를 한 자는 본죄의 2분의 1을 감경하여 처벌한다. 〈개정 2020. 6. 9.〉

[전문개정 2010. 12. 30.]

제275조(징역과 벌금의 병과) 제269조부터 제271조까지 및 제274조의 죄를 저지른 자는 정상(情狀)에 따라 징역과 벌금을 병과할 수 있다. 〈개정 2020. 6. 9.〉

[전문개정 2010. 12. 30.]

제275조의2(강제징수면탈죄 등) ① 납세의무자 또는 납세의무자의 재산을 점유하는 자가 강제징수를 면탈할 목적 또는 면탈하게 할 목적으로 그 재산을 은닉·탈루하거나 거짓 계약을 하였을 때에는 3년 이하의 징역 또는 3천만원 이하의 벌금에 처한다. 〈개정 2020.

12. 22.〉

② 제303조제2항에 따른 압수물건의 보관자 또는 「국세징수법」 제48조에 따른 압류물건의 보관자가 그 보관한 물건을 은닉·탈루, 손괴 또는 소비하였을 때에도 3년 이하의 징역 또는 3천만원 이하의 벌금에 처한다. 〈개정 2020. 12. 22.〉

③ 제1항과 제2항의 사정을 알고도 이를 방조하거나 거짓 계약을 승낙한 자는 2년 이하의 징역 또는 2천만원 이하의 벌금에 처한다.

[전문개정 2010. 12. 30.]

[제목개정 2020. 12. 22.]

제275조의3(명의대여행위죄 등) ① 관세(세관장이 징수하는 내국세등을 포함한다)의 회피 또는 강제집행의 면탈을 목적으로 하거나 재산상 이득을 취할 목적으로 다음 각 호의 행위를 한 자는 2년 이하의 징역 또는 2천만원 이하의 벌금에 처한다. 〈개정 2024. 12. 31.〉

1. 타인의 명의를 사용하여 탁송품 또는 우편물을 수입한 자
2. 타인의 명의를 사용하여 제38조에 따른 납세신고를 한 자

② 관세(세관장이 징수하는 내국세등을 포함한다)의 회피 또는 강제집행의 면탈을 목적으로 하거나 재산상 이득을 취할 목적으로 타인에게 자신의 명의를 사용하여 제38조에 따른 납세신고를 하도록 허락한 자는 1년 이하의 징역 또는 1천만원 이하의 벌금에 처한다. 〈신설 2024. 12. 31.〉

[전문개정 2022. 12. 31.]

제275조의4(보세사의 명의대여죄 등) 다음 각 호의 어느 하나에 해당하는 자는 1년 이하의 징역 또는 1천만원 이하의 벌금에 처한다.

1. 제165조의2제1항을 위반하여 다른 사람에게 자신의 성명·상호를 사용하여 보세사 업무를 수행하게 하거나 자격증 또는 등록증을 빌려준 자
2. 제165조의2제2항을 위반하여 다른 사람의 성명·상호를 사용하여 보세사의 업무를 수행하거나 자격증 또는 등록증을 빌린 자
3. 제165조의2제3항을 위반하여 같은 조 제1항 또는 제2항의 행위를 알선한 자

[본조신설 2020. 12. 22.]

제276조(허위신고죄 등) ① 삭제 〈2013. 8. 13.〉

② 다음 각 호의 어느 하나에 해당하는 자는 물품원가 또는 2천만원 중 높은 금액 이하의 벌금에 처한다. 〈개정 2013. 1. 1., 2013. 8. 13., 2014. 1. 1., 2018. 12. 31., 2022. 12. 31., 2024. 12. 31.〉

1. 제198조제1항에 따른 종합보세사업장의 설치·운영에 관한 신고를 하지 아니하고 종합보세기능을 수행한 자

2. 제204조제2항에 따른 세관장의 중지조치 또는 같은 조 제3항에 따른 세관장의 폐쇄 명령을 위반하여 종합보세기능을 수행한 자

3. 제238조에 따른 보세구역 반입명령에 대하여 반입대상 물품의 전부 또는 일부를 반입하지 아니한 자

4. 제241조제1항·제2항 또는 제244조제1항에 따른 신고를 할 때 제241조제1항에 따른 사항을 신고하지 아니하거나 허위신고를 한 자(제275조의3제1항 각 호에 해당하는 자는 제외한다)

4의2. 제38조의2제1항 및 제2항, 제38조의3제1항에 따른 보정신청 또는 수정신고를 할 때 제241조제1항에 따른 사항을 허위로 신청하거나 신고한 자

5. 제248조제3항을 위반한 자

③ 다음 각 호의 어느 하나에 해당되는 자는 2천만원 이하의 벌금에 처한다. 다만, 과실로 제2호, 제3호 또는 제4호에 해당하게 된 경우에는 300만원 이하의 벌금에 처한다. 〈개정 2011. 7. 25., 2011. 12. 31., 2013. 1. 1., 2014. 12. 23., 2017. 12. 19., 2020. 12. 22., 2021. 12. 21., 2023. 12. 31., 2024. 12. 31.〉

1. 부정한 방법으로 적재화물목록을 작성하였거나 제출한 자

2. 제12조제1항(제277조제7항제2호에 해당하는 경우는 제외한다), 제98조제2항, 제109조제1항(제277조제6항제3호에 해당하는 경우는 제외한다), 제134조제1항(제146조제1항에서 준용하는 경우를 포함한다), 제136조제2항, 제148조제1항, 제149조, 제222조제1항(제146조제1항에서 준용하는 경우를 포함한다) 또는 제225조제1항 전단을 위반한 자

3. 제83조제2항, 제88조제2항, 제97조제2항 및 제102조제1항을 위반한 자. 다만, 제277조제6항제3호에 해당하는 자는 제외한다.

3의2. 제174조제1항에 따른 특허보세구역의 설치·운영에 관한 특허를 받지 아니하고 특허보세구역을 운영한 자

4. 제227조에 따른 세관장의 의무 이행 요구를 이행하지 아니한 자
5. 제38조제4항 후단에 따른 자율심사 결과를 거짓으로 작성하여 제출한 자
6. 제178조제2항제1호 · 제5호 및 제224조제1항제1호에 해당하는 자

④ 다음 각 호의 어느 하나에 해당하는 자는 1천만원 이하의 벌금에 처한다. 다만, 과실로 제2호 또는 제3호에 해당하게 된 경우에는 200만원 이하의 벌금에 처한다. 〈개정 2011. 12. 31., 2013. 1. 1., 2018. 12. 31., 2021. 12. 21., 2023. 12. 31.〉

1. 삭제 〈2023. 12. 31.〉
2. 제135조제1항(제146조제1항에서 준용하는 경우를 포함한다)에 따른 입항보고를 거짓으로 하거나 제136조제1항(제146조제1항에서 준용하는 경우를 포함한다)에 따른 출항허가를 거짓으로 받은 자
3. 제135조제1항(제146조제1항에서 준용하는 경우를 포함하며, 제277조제6항제4호에 해당하는 자는 제외한다), 제136조제1항(제146조제1항에서 준용하는 경우를 포함한다), 제137조의2제1항 각 호 외의 부분 후단(제277조제6항제4호에 해당하는 자는 제외한다), 제140조제1항 · 제4항 · 제6항(제146조제1항에서 준용하는 경우를 포함한다), 제142조제1항(제146조제1항에서 준용하는 경우를 포함한다), 제144조(제146조제1항에서 준용하는 경우를 포함한다), 제150조, 제151조, 제213조제2항 또는 제223조의2를 위반한 자
4. 삭제 〈2023. 12. 31.〉
5. 부정한 방법으로 제248조제1항 단서에 따른 신고필증을 발급받은 자
6. 삭제 〈2023. 12. 31.〉
7. 제265조에 따른 세관장 또는 세관공무원의 조치를 거부 또는 방해한 자
8. 삭제 〈2023. 12. 31.〉

⑤ 제165조제3항을 위반한 자는 500만원 이하의 벌금에 처한다. 〈신설 2013. 1. 1., 2019. 12. 31.〉

[전문개정 2010. 12. 30.]

제277조(과태료) ① 제37조의4제1항 및 제2항에 따라 과세가격결정자료등의 제출을 요구받은 특수관계에 있는 자로서 제10조에서 정

하는 정당한 사유 없이 제37조의4제4항 각 호의 어느 하나에 해당하는 행위를 한 자에게는 1억원 이하의 과태료를 부과한다. 이 경우 제276조는 적용되지 아니한다. 〈신설 2013. 1. 1., 2014. 12. 23., 2016. 12. 20., 2021. 12. 21., 2022. 12 31.〉

② 제37조의4제7항을 위반한 자에게는 2억원 이하의 과태료를 부과한다. 이 경우 제276조는 적용되지 아니한다. 〈신설 2021. 12. 21.〉

③ 다음 각 호의 어느 하나에 해당하는 자에게는 5천만원 이하의 과태료를 부과한다. 다만, 과실로 제2호에 해당하게 된 경우에는 400만원 이하의 과태료를 부과한다. 〈신설 2023. 12. 31.〉

1. 세관공무원의 질문에 대하여 거짓의 진술을 하거나 그 직무의 집행을 거부 또는 기피한 자

2. 제200조제3항, 제203조제1항 또는 제262조에 따른 관세청장 또는 세관장의 조치를 위반하거나 검사를 거부·방해 또는 기피한 자

3. 제263조를 위반하여 서류의 제출·보고 또는 그 밖에 필요한 사항에 관한 명령을 이행하지 아니하거나 거짓의 보고를 한 자

4. 제266조제1항에 따른 세관공무원의 자료 또는 물품의 제시요구 또는 제출요구를 거부한 자

④ 다음 각 호의 어느 하나에 해당하는 자에게는 1천만원 이하의 과태료를 부과한다. 〈개정 2011. 12. 31., 2013. 1. 1., 2015. 12. 15., 2021. 12. 21., 2023. 12. 31.〉

1. 제139조(제146조제1항에서 준용하는 경우를 포함한다), 제143조제1항(제146조제1항에서 준용하는 경우를 포함한다), 제152조제1항, 제155조제1항, 제156조제1항, 제159조제2항, 제160조제1항, 제161조제1항, 제186조제1항(제205조에서 준용하는 경우를 포함한다), 제192조(제205조에서 준용하는 경우를 포함한다), 제200조제1항, 제201조제1항·제3항, 제219조제2항 또는 제266조제2항을 위반한 자

2. 제187조제1항(제89조제5항에서 준용하는 경우를 포함한다) 또는 제195조제1항에 따른 허가를 받지 아니하거나 제202조제2항에 따른 신고를 하지 아니하고 보세공장·보세건설장·종합보세구역 또는 지정공장 외의 장소에서 작업을 한 자

⑤ 다음 각 호의 어느 하나에 해당하는 자에게는 500만원 이하의 과태료를 부과한다. 〈개정 2013. 1. 1., 2017. 12. 19., 2021. 12. 21., 2023. 12. 31.〉

1. 제240조의2제1항을 위반하여 유통이력을 신고하지 아니하거나 거짓으로 신고한 자

2. 제240조의2제2항을 위반하여 장부기록 자료를 보관하지 아니한 자

3. 제243조제4항을 위반하여 관세청장이 정하는 장소에 반입하지 아니하고 제241조제1항에 따른 수출의 신고를 한 자

4. 제327조의2제10항을 위반하여 한국관세정보원 또는 이와 유사한 명칭을 사용한 자

⑥ 다음 각 호의 어느 하나에 해당하는 자에게는 200만원 이하의 과태료를 부과한다. 〈개정 2011. 7. 25., 2011. 12. 31., 2013. 1. 1., 2018. 12. 31., 2019. 12. 31., 2020. 12. 22., 2021. 12. 21., 2023. 12. 31., 2024. 12. 31.〉

1. 특허보세구역의 특허사항을 위반한 운영인

2. 제38조제4항, 제83조제1항, 제107조제3항, 제135조제2항(제146조제1항에서 준용하는 경우를 포함한다), 제136조제3항(제146조제1항에서 준용하는 경우를 포함한다), 제140조제5항, 제141조제1호·제3호(제146조제1항에서 준용하는 경우를 포함한다), 제157조제1항, 제158조제2항·제6항, 제172조제3항, 제194조(제205조에서 준용하는 경우를 포함한다), 제196조의2제5항, 제198조제3항, 제199조제1항, 제202조제1항, 제214조, 제215조(제219조제4항 및 제221조제2항에서 준용하는 경우를 포함한다), 제216조제2항·제3항(제219조제4항 및 제221조제2항에서 준용하는 경우를 포함한다), 제221조제1항, 제222조제3항, 제225조제1항 후단 또는 제251조제1항을 위반한 자

3. 제83조제2항, 제88조제2항, 제97조제2항, 제102조제1항 및 제109조제1항을 위반한 자 중 해당 물품을 직접 수입한 경우 관세를 감면받을 수 있고 수입자와 동일한 용도에 사용하려는 자에게 양도한 자

4. 제135조제1항 또는 제137조의2제1항 각 호 외의 부분 후단을 위반한 자 중 과실로 여객명부 또는 승객예약자료를 제출하지 아니

한 자

5. 제159조제6항, 제180조제3항(제205조에서 준용하는 경우를 포함한다), 제196조제4항, 제216조제1항(제219조제4항 및 제221조제2항에서 준용하는 경우를 포함한다), 제222조제4항, 제225조제2항, 제228조 또는 제266조제3항에 따른 관세청장 또는 세관장의 조치를 위반한 자

6. 제321조제2항제2호를 위반하여 운송수단에서 물품을 취급한 자

7. 보세구역에 물품을 반입하지 아니하고 거짓으로 제157조제1항에 따른 반입신고를 한 자

⑦ 다음 각 호의 어느 하나에 해당하는 자에게는 100만원 이하의 과태료를 부과한다. 〈개정 2011. 12. 31., 2013. 1. 1., 2014. 1. 1., 2015. 12. 15., 2020. 6. 9., 2020. 12. 22., 2021. 12. 21., 2022. 12. 31., 2023. 12. 31.〉

1. 적재물품과 일치하지 아니하는 적재화물목록을 작성하였거나 제출한 자. 다만, 다음 각 목의 어느 하나에 해당하는 자가 투입 및 봉인한 것이어서 적재화물목록을 제출한 자가 해당 적재물품의 내용을 확인하는 것이 불가능한 경우에는 해당 적재화물목록을 제출한 자는 제외한다.

가. 제276조제3항제1호에 해당하는 자

나. 적재물품을 수출한 자

다. 다른 선박회사 · 항공사 및 화물운송주선업자

2. 제12조제1항을 위반하여 신고필증을 보관하지 아니한 자

3. 제28조제2항에 따른 신고를 하지 아니한 자

4. 제107조제4항, 제108조제2항, 제133조제2항 · 제4항, 제141조제2호, 제157조의2, 제162조, 제179조제2항, 제182조제1항(제205조에서 준용하는 경우를 포함한다), 제183조제2항 · 제3항, 제184조(제205조에서 준용하는 경우를 포함한다), 제185조제2항(제205조에서 준용하는 경우를 포함한다), 제245조제3항 또는 제254조의2제2항 및 제3항을 위반한 자

5. 제160조제4항(제207조제2항에서 준용하는 경우를 포함한다)에 따른 세관장의 명령을 이행하지 아니한 자

6. 제177조제2항(제205조에서 준용하는 경우를 포함한다), 제180조제4항(제205조에서 준용하는 경우를 포함한다) 또는 제249조 각

호 외의 부분 단서에 따른 세관장의 명령이나 보완조치를 이행하지 아니한 자

7. 제180조제1항(제205조에서 준용하는 경우를 포함한다)ㆍ제2항(제89조제5항에서 준용하는 경우를 포함한다), 제193조(제205조에서 준용하는 경우를 포함한다) 또는 제203조제2항에 따른 세관장의 감독ㆍ검사ㆍ보고지시 등을 따르지 아니한 자

⑧ 제1항부터 제7항까지의 규정에 따른 과태료는 대통령령으로 정하는 바에 따라 세관장이 부과ㆍ징수한다. 〈개정 2013. 1. 1., 2014. 1. 1., 2018. 12. 31., 2021. 12. 21., 2023. 12. 31.〉

[전문개정 2010. 12. 30.]

제277조의2(금품 수수 및 공여) ① 세관공무원이 그 직무와 관련하여 금품을 수수(收受)하였을 때에는 「국가공무원법」 제82조에 따른 징계절차에서 그 금품 수수액의 5배 내의 징계부가금 부과 의결을 징계위원회에 요구하여야 한다.

② 징계대상 세관공무원이 제1항에 따른 징계부가금 부과 의결 전후에 금품 수수를 이유로 다른 법률에 따라 형사처벌을 받거나 변상책임 등을 이행한 경우(몰수나 추징을 당한 경우를 포함한다)에는 징계위원회에 감경된 징계부가금 부과 의결 또는 징계부가금 감면을 요구하여야 한다.

③ 제1항 및 제2항에 따른 징계부가금 부과 의결 요구에 관하여는 「국가공무원법」 제78조제4항을 준용한다. 이 경우 "징계 의결 요구"를 "징계부가금 부과 의결 요구"로 본다.

④ 제1항에 따라 징계부가금 부과처분을 받은 자가 납부기간 내에 그 부가금을 납부하지 아니한 때에는 징계권자는 국세강제징수의 예에 따라 징수할 수 있다. 〈개정 2020. 12. 29.〉

⑤ 관세청장 또는 세관장은 세관공무원에게 금품을 공여한 자에 대해서는 대통령령으로 정하는 바에 따라 그 금품 상당액의 2배 이상 5배 내의 과태료를 부과ㆍ징수한다. 다만, 「형법」 등 다른 법률에 따라 형사처벌을 받은 경우에는 과태료를 부과하지 아니하고, 과태료를 부과한 후 형사처벌을 받은 경우에는 과태료 부과를 취소한다. 〈개정 2019. 12. 31.〉

[본조신설 2017. 12. 19.]

제277조의3(비밀유지 의무 위반에 대한 과태료) ① 관세청장은 제

116조제1항 · 제6항 또는 제116조의6제10항을 위반하여 과세정보를 타인에게 제공 또는 누설하거나 그 목적 외의 용도로 사용한 자에게 2천만원 이하의 과태료를 부과 · 징수한다. 다만, 「형법」 등 다른 법률에 따라 형사처벌을 받은 경우에는 과태료를 부과하지 아니하고, 과태료를 부과한 후 형사처벌을 받은 경우에는 과태료 부과를 취소한다. 〈개정 2023. 12. 31.〉

② 제1항 본문에 따른 과태료의 부과기준은 대통령령으로 정한다.

[본조신설 2022. 12. 31.]

제278조(「형법」 적용의 일부 배제) 이 법에 따른 벌칙에 위반되는 행위를 한 자에게는 「형법」 제38조제1항제2호 중 벌금경합에 관한 제한가중규정을 적용하지 아니한다.

[전문개정 2010. 12. 30.]

제279조(양벌 규정) ① 법인의 대표자나 법인 또는 개인의 대리인, 사용인, 그 밖의 종업원이 그 법인 또는 개인의 업무에 관하여 제11장에서 규정한 벌칙(제277조의 과태료는 제외한다)에 해당하는 위반행위를 하면 그 행위자를 벌하는 외에 그 법인 또는 개인에게도 해당 조문의 벌금형을 과(科)한다. 다만, 법인 또는 개인이 그 위반행위를 방지하기 위하여 해당 업무에 관하여 상당한 주의와 감독을 게을리하지 아니한 경우에는 그러하지 아니하다.

② 제1항에서 개인은 다음 각 호의 어느 하나에 해당하는 사람으로 한정한다. 〈개정 2020. 12. 22., 2023. 12. 31.〉

1. 특허보세구역 또는 종합보세사업장의 운영인
2. 수출(「수출용원재료에 대한 관세 등 환급에 관한 특례법」 제4조에 따른 수출등을 포함한다) · 수입 또는 운송을 업으로 하는 사람
3. 관세사
4. 국제항 안에서 물품 및 용역의 공급을 업으로 하는 사람
5. 제327조의3제3항에 따른 전자문서중계사업자

[전문개정 2010. 12. 30.]

제280조 삭제 〈2008. 12. 26.〉

제281조 삭제 〈2008. 12. 26.〉

제282조(몰수 · 추징) ① 제269조제1항(제271조제3항에 따라 그 죄를 범할 목적으로 예비를 한 자를 포함한다)의 경우에는 그 물품을 몰수한다. 〈개정 2019. 12. 31.〉

② 제269조제2항(제271조제3항에 따라 그 죄를 범할 목적으로 예비를 한 자를 포함한다. 이하 이 조에서 같다), 제269조제3항(제271조제3항에 따라 그 죄를 범할 목적으로 예비를 한 자를 포함한다. 이하 이 조에서 같다) 또는 제274조제1항제1호(같은 조 제3항에 따라 그 죄를 범할 목적으로 예비를 한 자를 포함한다. 이하 이 조에서 같다)의 경우에는 범인이 소유하거나 점유하는 그 물품을 몰수한다. 다만, 제269조제2항 또는 제3항의 경우로서 다음 각 호의 어느 하나에 해당하는 물품은 몰수하지 아니할 수 있다. 〈개정 2013. 1. 1., 2019. 12. 31.〉

1. 제154조의 보세구역에 제157조에 따라 신고를 한 후 반입한 외국물품
2. 제156조에 따라 세관장의 허가를 받아 보세구역이 아닌 장소에 장치한 외국물품
3. 「폐기물관리법」 제2조제1호부터 제5호까지의 규정에 따른 폐기물
4. 그 밖에 몰수의 실익이 없는 물품으로서 대통령령으로 정하는 물품

③ 제1항과 제2항에 따라 몰수할 물품의 전부 또는 일부를 몰수할 수 없을 때에는 그 몰수할 수 없는 물품의 범칙 당시의 국내도매가격에 상당한 금액을 범인으로부터 추징한다. 다만, 제274조제1항제1호 중 제269조제2항의 물품을 감정한 자는 제외한다.

④ 제279조의 개인 및 법인은 제1항부터 제3항까지의 규정을 적용할 때에는 이를 범인으로 본다.

[전문개정 2010. 12. 30.]

제12장 조사와 처분

제1절 통칙 〈개정 2010. 12. 30.〉

제283조(관세범) ① 이 법에서 "관세범"이란 이 법 또는 이 법에 따른 명령을 위반하는 행위로서 이 법에 따라 형사처벌되거나 통고처분되는 것을 말한다.

② 관세범에 관한 조사·처분은 세관공무원이 한다.

[전문개정 2010. 12. 30.]

제284조(공소의 요건) ① 관세범에 관한 사건에 대하여는 관세청장

이나 세관장의 고발이 없으면 검사는 공소를 제기할 수 없다.

② 다른 기관이 관세범에 관한 사건을 발견하거나 피의자를 체포하였을 때에는 즉시 관세청이나 세관에 인계하여야 한다.

[전문개정 2010. 12. 30.]

제284조의2(관세범칙조사심의위원회) ① 범칙사건에 관한 다음 각 호의 사항을 심의하기 위하여 관세청 또는 대통령령으로 정하는 세관에 관세범칙조사심의위원회를 둘 수 있다

1. 제290조 및 「사법경찰관리의 직무를 수행할 자와 그 직무범위에 관한 법률」 제6조제14호에 해당하는 사건에 대한 조사의 시작 여부에 관한 사항

2. 제1호에 따라 조사한 사건의 고발, 송치, 통고처분(제311조제8항에 따른 통고처분의 면제를 포함한다) 및 종결 등에 관한 사항

3. 그 밖에 범칙사건과 관련하여 관세청장 또는 세관장이 관세범칙조사심의위원회의 심의가 필요하다고 인정하는 사항

② 관세범칙조사심의위원회는 위원장 1명을 포함하여 20명 이내의 위원으로 성별을 고려하여 구성한다.

③ 제2항에서 규정한 사항 외에 관세범칙조사심의위원회의 관할, 구성 및 운영 등에 필요한 사항은 대통령령으로 정한다.

[본조신설 2019. 12. 31.]

제285조(관세범에 관한 서류) 관세범에 관한 서류에는 연월일을 적고 서명날인하여야 한다.

[전문개정 2010. 12. 30.]

제286조(조사처분에 관한 서류) ① 관세범의 조사와 처분에 관한 서류에는 장마다 간인(間印)하여야 한다.

② 문자를 추가하거나 삭제할 때와 난의 바깥에 기입할 때에는 날인(捺印)하여야 한다.

③ 문자를 삭제할 때에는 그 문자 자체를 그대로 두고 그 글자수를 적어야 한다.

[전문개정 2010. 12. 30.]

제287조(조서의 서명) ① 관세범에 관한 서류에 서명날인하는 경우 본인이 서명할 수 없을 때에는 다른 사람에게 대리서명하게 하고 도장을 찍어야 한다. 이 경우 도장을 지니지 아니하였을 때에는 손도장을 찍어야 한다. 〈개정 2020. 12. 22.〉

② 다른 사람에게 대리서명하게 한 경우에는 대리서명자가 그 사유를 적고 서명날인하여야 한다. 〈개정 2020. 12. 22.〉

[전문개정 2010. 12. 30.]

제288조(서류의 송달) 관세범에 관한 서류는 인편이나 등기우편으로 송달한다.

[전문개정 2010. 12. 30.]

제289조(서류송달 시의 수령증) 관세범에 관한 서류를 송달하였을 때에는 수령증을 받아야 한다.

[전문개정 2010. 12. 30.]

제2절 조사 〈개정 2010. 12. 30.〉

제290조(관세범의 조사) 세관공무원은 관세범이 있다고 인정할 때에는 범인, 범죄사실 및 증거를 조사하여야 한다.

[전문개정 2010. 12. 30.]

제291조(조사) 세관공무원은 관세범 조사에 필요하다고 인정할 때에는 피의자·증인 또는 참고인을 조사할 수 있다.

[전문개정 2010. 12. 30.]

제292조(조서 작성) ① 세관공무원이 피의자·증인 또는 참고인을 조사하였을 때에는 조서를 작성하여야 한다.

② 조서는 세관공무원이 진술자에게 읽어 주거나 열람하게 하여 기재 사실에 서로 다른 점이 있는지 물어보아야 한다.

③ 진술자가 조서 내용의 증감 변경을 청구한 경우에는 그 진술을 조서에 적어야 한다.

④ 조서에는 연월일과 장소를 적고 다음 각 호의 사람이 함께 서명날인하여야 한다.

1. 조사를 한 사람
2. 진술자
3. 참여자

[전문개정 2010. 12. 30.]

제293조(조서의 대용) ① 현행범인에 대한 조사로서 긴급히 처리할 필요가 있을 때에는 그 주요 내용을 적은 서면으로 조서를 대신할 수 있다.

② 제1항에 따른 서면에는 연월일시와 장소를 적고 조사를 한 사

람과 피의자가 이에 서명날인하여야 한다.
[전문개정 2010. 12. 30.]

제294조(출석 요구) ① 세관공무원이 관세범 조사에 필요하다고 인정할 때에는 피의자·증인 또는 참고인의 출석을 요구할 수 있다.
② 세관공무원이 관세범 조사에 필요하다고 인정할 때에는 지정한 장소에 피의자·증인 또는 참고인의 출석이나 동행을 명할 수 있다.
③ 피의자·증인 또는 참고인에게 출석 요구를 할 때에는 출석요구서를 발급하여야 한다.
[전문개정 2010. 12. 30.]

제295조(사법경찰권) 세관공무원은 관세범에 관하여 「사법경찰관리의 직무를 수행할 자와 그 직무범위에 관한 법률」에서 정하는 바에 따라 사법경찰관리의 직무를 수행한다.
[전문개정 2010. 12. 30.]

제296조(수색·압수영장) ① 이 법에 따라 수색·압수를 할 때에는 관할 지방법원 판사의 영장을 받아야 한다. 다만, 긴급한 경우에는 사후에 영장을 발급받아야 한다.
② 소유자·점유자 또는 보관자가 임의로 제출한 물품이나 남겨 둔 물품은 영장 없이 압수할 수 있다.
[전문개정 2010. 12. 30.]

제297조(현행범의 체포) 세관공무원이 관세범의 현행범인을 발견하였을 때에는 즉시 체포하여야 한다.
[전문개정 2010. 12. 30.]

제298조(현행범의 인도) ① 관세범의 현행범인이 그 장소에 있을 때에는 누구든지 체포할 수 있다.
② 제1항에 따라 범인을 체포한 자는 지체 없이 세관공무원에게 범인을 인도하여야 한다.
[전문개정 2010. 12. 30.]

제299조(압수물품의 국고귀속) ① 세관장은 제269조, 제270조제1항부터 제3항까지 및 제272조부터 제274조까지의 규정에 해당되어 압수된 물품에 대하여 그 압수일부터 6개월 이내에 해당 물품의 소유자 및 범인을 알 수 없는 경우에는 해당 물품을 유실물로 간주하여 유실물 공고를 하여야 한다.
② 제1항에 따른 공고일부터 1년이 지나도 소유자 및 범인을 알

수 없는 경우에는 해당 물품은 국고에 귀속된다.

[전문개정 2010. 12. 30.]

제300조(검증수색) 세관공무원은 관세범 조사에 필요하다고 인정할 때에는 선박·차량·항공기·창고 또는 그 밖의 장소를 검증하거나 수색할 수 있다.

[전문개정 2010. 12. 30.]

제301조(신변 수색 등) ① 세관공무원은 범죄사실을 증명하기에 충분한 물품을 피의자가 신변(身邊)에 은닉하였다고 인정될 때에는 이를 내보이도록 요구하고, 이에 따르지 아니하는 경우에는 신변을 수색할 수 있다.

② 여성의 신변을 수색할 때에는 성년의 여성을 참여시켜야 한다.

[전문개정 2010. 12. 30.]

제302조(참여) ① 세관공무원이 수색을 할 때에는 다음 각 호의 어느 하나에 해당하는 사람을 참여시켜야 한다. 다만, 이들이 모두 부재중일 때에는 공무원을 참여시켜야 한다.

1. 선박·차량·항공기·창고 또는 그 밖의 장소의 소지인·관리인
2. 동거하는 친척이나 고용된 사람
3. 이웃에 거주하는 사람

② 제1항제2호 및 제3호에 따른 사람은 성년자이어야 한다.

[전문개정 2010. 12. 30.]

제303조(압수와 보관) ① 세관공무원은 관세범 조사에 의하여 발견한 물품이 범죄의 사실을 증명하기에 충분하거나 몰수하여야 하는 것으로 인정될 때에는 이를 압수할 수 있다.

② 압수물품은 편의에 따라 소지자나 시·군·읍·면사무소에 보관시킬 수 있다.

③ 관세청장이나 세관장은 압수물품이 다음 각 호의 어느 하나에 해당하는 경우에는 피의자나 관계인에게 통고한 후 매각하여 그 대금을 보관하거나 공탁할 수 있다. 다만, 통고할 여유가 없을 때에는 매각한 후 통고하여야 한다.

1. 부패 또는 손상되거나 그 밖에 사용할 수 있는 기간이 지날 우려가 있는 경우
2. 보관하기가 극히 불편하다고 인정되는 경우
3. 처분이 지연되면 상품가치가 크게 떨어질 우려가 있는 경우

4. 피의자나 관계인이 매각을 요청하는 경우

④ 제3항에 따른 통고 및 매각에 관하여는 제160조제5항 및 제326조를 준용한다.

[전문개정 2010. 12. 30.]

제304조(압수물품의 폐기) ① 관세청장이나 세관장은 압수물품 중 다음 각 호의 어느 하나에 해당하는 것은 피의자나 관계인에게 통고한 후 폐기할 수 있다. 다만, 통고할 여유가 없을 때에는 폐기한 후 즉시 통고하여야 한다.

1. 사람의 생명이나 재산을 해칠 우려가 있는 것
2. 부패하거나 변질된 것
3. 유효기간이 지난 것
4. 상품가치가 없어진 것

② 제1항에 따른 통고에 관하여는 제160조제5항을 준용한다.

[전문개정 2010. 12. 30.]

제305조(압수조서 등의 작성) ① 검증·수색 또는 압수를 하였을 때에는 조서를 작성하여야 한다.

② 제1항에 따른 검증·수색 또는 압수조서에 관하여는 제292조제2항 및 제3항을 준용한다.

③ 현행범인에 대한 수색이나 압수로서 긴급한 경우의 조서작성에 관하여는 제293조를 준용한다.

[전문개정 2010. 12. 30.]

제306조(야간집행의 제한) ① 해 진 후부터 해 뜨기 전까지는 검증·수색 또는 압수를 할 수 없다. 다만, 현행범인 경우에는 그러하지 아니하다.

② 이미 시작한 검증·수색 또는 압수는 제1항에도 불구하고 계속할 수 있다.

[전문개정 2010. 12. 30.]

제307조(조사 중 출입금지) 세관공무원은 피의자·증인 또는 참고인에 대한 조사·검증·수색 또는 압수 중에는 누구를 막론하고 그 장소에의 출입을 금할 수 있다.

[전문개정 2010. 12. 30.]

제308조(신분 증명) ① 세관공무원은 조사·검증·수색 또는 압수를 할 때에는 제복을 착용하거나 그 신분을 증명할 증표를 지니고 그

처분을 받을 자가 요구하면 이를 보여 주어야 한다.

② 제1항에 따른 세관공무원이 제복을 착용하지 아니한 경우로서 그 신분을 증명하는 증표제시 요구를 따르지 아니하는 경우에는 처분을 받을 자는 그 처분을 거부할 수 있다. 〈개정 2020. 6. 9.〉

[전문개정 2010. 12. 30.]

제309조(경찰관의 원조) 세관공무원은 조사·검증·수색 또는 압수를 할 때 필요하다고 인정하는 경우에는 경찰공무원의 원조를 요구할 수 있다. 〈개정 2020. 12. 22.〉

[전문개정 2010. 12. 30.]

제310조(조사 결과의 보고) ① 세관공무원은 조사를 종료하였을 때에는 관세청장이나 세관장에게 서면으로 그 결과를 보고하여야 한다.

② 세관공무원은 제1항에 따른 보고를 할 때에는 관계 서류를 함께 제출하여야 한다.

[전문개정 2010. 12. 30.]

제3절 처분 〈개정 2010. 12. 30.〉

제311조(통고처분) ① 관세청장이나 세관장은 관세범을 조사한 결과 범죄의 확증을 얻었을 때에는 대통령령으로 정하는 바에 따라 그 대상이 되는 자에게 그 이유를 구체적으로 밝히고 다음 각 호에 해당하는 금액이나 물품을 납부할 것을 통고할 수 있다. 〈개정 2015. 12. 15., 2018. 12. 31.〉

1. 벌금에 상당하는 금액
2. 몰수에 해당하는 물품
3. 추징금에 해당하는 금액

② 관세청장이나 세관장은 제1항에 따른 통고처분을 받는 자가 벌금이나 추징금에 상당한 금액을 예납(豫納)하려는 경우에는 이를 예납시킬 수 있다.

③ 제1항에 따른 통고가 있는 때에는 공소의 시효는 정지된다.

④ 제1항에 따른 벌금에 상당하는 금액의 부과기준은 대통령령으로 정한다. 〈신설 2015. 12. 15.〉

⑤ 제1항에 따라 통고처분을 받은 자는 납부하여야 할 금액을 대통령령으로 정하는 통고처분납부대행기관을 통하여 신용카드, 직불

카드 등(이하 이 조에서 “신용카드등”이라 한다)으로 납부할 수 있다. 〈신설 2018. 12. 31.〉

⑥ 제5항에 따라 신용카드등으로 납부하는 경우에는 통고처분납부대행기관의 승인일을 납부일로 본다. 〈신설 2018. 12. 31.〉

⑦ 제5항 및 제6항에서 정한 사항 외에 통고처분납부대행기관의 지정 및 운영, 납부대행 수수료 등 통고처분에 따른 금액을 신용카드등으로 납부하는 경우에 필요한 세부사항은 대통령령으로 정한다. 〈신설 2018. 12. 31.〉

⑧ 관세청장이나 세관장은 통고처분 대상자의 연령과 환경, 법 위반의 동기와 결과, 범칙금 부담능력과 그 밖에 정상을 고려하여 제284조의2에 따른 관세범칙조사심의위원회의 심의·의결을 거쳐 제1항에 따른 통고처분을 면제할 수 있다. 이 경우 관세청장이나 세관장은 관세범칙조사심의위원회의 심의·의결 결과를 따라야 한다. 〈신설 2019. 12. 31.〉

⑨ 제8항에 따른 통고처분 면제는 다음 각 호의 요건을 모두 갖춘 관세범을 대상으로 한다. 〈신설 2019. 12. 31.〉

1. 제1항제1호의 금액이 30만원 이하일 것
2. 제1항제2호의 물품의 가액과 같은 항 제3호의 금액을 합한 금액이 100만원 이하일 것

[전문개정 2010. 12. 30.]

제312조(즉시 고발) 관세청장이나 세관장은 범죄의 정상이 징역형에 처해질 것으로 인정될 때에는 제311조제1항에도 불구하고 즉시 고발하여야 한다.

[전문개정 2010. 12. 30.]

제313조(압수물품의 반환) ① 관세청장이나 세관장은 압수물품을 몰수하지 아니할 때에는 그 압수물품이나 그 물품의 환가대금(換價代金)을 반환하여야 한다.

② 제1항의 물품이나 그 환가대금을 반환받을 자의 주소 및 거소가 분명하지 아니하거나 그 밖의 사유로 반환할 수 없을 때에는 그 요지를 공고하여야 한다.

③ 제2항에 따라 공고를 한 날부터 6개월이 지날 때까지 반환의 청구가 없는 경우에는 그 물품이나 그 환가대금을 국고에 귀속시킬 수 있다.

④ 제1항의 물품에 대하여 관세가 미납된 경우에는 반환받을 자로부터 해당 관세를 징수한 후 그 물품이나 그 환가대금을 반환하여야 한다.

[전문개정 2010. 12. 30.]

제314조(통고서의 작성) ① 통고처분을 할 때에는 통고서를 작성하여야 한다.

② 제1항에 따른 통고서에는 다음 각 호의 사항을 적고 처분을 한 자가 서명날인하여야 한다.

1. 처분을 받을 자의 성명, 나이, 성별, 직업 및 주소
2. 벌금에 상당한 금액, 몰수에 해당하는 물품 또는 추징금에 상당한 금액
3. 범죄사실
4. 적용 법조문
5. 이행 장소
6. 통고처분 연월일

[전문개정 2010. 12. 30.]

제315조(통고서의 송달) 통고처분의 고지는 통고서를 송달하는 방법으로 하여야 한다.

[전문개정 2010. 12. 30.]

제316조(통고의 불이행과 고발) 관세범인이 통고서의 송달을 받았을 때에는 그 날부터 15일 이내에 이를 이행하여야 하며, 이 기간 내에 이행하지 아니하였을 때에는 관세청장이나 세관장은 즉시 고발하여야 한다. 다만, 15일이 지난 후 고발이 되기 전에 관세범인이 통고처분을 이행한 경우에는 그러하지 아니하다. 〈개정 2013. 1. 1.〉

[전문개정 2010. 12. 30.]

제317조(일사부재리) 관세범인이 통고의 요지를 이행하였을 때에는 동일사건에 대하여 다시 처벌을 받지 아니한다.

[전문개정 2010. 12. 30.]

제318조(무자력 고발) 관세청장이나 세관장은 다음 각 호의 어느 하나의 경우에는 제311조제1항에도 불구하고 즉시 고발하여야 한다.

1. 관세범인이 통고를 이행할 수 있는 자금능력이 없다고 인정되는 경우
2. 관세범인의 주소 및 거소가 분명하지 아니하거나 그 밖의 사

유로 통고를 하기 곤란하다고 인정되는 경우

[전문개정 2010. 12. 30.]

제319조(준용) 관세범에 관하여는 이 법에 특별한 규정이 있는 것을 제외하고는 「형사소송법」을 준용한다.

[전문개정 2010. 12. 30.]

제13장 보칙 〈개정 2010. 12. 30.〉

제320조(가산세의 세목) 이 법에 따른 가산세는 관세의 세목으로 한다.

[전문개정 2010. 12. 30.]

제321조(세관의 업무시간 · 물품취급시간) ① 세관의 업무시간, 보세구역과 운송수단의 물품취급시간은 대통령령으로 정하는 바에 따른다. 〈개정 2020. 6. 9.〉

② 다음 각 호의 어느 하나에 해당하는 자는 대통령령으로 정하는 바에 따라 세관장에게 미리 통보하여야 한다.

1. 세관의 업무시간이 아닌 때에 통관절차 · 보세운송절차 또는 입출항절차를 밟으려는 자
2. 운송수단의 물품취급시간이 아닌 때에 물품을 취급하려는 자

③ 제2항에 따라 사전통보를 한 자는 기획재정부령으로 정하는 바에 따라 수수료를 납부하여야 한다.

[전문개정 2010. 12. 30.]

제322조(통계 및 증명서의 작성 및 교부 등) ① 관세청장은 다음 각 호의 사항에 관한 통계를 작성하고 그 열람이나 교부를 신청하는 자가 있으면 이를 열람하게 하거나 교부하여야 한다. 〈개정 2020. 12. 22., 2021. 12. 21.〉

1. 수출하거나 수입한 화물에 관한 사항
2. 입항하거나 출항한 국제무역선 및 국제무역기에 관한 사항

2의2. 수입물품에 대한 관세 및 내국세등에 관한 사항

3. 그 밖에 외국무역과 관련하여 관세청장이 필요하다고 인정하는 사항

② 관세청장은 제1항에 따라 통계를 집계하고 대통령령으로 정하는 바에 따라 정기적으로 그 내용을 공표할 수 있다.

③ 제1항에 따른 통계 외 통관 관련 세부 통계자료를 열람하거나 교부받으려는 자는 사용 용도 및 내용을 구체적으로 밝혀 관세청장

에게 신청할 수 있다. 이 경우 관세청장은 대통령령으로 정하는 경우를 제외하고는 이를 열람하게 하거나 교부하여야 한다.

④ 관세청장은 제1항에 따른 통계 및 제3항에 따른 통계자료를 전산처리가 가능한 전달매체에 기록하여 교부하거나 전산처리설비를 이용하여 교부할 수 있다. 이 경우 교부할 수 있는 통계의 범위와 그 절차는 관세청장이 정한다.

⑤ 관세청장은 제1항에 따른 통계, 제3항에 따른 통계자료 및 제4항에 따른 통계의 작성 및 교부 업무를 대행할 자(이하 이 조에서 "대행기관"이라 한다)를 지정하여 그 업무를 대행하게 할 수 있다. 이 경우 관세청장은 통계작성을 위한 기초자료를 대행기관에 제공하여야 한다. 〈개정 2011. 12. 31.〉

⑥ 세관사무에 관한 증명서와 제1항에 따른 통계, 제3항에 따른 통계자료 및 제4항에 따른 통계를 교부받으려는 자는 기획재정부령으로 정하는 바에 따라 관세청장에게 수수료를 납부하여야 한다. 다만, 제5항에 따라 대행기관이 업무를 대행하는 경우에는 대행기관이 정하는 수수료를 해당 대행기관에 납부하여야 한다. 〈개정 2011. 12. 31.〉

⑦ 대행기관은 제6항 단서에 따라 수수료를 정할 때에는 기획재정부령으로 정하는 바에 따라 관세청장의 승인을 받아야 한다. 승인을 받은 사항을 변경하려는 경우에도 또한 같다. 〈신설 2011. 12. 31.〉

⑧ 제6항 단서에 따라 대행기관이 수수료를 징수한 경우 그 수입은 해당 대행기관의 수입으로 한다. 〈신설 2011. 12. 31.〉

⑨ 제6항에 따른 증명서 중 수출·수입 또는 반송에 관한 증명서는 해당 물품의 수출·수입 또는 반송 신고의 수리일부터 5년 내의 것에 관하여 발급한다. 〈개정 2011. 12. 31.〉

⑩ 관세청장은 다음 각 호의 어느 하나에 해당하는 자가 관세정책의 평가 및 연구 등에 활용하기 위하여 통계 작성에 사용된 기초자료와 관세청장이 생산·가공·분석한 데이터(이하 "관세무역데이터"라 한다)를 직접 분석하기를 원하는 경우 제116조제1항 각 호 외의 부분 본문에도 불구하고 관세청 내에 설치된 대통령령으로 정하는 시설 내에서 관세무역데이터를 그 사용목적에 맞는 범위에서 제공할 수 있다. 이 경우 관세무역데이터는 개별 납세자의 과세정보를 직접적 또는 간접적 방법으로 확인할 수 없는 상태로 제공하여

야 한다. 〈신설 2022. 12. 31.〉

1. 국회의원

2. 「국회법」에 따른 국회사무총장ㆍ국회도서관장ㆍ국회예산정책처장ㆍ국회입법조사처장 및 「국회미래연구원법」에 따른 국회미래연구원장

3. 「정부조직법」 제2조에 따른 중앙행정기관의 장

4. 「지방자치법」 제2조에 따른 지방자치단체의 장

5. 「정부출연연구기관 등의 설립ㆍ운영 및 육성에 관한 법률」 제2조에 따른 정부출연연구기관의 장 등 대통령령으로 정하는 자

⑪ 제1항에 따라 열람ㆍ교부된 통계(제2항에 따라 공표된 것은 제외한다), 제3항에 따라 열람ㆍ교부된 통계자료, 제4항에 따라 교부된 통계 및 제10항에 따라 제공된 관세무역데이터를 알게 된 자는 그 통계, 통계자료 및 관세무역데이터를 목적 외의 용도로 사용하여서는 아니 된다. 〈신설 2022. 12. 31.〉

⑫ 세관사무에 관한 증명서, 제1항에 따른 통계, 제3항에 따른 통계자료, 제4항에 따른 통계의 열람 또는 교부 절차, 제5항에 따른 대행기관의 지정 및 지정 해제와 제10항에 따른 관세무역데이터의 제공 절차에 필요한 사항은 대통령령으로 정한다. 〈신설 2022. 12. 31., 2024. 12. 31.〉

[전문개정 2010. 12. 30.]

[제목개정 2022. 12. 31.]

제322조의2(연구개발사업의 추진) ① 관세청장은 관세행정에 필요한 연구ㆍ실험ㆍ조사ㆍ기술개발(이하 "연구개발사업"이라 한다) 및 전문인력 양성 등 소관 분야의 과학기술진흥을 위한 시책을 마련하여 추진할 수 있다.

② 제1항에 따른 연구개발사업은 단계별ㆍ분야별 연구개발과제를 선정하여 다음 각 호의 기관 또는 단체 등과 협약을 맺어 실시하게 할 수 있다.

1. 국가 또는 지방자치단체가 직접 설치하여 운영하는 연구기관

2. 「특정연구기관 육성법」 제2조에 따른 특정연구기관

3. 「과학기술분야 정부출연연구기관 등의 설립ㆍ운영 및 육성에 관한 법률」에 따라 설립된 과학기술분야 정부출연연구기관

4. 「고등교육법」에 따른 대학ㆍ산업대학ㆍ전문대학 및 기술대학

5. 「기초연구진흥 및 기술개발지원에 관한 법률」 제14조의2제1항에 따라 인정받은 기업부설연구소 또는 기업의 연구개발전담부서

6. 「민법」이나 다른 법률에 따라 설립된 법인으로서 관세행정 관련 연구를 하는 기관

7. 그 밖에 대통령령으로 정하는 관세행정 분야의 연구기관 또는 단체

③ 관세청장은 제2항에 따른 기관 또는 단체 등에 연구개발사업을 실시하는 데 필요한 자금의 전부 또는 일부를 출연하거나 보조할 수 있다.

④ 제3항에 따른 출연금 및 보조금의 지급·사용 및 관리 등에 관한 사항은 「국가연구개발혁신법」 제13조를 준용한다. 이 경우 「국가연구개발혁신법」 제13조 중 "연구개발비"는 "출연금 또는 보조금"으로, 같은 조 제1항 중 "정부" 및 같은 조 제2항·제6항·제7항 중 "중앙행정기관의 장"은 각각 "관세청장"으로 본다. 〈개정 2024. 12. 31.〉

[본조신설 2020. 12. 22.]

제322조의2(연구개발사업의 추진) ① 관세청장은 관세행정에 필요한 연구·실험·조사·기술개발(이하 "연구개발사업"이라 한다) 및 전문인력 양성 등 소관 분야의 과학기술진흥을 위한 시책을 마련하여 추진할 수 있다.

② 제1항에 따른 연구개발사업은 단계별·분야별 연구개발과제를 선정하여 다음 각 호의 기관 또는 단체 등과 협약을 맺어 실시하게 할 수 있다. 〈개정 2025. 1. 31.〉

1. 국가 또는 지방자치단체가 직접 설치하여 운영하는 연구기관

2. 「특정연구기관 육성법」 제2조에 따른 특정연구기관

3. 「과학기술분야 정부출연연구기관 등의 설립·운영 및 육성에 관한 법률」에 따라 설립된 과학기술분야 정부출연연구기관

4. 「고등교육법」에 따른 대학·산업대학·전문대학 및 기술대학

5. 「기업부설연구소등의 연구개발 지원에 관한 법률」 제7조제1항에 따라 인정받은 기업부설연구소 또는 연구개발전담부서

6. 「민법」이나 다른 법률에 따라 설립된 법인으로서 관세행정 관련 연구를 하는 기관

7. 그 밖에 대통령령으로 정하는 관세행정 분야의 연구기관 또는

단체

③ 관세청장은 제2항에 따른 기관 또는 단체 등에 연구개발사업을 실시하는 데 필요한 자금의 전부 또는 일부를 출연하거나 보조할 수 있다.

④ 제3항에 따른 출연금 및 보조금의 지급·사용 및 관리 등에 관한 사항은 「국가연구개발혁신법」 제13조를 준용한다. 이 경우 「국가연구개발혁신법」 제13조 중 "연구개발비"는 "출연금 또는 보조금"으로, 같은 조 제1항 중 "정부" 및 같은 조 제2항·제6항·제7항 중 "중앙행정기관의 장"은 각각 "관세청장"으로 본다. 〈개정 2024. 12. 31.〉

[본조신설 2020. 12. 22.]

[시행일: 2026. 2. 1.] 제322조의2

제323조(세관설비의 사용) 물품장치나 통관을 위한 세관설비를 사용하려는 자는 기획재정부령으로 정하는 사용료를 납부하여야 한다.

[전문개정 2010. 12. 30.]

제324조(포상) ① 관세청장은 다음 각 호의 어느 하나에 해당하는 사람에게는 대통령령으로 정하는 바에 따라 포상할 수 있다.

1. 제269조부터 제271조까지, 제274조, 제275조의2 및 제275조의3에 해당되는 관세범을 세관이나 그 밖의 수사기관에 통보하거나 체포한 자로서 공로가 있는 사람

2. 제269조부터 제274조까지의 규정에 해당되는 범죄물품을 압수한 사람으로서 공로가 있는 사람

3. 이 법이나 다른 법률에 따라 세관장이 관세 및 내국세 등을 추가 징수하는 데에 공로가 있는 사람

4. 관세행정의 개선이나 발전에 특별히 공로가 있는 사람

② 관세청장은 체납자의 은닉재산을 신고한 사람에게 대통령령으로 정하는 바에 따라 10억원의 범위에서 포상금을 지급할 수 있다. 다만, 은닉재산의 신고를 통하여 징수된 금액이 대통령령으로 정하는 금액 미만인 경우 또는 공무원이 그 직무와 관련하여 은닉재산을 신고한 경우에는 포상금을 지급하지 아니한다. 〈개정 2013. 1. 1.〉

③ 제2항에서 "은닉재산"이란 체납자가 은닉한 현금·예금·주식이나 그 밖에 재산적 가치가 있는 유형·무형의 재산을 말한다. 다

만, 다음 각 호의 어느 하나에 해당하는 재산은 제외한다. 〈개정 2020. 12. 22.〉

1. 「국세징수법」 제25조에 따른 사해행위 취소소송의 대상이 되어 있는 재산

2. 세관공무원이 은닉 사실을 알고 조사를 시작하거나 강제징수 절차를 진행하기 시작한 재산

3. 그 밖에 체납자의 은닉재산을 신고받을 필요가 없다고 인정되는 재산으로서 대통령령으로 정하는 것

④ 제2항에 따른 은닉재산의 신고는 신고자의 성명과 주소를 적고 서명하거나 날인한 문서로 하여야 한다.

[전문개정 2010. 12. 30.]

제325조(편의 제공) 이 법에 따라 물품의 운송·장치 또는 그 밖의 취급을 하는 자는 세관공무원의 직무집행에 대하여 편의를 제공하여야 한다.

[전문개정 2010. 12. 30.]

제326조(몰수품 등의 처분) ① 세관장은 이 법에 따라 몰수되거나 국고에 귀속된 물품(이하 "몰수품등"이라 한다)을 공매 또는 그 밖의 방법으로 처분할 수 있다.

② 몰수품등의 공매에 관하여는 제210조를 준용한다. 다만, 관세청장이 정하는 물품은 경쟁입찰에 의하지 아니하고 수의계약이나 위탁판매의 방법으로 매각할 수 있다.

③ 세관장은 관세청장이 정하는 기준에 해당하는 몰수품등을 처분하려면 관세청장의 지시를 받아야 한다.

④ 세관장은 몰수품등에 대하여 대통령령으로 정하는 금액의 범위에서 몰수 또는 국고귀속 전에 발생한 보관료 및 관리비를 지급할 수 있다.

⑤ 세관장은 몰수품등의 매각대금에서 매각에 든 비용과 제4항에 따른 보관료 및 관리비를 직접 지급할 수 있다.

⑥ 세관장은 제1항에도 불구하고 몰수품등이 농산물인 경우로서 국내시장의 수급조절과 가격안정을 도모하기 위하여 농림축산식품부장관이 요청할 때에는 대통령령으로 정하는 바에 따라 몰수품등을 농림축산식품부장관에게 이관할 수 있다. 〈개정 2013. 3. 23.〉

⑦ 관세청장 또는 세관장은 제2항에 따른 위탁판매 물품에 대한

적정한 관리를 위하여 필요한 경우에는 수탁판매기관에게 물품의 판매 현황, 재고 현황 등 관리 현황을 관세청장 또는 세관장에게 보고하게 하거나 관련 장부 및 서류의 제출을 명할 수 있다. 이 경우 보고의 방법 및 절차 등 필요한 사항은 관세청장이 정한다. 〈신설 2018. 12. 31.〉

[전문개정 2010. 12. 30.]

제326조의2(사업에 관한 허가 등의 제한) ① 세관장은 납세자가 허가·인가·면허 및 등록 등(이하 이 조에서 "허가등"이라 한다)을 받은 사업과 관련된 관세 또는 내국세등을 체납한 경우 해당 사업의 주무관청에 그 납세자에 대하여 허가등의 갱신과 그 허가등의 근거 법률에 따른 신규 허가등을 하지 아니할 것을 요구할 수 있다. 다만, 재난, 질병 또는 사업의 현저한 손실, 그 밖에 대통령령으로 정하는 사유가 있는 경우에는 그러하지 아니하다.

② 세관장은 허가등을 받아 사업을 경영하는 자가 해당 사업과 관련된 관세, 내국세등을 3회 이상 체납하고 그 체납된 금액의 합계액이 500만원 이상인 경우 해당 주무관청에 사업의 정지 또는 허가등의 취소를 요구할 수 있다. 다만, 재난, 질병 또는 사업의 현저한 손실, 그 밖에 대통령령으로 정하는 사유가 있는 경우에는 그러하지 아니하다.

③ 제2항의 관세 또는 내국세등을 체납한 횟수와 체납된 금액의 합계액을 정하는 기준과 방법은 대통령령으로 정한다.

④ 세관장은 제1항 또는 제2항의 요구를 한 후 해당 관세 또는 내국세등을 징수한 경우 즉시 그 요구를 철회하여야 한다.

⑤ 해당 주무관청은 제1항 또는 제2항에 따른 세관장의 요구가 있는 경우 정당한 사유가 없으면 요구에 따라야 하며, 그 조치 결과를 즉시 관할 세관장에 알려야 한다.

[본조신설 2022. 12. 31.]

제327조(국가관세종합정보시스템의 구축 및 운영) ① 관세청장은 전자통관의 편의를 증진하고, 외국세관과의 세관정보 교환을 통하여 수출입의 원활화와 교역안전을 도모하기 위하여 전산처리설비와 데이터베이스에 관한 국가관세종합정보시스템(이하 "관세정보시스템"이라 한다)을 구축·운영할 수 있다. 〈개정 2023. 12. 31.〉

② 세관장은 관세청장이 정하는 바에 따라 관세정보시스템의 전산

처리설비를 이용하여 이 법에 따른 신고·신청·보고·납부 등과 법령에 따른 허가·승인 또는 그 밖의 조건을 갖출 필요가 있는 물품의 증명 및 확인신청 등(이하 "전자신고등"이라 한다)을 하게 할 수 있다. 〈개정 2023. 12. 31.〉

③ 세관장은 관세청장이 정하는 바에 따라 관세정보시스템 또는 「정보통신망 이용촉진 및 정보보호 등에 관한 법률」 제2조제1항제1호에 따른 정보통신망으로서 이 법에 따른 송달을 위하여 관세정보시스템과 연계된 정보통신망(이하 "연계정보통신망"이라 한다)을 이용하여 전자신고등의 승인·허가·수리 등에 대한 교부·통지·통고 등(이하 "전자송달"이라 한다)을 할 수 있다. 〈개정 2020. 12. 22., 2023. 12. 31.〉

④ 전자신고등을 할 때에는 관세청장이 정하는 바에 따라 관계 서류를 관세정보시스템의 전산처리설비를 이용하여 제출하게 하거나, 그 제출을 생략하게 하거나 간소한 방법으로 하게 할 수 있다. 〈개정 2023. 12. 31.〉

⑤ 제2항에 따라 이행된 전자신고등은 관세청장이 정하는 관세정보시스템의 전산처리설비에 저장된 때에 세관에 접수된 것으로 보고, 전자송달은 송달받을 자가 지정한 전자우편주소나 관세정보시스템의 전자사서함 또는 연계정보통신망의 전자고지함(연계정보통신망의 이용자가 접속하여 본인에게 송달된 고지내용을 확인할 수 있는 곳을 말한다)에 고지내용이 저장된 때에 그 송달을 받아야 할 자에게 도달된 것으로 본다. 〈개정 2020. 12. 22., 2023. 12. 31.〉

⑥ 전자송달은 대통령령으로 정하는 바에 따라 송달을 받아야 할 자가 신청하는 경우에만 한다.

⑦ 제6항에도 불구하고 관세정보시스템 또는 연계정보통신망의 전산처리설비의 장애로 전자송달이 불가능한 경우, 그 밖에 대통령령으로 정하는 사유가 있는 경우에는 교부·인편 또는 우편의 방법으로 송달할 수 있다. 〈개정 2020. 12. 22., 2023. 12. 31.〉

⑧ 제6항에 따라 전자송달할 수 있는 대상의 구체적 범위·송달방법 등에 관하여 필요한 사항은 대통령령으로 정한다.

[전문개정 2010. 12. 30.]

[제목개정 2023. 12. 31.]

제327조의2(한국관세정보원의 설립) ① 정부는 관세정보시스템을 안

정적으로 운영·관리하고, 관세정보시스템의 지능정보화를 촉진하여 통상환경을 개선함으로써 국민경제의 발전에 이바지하기 위하여 한국관세정보원(이하 "관세정보원"이라 한다)을 설립한다.

② 관세정보원은 법인으로 한다.

③ 관세정보원은 그 주된 사무소의 소재지에 설립등기를 함으로써 성립한다.

④ 관세정보원의 정관에는 다음 각 호의 사항이 포함되어야 하며, 정관을 변경할 때에는 관세청장의 인가를 받아야 한다.

1. 명칭
2. 목적
3. 주된 사무소의 소재지
4. 이사회에 관한 사항
5. 임직원에 관한 사항
6. 조직에 관한 사항
7. 업무 및 그 집행에 관한 사항
8. 재산과 회계에 관한 사항
9. 공고에 관한 사항
10. 정관의 변경에 관한 사항
11. 내부 규정의 제정·개정·폐지에 관한 사항

⑤ 관세정보원은 다음 각 호의 사업을 한다.

1. 관세정보시스템의 운영 및 관리
2. 관세정보시스템 기술지원센터의 운영
3. 관세정보시스템의 지능정보화 촉진을 위한 기획·조사·컨설팅·연구·교육·홍보
4. 그 밖에 국가, 지방자치단체 또는 「공공기관의 운영에 관한 법률」에 따른 공공기관 등으로부터 위탁받은 사업

⑥ 관세정보원장은 정관으로 정하는 바에 따라 관세청장이 임명한다.

⑦ 관세정보원은 관세청장의 승인을 받아 제5항에 따른 사업 외에 설립목적 달성에 필요한 경비를 조달하기 위하여 수익사업을 할 수 있다.

⑧ 정부는 관세정보원의 시설, 운영 및 사업에 필요한 경비를 예산의 범위에서 출연하거나 보조할 수 있다.

⑨ 관세정보원에 대하여 이 법과 「공공기관의 운영에 관한 법률」에

서 규정한 것 외에는 「민법」 중 재단법인에 관한 규정을 준용한다.

⑩ 이 법에 따른 관세정보원이 아닌 자는 한국관세정보원 또는 이와 유사한 명칭을 사용하지 못한다.

⑪ 관세청장은 관세정보원의 업무를 지도·감독한다.

⑫ 관세청장은 필요하면 소속 공무원에게 관세정보원의 업무·회계 및 재산에 관한 사항을 검사하게 하거나 관세정보원에 대하여 필요한 자료의 제출을 요구할 수 있다. 〈신설 2024. 12. 31.〉

⑬ 관세청장은 제12항에 따라 검사를 한 결과 위법하거나 부당한 사항이 있는 경우에는 관세정보원에 그 시정을 명하거나 그 밖에 필요한 조치를 할 수 있다. 〈신설 2024. 12. 31.〉

[전문개정 2023. 12. 31.]

제327조의3(전자문서중계사업자의 지정 등) ① 「전기통신사업법」 제2조제8호에 따른 전기통신사업자로서 전자신고등 및 전자송달을 중계하는 업무(이하 "전자문서중계업무"라 한다)를 수행하려는 자는 대통령령으로 정하는 기준과 절차에 따라 관세청장의 지정을 받아야 한다.

② 다음 각 호의 어느 하나에 해당하는 자는 제1항에 따른 지정을 받을 수 없다. 〈개정 2018. 12. 31.〉

1. 제175조제2호부터 제5호까지의 어느 하나에 해당하는 자
2. 제3항에 따라 지정이 취소(제175조제2호 또는 제3호에 해당하여 지정이 취소된 경우는 제외한다)된 날부터 2년이 지나지 아니한 자
3. 제1호 또는 제2호에 해당하는 자를 임원으로 하는 법인

③ 관세청장은 제1항에 따라 지정을 받은 자(이하 "전자문서중계사업자"라 한다)가 다음 각 호의 어느 하나에 해당하는 경우에는 그 지정을 취소하거나 1년 이내의 기간을 정하여 전자문서중계업무의 전부 또는 일부의 정지를 명할 수 있다. 다만, 제1호 및 제2호에 해당하는 경우에는 그 지정을 취소하여야 한다. 〈개정 2014. 1. 1., 2018. 12. 31., 2023. 12. 31.〉

1. 제2항 각 호의 어느 하나에 해당한 경우. 다만, 제2항제3호에 해당하는 경우로서 제175조제2호 또는 제3호에 해당하는 사람을 임원으로 하는 법인이 3개월 이내에 해당 임원을 변경한 경우에는 그러하지 아니하다.
2. 거짓이나 그 밖의 부정한 방법으로 제1항에 따른 지정을 받은 경우

3. 제1항에 따른 기준을 충족하지 못하게 된 경우
4. 제7항에 따른 관세청장의 지도·감독을 위반한 경우
5. 제8항에 따른 관세청장의 시정명령을 그 정하여진 기간 이내에 이행하지 아니한 경우
6. 제327조의4제3항을 위반하여 업무상 알게 된 전자문서상의 비밀과 관련 정보에 관한 비밀을 누설하거나 도용한 경우

④ 관세청장은 제3항에 따른 업무정지가 그 이용자에게 심한 불편을 주거나 그 밖에 공익을 해칠 우려가 있는 경우에는 업무정지처분을 갈음하여 1억원 이하의 과징금을 부과할 수 있다. 이 경우 과징금을 부과하는 위반행위의 종류와 위반 정도 등에 따른 과징금의 금액 등에 관하여 필요한 사항은 대통령령으로 정한다.

⑤ 제4항에 따른 과징금을 납부하여야 할 자가 납부기한까지 이를 납부하지 아니한 경우에는 제26조를 준용한다.

⑥ 전자문서중계사업자는 전자문서중계업무를 제공받는 자에게 기획재정부령으로 정하는 바에 따라 수수료 등 필요한 요금을 부과할 수 있다.

⑦ 관세청장은 전자문서중계사업의 안정적인 운영을 위하여 전자문서중계사업자에게 사업실적 등 운영사업과 관련한 주요 내용을 매년 보고하도록 하거나 관련 장부 및 서류를 제출하도록 명할 수 있다. 이 경우 보고의 방법 및 절차 등 필요한 사항은 관세청장이 정한다. 〈개정 2023. 12. 31.〉

⑧ 관세청장은 전자문서중계사업자의 업무 수행의 방법, 절차 등이 부적절하여 전자문서중계의 안정성을 저해하거나 저해할 우려가 있는 경우 6개월 이내의 기간을 정하여 그 시정을 명할 수 있다. 〈신설 2023. 12. 31.〉

⑨ 제3항에 따른 지정취소 및 업무정지 처분의 세부기준에 관한 사항은 기획재정부령으로 정한다. 〈신설 2023. 12. 31.〉

[전문개정 2010. 12. 30.]

제327조의4(전자문서 등 관련 정보에 관한 보안) ① 누구든지 관세정보시스템 또는 전자문서중계사업자의 전산처리설비에 기록된 전자문서 등 관련 정보를 위조 또는 변조하거나 위조 또는 변조된 정보를 행사하여서는 아니 된다. 〈개정 2023. 12. 31.〉

② 누구든지 관세정보시스템 또는 전자문서중계사업자의 전산처리

설비에 기록된 전자문서 등 관련 정보를 훼손하거나 그 비밀을 침해하여서는 아니 된다. 〈개정 2023. 12. 31.〉

③ 관세정보원 또는 전자문서중계사업자의 임직원이거나, 임직원이었던 자는 업무상 알게 된 전자문서상의 비밀과 관련 정보에 관한 비밀을 누설하거나 도용하여서는 아니 된다. 〈개정 2023. 12. 31.〉

④ 삭제 〈2016. 12. 20.〉

[전문개정 2010. 12. 30.]

제327조의5(전자문서의 표준) 관세청장은 제240조의6에 따른 국가간 세관정보의 원활한 상호 교환을 위하여 세계관세기구 등 국제기구에서 정하는 사항을 고려하여 전자신고등 및 전자송달에 관한 전자문서의 표준을 정할 수 있다. 〈개정 2017. 12. 19.〉

[전문개정 2010. 12. 30.]

제328조(청문) 세관장은 다음 각 호의 어느 하나에 해당하는 처분을 하려면 청문을 하여야 한다. 〈개정 2011. 12. 31., 2014. 12. 23., 2017. 12. 19., 2018. 12. 31., 2019. 12. 31., 2021. 12. 21., 2023. 12. 31.〉

1. 제164조제6항에 따른 자율관리보세구역 지정의 취소
2. 제165조제5항에 따른 보세사 등록의 취소 및 업무정지
3. 제167조에 따른 지정보세구역 지정의 취소
4. 제172조제6항에 따른 화물관리인 지정의 취소
5. 제178조제1항 및 제2항에 따른 물품반입등의 정지 및 운영인 특허의 취소
6. 제204조제1항에 따른 종합보세구역 지정의 취소
7. 제204조제2항에 따른 종합보세기능의 수행 중지

7의2. 제204조제3항에 따른 종합보세사업장의 폐쇄

8. 제224조제1항에 따른 보세운송업자등의 등록 취소 및 업무정지
9. 제255조의5에 따른 수출입안전관리우수업체 공인의 취소
10. 제327조의3제3항에 따른 전자문서중계사업자 지정의 취소 및 사업·업무의 전부 또는 일부의 정지

[전문개정 2010. 12. 30.]

제329조(권한 또는 업무의 위임·위탁) ① 이 법에 따른 기획재정부

장관의 권한 중 다음 각 호의 권한은 대통령령으로 정하는 바에 따라 관세청장에게 위임할 수 있다. 〈신설 2021. 12. 21.〉

1. 제56조제2항에 따른 덤핑방지관세 재심사에 필요한 사항의 조사

2. 제62조제2항에 따른 상계관세 재심사에 필요한 사항의 조사

② 이 법에 따른 관세청장이나 세관장의 권한은 대통령령으로 정하는 바에 그 권한의 일부를 세관장이나 그 밖의 소속 기관의 장에게 위임할 수 있다. 〈개정 2021. 12. 21.〉

③ 세관장은 대통령령으로 정하는 바에 따라 제257조부터 제259조까지의 규정에 따른 권한을 체신관서의 장에게 위탁할 수 있다. 〈개정 2021. 12. 21.〉

④ 세관장은 대통령령으로 정하는 바에 따라 제157조, 제158조제2항, 제159조제2항, 제165조제3항, 제209조, 제213조제2항(보세운송신고의 접수만 해당한다) · 제3항, 제215조, 제222조제1항 · 제3항 · 제5항 및 제246조제1항에 따른 업무를 다음 각 호의 자에게 위탁할 수 있다. 다만, 제222조제1항 · 제3항 · 제5항에 따른 업무는 같은 조 제1항제1호 및 제2호에 관한 사항으로 한정한다. 〈개정 2019. 12. 31., 2021. 12. 21., 2024. 12. 31.〉

1. 통관질서의 유지와 수출입화물의 효율적인 관리를 위하여 설립된 비영리법인

2. 화물관리인

3. 운영인

4. 제222조에 따라 등록한 보세운송업자

⑤ 이 법에 따른 관세청장 또는 세관장의 업무 중 다음 각 호의 업무는 대통령령으로 정하는 바에 따라 대통령령으로 정하는 단체에 위탁할 수 있다. 〈개정 2021. 12. 21., 2024. 12. 31.〉

1. 제165조제1항에 따른 보세사 시험 업무

2. 제173조제3항 단서에 따른 물품 검사비용 지원 업무 중 신청서 접수, 지원 요건 및 금액에 관한 심사

3. 제235조제2항에 따른 지식재산권 등의 신고 업무 중 신고서 접수 및 보완 요구

4. 제255조의2제2항에 따른 수출입안전관리우수업체 공인 심사 지원 및 같은 조 제3항에 따른 예비심사 지원

5. 제265조에 따른 물품 또는 운송수단 등에 대한 검사 등에 관한 업무 중 국제항을 출입하는 자가 휴대하는 물품 및 국제항을 출입하는 자가 사용하는 운송수단에 대한 검사

⑥ 삭제 〈2021. 12. 21.〉

[전문개정 2010. 12. 30.]

[제목개정 2021. 12. 21.]

제330조(벌칙 적용에서 공무원 의제) 다음 각 호에 해당하는 사람은 「형법」 제127조 및 제129조부터 제132조까지의 규정을 적용할 때에는 공무원으로 본다. 〈개정 2017. 12. 19., 2018. 12. 31., 2019. 12. 31., 2020. 12. 22., 2021. 12. 21., 2022. 12. 31., 2023. 12. 31.〉

1. 제208조제4항에 따라 대행 업무에 종사하는 사람
2. 제233조의2제1항에 따른 한국원산지정보원의 업무에 종사하는 사람
3. 삭제 〈2021. 12. 21.〉
4. 제322조제5항에 따라 대행 업무(제116조제5항에 따라 과세정보를 제공하는 경우를 포함한다)에 종사하는 사람
5. 제327조의2제1항에 따른 관세정보원의 임직원
6. 제327조의3제3항에 따른 전자문서중계사업자
7. 제329조제3항부터 제5항까지의 규정에 따라 위탁받은 업무에 종사하는 사람
8. 다음 각 목의 위원회의 위원 중 공무원이 아닌 사람
   가. 제45조제1항에 따른 관세체납정리위원회
   나. 제85조제2항에 따른 관세품목분류위원회
   다. 제116조의2제2항에 따른 관세정보위원회
   라. 제118조의4제1항에 따른 납세자보호위원회
   마. 삭제 〈2022. 12. 31.〉
   바. 제165조의5에 따른 보세사징계위원회
   사. 제176조의3제1항에 따른 보세판매장 특허심사위원회
   아. 제176조의4에 따른 보세판매장 제도운영위원회
   자. 삭제 〈2021. 12. 21.〉
   차. 제284조의2에 따른 관세범칙조사심의위원회

[본조신설 2016. 12. 20.]

부칙 〈제6305호, 2000. 12. 29.〉

제1조 (시행일) 이 법은 2001년 1월 1일부터 시행한다.

제2조 (적용례) ①제8조제4항의 개정규정은 이 법 시행후 최초로 신고등을 하는 분부터 적용한다.

②제9조제1항제3호, 제19조제1항제1호, 제41조, 제42조, 제88조 내지 제96조, 제99조, 제101조, 제102조, 제249조, 제251조제1항 단서 및 제254조의 개정규정은 이 법 시행후 최초로 수출·수입 또는 반송의 신고를 하거나 부과고지를 하는 분부터 적용한다.

③제39조제1항제5호 및 제253조의 개정규정은 이 법 시행후 최초로 즉시반출신고를 하는 분부터 적용한다

④제40조 및 제118조의 개정규정은 이 법 시행후 최초로 징수하는 분부터 적용한다.

⑤제177조의 개정규정은 이 법 시행후 최초로 장치하는 물품부터 적용한다.

제3조 (일반적 경과조치) 이 법 시행당시 종전의 규정에 의한 처분·절차 기타의 행위는 이 법의 규정에 저촉되지 아니하는 한 이 법의 규정에 의하여 행하여진 것으로 본다.

제4조 (경정청구기간에 관한 경과조치) 이 법 시행당시 납세신고를 한 날부터 1년이 경과되지 아니한 경우의 세액의 경정에 대하여는 제38조제4항의 개정규정을 적용한다.

제5조 (특허보세구역에 관한 경과조치) ①종전의 규정에 의하여 보세장치장의 설영에 관한 특허를 받은 자는 제183조의 개정규정에 의한 보세창고의 설치·운영에 관한 특허를 받은 것으로 본다.

②종전의 규정에 의하여 특별보세공장의 설영에 관한 특허를 받은 자는 제185조의 개정규정에 의한 보세공장의 설치·운영에 관한 특허를 받은 것으로 본다.

제6조 (벌칙에 관한 경과조치) 이 법 시행전의 행위에 관한 벌칙의 적용에 있어서는 종전의 규정에 의한다.

제7조 (다른 법률의 개정) ①관세사법중 다음과 같이 개정한다.

제5조제6호 본문중 "관세법 제179조·제180조·제182조·제186조 또는 제227조"를 "관세법 제269조 내지 제271조 및 제274조"로 하고, 동호 단서중 "관세법 제195조"를 "관세법 제279조"로 한다.

제32조중 "관세법 제199조 내지 제235조"를 "관세법 제283조 내지 제319조"로 한다.

②수출용원재료에대한관세등환급에관한특례법중 다음과 같이 개정한다.

제8조제3항 전단중 "관세법 제17조의2"를 "관세법 제39조"로 한다.

제11조제2항 전단중 "관세법 제7조제1항"을 "관세법 제50조제1항"으로 한다.

제21조제1항 본문중 "관세법 제24조의2제1항"을 "관세법 제47조제1항"으로 한다.

제24조제1항중 "관세법 제199조 내지 제235조"를 "관세법 제283조 내지 제319조"로 한다.

③지방세법중 다음과 같이 개정한다.

제223조제3호중 "관세법 제65조"를 "관세법 제154조"로 한다.

④임시수입부가세법중 다음과 같이 개정한다.

제3조중 "관세법 제7조"를 "관세법 제50조"로 한다.

제4조제1항중 "관세법 제9조 · 제9조의2 내지 제9조의14"를 "관세법 제15조 · 제18조 · 제27조 내지 제36조"로 한다.

⑤부가가치세법중 다음과 같이 개정한다.

제12조제2항제7호중 "관세법 제8조제1항"을 "관세법 제81조제1항"으로 한다.

⑥조세특례제한법중 다음과 같이 개정한다.

제106조제1항제10호중 "관세법 제28조의6제1항제5호"를 "관세법 제91조제4호 및 제5호"로 한다.

제118조제4항중 "관세법 제34조의2제1항 단서"를 각각 "관세법 제103조제1항 단서"로 한다.

⑦특정범죄가중처벌등에관한법률중 다음과 같이 개정한다.

제6조제1항 본문중 "관세법 제179조제1항"을 "관세법 제269조제1항"으로 하고, 동조제2항 본문중 "관세법 제179조제2항"을 "관세법 제269조제2항"으로 하며, 동조제3항중 "관세법 제179조제3항"을 "관세법 제269조제3항"으로 하고, 동조제4항 본문중 "관세법 제180조제1항제1호 · 제4항 또는 동조제5항"을 "관세법 제270조제1항제1호 · 제4항 또는 동조제5항"으로 하며, 동조제5항 본문중 "관세법 제180조제1항제3호 또는 동조제2항"을 "관세법 제270조제1항제2호

또는 동조제2항"으로 하고, 동조제7항중 "관세법 제182조"를 "관세법 제271조"로 하며, 동조제8항중 "관세법 제179조 내지 제182조 또는 제186조"를 "관세법 제269조 내지 제271조 또는 제274조"로 한다.

제7조중 "관세법 제179조 또는 제180조"를 "관세법 제269조 또는 제270조"로 한다.

⑧마약류불법거래방지에관한특례법중 다음과 같이 개정한다.

제4조제1항 각호외의 부분 본문중 "관세법 제140조"를 "관세법 제246조"로 하고, 동항제1호중 "관세법 제137조"를 "관세법 제241조"로 하며, 동조제2항 전단중 "관세법 제151조"를 "관세법 제257조"로 하고, 동항 후단중 "같은 법 제148조"를 "같은 법 제240조"로 한다.

⑨가축전염병예방법중 다음과 같이 개정한다.

제24조제3항중 "관세법 제65조"를 "관세법 제154조"로 한다.

⑩축산법중 다음과 같이 개정한다.

제25조 본문중 "관세법 제16조"를 "관세법 제71조"로 한다.

⑪양곡관리법중 다음과 같이 개정한다.

제13조 각호외의 부분 본문중 "관세법 제16조"를 "관세법 제71조"로 한다.

⑫자유무역지역의지정등에관한법률중 다음과 같이 개정한다.

제2조제6호중 "관세법 제2조제1항"을 "관세법 제2조제1호"로 하고, 동조제7호중 "관세법 제2조제2항"을 "관세법 제2조제2호"로 한다.

제20조제1항중 "관세법 제2조제3항 및 동조제4항"을 "관세법 제2조제3호 및 제4호"로 하고, 동조제3항 본문중 "관세법 제137조"를 "관세법 제241조"로 한다.

제21조제2항 본문중 "관세법 제137조"를 "관세법 제241조"로 한다.

제22조제1항중 "관세법 제140조"를 "관세법 제246조"로 하고, 동조제2항중 "관세법 제141조"를 "관세법 제247조"로 한다.

제45조중 "관세법 제179조, 제180조, 제182조, 제183조, 제185조, 제186조, 제187조, 제188조, 제192조의2, 제194조 내지 제198조"를 "관세법 제269조 내지 제282조"로 한다.

제47조중 "관세법 제10장(제199조 내지 제235조)"을 "관세법 제12장(제283조 내지 제319조)"으로 한다.

⑬대외무역법중 다음과 같이 개정한다.

제35조제6호중 "관세법 제10조 및 동법 제13조"를 "관세법 제51조 내지 제62조"로 한다.

⑭외국민간원조단체에관한법률중 다음과 같이 개정한다.

제5조제1항 본문중 "관세법 제28조의6제1항제2호"를 "관세법 제91조제2호"로 한다.

⑮항만운송사업법중 다음과 같이 개정한다.

제26조제1항제5호중 "관세법 제179조 · 제180조 또는 제182조"를 "관세법 제269조 내지 제271조"로 한다.

⑯화물유통촉진법중 다음과 같이 개정한다.

제54조제1항을 삭제하고, 동조제2항중 "관세법 제93조"를 "관세법 제183조"로 한다.

⑰통신비밀보호법중 다음과 같이 개정한다.

제3조제2호중 "관세법 제150조 · 제151조 등"을 "관세법 제256조 · 제257조 등"으로 한다.

⑱무역거래기반조성에관한법률중 다음과 같이 개정한다.

제7조제2항 단서중 "관세법 제137조"를 "관세법 제241조"로 한다.

⑲국제물류기지육성을위한관세자유지역의지정및운영에관한법률중 다음과 같이 개정한다.

제2조제6호중 "관세법 제2조제3항"을 "관세법 제2조제3호"로 하고, 동조제7호중 "관세법 제2조제4항"을 "관세법 제2조제4호"로 한다.

제11조제3항제5호 본문중 "관세법 제179조 · 제180조 · 제182조 또는 제186조"를 "관세법 제269조 내지 제271조 또는 제274조"로 하고, 동호 단서중 "관세법 제195조 또는 제196조"를 "관세법 제279조 또는 제280조"로 한다.

제17조제1호 나목중 "관세법 제137조"를 "관세법 제241조"로 한다.

제18조제2항을 다음과 같이 한다.

②관세법 제226조, 제242조, 제245조, 제246조제1항 · 제2항,

제247조제1항 단서, 제249조, 제250조제1항 본문 · 제2항 · 제3항, 제251조의 규정은 제1항의 규정에 의한 국외반출신고에 관하여 이를 준용한다. 이 경우 관세법 제226조제1항중 "수출입"은 "국외반출"로, 동법 제226조제2항중 "수출입물품"은 "국외반출물품"으로, 동법 제242조 단서 및 제251조제1항 · 제2항중 "수출신고"는 "국외반출신고"로, 동법 제242조 단서중 "수출물품"은 "국외반출물품"으로, 동법 제245조제1항 · 제2항, 제246조제1항, 제247조제1항 단서, 제249조 및 제250조제2항 · 제3항중 "수출"은 "국외반출"로 본다.

제19조제1항중 "관세법 제137조"를 "관세법 제241조"로 한다.

제21조제2항 전단중 "관세법 제71조제2항 및 제3항"을 "관세법 제161조제2항 및 제3항"으로 하고, 동항 후단중 "관세법 제71조제2항"을 "관세법 제161조제2항"으로 한다.

제22조제3항 전단중 "관세법 제100조제2항 · 제4항 및 제5항"을 "관세법 제187조제2항 · 제4항 및 제6항"으로 하고, 동항 후단중 "관세법 제100조제2항 · 제4항 및 제5항"을 "관세법 제187조제2항 · 제4항 및 제6항"으로 하며, 동조제4항중 "관세법 제100조제5항"을 "관세법 제187조제6항"으로 한다.

제23조제1항중 "관세법 제128조제1항 각호"를 "관세법 제213조제1항 각호"로 하고, 동조제2항을 다음과 같이 한다.

②관세법 제213조제2항 내지 제5항, 제214조, 제215조 내지 제219조 및 제220조의 규정은 제1항의 규정에 의한 보세운송에 관하여 이를 준용한다. 이 경우 관세법 제213조제5항의 규정에 의하여 준용되는 관세법 제247조제2항의 "보세구역"은 "관세자유지역"으로 본다.

제26조제1항중 "관세법 제146조 각호"를 "관세법 제234조 각호"로 한다.

제40조제4호중 "관세법 제128조제2항 또는 제133조제2항"을 "관세법 제213조제2항 또는 제219조제2항"으로 한다.

제47조제2항중 "관세법 제194조"를 "관세법 제278조"로 한다.

제48조중 "관세법 제199조제1항"을 "관세법 제283조제1항"으로, "동법 제10장(제199조 내지 제235조)"을 "동법 제12장(제283조 내지 제319조)"으로 한다.

제49조제1항제3호중 "관세법 제66조제3항"을 "관세법 제251조제

1항"으로 하고, 동항제4호중 "관세법 제128조의2제1항 · 제129조제2항 또는 제130조"를 "관세법 제214조 · 제215조 또는 제216조"로 하며, 동조제2항제1호중 "관세법 제139조제3항 또는 제141조의3"을 "관세법 제245조제3항 또는 제249조"로 한다.

제8조 (다른 법령과의 관계) 이 법 시행당시 다른 법령에서 종전의 관세법 및 그 규정을 인용하고 있는 경우 이 법중 그에 해당하는 규정이 있는 때에는 종전의 규정에 갈음하여 이 법 또는 이 법의 해당 규정을 인용한 것으로 본다.

부칙 〈제6705호, 2002. 8. 26.〉 (기술신용보증기금법)

제1조 (시행일) 이 법은 공포후 3월이 경과한 날부터 시행한다.

제2조 및 제3조 생략

제4조 (다른 법률의 개정 등) ①관세법중 다음과 같이 개정한다.

제24조 제1항제7호중 "신기술사업금융지원에관한법률"을 "기술신용보증기금법"으로 한다.

②내지 ⑩생략

부칙 〈제6777호, 2002. 12. 18.〉

제1조 (시행일) 이 법은 2003년 1월 1일부터 시행한다.

제2조 (적용례) ①제38조제3항 및 제42조제2항의 개정규정은 이 법 시행후 최초로 수 정신고하는 분부터 적용한다.

②제185조제4항의 개정규정은 이 법 시행후 최초로 수입통관후 보세공장에서 사용하게 될 물품을 보세공장에 반입하는 분부터 적용한다.

③제241조제3항 및 제243조제1항의 개정규정은 이 법 시행후 최초로 지정장치장 또는 보세창고에 반입하거나 보세구역이 아닌 장소에 장치하는 분부터 적용한다.

제3조 (행정처분에 관한 경과조치) 이 법 시행전의 행위에 대한 행정처분의 적용에 있어서는 종전의 규정에 의한다.

제4조 (전자문서중계사업자에 관한 경과조치) 이 법 시행 당시 제327조의2제1항의 개정규정에 의한 전자문서중계업무를 수행하고 있는 자는 이 법 시행일부터 3월까지는 제327조의2의 개정규정에 불구하고 전자문서중계업무를 수행할 수 있다.

제5조 (벌칙에 관한 경과조치) 이 법 시행전의 행위에 대한 벌칙의 적용에 있어서는 종전의 규정에 의한다.

부칙 〈제7009호, 2003. 12. 30.〉

제1조 (시행일) 이 법은 공포후 3월이 경과한 날부터 시행한다.

제2조 (일반적 적용례) 이 법은 이 법 시행후 수입신고하는 분부터 적용한다.

제3조 (가산금에 관한 적용례) 제41조제1항의 개정규정은 이 법 시행후 수입신고 하거나 부과고지하는 분부터 적용한다.

제4조 (계약내용과 상이한 물품 등에 대한 관세환급에 관한 적용례) ①제106조제1항의 개정규정은 이 법 시행후 보세공장에 반입하는 분부터 적용한다.

②제106조제6항의 개정규정은 이 법 시행후 환급신청하는 분부터 적용한다.

제5조 (수입신고수리물품의 반출에 관한 적용례) 제157조의2의 개정규정은 이 법 시행후 수입신고가 수리되는 분부터 적용한다.

제6조 (종합보세구역의 판매물품에 대한 관세 등의 환급에 관한 적용례) 제199조의2의 개정규정은 이 법 시행후 종합보세구역에서 판매하는 분부터 적용한다.

제7조 (몰수품등의 처분에 관한 적용례) 제326조제6항의 개정규정은 이 법 시행후 이 법에 의해 몰수되거나 국고귀속되는 분부터 적용한다.

제8조 (벌칙 등에 관한 경과조치) 이 법 시행전의 행위에 대한 벌칙 또는 과태료의 적용에 있어서는 종전의 규정에 의한다.

부칙 〈제7222호, 2004. 10. 5.〉

①(시행일) 이 법은 공포한 날부터 시행한다. 다만, 제9조제3항의 개정규정은 공포후 1월이 경과한 날부터 시행한다.

②(관세의 납부기한에 관한 적용례) 제9조제3항의 개정규정은 시행일이 속하는 달에 제9조제1항제1호 및 제3호의 규정에 의한 납부기한이 도래하는 세액분부터 적용한다.

③(신고서류의 보관기간에 관한 적용례) 제12조의 개정규정은 이 법 시행후 신고 또는 제출하는 분부터 적용한다.

④(보정에 관한 적용례) 제38조의2제5항 단서의 개정규정은 이 법 시행후 부족세액에 대한 보정신청을 하는 분부터 적용한다.
⑤(이의신청에 관한 적용례) 제132조제1항 후단의 개정규정은 이 법 시행후 제259조제1항의 결정사항 또는 세액에 대한 통지를 우송받는 분부터 적용한다.

부칙 〈제7581호, 2005. 7. 13.〉
①(시행일) 이 법은 공포한 날부터 시행한다.
②(관세의 환급청구권의 소멸시효에 관한 경과조치) 이 법 시행당시 이미 발생한 환급청구권으로서 종전의 규정에 따른 소멸시효가 완성되지 아니한 환급청구권에 대하여는 제22조제2항의 개정규정을 적용한다.

부칙 〈제7849호, 2006. 2. 21.〉 (제주특별자치도 설치 및 국제자유도시 조성을 위한 특별법)
제1조 (시행일) 이 법은 2006년 7월 1일부터 시행한다. 〈단서 생략〉
제2조 내지 제39조 생략
제40조 (다른 법령의 개정) ①내지 ⑨생략
⑩관세법 일부를 다음과 같이 개정한다.
제138조제2항 · 제3항, 제219조제2항 단서 및 제3항 중 "경찰공무원"을 각각 "국가경찰공무원"으로 한다.
제268조제1항제2호를 다음과 같이 한다.
2. 국가경찰관서의 장
제309조 중 "경찰관리"를 "국가경찰공무원"으로 한다.
⑪내지 ㊼생략
제41조 생략

부칙 〈제7887호, 2006. 3. 24.〉
제1조 (시행일) 이 법은 공포한 날부터 시행한다. 다만, 제116조의2의 개정규정은 2007년 1월 1일부터 시행한다.
제2조 (가산세에 관한 적용례) 제42조의 개정규정은 이 법 시행 후 최초로 수정신고하거나 납세고지하는 분부터 적용한다.
제3조 (특정물품에 적용되는 품목분류의 변경 및 적용에 관한 적용

례) ①제87조제3항의 개정규정은 이 법 시행 후 최초로 품목분류의 사전심사를 신청하거나 이 법 시행 후 최초로 수입된 물품으로서 관세청장이 직권으로 품목분류를 결정하는 물품부터 적용한다.

②제87조제4항의 개정규정은 이 법 시행 후 최초로 수출입신고가 수리된 물품부터 적용한다.

제4조 (특허보세구역의 물품의 장치기간에 관한 적용례) 제177조제1항제1호 나목의 개정규정은 이 법 시행 후 최초로 특허보세구역의 보세창고에 장치되는 물품부터 적용한다.

제5조 (수출 · 수입 또는 반송의 신고에 관한 적용례) 제241조제5항제1호의 개정규정은 이 법 시행 후 최초로 과세하는 분부터 적용한다.

제6조 (잠정가격 신고 후 확정된 가격을 신고하지 아니한 물품에 관한 경과조치) 이 법 시행 전에 제28조제1항의 규정에 따른 잠정가격을 신고한 후 동조제2항의 규정에 따라 확정된 가격을 신고기간 내에 신고하지 아니한 분에 대하여 동조제3항 및 제4항의 개정규정을 적용한다.

제7조 (종합보세구역의 물품의 장치기간에 관한 경과조치) 이 법 시행 전에 종합보세구역에 장치된 물품에 대하여 제200조제2항 단서의 개정규정을 적용한다. 이 경우 당해 물픔의 장치기간의 기산일은 이 법 시행일로 한다.

부칙 〈제8050호, 2006. 10. 4.〉 (국가재정법)

제1조 (시행일) 이 법은 2007년 1월 1일부터 시행한다. 〈단서 생략〉

제2조 내지 제10조 생략

제11조 (다른 법률의 개정) ①내지 ⑦생략

⑧관세법 일부를 다음과 같이 개정한다.

제46조제4항 중 "예산회계법 제18조"를 "「국가재정법」 제17조"로 한다.

⑨내지 〈59〉생략

제12조 생략

부칙 〈제8136호, 2006. 12. 30.〉

제1조 (시행일) 이 법은 2007년 4월 1일부터 시행한다. 다만, 별표의 개정규정은 2007년 1월 1일부터 시행한다.

제2조 (우편물에 관한 적용례) 제16조제8호의 개정규정은 이 법 시행 후 최초로 신고하는 우편물부터 적용한다.
제3조 (체납처분유예기간 및 사해행위 취소소송기간의 시효정지에 관한 적용례) 제23조제3항의 개정규정은 이 법 시행 후 최초로 체납처분을 유예하거나 사해행위의 취소소송을 제기하는 분부터 적용한다.
제4조 (과세전적부심의 신청기간에 관한 적용례) 제118조제2항 본문의 개정규정은 이 법 시행 전에 통지를 받은 것에 대하여도 적용한다.
제5조 (심사청구 결정기간에 관한 적용례) 제128조제2항 본문의 개정규정은 이 법 시행 후 최초로 심사청구하는 분부터 적용한다.
제6조 (국경출입차량에 관한 적용례) 제149조제3항 및 제4항, 제150조제3항 및 제4항, 제151조의2, 제151조의3 및 제152조의 개정규정은 이 법 시행 후 최초로 국경을 출입하는 차량부터 적용한다.
제7조 (수출·수입 및 반송 신고에 관한 적용례) 제241조제6항의 개정규정은 이 법 시행 후 최초로 신고하는 분부터 적용한다.
제8조 (은닉재산 신고자의 포상에 관한 적용례) 제324조제2항 내지 제4항의 개정규정은 이 법 시행 후 최초로 체납자의 은닉재산을 신고하는 분부터 적용한다.
제9조 (관세율표에 관한 적용례) 별표의 개정규정은 2007년 1월 1일 이후 최초로 수입신고하는 분부터 적용한다.
제10조 (보세운송업자 등의 등록에 대한 경과조치) 이 법 시행당시 국경출입차량에 물품을 하역하는 것을 업으로 하고 있는 자 등은 제222조의 개정규정에 따라 등록을 한 것으로 본다. 다만, 2007년 6월 30일까지 다시 등록을 하여야 한다.

부칙 〈제8356호, 2007. 4. 11.〉 (대외무역법)

제1조 (시행일) 이 법은 공포한 날부터 시행한다.
제2조 부터 제5조까지 생략
제6조 (다른 법률의 개정) ①관세법 일부개정법률 일부를 다음과 같이 개정한다.
제65조제5항 중 "「대외무역법」 제26조제1항의 규정에 의한"을

"「대외무역법」 제39조제1항에 따른"으로 한다.

제258조제2항 중 "「대외무역법」 제14조의 규정에 의한"을 "「대외무역법」 제11조에 따른"으로 한다.

②부터 ⑩까지 생략

제7조 생략

부칙 〈제8367호, 2007. 4. 11.〉 (장애인복지법)

제1조 (시행일) 이 법은 공포 후 6개월이 경과한 날부터 시행한다.

제2조 부터 제4조까지 생략

제5조 (다른 법률의 개정) ①생략

②관세법 일부를 다음과 같이 개정한다.

제91조제5호 중 "장애인복지법 제48조"를 "「장애인복지법」 제58조"로 한다.

③부터 ⑬까지 생략

제6조 생략

부칙 〈제8833호, 2007. 12. 31.〉

제1조 (시행일) 이 법은 2008년 1월 1일부터 시행한다.

제2조 (과세가격 결정방법의 사전심사에 대한 적용례) 제37조제2항 및 제3항의 개정규정은 이 법 시행 후 최초로 신청하는 분부터 적용한다.

제3조 (계약내용과 상이한 물품 등에 대한 관세환급의 적용례) 제106조제1항제2호의 개정규정은 이 법 시행 후 최초로 반입신고하는 물품부터 적용한다.

제4조 (원료과세에서 과세물건 확정에 관한 적용례) 제189조제1항의 개정규정은 이 법 시행 후 최초로 사용신고하는 물품부터 적용한다.

부칙 〈제8852호, 2008. 2. 29.〉 (정부조직법)

제1조 (시행일) 이 법은 공포한 날부터 시행한다. 다만, ···〈생략〉···, 부칙 제6조에 따라 개정되는 법률 중 이 법의 시행 전에 공포되었으나 시행일이 도래하지 아니한 법률을 개정한 부분은 각각 해당 법률의 시행일부터 시행한다.

제2조 부터 제5조까지 생략

제6조 (다른 법률의 개정) ① 부터 〈324〉 까지 생략

⑦ 관세법 일부를 다음과 같이 개정한다.

제13조제1항 중 "재정경제부"를 "기획재정부"로 한다.

제25조제1항 전단, 제27조제3항, 제30조제1항제6호 단서, 제38조제2항, 제39조제1항제6호, 제49조제3호, 제51조 각 호 외의 부분, 제56조제2항, 제57조, 제62조제2항, 제65조제6항, 제67조의2제3항, 제68조제2항, 제72조제2항, 제83조제1항 본문, 제86조제5항, 제88조제1항제6호, 같은 조 제2항 본문, 같은 조 제3항, 제89조제1항 각 호 외의 부분, 같은 조 제2항, 제90조제1항제1호 · 제2호 · 제3호, 같은 항 제4호 단서, 같은 항 제5호, 같은 조 제2항, 제91조제1호 단서, 같은 조 제2호 본문 및 단서, 같은 조 제3호 · 제4호, 제92조제1호 단서, 같은 조 제2호 단서, 같은 조 제6호 · 제7호, 제93조제1호 · 제2호 · 제4호 · 제6호 · 제7호 · 제8호 · 제9호 · 제13호 · 제16호, 제94조제3호 · 제4호, 제95조제1항제1호 · 제2호 · 제3호 · 제4호 · 제6호 · 같은 조 제2항, 제96조제1호 · 제2호, 같은 조 제3호 단서, 제97조제1항제1호 본문, 같은 항 제2호 · 제4항, 제98조제1항 각 호 외의 부분 본문, 제101조제1항제1호 · 제2호, 제102조제1항 단서, 제104호제1항제2호, 제107조제2항 각 호 외의 부분 본문, 같은 항 제1호 단서, 같은 항 제2호 · 제3호 · 제4호 · 제5호, 같은 항 제6호 본문 및 단서, 같은 항 제7호, 제118조제2항 본문, 제134조제2항, 제142조제2항, 제150조제4항, 제151조의2 단서, 제152조제3항 본문 및 단서, 제156조제3항, 제174조제2항, 제185조제3항, 제199조제2항, 제200조제1항, 제201조제3항 후단, 제208조제6항, 제229조제2항 · 제3항, 제247조제3항 본문, 제251조제1항 단서, 제266조제2항, 제268조제2항, 제321조제3항, 제322조제6항, 제323조 및 제327조의2제6항 중 "재정경제부령"을 각각 "기획재정부령"으로 한다.

제29조 전단, 제52조제2항, 제53조제1항 각 호 외의 부분, 제54조제1항, 제54조제2항 본문 및 단서, 제56조제1항, 제58조제2항, 제59조제1항 각 호 외의 부분, 제60조제1항, 제60조제2항 본문 및 단서, 제62조제1항, 제64조, 제65조제3항 · 제7항, 제67조 전단, 제67조의2제4항, 제75조 각 호 외의 부분, 제77조제1항 · 제2항, 제84

조, 제93조제7호 및 제107조제2항제1호 본문, 같은 항 제4호 · 제5호 · 제7호 중 "재정경제부장관"을 각각 "기획재정부장관"으로 한다.

제92조제4호 중 "정보통신부장관이"를 "방송통신위원회가"로 한다.

제93조제6호 · 제7호 중 "해양수산부장관"을 각각 "농림수산식품부장관"으로 한다.

제326조제6항 중 "농림부장관"을 "농림수산식품부장관"으로 한다.

〈326〉 부터 〈760〉 까지 생략

제7조 생략

부칙 〈제8860호, 2008. 2. 29.〉 (국세기본법)

제1조(시행일) 이 법은 공포한 날부터 시행한다.

제2조 부터 제4조까지 생략

제5조(다른 법률의 개정) ① 생략

② 관세법 일부를 다음과 같이 개정한다.

제120조제1항 중 "국세심판관회의"를 "조세심판관회의"로, "국세심판관합동회의"를 "조세심판관합동회의"로 한다.

제6조 생략

부칙 〈제9261호, 2008. 12. 26.〉

제1조(시행일) 이 법은 2009년 1월 1일부터 시행한다. 다만, 제137조의2, 제254조의2 및 제277조의 개정규정은 2009년 4월 1일부터 시행하고, 제93조 단서의 개정규정은 2010년 1월 1일부터 시행한다.

제2조(일반적 적용례) 이 법은 이 법 시행 후 최초로 수입신고하는 분부터 적용한다.

제3조(보정에 관한 적용례) 제38조의2제1항의 개정규정은 이 법 시행당시 종전의 규정에 따라 보정기간이 경과하지 아니한 보정신청분부터 적용한다.

제4조(가산세에 관한 적용례) 제42조의 개정규정은 이 법 시행 후 최초로 수입신고하는 분부터 적용한다.

제5조(해외임가공물품 등의 감세에 관한 적용례) 제101조제2항제1호 단서의 개정규정은 이 법 시행 후 최초로 재수입하는 분부터 적용한다.

제6조(승객예약자료의 제공에 관한 적용례) 제137조의2의 개정규정

은 이 법 시행 후 최초로 세관장이 승객예약자료를 요청하는 분부터 적용한다.
제7조(탁송품의 특별통관에 관한 적용례) 제254조의2의 개정규정은 이 법 시행 후 최초로 통관목록을 제출하는 분부터 적용한다.
제8조(관세의 환급청구권의 소멸시효에 관한 경과조치) 이 법 시행 당시 이미 발생한 환급청구권으로서 종전의 규정에 따른 소멸시효가 완성되지 아니한 환급청구권에 대하여는 제22조제2항의 개정규정을 적용한다.
제9조(벌칙 등에 관한 경과조치) 이 법 시행 전의 행위에 대한 벌칙 또는 과태료의 적용에 있어서는 종전의 규정에 따른다.

부칙 〈제9410호, 2009. 2. 6.〉
①(시행일) 이 법은 공포 후 3개월이 경과한 날부터 시행한다.
②(가격조사보고 등에 관한 적용례) 제29조제2항의 개정규정은 이 법 시행 후 최초로 수입신고하는 분부터 적용한다.

부칙 〈제9617호, 2009. 4. 1.〉 (신용정보의 이용 및 보호에 관한 법률)
제1조(시행일) 이 법은 공포 후 6개월이 경과한 날부터 시행한다.
제2조 부터 제11조까지 생략
제12조(다른 법률의 개정) ① 및 ② 생략
③ 관세법 일부를 다음과 같이 개정한다.
제44조제3항 중 "신용정보업자 또는 신용정보집중기관"을 "신용정보회사 또는 같은 법 제25조에 따른 신용정보집중기관"으로 한다.
④ 부터 ㉔ 까지 생략
제13조 생략

부칙 〈제9625호, 2009. 4. 22.〉 (저작권법)
제1조(시행일) 이 법은 공포 후 3개월이 경과한 날부터 시행한다.
제2조 부터 제7조까지 생략
제8조(다른 법률의 개정) ① 및 ② 생략
③ 관세법 일부를 다음과 같이 개정한다.
제235조제1항 중 "「저작권법」에 따른 저작권과 저작인접권 또는

「컴퓨터프로그램 보호법」에 따른 프로그램저작권(이하 이 조에서 "저작권등"이라 한다)"을 "「저작권법」에 따른 저작권과 저작인접권(이하 이 조에서 "저작권등"이라 한다)"으로 하고, 같은 조 제2항 중 "「저작권법」 및 「컴퓨터프로그램 보호법」"을 "「저작권법」"으로 한다.
④ 및 ⑤ 생략
제9조 생략

부칙 〈제9709호, 2009. 5. 27.〉
①(시행일) 이 법은 공포한 날부터 시행한다.
②(통관 후 유통이력 신고 등에 관한 적용례) 제240조의2의 개정규정은 이 법 시행 후 최초로 수입신고하는 분부터 적용한다.

부칙 〈제9910호, 2010. 1. 1.〉
제1조(시행일) 이 법은 2010년 1월 1일부터 시행한다. 다만, 제90조제1항제2호 · 제3호 및 제99조제1호의 개정규정은 2010년 4월 1일부터 시행하고, 제108조제1항, 제158조제5항, 제181조, 제187조제2항, 제195조제2항, 제202조제3항, 제205조 및 제248조제2항의 개정규정은 2010년 7월 1일부터 시행한다.
제2조(일반적 적용례) 이 법은 이 법 시행 후 수입신고하는 분부터 적용한다.
제3조(보정에 관한 적용례) 제38조의2제5항의 개정규정은 보정기간이 경과하지 아니한 보정신청 분부터 적용한다.
제4조(벌칙 등에 관한 경과조치) 이 법 시행 전의 행위에 대하여 벌칙 또는 과태료를 적용할 때에는 종전의 규정에 따른다.

부칙 〈제9924호, 2010. 1. 1.〉 (지방세법)
제1조(시행일) 이 법은 2010년 1월 1일부터 시행한다.
제2조 부터 제6조까지 생략
제7조(다른 법률의 개정) ① 관세법 일부를 다음과 같이 개정한다.
제4조제1항 중 "부가가치세"를 "부가가치세, 지방소비세"로, "「부가가치세법」"을 "「부가가치세법」·「지방세법」"으로 한다.
② 부터 ⑨ 까지 생략

부칙 〈제9968호, 2010. 1. 25.〉 (행정심판법)

제1조(시행일) 이 법은 공포 후 6개월이 경과한 날부터 시행한다. 〈단서 생략〉

제2조 부터 제7조까지 생략

제8조(다른 법률의 개정) ① 부터 ③ 까지 생략

④ 관세법 일부를 다음과 같이 개정한다.

제120조제1항 단서 중 "동법 제11조·제16조·제20조 및 제26조의 규정은 심판청구에 관하여 이를 준용하며"를 "심판청구에 관하여는 같은 법 제15조·제20조부터 제22조까지·제29조·제39조 및 제40조를 준용하며"로 한다.

⑤ 부터 ⑩ 까지 생략

제9조 생략

부칙 〈제10195호, 2010. 3. 31.〉

이 법은 공포한 날부터 시행한다.

부칙 〈제10424호, 2010. 12. 30.〉

제1조(시행일) 이 법은 2011년 1월 1일부터 시행한다. 다만, 제12조, 제178조제2항제2호·제3항·제4항, 제205조 및 제252조의 개정규정은 2011년 4월 1일부터 시행하고, 제229조제1항, 제232조의2, 제233조제2항 및 제3항의 개정규정은 2011년 7월 1일부터 시행하며, 제231조제7항, 제235조 및 제329조제4항의 개정규정은 「대한민국과 유럽연합 및 그 회원국 간의 자유무역협정」이 발효되는 날(제235조제1항제5호에 따른 특허권 및 같은 항 제6호에 따른 디자인권은 발효되는 날 이후 2년이 되는 날)부터 시행한다.

제2조(일반적 적용례) 이 법은 이 법 시행 후 최초로 수출입신고하는 분부터 적용한다.

제3조(과징금에 관한 적용례) 제178조제3항의 개정규정은 부칙 제1조 단서에 따른 제178조제3항의 개정규정 시행 후 최초로 물품반입등의 정지처분 사유가 발생한 분부터 적용한다.

제4조(품질등 허위·오인 표시물품의 통관 제한에 관한 적용례) 제230조의2의 개정규정은 이 법 시행 후 최초로 수출입신고하는 분부터 적용한다.

제5조(지식재산권 보호에 관한 적용례) 제235조의 개정규정은 부칙 제1조 단서에 따른 제235조의 개정규정 시행 후 최초로 수출입신고, 환적신고, 복합환적신고, 보세구역 반입신고, 보세운송신고 또는 제141조제1호에 따른 일시양륙의 신고를 하는 분부터 적용한다.
제6조(벌칙에 관한 경과조치) 이 법 시행 전의 행위에 대하여 벌칙을 적용할 때에는 종전의 규정에 따른다.

부칙 〈제10897호, 2011. 7. 25.〉

①(시행일) 이 법은 공포 후 3개월이 경과한 날부터 시행한다.
②(화물운송주선업자에 대한 경과조치) 이 법 시행 전에 화물운송주선업자가 보세화물을 취급하기 위하여 종전의 규정에 따라 신고한 경우에는 이 법 시행일에 등록한 것으로 본다. 다만, 이 법 시행 후 6개월이 되는 날까지 제223조에 따른 등록요건을 충족하여야 한다.

부칙 〈제11121호, 2011. 12. 31.〉

제1조(시행일) 이 법은 2012년 1월 1일부터 시행한다. 다만, 제5조제3항 · 제4항, 제38조의3제3항, 제42조제1항, 제110조의2, 제110조의3, 제118조제1항, 제146조, 제276조제2항제2호(환승전용내항기에 관한 규정에 한한다) · 제3항제2호부터 제4호까지 및 제277조제1항제1호의 개정규정은 2012년 3월 1일부터 시행하고, 제38조의4, 제118조제3항, 제124조 및 제132조제2항 · 제3항의 개정규정은 2012년 7월 1일부터 시행한다.
제2조(일반적 적용례) 이 법은 이 법 시행 후 최초로 수입신고하는 분부터 적용한다.
제3조(후발적 경정청구에 관한 적용례) 제38조의3제3항의 개정규정은 부칙 제1조 단서에 따른 제38조의3제3항의 개정규정 시행 후 최초로 경정청구하는 분부터 적용한다.
제4조(신고납부한 세액의 보정 및 경정에 관한 적용례) 제38조의2제1항 · 제2항 · 제3항 · 제5항 및 제38조의3제2항 전단의 개정규정은 2012년 1월 1일 이후 최초로 보정신청 또는 경정청구하는 분부터 적용한다.
제5조(수입물품의 과세가격 조정에 따른 경정청구에 관한 적용례) 제38조의4의 개정규정은 2012년 7월 1일 이후 최초로 관할 세무서

장 또는 지방국세청장이 과세표준 및 세액을 결정·경정하는 분부터 적용한다.
제6조(재조사 결정에 의한 중복조사 금지의 예외에 관한 적용례) 제111조제2항제3호의 개정규정은 2012년 1월 1일 이후 최초로 이의신청·심사청구 또는 심판청구의 결정이 있는 분부터 적용한다.
제7조(과세 전 통지에 대한 조기 경정 신청에 관한 적용례) 제118조제5항의 개정규정은 2012년 1월 1일 이후 최초로 과세 전 통지를 하는 분부터 적용한다.
제8조(「행정심판법」의 준용에 관한 적용례) 제118조제7항 및 제120조제1항 단서의 개정규정은 2012년 1월 1일 이후 최초로 심사 또는 심판을 청구하는 분부터 적용한다.
제9조(청문대상 확대에 관한 적용례) 제328조의 개정규정은 2012년 1월 1일 이후 최초로 취소·정지 등을 하는 분부터 적용한다.
제10조(과세전적부심사위원회 및 이의신청심의위원회의 지위승계에 관한 경과조치) ① 2012년 7월 1일 당시 종전의 규정에 따른 과세전적부심사위원회와 이의신청심의위원회가 한 행위는 각각 제124조의 개정규정에 따른 관세심사위원회가 한 행위로 본다.
② 2012년 7월 1일 당시 종전의 규정에 따른 과세전적부심사위원회와 이의신청심의위원회에 대하여 한 행위는 각각 제124조의 개정규정에 따른 관세심사위원회에 대하여 한 행위로 본다.
제11조(벌칙 등에 관한 경과조치) 2012년 1월 1일 이전의 행위에 대하여 벌칙 또는 과태료를 적용할 때에는 종전의 규정에 따른다.

부칙 〈제11458호, 2012. 6. 1.〉 (종자산업법)
제1조(시행일) 이 법은 공포 후 1년이 경과한 날부터 시행한다.
제2조 부터 제4조까지 생략
제5조(다른 법률의 개정) ① 관세법 일부를 다음과 같이 개정한다.
제235조제1항제3호 중 "「종자산업법」"을 "「식물신품종 보호법」"으로 한다.
②부터 ⑦까지 생략
제6조 생략

부칙 〈제11602호, 2013. 1. 1.〉

제1조(시행일) 이 법은 2013년 1월 1일부터 시행한다. 다만, 제176조의2의 개정규정은 2013년 10월 1일부터 시행하고, 제4조제1항, 제44조 및 제116조의2의 개정규정은 2014년 1월 1일부터 시행한다.

제2조(일반적 적용례) 이 법은 이 법 시행 후 최초로 수입신고 또는 수출신고하는 분부터 적용한다.

제3조(부과 제척기간의 특례에 관한 적용례) 제21조의 개정규정은 2013년 1월 1일 이후 원산지증명서 등의 확인을 요청하는 분부터 적용한다.

제4조(과세가격의 결정에 관한 적용례) 제30조, 제31조, 제32조, 제34조 및 제37조의3의 개정규정은 2013년 1월 1일 이후 세액을 심사하는 분부터 적용한다.

제5조(관세환급금에 관한 적용례) 제46조, 제47조 및 제48조의 개정규정은 2013년 1월 1일 이후 관세환급금을 충당하거나 환급하는 분부터 적용한다.

제6조(품목분류 사전심사에 관한 적용례) 제86조의 개정규정은 2013년 1월 1일 이후 품목분류 사전심사 결과를 고시 또는 공표하는 분부터 적용한다.

제7조(재수출되지 않은 물품에 대한 가산세 부과에 관한 적용례) 제97조의 개정규정은 2013년 1월 1일 이후 가산세를 부과하는 분부터 적용한다.

제8조(계약 내용과 다른 물품 등에 대한 관세 환급에 관한 적용례) 제106조의 개정규정은 2013년 1월 1일 현재 신고납부 기한이 도래하지 않은 것에 대해서도 적용한다.

제9조(보세판매장 특허에 관한 적용례) 제176조의2의 개정규정은 이 법 시행 후 부여하는 특허분부터 적용한다.

제10조(보세운송업자등의 행정제재에 관한 적용례) 제224조의 개정규정은 2013년 1월 1일 이후 용도 외로 반출한 석유류를 판매하거나 그 사실을 알면서 취득하여 「조세범처벌법」제4조제4항에 따른 과태료를 부과받은 경우부터 적용한다.

제11조(과세자료 미제출에 따른 과태료 부과에 관한 적용례) 제277조제1항의 개정규정은 2013년 1월 1일 이후 과세자료 제출을 요구하는 분부터 적용한다.

제12조(통고처분 이행기간에 관한 적용례) 제316조의 개정규정은 2013년 1월 1일 현재 통고처분 이행기간이 종료되지 않은 것에 대해서도 적용한다.
제13조(신고 포상금 지급한도에 관한 적용례) 제324조제2항의 개정규정은 2013년 1월 1일 이후 체납자의 은닉재산을 신고하는 분부터 적용한다.
제14조(세율불균형물품의 감면세 개정에 관한 경과조치) ① 제89조제1항에서 정한 중소기업 이외의 기업에 대한 제89조제1항제1호의 세율불균형물품의 관세감면에 관하여는 제89조제1항의 개정규정에도 불구하고 2019년 1월 1일부터 2019년 4월 30일의 기간 동안 수입신고하는 분에 대하여는 100분의 100의 감면율을 적용한다.
② 제89조제1항에서 정한 중소기업 이외의 기업에 대한 제89조제1항제2호의 세율불균형물품의 관세감면에 관하여는 제89조제1항의 개정규정에도 불구하고 2019년 1월 1일부터 2019년 12월 31일의 기간 동안 수입신고하는 분에 대하여는 100분의 20의 감면율을 적용한다.
[전문개정 2018. 12. 31.]
제15조(벌칙 등에 관한 경과조치) 이 법 시행 이전의 행위에 대하여 벌칙 또는 과태료를 적용할 때에는 종전의 규정에 따른다.

부칙 〈제11690호, 2013. 3. 23.〉 (정부조직법)
제1조(시행일) ① 이 법은 공포한 날부터 시행한다.
② 생략
제2조 부터 제5조까지 생략
제6조(다른 법률의 개정) ①부터 ③까지 생략
④ 관세법 일부를 다음과 같이 개정한다.
제92조제4호 중 "방송통신위원회가"를 "미래창조과학부장관이"로 한다.
제93조제5호 및 제6호 중 "농림수산식품부장관"을 각각 "해양수산부장관"으로 한다.
제326조제6항 중 "농림수산식품부장관"을 각각 "농림축산식품부장관"으로 한다.
⑤부터 〈710〉까지 생략

제7조 생략

부칙 〈제11873호, 2013. 6. 7.〉 (부가가치세법)

제1조(시행일) 이 법은 2013년 7월 1일부터 시행한다.

제2조 부터 제17조까지 생략

제18조(다른 법률의 개정) ①부터 ⑧까지 생략

⑨ 관세법 일부를 다음과 같이 개정한다.

제266조제2항 중 "「부가가치세법」 제16조"를 "「부가가치세법」 제32조 및 제35조"로 한다.

⑩부터 ⑭까지 생략

제19조 생략

부칙 〈제12027호, 2013. 8. 13.〉

제1조(시행일) 이 법은 공포한 날부터 시행한다.

제2조(관세부과의 제척기간 및 경정청구기간 연장에 관한 적용례) ① 제21조제1항의 개정규정은 이 법 시행 후 최초로 관세를 부과할 수 있는 날이 개시되는 분부터 적용한다.

② 제38조의3제2항의 개정규정은 이 법 시행 당시 종전의 규정에 따라 세액의 경정을 청구할 수 있는 기간이 경과하지 아니한 경정청구 분부터 적용한다.

[전문개정 2014. 1. 1.]

제3조(과세가격의 결정에 관한 적용례) 제35조의 개정규정은 이 법 시행 후 최초로 세액을 심사하는 분부터 적용한다.

부칙 〈제12159호, 2014. 1. 1.〉

제1조(시행일) 이 법은 2014년 1월 1일부터 시행한다. 다만, 제71조제4항의 개정규정은 2015년 1월 1일부터 시행한다.

제2조(일반적 적용례) 이 법은 이 법 시행 후 최초로 수입신고하는 분부터 적용한다.

제3조(납세의무 승계에 관한 적용례) 제19조제4항의 개정규정은 이 법 시행 후 법인이 합병하거나 상속이 개시되는 분부터 적용한다.

제4조(공유물 등에 대한 연대납세의무에 관한 적용례) ① 제19조제5항의 개정규정은 이 법 시행 후 납세의무가 성립하는 분부터 적용한다.

② 제19조제6항의 개정규정은 이 법 시행 후 법인이 분할 또는 분할합병되거나 신회사를 설립하는 분부터 적용한다.
제5조(수입물품의 과세가격 조정에 따른 경정에 관한 적용례) 제38조의4제1항의 개정규정은 이 법 시행 당시 종전의 규정에 따라 세액의 경정을 청구할 수 있는 기간이 경과하지 아니한 경정청구 분부터 적용한다.
제6조(경정청구서 등 우편제출에 관한 특례에 관한 적용례) 제38조의5의 개정규정은 이 법 시행 후 우편으로 발송하는 분부터 적용한다.
제7조(관세조사의 경우 조력을 받을 권리에 관한 적용례) 제112조의 개정규정은 이 법 시행 후 조사를 받는 경우부터 적용한다.
제8조(선용품 및 기용품의 하역 등에 관한 적용례) 제143조제1항의 개정규정은 이 법 시행 후 하역 또는 환적 허가를 받은 분부터 적용한다.
제9조(보세판매장 특허 부여에 관한 적용례) 제176조의2제1항의 개정규정은 이 법 시행 후 보세판매장의 설치·운영에 관한 특허를 부여하기 위하여 개정된 중견기업 기준을 적용하여 시행하는 공고분부터 적용한다.
제10조(원산지증명서 등의 확인요청 및 조사에 관한 적용례) 제233조제2항의 개정규정은 이 법 시행 후 원산지증명서 및 원산지증명서확인자료의 진위 여부, 정확성 등의 확인을 요청하는 분부터 적용한다.
제11조(탁송품의 특별통관에 관한 적용례) 제254조의2제3항 및 제4항의 개정규정은 이 법 시행 후 통관목록을 제출하는 분부터 적용한다.
제12조(국가관세종합정보망 운영사업자 등의 지정취소 등에 관한 적용례) 제327조의2제4항제5호 및 제327조의3제3항제5호의 개정규정은 이 법 시행 후 비밀을 누설하거나 도용하는 경우부터 적용한다.

부칙 〈제12307호, 2014. 1. 21.〉 (중견기업 성장촉진 및 경쟁력 강화에 관한 특별법)
제1조(시행일) 이 법은 공포 후 6개월이 경과한 날부터 시행한다.
제2조 부터 제4조까지 생략
제5조(다른 법률의 개정) ① 생략
② 관세법 일부를 다음과 같이 개정한다.
제176조의2제1항 중 "「산업발전법」 제10조의2에 따른 중견기업"

을 “「중견기업 성장촉진 및 경쟁력 강화에 관한 특별법」 제2조제1호에 따른 중견기업”으로 한다.

③부터 ⑤까지 생략

제6조 생략

부칙 〈제12844호, 2014. 11. 19.〉 (정부조직법)

제1조(시행일) 이 법은 공포한 날부터 시행한다. 다만, 부칙 제6조에 따라 개정되는 법률 중 이 법 시행 전에 공포되었으나 시행일이 도래하지 아니한 법률을 개정한 부분은 각각 해당 법률의 시행일부터 시행한다.

제2조 부터 제5조까지 생략

제6조(다른 법률의 개정) ① 생략

② 관세법 일부를 다음과 같이 개정한다.

제267조의2제1항제3호를 다음과 같이 한다.

3. 해양경비안전관서의 장

③부터 〈258〉까지 생략

제7조 생략

부칙 〈제12847호, 2014. 12. 23.〉

제1조(시행일) 이 법은 2015년 1월 1일부터 시행한다.

제2조(일반적 적용례) 이 법은 이 법 시행 후 수출입신고하는 분부터 적용한다.

제3조(관세징수권 등의 소멸시효에 관한 적용례) 제22조제1항제1호의 개정규정은 이 법 시행 후 관세의 징수권을 행사할 수 있는 날이 개시되는 분부터 적용한다.

제4조(국내판매가격을 기초로 한 과세가격의 결정에 관한 적용례) 제33조제2항의 개정규정은 이 법 시행 후 세액을 심사하는 분부터 적용한다.

제5조(과세가격 사전심사의 재심사에 관한 적용례) 제37조제3항의 개정규정은 이 법 시행 후 과세가격 사전심사의 결과를 통보받는 분부터 적용한다.

제6조(경정청구기간에 관한 적용례) 제38조의3제2항 전단 및 제38조의4제1항의 개정규정은 이 법 시행 전에 최초로 납세신고를 한

후 해당 납세신고일부터 3년이 경과하지 아니한 경정청구에 대해서도 적용한다.

제7조(품목분류의 사전심사 및 재심사에 관한 적용례 등) ① 제86조제2항 본문의 개정규정은 이 법 시행 후 품목분류 사전심사를 신청하는 분부터 적용한다.

② 제86조제3항의 개정규정은 이 법 시행 후 품목분류 사전심사 결과를 통지받는 분부터 적용한다.

③ 제86조제7항의 개정규정은 이 법 시행 후 품목분류 사전심사 또는 재심사 결과를 통지받는 분부터 적용한다.

④ 제86조제7항의 개정규정은 이 법 시행 전에 품목분류 사전심사 결과를 통지받은 경우에 대해서도 적용하되, 그 결과의 유효기간은 2016년 1월 1일부터 3년으로 한다. 〈신설 2015. 12. 15.〉

[제목개정 2015. 12. 15.]

제8조(품목분류 변경의 재심사에 관한 적용례) 제87조제3항의 개정규정은 이 법 시행 후 품목분류 변경 내용을 통지받는 분부터 적용한다.

제9조(여행자 휴대품 등 자진신고자에 대한 감세에 관한 적용례) 제96조제2항의 개정규정은 이 법 시행 후 입국하는 여행자가 수입하는 휴대품 또는 별송품부터 적용한다.

제10조(납세증명서의 제출에 관한 적용례) 제116조의3제1항의 개정규정은 이 법 시행 후 같은 항 각 호의 행위를 하려는 경우부터 적용한다.

제11조(운영인의 결격사유에 관한 적용례) 제175조제6호의 개정규정은 이 법 시행 전에 특허보세구역의 설치·운영에 관한 특허를 신청한 자에 대해서도 적용한다.

제12조(특허보세구역의 특례에 관한 적용례) 제176조의2제3항 및 제6항의 개정규정은 이 법 시행 후 특허기간 중에 있는 자가 특허의 갱신을 신청하는 분부터 적용한다.

제13조(특허의 취소에 관한 적용례) 제178조제2항의 개정규정은 이 법 시행 후 제177조의2를 위반한 경우부터 적용한다.

제14조(보세운송업자등의 등록요건에 관한 적용례) 제223조제4호의 개정규정은 이 법 시행 전에 보세운송업자등의 등록을 신청한 자에 대해서도 적용한다.

제15조(보세운송업자등의 행정제재에 관한 적용례) 제224조제2항 및 제3항의 개정규정은 이 법 시행 후 업무정지처분을 하는 분부터 적용한다.
제16조(여행자 휴대품 등 자진신고 불이행자 가산세에 관한 적용례) 제241조제5항 각 호 외의 부분의 개정규정은 이 법 시행 후 입국하는 여행자 또는 승무원이 수입하는 휴대품부터 적용한다.
제17조(가산세의 이자율 산정기준에 관한 경과조치) 이 법 시행 전에 수입신고한 분에 대한 가산세에 관하여는 제42조제1항제2호의 개정규정에도 불구하고 종전의 규정에 따른다.
제18조(운영인의 결격사유에 관한 경과조치) 제175조제2호의 개정규정에 따른 피성년후견인 및 피한정후견인에는 법률 제10429호 민법 일부개정법률 부칙 제2조에 따라 금치산 또는 한정치산 선고의 효력이 유지되는 사람을 포함하는 것으로 본다.

부칙 〈제13548호, 2015. 12. 15.〉

제1조(시행일) 이 법은 2016년 1월 1일부터 시행한다. 다만, 제116조의2제1항의 개정규정은 2016년 3월 1일부터 시행하고, 제246조의2의 개정규정은 2017년 1월 1일부터 시행한다.
제2조(무신고 가산세에 관한 적용례) 제42조제3항의 개정규정은 이 법 시행 이후 수입신고를 하지 아니하고 수입된 물품부터 적용한다.
제3조(품목분류 재심사 결과의 적용 등에 관한 적용례) ① 제86조제5항(제2호가목은 제외한다)의 개정규정은 이 법 시행 전에 품목분류 재심사를 거쳐 품목분류가 변경된 경우에도 적용한다.
② 제86조제5항제2호가목의 개정규정(제87조제4항 본문의 개정규정에 따라 준용되는 경우를 포함한다)은 이 법 시행 이후 관세청장이 품목분류를 변경하는 경우부터 적용한다.
제4조(품목분류 변경 내용의 공표에 관한 적용례) 제87조제3항 후단의 개정규정은 이 법 시행 이후 관세청장이 품목분류를 변경하는 경우부터 적용한다.
제5조(품목분류 변경 및 변경의 재심사 결과 유효기간에 관한 적용례) 제87조제5항의 개정규정은 이 법 시행 전에 제87조제2항 본문 또는 같은 조 제3항 후단에 따른 통지를 받은 경우에도 적용한다.
제6조(수입한 상태 그대로 수출되는 자가사용물품에 대한 관세 환급

에 관한 적용례) 제106조의2의 개정규정은 이 법 시행 이후 수출하는 물품부터 적용한다.
제7조(과세전적부심사에 관한 적용례) 제118조제3항 단서의 개정규정은 이 법 시행 이후 과세전적부심사를 청구하는 경우부터 적용한다.
제8조(불복 신청 제외대상에 관한 적용례) 제119조제2항제1호 본문의 개정규정은 이 법 시행 이후 재조사 결정에 따라 처분하는 것부터 적용한다.
제9조(화물운송주선업자의 적하목록 제출에 관한 적용례) 제135조제2항 단서의 개정규정은 이 법 시행 이후 입항하는 외국무역선이나 외국무역기부터 적용한다.
제10조(보세운송업자등의 등록 유효기간 연장에 관한 적용례) 제222조제5항 단서의 개정규정은 이 법 시행 전에 갱신된 등록에 대해서도 적용한다.
제11조(수출입 안전관리 우수업체의 공인 유효기간에 관한 적용례) 제255조의2제8항의 개정규정은 이 법 시행 당시 수출입 안전관리 우수업체로 공인을 받은 자의 해당 공인에 대해서도 적용한다.
제12조(통고처분에 관한 적용례) 제311조제4항의 개정규정은 이 법 시행 이후 발생하는 범칙행위부터 적용한다.

부칙 〈제13636호, 2015. 12. 29.〉 (지방세법)
제1조(시행일) 이 법은 2016년 1월 1일부터 시행한다. 〈단서 생략〉
제2조 부터 제11조까지 생략
제12조(다른 법률의 개정) 관세법 일부를 다음과 같이 개정한다.
제4조제1항 중 "지방소비세"를 "지방소비세, 담배소비세, 지방교육세"로 한다.

부칙 〈제13856호, 2016. 1. 27.〉 (자유무역지역의 지정 및 운영에 관한 법률)
제1조(시행일) 이 법은 공포 후 6개월이 경과한 날부터 시행한다.
제2조 및 제3조 생략
제4조(다른 법률의 개정) ① 관세법 일부를 다음과 같이 개정한다.
제254조의2제6항 단서 중 "입주허가를 받아"를 "입주계약을 체결

하여"로 한다.

② 생략

부칙 〈제14127호, 2016. 3. 29.〉 (여신전문금융업법)

제1조(시행일) 이 법은 공포 후 6개월이 경과한 날부터 시행한다.

제2조 부터 제10조까지 생략

제11조(다른 법률의 개정) ① 관세법 일부를 다음과 같이 개정한다.

제105조제1항 전단 중 "「여신전문금융업법」에 따른 시설대여업을 하는 자"를 "「여신전문금융업법」에 따른 시설대여업자"로 한다.

②부터 ⑩까지 생략

부칙 〈제14379호, 2016. 12. 20.〉

제1조(시행일) 이 법은 2017년 1월 1일부터 시행한다. 다만, 제237조제5호 및 제6호의 개정규정은 2017년 4월 1일부터 시행한다.

제2조(특수관계자의 증명자료 제출 등에 관한 적용례) 제37조의4제2항부터 제4항까지의 개정규정은 이 법 시행 이후 수입신고하는 분부터 적용한다.

제3조(대리인에 관한 적용례) 제126조제2항의 개정규정은 이 법 시행 전에 이의신청, 심사청구 또는 심판청구를 한 경우에 대해서도 적용한다.

제4조(견본품에 대한 비과세에 관한 적용례) 제161조제3항제2호의 개정규정은 이 법 시행 이후 다른 법률에 따라 실시하는 검사·검역 등을 위하여 견본품으로 채취된 물품으로서 세관장의 확인을 받은 물품부터 적용한다.

제5조(특허보세구역의 특허취소에 관한 적용례) 제178조제2항제4호의 개정규정은 이 법 시행 당시 1년 이상 2년 미만의 기간 동안 물품의 반입실적이 없는 경우에 대해서도 적용한다.

제6조(사용신고를 한 외국물품의 증명에 관한 적용례) 제186조제2항의 개정규정은 이 법 시행 이후 사용신고를 하는 외국물품부터 적용한다.

제7조(통관보류에 관한 적용례) 제237조제5호의 개정규정은 같은 개정규정 시행 이후 세관장에게 체납처분을 위탁한 분부터 적용한다.

부칙 〈제14839호, 2017. 7. 26.〉 (정부조직법)

제1조(시행일) ① 이 법은 공포한 날부터 시행한다. 다만, 부칙 제5조에 따라 개정되는 법률 중 이 법 시행 전에 공포되었으나 시행일이 도래하지 아니한 법률을 개정한 부분은 각각 해당 법률의 시행일부터 시행한다.

제2조 부터 제4조까지 생략

제5조(다른 법률의 개정) ① 생략

② 관세법 일부를 다음과 같이 개정한다.

제92조제4호 중 "미래창조과학부장관"을 "과학기술정보통신부장관"으로 한다.

제267조의2제1항제3호를 다음과 같이 한다.

3. 해양경찰관서의 장

③부터 〈382〉까지 생략

제6조 생략

부칙 〈제15218호, 2017. 12. 19.〉

제1조(시행일) 이 법은 2018년 1월 1일부터 시행한다. 다만, 제37조의2제1항부터 제4항까지 및 제246조의3의 개정규정은 2018년 7월 1일부터 시행한다.

제2조(관세 등의 연대납부 의무에 관한 적용례) 제19조제5항제1호나목의 개정규정은 이 법 시행 이후 수입신고를 하는 분부터 적용한다.

제3조(거래가격과 과세가격 간 조정을 위한 경정 청구에 관한 적용례) ① 제38조의4제1항의 개정규정은 이 법 시행 이후 경정을 청구하는 분부터 적용한다.

② 제1항에도 불구하고 이 법 시행 전에 종전의 제38조의4제1항에 따른 청구기간이 경과한 분에 대해서는 종전의 규정에 따른다.

제4조(관세조사 대상자 선정 및 재조사에 관한 적용례) 제110조의3제2항제4호 및 제111조제2항제4호의 개정규정은 이 법 시행 이후 납세자가 금품을 제공하거나 금품제공을 알선한 경우부터 적용한다.

제5조(관세청장의 의견서 부본 송부에 관한 적용례) 제122조제4항 및 제5항의 개정규정은 이 법 시행 이후 심사청구서를 제출하는 경우부터 적용한다.

제6조(세관장의 의견서 송부에 관한 적용례) 제132조제4항부터 제6항까지의 개정규정은 이 법 시행 이후 이의신청을 하는 경우부터 적용한다.
제7조(보세사의 등록에 관한 적용례) 제165조제3항의 개정규정은 이 법 시행 이후 등록이 취소된 경우부터 적용한다.
제8조(금품 수수 및 공여에 관한 적용례) 제277조의2의 개정규정은 이 법 시행 후 금품을 수수하거나 공여한 경우부터 적용한다.
제9조(사전조정의 대상에 관한 경과조치) 2018년 7월 1일 전에 사전심사 및 국세의 정상가격 산출방법의 사전승인을 신청한 자에 대해서는 제37조의2제2항의 개정규정에도 불구하고 종전의 규정에 따른다.

부칙 〈제16093호, 2018. 12. 31.〉
제1조(시행일) 이 법은 2019년 1월 1일부터 시행한다. 다만, 제89조제6항의 개정규정은 2019년 5월 1일부터 시행하고, 제37조제5항·제6항, 제37조의4제4항·제5항, 제277조제6항 및 제311조제5항부터 제7항까지의 개정규정은 2019년 7월 1일부터 시행한다.
제2조(특수관계자 수입물품 과세가격결정자료 제출에 관한 적용례) 제37조의4제4항 및 제5항의 개정규정은 같은 개정규정 시행일 이후 세액심사하는 분부터 적용한다.
제3조(중가산금에 관한 적용례) 제41조제2항 전단의 개정규정은 이 법 시행 이후 가산하는 분부터 적용한다.
제4조(조정관세 부과에 관한 적용례) 제50조제2항, 제69조제2호 및 제70조제1항의 개정규정은 이 법 시행 이후 수입신고하는 분부터 적용한다.
제5조(품목분류의 재심사에 관한 적용례) 제86조제3항 후단의 개정규정은 이 법 시행 이후 품목분류의 재심사를 신청하는 경우부터 적용한다.
제6조(임원의 결격사유로 인한 지정·특허·등록의 취소에 관한 적용례) 제89조제4항제1호 단서, 제178조제2항제2호 단서, 제204조제3항제2호 단서, 제224조제1항제2호 단서, 제327조의2제4항제1호 단서, 제327조의3제3항제1호 단서의 개정규정은 이 법 시행 전에 법인의 임원이 제175조제2호 또는 제3호에 해당하게 된 경우에도

적용한다.

제7조(재조사 결정에 관한 적용례) 제119조제3항 단서, 제120조제2항 단서 및 같은 조 제4항의 개정규정은 이 법 시행 이후 심사청구, 심판청구 또는 행정소송을 제기하는 분부터 적용한다.

제8조(개항이 아닌 지역에 대한 출입의 허가 신청 등에 관한 적용례) 제134조제3항 · 제4항, 제136조제3항 · 제4항, 제140조제2항 · 제3항, 제142조제3항 · 제4항, 제143조제4항 · 제5항, 제158조제3항 · 제4항, 제159조제3항 · 제4항, 제161조제2항 · 제3항, 제185조제3항 · 제4항 및 제187조제2항 · 제3항(제195조에 따라 준용되는 경우를 포함한다)의 개정규정은 이 법 시행 이후 허가 또는 승인을 신청하는 분부터 적용한다.

제9조(특허보세구역의 특허 취소에 관한 적용례) 제175조 각 호 외의 부분 단서의 개정규정은 특허보세구역의 운영인이 이 법 시행 전에 제175조제6호에 해당하게 되고 그 특허가 취소된 해당 특허보세구역을 제외한 기존의 다른 특허보세구역의 설치 · 운영에 관한 특허가 취소되지 아니한 경우에도 적용한다.

제10조(보세판매장 특허 갱신에 관한 적용례) 제176조의2제6항의 개정규정은 이 법 시행 전 보세판매장 특허를 받은 자에게도 적용한다.

제11조(통고처분에 따른 납부에 관한 적용례) 제311조제5항부터 제7항까지의 개정규정은 같은 개정규정 시행일 이후 통고처분을 하는 분부터 적용한다.

제12조(국가관세종합정보망 운영사업자 등의 결격사유에 관한 적용례) 제327조의2제2항제2호 및 제327조의3제2항제2호의 개정규정은 이 법 시행 전에 국가관세종합정보망 운영사업자 및 전자문서중계사업자가 각각 제175조제2호 또는 제3호에 해당하게 된 경우에도 적용한다.

제13조(종합보세구역 장기 미반출화물 매각에 관한 특례) 이 법 시행 전에 종합보세구역에 반입하여 장치된 물품은 제201조제5항 및 제6항의 개정규정에도 불구하고 2019년 1월 1일에 반입한 것으로 본다.

제14조(간이세율의 적용에 관한 경과조치) 이 법 시행 전에 수입신고한 물품에 대한 간이세율의 적용에 관하여는 제81조제1항부터 제3항까지의 개정규정에도 불구하고 종전의 규정에 따른다.

부칙 〈제16838호, 2019. 12. 31.〉

제1조(시행일) 이 법은 2020년 1월 1일부터 시행한다. 다만, 제19조제5항제1호다목, 제93조제18호, 제99조제1호, 제116조의5, 제247조제3항 및 제270조제1항의 개정규정은 2020년 4월 1일부터 시행하고, 제110조제2항, 제114조의2제4항단서, 제118조의2부터 제118조의5까지, 제173조제3항, 제196조제1항, 제196조의2, 제246조의3, 제266조제4항부터 제7항까지, 제329조제6항 및 제330조제7호·제8호라목의 개정규정은 2020년 7월 1일부터 시행하며, 제106조의2 및 제277조제4항제2호의 개정규정은 2021년 1월 1일부터 시행하고, 제222조제1항제7호의 개정규정은 2021년 7월 1일부터 시행한다.

제2조(구매대행업자 연대납세의무 부과 및 관세포탈죄 적용에 관한 적용례) 제19조제5항제1호다목 및 제270조제1항의 개정규정은 부칙 제1조 단서에 따른 시행일 이후 수입신고하는 물품부터 적용한다.

제3조(수입한 상태 그대로 수출되는 자가사용물품 등에 대한 관세환급에 관한 적용례) 제106조의2의 개정규정은 부칙 제1조 단서에 따른 시행일 이후 여행자가 휴대하여 반입하는 물품부터 적용한다.

제4조(고액·상습체납자에 대한 감치에 관한 적용례) 제116조의4의 개정규정은 이 법 시행 이후 관세를 체납하는 분부터 적용한다.

제5조(세관검사장에 관한 적용례) 제173조제3항의 개정규정은 부칙 제1조 단서에 따른 시행일 이후 검사하는 분부터 적용한다.

제6조(보세판매장 특허수수료에 관한 적용례) 제176조의2제4항의 개정규정은 이 법 시행일 이후 최초로 납부하는 분부터 적용한다.

제7조(몰수·추징에 관한 적용례) 제282조제2항제3호 및 제4호의 개정규정은 이 법 시행 전에 제269조제2항 또는 제3항에 해당하는 자에 대해서도 적용한다.

제8조(가산금 및 가산세에 관한 경과조치) ① 이 법 시행 전에 제38조제1항에 따른 납세신고를 하거나 제39조제1항에 따라 부과고지하는 사유가 발생한 분에 대한 가산금 및 가산세에 대해서는 제4조제1항·제3항, 제19조제4항 전단, 같은 조 제5항 각 호 외의 부분, 같은 조 제6항 각 호 외의 부분, 같은 조 제7항, 같은 조 제10항 본문, 제20조 각 호 외의 부분, 제25조제1항 후단, 제26조의2,

제38조의2제5항, 제41조, 제42조제1항 각 호 외의 부분 본문 및 단서, 같은 항 제1호·제2호, 같은 조 제2항, 같은 조 제3항제2호, 같은 조 제4항부터 제7항까지, 제42조의2, 제46조제1항·제2항 및 제48조 단서의 개정규정에도 불구하고 종전의 규정에 따른다.

② 이 법 시행 전에 「국세기본법」 제38조부터 제41조까지의 규정에 따른 주된 납세자에 대하여 제38조제1항에 따른 납세신고 또는 제39조제1항에 따라 부과고지하는 사유가 발생한 분에 대한 제2차 납세의무자의 가산금 및 가산세에 대해서는 제41조, 제42조제1항 각 호 외의 부분 본문 및 단서, 같은 항 제1호·제2호, 같은 조 제2항, 같은 조 제3항제2호, 같은 조 제4항부터 제7항까지 및 제42조의2의 개정규정에도 불구하고 종전의 규정에 따른다.

제9조(보세사의 자격 등에 관한 경과조치) 이 법 시행 당시 종전의 규정에 따라 관세행정에 종사 중인 공무원에 대해서는 제165조의 개정규정에도 불구하고 종전의 규정에 따른다.

제10조(구매대행업자 등록에 관한 경과조치) 제222조제1항제7호의 개정규정 시행 당시 같은 개정규정에 따른 수입물품의 구매대행업에 해당하는 영업을 하고 있는 자는 같은 개정규정의 시행일부터 2022년 6월 30일까지는 제222조제1항에 따른 등록을 한 것으로 본다.

부칙 〈제16957호, 2020. 2. 4.〉 (신용정보의 이용 및 보호에 관한 법률)

제1조(시행일) 이 법은 공포 후 6개월이 경과한 날부터 시행한다. 〈단서 생략〉

제2조 부터 제11조까지 생략

제12조(다른 법률의 개정) ① 생략

② 관세법 일부를 다음과 같이 개정한다.

제44조제1항 각 호 외의 부분 본문 중 "「신용정보의 이용 및 보호에 관한 법률」 제2조제5호에 따른 신용정보회사 또는 같은 조 제6호에 따른 신용정보집중기관"을 "「신용정보의 이용 및 보호에 관한 법률」 제2조제6호에 따른 신용정보집중기관"으로 한다.

③부터 ㉙까지 생략

제13조 생략

부칙 〈제17339호, 2020. 6. 9.〉 (법률용어 정비를 위한 기획재정위원회 소관 33개 법률 일부개정을 위한 법률)
이 법은 공포한 날부터 시행한다. 〈단서 생략〉

부칙 〈제17649호, 2020. 12. 22.〉
제1조(시행일) 이 법은 2021년 1월 1일부터 시행한다.
제2조(일반적 적용례) 이 법은 이 법 시행 이후 최초로 수출입신고하는 분부터 적용한다.
제3조(관세부과 제척기간에 관한 적용례) 제21조제2항제2호의 개정규정은 이 법 시행 이후 이 법과 「자유무역협정의 이행을 위한 관세법의 특례에 관한 법률」 및 조약·협정 등에서 정한 회신기간(이하 "회신기간"이라 한다)이 종료되는 경우부터 적용한다.
제4조(압류·매각의 유예 시 납세담보 제공 요구 예외에 관한 적용례) 제43조의2제4항의 개정규정은 이 법 시행 이후 압류 또는 매각을 유예하는 경우부터 적용한다.
제5조(과세전적부심사 결정기간에 관한 적용례) 제118조제6항의 개정규정은 이 법 시행 이후 심사청구서를 도정하는 경우부터 적용한다.
제6조(심사청구 결정 절차에 관한 적용례) 제124조 및 제127조제1항의 개정규정은 이 법 시행 이후 심사청구를 하는 경우부터 적용한다.
제7조(하역 제한 등에 관한 적용례) 제140조제7항의 개정규정은 이 법 시행 이후 우리나라에 입항하는 국제무역선이나 국제무역기부터 적용한다.
제8조(보세판매장 특허수수료 감경에 관한 적용례) 제176조의2제4항의 개정규정은 이 법 시행일 이후 최초로 부과하는 분부터 적용한다.
제9조(통관보류에 관한 적용례) 제237조제1항제5호의 개정규정은 이 법 시행 이후 세관장에게 지방세 체납처분을 위탁한 체납자가 수입하는 경우부터 적용한다.
제10조(신고 취하 신청에 관한 적용례) 제250조제4항 및 제5항의 개정규정은 이 법 시행 이후 신고의 취하를 신청하는 경우부터 적용한다.

제11조(보세구역 물품반입 허위신고 과태료에 관한 적용례) 제277조제4항제7호의 개정규정은 이 법 시행 이후 보세구역에 물품을 반입하지 아니하고 거짓으로 제157조제1항에 따른 반입신고를 한 자에 대해서 적용한다.
제12조(연계정보통신망을 통한 전자송달에 관한 적용례) 제327조의 개정규정은 이 법 시행 이후 연계정보통신망을 통한 전자송달을 신청하는 경우부터 적용한다.
제13조(관세부과 제척기간에 관한 특례) 이 법 시행 전에 종전의 제21조제2항제5호에 따라 원산지증명서 진위 여부 등의 확인을 요청하였으나 그 회신기간이 종료된 경우로서 이 법 시행 이후 회신을 받은 경우에는 제21조제2항제2호의 개정규정에도 불구하고 이 법 시행일부터 1년이 되는 날까지 회신결과에 따른 경정이나 그 밖에 필요한 처분을 할 수 있다.
제14조(특허보세구역 운영인의 결격사유에 관한 경과조치) 이 법 시행 전에 발생한 사유로 인하여 제175조제6호나목 및 같은 조 제7호의 개정규정에 따른 결격사유에 해당하게 된 경우에는 같은 개정규정에도 불구하고 종전의 규정에 따른다.
제15조(다른 법률의 개정) 자유무역협정의 이행을 위한 관세법의 특례에 관한 법률 일부를 다음과 같이 개정한다.

제9조제2항 중 “납세고지”를 “납부고지”로 한다.

제36조제1항제2호가목 중 “납세고지일”을 “납부고지일”로, “납세고지서”를 “납부고지서”로 하고, 같은 항 제3호 중 “납세고지서”를 각각 “납부고지서”로 하며, 같은 조 제2항제2호 중 “납세고지서”를 “납부고지서”로 한다.

부칙 〈제17689호, 2020. 12. 22.〉 (국가경찰과 자치경찰의 조직 및 운영에 관한 법률)

제1조(시행일) 이 법은 2021년 1월 1일부터 시행한다.
제2조 부터 제6조까지 생략
제7조(다른 법률의 개정) ①부터 ⑬까지 생략

⑭ 관세법 일부를 다음과 같이 개정한다.

제138조제2항 및 제3항, 제219조제2항 및 제3항, 제309조 중 “국가경찰공무원”을 각각 “경찰공무원”으로 한다.

⑮부터 〈53〉까지 생략
제8조 생략

부칙 〈제17758호, 2020. 12. 29.〉 (국세징수법)
제1조(시행일) 이 법은 2021년 1월 1일부터 시행한다.
제2조 부터 제23조까지 생략
제24조(다른 법률의 개정) ①부터 ③까지 생략
④ 관세법 일부를 다음과 같이 개정한다.
제3조제2항 중 "체납처분"을 "강제징수"로 한다.
제4조제1항 및 제3항 중 "체납처분비"를 각각 "강제징수비"로 한다.
제20조 각 호 외의 부분 중 "체납처분비"를 "강제징수비"로 한다.
제26조제2항 중 "체납처분을"을 "강제징수를"로, "체납처분비"를 "강제징수비"로 한다.
제26조의2 중 "체납처분비"를 "강제징수비"로 한다.
제46조제1항 및 제2항 중 "체납처분비"를 각각 "강제징수비"로 한다.
제277조의2제4항 중 "국세체납처분"을 "국세강제징수"로 한다.
⑤부터 ㉒까지 생략
제25조 및 제26조 생략

부칙 〈제17799호, 2020. 12. 29.〉 (독점규제 및 공정거래에 관한 법률)
제1조(시행일) 이 법은 공포 후 1년이 경과한 날부터 시행한다. 〈단서 생략〉
제2조 부터 제24조까지 생략
제25조(다른 법률의 개정) ①부터 ⑤까지 생략
⑥ 관세법 일부를 다음과 같이 개정한다.
제176조의2제1항 본문 중 "「독점규제 및 공정거래에 관한 법률」 제14조제1항"을 "「독점규제 및 공정거래에 관한 법률」 제31조제1항"으로 한다.
⑦부터 〈82〉까지 생략
제26조 생략

부칙 〈제18525호, 2021. 11. 30.〉 (농수산물의 원산지 표시 등에 관한 법률)

제1조(시행일) 이 법은 2022년 1월 1일부터 시행한다.

제2조 및 제3조 생략

제4조(다른 법률의 개정) ① 관세법 일부를 다음과 같이 개정한다.

제233조의3제1항 중 "「농수산물의 원산지표시에 관한 법률」"을 "「농수산물의 원산지 표시 등에 관한 법률」"로 한다.

②부터 ⑨까지 생략

제5조 생략

부칙 〈제18583호, 2021. 12. 21.〉

제1조(시행일) 이 법은 2022년 1월 1일부터 시행한다. 다만, 제106조의2제2항의 개정규정은 2022년 4월 1일부터 시행하고, 제256조의2의 개정규정은 2022년 7월 1일부터 시행한다.

제2조(일반적 적용례) 이 법은 이 법 시행 이후 수출입신고를 하는 경우부터 적용한다.

제3조(자료제출 관련 위반행위에 대한 시정 요구 등에 관한 적용례) 제37조의4제6항의 개정규정은 이 법 시행 이후 같은 조 제1항에 따라 세관장으로부터 과세가격결정자료의 제출을 요구받은 경우부터 적용한다.

제4조(부당한 방법으로 과소신고한 세액에 대한 보정에 관한 적용례) 제38조의2제6항의 개정규정은 이 법 시행 이후 신고납부를 하는 경우부터 적용한다.

제5조(가산세의 감면에 관한 적용례) 제42조의2제1항제3호의 개정규정은 이 법 시행 전에 제37조제1항제3호에 관한 사전심사의 결과를 통보받아 이 법 시행 이후 세액을 수정신고하는 경우에도 적용한다.

제6조(수입한 상태 그대로 수출되는 자가사용물품 등에 대한 관세 환급에 관한 적용례) ① 제106조의2제1항제3호의 개정규정은 이 법 시행 이후 수출되는 물품부터 적용한다.

② 제106조의2제2항제1호의 개정규정은 부칙 제1조 단서에 따른 시행일 이후 여행자가 제96조제2항에 따라 자진신고하는 물품부터 적용한다.

제7조(보세판매장별 매출액의 보고에 관한 적용례) 제176조의2제7항의 개정규정은 이 법 시행 이후 기획재정부장관이 2021회계연도의 보세판매장별 매출액을 국회 소관 상임위원회에 보고하는 경우부터 적용한다.

제8조(우편물의 사전전자정보 제출에 관한 적용례) ① 제256조의2제1항의 개정규정은 부칙 제1조 단서에 따른 시행일 이후 통관우체국의 장이 우편물의 발송국으로부터 사전전자정보를 제공받은 경우부터 적용한다.

② 제1항에도 불구하고 통관우체국의 장은 부칙 제1조 단서에 따른 시행일 전에 우편물의 발송국으로부터 사전전자정보를 제공받은 경우로서 해당 우편물이 부칙 제1조 단서에 따른 시행일 당시 우리나라에 반입되지 아니한 경우에는 해당 사전전자정보를 부칙 제1조 단서에 따른 시행일 이후 지체 없이 세관장에게 제출하여야 한다.

③ 제256조의2제2항의 개정규정은 부칙 제1조 단서에 따른 시행일 이후 우편물이 우리나라에 반입되는 경우부터 적용한다.

제9조(납부지연가산세에 관한 경과조치) 이 법 시행 전에 100만원 이상 150만원 미만인 관세(세관장이 징수하는 내국세가 있을 때에는 그 금액을 포함한다)를 체납하여 그 미납기간에 대하여 납세의무가 성립한 납부지연가산세의 부과에 관하여는 제42조제5항의 개정규정에도 불구하고 종전의 규정에 따른다.

제10조(벌칙에 관한 경과조치) 이 법 시행 전에 제135조제2항(제146조제1항에서 준용하는 경우를 포함하며, 종전의 제277조제4항제4호에 해당하는 경우는 제외한다) 또는 제141조제1호 · 제3호(제146조제1항에서 준용하는 경우를 포함한다)를 위반하여 벌칙을 적용할 때에는 제276조제4항제3호 및 제4호의 개정규정에도 불구하고 종전의 규정에 따른다.

제11조(다른 법률의 개정) 자유무역협정의 이행을 위한 관세법의 특례에 관한 법률 일부를 다음과 같이 개정한다.

제46조제2항제1호 중 “승인을 받지 아니하고 용도에”를 “용도에”로 한다.

부칙 〈제18976호, 2022. 9. 15.〉

제1조(시행일) 이 법은 공포 후 첫 번째 일요일부터 시행한다.

제2조(과세환율에 관한 적용례) 제18조의 개정규정은 이 법 시행 이후 수입신고를 하는 경우부터 적용한다.

부칙 〈제19186호, 2022. 12. 31.〉

제1조(시행일) 이 법은 2023년 1월 1일부터 시행한다. 다만, 다음 각 호의 개정규정은 해당 호에서 정한 날부터 시행한다.

1. 제2조제19호, 제19조제5항제1호다목 및 제254조의 개정규정: 2023년 7월 1일
2. 제42조의2제1항제7호, 제118조의제3항, 제118조의4제1항부터 제4항까지, 제118조의4제9항, 제124조 및 제330조제8호마목의 개정규정: 2023년 7월 1일
3. 제116조 및 제277조의3의 개정규정: 2023년 4월 1일
4. 제233조의2 및 제330조제2호의 개정규정: 2023년 7월 1일
5. 제322조의 개정규정: 2023년 4월 1일

제2조(일반적 적용례) 이 법은 이 법 시행 이후 수출입신고를 하는 경우부터 적용한다.

제3조(공시송달 대상 및 방법 등에 관한 적용례) 제11조제2항 및 제3항의 개정규정은 이 법 시행 이후 공시송달을 하는 경우부터 적용한다.

제4조(특수관계에 있는 자에 대한 과세가격의 결정 등에 대한 적용례) ① 제37조의4제4항 및 제6항의 개정규정은 이 법 시행 이후 제37조의4제1항에 따라 세관장으로부터 과세가격결정자료의 제출을 요구받는 경우부터 적용한다.

② 제277조제1항의 개정규정은 이 법 시행 이후 제37조의4제1항에 따라 세관장으로부터 과세가격결정자료의 제출을 요구받은 특수관계에 있는 자가 제10조에서 정하는 정당한 사유 없이 제37조의4제4항 각 호의 어느 하나에 해당하는 행위를 하는 경우부터 적용한다.

제5조(경정청구 대상 확대에 관한 적용례) 제38조의3제2항의 개정규정은 이 법 시행 전에 부족세액에 대하여 제38조의2제1항에 따라 보정신청을 하거나 제38조의3제1항에 따라 수정신고를 하였으나 이 법 시행 당시 해당 세액을 납부하지 아니한 경우에 대해서도 적용한다.

제6조(여행자 휴대품 등 자진신고 시 관세경감액 한도 상향에 관한 적용례) 제96조제2항의 개정규정은 이 법 시행 이후 여행자가 반입하는 휴대품 또는 별송품부터 적용한다.
제7조(계약 내용과 다른 물품 등의 관세 환급 요건에 관한 적용례) 제106조제1항 및 제106조의2제1항제1호의 개정규정은 이 법 시행 이후 자유무역지역 중 관세청장이 수출물품을 일정기간 보관하기 위하여 필요하다고 인정하여 고시하는 장소에 반입하는 물품부터 적용한다.
제8조(과세정보 제공 확대에 관한 적용례) 제116조의 개정규정은 같은 개정규정 시행일 이후 과세정보를 요구하는 경우부터 적용한다.
제9조(관세심사위원회의 심의에 관한 경과조치) 이 법 시행 전에 종전의 제124조에 따른 관세심사위원회에 심의 요청된 사항은 제118조의4제9항 전단의 개정규정에 따른 납세자보호위원회 분과위원회인 관세심사위원회에 심의 요청된 것으로 본다.
제10조(관세심사위원회의 위원에 관한 경과조치) 이 법 시행 전에 종전의 제124조에 따른 관세심사위원회의 위원으로 위촉된 사람은 제118조의4제9항 전단의 개정규정에 따른 납세자보호위원회 분과위원회인 관세심사위원회의 위원으로 위촉된 것으로 본다. 이 경우 해당 위원의 임기는 종전 임기의 남은 기간으로 한다.
제11조(관세심사위원회 위원의 공무원 의제에 관한 경과조치) 이 법 시행 전의 행위에 대하여 벌칙을 적용할 때 종전의 제124조제1항에 따른 관세심사위원회 위원 중 공무원이 아닌 사람의 공무원 의제에 관하여는 제330조제8호마목의 개정규정에도 불구하고 종전의 규정에 따른다.
제12조(보세판매장 특허의 갱신 횟수 조정에 관한 적용례 등) ① 제176조의2제6항의 개정규정은 이 법 시행 전에 보세판매장 신규 특허를 받거나 특허를 갱신하여 이 법 시행 당시 그 특허가 만료되지 아니한 자에 대해서도 적용한다.
② 이 법 시행 전에 특허를 갱신한 횟수는 제176조의2제6항의 개정규정에 따른 보세판매장 특허 갱신 횟수 산정에 포함한다.
③ 이 법 시행 전에 보세판매장 신규 특허를 받은 자의 특허가 만료되지 아니한 경우에는 제176조의2제5항의 개정규정에도 불구하

고 종전의 규정에 따른다.

제13조(보세구역의 장치기간 종료 전 매각 대상 확대 등에 관한 적용례) ① 제208조제1항제6호의 개정규정은 이 법 시행 당시 제26조에 따른 강제징수, 「국세징수법」 제30조에 따른 강제징수 및 「지방세징수법」 제39조의2에 따른 체납처분을 위하여 세관장이 압류한 수입물품(제2조제4호가목의 외국물품으로 한정하며, 이하 이 조에서 "압류외국물품"이라 한다)으로서 장치 중인 물품에 대해서도 적용한다.

② 제209조제1항의 개정규정은 다음 각 호의 구분에 따라 적용한다.

1. 제208조제1항제1호부터 제5호까지의 규정에 해당하는 외국물품: 이 법 시행 당시 장치 중인 외국물품에 대해서도 적용

2. 제208조제1항제6호에 해당하는 압류외국물품: 이 법 시행 당시 장치 중인 압류외국물품에 대해서도 적용

③ 제212조제3항의 개정규정은 이 법 시행 당시 장치 중인 압류외국물품에 대해서도 적용한다.

제14조(한국원산지정보원의 설립에 따른 경과조치) ① 제233조의2의 개정규정 시행 당시 「민법」에 따라 설립된 재단법인 국제원산지정보원(이하 "재단법인 국제원산지정보원"이라 한다)이 그 지위의 승계에 관하여 이사회의 의결을 거쳐 관세청장의 승인을 받고 설립등기를 한 경우에는 같은 개정규정에 따라 설립된 한국원산지정보원으로 본다.

② 제1항에 따른 설립등기를 한 경우 재단법인 국제원산지정보원은 「민법」 중 법인의 해산 및 청산에 관한 규정에도 불구하고 해산된 것으로 본다.

③ 이 법에 따른 한국원산지정보원은 설립등기일에 재단법인 국제원산지정보원의 모든 재산과 권리·의무를 승계한다.

④ 제3항에 따라 포괄승계된 재산과 권리·의무에 관한 등기부와 그 밖의 공부에 표시된 재단법인 국제원산지정보원의 명의는 이 법에 따른 한국원산지정보원의 명의로 본다.

⑤ 제233조의2의 개정규정 시행 당시 재단법인 국제원산지정보원이 행한 행위나 재단법인 국제원산지정보원에 대하여 행하여진 행위는 이 법에 따른 한국원산지정보원의 행위나 한국원산지정보원에 대한 행위로 본다.

⑥ 제233조의2의 개정규정 시행 당시 재단법인 국제원산지정보원

의 원장을 포함한 임직원은 이 법에 따른 한국원산지정보원의 임직원으로 보며, 임원의 임기는 종전의 임명일부터 기산한다.

⑦ 제233조의2의 개정규정 시행 전에 종전의 제233조의2제2항에 따라 위탁받은 업무에 종사하는 사람은 제330조제2호의 개정규정에 따른 제233조의2제1항에 따른 한국원산지정보원의 업무에 종사하는 사람으로 본다.

제15조(지식재산권 보호를 위한 사실 통보 등에 관한 적용례) 제235조제3항·제5항 및 제7항의 개정규정은 이 법 시행 이후 통관우체국에 도착하는 물품부터 적용한다.

제16조(전자상거래물품의 특별통관 우선 적용에 관한 적용례) 제254조제1항 및 제5항의 개정규정은 같은 개정규정 시행일 이후 우편물이 통관우체국에 도착하는 경우부터 적용한다.

제17조(통계 및 증명서의 작성 및 교부 등에 관한 적용례) 제322조제10항 각 호 외의 부분 후단의 개정규정은 같은 개정규정 시행 이후 관세무역데이터를 제공하는 경우부터 적용한다.

제18조(체납자에 대한 관허사업 제한에 관한 적용례) 제326조의2의 개정규정은 이 법 시행 이후 관세 또는 내국세등을 체납하는 경우부터 적용한다.

제19조(전자상거래물품의 특별통관 우선 적용에 관한 경과조치) 제254조제1항 및 제2항의 개정규정 시행일 전에 세관장에게 통관목록을 제출한 탁송품은 같은 개정규정에도 불구하고 제254조의2제1항에 따른다.

제20조(다른 법률의 개정) 자유무역지역의 지정 및 운영에 관한 법률 일부를 다음과 같이 개정한다.

제37조제4항 중 “”장치기간경과물품“”을 “”외국물품“”으로 한다.

부칙 〈제19228호, 2023. 3. 4.〉 (정부조직법)

제1조(시행일) 이 법은 공포 후 3개월이 경과한 날부터 시행한다. 다만, 부칙 제7조에 따라 개정되는 법률 중 이 법 시행 전에 공포되었으나 시행일이 도래하지 아니한 법률을 개정한 부분은 각각 해당 법률의 시행일부터 시행한다.

제2조 부터 제6조까지 생략

제7조(다른 법률의 개정) ① 관세법 일부를 다음과 같이 개정한다.

제116조의3제1항제3호 중 "외교부장관"을 "재외동포청장"으로 한다.
②부터 ㊻까지 생략
제8조 생략

부칙 〈제19924호, 2023. 12. 31.〉
제1조(시행일) 이 법은 2024년 1월 1일부터 시행한다. 다만, 다음 각 호의 개정규정은 해당 호에서 정하는 날부터 시행한다.
1. 제246조의2제1항 및 제2항의 개정규정: 2024년 3월 1일
2. 제8조제4항, 제11조제3항, 제116조의6, 제233조의2, 제248조제1항, 제268조의2, 제277조제5항제4호, 제277조의3제1항, 제279조제2항, 제327조, 제327조의2, 제327조의3제7항, 제327조의4, 제328조 및 제330조의 개정규정: 2024년 7월 1일
3. 제56조의2의 개정규정: 2025년 1월 1일
제2조(한국관세정보원의 설립 준비) ① 관세청장은 한국관세정보원의 설립에 관한 사무를 처리하게 하기 위하여 이 법 공포일부터 1개월 이내에 전자통관 정보화 및 공공기관 설립·운영 분야에서 학식과 경험을 갖춘 사람 중에서 위원장을 포함한 7명 이내의 설립위원을 위촉하여 설립위원회를 구성한다.
② 설립위원회는 다음 각 호의 사항을 작성하여 관세청장의 인가를 받아야 한다.
1. 한국관세정보원의 정관
2. 한국관세정보원이 승계하게 되는 다음 각 목의 사항에 관한 계획
가. 이 법 시행 당시 「민법」 제32조에 따라 설립된 재단법인 국가관세종합정보망운영연합회(이하 "재단법인 연합회"라 한다)가 보유하는 채권·채무, 그 밖의 권리·의무 및 재산의 승계·처분
나. 재단법인 연합회에 소속된 직원의 승계
③ 한국관세정보원 최초의 원장, 이사 및 감사는 설립위원회의 추천으로 관세청장이 임명한다.
④ 설립위원회는 제2항에 따른 인가를 받은 때에는 지체 없이 한국관세정보원의 설립등기를 한 후 한국관세정보원장에게 사무를 인계하여야 한다.
⑤ 설립위원회 및 설립위원은 제4항에 따른 사무 인계가 끝난 때

에는 해산 및 해촉된 것으로 본다.

⑥ 한국관세정보원의 설립 준비에 드는 비용은 재단법인 연합회의 예산에서 지원받을 수 있다.

제3조(장부 등의 보관에 관한 적용례) 제12조의 개정규정은 이 법 시행 이후 신고 또는 제출하는 경우부터 적용한다.

제4조(관세부과의 제척기간에 관한 적용례) 제21조제3항의 개정규정은 이 법 시행 이후 결정 또는 판결이 확정된 경우(이 법 시행 전에 제21조제1항에 따라 부과제척기간이 만료된 경우는 제외한다)부터 적용한다.

제5조(특수관계자의 수입물품 과세가격결정자료등 제출에 관한 적용례) 제37조의4제1항의 개정규정은 이 법 시행 당시 진행 중인 관세조사에 대해서도 적용한다.

제6조(우회덤핑 물품에 대한 덤핑방지관세의 부과에 관한 적용례) 제56조의2의 개정규정은 부칙 제1조제3호에 따른 시행일 이후 우회덤핑에 대한 조사를 개시하는 경우부터 적용한다.

제7조(관세포탈범의 명단공개에 관한 적용례) 제116조의2제1항제2호, 같은 조 제2항부터 제4항까지 및 제6항의 개정규정은 이 법 시행 이후 제270조제1항 · 제4항 및 제5항에 따른 범죄를 행하고 유죄판결이 확정된 자부터 적용한다.

제8조(납세자 본인에 관한 과세정보의 전송 요구에 대한 적용례) 제116조의6의 개정규정은 부칙 제1조제2호에 따른 시행일 이후 과세정보의 전송을 요구하는 경우부터 적용한다

제9조(운송수단 신고 등에 따른 의무에 관한 적용례) 제216조제3항의 개정규정(제219조제4항 및 제221조제2항에 따라 준용되는 경우를 포함한다)은 이 법 시행 이후 보세운송 신고를 하거나 승인을 받은 경우부터 적용한다.

제10조(물품의 검사에 따른 손실보상에 관한 적용례) 제246조의2제1항 및 제2항의 개정규정은 부칙 제1조제1호에 따른 시행일 이후 세관공무원이 물품을 검사하는 경우부터 적용한다.

제11조(위치정보의 수집에 관한 적용례) 제266조의2의 개정규정은 이 법 시행 이후 위치정보를 수집하는 경우부터 적용한다.

제12조(가산세의 감면에 관한 경과조치) 이 법 시행 전에 수정신고한 경우의 가산세 감면에 관하여는 제42조의2제1항제5호의 개정규

정에도 불구하고 종전의 규정에 따른다.
제13조(심판청구에 관한 경과조치) 이 법 시행 전에 제기한 심판청구의 심판청구기간, 심판청구서의 보정 및 결정 등에 관하여는 제131조의 개정규정에도 불구하고 종전의 규정에 따른다.
제14조(특허보세구역 운영인의 결격사유에 관한 경과조치) 이 법 시행 전에 발생한 사유로 인하여 제175조제7호의 개정규정에 따른 결격사유에 해당하게 된 경우에는 같은 개정규정에도 불구하고 종전의 규정에 따른다.
제15조(물품검사 수수료의 폐지에 관한 경과조치) 이 법 시행 전에 지정장치장이나 세관검사장이 아닌 장소에서 검사한 경우의 수수료에 관하여는 제247조제3항의 개정규정에도 불구하고 종전의 규정에 따른다.
제16조(벌칙에 관한 경과조치) 이 법 시행 전의 위반행위에 대하여 벌칙을 적용할 때에는 제276조제4항 각 호 외의 부분 단서 및 같은 항 제1호ㆍ제4호ㆍ제6호ㆍ제8호의 개정규정에도 불구하고 종전의 규정에 따른다.

부칙 〈제20608호, 2024. 12. 31.〉
제1조(시행일) 이 법은 2025년 1월 1일부터 시행한다. 다만, 다음 각 호의 개정규정은 해당 호에서 정하는 날부터 시행한다.
1. 제76조제3항의 개정규정: 2025년 4월 1일
2. 제222조제1항제7호 및 제254조의 개정규정: 2026년 1월 1일
3. 삭제 〈2025. 3. 14.〉
제2조 삭제 〈2025. 3. 14.〉
제3조(최빈 개발도상국에서 제외된 국가에 대한 일반특혜관세에 관한 적용례) 제76조제3항의 개정규정은 2025년 4월 1일 이후 수입신고를 하는 경우부터 적용한다.
제4조(보세창고의 장치기간 연장에 관한 적용례) 제177조제1항제1호나목 단서의 개정규정은 이 법 시행 전에 보세창고에 장치한 물품으로서 이 법 시행 당시 장치기간이 경과하지 아니한 물품의 경우에도 적용한다.
제5조(방위산업기술의 보호에 관한 적용례) 제206조제1항제2호다목 및 제235조의 개정규정은 이 법 시행 이후 수출 또는 수입하는 물

품부터 적용한다.
제6조(수출입신고필증의 발급에 관한 적용례) 제248조제1항 단서의 개정규정은 이 법 시행 전에 제327조제2항에 따라 관세정보시스템의 전산처리설비를 이용하여 신고를 수리한 경우에도 적용한다.
제7조(적재화물목록에 관한 장부 등의 보관에 관한 경과조치) 이 법 시행 전에 적재화물목록을 제출한 경우의 적재화물목록에 관한 장부 등의 보관에 관하여는 제12조제1항 전단의 개정규정에도 불구하고 종전의 규정에 따른다.
제8조(관세부과의 제척기간에 관한 경과조치) 이 법 시행 전에 수입한 경우의 관세부과의 제척기간에 관하여는 제21조제1항의 개정규정에도 불구하고 종전의 규정에 따른다.
제9조(가산세에 관한 경과조치) ① 이 법 시행 전에 수입신고를 한 경우의 가산세에 관하여는 제42조제2항의 개정규정에도 불구하고 종전의 규정에 따른다.

② 이 법 시행 전에 수입신고를 하지 아니하고 수입한 경우의 가산세에 관하여는 제42조제3항제1호의 개정규정에도 불구하고 종전의 규정에 따른다.
제10조(내국운송 신고 대상 내국물품의 장치 장소에 관한 경과조치) 이 법 시행 전에 제221조제1항에 따른 내국운송의 신고를 한 내국물품의 장치 장소에 관하여는 제155조제1항의 개정규정에도 불구하고 종전의 규정에 따른다.
제11조(보세운송업자등의 등록에 관한 경과조치) 2026년 1월 1일 전에 종전의 제222조제1항제7호에 따라 등록한 경우로서 2026년 1월 1일 당시 그 등록의 유효기간(유효기간을 갱신한 경우에는 그 기간을 포함한다)이 남아 있는 경우에는 2026년 1월 1일에 그 등록의 유효기간이 만료된 것으로 본다.
제12조(다른 법률의 개정) ① 관세사법 일부를 다음과 같이 개정한다.

제2조제2호 중 "「관세법」 제38조제3항"을 "「관세법」 제38조제4항"으로 한다.

② 자유무역지역의 지정 및 운영에 관한 법률 일부를 다음과 같이 개정한다.

제41조의2의 제목 "(지식재산권의 보호)"를 "(지식재산권 등의 보호)"로 하고, 같은 조 제1항 각 호 외의 부분 중 "지식재산권"을

"지식재산권 등"으로 하며, 같은 항에 제7호를 다음과 같이 신설하고, 같은 조 제2항 중 "지식재산권"을 "지식재산권 등"으로 한다.

7. 「방위산업기술 보호법」에 따른 방위산업기술

부칙 〈제20773호, 2025. 3. 14.〉

제1조(시행일) 이 법은 공포한 날부터 시행한다.

제2조(세율불균형물품의 감면율에 관한 적용례) 제89조제6항제1호의 개정규정은 2025년 1월 1일부터 이 법 시행 전까지 수입신고하는 경우에도 적용한다.

제3조(세액의 경정 등에 관한 특례) 납세의무자가 제89조제6항제1호의 개정규정에 따라 감면율이 적용되는 물품을 2025년 1월 1일부터 이 법 시행 전까지 수입신고하고 같은 조에 따라 감면받은 경우에는 제38조의3제2항에도 불구하고 이 법 시행일부터 90일까지 신고한 세액의 경정을 세관장에게 청구할 수 있다. 이 경우 세관장은 감면율이 증가된 분에 해당하는 세액을 환급하거나 납부하여야 할 세액에서 공제하여야 한다.

별표 / 서식

[별표] 관세율표(제50조 관련)

관세법 시행령

[시행 2025. 8. 7.] [대통령령 제35696호, 2025. 8. 5., 타법개정]

제15조(가격신고)
제16조(잠정가격의 신고 등)
제16조의2(수입신고가격 등의 공표)
제17조(우리나라에 수출하기 위하여 판매되는 물품의 범위)
제17조의2(구매수수료의 범위 등)
제18조(무료 또는 인하된 가격으로 공급하는 물품 및 용역의 범위)
제18조의2(무료 또는 인하된 가격으로 공급하는 물품 및 용역금액의 배분 등)
제19조(권리사용료의 산출)
제19조의2(수입물품을 전매 · 처분 또는 사용하여 생긴 수익금액의 범위)
제20조(운임 등의 결정)
제20조의2(간접지급금액 등)
제21조(처분 또는 사용에 대한 제한의 범위)
제22조(거래가격에 영향을 미치지 아니하는 제한 등)
제23조(특수관계의 범위 등)
제24조(과세가격 불인정의 범위 등)
제25조(동종 · 동질물품의 범위)
제26조(유사물품의 범위)
제27조(수입물품의 국내판매가격 등)
제28조(산정가격을 기초로 한 과세가격의 결정)
제29조(합리적 기준에 따른 과세가격의 결정)
제30조(가산율 또는 공제율의 적용)
제31조(과세가격 결정방법의 사전심사)
제31조의2삭　제
제31조의3(사전조정의 절차 등)
제31조의4(관세부과 등을 위한 정보제공 범위)
제31조의5(특수관계자 수입물품 과세자료 제출범위 등)
제5절 부과와 징수
제32조(납세신고)
제32조의2(자율심사)
제32조의3(세액의 정정)
제32조의4(세액의 보정)
제32조의5(신용카드 등에 의한 관세 등의 납부)
제33조(수정신고)
제34조(세액의 경정)

제275조(임시업무 및 시간외 물품취급)
제276조(통계 · 증명서의 작성 및 교부의 신청)
제276조의2(통계 작성 · 교부 대행기관의 지정 등)
제276조의3(관세무역데이터 제공시설 및 제공절차 등)
제277조(포상방법)
제278조(공로심사)
제279조삭 제
제280조삭 제
제281조삭 제
제282조삭 제
제282조의2(몰수농산물의 이관 등)
제283조(몰수품 등에 대한 보관료 등의 지급기준)
제283조의2(사업에 관한 허가 등의 제한의 예외)
제283조의3(체납한 횟수 및 체납된 금액의 합계액의 계산)
제284조(매각 및 폐기의 공고)
제285조(교부잔금의 공탁)
제285조의2(전자송달)
제285조의3삭 제
제285조의4(전자문서중계사업자의 지정기준)
제285조의5(전자문서중계사업자의 지정절차)
제285조의6(전자문서중계사업자에 대한 과징금의 부과기준 등)
제285조의7(과징금의 납부)
제286조(「국가를 당사자로 하는 계약에 관한 법률」의 적용)
제287조(서식의 제정)
제288조(권한 또는 업무의 위임 · 위탁)
제289조(민감정보 및 고유식별정보의 처리)
제290조(규제의 재검토)

**개정 예정 법률 밑줄 별도 표시.

관세법 시행령

[시행 2025. 8. 7.] [대통령령 제35696호, 2025. 8. 5., 타법개정]

제1장 총칙

제1절 통칙 〈개정 2013. 2. 15.〉

제1조(목적) 이 영은 「관세법」에서 위임된 사항과 그 시행에 필요한 사항을 규정함을 목적으로 한다.

[본조신설 2013. 2. 15.]

[종전 제1조는 제1조의3으로 이동 〈2013. 2. 15.〉]

제1조의2(체납된 내국세등의 세무서장 징수) ① 「관세법」(이하 "법"이라 한다) 제4조제2항에 따라 납세의무자의 주소지(법인의 경우 그 법인의 등기부에 따른 본점이나 주사무소의 소재지)를 관할하는 세무서장이 체납된 부가가치세, 지방소비세, 개별소비세, 주세, 교육세, 교통·에너지·환경세 및 농어촌특별세(이하 "내국세등"이라 하며, 내국세등의 가산세 및 강제징수비를 포함한다)를 징수하기 위하여는 체납자가 다음 각 호의 모든 요건에 해당해야 한다. 다만, 법에 따른 이의신청·심사청구·심판청구 또는 행정소송이 계류 중인 경우, 「채무자 회생 및 파산에 관한 법률」 제243조에 따라 회생계획인가 결정을 받은 경우 및 압류 등 강제징수가 진행 중이거나 압류 또는 매각을 유예받은 경우에는 세무서장이 징수하게 할 수 없다. 〈개정 2020. 2. 11., 2021. 2. 17.〉

1. 체납자의 체납액 중 관세의 체납은 없고 내국세등만이 체납되었을 것
2. 삭제 〈2017. 3. 27.〉
3. 체납된 내국세등의 합계가 1천만원을 초과했을 것

② 세관장은 제1항의 요건에 해당되는 체납자의 내국세등을 세무

서장이 징수하게 하는 경우 법 제45조에 따른 관세체납정리위원회의 의결을 거쳐 관세청장이 정하는 바에 따라 체납자의 내국세등의 징수에 관한 사항을 기재하여 해당 세무서장에게 서면으로 요청하여야 하며, 그 사실을 해당 체납자에게도 통지하여야 한다.

③ 제2항에 따라 징수를 요청받은 세무서장이 체납된 내국세등을 징수한 경우에는 징수를 요청한 세관장에게 징수 내역을 통보해야 하며, 체납된 내국세등에 대한 불복절차 또는 회생절차의 개시, 체납자의 행방불명 등의 사유로 더 이상의 강제징수 절차의 진행이 불가능하게 된 경우에는 그 사실을 징수를 요청한 세관장 및 체납자에게 통보 및 통지해야 한다. 〈개정 2021. 2. 17.〉

[본조신설 2013. 2. 15.]

[종전 제1조의2는 제1조의4로 이동 〈2013. 2. 15.〉]

제1조의3(관세법 해석에 관한 질의회신의 절차와 방법) ① 기획재정부장관 및 관세청장은 법의 해석과 관련된 질의에 대하여 법 제5조에 따른 해석의 기준에 따라 해석하여 회신하여야 한다. 〈개정 2013. 2. 15.〉

② 관세청장은 제1항에 따라 회신한 문서의 사본을 해당 문서의 시행일이 속하는 달의 다음 달 말일까지 기획재정부장관에게 송부하여야 한다. 〈개정 2013. 2. 15.〉

③ 관세청장은 제1항의 질의가 「국세기본법 시행령」 제9조의3제1항 각 호의 어느 하나에 해당한다고 인정하는 경우에는 기획재정부장관에게 의견을 첨부하여 해석을 요청하여야 한다.

④ 관세청장은 제3항에 따른 기획재정부장관의 해석에 이견이 있는 경우에는 그 이유를 붙여 재해석을 요청할 수 있다.

⑤ 기획재정부장관에게 제출된 법 해석과 관련된 질의는 관세청장에게 이송하고 그 사실을 민원인에게 알려야 한다. 다만, 다음 각 호의 어느 하나에 해당하는 경우에는 기획재정부장관이 직접 회신할 수 있으며, 이 경우 회신한 문서의 사본을 관세청장에게 송부하여야 한다. 〈개정 2024. 2. 29.〉

1. 「국세기본법 시행령」 제9조의3제1항 각 호의 어느 하나에 해당하여 「국세기본법」 제18조의2에 따른 국세예규심사위원회의 심의를 거쳐야 하는 질의

2. 관세청장의 법 해석에 대하여 다시 질의한 사항으로서 관세청장

의 회신문이 첨부된 경우의 질의(사실판단과 관련된 사항은 제외한다)
3. 법이 새로 제정되거나 개정되어 이에 대한 기획재정부장관의 해석이 필요한 경우
4. 그 밖에 법의 입법 취지에 따른 해석이 필요한 경우로서 납세자의 권리보호를 위해 필요하다고 기획재정부장관이 인정하는 경우
⑥ 관세청장은 법을 적용할 때 우리나라가 가입한 관세에 관한 조약에 대한 해석에 의문이 있는 경우에는 기획재정부장관에게 의견을 첨부하여 해석을 요청하여야 한다. 이 경우 기획재정부장관은 필요하다고 인정될 때에는 관련 국제기구에 질의할 수 있다.
⑦ 제1항부터 제6항까지에서 규정한 사항 외에 법 해석에 관한 질의회신 등에 필요한 사항은 기획재정부령으로 정한다.
[본조신설 2012. 2. 2.]
[제1조에서 이동, 종전 제1조의3은 제1조의5로 이동 〈2013. 2. 15.〉]

제1절의2 기간과 기한 〈신설 2013. 2. 15.〉

제1조의4(기한의 계산) ①법 제8조제3항에서 "대통령령으로 정하는 날"이란 금융기관(한국은행 국고대리점 및 국고수납대리점인 금융기관에 한한다. 이하 같다) 또는 체신관서의 휴무, 그 밖에 부득이한 사유로 인하여 정상적인 관세의 납부가 곤란하다고 관세청장이 정하는 날을 말한다. 〈개정 2007. 4. 5., 2011. 4. 1., 2012. 2. 2.〉
②정전, 프로그램의 오류, 한국은행(그 대리점을 포함한다) 또는 체신관서의 정보처리장치의 비정상적인 가동이나 그 밖에 관세청장이 정하는 사유로 법 제327조에 따른 국가관세종합정보시스템, 연계정보통신망 또는 전산처리설비의 가동이 정지되어 법에 따른 신고·신청·승인·허가·수리·교부·통지·통고·납부 등을 기한까지 할 수 없게 된 때에는 법 제8조제4항에 따라 해당 국가관세종합정보시스템, 연계정보통신망 또는 전산처리설비의 장애가 복구된 날의 다음 날을 기한으로 한다. 〈개정 2002. 12. 30., 2009. 2. 4., 2021. 2. 17., 2024. 2. 29.〉
[제1조의2에서 이동 〈2013. 2. 15.〉]
제1조의5(월별납부) ①법 제9조제3항의 규정에 의하여 납부기한이 동일한 달에 속하는 세액을 월별로 일괄하여 납부(이하 "월별납부"

라 한다)하고자 하는 자는 납세실적 및 수출입실적에 관한 서류 등 관세청장이 정하는 서류를 갖추어 세관장에게 월별납부의 승인을 신청하여야 한다.

②세관장은 제1항의 규정에 의하여 월별납부의 승인을 신청한 자가 법 제9조제3항의 규정에 의하여 관세청장이 정하는 요건을 갖춘 경우에는 세액의 월별납부를 승인하여야 한다. 이 경우 승인의 유효기간은 승인일부터 그 후 2년이 되는 날이 속하는 달의 마지막 날까지로 한다. 〈개정 2010. 3. 26.〉

③ 삭제 〈2017. 3. 27.〉

④세관장은 납세의무자가 다음 각 호의 어느 하나에 해당하게 된 때에는 제2항에 따른 월별납부의 승인을 취소할 수 있다. 이 경우 세관장은 월별납부의 대상으로 납세신고된 세액에 대해서는 15일 이내의 납부기한을 정하여 납부고지해야 한다. 〈개정 2021. 2. 17.〉

1. 관세를 납부기한이 경과한 날부터 15일 이내에 납부하지 아니하는 경우

2. 월별납부를 승인받은 납세의무자가 법 제9조제3항의 규정에 의한 관세청장이 정한 요건을 갖추지 못하게 되는 경우

3. 사업의 폐업, 경영상의 중대한 위기, 파산선고 및 법인의 해산 등의 사유로 월별납부를 유지하기 어렵다고 세관장이 인정하는 경우

⑤ 제2항에 따른 승인을 갱신하려는 자는 제1항에 따른 서류를 갖추어 그 유효기간 만료일 1개월 전까지 승인갱신 신청을 하여야 한다. 〈신설 2010. 3. 26.〉

⑥ 세관장은 제2항에 따라 승인을 받은 자에게 승인을 갱신하려면 승인의 유효기간이 끝나는 날의 1개월 전까지 승인갱신을 신청하여야 한다는 사실과 갱신절차를 승인의 유효기간이 끝나는 날의 2개월 전까지 휴대폰에 의한 문자전송, 전자메일, 팩스, 전화, 문서 등으로 미리 알려야 한다. 〈신설 2012. 2. 2.〉

[본조신설 2004. 3. 29.]

[제1조의3에서 이동 〈2013. 2. 15.〉]

제2조(천재지변 등으로 인한 기한의 연장) ①법 제10조에서 "대통령령으로 정하는 사유"란 다음 각 호의 어느 하나에 해당하는 경우를 말한다. 〈개정 2011. 4. 1.〉

1. 전쟁·화재 등 재해나 도난으로 인하여 재산에 심한 손실을 입

은 경우
2. 사업에 현저한 손실을 입은 경우
3. 사업이 중대한 위기에 처한 경우
4. 그 밖에 세관장이 제1호부터 제3호까지의 규정에 준하는 사유가 있다고 인정하는 경우

②세관장은 법 제10조의 규정에 의하여 납부기한을 연장하는 때에는 관세청장이 정하는 기준에 의하여야 한다.

③법 제10조의 규정에 의하여 납부기한을 연장받고자 하는 자는 다음 각호의 사항을 기재한 신청서를 당해 납부기한이 종료되기 전에 세관장에게 제출하여야 한다.
1. 납세의무자의 성명·주소 및 상호
2. 납부기한을 연장받고자 하는 세액 및 당해 물품의 신고일자·신고번호·품명·규격·수량 및 가격
3. 납부기한을 연장받고자 하는 사유 및 기간

④세관장은 법 제10조에 따라 납부기한을 연장한 때에는 법 제39조에 따른 납부고지를 해야 한다. 〈개정 2021. 2. 17.〉

⑤ 삭제 〈2017. 3. 27.〉

⑥세관장은 법 제10조의 규정에 의하여 납부기한연장을 받은 납세의무자가 다음 각호의 1에 해당하게 된 때에는 납부기한연장을 취소할 수 있다.
1. 관세를 지정한 납부기한내에 납부하지 아니하는 때
2. 재산상황의 호전 기타 상황의 변화로 인하여 납부기한연장을 할 필요가 없게 되었다고 인정되는 때
3. 파산선고, 법인의 해산 기타의 사유로 당해 관세의 전액을 징수하기 곤란하다고 인정되는 때

⑦세관장은 제6항에 따라 납부기한연장을 취소한 때에는 15일 이내의 납부기한을 정하여 법 제39조에 따른 납부고지를 해야 한다. 〈개정 2013. 2. 15., 2021. 2. 17.〉

[제목개정 2011. 4. 1.]

제2절 서류의 송달 등

제2조의2(공시송달) 법 제11조제2항제3호에서 "등기우편으로 송달하였으나 수취인 부재로 반송되는 경우 등 대통령령으로 정하는 경

우"란 다음 각 호의 어느 하나에 해당하는 경우를 말한다.

1. 서류를 등기우편으로 송달하였으나 수취인이 부재중(不在中)인 것으로 확인되어 반송됨으로써 납부기한까지 송달이 곤란하다고 인정되는 경우

2. 세관공무원이 2회 이상 납세자를 방문[처음 방문한 날과 마지막 방문한 날 사이의 기간이 3일(기간을 계산할 때 공휴일, 대체공휴일, 토요일 및 일요일은 산입하지 않는다) 이상이어야 한다]해 서류를 교부하려고 하였으나 수취인이 부재중인 것으로 확인되어 납부기한까지 송달이 곤란하다고 인정되는 경우

[본조신설 2023. 2. 28.]

제3조(장부 등의 보관) ①법 제12조제1항 전단에서 "대통령령으로 정하는 기간"이란 다음 각 호의 구분에 따른 기간을 말한다. 〈개정 2001. 12. 31., 2007. 4. 5., 2011. 4. 1., 2021. 2. 17., 2024. 2. 29., 2025. 2. 28.〉

1. 다음 각 목의 어느 하나에 해당하는 서류: 해당 신고에 대한 수리일부터 5년

가. 수입신고필증

나. 수입거래관련 계약서 또는 이에 갈음하는 서류

다. 법 제235조제1항 각 호의 어느 하나에 해당하는 지식재산권 등(이하 "지식재산권등"이라 한다)의 거래에 관련된 계약서 또는 이에 갈음하는 서류

라. 수입물품 가격결정에 관한 자료

2. 다음 각 목의 어느 하나에 해당하는 서류: 해당 신고에 대한 수리일부터 3년

가. 수출신고필증

나. 반송신고필증

다. 수출물품 · 반송물품 가격결정에 관한 자료

라. 수출거래 · 반송거래 관련 계약서 또는 이에 갈음하는 서류

3. 다음 각 목의 어느 하나에 해당하는 서류: 해당 신고에 대한 수리일부터 2년

가. 보세화물반출입에 관한 자료

나. 적재화물목록에 관한 자료

다. 보세운송에 관한 자료

② 법 제12조제2항 후단에서 "대통령령으로 정하는 기준"이란 다음 각 호의 요건을 말한다. 〈개정 2024. 2. 29.〉

1. 자료를 저장하거나 저장된 자료를 수정·추가 또는 삭제하는 절차·방법 등 정보보존 장치의 생산과 이용에 관련된 전산시스템의 개발과 운영에 관한 기록을 보관할 것

2. 정보보존 장치에 저장된 자료의 내용을 쉽게 확인할 수 있도록 하거나 이를 문서화할 수 있는 장치와 절차가 마련되어 있어야 하며, 필요시 다른 정보보존 장치에 복제가 가능하도록 되어 있을 것

3. 정보보존 장치가 거래 내용 및 변동사항을 포괄하고 있어야 하며, 과세표준과 세액을 결정할 수 있도록 검색과 이용이 가능한 형태로 보존되어 있을 것

③ 법 제12조제3항 단서에서 "대통령령으로 정하는 것"이란 다음 각 호의 어느 하나에 해당하는 문서를 말한다. 〈신설 2024. 2. 29.〉

1. 「상법 시행령」 등 다른 법령에 따라 원본을 보존해야 하는 문서

2. 등기·등록 또는 명의개서가 필요한 자산의 취득 및 양도와 관련하여 기명날인 또는 서명한 계약서

3. 소송과 관련하여 제출·접수한 서류 및 판결문 사본. 다만, 재발급이 가능한 서류는 제외한다.

4. 인가·허가와 관련하여 제출·접수한 서류 및 인가증·허가증. 다만, 재발급이 가능한 서류는 제외한다.

[제목개정 2024. 2. 29.]

제3절 삭제 〈2009. 2. 4.〉

제4조 삭제 〈2009. 2. 4.〉

제2장 과세가격과 관세의 부과·징수 등

제1절 통칙

제5조(납세의무자) 법 제19조제1항제1호 나목에서 "대통령령으로 정하는 상업서류"란 다음 각 호의 어느 하나에 해당하는 것을 말한다. 〈개정 2011. 4. 1.〉

1. 송품장

2. 선하증권 또는 항공화물운송장

제2절 납세의무의 소멸 등

제6조(관세부과 제척기간의 기산일) 법 제21조제1항에 따른 관세부과의 제척기간을 산정할 때 수입신고한 날의 다음날을 관세를 부과할 수 있는 날로 한다. 다만, 다음 각 호의 경우에는 해당 호에 규정된 날을 관세를 부과할 수 있는 날로 한다. 〈개정 2001. 12. 31., 2012. 2. 2.〉

1. 법 제16조제1호 내지 제11호에 해당되는 경우에는 그 사실이 발생한 날의 다음날
2. 의무불이행 등의 사유로 감면된 관세를 징수하는 경우에는 그 사유가 발생한 날의 다음날
3. 보세건설장에 반입된 외국물품의 경우에는 다음 각목의 날중 먼저 도래한 날의 다음날
   가. 제211조의 규정에 의하여 건설공사완료보고를 한 날
   나. 법 제176조의 규정에 의한 특허기간(특허기간을 연장한 경우에는 연장기간을 말한다)이 만료되는 날
4. 과다환급 또는 부정환급 등의 사유로 관세를 징수하는 경우에는 환급한 날의 다음날
5. 법 제28조에 따라 잠정가격을 신고한 후 확정된 가격을 신고한 경우에는 확정된 가격을 신고한 날의 다음 날(다만, 법 제28조제2항에 따른 기간 내에 확정된 가격을 신고하지 아니하는 경우에는 해당 기간의 만료일의 다음날)

제7조(관세징수권 소멸시효의 기산일) ①법 제22조제1항에 따른 관세징수권을 행사할 수 있는 날은 다음 각 호의 날로 한다. 〈개정 2002. 12. 30., 2004. 3. 29., 2012. 2. 2., 2013. 2. 15., 2021. 2. 17.〉

1. 법 제38조에 따라 신고납부하는 관세에 있어서는 수입신고가 수리된 날부터 15일이 경과한 날의 다음날. 다만, 제1조의5에 따른 월별납부의 경우에는 그 납부기한이 경과한 날의 다음 날로 한다.

1의2. 법 제38조의2제4항의 규정에 의하여 납부하는 관세에 있어서는 부족세액에 대한 보정신청일의 다음날의 다음날

2. 법 제38조의3제1항의 규정에 의하여 납부하는 관세에 있어서는 수정신고일의 다음날의 다음날
3. 법 제39조에 따라 부과고지하는 관세의 경우 납부고지를 받은

날부터 15일이 경과한 날의 다음 날

4. 법 제253조제3항의 규정에 의하여 납부하는 관세에 있어서는 수입신고한 날부터 15일이 경과한 날의 다음날

5. 그 밖의 법령에 따라 납부고지하여 부과하는 관세의 경우 납부기한을 정한 때에는 그 납부기한이 만료된 날의 다음 날

②법 제22조제2항에 따른 관세환급청구권을 행사할 수 있는 날은 다음 각 호의 날로 한다. 〈개정 2004. 3. 29., 2010. 3. 26., 2012. 2. 2., 2017. 3. 27., 2018. 2. 13., 2022. 2. 15.〉

1. 법 제38조의3제6항에 따른 경정으로 인한 환급의 경우에는 경정결정일

2. 착오납부 또는 이중납부로 인한 환급의 경우에는 그 납부일

3. 법 제106조제1항에 따른 계약과 상이한 물품 등에 대한 환급의 경우에는 당해 물품의 수출신고수리일 또는 보세공장반입신고일

3의2. 법 제106조제3항 및 제4항에 따른 폐기, 멸실, 변질, 또는 손상된 물품에 대한 환급의 경우에는 해당 물품이 폐기, 멸실, 변질 또는 손상된 날

3의3. 법 제106조의2제1항에 따른 수입한 상태 그대로 수출되는 자가사용물품에 대한 환급의 경우에는 수출신고가 수리된 날. 다만, 수출신고가 생략되는 물품의 경우에는 운송수단에 적재된 날로 한다.

3의4. 법 제106조의2제2항에 따라 국제무역선, 국제구역기 또는 보세판매장에서 구입한 후 환불한 물품에 대한 환급의 경우에는 해당 물품이 환불된 날

3의5. 종합보세구역에서 물품을 판매하는 자가 법 제199조의2 및 이 영 제216조의5제2항의 규정에 의하여 환급받고자 하는 경우에는 동규정에 의한 환급에 필요한 서류의 제출일

4. 수입신고 또는 입항전수입신고를 하고 관세를 납부한 후 법 제250조의 규정에 의하여 신고가 취하 또는 각하된 경우에는 신고의 취하일 또는 각하일

5. 적법하게 납부한 후 법률의 개정으로 인하여 환급하는 경우에는 그 법률의 시행일

제3절 납세담보

제8조 삭제 〈2009. 2. 4.〉

제9조(담보물의 평가) ① 법 제24조제1항제2호 및 제3호에 따른 담보물의 평가는 다음 각 호에 따른다. 〈개정 2013. 8. 27.〉

1. 「자본시장과 금융투자업에 관한 법률」에 따라 거래소가 개설한 증권시장에 상장된 유가증권 중 매매사실이 있는 것: 담보로 제공하는 날의 전날에 공표된 최종시세가액

2. 제1호 외의 유가증권: 담보로 제공하는 날의 전날에 「상속세 및 증여세법 시행령」 제58조제1항제2호를 준용하여 계산한 가액

② 법 제24조제1항제5호 및 제6호에 따른 담보물에 대한 평가는 다음 각 호에 따른다. 〈개정 2016. 8. 31., 2022. 1. 21.〉

1. 토지 또는 건물의 평가: 「상속세 및 증여세법」 제61조를 준용하여 평가한 가액

2. 공장재단 · 광업재단 · 선박 · 항공기 또는 건설기계: 「감정평가 및 감정평가사에 관한 법률」에 따른 감정평가법인등의 평가액 또는 「지방세법」에 따른 시가표준액

[전문개정 2009. 2. 4.]

제10조(담보의 제공절차 등) ①관세의 담보를 제공하고자 하는 자는 담보의 종류 · 수량 · 금액 및 담보사유를 기재한 담보제공서를 세관장에게 제출하여야 한다.

② 금전을 담보로 제공하려는 자는 「국고금 관리법 시행령」 제11조제1항 각 호의 금융기관 중 관세청장이 지정한 금융기관에 이를 납입하고 그 확인서를 담보제공서에 첨부해야 한다. 〈신설 2019. 2. 12.〉

③국채 또는 지방채를 담보로 제공하려는 자는 해당 채권에 관하여 모든 권리를 행사할 수 있는 자의 위임장을 담보제공서에 첨부하여야 한다. 〈개정 2009. 2. 4., 2019. 2. 12.〉

④ 법 제24조제1항제3호에 따른 유가증권을 담보로 제공하려는 자는 해당 증권발행자의 증권확인서와 해당 증권에 관한 모든 권리를 행사할 수 있는 자의 위임장을 담보제공서에 첨부하여야 한다. 〈개정 2009. 2. 4., 2019. 2. 12.〉

⑤ 법 제24조제1항제4호에 따른 납세보증보험증권이나 같은 항 제7호에 따라 세관장이 인정하는 보증인의 납세보증서를 담보로 제공하려는 자는 그 납세보증보험증권 또는 납세보증서를 담보제공서

에 첨부하여야 한다. 이 경우 담보가 되는 보증 또는 보험의 기간은 해당 담보를 필요로 하는 기간으로 하되, 납부기한이 확정되지 아니한 경우에는 관세청장이 정하는 기간으로 한다. 〈개정 2009. 2. 4., 2019. 2. 12.〉

⑥ 법 제24조제1항제5호에 따른 토지, 같은 항 제6호에 따른 건물·공장재단·광업재단·선박·항공기나 건설기계를 담보로 제공하려는 자는 저당권을 설정하는 데에 필요한 서류를 담보제공서에 첨부하여야 한다. 이 경우 세관장은 저당권의 설정을 위한 등기 또는 등록의 절차를 밟아야 한다. 〈개정 2009. 2. 4., 2019. 2. 12.〉

⑦ 제6항에 따라 보험에 든 건물·공장재단·광업재단·선박·항공기나 건설기계를 담보로 제공하려는 자는 그 보험증권을 제출하여야 한다. 이 경우에 그 보험기간은 담보를 필요로 하는 기간에 30일 이상을 더한 것이어야 한다. 〈개정 2009. 2. 4., 2019. 2. 12.〉

⑧제공하고자 하는 담보의 금액은 납부하여야 하는 관세에 상당하는 금액이어야 한다. 다만, 그 관세가 확정되지 아니한 경우에는 관세청장이 정하는 금액으로 한다.

⑨세관장은 다음 각 호의 어느 하나에 해당하는 경우에는 법 제39조에 따른 납부고지를 할 수 있다. 〈개정 2021. 2. 17.〉

1. 관세의 담보를 제공하고자 하는 자가 담보액의 확정일부터 10일 이내에 담보를 제공하지 아니하는 경우

2. 납세의무자가 수입신고후 10일 이내에 법 제248조제2항의 규정에 의한 담보를 제공하지 아니하는 경우

제11조(포괄담보) ①법 제24조제4항의 규정에 의하여 담보를 포괄하여 제공하고자 하는 자는 그 기간 및 담보의 최고액과 담보제공자의 전년도 수출입실적 및 예상수출입물량을 기재한 신청서를 세관장에게 제출하여야 한다.

②담보를 포괄하여 제공할 수 있는 요건, 그 담보의 종류 기타 필요한 사항은 관세청장이 정한다.

제12조(담보의 변경) ①관세의 담보를 제공한 자는 당해 담보물의 가격감소에 따라 세관장이 담보물의 증가 또는 변경을 통지한 때에는 지체없이 이를 이행하여야 한다.

②관세의 담보를 제공한 자는 담보물, 보증은행, 보증보험회사, 은행지급보증에 의한 지급기일 또는 납세보증보험기간을 변경하고자

하는 때에는 세관장의 승인을 얻어야 한다.

제13조(담보의 해제신청) 제공된 담보를 해제받고자 하는 자는 담보의 종류·수량 및 금액, 담보제공연월일과 해제사유를 기재한 신청서에 해제사유를 증명하는 서류를 첨부하여 세관장에게 제출하여야 한다. 다만, 법 제327조에 따른 국가관세종합정보시스템의 전산처리설비를 이용하여 세관장이 관세의 사후납부사실 등 담보의 해제사유를 확인할 수 있는 경우에는 해당 사유를 증명하는 서류로서 관세청장이 정하여 고시하는 서류 등을 제출하지 아니할 수 있다. 〈개정 2007. 4. 5., 2009. 2. 4., 2024. 2. 29.〉

제14조(담보물의 매각) ①세관장은 제공된 담보물을 매각하고자 하는 때에는 담보제공자의 주소·성명·담보물의 종류·수량, 매각사유, 매각장소, 매각일시 기타 필요한 사항을 공고하여야 한다.

②세관장은 납세의무자가 매각예정일 1일전까지 관세와 비용을 납부하는 때에는 담보물의 매각을 중지하여야 한다.

제4절 과세가격의 신고 및 결정

제15조(가격신고) ①법 제27조제1항 본문에 따른 가격신고를 하려는 자는 다음 각 호의 사항을 적은 서류를 세관장에게 제출하여야 한다. 〈개정 2008. 2. 22.〉

1. 수입관련거래에 관한 사항
2. 과세가격산출내용에 관한 사항

② 세관장은 다음 각 호의 어느 하나에 해당하는 경우로서 관세청장이 정하여 고시하는 경우에는 제1항 각 호에 해당하는 서류의 전부 또는 일부를 제출하지 아니하게 할 수 있다. 〈신설 2008. 2. 22., 2025. 2. 28.〉

1. 같은 판매자와 구매자가 같은 조건으로 물품을 반복적으로 수입하는 경우
2. 수입항까지의 운임 및 보험료 외에 우리나라에 수출하기 위하여 판매되는 물품에 대하여 구매자가 실제로 지급하였거나 지급하여야 할 가격에 가산할 금액이 없는 경우
3. 그 밖에 과세가격결정에 곤란이 없다고 인정하여 관세청장이 정하는 경우

③ 세관장은 가격신고를 하려는 자가 제2항제1호에 해당하는 경

우에는 법 제27조제1항 본문에 따른 가격신고를 관세청장이 정하여 고시하는 바에 따라 일정기간 일괄하여 신고하게 할 수 있다. 〈신설 2008. 2. 22., 2025. 2. 28.〉

④법 제27조제1항 단서의 규정에 의하여 물품의 수입신고일 이전에 가격신고를 하고자 하는 자는 그 사유와 제1항 각호의 사항을 기재한 신고서를 세관장에게 제출하여야 한다. 〈개정 2008. 2. 22.〉

⑤법 제27조제2항의 규정에 의하여 가격신고를 할 때에 제출하여야 하는 과세자료는 다음 각호와 같다. 다만, 당해 물품의 거래의 내용, 과세가격결정방법 등에 비추어 과세가격결정에 곤란이 없다고 세관장이 인정하는 경우에는 자료의 일부를 제출하지 아니할 수 있다. 〈개정 2008. 2. 22., 2025. 2. 28.〉

1. 송품장

2. 수입물품 구매계약서

3. 다음 각 목의 자료

가. 법 제30조제1항 각 호의 금액에 관한 계약서

나. 법 제30조제2항 각 호 외의 부분 본문에 따른 다음의 금액에 관한 계약서

1) 구매자가 해당 수입물품의 대가와 판매자의 채무를 상계(相計)하는 금액

2) 구매자가 판매자의 채무를 변제하는 금액

3) 그 밖의 간접적인 지급액

다. 법 제30조제2항 각 호의 금액에 관한 계약서(같은 항 제3호의 경우에는 납부고지서나 그 밖의 증빙자료를 말한다)

라. 각종 비용의 금액 및 산출근거를 나타내는 증빙자료

4. 구매자와 판매자 간에 제23조제1항에 따른 특수관계가 있는 경우 제31조의5제1항제3호에 따른 수입물품 가격산출 내역 등 내부가격 결정자료

5. 기타 가격신고의 내용을 입증하는 데에 필요한 자료

제16조(잠정가격의 신고 등) ①법 제28조제1항 전단에서 "대통령령으로 정하는 경우"란 다음 각 호의 어느 하나에 해당하는 경우를 말한다. 〈개정 2008. 2. 22., 2008. 2. 29., 2011. 4. 1., 2017. 3. 27., 2020. 10. 7., 2021. 2. 17.〉

1. 거래관행상 거래가 성립된 때부터 일정기간이 지난 후에 가격이 정하여지는 물품(기획재정부령으로 정하는 것으로 한정한다)으로서 수입신고일 현재 그 가격이 정하여지지 아니한 경우

2. 법 제30조제1항 각 호에 따라 조정하여야 할 금액이 수입신고일부터 일정기간이 지난 후에 정하여 질 수 있음이 제2항에 따른 서류 등으로 확인되는 경우

2의2. 법 제37조제1항제3호에 따라 과세가격 결정방법의 사전심사를 신청한 경우

2의3. 제23조제1항 각 호의 어느 하나에 해당하는 특수관계가 있는 구매자와 판매자 사이의 거래 중 법 제30조제1항 본문에 따른 수입물품의 거래가격이 수입신고 수리 이후에 「국제조세조정에 관한 법률」 제8조에 따른 정상가격으로 조정될 것으로 예상되는 거래로서 기획재정부령으로 정하는 요건을 갖춘 경우

3. 계약의 내용이나 거래의 특성상 잠정가격으로 가격신고를 하는 것이 불가피한 경우로서 기획재정부령으로 정하는 경우

②제1항에 따라 잠정가격으로 가격신고를 하려는 자는 다음 각 호의 사항을 적은 신고서에 제15조제5항 각 호의 서류를 첨부하여 세관장에게 제출하여야 한다. 〈개정 2008. 2. 22.〉

1. 제15조제1항 각호의 사항
2. 거래내용
3. 가격을 확정할 수 없는 사유
4. 잠정가격 및 잠정가격의 결정방법
5. 가격확정예정시기

③잠정가격으로 가격신고를 한 자는 2년의 범위안에서 구매자와 판매자 간의 거래계약의 내용 등을 고려하여 세관장이 지정하는 기간내에 확정된 가격(이하 이 조에서 "확정가격"이라 한다)을 신고하여야 한다. 이 경우 잠정가격으로 가격신고를 한 자는 관세청장이 정하는 바에 따라 전단에 따른 신고기간이 끝나기 30일 전까지 확정가격의 계산을 위한 가산율을 산정해 줄 것을 요청할 수 있다. 〈개정 2007. 4. 5., 2020. 10. 7.〉

④세관장은 구매자와 판매자간의 거래계약내용이 변경되는 등 잠정가격을 확정할 수 없는 불가피한 사유가 있다고 인정되는 경우로서 납세의무자의 요청이 있는 경우에는 기획재정부령으로 정하는 바

에 따라 제3항 전단에 따른 신고기간을 연장할 수 있다. 이 경우 연장하는 기간은 제3항 전단에 따른 신고기간의 만료일부터 2년을 초과할 수 없다. 〈개정 2007. 4. 5., 2020. 10. 7.〉

⑤법 제28조제2항에 따라 확정가격을 신고하려는 자는 다음 각 호의 사항이 적힌 신고서에 제15조제5항제3호부터 제5호까지의 자료를 첨부하여 세관장에게 제출하여야 한다. 〈개정 2008. 2. 22., 2025. 2. 28.〉

1. 잠정가격신고번호 또는 수입신고번호와 신고일자
2. 품명 및 수입신고수리일자
3. 잠정가격 및 확정가격과 그 차액

⑥법 제28조제4항에 따라 잠정가격을 기초로 신고납부한 세액과 확정가격에 의한 세액과의 차액을 징수하거나 환급하는 때에는 제33조, 제34조제3항부터 제5항까지 및 제50조 내지 제55조의 규정을 준용한다. 〈개정 2006. 5. 22., 2012. 2. 2.〉

제16조의2(수입신고가격 등의 공표) ① 관세청장은 법 제29조제2항에 따라 수입물품의 평균 신고가격이나 반입 수량에 관한 자료의 집계결과를 공표할 때에는 관세청의 인터넷 홈페이지를 통하여 공표하여야 한다. 이 경우 공표대상 수입물품의 선정기준 및 수입물품의 평균 신고가격이나 반입 수량에 관한 자료의 집계방법 등을 함께 공표하여야 한다.

② 관세청장은 다음 각 호의 어느 하나에 해당하는 사항은 공표하여서는 아니 된다.

1. 수입물품의 상표 및 상호
2. 수입자의 영업상 비밀에 관한 사항
3. 그 밖에 공개될 경우 수입자의 정당한 이익을 현저히 침해할 우려가 있는 사항

③ 법 제29조제2항에 따른 국내물품과 비교 가능한 수입물품은 다음 각 호의 요건을 모두 충족하는 것으로 한다. 〈개정 2023. 2. 28.〉

1. 제98조에 따른 관세·통계통합품목분류표상 품목번호(이하 이 호에서 "품목번호"라 한다)에 해당할 것. 다만, 품목번호에 해당하는 품목의 가격 공표만으로 법 제29조제2항 각 호에 해당하는 목적을 달성하기 어렵다고 인정되는 경우로서 관세청장이 수입물품의 용도

·특성 등을 고려하여 품목번호보다 세분화된 수입물품의 번호를 정하는 경우에는 그 세분화된 번호에 해당할 것

2. 해당 수입물품의 수입자가 2인 이상일 것

[본조신설 2011. 4. 1.]

제17조(우리나라에 수출하기 위하여 판매되는 물품의 범위) 법 제30조제1항 본문에 따른 우리나라에 수출하기 위하여 판매되는 물품은 해당 물품을 우리나라에 도착하게 한 원인이 되는 거래를 통해 판매되는 물품으로 한다. 다만, 다음 각 호의 물품은 포함되지 않는다.

1. 무상으로 국내에 도착하는 물품

2. 국내 도착 후 경매 등을 통해 판매가격이 결정되는 위탁판매물품

3. 수출자의 책임으로 국내에서 판매하기 위해 국내에 도착하는 물품

4. 별개의 독립된 법적 사업체가 아닌 지점 등과의 거래에 따라 국내에 도착하는 물품

5. 임대차계약에 따라 국내에 도착하는 물품

6. 무상으로 임차하여 국내에 도착하는 물품

7. 산업쓰레기 등 수출자의 부담으로 국내에서 폐기하기 위해 국내에 도착하는 물품

[전문개정 2024. 2. 29.]

제17조의2(구매수수료의 범위 등) ① 법 제30조제1항제1호 단서에 따른 구매수수료(이하 "구매수수료"라 한다)는 해당 수입물품의 구매와 관련하여 외국에서 구매자를 대리하여 행하는 용역의 대가로서 구매자가 구매대리인에게 지급하는 비용으로 한다.

② 구매자가 구매대리인에게 지급한 비용에 구매수수료 외의 비용이 포함된 경우에는 그 지급한 비용 중 구매수수료에 해당하는 금액이 따로 구분하여 산정될 수 있는 경우에만 해당 금액을 구매수수료로 한다.

③ 세관장은 필요하다고 인정하는 경우 구매수수료에 관한 자료의 제출을 구매자에게 요청할 수 있다.

[본조신설 2011. 4. 1.]

제18조(무료 또는 인하된 가격으로 공급하는 물품 및 용역의 범위) 법 제30조제1항제3호에서 "대통령령으로 정하는 물품 및 용역"이란

구매자가 직접 또는 간접으로 공급하는 것으로서 다음 각 호의 어느 하나에 해당하는 것을 말한다. 〈개정 2005. 6. 30., 2008. 2. 29., 2011. 4. 1.〉

1. 수입물품에 결합되는 재료 · 구성요소 · 부분품 및 그 밖에 이와 비슷한 물품

2. 수입물품의 생산에 사용되는 공구 · 금형 · 다이스 및 그 밖에 이와 비슷한 물품으로서 기획재정부령으로 정하는 것

3. 수입물품의 생산과정에 소비되는 물품

4. 수입물품의 생산에 필요한 기술 · 설계 · 고안 · 공예 및 디자인. 다만, 우리나라에서 개발된 것은 제외한다.

제18조의2(무료 또는 인하된 가격으로 공급하는 물품 및 용역금액의 배분 등) ① 법 제30조제1항제3호에 따라 무료 또는 인하된 가격으로 공급하는 물품 및 용역의 금액(실제 거래가격을 기준으로 산정한 금액을 말하며 국내에서 생산된 물품 및 용역을 공급하는 경우에는 부가가치세를 제외하고 산정한다)을 더하는 경우 다음 각 호의 요소를 고려하여 배분한다. 〈개정 2020. 10. 7.〉

1. 해당 수입물품의 총생산량 대비 실제 수입된 물품의 비율

2. 공급하는 물품 및 용역이 해당 수입물품 외의 물품 생산과 함께 관련되어 있는 경우 각 생산 물품별 거래가격(해당 수입물품 외의 물품이 국내에서 생산되는 경우에는 거래가격에서 부가가치세를 제외한다) 합계액 대비 해당 수입물품 거래가격의 비율

② 제1항에도 불구하고 납세의무자는 법 제30조제1항제3호에 따라 무료 또는 인하된 가격으로 공급하는 물품 및 용역의 가격 또는 인하차액 전액을 최초로 수입되는 물품의 실제로 지급하였거나 지급하여야 할 가격에 배분할 수 있다. 이 경우 수입되는 전체 물품에 관세율이 다른 여러 개의 물품이 혼재된 경우에는 전단에 따른 전액을 관세율이 다른 물품별로 최초로 수입되는 물품의 가격에 안분하여 배분한다. 〈신설 2020. 10. 7.〉

[본조신설 2013. 2. 15.]

제19조(권리사용료의 산출) ①법 제30조제1항제4호에서 "이와 유사한 권리"라 함은 다음 각호의 1에 해당하는 것을 말한다.

1. 저작권 등의 법적 권리

2. 법적 권리에는 속하지 아니하지만 경제적 가치를 가지는 것으

로서 상당한 노력에 의하여 비밀로 유지된 생산방법 · 판매방법 기타 사업활동에 유용한 기술상 또는 경영상의 정보 등(이하 "영업비밀"이라 한다)

②법 제30조제1항의 규정에 의하여 당해 물품에 대하여 구매자가 실제로 지급하였거나 지급하여야 할 가격에 가산하여야 하는 특허권 · 실용신안권 · 디자인권 · 상표권 및 이와 유사한 권리를 사용하는 대가(특정한 고안이나 창안이 구현되어 있는 수입물품을 이용하여 우리나라에서 그 고안이나 창안을 다른 물품에 재현하는 권리를 사용하는 대가를 제외하며, 이하 "권리사용료"라 한다)는 당해 물품에 관련되고 당해 물품의 거래조건으로 구매자가 직접 또는 간접으로 지급하는 금액으로 한다. 〈개정 2005. 6. 30.〉

③제2항의 규정을 적용함에 있어서 다음 각호의 1에 해당하는 경우에는 권리사용료가 당해 물품과 관련되는 것으로 본다. 〈개정 2005. 6. 30.〉

1. 권리사용료가 특허권에 대하여 지급되는 때에는 수입물품이 다음 각목의 1에 해당하는 물품인 경우

가. 특허발명품

나. 방법에 관한 특허에 의하여 생산된 물품

다. 국내에서 당해 특허에 의하여 생산될 물품의 부분품 · 원재료 또는 구성요소로서 그 자체에 당해 특허의 내용의 전부 또는 일부가 구현되어 있는 물품

라. 방법에 관한 특허를 실시하기에 적합하게 고안된 설비 · 기계 및 장치(그 주요특성을 갖춘 부분품 등을 포함한다)

2. 권리사용료가 디자인권에 대하여 지급되는 때에는 수입물품이 당해 디자인을 표현하는 물품이거나 국내에서 당해 디자인권에 의하여 생산되는 물품의 부분품 또는 구성요소로서 그 자체에 당해 디자인의 전부 또는 일부가 표현되어 있는 경우

3. 권리사용료가 상표권에 대하여 지급되는 때에는 수입물품에 상표가 부착되거나 희석 · 혼합 · 분류 · 단순조립 · 재포장 등의 경미한 가공후에 상표가 부착되는 경우

4. 권리사용료가 저작권에 대하여 지급되는 때에는 수입물품에 가사 · 선율 · 영상 · 컴퓨터소프트웨어 등이 수록되어 있는 경우

5. 권리사용료가 실용신안권 또는 영업비밀에 대하여 지급되는 때

에는 당해 실용신안권 또는 영업비밀이 수입물품과 제1호의 규정에 준하는 관련이 있는 경우

6. 권리사용료가 기타의 권리에 대하여 지급되는 때에는 당해 권리가 수입물품과 제1호 내지 제5호의 규정중 권리의 성격상 당해 권리와 가장 유사한 권리에 대한 규정에 준하는 관련이 있는 경우

④제2항을 적용할 때 컴퓨터소프트웨어에 대하여 지급되는 권리사용료는 컴퓨터소프트웨어가 수록된 마그네틱테이프·마그네틱디스크·시디롬 및 이와 유사한 물품[법 별표 관세율표 번호(이하 "관세율표 번호"라 한다) 제8523호에 속하는 것으로 한정한다]과 관련되지 아니하는 것으로 본다. 〈개정 2007. 4. 5., 2011. 4. 1.〉

⑤제2항의 규정을 적용함에 있어서 다음 각호의 1에 해당하는 경우에는 권리사용료가 당해 물품의 거래조건으로 지급되는 것으로 본다.

1. 구매자가 수입물품을 구매하기 위하여 판매자에게 권리사용료를 지급하는 경우

2. 수입물품의 구매자와 판매자간의 약정에 따라 구매자가 수입물품을 구매하기 위하여 당해 판매자가 아닌 자에게 권리사용료를 지급하는 경우

3. 구매자가 수입물품을 구매하기 위하여 판매자가 아닌 자로부터 특허권 등의 사용에 대한 허락을 받아 판매자에게 그 특허권 등을 사용하게 하고 당해 판매자가 아닌 자에게 권리사용료를 지급하는 경우

⑥ 제2항을 적용할 때 구매자가 지급하는 권리사용료에 수입물품과 관련이 없는 물품이나 국내 생산 및 그 밖의 사업 등에 대한 활동 대가가 포함되어 있는 경우에는 전체 권리사용료 중 수입물품과 관련된 권리사용료만큼 가산한다. 이 경우 관세청장은 필요한 계산식을 정할 수 있다. 〈개정 2020. 10. 7.〉

제19조의2(수입물품을 전매·처분 또는 사용하여 생긴 수익금액의 범위) 법 제30조제1항제5호에서 "해당 수입물품을 수입한 후 전매·처분 또는 사용하여 생긴 수익금액"이란 해당 수입물품의 전매·처분대금, 임대료 등을 말한다. 다만, 주식배당금 및 금융서비스의 대가 등 수입물품과 관련이 없는 금액은 제외한다.

[본조신설 2020. 10. 7.]

제20조(운임 등의 결정) ①법 제30조제1항제6호의 규정에 의한 운

임 및 보험료는 당해 사업자가 발급한 운임명세서·보험료명세서 또는 이에 갈음할 수 있는 서류에 의하여 산출한다.

②제1항에 따라 운임 및 보험료를 산출할 수 없는 경우의 운임 및 보험료는 운송거리·운송방법 등을 고려하여 기획재정부령으로 정하는 바에 따라 산출한다. 〈개정 2020. 10. 7.〉

③기획재정부령으로 정하는 물품이 항공기로 운송되는 경우에는 제1항에도 불구하고 해당 물품이 항공기 외의 일반적인 운송방법에 의하여 운송된 것으로 보아 기획재정부령으로 정하는 바에 따라 운임 및 보험료를 산출한다. 〈개정 2020. 10. 7.〉

④다음 각 호의 어느 하나에 해당하는 물품의 운임이 통상의 운임과 현저하게 다른 때에는 제1항에도 불구하고 법 제225조제1항에 따른 선박회사 또는 항공사(그 업무를 대행하는 자를 포함한다. 이하 이 항에서 "선박회사등"이라 한다)가 통상적으로 적용하는 운임을 해당 물품의 운임으로 할 수 있다. 〈개정 2020. 10. 7.〉

1. 수입자 또는 수입자와 특수관계에 있는 선박회사등의 운송수단으로 운송되는 물품

2. 운임과 적재수량을 특약한 항해용선계약에 따라 운송되는 물품(실제 적재수량이 특약수량에 미치지 아니하는 경우를 포함한다)

3. 기타 특수조건에 의하여 운송되는 물품

⑤법 제30조제1항제6호 본문에 따른 금액은 해당 수입물품이 수입항에 도착하여 본선하역준비가 완료될 때까지 발생하는 비용으로 한다. 〈개정 2022. 2. 15.〉

⑥ 제3항에 따라 산출된 운임 및 보험료를 적용받으려는 납세의무자는 해당 물품에 대하여 법 제27조에 따른 가격신고를 할 때 해당 물품이 제3항에 따른 기획재정부령으로 정하는 물품에 해당됨을 증명하는 자료를 세관장에게 제출해야 한다. 다만, 과세가격 금액이 소액인 경우 등으로서 세관장이 자료 제출이 필요하지 않다고 인정하는 경우는 제외한다. 〈개정 2020. 10. 7.〉

⑦ 삭제 〈2020. 10. 7.〉

제20조의2(간접지급금액 등) ① 법 제30조제2항 각 호 외의 부분 본문의 "그 밖의 간접적인 지급액"에는 다음 각 호의 금액이 포함되는 것으로 한다.

1. 수입물품의 대가 중 전부 또는 일부를 판매자의 요청으로 제3

자에게 지급하는 경우 그 금액

2. 수입물품의 거래조건으로 판매자 또는 제3자가 수행해야 하는 하자보증을 구매자가 대신하고 그에 해당하는 금액을 할인받았거나 하자보증비 중 전부 또는 일부를 별도로 지급하는 경우 그 금액

3. 수입물품의 거래조건으로 구매자가 외국훈련비, 외국교육비 또는 연구개발비 등을 지급하는 경우 그 금액

4. 그 밖에 일반적으로 판매자가 부담하는 금융비용 등을 구매자가 지급하는 경우 그 금액

② 법 제30조제1항 각 호의 가산금액 외에 구매자가 자기의 계산으로 행한 활동의 비용은 같은 조 제2항 각 호 외의 부분 본문의 "그 밖의 간접적인 지급액"으로 보지 않는다.

③ 법 제30조제2항제4호에 따라 구매자가 지급하였거나 지급하여야 할 총금액에서 수입물품에 대한 연불이자를 빼는 경우는 해당 연불이자가 다음 각 호의 요건을 모두 갖춘 경우로 한다.

1. 연불이자가 수입물품의 대가로 실제로 지급하였거나 지급하여야 할 금액과 구분될 것

2. 금융계약이 서면으로 체결되었을 것

3. 해당 물품이 수입신고된 가격으로 판매되고, 그 이자율은 금융이 제공된 국가에서 당시 금융거래에 통용되는 수준의 이자율을 초과하지 않을 것

[본조신설 2020. 10. 7.]

제21조(처분 또는 사용에 대한 제한의 범위) 법 제30조제3항제1호의 규정에 의한 물품의 처분 또는 사용에 제한이 있는 경우에는 다음 각호의 경우가 포함되는 것으로 한다.

1. 전시용·자선용·교육용 등 당해 물품을 특정용도로 사용하도록 하는 제한

2. 당해 물품을 특정인에게만 판매 또는 임대하도록 하는 제한

3. 기타 당해 물품의 가격에 실질적으로 영향을 미치는 제한

제22조(거래가격에 영향을 미치지 아니하는 제한 등) ①법 제30조제3항제1호 단서에서 "거래가격에 실질적으로 영향을 미치지 아니한다고 인정하는 제한이 있는 경우 등 대통령령으로 정하는 경우"란 다음 각 호의 어느 하나에 해당하는 제한이 있는 경우를 말한다. 〈개정 2011. 4. 1., 2015. 2. 6., 2020. 10. 7.〉

1. 우리나라의 법령이나 법령에 의한 처분에 의하여 부과되거나 요구되는 제한

2. 수입물품이 판매될 수 있는 지역의 제한

3. 그 밖에 해당 수입물품의 특성, 해당 산업부문의 관행 등을 고려하여 통상적으로 허용되는 제한으로서 수입가격에 실질적으로 영향을 미치지 않는다고 세관장이 인정하는 제한

②법 제30조제3항제2호의 규정에 의하여 금액으로 계산할 수 없는 조건 또는 사정에 의하여 영향을 받은 경우에는 다음 각호의 경우가 포함되는 것으로 한다.

1. 구매자가 판매자로부터 특정수량의 다른 물품을 구매하는 조건으로 당해 물품의 가격이 결정되는 경우

2. 구매자가 판매자에게 판매하는 다른 물품의 가격에 따라 당해 물품의 가격이 결정되는 경우

3. 판매자가 반제품을 구매자에게 공급하고 그 대가로 그 완제품의 일정수량을 받는 조건으로 당해 물품의 가격이 결정되는 경우

제23조(특수관계의 범위 등) ①법 제30조제3항제4호에서 "대통령령으로 정하는 특수관계"란 다음 각 호의 어느 하나에 해당하는 경우를 말한다. 〈개정 2006. 5. 22., 2011. 4. 1., 2013. 2. 15.〉

1. 구매자와 판매자가 상호 사업상의 임원 또는 관리자인 경우

2. 구매자와 판매자가 상호 법률상의 동업자인 경우

3. 구매자와 판매자가 고용관계에 있는 경우

4. 특정인이 구매자 및 판매자의 의결권 있는 주식을 직접 또는 간접으로 5퍼센트 이상 소유하거나 관리하는 경우

5. 구매자 및 판매자중 일방이 상대방에 대하여 법적으로 또는 사실상으로 지시나 통제를 할 수 있는 위치에 있는 등 일방이 상대방을 직접 또는 간접으로 지배하는 경우

6. 구매자 및 판매자가 동일한 제3자에 의하여 직접 또는 간접으로 지배를 받는 경우

7. 구매자 및 판매자가 동일한 제3자를 직접 또는 간접으로 공동지배하는 경우

8. 구매자와 판매자가 「국세기본법 시행령」 제1조의2제1항 각 호의 어느 하나에 해당하는 친족관계에 있는 경우

②법 제30조제3항제4호 단서에서 "해당 산업부문의 정상적인 가

격결정 관행에 부합하는 방법으로 결정된 경우 등 대통령령으로 정하는 경우"란 다음 각 호의 어느 하나에 해당하는 경우를 말한다. 〈개정 2008. 2. 29., 2015. 2. 6., 2020. 10. 7.〉

1. 특수관계가 없는 구매자와 판매자간에 통상적으로 이루어지는 가격결정방법으로 결정된 경우

2. 당해 산업부문의 정상적인 가격결정 관행에 부합하는 방법으로 결정된 경우

3. 해당 물품의 가격이 다음 각 목의 어느 하나의 가격(이하 이 조에서 "비교가격"이라 한다)에 근접하는 가격으로서 기획재정부령으로 정하는 가격에 해당함을 구매자가 입증한 경우. 이 경우 비교가격 산출의 기준시점은 기획재정부령으로 정한다.

가. 특수관계가 없는 우리나라의 구매자에게 수출되는 동종·동질물품 또는 유사물품의 거래가격

나. 법 제33조 및 법 제34조의 규정에 의하여 결정되는 동종·동질물품 또는 유사물품의 과세가격

③ 해당 물품의 가격과 비교가격을 비교할 때에는 거래단계, 거래수량 및 법 제30조제1항 각 호의 금액의 차이 등을 고려해야 한다. 〈개정 2020. 10. 7.〉

④제2항의 규정을 적용받고자 하는 자는 관세청장이 정하는 바에 따라 가격신고를 하는 때에 그 증명에 필요한 자료를 제출하여야 한다.

제24조(과세가격 불인정의 범위 등) ①법 제30조제4항에서 "대통령령으로 정하는 경우"란 다음 각 호의 어느 하나에 해당하는 경우를 말한다. 〈개정 2008. 2. 29., 2011. 4. 1, 2013. 2. 15., 2016. 2. 5.〉

1. 납세의무자가 신고한 가격이 동종·동질물품 또는 유사물품의 가격과 현저한 차이가 있는 경우

2. 납세의무자가 동일한 공급자로부터 계속하여 수입하고 있음에도 불구하고 신고한 가격에 현저한 변동이 있는 경우

3. 신고한 물품이 원유·광석·곡물 등 국제거래시세가 공표되는 물품인 경우 신고한 가격이 그 국제거래시세와 현저한 차이가 있는 경우

3의2. 신고한 물품이 원유·광석·곡물 등으로서 국제거래시세가

공표되지 않는 물품인 경우 관세청장 또는 관세청장이 지정하는 자가 조사한 수입물품의 산지 조사가격이 있는 때에는 신고한 가격이 그 조사가격과 현저한 차이가 있는 경우

4. 납세의무자가 거래처를 변경한 경우로서 신고한 가격이 종전의 가격과 현저한 차이가 있는 경우

5. 제1호부터 제4호까지의 사유에 준하는 사유로서 기획재정부령으로 정하는 경우

②세관장은 법 제30조제4항에 따라 자료제출을 요구하는 경우 그 사유와 자료제출에 필요한 기획재정부령으로 정하는 기간을 적은 서면으로 해야 한다. 〈개정 2020. 10. 7.〉

③법 제30조제5항제3호에서 "대통령령으로 정하는 사유에 해당하여 신고가격을 과세가격으로 인정하기 곤란한 경우"란 다음 각 호의 어느 하나에 해당하는 경우를 말한다. 〈신설 2007. 4. 5., 2011. 4. 1.〉

1. 납세의무자가 제출한 자료가 수입물품의 거래관계를 구체적으로 나타내지 못하는 경우

2. 그 밖에 납세의무자가 제출한 자료에 대한 사실관계를 확인할 수 없는 등 신고가격의 정확성이나 진실성을 의심할만한 합리적인 사유가 있는 경우

제25조(동종·동질물품의 범위) ① 법 제31조제1항 각 호 외의 부분에서 "동종·동질물품"이란 해당 수입물품의 생산국에서 생산된 것으로서 물리적 특성, 품질 및 소비자 등의 평판을 포함한 모든 면에서 동일한 물품(외양에 경미한 차이가 있을 뿐 그 밖의 모든 면에서 동일한 물품을 포함한다)을 말한다. 〈개정 2020. 10. 7.〉

② 법 제31조제1항제1호에서 "선적일"은 수입물품을 수출국에서 우리나라로 운송하기 위하여 선적하는 날로 하며, 선하증권, 송품장 등으로 확인한다. 다만, 선적일의 확인이 곤란한 경우로서 해당 물품의 선적국 및 운송수단이 동종·동질물품의 선적국 및 운송수단과 동일한 경우에는 같은 호에 따른 "선적일"을 "입항일"로, "선적"을 "입항"으로 본다. 〈신설 2020. 10. 7.〉

③ 법 제31조제1항제1호에서 "해당 물품의 선적일을 전후하여 가격에 영향을 미치는 시장조건이나 상관행에 변동이 없는 기간"은 해당 물품의 선적일 전 60일과 선적일 후 60일을 합한 기간으로 한

다. 다만, 농림축산물 등 계절에 따라 가격의 차이가 심한 물품의 경우에는 선적일 전 30일과 선적일 후 30일을 합한 기간으로 한다. 〈신설 2020. 10. 7.〉

④ 법 제31조제1항제2호에 따른 가격차이의 조정은 다음 각 호의 구분에 따른 방법으로 한다. 〈신설 2020. 10. 7.〉

1. 거래 단계가 서로 다른 경우: 수출국에서 통상적으로 인정하는 각 단계별 가격차이를 반영하여 조정

2. 거래 수량이 서로 다른 경우: 수량할인 등의 근거자료를 고려하여 가격차이를 조정

3. 운송 거리가 서로 다른 경우: 운송 거리에 비례하여 가격차이를 조정

4. 운송 형태가 서로 다른 경우: 운송 형태별 통상적으로 적용되는 가격차이를 반영하여 조정

⑤ 법 제31조제3항을 적용할 때 해당 물품의 생산자가 생산한 동종·동질물품은 다른 생산자가 생산한 동종·동질물품보다 우선하여 적용한다. 〈신설 2020. 10. 7.〉

제26조(유사물품의 범위) ① 법 제32조제1항에서 "유사물품"이라 함은 당해 수입물품의 생산국에서 생산된 것으로서 모든 면에서 동일하지는 아니하지만 동일한 기능을 수행하고 대체사용이 가능할 수 있을 만큼 비슷한 특성과 비슷한 구성요소를 가지고 있는 물품을 말한다. 〈개정 2020. 10. 7.〉

② 법 제32조에 따라 과세가격을 결정할 때에는 제25조제2항부터 제5항까지의 규정을 준용한다. 이 경우 "동종·동질물품"은 "유사물품"으로 본다. 〈신설 2020. 10. 7.〉

제27조(수입물품의 국내판매가격 등) ①법 제33조제1항제1호에서 "국내에서 판매되는 단위가격"이란 수입 후 최초의 거래에서 판매되는 단위가격을 말한다. 다만, 다음 각 호의 어느 하나에 해당하는 경우의 가격은 이를 국내에서 판매되는 단위가격으로 보지 아니한다. 〈개정 2011. 4. 1.〉

1. 최초거래의 구매자가 판매자 또는 수출자와 제23조제1항에 따른 특수관계에 있는 경우

2. 최초거래의 구매자가 판매자 또는 수출자에게 제18조 각호의 물품 및 용역을 수입물품의 생산 또는 거래에 관련하여 사용하도록

무료 또는 인하된 가격으로 공급하는 경우

② 법 제33조제1항제1호에 따른 금액을 산출할 때에는 해당 물품, 동종·동질물품, 유사물품의 순서로 적용한다. 이 경우 해당 수입자가 동종·동질물품 또는 유사물품을 판매하고 있는 경우에는 해당 수입자의 판매가격을 다른 수입자의 판매가격에 우선하여 적용한다. 〈신설 2020. 10. 7.〉

③법 제33조제1항제1호의 규정을 적용함에 있어서의 수입신고일과 거의 동시에 판매되는 단위가격은 당해 물품의 종류와 특성에 따라 수입신고일의 가격과 가격변동이 거의 없다고 인정되는 기간중의 판매가격으로 한다. 다만, 수입신고일부터 90일이 경과된 후에 판매되는 가격을 제외한다. 〈개정 2020. 10. 7.〉

④법 제33조제1항제2호에서 "동종·동류의 수입물품"이라 함은 당해 수입물품이 제조되는 특정산업 또는 산업부문에서 생산되고 당해 수입물품과 일반적으로 동일한 범주에 속하는 물품(동종·동질물품 또는 유사물품을 포함한다)을 말한다. 〈개정 2020. 10. 7.〉

⑤ 법 제33조제1항제2호에 따른 이윤 및 일반경비는 일체로서 취급하며, 일반적으로 인정된 회계원칙에 따라 작성된 회계보고서를 근거로 하여 다음 각 호의 구분에 따라 계산한다. 〈개정 2012. 2. 2., 2020. 10. 7., 2023. 2. 28.〉

1. 납세의무자가 제출한 회계보고서를 근거로 계산한 이윤 및 일반경비의 비율이 제6항 또는 제8항에 따라 산출한 이윤 및 일반경비의 비율(이하 이 조에서 "동종·동류비율"이라 한다)의 100분의 120 이하인 경우: 납세의무자가 제출한 이윤 및 일반경비

2. 제1호 외의 경우: 동종·동류비율을 적용하여 산출한 이윤 및 일반경비

⑥ 세관장은 관세청장이 정하는 바에 따라 해당 수입물품의 특성, 거래 규모 등을 고려하여 동종·동류의 수입물품을 선정하고 이 물품이 국내에서 판매되는 때에 부가되는 이윤 및 일반경비의 평균값을 기준으로 동종·동류비율을 산출하여야 한다. 〈신설 2012. 2. 2., 2020. 10. 7.〉

⑦ 세관장은 동종·동류비율 및 그 산출근거를 납세의무자에게 서면으로 통보하여야 한다. 〈신설 2012. 2. 2., 2020. 10. 7.〉

⑧ 납세의무자는 세관장이 산출한 동종·동류비율이 불합리하다고

판단될 때에는 제7항에 따른 통보를 받은 날부터 30일 이내에 관세청장이 정하는 바에 따라 해당 납세의무자의 수입물품을 통관했거나 통관할 세관장을 거쳐 관세청장에게 이의를 제기할 수 있다. 이 경우 관세청장은 해당 납세의무자가 제출하는 자료와 관련 업계 또는 단체의 자료를 검토하여 동종·동류비율을 다시 산출할 수 있다. 〈신설 2012. 2. 2., 2018. 2. 13., 2020. 10. 7., 2023. 2. 28.〉

⑨ 법 제33조제1항제3호에서 "그 밖의 관련 비용"이란 해당 물품, 동종·동질물품 또는 유사물품의 하역, 검수, 검역, 검사, 통관 비용 등 수입과 관련하여 발생하는 비용을 말한다. 〈신설 2020. 10. 7.〉

⑩ 법 제33조제2항에서 "그 가격의 정확성과 진실성을 의심할만한 합리적인 사유가 있는 경우"란 해당 물품의 국내판매가격이 동종·동질물품 또는 유사물품의 국내판매가격보다 현저하게 낮은 경우 등을 말한다. 〈신설 2020. 10. 7.〉

제28조(산정가격을 기초로 한 과세가격의 결정) ① 법 제34조제1항제1호에 해당하는 금액은 해당 물품의 생산자가 생산국에서 일반적으로 인정된 회계원칙에 따라 작성하여 제공하는 회계장부 등 생산에 관한 자료를 근거로 하여 산정한다. 〈신설 2020. 10. 7.〉

② 법 제34조제1항제1호에 따른 조립이나 그 밖의 가공에 드는 비용 또는 그 가격에는 법 제30조제1항제2호에 따른 금액이 포함되는 것으로 하며, 우리나라에서 개발된 기술·설계·고안·디자인 또는 공예에 드는 비용을 생산자가 부담하는 경우에는 해당 비용이 포함되는 것으로 한다. 〈개정 2005. 6. 30., 2020. 10. 7.〉

[제목개정 2020. 10. 7.]

제29조(합리적 기준에 따른 과세가격의 결정) ①법 제35조에 따라 과세가격을 결정할 때에는 국내에서 이용 가능한 자료를 기초로 다음 각 호의 방법을 적용한다. 이 경우 적용순서는 법 제30조부터 제34조까지의 규정을 따른다. 〈개정 2013. 2. 15., 2020. 10. 7.〉

1. 법 제31조 또는 법 제32조의 규정을 적용함에 있어서 법 제31조제1항제1호의 요건을 신축적으로 해석·적용하는 방법

2. 법 제33조의 규정을 적용함에 있어서 수입된 것과 동일한 상태로 판매되어야 한다는 요건을 신축적으로 해석·적용하는 방법

3. 법 제33조 또는 법 제34조의 규정에 의하여 과세가격으로 인

정된 바 있는 동종·동질물품 또는 유사물품의 과세가격을 기초로 과세가격을 결정하는 방법

4. 제27조제3항 단서를 적용하지 않는 방법

5. 그 밖에 거래의 실질 및 관행에 비추어 합리적이라고 인정되는 방법

②법 제35조의 규정에 의하여 과세가격을 결정함에 있어서는 다음 각호의 1에 해당하는 가격을 기준으로 하여서는 아니된다.

1. 우리나라에서 생산된 물품의 국내판매가격

2. 선택가능한 가격중 반드시 높은 가격을 과세가격으로 하여야 한다는 기준에 따라 결정하는 가격

3. 수출국의 국내판매가격

4. 동종·동질물품 또는 유사물품에 대하여 법 제34조의 규정에 의한 방법외의 방법으로 생산비용을 기초로 하여 결정된 가격

5. 우리나라외의 국가에 수출하는 물품의 가격

6. 특정수입물품에 대하여 미리 설정하여 둔 최저과세기준가격

7. 자의적 또는 가공적인 가격

③제1항제1호부터 제4호까지의 규정에 따른 방법을 적용하기 곤란하거나 적용할 수 없는 경우로서 다음 각 호의 어느 하나에 해당하는 물품에 대한 과세가격 결정에 필요한 기초자료, 금액의 계산방법 등 세부사항은 기획재정부령으로 정할 수 있다. 〈개정 2020. 2. 11., 2020. 10. 7.〉

1. 수입신고전에 변질·손상된 물품

2. 여행자 또는 승무원의 휴대품·우편물·탁송품 및 별송품

3. 임차수입물품

4. 중고물품

5. 법 제188조 단서의 규정에 의하여 외국물품으로 보는 물품

6. 범칙물품

7. 「석유 및 석유대체연료 사업법」 제2조제1호의 석유로서 국제거래시세를 조정한 가격으로 보세구역에서 거래되는 물품

8. 그 밖에 과세가격결정에 혼란이 발생할 우려가 있는 물품으로서 기획재정부령으로 정하는 물품

[제목개정 2020. 10. 7.]

제30조(가산율 또는 공제율의 적용) ①관세청장 또는 세관장은 장기

간 반복하여 수입되는 물품에 대하여 법 제30조제1항이나 법 제33조제1항 또는 제3항을 적용하는 경우 납세의무자의 편의와 신속한 통관업무를 위하여 필요하다고 인정되는 대에는 기획재정부령으로 정하는 바에 따라 해당 물품에 대하여 통상적으로 인정되는 가산율 또는 공제율을 적용할 수 있다. 〈개정 2019. 2. 12., 2020. 10. 7.〉

②제1항의 규정에 의한 가산율 또는 공제율의 적용은 납세의무자의 요청이 있는 경우에 한한다.

제31조(과세가격 결정방법의 사전심사) ①법 제37조제1항에 따라 과세가격 결정에 관한 사전심사를 신청하려는 자는 거래당사자·통관예정세관·신청내용 등을 적은 신청서에 다음 각 호의 서류를 첨부하여 관세청장에게 제출해야 한다. 〈개정 2008. 2. 22., 2020. 10. 7.〉

1. 거래관계에 관한 기본계약서(투자계약서·대리점계약서·기술용역계약서·기술도입계약서 등)
2. 수입물품과 관련된 사업계획서
3. 수입물품공급계약서
4. 수입물품가격결정의 근거자료

4의2. 법 제37조제1항제3호의 사항에 해당하는 경우에는 기획재정부령으로 정하는 서류

5. 그 밖에 과세가격결정에 필요한 참고자료

②관세청장은 제1항에 따라 제출된 신청서 및 서류가 과세가격의 심사에 충분하지 않다고 인정되는 때에는 다음 각 호의 구분에 따른 기간을 정하여 보정을 요구할 수 있다. 〈개정 2008. 2. 22., 2020. 10. 7.〉

1. 법 제37조제1항제1호 및 제2호에 해당하는 경우: 20일 이내
2. 법 제37조제1항제3호에 해당하는 경우: 30일 이내

③ 법 제37조제2항에서 "대통령령으로 정하는 기간"이란 다음 각 호의 구분에 따른 기간을 말한다. 이 경우 관세청장이 제2항에 따라 제출된 신청서 및 서류의 보완을 요구한 경우에는 그 기간은 산입하지 아니한다. 〈개정 2008. 2. 22., 2011. 4. 1.〉

1. 법 제37조제1항제1호 및 제2호에 해당하는 경우 : 1개월
2. 법 제37조제1항제3호에 해당하는 경으 : 1년

④ 법 제37조제3항 전단에 따라 사전심사의 결과에 대하여 재심사를 신청하려는 자는 재심사 신청의 요지와 내용이 기재된 신청서에 다음 각 호의 서류 및 자료를 첨부하여 관세청장에게 제출하여야 한다. 〈신설 2015. 2. 6.〉

1. 법 제37조제2항에 따른 과세가격 결정방법 사전심사서 사본

2. 재심사 신청의 요지와 내용을 입증할 수 있는 자료

⑤ 제1항 각 호 및 제4항 각 호의 서류 및 자료는 한글로 작성하여 제출해야 한다. 다만, 관세청장이 허용하는 경우에는 영문 등으로 작성된 서류 및 자료를 제출할 수 있다. 〈신설 2020. 10. 7.〉

⑥ 관세청장은 법 제37조제1항에 따른 사전심사 또는 법 제37조제3항 전단에 따른 재심사의 신청이 다음 각 호의 어느 하나에 해당하는 경우에는 해당 신청을 반려할 수 있다. 〈신설 2020. 10. 7., 2024. 2. 29., 2025. 2. 28.〉

1. 해당 신청인에 대해 관세조사(과세가격에 대한 관세조사에 한정한다)가 진행 중인 경우

2. 해당 신청인에 대한 관세조사를 통해 과세가격결정방법이 확인된 후에 계약관계나 거래실질에 변동이 없는 경우

3. 해당 신청인이 법 제119조에 따른 이의신청·심사청구 및 심판청구나 행정소송을 진행 중인 경우

4. 제2항에 따른 기간 내에 보정자료를 제출하지 않은 경우

5. 해당 거래관계 또는 거래내용 등 과세가격 결정에 중요한 사항이 신청 내용과 달라 관세청장이 사전심사 또는 재심사가 곤란하다고 판단하는 경우

⑦ 법 제37조제4항에서 "대통령령으로 정하는 요건"이란 다음 각 호의 요건을 말한다. 〈개정 2008. 2. 22., 2011. 4. 1., 2015. 2. 6., 2019. 2. 12., 2020. 10. 7., 2025. 2. 28.〉

1. 법 제37조제1항에 따른 신청인과 납세의무자가 동일할 것

2. 제1항에 따라 제출된 내용에 거짓이 없고 그 내용이 가격신고된 내용과 같을 것

3. 사전심사의 기초가 되는 법령이나 거래관계 등이 달라지지 아니하였을 것

4. 다음 각 목의 구분에 따른 기간 이내에 신고할 것

가. 법 제37조제1항제1호 또는 제2호에 따라 과세가격 결정방

법의 사전심사를 신청한 경우: 법 제37조제2항에 따른 결과의 통보일부터 3년

나. 법 제37조제1항제3호에 따라 과세가격 결정방법의 사전심사를 신청한 경우: 다음 1)부터 2)까지의 기간

1) 법 제37조제2항에 따른 결과의 통보일

2) 법 제37조제2항에 따른 결과의 통보일부터 3년이 되는 날이 속하는 사업연도의 말일. 다만, 법 제37조제2항에 따른 통보일 기준으로 2년 이후부터 3년이 되는 날이 속하는 사업연도의 말일이 도래하기 30일 전까지 신고기간을 2년 연장하여 줄 것을 신청한 경우로서 관세청장이 이를 허용하는 경우에는 5년이 되는 날이 속하는 사업연도의 말일로 한다.

⑧ 법 제37조제5항에 따라 보고서를 제출해야 하는 자는 매년 사업연도 말일 이후 6개월 이내에 다음 각 호의 사항이 포함된 보고서를 관세청장에게 제출해야 한다. 〈신설 2019. 2. 12., 2020. 10. 7.〉

1. 사전심사 결과 결정된 과세가격 결정방법의 전제가 되는 조건 또는 가정의 실현 여부

2. 사전심사 결과 결정된 과세가격 결정방법으로 산출된 과세가격 및 그 산출과정

3. 제2호에 따라 산출된 과세가격과 실제의 거래가격이 다른 경우에는 그 차이에 대한 처리내역

4. 그 밖에 관세청장이 법 제37조제2항에 따라 결과를 통보할 때 보고서에 포함하도록 통보한 사항

⑨ 신청인은 관세청장이 법 제37조제2항 또는 제3항에 따라 과세가격의 결정방법을 통보하기 전까지는 신청내용을 변경하여 다시 신청하거나 신청을 철회할 수 있으며, 관세청장은 신청인이 신청을 철회한 때에는 제1항 · 제2항 · 제4항 및 제5항에 따라 제출된 모든 자료를 신청인에게 반환해야 한다. 〈신설 2020. 10. 7.〉

⑩ 법 제37조제6항 전단에서 "제5항에 따른 보고서를 제출하지 아니하는 등 대통령령으로 정하는 사유"란 다음 각 호의 구분에 따른 사유를 말한다. 〈신설 2019. 2. 12., 2020. 10. 7.〉

1. 사전심사 결과를 변경할 수 있는 사유: 다음 각 목의 어느 하나에 해당하는 경우

가. 사전심사 결과 결정된 과세가격 결정방법의 전제가 되는 조건 또는 가정의 중요한 부분이 변경되거나 실현되지 않은 경우

나. 관련 법령 또는 국제협약이 변경되어 사전심사 결과 결정된 과세가격 결정방법이 적정하지 않게 된 경우

다. 사전심사 결과 결정된 과세가격 결정방법을 통보받은 자가 국내외 시장상황 변동 등으로 인하여 과세가격 결정방법의 변경을 요청하는 경우

라. 그 밖에 사전심사 결과 결정된 과세가격 결정방법의 변경이 필요하다고 관세청장이 정하여 고시하는 사유에 해당하는 경우

2. 사전심사 결과를 철회할 수 있는 사유: 다음 각 목의 어느 하나에 해당하는 경우

가. 신청인이 제8항에 따른 보고서의 전부 또는 중요한 부분을 제출하지 않아 보완을 요구했으나 보완을 하지 않은 경우

나. 신청인이 제8항에 따른 보고서의 중요한 부분을 고의로 누락했거나 허위로 작성한 경우

3. 사전심사 결과를 취소할 수 있는 사유: 다음 각 목의 어느 하나에 해당하는 경우

가. 신청인이 제1항에 따른 자료의 중요한 부분을 고의로 누락했거나 허위로 작성한 경우

나. 신청인이 사전심사 결과 결정된 과세가격 결정방법의 내용 또는 조건을 준수하지 않고 과세가격을 신고한 경우

⑪ 관세청장 또는 세관장은 제1항·제2항·제4항 및 제5항 및 제8항에 따라 제출된 서류 및 자료 등을 법 제37조에 따른 과세가격 결정방법의 사전심사 외의 용도로는 사용할 수 없다. 〈신설 2020. 2. 11., 2020. 10. 7.〉

제31조의2 삭제 〈2018. 2. 13.〉

제31조의3(사전조정의 절차 등) ① 관세청장은 법 제37조의2제1항에 따른 신청을 받은 날부터 90일 이내에 같은 조 제2항에 따른 사전조정 절차를 시작하고, 그 사실을 신청자에게 통지하여야 한다. 다만, 관세청장은 제31조제1항 및 제2항에 따른 자료가 제출되지 아니하거나 거짓으로 작성되는 등의 사유로 사전조정 절차를 시작할 수 없으면 그 사유를 신청자에게 통지하여야 한다. 〈개정 2018. 2. 13.〉

② 신청자는 제1항 단서에 따라 사전조정 절차를 시작할 수 없다

는 통지를 받은 경우에는 그 통지를 받은 날부터 30일 이내에 자료를 보완하여 제출하거나 법 제37조제1항제3호의 사항에 관한 사전심사와 「국제조세조정에 관한 법률」 제14조제2항 단서에 따른 사전승인 절차를 따로 진행할 것인지를 관세청장에게 통지할 수 있다. 이 경우 관세청장은 그 통지받은 사항을 지체 없이 국세청장에게 알려야 한다. 〈개정 2018. 2. 13., 2021. 2. 17.〉

③ 법 제37조의2제5항에 따른 사전조정 신청 방법 및 절차 등에 관하여는 제31조 및 「국제조세조정에 관한 법률 시행령」 제26조, 제27조, 제29조, 제30조, 제32조 및 제40조제3항을 준용한다. 〈개정 2018. 2. 13., 2021. 2. 17.〉

④ 제1항부터 제3항까지에서 규정한 사항 외에 사전조정의 실시, 그 밖에 사전조정에 필요한 사항은 기획재정부령으로 정한다.

[본조신설 2015. 2. 6.]

[종전 제31조의3은 제31조의5로 이동 〈2015. 2. 6.〉]

제31조의4(관세부과 등을 위한 정보제공 범위) 법 제37조의3 전단에서 "대통령령으로 정하는 정보 또는 자료"란 다음 각 호의 어느 하나에 해당하는 것을 말한다. 〈개정 2015. 2. 6., 2021. 2. 17.〉

1. 「국제조세조정에 관한 법률」 제7조에 따른 과세표준 및 세액의 결정·경정과 관련된 정보 또는 자료

2. 그 밖에 과세가격의 결정·조정에 필요한 자료

[본조신설 2012. 2. 2.]

[제31조의2에서 이동 〈2015. 2. 6.〉]

제31조의5(특수관계자 수입물품 과세자료 제출범위 등) ①법 제37조의4제1항에 따라 세관장이 해당 특수관계자에게 요구할 수 있는 자료는 다음 각 호와 같다. 이 경우 세관장은 요구사유 및 자료제출에 필요한 기간을 적은 문서로 자료를 요구해야 한다. 〈개정 2015. 2. 6., 2018. 2. 13., 2019. 2. 12., 2021. 2. 17.〉

1. 특수관계자 간 상호출자현황

2. 삭제 〈2019. 2. 12.〉

3. 수입물품 가격산출 내역 등 내부가격 결정자료와 국제거래가격 정책자료

4. 수입물품 구매계약서 및 원가분담계약서

5. 권리사용료, 기술도입료 및 수수료 등에 관한 계약서

6. 광고 및 판매촉진 등 영업·경영지원에 관한 계약서
7. 삭제 〈2019. 2. 12.〉
8. 해당 거래와 관련된 회계처리기준 및 방법
9. 해외 특수관계자의 감사보고서 및 연간보고서
10. 해외 대금 지급·영수 내역 및 증빙자료
11. 「국제조세조정에 관한 법률 시행령」 제33조에 따른 통합기업보고서 및 개별기업보고서
12. 그 밖에 수입물품에 대한 과세가격 심사를 위하여 필요한 자료

② 제1항에 해당하는 자료는 한글로 작성하여 제출하여야 한다. 다만, 세관장이 허용하는 경우에는 영문으로 작성된 자료를 제출할 수 있다.

③ 법 제37조의4제3항 단서에서 "대통령령으로 정하는 부득이한 사유"란 다음 각 호의 어느 하나에 해당하는 경우를 말한다. 〈개정 2015. 2. 6., 2017. 3. 27.〉

1. 자료제출을 요구받은 자가 화재·도난 등의 사유로 자료를 제출할 수 없는 경우
2. 자료제출을 요구받은 자가 사업이 중대한 위기에 처하여 자료를 제출하기 매우 곤란한 경우
3. 관련 장부·서류가 권한 있는 기관에 압수되거나 영치된 경우
4. 자료의 수집·작성에 상당한 기간이 걸려 기한까지 자료를 제출할 수 없는 경우
5. 제1호부터 제4호까지에 준하는 사유가 있어 기한까지 자료를 제출할 수 없다고 판단되는 경우

④ 법 제37조의4제3항 단서에 따라 제출기한의 연장을 신청하려는 자는 제출기한이 끝나기 15일 전까지 관세청장이 정하는 자료제출기한연장신청서를 세관장에게 제출하여야 한다. 〈개정 2015. 2. 6., 2017. 3. 27.〉

⑤ 세관장은 제4항의 자료제출기한 연장신청이 접수된 날부터 7일 이내에 연장 여부를 신청인에게 통지하여야 한다. 이 경우 7일 이내에 연장 여부를 신청인에게 통지를 하지 아니한 경우에는 연장신청한 기한까지 자료제출기한이 연장된 것으로 본다.

⑥ 세관장은 법 제37조의4제4항 후단에 따라 특수관계에 있는 자

와 다음 각 호의 사항에 대하여 협의해야 하며, 10일 이상의 기간 동안 의견을 제시할 기회를 주어야 한다. 〈신설 2019. 2. 12., 2025. 2. 28.〉

1. 특수관계에 있는 자가 법 제37조의4제5항에 따라 법 제30조제3항제4호 단서에 해당하는 경우임을 증명하여 같은 조 제1항 및 제2항에 따라 과세가격을 결정해야 하는지 여부

2. 법 제30조제1항 및 제2항에 따라 과세가격을 결정할 수 있는지 여부를 판단하기 위해 같은 조 제1항 각 호에 해당하는 금액과 이에 해당하지 않는 금액을 구분하여 계산할 수 있는지 여부 및 구분하여 계산할 수 있는 경우에는 그 계산 방법

3. 법 제31조부터 제35조까지의 규정에 따른 방법 중 과세가격을 결정하는 방법

[본조신설 2013. 2. 15.]

[제31조의3에서 이동 〈2015. 2. 6.〉]

제5절 부과와 징수

제32조(납세신고) ①법 제38조제1항의 규정에 의하여 납세신고를 하고자 하는 자는 제246조의 규정에 의한 수입신고서에 동조 각호의 사항외에 다음 각호의 사항을 기재하여 세관장에게 제출하여야 한다.

1. 당해 물품의 관세율표상의 품목분류ㆍ세율과 품목분류마다 납부하여야 할 세액 및 그 합계액

2. 법 기타 관세에 관한 법률 또는 조약에 의하여 관세의 감면을 받는 경우에는 그 감면액과 법적 근거

3. 제23조제1항의 규정에 의한 특수관계에 해당하는지 여부와 그 내용

4. 기타 과세가격결정에 참고가 되는 사항

②관세청장은 법 제38조제2항의 규정에 의한 세액심사의 원활을 기하기 위하여 필요한 때에는 심사방법 등에 관한 기준을 정할 수 있다.

제32조의2(자율심사) ①세관장은 납세의무자가 법 제38조제4항의 규정에 따라 납세신고세액을 자체적으로 심사하고자 신청하는 경우에는 관세청장이 정하는 절차에 의하여 자율심사를 하는 납세의무자

(이하 "자율심사업체"라 한다)로 승인할 수 있다. 이 경우 세관장은 자율심사의 방법 및 일정 등에 대하여 자율심사업체와 사전협의할 수 있다. 〈개정 2025. 2. 28.〉

②세관장은 자율심사업체에게 수출입업무의 처리방법 및 체계 등에 관한 관세청장이 정한 자료를 제공하여야 한다.

③자율심사업체는 제2항의 규정에 의하여 세관장이 제공한 자료에 따라 다음 각호의 사항을 기재한 자율심사결과 및 조치내용을 세관장에게 제출하여야 한다. 이 경우 자율심사업체는 당해 결과를 제출하기 전에 납부세액의 과부족분에 대하여는 보정신청하거나 수정신고 또는 경정청구하여야 하며, 과다환급금이 있는 경우에는 세관장에게 통지하여야 한다.

1. 제2항의 규정에 의하여 세관장이 제공한 자료에 따라 작성한 심사결과

2. 자율심사를 통하여 업무처리방법·체계 및 세액 등에 대한 보완이 필요한 것으로 확인된 사항에 대하여 조치한 내용

④세관장은 제3항의 규정에 의하여 제출된 결과를 평가하여 자율심사업체에 통지하여야 한다. 다만, 자율심사가 부적절하게 이루어진 것으로 판단되는 경우에는 추가적으로 필요한 자료의 제출을 요청하거나 방문하여 심사한 후에 통지할 수 있다.

⑤세관장은 제4항 단서의 규정에 의한 자료의 요청 또는 방문심사한 결과에 따라 당해 자율심사업체로 하여금 자율심사를 적정하게 할 수 있도록 보완사항을 고지하고, 개선방법 및 일정 등에 대한 의견을 제출하게 하는 등 자율심사의 유지에 필요한 조치를 할 수 있다.

⑥세관장은 자율심사업체가 다음 각 호의 어느 하나에 해당하는 경우에는 자율심사의 승인을 취소할 수 있다. 〈개정 2025. 2. 28.〉

1. 법 제38조제4항의 규정에 의한 관세청장이 정한 요건을 갖추지 못하게 되는 경우

2. 자율심사를 하지 아니할 의사를 표시하는 경우

3. 자율심사 결과의 제출 등 자율심사의 유지를 위하여 필요한 의무 등을 이행하지 아니하는 경우

[본조신설 2004. 3. 29.]

제32조의3(세액의 정정) 법 제38조제5항의 규정에 의하여 세액을 정

정하고자 하는 자는 당해 납세신고와 관련된 서류를 세관장으로부터 교부받아 과세표준 및 세액 등을 정정하고, 그 정정한 부분에 서명 또는 날인하여 세관장에게 제출하여야 한다. 〈개정 2025. 2. 28.〉

[본조신설 2004. 3. 29.]

제32조의4(세액의 보정) ①세관장은 법 제38조의2제2항 전단의 규정에 의하여 세액의 보정을 통지하는 경우에는 다음 각호의 사항을 기재한 보정통지서를 교부하여야 한다.

1. 당해 물품의 수입신고번호와 품명 · 규격 및 수량
2. 보정전 당해 물품의 품목분류 · 과세표준 · 세율 및 세액
3. 보정후 당해 물품의 품목분류 · 과세표준 · 세율 및 세액
4. 보정사유 및 보정기한
5. 그 밖의 참고사항

②법 제38조의2제1항 및 제2항 후단의 규정에 따라 신고납부한 세액을 보정하고자 하는 자는 세관장에게 세액보정을 신청한 다음에 이미 제출한 수입신고서를 교부받아 수입신고서상의 품목분류 · 과세표준 · 세율 및 세액 그 밖의 관련사항을 보정하고, 그 보정한 부분에 서명 또는 날인하여 세관장에게 제출하여야 한다.

③ 삭제 〈2012. 2. 2.〉

④법 제38조의2제5항 본문에 따라 부족세액에 가산하여야 할 이율의 계산에 관하여는 제56조제2항의 규정을 준용한다. 〈개정 2010. 3. 26.〉

⑤ 법 제38조의2제5항제1호에서 "국가 또는 지방자치단체가 직접 수입하는 물품 등 대통령령으로 정하는 물품"이란 다음 각 호의 어느 하나에 해당하는 물품을 말한다. 〈신설 2020. 2. 11.〉

1. 국가 또는 지방자치단체(「지방자치법」에 따른 지방자치단체조합을 포함한다. 이하 같다)가 직접 수입하는 물품과 국가 또는 지방자치단체에 기증되는 물품
2. 우편물. 다만, 법 제241조에 따라 수입신고를 해야 하는 것은 제외한다.

⑥ 법 제38조의2제5항제2호에서 "대통령령으로 정하는 정당한 사유가 있는 경우"란 다음 각 호의 어느 하나에 해당하는 경우를 말한다. 〈신설 2020. 2. 11.〉

1. 법 제10조에 따른 기한 연장 사유에 해당하는 경우

2. 제1조의3에 따른 법 해석에 관한 질의·회신 등에 따라 신고·납부했으나 이후 동일한 사안에 대해 다른 과세처분을 하는 경우

3. 그 밖에 납세자가 의무를 이행하지 않은 정당한 사유가 있는 경우

⑦ 법 제38조의2제5항제2호에 따라 부족세액에 가산하여야 할 금액을 면제받으려는 자는 다음 각 호의 사항을 적은 신청서를 세관장에게 제출하여야 한다. 이 경우 제2호 및 제3호와 관련한 증명자료가 있으면 이를 첨부할 수 있다. 〈신설 2010. 3. 26., 2020. 2. 11.〉

1. 납세의무자의 성명 또는 상호 및 주소

2. 면제받으려는 금액

3. 정당한 사유

⑧ 세관장은 제7항에 따른 신청서를 제출받은 경우에는 신청일부터 20일 이내에 면제 여부를 서면으로 통지하여야 한다. 〈신설 2010. 3. 26., 2020. 2. 11.〉

[본조신설 2004. 3. 29.]

제32조의5(신용카드 등에 의한 관세 등의 납부) ① 법 제38조제7항에 따라 납세의무자가 신고하거나 세관장이 부과 또는 경정하여 고지한 세액(세관장이 관세와 함께 징수하는 내국세등의 세액을 포함한다)은 신용카드, 직불카드 등(이하 이 조에서 "신용카드등"이라 한다)으로 납부할 수 있다. 〈개정 2010. 3. 26., 2012. 2. 2., 2014. 3. 5., 2015. 2. 6., 2025. 2. 28.〉

② 법 제38조제7항에 따라 준용되는 「국세징수법」 제12조제1항제3호 각 목 외의 부분에 따른 국세납부대행기관이란 정보통신망을 이용하여 신용카드등에 의한 결제를 수행하는 기관으로서 기획재정부령으로 정하는 바에 따라 관세납부를 대행하는 기관(이하 이 조에서 "관세납부대행기관"이라 한다)을 말한다. 〈개정 2021. 2. 17., 2025. 2. 28.〉

③ 관세납부대행기관은 납세자로부터 신용카드등에 의한 관세납부대행용역의 대가로 기획재정부령으로 정하는 바에 따라 납부대행수수료를 받을 수 있다.

④ 관세청장은 납부에 사용되는 신용카드등의 종류, 그 밖에 관세납부에 필요한 사항을 정할 수 있다.

[본조신설 2009. 2. 4.]
[제목개정 2015. 2. 6.]

제33조(수정신고) 법 제38조의3제1항의 규정에 의하여 수정신고를 하고자 하는 자는 다음 각호의 사항을 기재한 수정신고서를 세관장에게 제출하여야 한다. 〈개정 2004. 3. 29.〉

1. 당해 물품의 수입신고번호와 품명·규격 및 수량
2. 수정신고전의 당해 물품의 품목분류·과세표준·세율 및 세액
3. 수정신고후의 당해 물품의 품목분류·과세표준·세율 및 세액
4. 가산세액
5. 기타 참고사항

제34조(세액의 경정) ①법 제38조의3제2항의 규정에 의하여 경정의 청구를 하고자 하는 자는 다음 각호의 사항을 기재한 경정청구서를 세관장에게 제출하여야 한다. 〈개정 2004. 3. 29.〉

1. 당해 물품의 수입신고번호와 품명·규격 및 수량
2. 경정전의 당해 물품의 품목분류·과세표준·세율 및 세액
3. 경정후의 당해 물품의 품목분류·과세표준·세율 및 세액
4. 경정사유
5. 기타 참고사항

② 법 제38조의3제3항에서 "최초의 신고 또는 경정에서 과세표준 및 세액의 계산근거가 된 거래 또는 행위 등이 그에 관한 소송에 대한 판결(판결과 같은 효력을 가지는 화해나 그 밖의 행위를 포함한다)에 의하여 다른 것으로 확정되는 등 대통령령으로 정하는 사유"란 다음 각 호의 어느 하나에 해당하는 경우를 말한다. 〈신설 2012. 2. 2., 2013. 2. 15.〉

1. 최초의 신고 또는 경정에서 과세표준 및 세액의 계산근거가 된 거래 또는 행위 등이 그에 관한 소송에 대한 판결(판결과 같은 효력을 가지는 화해나 그 밖의 행위를 포함한다)에 의하여 다른 것으로 확정된 경우
2. 최초의 신고 또는 경정을 할 때 장부 및 증거서류의 압수, 그 밖의 부득이한 사유로 과세표준 및 세액을 계산할 수 없었으나 그 후 해당 사유가 소멸한 경우
3. 법 제233조제1항 후단에 따라 원산지증명서 등의 진위 여부 등을 회신받은 세관장으로부터 그 회신 내용을 통보받은 경우

③세관장은 법 제38조의3제6항에 따라 세액을 경정하려는 때에는 다음 각 호의 사항을 적은 경정통지서를 납세의무자에게 교부하여야 한다. 〈개정 2004. 3. 29., 2012. 2. 2., 2017. 3. 27.〉

1. 당해 물품의 수입신고번호와 품명·규격 및 수량
2. 경정전의 당해 물품의 품목분류·과세표준·세율 및 세액
3. 경정후의 당해 물품의 품목분류·과세표준·세율 및 세액
4. 가산세액
5. 경정사유
6. 기타 참고사항

④제3항에 따라 경정을 하는 경우 이미 납부한 세액에 부족이 있거나 납부할 세액에 부족이 있는 경우에는 그 부족세액에 대하여 제36조에 따른 납부고지를 해야 한다. 이 경우 동일한 납세의무자에게 경정에 따른 납부고지를 여러 건 해야 할 경우 통합하여 하나의 납부고지를 할 수 있다. 〈개정 2012. 2. 2., 2013. 2. 15., 2016. 2. 5., 2021. 2. 17.〉

⑤세관장은 제3항의 규정에 의하여 경정을 한 후 그 세액에 과부족이 있는 것을 발견한 때에는 그 경정한 세액을 다시 경정한다. 〈개정 2012. 2. 2., 2013. 2. 15.〉

제35조(수입물품의 과세가격 조정에 따른 경정) ① 법 제38조의4제1항에 따라 경정청구를 하려는 자는 다음 각 호의 사항을 적은 경정청구서를 세관장에게 제출하여야 한다.

1. 해당 물품의 수입신고번호와 품명·규격 및 수량
2. 경정 전의 해당 물품의 품목분류·과세표준·세율 및 세액
3. 경정 후의 해당 물품의 품목분류·과세표준·세율 및 세액
4. 수입물품 가격의 조정내역, 가격결정방법 및 계산근거 자료
5. 경정사유
6. 그 밖의 필요한 사항

② 제1항에 따른 경정청구서를 제출받은 세관장은 경정청구의 대상이 되는 납세신고의 사실과 경정청구에 대한 의견을 첨부하여 관세청장에게 보고하여야 한다. 이 경우 관세청장은 세관장을 달리하는 동일한 내용의 경정청구가 있으면 경정처분의 기준을 정하거나, 경정청구를 통합 심사할 세관장을 지정할 수 있다.

③ 세관장은 법 제38조의4제2항에 따라 다음 각 호의 어느 하나

에 해당하는 경우에는 세액을 경정할 수 있다. 〈개정 2021. 2. 17.〉

1. 지방국세청장 또는 세무서장의 결정·경정 처분에 따라 조정된 사항이 수입물품의 지급가격, 권리사용료 등 법 제30조제1항의 과세가격으로 인정되는 경우

2. 지방국세청장 또는 세무서장이 「국제조세조정에 관한 법률」 제8조에 따른 정상가격의 산출방법에 따라 조정하는 경우로서 그 비교대상거래, 통상이윤의 적용 등 조정방법과 계산근거가 법 제31조부터 제35조까지의 규정에 적합하다고 인정되는 경우

④ 제3항에 따른 세액경정을 하는 경우 경정통지서의 교부, 납부고지, 경정에 대한 재경정 등의 절차에 관하여는 제34조제3항부터 제5항까지의 규정을 준용한다. 〈개정 2021. 2. 17.〉

[본조신설 2012. 2. 2.]

제36조(납부고지) 세관장은 법 제39조제3항·제47조제1항 또는 제270조제5항 후단에 따라 관세를 징수하려는 경우에는 세목·세액·납부장소 등을 기재한 납부고지서를 납세의무자에게 교부해야 한다. 다만, 법 제43조에 따라 물품을 검사한 공무원이 관세를 수납하는 경우에는 그 공무원으로 하여금 말로써 고지하게 할 수 있다. 〈개정 2001. 12. 31., 2021. 2. 17.〉

[제목개정 2021. 2. 17.]

제37조(징수금액의 최저한) ①법 제40조의 규정에 의하여 세관장이 징수하지 아니하는 금액은 1만원으로 한다. 〈개정 2001. 12. 31., 2006. 5. 22.〉

②제1항의 규정에 따라 관세를 징수하지 아니하게 된 경우에는 당해 물품의 수입신고수리일을 그 납부일로 본다. 〈신설 2001. 12. 31.〉

제38조 삭제 〈2020. 2. 11.〉

제39조(가산세) ①법 제42조제1항제2호가목 및 같은 조 제3항제2호가목의 계산식에서 "대통령령으로 정하는 이자율"이란 각각 1일 10만분의 22의 율을 말한다. 〈개정 2006. 5. 22., 2011. 4. 1., 2015. 2. 6., 2016. 2. 5., 2019. 2. 12., 2020. 2. 11., 2022. 2. 15.〉

② 법 제42조의2제1항제6호에서 "국가 또는 지방자치단체가 직접

수입하는 물품 등 대통령령으로 정하는 물품"이란 제32조의4제5항 각 호의 어느 하나에 해당하는 물품을 말한다. 〈개정 2020. 2. 11.〉

③ 법 제42조의2제1항제8호에서 "대통령령으로 정하는 정당한 사유가 있는 경우"란 제32조의4제6항 각 호의 어느 하나에 해당하는 경우를 말한다. 〈개정 2020. 2. 11.〉

④ 법 제42조제2항에서 "대통령령으로 정하는 행위"란 다음 각 호의 어느 하나에 해당하는 행위를 말한다. 〈신설 2009. 2. 4., 2012. 2. 2., 2013. 2. 15., 2023. 2. 28.〉

1. 이중송품장·이중계약서 등 허위증명 또는 허위문서의 작성이나 수취
2. 세액심사에 필요한 자료의 파기
3. 관세부과의 근거가 되는 행위나 거래의 조작·은폐
4. 그 밖에 관세를 포탈하거나 환급 또는 감면을 받기 위한 부정한 행위

⑤ 법 제42조의2제2항에 따른 가산세 감면 절차에 관하여는 제32조의4제7항 및 제8항을 준용한다. 〈개정 2020. 2. 11.〉

제40조(압류·매각의 유예) ① 체납자는 법 제43조의2제1항에 따라 압류 또는 매각의 유예를 받으려는 경우에는 다음 각 호의 사항을 적은 신청서를 세관장에게 제출해야 한다. 〈개정 2021. 2. 17.〉

1. 체납자의 주소 또는 거소와 성명
2. 납부할 체납액의 세목, 세액과 납부기한
3. 압류 또는 매각의 유예를 받으려는 이유와 기간
4. 체납자가 체납액을 분할하여 납부하려는 경우에는 그 분납액 및 분납횟수

② 세관장이 제1항의 신청에 따라 압류 또는 매각을 유예하는 경우 그 유예기간은 유예한 날부터 2년 이내로 한다. 이 경우 세관장은 그 유예기간 이내에 분할하여 납부하게 할 수 있다. 〈개정 2021. 2. 17.〉

③ 법 제43조의2제4항에 따라 제출받는 체납액 납부계획서에는 다음 각 호의 사항이 포함되어야 한다.

1. 체납액 납부에 제공될 재산 또는 소득에 관한 사항
2. 체납액의 납부일정에 관한 사항(제2항 후단에 따라 분할하여 납부하게 된 경우에는 분납일정을 포함해야 한다)

3. 그 밖에 체납액 납부계획과 관련된 사항으로서 관세청장이 정하여 고시하는 사항

④ 세관장이 제1항의 신청에 따라 압류 또는 매각을 유예하여 그 사실을 통지하는 경우에는 다음 각 호의 사항을 적은 문서로 해야 한다. 〈개정 2021. 2. 17.〉

1. 압류 또는 매각을 유예한 체납액의 세목, 세액과 납부기한

2. 체납액을 분할하여 납부하게 하는 경우에는 그 분납액 및 분납횟수

3. 압류 또는 매각의 유예기간

⑤ 세관장이 제1항에 따른 신청을 거부하거나 법 제43조의2제5항에 따라 압류 또는 매각의 유예를 취소하는 경우에는 그 사유를 적은 문서로 통지해야 한다. 〈개정 2021. 2. 17.〉

[본조신설 2019. 2. 12.]

[제목개정 2021. 2. 17.]

제41조(체납자료의 제공 등) ①법 제44조제1항 각 호 외의 부분 단서에서 "대통령령으로 정하는 경우"란 다음 각 호의 어느 하나에 해당하는 경우를 말한다. 〈개정 2021. 2. 17.〉

1. 제2조제1항제1호부터 제3호까지의 사유에 해당되는 경우

2. 압류 또는 매각이 유예된 경우

② 법 제44조제1항 각 호에서 "대통령령으로 정하는 금액"이란 각각 500만원을 말한다.

③ 세관장은 법 제44조제1항 각 호 외의 부분 본문에 따른 체납자료(이하 이 조에서 "체납자료"라 한다)를 전산정보처리조직에 의하여 처리하는 경우에는 체납자료 파일(자기테이프, 자기디스크, 그 밖에 이와 유사한 매체에 체납자료가 기록·보관된 것을 말한다. 이하 같다)을 작성할 수 있다.

④ 법 제44조제1항 각 호 외의 부분 본문에 따라 체납자료를 요구하려는 자(이하 이 조에서 "요구자"라 한다)는 다음 각 호의 사항을 적은 문서를 세관장에게 제출하여야 한다.

1. 요구자의 이름 및 주소

2. 요구하는 자료의 내용 및 이용 목적

⑤ 제4항에 따라 체납자료를 요구받은 세관장은 제3항에 따른 체납자료 파일이나 문서로 제공할 수 있다.

⑥ 제5항에 따라 제공한 체납자료가 체납액의 납부 등으로 체납자료에 해당되지 아니하게 되는 경우에는 그 사실을 사유 발생일부터 15일 이내에 요구자에게 통지하여야 한다.

⑦ 제3항에 따른 체납자료 파일의 정리, 관리, 보관 등에 필요한 사항 또는 이 조에서 규정한 사항 외에 체납자료의 요구 및 제공 등에 필요한 사항은 관세청장이 정한다.

[전문개정 2013. 2. 15.]

제42조(관세체납정리위원회의 구성) ①법 제45조의 규정에 의하여 세관에 관세체납정리위원회(이하 "관세체납정리위원회"라 한다)를 둔다.

②관세체납정리위원회는 위원장 1인을 포함한 5인 이상 7인 이내의 위원으로 구성한다.

③관세체납정리위원회의 위원장은 세관장이 되며, 위원은 다음 각 호의 자중에서 세관장이 임명 또는 위촉한다. 〈개정 2008. 2. 29.〉

1. 세관공무원
2. 변호사 · 관세사 · 공인회계사 · 세무사
3. 상공계의 대표
4. 기획재정에 관한 학식과 경험이 풍부한 자

④ 제3항제2호부터 제4호까지의 규정에 해당하는 위원의 임기는 2년으로 하되, 한번만 연임할 수 있다. 다만, 보궐위원의 임기는 전임위원 임기의 남은 기간으로 한다. 〈신설 2017. 3. 27., 2018. 2. 13.〉

제43조(관세체납정리위원회 위원의 해임 등) 세관장은 관세체납정리위원회의 위원이 다음 각 호의 어느 하나에 해당하는 경우에는 해당 위원을 해임 또는 해촉(解囑)할 수 있다. 〈개정 2018. 2. 13.〉

1. 심신장애로 인하여 직무를 수행할 수 없게 된 경우
2. 직무와 관련된 비위사실이 있는 경우
3. 직무태만, 품위손상이나 그 밖의 사유로 인하여 위원으로 적합하지 아니하다고 인정되는 경우
4. 위원 스스로 직무를 수행하는 것이 곤란하다고 의사를 밝히는 경우
5. 제42조제3항제1호 및 제2호에 따른 신분을 상실한 경우
6. 제45조의2제1항 각 호의 어느 하나에 해당함에도 불구하고 회

피하지 아니한 경우

7. 관할 구역 내에 거주하지 아니하게 된 경우

8. 관세 및 국세를 체납한 경우

[전문개정 2017. 3. 27.]

제44조(관세체납정리위원회의 위원장의 직무) ①관세체납정리위원회의 위원장은 해당 위원회의 사무를 총괄하고 해당 위원회를 대표한다. 〈개정 2020. 12. 29.〉

②관세체납정리위원회의 위원장이 직무를 수행하지 못하는 부득이한 사정이 있는 때에는 위원장이 지명하는 위원이 그 직무를 대행한다.

제45조(관세체납정리위원회의 회의) ①관세체납정리위원회의 위원장은 체납세액이 관세청장이 정하는 금액 이상인 경우로서 다음 각 호의 어느 하나에 해당하는 경우 회의를 소집하고 그 의장이 된다. 〈개정 2006. 5. 22., 2009. 2. 4., 2013. 2. 15., 2021. 2. 17.〉

1. 법 제26조제1항에 따라 「국세징수법」 제57조제1항제4호 본문에 따른 사유로 압류를 해제하려는 경우

2. 삭제 〈2013. 2. 15.〉

3. 법 제4조제2항에 따라 체납된 내국세등에 대해 세무서장이 징수하게 하는 경우

②관세체납정리위원회의 회의의 의사는 위원장을 포함한 재적위원 과반수의 출석으로 개의하고 출석위원 과반수의 찬성으로 의결한다.

③ 삭제 〈2018. 2. 13.〉

제45조의2(관세체납정리위원회 위원의 제척·회피) ① 관세체납정리위원회의 위원이 다음 각 호의 어느 하나에 해당하는 경우에는 심의·의결에서 제척된다.

1. 위원이 해당 안건의 당사자(당사자가 법인·단체 등인 경우에는 그 임원을 포함한다. 이하 이 항에서 같다)이거나 해당 안건에 관하여 직접적인 이해관계가 있는 경우

2. 위원의 배우자, 4촌 이내의 혈족 및 2촌 이내의 인척의 관계에 있는 사람이 해당 안건의 당사자이거나 해당 안건에 관하여 직접적인 이해관계가 있는 경우

3. 위원이 해당 안건 당사자의 대리인이거나 최근 5년 이내에 대리인이었던 경우

4. 위원이 해당 안건 당사자의 대리인이거나 최근 5년 이내에 대

리인이었던 법인·단체 등에 현재 속하고 있거나 속하였던 경우

5. 위원이 최근 5년 이내에 해당 안건 당사자의 자문·고문에 응하였거나 해당 안건 당사자와 연구·용역 등의 업무 수행에 동업 또는 그 밖의 형태로 직접 해당 안건 당사자의 업무에 관여를 하였던 경우

6. 위원이 최근 5년 이내에 해당 안건 당사자의 자문·고문에 응하였거나 해당 안건 당사자와 연구·용역 등의 업무 수행에 동업 또는 그 밖의 형태로 직접 해당 안건 당사자의 업무에 관여를 하였던 법인·단체 등에 현재 속하고 있거나 속하였던 경우

② 관세체납정리위원회의 위원은 제1항 각 호의 어느 하나에 해당하는 경우에는 스스로 해당 안건의 심의·의결에서 회피하여야 한다.

[본조신설 2018. 2. 13.]

제46조(의견청취) 관세체납정리위원회는 의안에 관하여 필요하다고 인정되는 때에는 체납자 또는 이해관계인 등의 의견을 들을 수 있다.

제47조(관세체납정리위원회의 회의록) 관세체납정리위원회의 위원장은 회의를 개최한 때에는 회의록을 작성하여 이를 비치하여야 한다.

제48조(의결사항의 통보) 관세체납정리위원회의 위원장은 당해 위원회에서 의결된 사항을 관세청장에게 통보하여야 한다.

제49조(수당) 관세체납정리위원회의 회의에 출석한 공무원이 아닌 위원에 대하여는 예산의 범위 안에서 수당을 지급할 수 있다.

제50조(관세환급금의 환급신청) 법 제46조제1항에 따른 관세환급금(이하 이 조부터 제56조까지에서 "관세환급금"이라 한다)의 환급을 받고자 하는 자는 당해 물품의 품명·규격·수량·수입신고수리연월일·신고번호 및 환급사유와 환급받고자 하는 금액을 기재한 신청서를 세관장에게 제출하여야 한다. 〈개정 2013. 2. 15.〉

[제목개정 2013. 2. 15.]

제51조(관세환급의 통지) ①세관장은 관세환급 사유를 확인한 때에는 권리자에게 그 금액과 이유 등을 통지하여야 한다. 〈개정 2013. 2. 15.〉

②세관장은 관세환급금결정부와 그 보조부를 비치하고, 이에 필요한 사항을 기록하여야 한다. 〈개정 2013. 2. 15.〉

③세관장은 매월 관세환급금결정액보고서를 작성하여 기획재정부장관에게 제출하여야 한다. 〈개정 2008. 2. 29., 2013. 2. 15.〉

④세관장은 관세환급금결정액계산서와 그 증빙서류를 감사원장이

정하는 바에 따라 감사원에 제출하여야 한다. 〈개정 2013. 2. 15.〉

[제목개정 2013. 2. 15.]

제52조(관세환급금의 충당통지) 세관장은 법 제46조제2항의 규정에 의하여 관세환급금을 충당한 때에는 그 사실을 권리자에게 통보하여야 한다. 다만, 권리자의 신청에 의하여 충당한 경우에는 그 통지를 생략한다. 〈개정 2013. 2. 15.〉

[제목개정 2013. 2. 15.]

제53조(관세환급금의 양도) 법 제46조제3항에 따라 관세환급금에 관한 권리를 제3자에게 양도하고자 하는 자는 다음 각 호의 사항을 적은 문서를 세관장에게 제출해야 한다. 〈개정 2013. 2. 15., 2019. 2. 12.〉

1. 양도인의 주소와 성명
2. 양수인의 주소와 성명
3. 환급사유
4. 환급금액

[제목개정 2013. 2. 15.]

제54조(환급의 절차) ①세관장은 관세환급금을 결정한 때에는 즉시 환급금 해당액을 환급받을 자에게 지급할 것을 내용으로 하는 지급지시서를 한국은행(국고대리점을 포함한다. 이하 같다)에 송부하고, 그 환급받을 자에게 환급내용 및 방법 등을 기재한 환급통지서를 송부하여야 한다. 〈개정 2013. 2. 15.〉

②한국은행은 세관장으로부터 제1항의 규정에 의한 지급지시서를 송부받은 때에는 즉시 세관장의 당해 연도 소관세입금중에서 환급에 필요한 금액을 세관장의 환급금지급계정에 이체하고 그 내용을 세관장에게 통지하여야 한다.

③한국은행은 제1항의 규정에 의한 환급통지서를 제시받은 때에는 이를 세관장으로부터 송부받은 지급지시서와 대조·확인한 후 환급금을 지급하고 지급내용을 세관장에게 통지하여야 한다.

④한국은행은 제3항의 규정에 의하여 환급금을 지급하는 때에는 환급받을 자로 하여금 주민등록증(모바일 주민등록증을 포함한다) 기타 신분증을 제시하도록 하여 그가 정당한 권리자인지를 확인하여야 한다. 〈개정 2024. 12. 3.〉

⑤관세환급금을 환급받으려는 자는 제50조의 규정에 의한 신청을

하는 때에 다른 지역의 한국은행으로 지급받을 환급금을 송금할 것을 신청하거나, 금융기관에 계좌를 개설하고 세관장에게 계좌개설신고를 한 후 그 계좌에 이체입금하여 줄 것을 신청할 수 있다. 〈개정 2013. 2. 15.〉

⑥제5항의 규정에 의한 신청을 받은 세관장은 제1항의 규정에 의하여 그 내용을 기재한 지급지시서를 한국은행에 송부하여야 한다. 이 경우 국고금송금요구서 또는 국고금입금의뢰서를 첨부하여야 한다.

⑦한국은행은 세관장으로부터 제6항의 규정에 의한 지급지시서를 송부받은 때에는 즉시 그 금액을 당해 은행에 송금하거나 지정 금융기관의 계좌에 이체입금하고 그 내용을 세관장에게 통지하여야 한다.

⑧제7항의 규정에 의하여 환급금을 송금받은 다른 지역의 한국은행은 제3항 및 제4항의 규정에 의하여 당해 환급금을 지급한다.

제55조(미지급자금의 정리) ①한국은행은 세관장이 환급금지급계정에 이체된 금액으로부터 당해 회계연도의 환급통지서 발행금액중 다음 회계연도 1월 15일까지 지급하지 못한 환급금을 세관환급금지급미필이월계정에 이월하여 정리하여야 한다.

②제1항의 규정에 의하여 세관환급금지급미필이월계정에 이월한 금액중 환급통지서발행일부터 1년내에 지급하지 못한 금액은 그 기간이 만료한 날이 속하는 회계연도의 세입에 편입하여야 한다.

③관세환급금을 환급받을 자가 환급통지서발행일부터 1년내에 환급금을 지급받지 못한 때에는 세관장에게 다시 환급절차를 밟을 것을 요구할 수 있으며, 세관장은 이를 조사·확인하여 그 지급에 필요한 조치를 하여야 한다. 〈개정 2013. 2. 15.〉

제56조(관세환급가산금 등의 결정) ① 세관장은 법 제46조에 따라 충당 또는 환급(법 제28조제4항에 따라 잠정가격을 기초로 신고납부한 세액과 확정된 가격에 따른 세액을 충당 또는 환급하는 경우는 제외한다)하거나 법 제47조제1항에 따라 과다환급금을 징수하는 때에는 법 제47조제2항 또는 법 제48조에 따른 가산금을 결정하여야 한다. 〈개정 2013. 2. 15.〉

②제1항에 따른 가산금의 이율은 「은행법」에 따른 은행업의 인가를 받은 은행으로서 서울특별시에 본점을 둔 은행의 1년 만기 정기

예금 이자율의 평균을 고려하여 기획재정부령으로 정하는 이자율로 한다. 〈개정 2001. 12. 31., 2006. 5. 22., 2010. 11. 15., 2012. 2. 2., 2020. 12. 29.〉

③ 법 제48조에서 "대통령령으로 정하는 관세환급가산금 기산일"이란 다음 각 호의 구분에 따른 날의 다음 날로 한다. 〈신설 2013. 2. 15., 2015. 2. 6., 2016. 6. 30., 2021. 2. 17., 2025. 2. 28.〉

1. 착오납부, 이중납부 또는 납부 후 그 납부의 기초가 된 신고 또는 부과를 경정하거나 취소함에 따라 발생한 관세환급금: 납부일. 다만, 2회 이상 분할납부된 것인 경우에는 그 최종 납부일로 하되, 관세환급금액이 최종 납부된 금액을 초과하는 경우에는 관세환급금액이 될 때까지 납부일의 순서로 소급하여 계산한 관세환급금의 각 납부일로 한다.

2. 적법하게 납부된 관세의 감면으로 발생한 관세환급금: 감면 결정일

3. 적법하게 납부된 후 법률이 개정되어 발생한 관세환급금: 개정된 법률의 시행일

4. 이 법에 따라 신청한 환급세액(잘못 신청한 경우 이를 경정한 금액을 말한다)을 환급하는 경우: 신청을 한 날부터 30일이 지난 날. 다만, 환급세액을 신청하지 아니하였으나 세관장이 직권으로 결정한 환급세액을 환급하는 경우에는 해당 결정일로부터 30일이 지난 날로 한다.

5. 「자유무역협정의 이행을 위한 관세법의 특례에 관한 법률」 제9조제6항에 따른 관세환급금: 같은 조 제5항 후단에 따른 협정관세 적용 등의 통지일

④ 법 제48조 단서에서 "국가 또는 지방자치단체가 직접 수입하는 물품 등 대통령령으로 정하는 물품"이란 제32조의4제5항 각 호의 어느 하나에 해당하는 물품을 말한다. 〈신설 2020. 2. 11.〉

[제목개정 2013. 2. 15.]

제3장 세율 및 품목분류

제1절 통칙

제57조(잠정세율의 적용정지 등) ①법 별표 관세율표중 잠정세율(이하 "잠정세율"이라 한다)의 적용을 받는 물품과 관련이 있는 관계부

처의 장 또는 이해관계인은 법 제50조제4항의 규정에 의하여 잠정세율의 적용정지나 잠정세율의 인상 또는 인하의 필요가 있다고 인정되는 때에는 이를 기획재정부장관에게 요청할 수 있다. 〈개정 2008. 2. 29.〉

②관계부처의 장 또는 이해관계인은 제1항에 따른 요청을 하려는 경우에는 해당 물품과 관련된 다음 각 호의 사항에 관한 자료를 기획재정부장관에게 제출하여야 한다. 〈개정 2008. 2. 29., 2011. 4. 1.〉

1. 해당 물품의 관세율표 번호 · 품명 · 규격 · 용도 및 대체물품
2. 해당 물품의 제조용 투입원료 및 해당 물품을 원료로 하는 관련제품의 제조공정설명서 및 용도
3. 적용을 정지하여야 하는 이유 및 기간
4. 변경하여야 하는 세율 · 이유 및 그 적용기간
5. 최근 1년간의 월별 주요 수입국별 수입가격 및 수입실적
6. 최근 1년간의 월별 주요 국내제조업체별 공장도가격 및 출고실적
7. 기타 참고사항

③기획재정부장관은 잠정세율의 적용정지 등에 관한 사항을 조사하기 위하여 필요하다고 인정되는 때에는 관계기관 · 수출자 · 수입자 기타 이해관계인에게 관련자료의 제출 기타 필요한 협조를 요청할 수 있다. 〈개정 2008. 2. 29.〉

제2절 세율의 조정

제58조(정상가격 및 덤핑가격의 비교) ①법 제51조에서 "정상가격"이라 함은 당해 물품의 공급국에서 소비되는 동종물품의 통상거래가격을 말한다. 다만, 동종물품이 거래되지 아니하거나 특수한 시장상황 등으로 인하여 통상거래가격을 적용할 수 없는 때에는 당해 국가에서 제3국으로 수출되는 수출가격중 대표적인 가격으로서 비교가능한 가격 또는 원산지국에서의 제조원가에 합리적인 수준의 관리비 및 판매비와 이윤을 합한 가격(이하 "구성가격"이라 한다)을 정상가격으로 본다.

②당해 물품의 원산지국으로부터 직접 수입되지 아니하고 제3국을 거쳐 수입되는 경우에는 그 제3국의 통상거래가격을 정상가격으

로 본다. 다만, 그 제3국안에서 당해 물품을 단순히 옮겨 싣거나 동종물품의 생산실적이 없는 때 또는 그 제3국내에 통상거래가격으로 인정될 가격이 없는 때에는 원산지국의 통상거래가격을 정상가격으로 본다.

③당해 물품이 통제경제를 실시하는 시장경제체제가 확립되지 아니한 국가로부터 수입되는 때에는 제1항 및 제2항의 규정에 불구하고 다음 각호의 1에 해당하는 가격을 정상가격으로 본다. 다만, 시장경제체제가 확립되지 아니한 국가가 시장경제로의 전환체제에 있는 등 기획재정부령이 정하는 경우에는 제1항 및 제2항의 규정에 따른 통상거래가격 등을 정상가격으로 볼 수 있다. 〈개정 2008. 2. 29.〉

1. 우리나라를 제외한 시장경제국가에서 소비되는 동종물품의 통상거래가격

2. 우리나라를 제외한 시장경제국가에서 우리나라를 포함한 제3국으로의 수출가격 또는 구성가격

④법 제51조에서 "덤핑가격"이라 함은 제60조의 규정에 의하여 조사가 개시된 조사대상물품에 대하여 실제로 지급하였거나 지급하여야 하는 가격을 말한다. 다만, 공급자와 수입자 또는 제3자 사이에 제23조제1항의 규정에 의한 특수관계 또는 보상약정이 있어 실제로 지급하였거나 지급하여야 하는 가격에 의할 수 없는 때에는 다음 각호의 1의 가격으로 할 수 있다. 〈개정 2008. 2. 29.〉

1. 수입물품이 그 특수관계 또는 보상약정이 없는 구매자에게 최초로 재판매된 경우에는 기획재정부령이 정하는 바에 따라 그 재판매 가격을 기초로 산정한 가격

2. 수입물품이 그 특수관계 또는 보상약정이 없는 구매자에게 재판매된 실적이 없거나 수입된 상태로 물품이 재판매되지 아니하는 때에는 기획재정부령이 정하는 합리적인 기준에 의한 가격

⑤정상가격과 덤핑가격의 비교는 가능한 한 동일한 시기 및 동일한 거래단계(통상적으로 공장도 거래단계를 말한다)에서 비교하여야 한다. 이 경우 당해 물품의 물리적 특성, 판매수량, 판매조건, 과세상의 차이, 거래단계의 차이, 환율변동 등이 가격비교에 영향을 미치는 경우에는 기획재정부령이 정하는 바에 따라 정상가격 및 덤핑가격을 조정하여야 하며, 덤핑률 조사대상기간은 6월 이상의 기간으로 한다. 〈개정 2008. 2. 29.〉

⑥이해관계인은 물리적 특성, 판매수량 및 판매조건의 차이로 인하여 제5항의 규정에 의한 가격조정을 요구하는 때에는 그러한 차이가 시장가격 또는 제조원가에 직접적으로 영향을 미친다는 사실을 입증하여야 한다.

제59조(덤핑방지관세의 부과요청) ①법 제51조의 규정에 의한 실질적 피해등(이하 "실질적 피해등"이라 한다)을 받은 국내산업에 이해관계가 있는 자 또는 당해 산업을 관장하는 주무부장관은 기획재정부령이 정하는 바에 따라 기획재정부장관에게 덤핑방지관세의 부과를 요청할 수 있으며, 이 요청은 「불공정무역행위 조사 및 산업피해구제에 관한 법률」 제27조에 따른 무역위원회(이하 "무역위원회"라 한다)에 대한 덤핑방지관세의 부과에 필요한 조사신청으로 갈음한다. 〈개정 2006. 5. 22., 2008. 2. 29.〉

② 주무부장관은 제1항에 따라 기획재정부장관에게 덤핑방지관세 부과를 요청하기 전에 관세청장에게 해당 수입물품의 덤핑거래에 관한 검토를 요청할 수 있다. 〈신설 2020. 2. 11.〉

③ 관세청장은 제2항에 따른 덤핑거래에 관한 검토 요청이 없는 경우에도 덤핑거래 우려가 있다고 판단되는 경우에는 해당 수입물품의 덤핑거래 여부에 대하여 검토하고 그 결과를 주무부장관에게 통지할 수 있다. 〈신설 2020. 2. 11.〉

④법 제51조를 적용함에 있어서의 국내산업은 정상가격 이하로 수입되는 물품과 동종물품의 국내생산사업(당해 수입물품의 공급자 또는 수입자와 제23조제1항의 규정에 의한 특수관계에 있는 생산자에 의한 생산사업과 당해 수입물품의 수입자인 생산자로서 기획재정부령이 정하는 자에 의한 생산사업을 제외할 수 있다. 이하 이 항에서 같다)의 전부 또는 국내총생산량의 상당부분을 점하는 국내생산사업으로 한다. 〈개정 2008. 2. 29., 2020. 2. 11.〉

⑤제1항에서 "국내산업에 이해관계가 있는 자"라 함은 실질적 피해등을 받은 국내산업에 속하는 국내생산자와 이들을 구성원으로 하거나 이익을 대변하는 법인·단체 및 개인으로서 기획재정부령이 정하는 자를 말한다. 〈개정 2008. 2. 29., 2020. 2. 11.〉

⑥제1항에 따라 조사를 신청하려는 자는 다음 각 호의 자료를 무역위원회에 제출해야 한다. 〈개정 2008. 2. 29., 2020. 2. 11., 2020. 12. 29.〉

1. 다음 각목의 사항을 기재한 신청서 3부

가. 당해 물품의 품명·규격·특성·용도·생산자 및 생산량

나. 당해 물품의 공급국·공급자·수출실적 및 수출가능성과 우리나라의 수입자·수입실적 및 수입가능성

다. 당해 물품의 공급국에서의 공장도가격 및 시장가격과 우리나라에의 수출가격 및 제3국에의 수출가격

라. 국내의 동종물품의 품명·규격·특성·용도·생산자·생산량·공장도가격·시장가격 및 원가계산

마. 당해 물품의 수입으로 인한 국내산업의 실질적 피해등

바. 국내의 동종물품생산자들의 당해 조사신청에 대한 지지 정도

사. 신청서의 기재사항 및 첨부자료를 비밀로 취급할 필요가 있는 경우에는 그 사유

아. 기타 기획재정부장관이 필요하다고 인정하는 사항

2. 덤핑물품의 수입사실과 당해 물품의 수입으로 인한 실질적 피해등의 사실에 관한 충분한 증빙자료 3부

⑦ 무역위원회는 제6항에 따라 조사신청을 받은 사실을 기획재정부장관 및 관계 행정기관의 장과 해당 물품의 공급국 정부에 통보해야 한다. 이 경우 제6항 각 호의 자료는 제60조제1항에 따른 조사개시결정을 한 후에 통보해야 한다. 〈신설 2020. 12. 29.〉

제60조(덤핑 및 실질적 피해등의 조사개시) ①무역위원회는 제59조제1항에 따른 조사신청을 받은 경우 덤핑사실과 실질적인 피해 등의 사실에 관한 조사의 개시여부를 결정하여 조사신청을 받은 날부터 2개월 이내에 그 결과와 다음 각 호의 사항을 기획재정부장관에게 통보하여야 한다. 〈개정 2008. 2. 22., 2008. 2. 29.〉

1. 조사대상물품(조사대상물품이 많은 경우에는 기획재정부령이 정하는 바에 따라 선정된 조사대상물품)

2. 조사대상기간

3. 조사대상 공급자(조사대상공급자가 많은 경우에는 기획재정부령이 정하는 바에 따라 선정된 조사대상 공급자)

②무역위원회는 제1항에 따라 조사의 개시 여부를 결정할 때에 조사신청이 다음 각 호의 어느 하나에 해당하면 그 조사신청을 기각하여야 한다. 〈개정 2008. 2. 22., 2008. 2. 29.〉

1. 신청서를 제출한 자가 제59조제1항의 규정에 의하여 부과요청을 할 수 있는 자가 아닌 경우

2. 덤핑사실과 실질적인 피해 등의 사실에 관한 충분한 증빙자료를 제출하지 아니한 경우

3. 덤핑차액 또는 덤핑물품의 수입량이 기획재정부령이 정하는 기준에 미달되거나 실질적 피해등이 경미하다고 인정되는 경우

4. 당해 조사신청에 찬성의사를 표시한 국내생산자들의 생산량합계가 기획재정부령이 정하는 기준에 미달된다고 인정되는 경우

5. 조사개시전에 국내산업에 미치는 나쁜 영향을 제거하기 위한 조치가 취하여지는 등 조사개시가 필요없게 된 경우

③무역위원회는 제1항에 따른 조사개시결정을 한 때에는 그 결정일부터 10일 이내에 조사개시의 결정에 관한 사항을 조사신청자, 해당 물품의 공급국 정부 및 공급자, 그 밖의 이해관계인에게 통지하고, 관보에 게재해야 한다. 이 경우 해당 물품의 공급국 정부 및 공급자에게는 제59조제6항 각 호의 자료를 함께 제공해야 한다. 〈개정 2020. 12. 29.〉

④ 무역위원회는 제1항제1호에 따른 조사대상물품의 품목분류 등에 대해서는 관세청장과 협의하여 선정할 수 있다. 〈신설 2013. 2. 15.〉

제61조(덤핑 및 실질적 피해등의 조사) ①법 제52조의 규정에 의한 덤핑사실 및 실질적 피해등의 사실에 관한 조사는 무역위원회가 담당한다. 이 경우 무역위원회는 필요하다고 인정하는 때에는 관계행정기관의 공무원 또는 관계전문가로 하여금 조사활동에 참여하도록 할 수 있다.

②무역위원회는 제60조제3항 전단에 따라 조사개시의 결정에 관한 사항이 관보에 게재된 날부터 3월 이내에 덤핑사실 및 그로 인한 실질적 피해등의 사실이 있다고 추정되는 충분한 증거가 있는지에 관한 예비조사를 하여 그 결과를 기획재정부장관에게 제출해야 한다. 〈개정 2008. 2. 29., 2020. 12. 29.〉

③기획재정부장관은 제2항의 규정에 의한 예비조사결과가 제출된 날부터 1월 이내에 법 제53조제1항의 규정에 의한 조치의 필요여부 및 내용에 관한 사항을 결정하여야 한다. 다만, 필요하다고 인정되는 경우에는 20일의 범위내에서 그 결정기간을 연장할 수 있다. 〈개정 2008. 2. 29.〉

④무역위원회는 제2항의 규정에 의한 예비조사에 따른 덤핑차액 또는 덤핑물품의 수입량이 기획재정부령이 정하는 기준에 미달하거나 실질적 피해등이 경미한 것으로 인정되는 때에는 제5항의 규정에 의한 본조사를 종결하여야 한다. 이 경우 무역위원회는 기획재정부장관에게 본조사 종결에 관한 사항을 통보해야 하며, 기획재정부장관은 이를 관보에 게재해야 한다. 〈개정 2008. 2. 29., 2010. 3. 26., 2024. 2. 29.〉

⑤무역위원회는 기획재정부령이 정하는 특별한 사유가 없는 한 제2항의 규정에 의한 예비조사결과를 제출한 날의 다음날부터 본조사를 개시하여야 하며, 본조사개시일부터 3월 이내에 본조사결과를 기획재정부장관에게 제출하여야 한다. 〈개정 2008. 2. 29.〉

⑥무역위원회는 제2항 및 제5항의 규정에 의한 조사와 관련하여 조사기간을 연장할 필요가 있거나 이해관계인이 정당한 사유를 제시하여 조사기간의 연장을 요청하는 때에는 2월의 범위내에서 그 조사기간을 연장할 수 있다.

⑦기획재정부장관은 제5항에 따른 본조사 결과가 접수되면 제60조제3항 전단에 따른 관보게재일부터 12개월 이내에 덤핑방지관세의 부과여부 및 내용을 결정하여 법 제51조에 따른 덤핑방지관세의 부과조치를 해야 한다. 다만, 특별한 사유가 있다고 인정되는 경우에는 관보게재일부터 18개월 이내에 덤핑방지관세의 부과조치를 할 수 있다. 〈개정 2008. 2. 29., 2010. 3. 26., 2014. 3. 5., 2020. 12. 29.〉

⑧ 제6항에도 불구하고 기획재정부장관은 제7항 단서에 따라 18개월 이내에 덤핑방지관세의 부과조치를 할 특별한 사유가 있다고 인정하는 경우 무역위원회와 협의하여 제6항에 따른 본조사 기간을 2개월의 범위에서 추가로 연장하게 할 수 있다. 〈신설 2020. 12. 29., 2024. 2. 29.〉

⑨무역위원회는 제2항 및 제5항에 따라 조사결과를 제출하는 경우 필요하다고 인정되는 때에는 기획재정부장관에게 다음 각 호의 사항을 건의할 수 있다. 〈개정 2008. 2. 29., 2017. 3. 27.〉

1. 법 제51조의 규정에 의한 덤핑방지관세부과
2. 법 제53조제1항의 규정에 의한 잠정조치
3. 법 제54조제1항에 따른 약속의 제의 또는 수락

⑩ 제1항부터 제9항까지에서 규정한 사항 외에 덤핑방지관세부과 신청·조사·판정 절차에 관하여 필요한 사항은 무역위원회가 기획재정부장관과 협의하여 고시한다. 〈신설 2010. 3. 26., 2020. 12. 29.〉

제62조(덤핑방지관세 부과요청의 철회) ①제59조제1항의 규정에 의하여 조사를 신청한 자는 당해 신청을 철회하고자 하는 때에는 서면으로 그 뜻을 무역위원회에 제출하여야 한다. 이 경우 무역위원회는 제61조제2항의 규정에 의한 예비조사결과를 제출하기 전에 당해 철회서를 접수한 때에는 기획재정부장관 및 관계행정기관의 장과 협의하여 제60조제1항의 규정에 의한 조사개시여부의 결정을 중지하거나 제61조제2항의 규정에 의한 예비조사를 종결할 수 있으며, 제61조제2항의 예비조사결과를 제출한 후에 당해 철회서를 접수한 때에는 기획재정부장관에게 이를 통보하여야 한다. 〈개정 2001. 12. 31., 2008. 2. 29.〉

②기획재정부장관은 제1항의 규정에 의한 통보를 받은 때에는 무역위원회 및 관계행정기관의 장과 협의하여 제61조의 규정에 의한 조사를 종결하도록 할 수 있으며, 법 제53조제1항의 규정에 의한 잠정조치가 취하여진 경우에는 이를 철회할 수 있다. 〈개정 2008. 2. 29.〉

③기획재정부장관은 제2항 후단의 규정에 의하여 잠정조치를 철회하는 때에는 당해 잠정조치에 의하여 납부된 잠정덤핑방지관세를 환급하거나 제공된 담보를 해제하여야 한다. 〈개정 2008. 2. 29.〉

제63조(실질적 피해등의 판정) ①무역위원회는 제61조에 따라 실질적 피해등의 사실을 조사·판정하는 때에는 다음 각 호의 사항을 포함한 실질적 증거에 근거해야 한다. 〈개정 2020. 12. 29.〉

1. 덤핑물품의 수입물량(당해 물품의 수입이 절대적으로 또는 국내생산이나 국내소비에 대하여 상대적으로 뚜렷하게 증가되었는지 여부를 포함한다)

2. 덤핑물품의 가격(국내 동종물품의 가격과 비교하여 뚜렷하게 하락되었는지 여부를 포함한다)

3. 덤핑차액의 정도(덤핑물품의 수입가격이 수출국내 정상가격과 비교하여 뚜렷하게 하락되었는지 여부를 포함한다)

4. 국내산업의 생산량·가동률·재고·판매량·시장점유율·가격

(가격하락 또는 인상억제의 효과를 포함한다) · 이윤 · 생산성 · 투자수익 · 현금수지 · 고용 · 임금 · 성장 · 자본조달 · 투자능력

5. 제1호 및 제2호의 내용이 국내산업에 미치는 실재적 또는 잠재적 영향

②제1항에 따라 실질적인 피해 등을 조사 · 판정하는 경우 실질적 피해등을 받을 우려가 있는지에 대한 판정은 제1항 각 호의 사항뿐만 아니라 다음 각 호의 사항을 포함한 사실에 근거를 두어야 하며, 덤핑물품으로 인한 피해는 명백히 예견되고 급박한 것이어야 한다. 〈개정 2020. 12. 29.〉

1. 실질적인 수입증가의 가능성을 나타내는 덤핑물품의 현저한 증가율

2. 우리나라에 덤핑수출을 증가시킬 수 있는 생산능력의 실질적 증가(다른 나라에의 수출가능성을 고려한 것이어야 한다)

3. 덤핑물품의 가격이 동종물품의 가격을 하락 또는 억제시킬 수 있는지 여부 및 추가적인 수입수요의 증대 가능성

4. 덤핑물품의 재고 및 동종물품의 재고상태

③무역위원회는 제1항의 규정에 의하여 실질적 피해등의 사실을 조사 · 판정함에 있어 2 이상의 국가로부터 수입된 물품이 동시에 조사대상물품이 되고 다음 각 호에 모두 해당하는 경우에는 그 수입으로부터의 피해를 누적적으로 평가할 수 있다. 〈개정 2008. 2. 29., 2024. 2. 29.〉

1. 덤핑차액 및 덤핑물품의 수입량이 기획재정부령이 정하는 기준에 해당하는 경우

2. 덤핑물품이 상호 경쟁적이고 국내 동종물품과 경쟁적인 경우

④무역위원회는 덤핑물품 외의 다른 요인으로서 국내산업에 피해를 미치는 요인들을 조사해야 하며, 이러한 요인들에 의한 산업피해등을 덤핑물품으로 인한 것으로 간주해서는 안 된다. 〈개정 2020. 12. 29.〉

제64조(이해관계인에 대한 자료협조요청) ①기획재정부장관 또는 무역위원회는 법 제52조의 규정에 의한 조사 및 덤핑방지관세의 부과여부 등을 결정하기 위하여 필요하다고 인정하는 때에는 관계행정기관 · 국내생산자 · 공급자 · 수입자 및 이해관계인에게 관계자료의 제출 등 필요한 협조를 요청할 수 있다. 다만, 공급자에게 덤핑사실여

부를 조사하기 위한 질의를 하는 때에는 회신을 위하여 질의서발송일부터 40일 이상의 회신기간을 주어야 하며 공급자가 사유를 제시하여 동 기한의 연장을 요청할 경우 이에 대하여 적절히 고려하여야 한다. 〈개정 2008. 2. 29.〉

②기획재정부장관 또는 무역위원회는 제1항, 제8항 후단 및 제59조제6항에 따라 제출된 자료 중 성질상 비밀로 취급하는 것이 타당하다고 인정되거나 조사신청자나 이해관계인이 정당한 사유를 제시하여 비밀로 취급해 줄 것을 요청한 자료에 대해서는 해당 자료를 제출한 자의 명시적인 동의 없이 이를 공개해서는 안 된다. 〈개정 2008. 2. 29., 2020. 12. 29.〉

③기획재정부장관 또는 무역위원회는 제2항의 규정에 의하여 비밀로 취급하여 줄 것을 요청한 자료를 제출한 자에게 당해 자료의 비밀이 아닌 요약서의 제출을 요구할 수 있다. 이 경우 당해 자료를 제출한 자가 그 요약서를 제출할 수 없는 때에는 그 사유를 기재한 서류를 제출하여야 한다. 〈개정 2008. 2. 29.〉

④기획재정부장관 또는 무역위원회는 제2항의 규정에 의한 비밀취급요청이 정당하지 아니하다고 인정됨에도 불구하고 자료의 제출자가 정당한 사유없이 자료의 공개를 거부하는 때 또는 제3항의 규정에 의한 비밀이 아닌 요약서의 제출을 거부한 때에는 당해 자료의 정확성이 충분히 입증되지 아니하는 한 당해 자료를 참고하지 아니할 수 있다. 〈개정 2008. 2. 29.〉

⑤기획재정부장관 또는 무역위원회는 법 제52조의 조사 및 덤핑방지관세의 부과여부 등을 결정함에 있어서 이해관계인이 관계자료를 제출하지 아니하거나 무역위원회의 조사를 거부·방해하는 경우 등의 사유로 조사 또는 자료의 검증이 곤란한 경우에는 이용가능한 자료 등을 사용하여 덤핑방지를 위한 조치를 할 것인지 여부를 결정할 수 있다. 〈개정 2008. 2. 29.〉

⑥기획재정부장관 및 무역위원회는 덤핑방지관세의 부과절차와 관련하여 이해관계인으로부터 취득한 정보·자료 및 인지한 사실을 다른 목적으로 사용할 수 없다. 〈개정 2008. 2. 29.〉

⑦기획재정부장관 및 무역위원회는 이해관계인이 제59조제6항에 따라 제출한 관계증빙자료와 제1항, 제8항 후단 및 제68조에 따라 제출 또는 통보된 자료 중 비밀로 취급되는 것 외의 자료 제공을

요청하는 경우에는 특별한 사유가 없는 한 이에 따라야 한다. 이 경우 이해관계인의 자료제공요청은 그 사유 및 자료목록을 기재한 서면으로 해야 한다. 〈개정 2008. 2. 29., 2020. 12. 29.〉

⑧기획재정부장관 또는 무역위원회는 필요하다고 인정하거나 이해관계인의 요청이 있는 때에는 이해관계인에게 공청회 등을 통해 의견을 진술할 기회를 주거나 상반된 이해관계인과 협의할 수 있는 기회를 줄 수 있다. 이 경우 이해관계인이 구두로 진술하거나 협의한 내용은 공청회 등이 있은 후 7일 이내에 서면으로 제출된 경우에만 해당 자료를 참고할 수 있다. 〈개정 2008. 2. 29., 2020. 12. 29.〉

제65조(덤핑방지관세의 부과) ① 법 제51조에 따른 덤핑방지관세는 실질적 피해등을 구제하기 위해 필요한 범위에서 부과한다. 〈개정 2024. 2. 29.〉

② 제60조제1항제2호에 따른 조사대상기간(이하 이 조에서 "조사대상기간"이라 한다)에 수출을 한 공급자 중 다음 각 호의 자에 대해서는 공급자 또는 공급국별로 덤핑방지관세율 또는 기준수입가격을 정하여 부과한다. 다만, 정당한 사유 없이 제64조제1항에 따른 자료제출 요청에 응하지 않거나 같은 조 제4항에 따라 자료의 공개를 거부하는 경우 및 그 밖의 사유로 조사 또는 자료의 검증이 곤란한 공급자에 대해서는 단일 덤핑방지관세율 또는 단일 기준수입가격을 정하여 부과할 수 있다. 〈개정 2024. 2. 29.〉

1. 제60조제1항제3호에 따른 조사대상 공급자(이하 이 조에서 "조사대상공급자"라 한다)

2. 조사대상공급자와 제23조제1항에 따른 특수관계가 있는 공급자

③ 법 제51조에 따라 공급국을 지정하여 덤핑방지관세를 부과하는 경우로서 조사대상기간에 수출을 한 공급자 중 제2항을 적용받지 않는 자 및 조사대상기간 후에 수출하는 해당 공급국의 신규 공급자(이하 이 조에서 "신규공급자"라 한다)에 대해서는 다음 각 호에 따라 덤핑방지관세를 부과한다. 〈개정 2024. 2. 29.〉

1. 조사대상공급자에게 적용되는 덤핑방지관세율 또는 기준수입가격을 기획재정부령으로 정하는 바에 따라 가중평균한 덤핑방지관세율 또는 기준수입가격을 적용하여 부과할 것

2. 제1호에도 불구하고 제64조에 따라 자료를 제출한 자에 대해서는 조사를 통해 공급자 또는 공급국별로 덤핑방지관세율 또는 기

준수입가격을 정하여 부과할 것. 이 경우 해당 자료를 제출한 신규공급자에 대해서는 기획재정부령으로 정하는 바에 따라 조사대상공급자와 다른 조사방법 및 조사절차를 적용할 수 있다.

3. 제1호 및 제2호에도 불구하고 조사대상공급자와 제23조제1항에 따른 특수관계가 있는 신규공급자에 대해서는 조사대상공급자에 대한 덤핑방지관세율 또는 기준수입가격을 적용하여 부과할 것. 다만, 정당한 사유 없이 특수관계 관련 자료를 제출하지 않는 등의 사유로 특수관계 여부에 대한 검증이 곤란한 신규공급자에 대해서는 단일 덤핑방지관세율 또는 단일 기준수입가격을 정하여 부과할 수 있다.

④ 제3항제2호 전단에 따라 신규공급자에 대한 조사가 개시된 경우 세관장은 그 신규공급자가 공급하는 물품에 대하여 이를 수입하는 자로부터 담보를 제공받고 조사 완료일까지 덤핑방지관세의 부과를 유예할 수 있다. 〈신설 2010. 3. 26., 2024. 2. 29.〉

⑤ 제3항제2호 전단에 따라 신규공급자에 대해 정한 덤핑방지관세율 또는 기준수입가격은 해당 조사의 개시일부터 적용한다. 〈신설 2010. 3. 26., 2024. 2. 29.〉

⑥ 제3항제2호 전단에 따라 조사가 개시된 신규공급자의 가격수정·수출중지 등의 약속에 관하여는 제68조제1항부터 제3항까지, 제5항 및 제6항을 준용한다. 이 경우 제68조제1항 전단 중 "제61조제5항의 규정에 의한 본조사의 결과에 따른 최종판정"은 "제65조제3항제2호 전단에 따른 조사의 종결"로 본다. 〈신설 2010. 3. 26., 2024. 2. 29.〉

⑦제2항 및 제3항에 규정된 기준수입가격은 제58조제5항의 규정에 의하여 조정된 공급국의 정상가격에 수입관련비용을 가산한 범위안에서 결정한다. 〈개정 2010. 3. 26., 2024. 2. 29.〉

제66조(잠정조치의 적용) ①법 제53조제1항의 규정에 의한 잠정조치는 제61조제2항의 규정에 의한 예비조사결과 덤핑사실 및 그로인한 실질적 피해등의 사실이 있다고 추정되는 충분한 증거가 있다고 판정된 경우로서 당해 조사의 개시후 최소한 60일이 경과된 날 이후부터 적용할 수 있다.

②제61조제3항의 규정에 의한 잠정조치의 적용기간은 4월 이내로 하여야 한다. 다만, 당해 물품의 무역에 있어서 중요한 비중을 차지하는 공급자가 요청하는 경우에는 그 적용기간을 6월까지 연장할

수 있다.

③제2항에도 불구하고 덤핑차액에 상당하는 금액 이하의 관세 부과로도 국내산업 피해를 충분히 제거할 수 있는지 여부를 조사하는 경우 등 기획재정부장관이 필요하다고 인정하는 때에는 국제협약에 따라 잠정조치의 적용기간을 9개월까지 연장할 수 있다. 〈개정 2008. 2. 29., 2017. 3. 27.〉

④법 제53조제1항의 규정에 의하여 제공되는 담보는 법 제24조제1항제1호부터 제4호까지 및 제7호에 해당하는 것으로서 잠정덤핑방지관세액에 상당하는 금액이어야 한다. 〈개정 2009. 2. 4.〉

제67조(잠정덤핑방지관세액 등의 정산) ①제69조제1항의 규정에 해당되는 경우로서 법 제53조제3항의 규정에 의하여 잠정조치가 적용된 기간중에 수입된 물품에 대하여 부과하는 덤핑방지관세액이 잠정덤핑방지관세액과 같거나 많은 때에는 그 잠정덤핑방지관세액을 덤핑방지관세액으로 하여 그 차액을 징수하지 아니하며, 적은 때에는 그 차액에 상당하는 잠정덤핑방지관세액을 환급하여야 한다.

②법 제53조제1항의 규정에 의하여 담보가 제공된 경우로서 제69조제1항의 규정에 해당되는 경우에는 당해 잠정조치가 적용된 기간중에 소급부과될 덤핑방지관세액이 제공된 담보금액과 같거나 많은 경우에는 그 담보금액을 덤핑방지관세액으로 하여 그 차액을 징수하지 않으며, 적은 경우에는 그 차액에 상당하는 담보를 해제해야 한다. 〈개정 2024. 2. 29.〉

③제68조제1항의 규정에 의한 약속이 제61조제5항의 규정에 의한 본조사의 결과에 따라 당해 물품에 대한 덤핑사실 및 그로 인한 실질적 피해등의 사실이 있는 것으로 판정된 후에 수락된 경우로서 조사된 최종덤핑률을 기초로 산정한 덤핑방지관세액이 잠정덤핑방지관세액 또는 제공된 담보금액과 같거나 많은 경우에는 그 차액을 징수하지 않으며, 적은 경우에는 그 차액을 환급하거나 차액에 상당하는 담보를 해제해야 한다. 〈개정 2024. 2. 29.〉

제68조(가격수정·수출중지 등의 약속) ①덤핑방지관세의 부과여부를 결정하기 위한 조사가 개시된 물품의 수출자가 법 제54조제1항에 따라 약속을 제의하거나 법 제54조제2항 단서에 따라 피해조사를 계속하여 줄 것을 요청하고자 하는 때에는 제61조제5항에 따른 본조사의 결과에 따라 최종판정을 하기 45일 전에 서면(전자문서를

포함한다)으로 그 뜻을 무역위원회에 제출해야 한다. 이 경우 무역위원회는 제출된 서류의 원본(전자문서로 제출된 경우에는 그 전자문서를 말한다)을 지체없이 기획재정부장관에게 송부해야 한다. 〈개정 2008. 2. 29., 2023. 2. 28., 2025. 6. 2.〉

②제1항의 규정에 의하여 제의한 약속의 내용이 즉시로 가격을 수정하거나 약속일부터 6월 이내에 덤핑수출을 중지하는 것인 때에는 기획재정부장관은 그 약속을 수락할 수 있다. 다만, 동 약속의 이행을 확보하는 것이 곤란하다고 인정되는 경우로서 기획재정부령이 정하는 경우에는 그러하지 아니하다. 〈개정 2008. 2. 29.〉

③기획재정부장관은 필요하다고 인정되는 때에는 법 제54조제1항의 규정에 의한 약속을 수출자를 지정하여 제의할 수 있다. 〈개정 2008. 2. 29.〉

④기획재정부장관은 제61조제2항의 규정에 의한 예비조사결과 덤핑사실 및 그로 인한 실질적 피해등의 사실이 있다고 추정되는 충분한 증거가 있다고 판정하기 전에는 제2항의 규정에 의한 약속의 수락이나 제3항의 규정에 의한 약속의 제의를 할 수 없다. 〈개정 2008. 2. 29.〉

⑤ 기획재정부장관은 수출자가 법 제54조제2항에 따라 수락된 약속을 이행하지 아니한 경우 덤핑방지를 위하여 다음 각 호의 구분에 따른 신속한 조치를 취할 수 있다. 이 경우 제2호에 따른 조치의 적용기간에 관하여는 제66조제2항 및 제3항을 준용한다. 〈개정 2017. 3. 27.〉

1. 법 제54조제2항 단서에 따라 조사를 계속하여 덤핑방지관세율 등 부과내용을 정한 경우: 덤핑방지관세의 부과

2. 제1호 외의 경우: 법 제53조제1항제2호에 따른 잠정조치

⑥기획재정부장관이 법 제54조제2항 단서의 규정에 의하여 조사를 계속한 결과 실질적 피해등의 사실이 없거나 덤핑차액이 없는 것으로 확인한 때에는 당해 약속의 효력은 소멸된 것으로 본다. 다만, 실질적 피해 등의 사실이 없거나 덤핑차액이 없는 원인이 약속으로 인한 것으로 판단되는 때에는 기획재정부장관은 적정한 기간을 정하여 약속을 계속 이행하게 할 수 있으며, 수출자가 그 약속의 이행을 거부하는 때에는 이용 가능한 최선의 정보에 의하여 잠정조치를 실시하는 등 덤핑방지를 위한 신속한 조치를 취할 수 있다. 〈개

정 2008. 2. 29.〉

제69조(덤핑방지관세의 소급부과) ①법 제55조 단서에 따라 잠정조치가 적용된 물품으로서 덤핑방지관세가 부과되는 물품은 다음과 같다. 〈개정 2008. 2. 29., 2017. 3. 27.〉

1. 실질적 피해등이 있다고 최종판정이 내려진 경우 또는 실질적인 피해등의 우려가 있다는 최종판정이 내려졌으나 잠정조치가 없었다면 실질적인 피해등이 있다는 최종판정이 내려졌을 것으로 인정되는 경우에는 잠정조치가 적용된 기간동안 수입된 물품

2. 비교적 단기간내에 대량 수입되어 발생되는 실질적 피해등의 재발을 방지하기 위하여 덤핑방지관세를 소급하여 부과할 필요가 있는 경우로서 당해 물품이 과거에 덤핑되어 실질적 피해등을 입힌 사실이 있었던 경우 또는 수입자가 덤핑사실과 그로 인한 실질적 피해등의 사실을 알았거나 알 수 있었을 경우에는 잠정조치를 적용한 날부터 90일전 이후에 수입된 물품

3. 법 제54조제1항에 따른 약속(이하 이 호에서 "약속"이라 한다)을 위반하여 잠정조치가 적용된 물품의 수입으로 인한 실질적 피해등의 사실이 인정되는 경우에는 잠정조치를 적용한 날부터 90일전 이후에 수입된 물품(기획재정부장관이 필요하다고 인정한 경우 약속을 위반한 물품으로 한정할 수 있다). 이 경우 약속위반일 이전에 수입된 물품을 제외한다.

4. 기타 국제협약에서 정하는 바에 따라 기획재정부장관이 정하는 기간에 수입된 물품

②제59조의 규정에 의한 국내산업에 이해관계가 있는 자는 제61조제5항의 규정에 의한 본조사의 결과에 따라 최종판정의 통지를 받은 날부터 7일 이내에 당해 물품이 제1항 각호의 1에 해당된다는 증거를 제출하여 법 제55조 단서의 규정에 의한 덤핑방지관세의 부과를 요청할 수 있다.

제70조(덤핑방지관세 및 약속의 재심사) ①기획재정부장관은 재심사가 필요하다고 인정되거나 이해관계인이나 해당 산업을 관장하는 주무부장관이 다음 각 호의 어느 하나에 해당하는 경우에 관한 명확한 정보 제공과 함께 재심사 요청서를 제출한 때에는 덤핑방지관세가 부과되고 있거나 법 제54조에 따른 약속(이하 이 조에서 "약속"이라 한다)이 시행되고 있는 물품에 대하여 법 제56조제1항에 따른

재심사여부를 결정해야 한다. 〈개정 2008. 2. 22., 2008. 2. 29., 2020. 12. 29., 2024. 2. 29.〉

1. 덤핑방지관세 또는 약속(이하 "덤핑방지조치"라 한다)의 시행 이후 그 조치의 내용변경이 필요하다고 인정할 만한 충분한 상황변동이 발생한 경우

2. 덤핑방지조치의 종료로 덤핑 및 국내산업피해가 지속되거나 재발될 우려가 있는 경우

3. 실제 덤핑차액보다 덤핑방지관세액이 과다하게 납부된 경우 또는 약속에 따른 가격수정이 과도한 경우

②제1항에 따른 재심사의 요청은 덤핑방지조치의 시행일부터 1년이 경과된 날 이후에 할 수 있으며, 덤핑방지조치의 효력이 상실되는 날 6월 이전에 요청해야 한다. 〈개정 2008. 2. 29., 2010. 3. 26., 2020. 12. 29., 2024. 2. 29.〉

③ 기획재정부장관은 제1항에 따라 재심사를 요청받은 날부터 2개월 이내에 재심사의 필요 여부를 결정해야 하며, 그 결정일부터 10일 이내에 재심사 개시의 결정에 관한 사항을 재심사 요청자, 해당 물품의 공급국 정부 및 공급자, 그 밖의 이해관계인에게 통지하고, 관보에 게재해야 한다. 이 경우 해당 물품의 공급국 정부 및 공급자에게는 제1항에 따른 요청서를 함께 제공해야 한다. 〈신설 2020. 12. 29.〉

④기획재정부장관은 제1항의 규정에 의하여 재심사를 하는 경우외에 시행 중인 덤핑방지조치의 적정성 여부에 관한 재심사를 할 수 있으며, 이를 위하여 덤핑방지조치의 내용(재심사에 따라 변경된 내용을 포함한다)에 관하여 매년 그 시행일이 속하는 달에 덤핑가격에 대한 재검토를 하여야 한다. 이 경우 관세청장은 재검토에 필요한 자료를 작성하여 매년 그 시행일이 속하는 달에 기획재정부장관에게 제출해야 한다. 〈개정 2008. 2. 29., 2020. 2. 11., 2020. 12. 29., 2024. 2. 29.〉

⑤기획재정부장관은 제1항 또는 제4항에 따라 재심사의 필요 여부를 결정하는 때에는 관계행정기관의 장 및 무역위원회와 협의할 수 있으며, 재심사가 필요한 것으로 결정된 때에는 무역위원회는 이를 조사해야 한다. 이 경우 무역위원회는 재심사의 사유가 되는 부분에 한정하여 조사할 수 있다. 〈개정 2008. 2. 29., 2020. 12. 29.〉

⑥무역위원회는 재심사 개시일부터 6개월 이내에 제5항에 따른 조사를 종결하여 그 결과를 기획재정부장관에게 제출해야 한다. 다만, 무역위원회는 조사기간을 연장할 필요가 있거나 이해관계인이 정당한 사유를 제시하여 조사기간의 연장을 요청하는 때에는 4개월의 범위에서 그 조사기간을 연장할 수 있다. 〈개정 2008. 2. 29., 2020. 12. 29.〉

⑦ 기획재정부장관은 제6항에 따른 조사결과가 제출되면 제3항 전단에 따른 관보게재일부터 12개월 이내에 법 제56조제1항에 따른 조치 여부 및 내용을 결정하여 필요한 조치를 해야 한다. 〈개정 2014. 3. 5., 2020. 12. 29.〉

⑧ 법 제56조제3항 단서에서 "대통령령으로 정하는 사유"란 제1항제2호에 해당하는 경우를 말한다. 〈개정 2024. 2. 29.〉

⑨ 제8항에 따라 재심사기간 중 덤핑방지관세가 계속 부과된 물품에 대하여 법 제56조제1항에 따라 기획재정부장관이 새로운 덤핑방지관세의 부과 또는 가격수정·수출중지 등의 약속을 시행하는 때에는 제67조제1항 및 제3항의 예에 따라 정산할 수 있다. 〈신설 2008. 2. 22., 2008. 2. 29., 2020. 12. 29.〉

⑩기획재정부장관은 제1항 또는 제4항에 따른 재심사 결과 약속의 실효성이 상실되거나 상실될 우려가 있다고 판단되는 때에는 해당 약속을 이행하고 있는 수출자에게 약속의 수정을 요구할 수 있으며, 해당 수출자가 약속의 수정을 거부하는 때에는 이용가능한 정보를 바탕으로 덤핑방지관세율을 산정하여 덤핑방지관세를 부과할 수 있다. 〈개정 2008. 2. 22., 2008. 2. 29., 2020. 12. 29., 2024. 2. 29.〉

⑪ 법 제56조제2항에서 "덤핑방지조치 물품의 수입 및 징수실적 등 대통령령으로 정하는 사항"이란 다음 각 호의 사항을 말한다. 〈개정 2022. 2. 15.〉

1. 덤핑방지조치 물품의 수입 및 징수실적
2. 가격수정·수출중지 등의 약속 준수 여부
3. 그 밖에 기획재정부장관이 덤핑방지관세의 부과와 약속의 재심사를 위하여 조사가 필요하다고 인정하는 사항

⑫ 제1항에 따라 재심사를 요청한 자가 해당 요청을 철회하려는 경우에는 서면으로 그 뜻을 기획재정부장관에게 제출해야 한다. 이

경우 기획재정부장관은 무역위원회 및 관계 행정기관의 장과 협의하여 제3항 전단에 따른 재심사 개시 여부의 결정을 중지하거나 제5항에 따른 조사를 종결하도록 할 수 있다. 〈신설 2013. 2. 15., 2020. 12. 29.〉

⑬ 제5항에 따른 조사를 위한 자료협조 요청에 관하여는 제64조를 준용하고, 법 제56조제1항의 재심사 결과에 따른 기획재정부장관의 조치 중 덤핑방지관세의 부과에 관하여는 제65조를, 가격수정·수출중지 등의 약속에 관하여는 제68조제1항 전단, 제2항, 제3항, 제5항 및 제6항을 준용한다. 이 경우 제68조제1항 전단 중 "제61조제5항의 규정에 의한 본조사의 결과에 따른 최종판정"은 "제70조제5항에 따른 조사의 종결"로, "무역위원회"는 "기획재정부장관"으로 본다. 〈개정 2010. 3. 26., 2013. 2. 15., 2020. 12. 29.〉

제71조(이해관계인에 대한 통지·공고 등) ①기획재정부장관은 다음 각 호의 어느 하나에 해당하는 때에는 그 내용을 관보에 게재하고, 이해관계인에게 서면으로 통지해야 한다. 〈개정 2008. 2. 29., 2010. 3. 26., 2020. 12. 29., 2024. 2. 29.〉

1. 법 제51조 및 법 제53조제1항의 규정에 의한 조치를 결정하거나 당해 조치를 하지 아니하기로 결정한 때

2. 법 제54조제1항의 규정에 의한 약속을 수락하여 조사를 중지 또는 종결하거나 조사를 계속하는 때

3. 법 제56조제1항의 규정에 의한 재심사 결과 덤핑방지조치의 내용을 변경한 때

4. 법 제56조제3항 단서 및 이 영 제70조제8항에 따라 덤핑방지조치의 효력이 연장되는 때

②기획재정부장관 또는 무역위원회는 다음 각 호의 어느 하나에 해당되는 때에는 그 내용을 이해관계인에게 통지해야 한다. 〈개정 2008. 2. 29., 2013. 2. 15., 2014. 3. 5., 2020. 12. 29.〉

1. 제60조제2항의 규정에 의하여 조사신청이 기각되거나 제61조제4항의 규정에 의하여 조사가 종결된 때

2. 제61조제2항의 규정에 의한 예비조사의 결과에 따라 예비판정을 한 때

3. 제61조제5항의 규정에 의한 본조사의 결과에 따라 최종판정을 한 때

4. 제61조제6항 및 제8항, 제70조제6항 단서에 따라 조사기간을 연장한 때

5. 제61조제7항 단서에 따라 기간을 연장한 때

6. 제62조 및 제70조제12항에 따라 덤핑방지관세의 부과 요청 또는 재심사 요청이 철회되어 조사의 개시 여부 또는 재심사의 개시 여부에 관한 결정이 중지되거나 조사가 종결된 때

7. 제66조제2항 또는 제3항의 규정에 의하여 잠정조치의 적용기간을 연장한 때

8. 제68조제3항의 규정에 의하여 기획재정부장관이 약속을 제의한 때

9. 제70조제6항에 따른 재심사 조사의 결과에 따라 최종판정을 한 때

③기획재정부장관 또는 무역위원회는 조사과정에서 제61조의 규정에 의한 조사와 관련된 이해관계인의 서면요청이 있는 때에는 조사의 진행상황을 통지하여야 한다. 〈개정 2008. 2. 29.〉

④ 무역위원회는 제61조제5항에 따른 본조사의 결과 및 제70조제6항에 따른 재심사조사의 결과에 따라 최종판정을 하기 전에 해당 판정의 근거가 되는 핵심적 고려사항을 관련된 이해관계인에게 통지해야 한다. 〈신설 2020. 12. 29.〉

제71조의2(우회덤핑의 행위 유형) ① 법 제56조의2제1항 각 호 외의 부분에서 "제51조에 따라 덤핑방지관세가 부과되는 물품의 물리적 특성이나 형태 등을 경미하게 변경하는 행위 등 대통령령으로 정하는 행위"란 법 제51조에 따라 덤핑방지관세가 부과되는 물품(이하 "덤핑방지관세물품"이라 한다)에 대해 해당 물품의 공급국 안에서 그 물품의 본질적 특성을 변경하지 않는 범위에서 물리적 특성이나 형태, 포장방법 또는 용도 등을 변경하는 행위(그 행위로 법 제84조제3호에 따른 관세·통계통합품목분류표상 품목번호가 변경되는 경우를 포함하며, 이하 "경미한 변경행위"라 한다)를 말한다.

② 덤핑방지관세물품과 변경된 물품의 생산설비 등 경미한 변경행위 여부를 판단할 때 고려해야 하는 사항은 기획재정부령으로 정한다.

[본조신설 2024. 2. 29.]

제71조의3(우회덤핑 직권조사 사유) 법 제56조의2제1항제2호에서

"대통령령으로 정하는 경우"란 무역위원회가 덤핑방지관세물품에 대한 경미한 변경행위를 통해 해당 덤핑방지관세의 부과를 회피(이하 "우회덤핑"이라 한다)하려는 사실에 관한 충분한 증거를 확보하는 등 직권으로 조사를 개시할 수 있는 특별한 상황이 인정되는 경우를 말한다.

[본조신설 2024. 2. 29.]

제71조의4(우회덤핑 조사의 신청) ① 법 제56조의2제1항제1호에 따른 우회덤핑 해당 여부에 대한 조사를 신청하려는 자는 무역위원회에 다음 각 호의 자료를 제출해야 한다.

1. 다음 각 목의 사항을 적은 신청서 3부

가. 덤핑방지관세물품에 대한 덤핑방지관세 부과 내용

나. 덤핑방지관세물품과 관련된 무역위원회의 의결서 공개본 내용

다. 신청인이 덤핑방지관세물품의 덤핑방지관세 부과요청을 한 자인지 여부

라. 우회덤핑 조사대상물품의 사진 · 도면 · 사양 · 표준 등 시각적 요소를 제공하는 자료 및 품명 · 규격 · 특성 · 용도 · 생산자 · 생산량

마. 우회덤핑 조사대상물품의 공급국 · 공급자 · 수출실적 및 수출가능성과 우리나라의 수입자 · 수입실적 및 수입가능성

바. 우회덤핑 조사대상물품과 같은 종류의 국내 물품의 품명 · 규격 · 특성 · 용도 · 생산자 · 생산량

사. 신청서의 기재사항 및 첨부자료를 비밀로 취급할 필요가 있는 경우에는 그 사유

아. 그 밖에 무역위원회가 우회덤핑의 조사에 필요하다고 인정하는 사항

2. 우회덤핑 조사대상물품이 수입된 사실과 해당 물품이 우회덤핑에 해당함을 충분히 증명할 수 있는 자료 3부

3. 신청인이 우회덤핑이라고 판단한 이유를 적은 사유서 3부

② 무역위원회는 제1항에 따른 신청을 받은 경우에는 그 사실을 기획재정부장관 및 관계 행정기관의 장과 해당 물품의 공급국 정부에 통보해야 한다. 이 경우 제1항 각 호에 따른 자료는 제71조의5제1항에 따른 조사개시 결정을 한 후에 통보해야 한다.

[본조신설 2024. 2. 29.]

제71조의5(우회덤핑 조사의 개시) ① 무역위원회는 제71조의4제1항

에 따른 신청을 받은 경우 신청인이 제출한 자료의 정확성 및 적정성을 검토하여 우회덤핑 조사의 개시 여부를 결정한 후 신청일부터 30일 이내에 그 결과와 다음 각 호의 사항을 기획재정부장관에게 통보해야 한다. 다만, 무역위원회가 필요하다고 인정하는 경우에는 15일의 범위에서 그 기간을 연장할 수 있다.

1. 우회덤핑 조사대상물품
2. 우회덤핑 조사대상기간
3. 우회덤핑 조사대상 공급자

② 무역위원회는 제1항에 따라 우회덤핑 조사의 개시 여부를 결정할 때 그 신청인이 다음 각 호의 어느 하나에 해당하는 경우에는 그 조사 신청을 기각해야 한다.

1. 신청인이 법 제56조의2제1항제1호에 따른 우회덤핑 해당 여부에 대한 조사를 신청할 수 있는 자가 아닌 경우
2. 우회덤핑 사실에 관한 충분한 증명자료를 제출하지 않은 경우

③ 무역위원회는 우회덤핑 조사의 개시를 결정한 경우에는 결정일부터 10일 이내에 조사개시의 결정에 관한 사항을 조사신청인, 해당 물품의 공급국 정부 및 공급자와 그 밖의 이해관계인에게 통보하고, 관보에 게재해야 한다. 이 경우 해당 물품의 공급자에게는 제71조의4제1항 각 호의 자료를 함께 제공해야 한다.

④ 무역위원회는 우회덤핑 조사대상물품의 품목분류 등에 대해서는 관세청장과 협의하여 선정할 수 있다.

[본조신설 2024. 2. 29.]

제71조의6(우회덤핑 직권조사의 개시) ① 무역위원회는 법 제56조의2제1항제2호 및 이 영 제71조의3에 따라 우회덤핑에 대한 직권조사(이하 이 조에서 "직권조사"라 한다)의 개시 여부를 결정하기 위해 필요하면 관세청장에게 우회덤핑 여브에 관한 검토를 요청할 수 있다.

② 관세청장은 제1항에 따른 검토 요청이 없는 경우에도 우회덤핑 우려가 있다고 판단되는 경우에는 해당 수입물품에 대해 우회덤핑 여부를 검토하고 그 결과를 무역위원회에 통지할 수 있다.

③ 무역위원회는 직권조사를 개시하기로 결정한 경우에는 즉시 그 결정 내용과 제71조의5제1항 각 호의 사항을 기획재정부장관에게 통보해야 한다.

④ 무역위원회는 직권조사의 개시를 결정한 경우에는 결정일부터 10일 이내에 조사개시의 결정에 관한 사항을 해당 물품의 공급국 정부 및 공급자와 그 밖의 이해관계인에게 통보하고, 관보에 게재해야 한다.

⑤ 무역위원회는 직권조사 대상 물품의 품목분류 등에 대해서는 관세청장과 협의하여 선정할 수 있다.

[본조신설 2024. 2. 29.]

제71조의7(우회덤핑의 조사 절차 등) ① 법 제56조의2에 따른 우회덤핑의 사실에 관한 조사는 무역위원회가 담당한다. 이 경우 무역위원회는 필요하다고 인정되면 관계 행정기관의 공무원 또는 관계 전문가를 조사활동에 참여하게 할 수 있다.

② 무역위원회는 제71조의5제3항 전단 및 제71조의6제4항에 따른 관보게재일부터 6개월 이내에 우회덤핑 여부에 관한 조사를 하여 그 결과를 기획재정부장관에게 제출해야 한다.

③ 무역위원회는 제2항에 따른 조사기간을 연장할 필요가 있거나 이해관계인이 정당한 사유를 제시하여 조사기간의 연장을 요청하는 경우에는 1개월의 범위에서 그 조사기간을 연장할 수 있다.

④ 무역위원회는 제2항에 따라 조사결과를 제출할 때 필요하다고 인정되면 기획재정부장관에게 우회덤핑 사실이 확인된 물품에 대해 법 제56조의2에 따른 덤핑방지관세의 부과를 건의할 수 있다.

⑤ 기획재정부장관은 제2항에 따라 조사결과를 받은 경우에는 제71조의5제3항 전단 및 제71조의6제4항에 따른 관보게재일부터 8개월 이내에 덤핑방지관세의 부과 여부 및 내용을 결정하여 법 제56조의2에 따른 덤핑방지관세를 부과해야 한다. 다만, 특별한 사유가 있다고 인정되는 경우에는 관보게재일부터 9개월 이내에 덤핑방지관세를 부과할 수 있다.

⑥ 제1항부터 제5항까지에서 규정한 사항 외에 우회덤핑 조사 및 판정 절차와 우회덤핑 물품에 대한 덤핑방지관세의 부과에 필요한 사항은 무역위원회가 기획재정부장관과 협의하여 고시한다.

[본조신설 2024. 2. 29.]

제71조의8(우회덤핑 조사 신청의 철회 및 종결) ① 제71조의4제1항에 따라 우회덤핑 해당 여부의 조사를 신청한 자는 그 신청을 철회하려는 경우에는 제71조의7제2항에 따라 무역위원회가 조사결과를

제출하기 전까지 그 뜻을 적은 서면을 무역위원회에 제출해야 한다. 이 경우 무역위원회는 기획재정부장관 및 관계 행정기관의 장과 협의하여 제71조의5제1항에 따른 조사개시 여부의 결정을 중지하거나 제71조의7제2항에 따른 조사를 종결할 수 있다.

② 무역위원회는 제71조의6에 따라 개시된 조사를 더 이상 진행할 필요가 없는 경우에는 기획재정부장관 및 관계 행정기관의 장과 협의하여 그 조사를 종결할 수 있다.

[본조신설 2024. 2. 29.]

제71조의9(우회덤핑과 관련한 이해관계인에 대한 자료협조요청 등) ① 우회덤핑과 관련한 이해관계인에 대한 자료협조요청에 관하여는 제64조를 준용한다. 이 경우 제64조제1항 본문 중 "법 제52조의 규정에 의한 조사"는 "법 제56조의2에 따른 우회덤핑 조사"로 보고, 같은 항 단서 중 "덤핑사실여부"는 "우회덤핑 여부"로 보며, 같은 조 제2항 중 "제59조제6항"은 "제71조의4제1항"으로 보고, 같은 조 제5항 중 "법 제52조의 조사"는 "법 제56조의2에 따른 우회덤핑 조사"로 보며, 같은 조 제7항 전단 중 "제59조제6항"은 "제71조의4제1항"으로, "제1항, 제8항 후단 및 제68조에 따라 제출 또는 통보된 자료"는 "제1항 및 제8항 후단에 따라 제출된 자료"로 보고, 같은 조 제8항 전단 중 "공청회 등을 통해 의견"은 "의견"으로 보며, 같은 항 후단 중 "공청회 등이"는 "진술 또는 협의가"로 본다.

② 관세청장은 제71조의6제1항 및 제2항에 따른 우회덤핑 여부 검토를 위해 필요하다고 인정되면 관계 행정기관, 국내생산자, 수입자 및 국내 이해관계인에게 관계 자료의 제출 등 필요한 협조를 요청할 수 있다.

③ 관세청장은 제2항에 따라 제출된 자료 중 성질상 비밀로 취급하는 것이 타당하다고 인정되거나 자료제출자가 정당한 사유를 제시하여 비밀로 취급해 줄 것을 요청한 자료에 대해서는 해당 자료를 제출한 자의 명시적인 동의 없이 이를 공개해서는 안 된다.

④ 관세청장은 제2항에 따라 취득한 자료, 정보 및 인지한 사실을 다른 목적으로 사용할 수 없다.

[본조신설 2024. 2. 29.]

제71조의10(우회덤핑에 대한 덤핑방지관세의 부과) ① 법 제56조의2에 따른 우회덤핑 물품에 대한 덤핑방지관세의 부과는 법 제51조

및 이 영 제65조에 따라 해당 덤핑방지관세물품에 적용되는 공급자 또는 공급국별 덤핑방지관세율이나 기준수입가격에 따른다. 다만, 정당한 사유 없이 제71조의9제1항에 따라 준용되는 제64조제1항에 따른 자료제출 요청에 응하지 않거나 같은 조 제4항에 따라 자료의 공개를 거부하는 경우 또는 그 밖의 사유로 조사 또는 자료의 검증이 곤란한 공급자에 대해서는 덤핑방지관세물품에 부과되는 덤핑방지관세율 또는 기준수입가격을 초과하지 않는 범위에서 별도로 정하여 부과할 수 있다.

② 법 제56조의2제3항에 따른 우회덤핑에 대한 조사의 개시일은 제71조의5제3항 전단 및 제71조의6제4항에 따른 관보게재일로 한다.

[본조신설 2024. 2. 29.]

제71조의11(우회덤핑과 관련한 이해관계인에 대한 통지·공고 등) ① 기획재정부장관은 법 제56조의2에 따른 덤핑방지관세를 부과하거나 부과하지 않기로 결정한 경우에는 그 내용을 관보에 게재하고 이해관계인에게 통지해야 한다.

② 기획재정부장관 또는 무역위원회는 다음 각 호의 구분에 따른 경우에는 그 내용을 이해관계인에게 통지해야 한다.

1. 기획재정부장관: 제71조의7제5항 단서에 따라 덤핑방지관세의 부과 기한을 연장한 경우

2. 무역위원회: 다음 각 목의 어느 하나에 해당하는 경우

가. 제71조의5제2항에 따라 조사신청이 기각된 경우

나. 제71조의7제2항에 따른 우회덤핑 조사의 결과에 따라 최종판정을 한 경우

다. 제71조의7제3항에 따라 조사기간을 연장한 경우

라. 제71조의8제1항에 따른 조사 신청의 철회로 조사개시 여부의 결정을 중지하거나 조사를 종결한 경우 또는 같은 조 제2항에 따라 조사를 종결한 경우

③ 기획재정부장관 또는 무역위원회는 조사과정에서 제71조의7에 따른 조사와 관련된 이해관계인의 서면요청이 있는 경우에는 조사의 진행상황을 통지해야 한다.

④ 무역위원회는 제71조의7제2항에 따른 우회덤핑 조사의 결과에 따라 최종판정을 하기 전에 해당 판정의 근거가 되는 핵심적 고려

사항을 이해관계인에게 통지해야 한다.

[본조신설 2024. 2. 29.]

제72조(보조금등) ①법 제57조의 규정에 의한 보조금등(이하 "보조금등"이라 한다)은 정부 · 공공기관 등의 재정지원 등에 의한 혜택중 특정성이 있는 것을 말한다. 다만, 기획재정부령이 정하는 보조금 또는 장려금은 제외한다. 〈개정 2008. 2. 29.〉

②제1항에서 "특정성"이라 함은 보조금등이 특정기업이나 산업 또는 특정기업군이나 산업군에 지급되는 경우를 말하며, 구체적인 판별기준은 기획재정부령으로 정한다. 〈개정 2008. 2. 29.〉

③보조금등의 금액은 수혜자가 실제로 받는 혜택을 기준으로 하여 기획재정부령이 정하는 바에 따라 계산한다. 〈개정 2008. 2. 29.〉

제73조(상계관세의 부과요청) ①법 제57조의 규정에 의한 실질적 피해등을 받은 국내산업에 이해관계가 있는 자 또는 당해 산업을 관장하는 주무부장관은 기획재정부령이 정하는 바에 따라 기획재정부장관에게 상계관세의 부과를 요청할 수 있으며, 이 요청은 무역위원회에 대한 상계관세의 부과에 필요한 조사신청으로 갈음한다. 〈개정 2008. 2. 29.〉

② 주무부장관은 제1항에 따라 기획재정부장관에게 상계관세 부과를 요청하기 전에 관세청장에게 해당 보조금등을 받은 물품의 수입사실에 관한 검토를 요청할 수 있다. 〈신설 2020. 12. 29.〉

③ 관세청장은 제2항에 따른 보조금등을 받은 물품의 수입사실에 관한 검토 요청이 없는 경우에도 보조금등을 받은 물품의 수입 우려가 있다고 판단되는 경우에는 해당 보조금등을 받은 물품의 수입 사실 여부에 대하여 검토하고 그 결과를 주무부장관에게 통지할 수 있다. 〈신설 2020. 12. 29.〉

④법 제57조를 적용함에 있어서의 국내산업은 보조금등을 받은 물품과 동종물품의 국내생산사업(당해 수입물품의 수출국정부 또는 수출자 또는 수입자와 제23조제1항의 규정에 의한 특수관계에 있는 생산자에 의한 생산사업과 당해 수입물품의 수입자인 생산자로서 기획재정부령이 정하는 자에 의한 생산사업을 제외할 수 있다. 이하 이 항에서 같다)의 전부 또는 국내총생산량의 상당부분을 점하는 국내생산사업으로 한다. 〈개정 2008. 2. 29., 2020. 12. 29.〉

⑤제1항에서 "국내산업에 이해관계가 있는 자"라 함은 실질적 피

해등을 받은 국내산업에 속하는 국내생산자와 이들을 구성원으로 하거나 이익을 대변하는 법인·단체 및 개인으로서 기획재정부령이 정하는 자를 말한다. 〈개정 2008. 2. 29., 2020. 12. 29.〉

⑥ 제1항에 따라 조사를 신청하려는 자는 다음 각 호의 자료를 무역위원회에 제출해야 한다. 〈개정 2020. 12. 29.〉

1. 다음 각 목의 사항을 기재한 신청서 3부

가. 해당 물품의 품명·규격·특성·용도·생산자 및 생산량

나. 해당 물품의 수출국·수출자·수출실적 및 수출가능성과 우리나라의 수입자·수입실적 및 수입가능성

다. 해당 물품의 수출국에서의 공장도가격 및 시장가격과 우리나라로의 수출가격 및 제3국에의 수출가격

라. 국내의 동종물품의 품명·규격·특성·용도·생산자·생산량·공장도가격·시장가격 및 원가계산

마. 해당 물품의 수입으로 인한 관련 국내산업의 실질적 피해등

바. 수출국에서 해당 물품의 제조·생산 또는 수출에 관하여 지급한 보조금등의 내용과 이로 인한 해당 물품의 수출가격 인하효과

사. 국내의 동종물품 생산자들의 해당 조사신청에 대한 지지 정도

아. 신청서의 기재사항 및 첨부자료를 비밀로 취급할 필요가 있는 때에는 그 사유

자. 그 밖에 기획재정부장관이 필요하다고 인정하는 사항

2. 보조금등을 받은 물품의 수입사실과 해당 물품의 수입으로 인한 실질적 피해등의 사실에 관한 충분한 증빙자료 3부

⑦ 무역위원회는 제6항에 따라 조사신청을 받은 사실을 기획재정부장관 및 관계 행정기관의 장과 해당 물품의 수출국 정부에 통보해야 한다. 이 경우 제6항 각 호의 자료는 제74조제1항에 따른 조사개시결정을 한 후에 통보해야 한다. 〈신설 2020. 12. 29.〉

제74조(보조금등을 받은 물품의 수입 및 실질적 피해등의 조사개시) ①무역위원회는 제73조제1항의 후단의 규정에 의한 조사신청을 받은 경우 보조금등을 받은 물품의 수입사실과 실질적 피해등의 사실에 관한 조사의 개시여부를 결정하여 조사신청을 받은 날부터 2월 이내에 그 결과와 다음 각호의 사항을 기획재정부장관에게 통보하여야 한다. 〈개정 2008. 2. 29.〉

1. 조사대상물품(조사대상물품이 많은 경우에는 기획재정부령이 정하는 바에 따라 선정된 조사대상물품)

2. 조사대상기간

3. 조사대상 수출국정부 또는 수출자(조사대상 수출국정부 또는 수출자가 많은 경우에는 기획재정부령이 정하는 바에 따라 선정된 조사대상 수출국정부 또는 수출자)

②무역위원회는 제1항의 규정에 의하여 조사의 개시여부를 결정함에 있어서 조사신청이 다음 각호의 1에 해당하는 경우에는 당해 조사신청을 기각할 수 있다. 〈개정 2008. 2. 29.〉

1. 신청서를 제출한 자가 제73조제1항의 규정에 의하여 부과요청을 할 수 있는 자가 아닌 경우

2. 보조금등을 받은 물품의 수입사실과 실질적 피해등의 사실에 관한 충분한 증빙자료를 제출하지 아니한 경우

3. 보조금등의 금액 또는 보조금등을 받은 물품의 수입량이 기획재정부령이 정하는 기준에 미달되거나 실질적 피해등이 경미하다고 인정되는 경우

4. 당해 조사신청에 찬성의사를 표시한 국내생산자들의 생산량합계가 기획재정부령이 정하는 기준에 미달된다고 인정되는 경우

5. 조사개시전에 국내산업에 미치는 나쁜 영향을 제거하기 위한 조치가 취하여지는 등 조사개시가 필요 없게 된 경우

③무역위원회는 제1항에 따른 조사개시결정을 한 때에는 그 결정일부터 10일 이내에 조사개시의 결정에 관한 사항을 조사신청자, 해당 물품의 수출국 정부 및 수출자, 그 밖의 이해관계인에게 통지하고, 관보에 게재해야 한다. 이 경우 해당 물품의 수출국 정부 및 수출자에게는 제73조제6항 각 호의 자료를 함께 제공해야 한다. 〈개정 2020. 12. 29.〉

④ 무역위원회는 제1항제1호에 따른 조사대상물품의 품목분류 등에 대해서는 관세청장과 협의하여 선정할 수 있다. 〈신설 2020. 12. 29.〉

제75조(보조금등을 받은 물품의 수입 및 실질적 피해등의 조사) ① 법 제57조의 규정에 의한 보조금등을 받은 물품의 수입사실 및 실질적 피해등의 사실에 관한 조사는 무역위원회가 담당한다. 이 경우 무역위원회는 필요하다고 인정하는 때에는 관계행정기관의 공무원

또는 관계전문가로 하여금 조사활동에 참여하도록 할 수 있다.

②무역위원회는 제74조제3항 전단에 따라 상계관세의 부과에 관한 사항과 조사개시의 결정에 관한 사항이 관보에 게재된 날부터 3개월 이내에 보조금등을 받은 물품의 수입사실 및 그로 인한 실질적 피해등의 사실이 있다고 추정되는 충분한 증거가 있는지에 관한 예비조사를 하여 그 결과를 기획재정부장관에게 제출해야 한다. 〈개정 2008. 2. 29., 2020. 12. 29.〉

③기획재정부장관은 제2항의 규정에 의한 예비조사결과가 제출된 날부터 1월 이내에 법 제59조제1항의 규정에 의한 조치의 필요여부 및 내용에 관한 사항을 결정하여야 한다. 다만, 필요하다고 인정되는 경우에는 20일의 범위내에서 그 결정기간을 연장할 수 있다. 〈개정 2008. 2. 29.〉

④무역위원회는 제2항의 예비조사에 따른 보조금등의 금액 또는 보조금등을 받은 물품의 수입량이 기획재정부령으로 정하는 기준에 미달하거나 실질적 피해등이 경미한 것으로 인정되는 때에는 제5항에 따른 본조사를 종결해야 한다. 이 경우 무역위원회는 본조사 종결에 관한 사항을 기획재정부장관에게 통보해야 하며, 기획재정부장관은 이를 관보에 게재해야 한다. 〈개정 2008. 2. 29., 2020. 12. 29., 2024. 2. 29.〉

⑤무역위원회는 기획재정부령이 정하는 특별한 사유가 없는 한 제2항의 규정에 의한 예비조사결과를 제출한 날의 다음날부터 본조사를 개시하여야 하며, 본조사개시일부터 3월 이내에 본조사결과를 기획재정부장관에게 제출하여야 한다. 〈개정 2008. 2. 29.〉

⑥무역위원회는 제2항 및 제5항의 규정에 의한 조사와 관련하여 조사기간을 연장할 필요가 있거나 이해관계인이 정당한 사유를 제시하여 조사기간의 연장을 요청하는 때에는 2월의 범위내에서 그 조사기간을 연장할 수 있다.

⑦ 기획재정부장관은 제5항에 따른 본조사 결과가 접수되면 제74조제3항 전단에 따른 관보게재일부터 12개월 이내에 상계관세의 부과여부 및 내용을 결정하여 법 제57조에 따른 상계관세의 부과조치를 해야 한다. 다만, 특별한 사유가 있다고 인정되는 경우에는 관보게재일부터 18개월 이내에 상계관세의 부과조치를 할 수 있다. 〈개정 2020. 12. 29.〉

⑧ 제6항에도 불구하고 기획재정부장관은 제7항 단서에 따라 18개월 이내에 상계관세의 부과조치를 할 특별한 사유가 있다고 인정하는 경우 무역위원회와 협의하여 제6항에 따른 본조사 기간을 2개월의 범위에서 추가로 연장하게 할 수 있다 〈개정 2020. 12. 29., 2024. 2. 29.〉

⑨무역위원회는 제2항 및 제5항에 따른 조사결과 제출 시 필요하다고 인정되는 때에는 기획재정부장관에게 다음 각 호의 사항을 건의할 수 있다. 〈개정 2008. 2. 29., 2020. 12. 29.〉

1. 법 제57조에 따른 상계관세 부과
2. 법 제59조제1항에 따른 잠정조치
3. 법 제60조제1항에 따른 약속의 제의 또는 수락

⑩ 제1항부터 제9항까지에서 규정한 사항 외에 상계관세부과 신청·조사·판정 절차에 관하여 필요한 사항은 무역위원회가 기획재정부장관과 협의하여 고시한다. 〈신설 2020. 12. 29.〉

제76조(상계관세 부과요청의 철회) ①제73조제1항의 규정에 의하여 조사를 신청한 자가 당해 신청을 철회하고자 하는 때에는 서면으로 그 뜻을 무역위원회에 제출하여야 한다. 이 경우 무역위원회는 제75조제2항의 규정에 의한 예비조사결과를 제출하기 전에 당해 철회서를 접수한 때에는 기획재정부장관 및 관계행정기관의 장과 협의하여 제74조제1항의 규정에 의한 조사개시여부의 결정을 중지하거나 제75조제2항의 규정에 의한 조사를 종결할 수 있으며, 제75조제2항의 예비조사결과를 제출한 후에 당해 철회서를 접수한 때에는 기획재정부장관에게 이를 통보하여야 한다. 〈개정 2008. 2. 29.〉

②기획재정부장관은 제1항의 통보를 받은 때에는 무역위원회 및 관계행정기관의 장과 협의하여 제75조의 규정에 의한 조사를 종결하게 할 수 있으며, 법 제59조제1항의 규정에 의한 잠정조치가 취하여진 경우에는 이를 철회할 수 있다. 〈개정 2008. 2. 29.〉

③기획재정부장관은 제2항 후단의 규정에 의하여 잠정조치를 철회하는 때에는 당해 잠정조치에 의하여 납부된 잠정상계관세를 환급하거나 제공된 담보를 해제하여야 한다. 〈개정 2008. 2. 29.〉

제77조(실질적 피해등의 판정) ①무역위원회는 제75조에 따라 실질적 피해등의 사실을 조사·판정하는 때에는 다음 각 호의 사항을 포함한 실질적 증거에 근거해야 한다. 〈개정 2020. 12. 29.〉

1. 보조금등을 받은 물품의 수입물량(당해 물품의 수입이 절대적으로 또는 국내생산이나 국내소비에 대하여 상대적으로 뚜렷하게 증가되었는지 여부를 포함한다)

2. 보조금등을 받은 물품의 가격(국내의 동종물품의 가격과 비교하여 뚜렷하게 하락되었는지 여부를 포함한다)

3. 보조금등의 금액의 정도(보조금등을 받은 물품의 수입가격이 수출국내 정상가격과 비교하여 뚜렷하게 하락되었는지 여부를 포함한다)

4. 국내산업의 생산량·가동률·재고·판매량·시장점유율·가격(가격하락 또는 인상억제의 효과를 포함한다)·이윤·생산성·투자수익·현금수지·고용·임금·성장·자본조달·투자능력

5. 제1호 및 제2호의 내용이 국내산업에 미치는 실재적 또는 잠재적 영향

②제1항에 따라 실질적 피해등을 조사·판정하는 경우 실질적 피해등을 받을 우려가 있는지에 대한 판정은 제1항 각 호의 사항뿐만 아니라 다음 각 호의 사항을 포함한 사실에 근거를 두어야 하며, 보조금등을 받은 물품으로 인한 피해는 명백히 예견되고 급박한 것이어야 한다. 〈개정 2020. 12. 29.〉

1. 당해 보조금등의 성격 및 이로부터 발생할 수 있는 무역효과

2. 실질적인 수입증가의 가능성을 나타내는 보조금등을 받은 물품의 현저한 증가율

3. 우리나라에 보조금등을 받은 물품의 수출을 증가시킬 수 있는 생산능력의 실질적 증가(다른 나라에의 수출가능성을 고려한 것이어야 한다)

4. 보조금등을 받은 물품의 가격이 동종물품의 가격을 하락 또는 억제시킬 수 있는지의 여부 및 추가적인 수입수요의 증대가능성

5. 보조금등을 받은 물품의 재고 및 동종물품의 재고상태

③무역위원회는 제1항의 규정에 의하여 실질적 피해등의 사실을 조사·판정함에 있어 2 이상의 국가로부터 수입된 물품이 동시에 조사대상물품이 되고 다음 각 호에 모두 해당하는 경우에는 그 수입에 따른 피해를 통산하여 평가할 수 있다. 〈개정 2008. 2. 29., 2024. 2. 29.〉

1. 보조금등의 금액 및 보조금등을 받은 물품의 수입량이 기획재

정부령이 정하는 기준에 해당하는 경우

2. 보조금 등을 받은 물품이 상호 경쟁적이고 국내 동종물품과 경쟁적인 경우

④무역위원회는 보조금등을 받은 물품의 수입외의 다른 요인으로서 국내산업에 피해를 미치는 요인들을 조사하여야 하며, 이러한 요인들에 의한 산업피해 등을 보조금등을 받은 물품의 수입에 의한 것으로 간주하여서는 아니된다.

[제목개정 2020. 12. 29.]

제78조(이해관계인에 대한 자료협조요청) ①기획재정부장관 또는 무역위원회는 법 제58조의 규정에 의한 조사 및 상계관세의 부과여부 등을 결정하기 위하여 필요하다고 인정하는 경우에는 관계행정기관 · 국내생산자 · 수출국정부 또는 수출자 · 수입자 및 이해관계인에게 관계자료의 제출 등 필요한 협조를 요청할 수 있다. 다만, 수출국정부 또는 수출자에게 보조금등의 지급여부를 조사하기 위한 질의를 하는 경우에는 회신을 위하여 수출국정부 또는 수출자에게 40일 이상의 회신기간을 주어야 한다. 수출국정부 또는 수출자가 사유를 제시하여 동 기한의 연장을 요청할 경우 이에 대하여 적절히 고려하여야 한다. 〈개정 2008. 2. 29.〉

②기획재정부장관 또는 무역위원회는 제1항, 제8항 후단 및 제73조제6항에 따라 제출된 자료 중 성질상 비밀로 취급하는 것이 타당하다고 인정되거나 조사신청자나 이해관계인이 정당한 사유를 제시하여 비밀로 취급해 줄 것을 요청한 자료에 대해서는 해당 자료를 제출한 자의 명시적인 동의 없이 이를 공개해서는 안 된다. 〈개정 2008. 2. 29., 2020. 12. 29.〉

③기획재정부장관 또는 무역위원회는 제2항의 규정에 의하여 비밀로 취급하여 줄 것을 요청한 자료를 제출한 자에게 당해 자료의 비밀이 아닌 요약서의 제출을 요구할 수 있다. 이 경우 당해 자료를 제출한 자가 그 요약서를 제출할 수 없는 때에는 그 사유를 기재한 서류를 제출하여야 한다. 〈개정 2008. 2. 29.〉

④기획재정부장관 또는 무역위원회는 제2항의 규정에 의한 비밀취급요청이 정당하지 아니하다고 인정됨에도 불구하고 자료의 제출자가 정당한 사유없이 자료의 공개를 거부하는 때 또는 제3항의 규정에 의한 비밀이 아닌 요약서의 제출을 거부한 때에는 당해 자료

의 정확성이 충분히 입증되지 아니하는 한 당해 자료를 참고하지 아니할 수 있다. 〈개정 2008. 2. 29.〉

⑤기획재정부장관 또는 무역위원회는 법 제58조의 조사 및 상계관세의 부과여부 등을 결정할 때 이해관계인이 관계자료를 제출하지 아니하거나 무역위원회의 조사를 거부·방해하는 경우 및 기타 사유로 조사 또는 자료의 검증이 곤란한 경우에는 이용 가능한 자료 등을 사용하여 상계관세조치를 할 것인지 여부를 결정할 수 있다. 〈개정 2008. 2. 29.〉

⑥기획재정부장관 및 무역위원회는 상계관세의 부과절차와 관련하여 이해관계인으로부터 취득한 정보·자료 및 인지한 사실을 다른 목적으로 사용할 수 없다. 〈개정 2008. 2. 29.〉

⑦기획재정부장관 및 무역위원회는 이해관계인이 제73조제6항에 따라 제출한 관계증빙자료와 제1항, 제8항 후단 및 제81조에 따라 제출 또는 통보된 자료 중 비밀로 취급되는 것 외의 자료 제공을 요청하는 경우에는 특별한 사유가 없는 한 이에 따라야 한다. 이 경우 이해관계인의 자료제공요청은 그 사유 및 자료목록을 기재한 서면으로 해야 한다. 〈개정 2008. 2. 29., 2020. 12. 29.〉

⑧기획재정부장관 또는 무역위원회는 필요하다고 인정하거나 이해관계인의 요청이 있는 때에는 이해관계인에게 공청회 등을 통해 의견을 진술할 기회를 주거나 상반된 이해관계인과 협의할 수 있는 기회를 줄 수 있다. 이 경우 이해관계인이 구두로 진술하거나 협의한 내용은 공청회 등이 있은 후 7일 이내에 서면으로 제출된 경우에만 해당 자료를 참고할 수 있다. 〈개정 2008. 2. 29., 2020. 12. 29.〉

제79조(상계관세의 부과) ①법 제57조의 규정에 의한 상계관세는 제74조제1항제2호에 따른 조사대상기간(이하 이 조에서 "조사대상기간"이라 한다)에 수출을 한 수출자 중 다음 각 호의 자에 대해서는 수출자 또는 수출국별로 상계관세율을 정하여 부과할 수 있다. 다만, 정당한 사유없이 제78조의 규정에 의한 자료를 제출하지 아니하거나 당해 자료의 공개를 거부하는 경우 및 기타의 사유로 조사 또는 자료의 검증이 곤란한 수출자에 대하여는 단일 상계관세율을 정하여 부과할 수 있다. 〈개정 2024. 2. 29.〉

1. 제74조제1항제3호에 따른 조사대상 수출자(이하 "조사대상수

출자"라 한다)

2. 조사대상수출자와 제23조제1항에 따른 특수관계가 있는 수출자

② 법 제57조에 따라 수출국을 지정하여 상계관세를 부과하는 경우로서 조사대상기간에 수출을 한 수출자 중 제1항을 적용받지 않는 자 및 조사대상기간 후에 수출하는 해당 수출국의 신규 수출자(이하 이 조에서 "신규수출자"라 한다)에 대해서는 다음 각 호에 따라 상계관세를 부과한다. 〈개정 2024. 2. 29.〉

1. 조사대상수출자에게 적용되는 상계관세율을 기획재정부령으로 정하는 바에 따라 가중평균한 상계관세율을 적용하여 부과할 것

2. 제1호에도 불구하고 제78조에 따라 자료를 제출한 자에 대해서는 조사를 통해 수출자 또는 수출국별로 상계관세율을 정하여 부과할 것. 이 경우 해당 자료를 제출한 신규수출자에 대해서는 기획재정부령으로 정하는 바에 따라 조사대상수출자와 다른 조사방법 및 조사절차를 적용할 수 있다.

3. 제1호 및 제2호에도 불구하고 조사대상수출자와 제23조제1항에 따른 특수관계가 있는 신규수출자에 대해서는 조사대상수출자에 대한 상계관세율을 적용하여 부과할 것. 다만, 정당한 사유 없이 특수관계 관련 자료를 제출하지 않는 등의 사유로 특수관계 여부에 대한 검증이 곤란한 신규수출자에 대해서는 단일 상계관세율을 정하여 부과할 수 있다.

③ 삭제 〈2024. 2. 29.〉

④ 제2항제2호 전단에 따라 신규수출자에 대한 조사가 개시된 경우 세관장은 그 신규수출자가 수출하는 물품에 대하여 이를 수입하는 자로부터 담보를 제공받고 조사 완료일까지 상계관세의 부과를 유예할 수 있다. 〈신설 2020. 12. 29., 2024. 2. 29.〉

⑤ 제2항제2호 전단에 따라 신규수출자에 대해 정한 상계관세율은 해당 조사의 개시일부터 적용한다. 〈신설 2020. 12. 29., 2024. 2. 29.〉

⑥ 제2항제2호 전단에 따라 조사가 개시된 신규수출자의 가격수정 등의 약속에 관하여는 제81조제1항부터 제3항까지, 제5항 및 제6항을 준용한다. 이 경우 제81조제1항 전단 중 "제75조제5항의 규정에 의한 본조사의 결과에 따른 최종판정"은 "제79조제2항제2호 전단에 따른 조사의 종결"로 본다. 〈신설 2020. 12. 29., 2024. 2.

29.〉

제80조(잠정조치의 적용) ①법 제59조제1항의 규정에 의한 잠정조치는 제75조제2항의 규정에 의한 예비조사결과 보조금등의 지급과 그로 인한 실질적 피해등의 사실이 있다고 추정되는 충분한 증거가 있다고 판정된 경우로서 당해 조사의 개시후 최소한 60일이 경과된 후부터 적용할 수 있다.

②제75조제3항에 따른 잠정조치의 적용기간은 4개월 이내로 해야 한다. 다만, 해당 물품의 무역에서 중요한 비중을 차지하는 수출자가 요청하는 경우에는 그 적용기간을 6개월까지 연장할 수 있다. 〈개정 2020. 12. 29.〉

③ 제2항에도 불구하고 보조금등에 상당하는 금액 이하의 관세부과로도 국내산업 피해를 충분히 제거할 수 있는지를 조사하는 경우 등 기획재정부장관이 필요하다고 인정하는 때에는 국제협약에 따라 잠정조치의 적용기간을 9개월까지 연장할 수 있다. 〈신설 2020. 12. 29.〉

④법 제59조제1항의 규정에 의하여 제공되는 담보는 법 제24조제1항제1호부터 제4호까지 및 제7호에 해당하는 것으로서 잠정상계관세액에 상당하는 금액이어야 한다. 〈개정 2009. 2. 4., 2020. 12. 29.〉

제81조(보조금등의 철폐 또는 삭감, 가격수정 등의 약속) ①상계관세의 부과여부를 결정하기 위한 조사가 개시된 물품의 수출국정부 또는 수출자가 법 제60조제1항의 규정에 의하여 약속을 제의하거나 법 제60조제2항의 규정에 의하여 피해조사를 계속하여 줄 것을 요청하고자 하는 때에는 제75조제5항의 규정에 의한 본조사의 결과에 따른 최종판정을 하기 45일 전에 서면(전자문서를 포함한다)으로 그 뜻을 무역위원회에 제출하여야 한다. 이 경우 무역위원회는 제출된 서류의 원본(전자문서로 제출된 경우에는 그 전자문서를 말한다)을 지체없이 기획재정부장관에게 송부하여야 한다. 〈개정 2008. 2. 29., 2024. 2. 29., 2025. 6. 2.〉

②기획재정부장관은 제1항의 규정에 의하여 제의한 약속이 다음 각 호의 1에 해당하는 것인 때에는 그 약속을 수락할 수 있다. 다만, 그 약속의 이행을 확보하는 것이 곤란하다고 인정되는 경우로서 기획재정부령이 정하는 경우에는 그러하지 아니하다. 〈개정 2008. 2. 29.〉

1. 즉시로 가격을 수정하는 약속인 경우

2. 약속일부터 6월 이내에 보조금등을 철폐 또는 삭감하는 약속인 경우

3. 약속일부터 6월 이내에 보조금등의 국내산업에 대한 피해효과를 제거하기 위한 적절한 조치에 관한 약속인 경우

③기획재정부장관은 필요하다고 인정되는 때에는 법 제60조제1항의 규정에 의한 약속을 수출국정부 또는 수출자를 지정하여 제의할 수 있다. 〈개정 2008. 2. 29.〉

④기획재정부장관은 제75조제2항의 규정에 의한 예비조사결과 보조금등의 지급과 그로 인한 실질적 피해등의 사실이 있다고 추정되는 충분한 증거가 있다고 판정하기 전에는 제2항의 규정에 의한 약속의 수락이나 제3항의 규정에 의한 약속의 제의를 할 수 없다. 〈개정 2008. 2. 29.〉

⑤ 기획재정부장관은 수출국 정부 또는 수출자가 법 제60조제2항에 따라 수락된 약속을 이행하지 않은 경우 이용가능한 최선의 정보에 근거하여 다음 각 호의 구분에 따른 신속한 조치를 취할 수 있다. 이 경우 제2호에 따른 조치의 적용기간에 관하여는 제80조제2항 및 제3항을 준용한다. 〈개정 2020. 12. 29.〉

1. 법 제60조제2항 단서에 따라 조사를 계속하여 상계관세율 등 부과내용을 정한 경우: 상계관세의 부과

2. 제1호 외의 경우: 법 제59조제1항제2호에 따른 잠정조치

⑥기획재정부장관은 법 제60조제2항 단서의 규정에 의하여 조사를 계속한 결과 실질적 피해등의 사실이 없거나 보조금등의 금액이 없는 것으로 확인된 경우에는 당해 약속의 효력은 실효된 것으로 본다. 다만, 실질적 피해등의 사실이 없거나 보조금등의 금액이 없는 원인이 약속으로 인한 것으로 판단되는 때에는 기획재정부장관은 적정한 기간을 정하여 약속을 계속 이행하게 할 수 있으며, 수출국 정부 또는 수출자가 그 약속의 이행을 거부하는 때에는 이용가능한 최선의 정보에 의하여 잠정조치를 실시하는 등 상계관세부과를 위한 신속한 조치를 취할 수 있다. 〈개정 2008. 2. 29.〉

제82조(상계관세의 소급부과) ①법 제61조 단서의 규정에 의하여 잠정조치가 적용된 물품으로서 상계관세가 부과되는 물품은 다음과 같다. 〈개정 2008. 2. 29.〉

1. 실질적 피해등이 있다고 최종판정이 내려진 경우 또는 실질적 피해등의 우려가 있다는 최종판정이 내려졌으나 잠정조치가 없었다면 실질적 피해등이 있다는 최종판정이 내려졌을 것으로 인정되는 경우에는 잠정조치가 적용된 기간동안 수입된 물품

2. 비교적 단기간내에 대량 수입되어 발생되는 실질적 피해등의 재발을 방지하기 위하여 상계관세를 소급하여 부과할 필요가 있는 경우로서 당해 물품이 과거에 보조금등을 받아 수입되어 실질적 피해등을 입힌 사실이 있었던 경우 또는 수입자가 보조금등을 받은 물품의 수입사실과 그로 인한 실질적 피해등의 사실을 알았거나 알 수 있었을 경우에는 잠정조치를 적용한 날부터 90일전 이후에 수입된 물품

3. 법 제60조제1항의 규정에 의한 약속을 위반하여 잠정조치가 적용된 물품의 수입으로 인한 실질적 피해등의 사실이 인정되는 때에는 잠정조치를 적용한 날부터 90일전 이후에 수입된 물품. 이 경우 약속위반일 이전에 수입된 물품을 제외한다.

4. 기타 국제협약에서 정하는 바에 따라 기획재정부장관이 정하는 기간에 수입된 물품

②제73조의 규정에 의한 국내산업에 이해관계가 있는 자는 제75조제5항의 규정에 의한 본조사의 결과에 따라 최종판정의 통지를 받은 날부터 7일 이내에 당해 물품이 제1항 각호의 1에 해당된다는 증거를 제출하여 법 제61조 단서의 규정에 의한 상계관세의 부과를 요청할 수 있다.

제83조(잠정상계관세액 등의 정산) ①제82조제1항의 규정에 해당되는 경우로서 법 제59조제2항의 규정에 의하여 잠정조치가 적용된 기간중에 수입된 물품에 대하여 부과하는 상계관세액이 잠정상계관세액과 같거나 많은 때에는 그 잠정상계관세액을 상계관세액으로 하여 그 차액을 징수하지 아니하며, 적은 때에는 그 차액에 상당하는 잠정상계관세액을 환급하여야 한다.

②법 제59조제1항의 규정에 의하여 담보가 제공된 경우로서 제82조제1항의 규정에 해당되는 경우에는 당해 잠정조치가 적용된 기간중에 소급 부과될 상계관세액이 제공된 담보금액과 같거나 많은 경우에는 그 담보금액을 상계관세액으로 하여 그 차액을 징수하지 않으며, 적은 경우에는 그 차액에 상당하는 담보를 해제해야 한다.

〈개정 2024. 2. 29.〉

③제81조제1항의 규정에 의한 약속이 제75조제5항의 규정에 의한 본조사의 결과에 따라 보조금등의 지급과 그로 인한 실질적 피해등의 사실이 있는 것으로 판정이 내려진 후에 수락된 경우로서 조사된 최종상계관세율을 기초로 산정한 상계관세액이 잠정상계관세액 또는 제공된 담보금액과 같거나 많은 경우에는 그 차액을 징수하지 않으며, 적은 경우에는 그 차액을 환급하거나 차액에 상당하는 담보를 해제해야 한다. 〈개정 2024. 2. 29.〉

제84조(상계관세 및 약속의 재심사) ① 기획재정부장관은 재심사가 필요하다고 인정되거나 이해관계인이나 해당 산업을 관장하는 주무부장관이 다음 각 호의 어느 하나에 해당하는 경우에 명확한 정보 제공과 함께 재심사 요청서를 제출한 때에는 상계관세가 부과되고 있거나 법 제60조에 따른 약속(이하 이 조에서 "약속"이라 한다)이 시행되고 있는 물품에 대하여 법 제62조제1항에 따른 재심사여부를 결정해야 한다. 〈개정 2024. 2. 29.〉

1. 상계관세 또는 약속(이하 "상계조치"라 한다)의 시행 이후 그 조치의 내용변경이 필요하다고 인정할 만한 충분한 상황변동이 발생한 경우

2. 상계조치의 종료로 국내산업이 피해를 입을 우려가 있는 경우

3. 실제 보조금 등의 금액보다 상계관세액이 과다하게 납부된 경우 또는 약속에 따른 가격수정이 과도한 경우

② 제1항에 따른 재심사의 요청은 상계조치의 시행일부터 1년이 경과된 날 이후에 할 수 있으며, 상계조치의 효력이 상실되는 날 6개월 이전에 요청해야 한다. 〈개정 2024. 2. 29.〉

③ 기획재정부장관은 제1항에 따라 재심사를 요청받은 날부터 2개월 이내에 재심사의 필요 여부를 결정해야 하며, 그 결정일부터 10일 이내에 재심사 개시 결정에 관한 사항을 재심사 요청자, 해당 물품의 수출국 정부 및 수출자, 그 밖의 이해관계인에게 통지하고, 관보에 게재해야 한다. 이 경우 해당 물품의 수출국 정부 및 수출자에게는 제1항에 따른 요청서를 함께 제공해야 한다.

④ 기획재정부장관은 제1항에 따라 재심사를 하는 경우 외에 시행 중인 상계조치의 적정성 여부에 관한 재심사를 할 수 있으며, 이를 위해 상계조치의 내용(재심사에 따라 변경된 내용을 포함한다)에

관하여 매년 그 시행일이 속하는 달에 보조금등을 받은 물품의 수입가격에 대한 재검토를 해야 한다. 이 경우 관세청장은 재검토에 필요한 자료를 작성하여 매년 그 시행일이 속하는 달에 기획재정부장관에게 제출해야 한다. 〈개정 2024. 2. 29.〉

⑤ 기획재정부장관은 제1항 또는 제4항에 따라 재심사의 필요 여부를 결정하는 때에는 관계 행정기관의 장 및 무역위원회와 협의할 수 있으며, 재심사가 필요한 것으로 결정된 때에는 무역위원회는 이를 조사해야 한다. 이 경우 무역위원회는 해당 재심사의 사유가 되는 부분에 한정하여 조사할 수 있다.

⑥ 무역위원회는 재심사 개시일부터 6개월 이내에 제5항에 따른 조사를 종결하여 그 결과를 기획재정부장관에게 제출해야 한다. 다만, 무역위원회는 조사기간을 연장할 필요가 있거나 이해관계인이 정당한 사유를 제시하여 조사기간의 연장을 요청하는 때에는 4개월의 범위에서 그 조사기간을 연장할 수 있다.

⑦ 기획재정부장관은 제6항에 따른 조사결과가 제출되면 제3항 전단에 따른 관보게재일부터 12개월 이내에 법 제62조제1항에 따른 조치 여부 및 내용을 결정하여 필요한 조치를 해야 한다.

⑧ 법 제62조제3항 단서에서 "대통령령으로 정하는 사유"란 제1항제2호에 해당하는 경우를 말한다. 〈개정 2024. 2. 29.〉

⑨ 제8항에 따라 재심사기간 중 상계관세가 계속 부과된 물품에 대하여 법 제62조제1항에 따라 기획재정부장관이 새로운 상계관세의 부과 또는 가격수정 등의 약속을 시행하는 때에는 제83조제1항 및 제3항의 예에 따라 정산할 수 있다.

⑩ 기획재정부장관은 제1항 또는 제4항에 따른 재심사결과 약속의 실효성이 상실되거나 상실될 우려가 있다고 판단되는 때에는 해당 약속을 이행하고 있는 수출국정부 또는 수출자에게 약속의 수정을 요구할 수 있으며, 해당 수출국정부 또는 수출자가 약속의 수정을 거부하는 때에는 이용가능한 정보를 바탕으로 상계관세율을 산정하여 상계관세를 부과할 수 있다. 〈개정 2024. 2. 29.〉

⑪ 법 제62조제2항에서 "상계조치 물품의 수입 및 징수실적 등 대통령령으로 정하는 사항"이란 다음 각 호의 사항을 말한다. 〈개정 2022. 2. 15.〉

1. 상계조치 물품의 수입 및 징수실적

2. 가격수정 등의 약속 준수 여부

3. 그 밖에 기획재정부장관이 상계관세의 부과와 약속의 재심사를 위하여 조사가 필요하다고 인정하는 사항

⑫ 제1항에 따라 재심사를 요청한 자가 해당 요청을 철회하려는 경우에는 서면으로 그 뜻을 기획재정부장관에게 제출해야 한다. 이 경우 기획재정부장관은 무역위원회 및 관계 행정기관의 장과 협의하여 제3항 전단에 따른 재심사 개시 여부의 결정을 중지하거나 제5항에 따른 조사를 종결하도록 할 수 있다.

⑬ 제5항에 따른 조사를 위한 자료협조 요청에 관하여는 제78조를 준용하고, 법 제62조제1항의 재심사 결과에 따른 기획재정부장관의 조치 중 상계관세의 부과에 관하여는 제79조를, 가격수정 등의 약속에 관하여는 제81조제1항 전단, 같은 조 제2항, 제3항, 제5항 및 제6항을 준용한다. 이 경우 제81조제1항 전단 중 "제75조제5항의 규정에 의한 본조사의 결과에 따른 최종판정"은 "제84조제6항에 따른 조사의 종결"로, "무역위원회"는 "기획재정부장관"으로 본다.

[전문개정 2020. 12. 29.]

제85조(이해관계인에 대한 통지·공고 등) ①기획재정부장관은 다음 각 호의 어느 하나에 해당되는 때에는 그 내용을 관보에 게재하고, 이해관계인에게 서면으로 통지해야 한다. 〈개정 2008. 2. 29., 2020. 12. 29., 2024. 2. 29.〉

1. 법 제57조 및 법 제59조제1항의 규정에 의한 조치를 결정하거나 당해 조치를 하지 아니하기로 결정한 때

2. 법 제60조제1항의 규정에 의한 약속을 수락하여 조사를 중지 또는 종결하거나 조사를 계속하는 때

3. 법 제62조제1항의 규정에 의한 재심사를 개시하거나 재심사결과 상계조치의 내용을 변경한 때

4. 법 제62조제3항 단서 및 이 영 제84조제8항에 따라 상계조치의 효력이 연장되는 때

②기획재정부장관 또는 무역위원회는 다음 각 호의 어느 하나에 해당되는 때에는 그 내용을 이해관계인에게 통지해야 한다. 〈개정 2008. 2. 29., 2020. 12. 29.〉

1. 제74조제2항의 규정에 의하여 조사신청이 기각되거나 제75조제4항의 규정에 의하여 조사가 종결된 때

2. 제75조제2항의 규정에 의한 예비조사의 결과에 따라 예비판정을 한 때

3. 제75조제5항의 규정에 의한 본조사의 결과에 따라 최종판정을 한 때

4. 제75조제6항 및 제8항, 제84조제6항 단서에 따라 조사기간을 연장한 때

5. 제75조제7항 단서에 따라 기간을 연장한 때

6. 제76조의 규정에 의하여 상계관세의 부과요청이 철회되어 조사의 개시여부에 관한 결정이 중지되거나 조사가 종결된 때

7. 삭제 〈2001. 12. 31.〉

8. 제81조제3항의 규정에 의하여 기획재정부장관이 약속을 제의한 때

9. 제84조제6항에 따른 재심사 조사의 결과에 따라 최종판정을 한 때

③기획재정부장관 또는 무역위원회는 조사과정에서 제75조의 규정에 의한 조사와 관련된 이해관계인의 서면요청이 있는 때에는 조사의 진행상황을 통지하여야 한다. 〈개정 2008. 2. 29.〉

④ 무역위원회는 제75조제5항에 따른 본조사의 결과 및 제84조제6항에 따른 재심사 조사의 결과에 따라 최종판정을 하기 전에 해당 판정의 근거가 되는 핵심적 고려사항을 이해관계인에게 통지해야 한다. 〈신설 2020. 12. 29.〉

제86조(보복관세) ①관계부처의 장 또는 이해관계인이 법 제63조의 규정에 의한 보복관세(이하 "보복관세"라 한다)의 부과를 요청하고자 하는 때에는 당해 물품에 대한 다음 각호의 사항에 관한 자료를 기획재정부장관에게 제출하여야 한다. 〈개정 2008. 2. 29.〉

1. 법 제63조제1항 각호의 1에 해당하는 행위를 한 나라 및 그 행위의 내용

2. 우리나라에서 보복조치를 할 물품

3. 피해상당액의 금액과 그 산출내역 및 관세부과의 내용

②기획재정부장관은 보복관세의 적용에 관하여 필요한 사항을 조사하기 위하여 필요하다고 인정되는 때에는 관계기관 · 수출자 · 수입자 기타 이해관계인에게 관계자료의 제출 기타 필요한 협조를 요청할 수 있다. 〈개정 2008. 2. 29.〉

제87조(긴급관세의 부과) 법 제65조제1항의 규정에 의한 긴급관세(이하 "긴급관세"라 한다)의 부과여부 및 그 내용은 무역위원회의 부과건의가 접수된 날부터 1월 이내에 결정하여야 한다. 다만, 주요 이해당사국과 긴급관세의 부과에 관한 협의 등을 하기 위하여 소요된 기간은 이에 포함되지 아니한다.

제88조(잠정긴급관세의 부과 등) ①법 제66조제1항의 규정에 의한 잠정긴급관세(이하 "잠정긴급관세"라 한다)의 부과여부 및 그 내용은 무역위원회의 부과건의가 접수된 날부터 1월 이내에 법 제65조제2항의 검토사항을 고려하여 결정하여야 한다. 다만, 기획재정부장관은 필요하다고 인정하는 경우에는 20일의 범위내에서 그 결정기간을 연장할 수 있다. 〈개정 2008. 2. 29.〉

②잠정긴급관세가 적용중인 특정수입물품에 긴급관세를 부과하기로 결정한 경우로서 긴급관세액이 잠정긴급관세액과 같거나 많은 경우에는 그 잠정긴급관세액을 긴급관세액으로 하여 그 차액을 징수하지 아니하고, 적은 경우에는 그 차액에 상당하는 잠정긴급관세액을 환급하는 조치를 하여야 한다.

③무역위원회가 국내산업의 피해가 없다고 판정하고 이를 기획재정부장관에게 통보한 때에는 동 피해와 관련하여 납부된 잠정긴급관세액을 환급하는 조치를 하여야 한다. 〈개정 2008. 2. 29.〉

제89조(긴급관세의 재심사) 기획재정부장관은 부과중인 긴급관세에 대하여 무역위원회가 그 내용의 완화·해제 또는 연장 등을 건의하는 때에는 그 건의가 접수된 날부터 1월 이내에 법 제67조의 규정에 의한 재심사를 하여 긴급관세부과의 완화·해제 또는 연장 등의 조치여부를 결정하여야 한다. 다만, 기획재정부장관은 필요하다고 인정되는 때에는 20일의 범위내에서 그 결정기간을 연장할 수 있다. 〈개정 2008. 2. 29.〉

제89조의2(특정국물품긴급관세의 부과 등) ① 삭제 〈2015. 2. 6.〉

② 삭제 〈2015. 2. 6.〉

③제87조 내지 제89조의 규정은 특정국물품긴급관세 또는 법 제67조의2제5항의 규정에 의한 특정국물품잠정긴급관세의 부과에 관하여 이를 준용한다.

[본조신설 2002. 12. 30.]

제90조(농림축산물에 대한 특별긴급관세) ①법 제68조제1항에 따라 특

별긴급관세(이하 "특별긴급관세"라 한다)를 부과할 수 있는 경우는 다음 각 호의 어느 하나에 해당하는 경우로 한다. 다만, 다음 각 호 모두에 해당하는 경우에는 기획재정부령으로 정하는 바에 따라 그중 하나를 선택하여 적용할 수 있다. 〈개정 2008. 2. 29., 2014. 12. 30.〉

1. 당해 연도 수입량이 제2항의 규정에 의한 기준발동물량을 초과하는 경우

2. 원화로 환산한 운임 및 보험료를 포함한 해당 물품의 수입가격(이하 "수입가격"이라 한다)이 1988년부터 1990년까지의 평균수입가격(별표 1에 해당하는 물품의 경우에는 1986년부터 1988년까지의 평균수입가격으로 하며, 이하 "기준가격"이라 한다)의 100분의 10을 초과하여 하락하는 경우

②제1항제1호에서 규정한 기준발동물량은 자료입수가 가능한 최근 3년간의 평균수입량에 다음 각호의 구분에 의한 계수(이하 "기준발동계수"라 한다)를 곱한 것과 자료입수가 가능한 최근 연도의 당해 품목 국내소비량의 그 전년도대비 변화량을 합한 물량(이하 "기준발동물량"이라 한다)으로 한다. 다만, 기준발동물량이 최근 3년간 평균수입량의 100분의 105미만인 경우에는 기준발동물량을 최근 3년간 평균수입량의 100분의 105로 한다.

1. 자료입수가 가능한 최근 3년동안의 당해 물품 국내소비량에 대한 수입량 비율(이하 "시장점유율"이라 한다)이 100분의 10 이하인 때 : 100분의 125

2. 시장점유율이 100분의 10초과 100분의 30이하인 때 : 100분의 110

3. 시장점유율이 100분의 30을 초과하는 때 : 100분의 105

4. 시장점유율을 산정할 수 없는 때 : 100분의 125

③제1항제1호의 규정에 의하여 부과하는 특별긴급관세는 국내외 가격차에 상당한 율인 당해 양허세율에 그 양허세율의 3분의 1까지를 추가한 세율로 부과할 수 있으며 당해 연도 말까지 수입되는 분에 대하여서만 이를 적용한다.

④ 제1항제2호에 따라 특별긴급관세를 부과하는 경우에는 국내외 가격차에 상당한 율인 해당 양허세율에 따른 관세에 다음 표의 금액을 추가하여 부과할 수 있다. 다만, 수입량이 감소하는 경우에는 기획재정부령으로 정하는 바에 따라 다음 표에 따른 특별긴급관세를

부과하지 않을 수 있다. 〈개정 2024. 2. 29.〉

기준가격 대비 수입가격의 하락률	특별긴급관세액
10퍼센트 초과 40퍼센트 이하	기준가격 × (하락률 - 10퍼센트포인트) × 30퍼센트
40퍼센트 초과 60퍼센트 이하	기준가격 × [9퍼센트 + (하락률 - 40퍼센트포인트) × 50퍼센트]
60퍼센트 초과 75퍼센트 이하	기준가격 × [19퍼센트 + (하락률 - 60퍼센트포인트) × 70퍼센트]
75퍼센트 초과	기준가격 × [29.5퍼센트 + (하락률 - 75퍼센트포인트) × 90퍼센트]

⑤제1항의 규정을 적용함에 있어서 부패하기 쉽거나 계절성이 있는 물품에 대하여는 기준발동물량을 산정함에 있어서는 3년보다 짧은 기간을 적용하거나 기준가격을 산정시 다른 기간동안의 가격을 적용하는 등 당해 물품의 특성을 고려할 수 있다.

⑥법 제73조의 규정에 의하여 국제기구와 관세에 관한 협상에서 양허된 시장접근물량으로 수입되는 물품은 특별긴급관세 부과대상에서 제외한다. 다만, 그 물품은 제1항제1호의 규정에 의한 특별긴급관세의 부과를 위하여 수입량을 산정하는 때에는 이를 산입한다.

⑦특별긴급관세가 부과되기 전에 계약이 체결되어 운송중에 있는 물품은 제1항제1호의 규정에 의한 특별긴급관세 부과대상에서 제외한다. 다만, 당해 물품은 다음 해에 제1항제1호의 규정에 의하여 특별긴급관세를 부과하기 위하여 필요한 수입량에는 산입할 수 있다.

⑧관계부처의 장 또는 이해관계인이 법 제68조에 따른 조치를 요청하려는 경우에는 해당 물품과 관련된 다음 각 호의 사항에 관한 자료를 기획재정부장관에게 제출하여야 한다. 〈개정 2008. 2. 29., 2011. 4. 1., 2014. 12. 30.〉

1. 해당 물품의 관세율표 번호·품명·규격·용도 및 대체물품
2. 해당 물품의 최근 3년간 연도별 국내소비량·수입량 및 기준가격
3. 인상하여야 하는 세율, 인상이유, 적용기간 및 그 밖의 참고사항

⑨기획재정부장관은 특별긴급관세의 적용에 관하여 필요한 사항을 조사하기 위하여 필요하다고 인정되는 때에는 관계기관·수출자·수입자 기타 이해관계인에게 관계자료의 제출 기타 필요한 협조를 요

청할 수 있다. 〈개정 2008. 2. 29.〉

제91조(조정관세) ①관계부처의 장 또는 이해관계인이 법 제69조에 따른 조치를 요청하려는 경우에는 해당 물품과 관련된 다음 각 호의 사항에 관한 자료를 기획재정부장관에게 제출해야 한다. 〈개정 2008. 2. 29., 2011. 4. 1., 2019. 2. 12.〉

1. 해당 물품의 관세율표 번호 · 품명 · 규격 · 용도 및 대체물품
2. 해당 물품의 제조용 투입원료 및 해당 물품을 원료로 하는 관련제품의 제조공정설명서 및 용도
3. 해당 연도와 그 전후 1년간의 수급실적 및 계획
4. 최근 1년간의 월별 주요 수입국별 수입가격 및 수입실적
5. 최근 1년간의 월별 주요 국내제조업체별 공장도가격 및 출고실적
6. 인상하여야 하는 세율 · 인상이유 및 그 적용기간
7. 세율 인상이 국내 산업, 소비자 이익, 물가 등에 미치는 영향(법 제69조제2호에 해당하는 경우에 한정한다)

②기획재정부장관은 법 제69조의 규정에 의한 조정관세의 적용에 관하여 필요한 사항을 조사하기 위하여 필요하다고 인정되는 때에는 관계기관 · 수출자 · 수입자 기타 이해관계인에게 관계자료의 제출 기타 필요한 협조를 요청할 수 있다. 〈개정 2008. 2. 29.〉

③ 기획재정부장관은 법 제69조제2호에 따라 조정관세를 부과하려는 때에는 미리 관계부처의 장의 의견을 들어야 한다. 〈신설 2019. 2. 12.〉

제92조(할당관세) ①관계부처의 장 또는 이해관계인은 법 제71조제1항의 규정에 의하여 할당관세의 부과를 요청하고자 하는 때에는 당해 물품에 관련된 다음 각호의 사항에 관한 자료를 기획재정부장관에게 제출하여야 한다. 〈개정 2008. 2. 29.〉

1. 제91조제1항제1호 내지 제5호의 사항에 관한 자료
2. 당해 할당관세를 적용하고자 하는 세율 · 인하이유 및 그 적용기간
3. 법 제71조제1항 후단의 규정에 의하여 수량을 제한하여야 하는 때에는 그 수량 및 산출근거

②관계부처의 장 또는 이해관계인은 법 제71조제2항의 규정에 의하여 할당관세의 부과를 요청하고자 하는 때에는 당해 물품에 관련

된 다음 각호의 사항에 관한 자료를 기획재정부장관에게 제출하여야 한다. 〈개정 2008. 2. 29.〉

1. 제91조제1항제1호 내지 제5호의 사항에 관한 자료

2. 당해 할당관세를 적용하여야 하는 세율 · 인상이유 및 그 적용기간

3. 기본관세율을 적용하여야 하는 수량 및 그 산출근거

4. 법 제71조제2항 단서의 규정에 의한 농림축수산물의 경우에는 최근 2년간의 월별 또는 분기별 동종물품 · 유사물품 또는 대체물품별 국내외 가격동향

③법 제71조의 규정에 의한 일정수량의 할당은 당해 수량의 범위안에서 주무부장관 또는 그 위임을 받은 자의 추천으로 행한다. 다만, 기획재정부장관이 정하는 물품에 있어서는 수입신고 순위에 따르되, 일정수량에 달하는 날의 할당은 그날에 수입신고되는 분을 당해 수량에 비례하여 할당한다. 〈개정 2008. 2. 29.〉

④제3항 본문에 따라 주무부장관 또는 그 위임을 받은 자의 추천을 받은 자는 해당 추천서를 수입신고 수리 전까지 세관장에게 제출해야 한다. 다만, 해당 물품이 보세구역에서 반출되지 않은 경우에는 수입신고 수리일부터 15일이 되는 날까지 제출할 수 있다. 〈개정 2021. 2. 17.〉

⑤법 제71조의 규정에 의한 일정수량까지의 수입통관실적의 확인은 관세청장이 이를 행한다.

⑥ 관계부처의 장은 제1항 또는 제2항에 따라 할당관세의 부과를 요청하는 경우 다음 각 호의 사항을 해당 관계부처의 인터넷 홈페이지 등에 10일 이상 게시하여 의견을 수렴하고 그 결과를 기획재정부장관에게 제출하여야 한다. 다만, 자연재해 또는 가격급등 등으로 할당관세를 긴급히 부과할 필요가 있는 경우에는 기획재정부장관과 협의하여 의견 수렴을 생략할 수 있다. 〈신설 2015. 2. 6.〉

1. 해당 물품의 관세율표 번호, 품명, 규격, 용도 및 대체물품

2. 제1항제2호 · 제3호 또는 제2항제2호 제3호의 사항

⑦기획재정부장관은 제1항 및 제2항의 규정에 의한 할당관세의 적용에 관하여 필요한 사항을 조사하기 위하여 필요하다고 인정되는 때에는 관계기관 · 수출자 · 수입자 기타 이해관계인에게 관계자료의 제출 기타 필요한 협조를 요청할 수 있다. 〈개정 2008. 2. 29.,

2015. 2. 6.〉

⑧ 기획재정부장관은 법 제71조제4항에 따른 관세의 전년도 부과 실적 등의 보고를 위하여 관계부처의 장에게 매 회계연도 종료 후 3개월 이내에 관세 부과 실적 및 효과 등에 관한 자료를 기획재정부장관에게 제출할 것을 요청할 수 있다. 이 경우 요청을 받은 관계부처의 장은 특별한 사유가 없으면 그 요청에 따라야 한다. 〈신설 2015. 2. 6.〉

제93조(계절관세) ①관계행정기관의 장 또는 이해관계인이 법 제72조의 규정에 의한 계절관세(이하 "계절관세"라 한다)의 부과를 요청하고자 하는 때에는 당해 물품에 관련한 다음 각호의 사항에 관한 자료를 기획재정부장관에게 제출하여야 한다. 〈개정 2008. 2. 29.〉

1. 품명 · 규격 · 용도 및 대체물품
2. 최근 1년간의 월별 수입가격 및 주요 국제상품시장의 가격동향
3. 최근 1년간의 월별 주요국내제조업체별 공장도가격
4. 당해 물품 및 주요관련제품의 생산자물가지수 · 소비자물가지수 및 수입물가지수
5. 계절관세를 적용하고자 하는 이유 및 그 적용기간
6. 계절별 수급실적 및 전망
7. 변경하고자 하는 세율과 그 산출내역

②기획재정부장관은 계절관세의 적용에 관하여 필요한 사항을 조사하기 위하여 필요하다고 인정하는 때에는 관계기관 · 수출자 · 수입자 기타 이해관계인에게 관계자료의 제출 기타 필요한 협조를 요청할 수 있다. 〈개정 2008. 2. 29.〉

제94조(농림축산물에 대한 양허세율의 적용신청) 법 제73조에 따라 국제기구와 관세에 관한 협상에서 국내외 가격차에 상당한 율로 양허하거나 국내시장 개방과 함께 기본세율보다 높은 세율로 양허한 농림축산물을 시장접근물량 이내로 수입하는 자로서 관련 기관의 추천을 받은 자는 해당 추천서를 수입신고 수리 전까지 세관장에게 제출해야 한다. 다만, 해당 농림축산물이 보세구역에서 반출되지 않은 경우에는 수입신고 수리일부터 15일이 되는 날까지 제출할 수 있다. 〈개정 2021. 2. 17.〉

제95조(편익관세) ①법 제74조에 따라 관세에 관한 편익(이하 "편익관세"라 한다)을 적용받을 수 있는 국가는 다음 표와 같다. 〈개정

2013. 2. 15., 2015. 2. 6., 2017. 3. 27., 2024. 2. 29.〉

지역	국가
1. 아시아	부탄
2. 중동	이란 · 이라크 · 레바논 · 시리아
3. 대양주	나우루
4. 아프리카	코모로 · 에티오피아 · 소말리아
5. 유럽	안도라 · 모나코 · 산마리노 · 바티칸 · 덴마크(그린란드 및 페로제도에 한정한다)

②편익관세를 적용받을 수 있는 물품은 제1항의 표에 따른 국가의 생산물 중 「세계무역기구협정 등에 의한 양허관세 규정」 별표 1(이하 이 조에서 "양허표"라 한다)의 가 및 나에 따른 물품으로 한다. 이 경우 해당 물품에 대한 관세율표상의 품목분류가 세분되거나 통합된 때에도 동일한 편익을 받는다. 〈개정 2006. 5. 22., 2015. 2. 6., 2017. 3. 27., 2024. 2. 29.〉

③제2항에 규정하는 물품에 대하여는 당해 양허표에 규정된 세율을 적용한다. 다만, 다음 각호의 경우에는 당해 양허표에 규정된 세율보다 다음 각호에 규정된 세율을 우선하여 적용한다. 〈개정 2008. 2. 29.〉

1. 법에 의한 세율이 당해 양허표에 규정된 세율보다 낮은 경우에는 법에 의한 세율. 다만, 법 제50조제3항 단서의 규정에 의한 농림축산물의 경우에는 당해 양허표에 규정된 세율을 기본세율 및 잠정세율에 우선하여 적용한다.

2. 법 제51조 · 법 제57조 · 법 제63조 · 법 제65조 또는 법 제68조의 규정에 의하여 대통령령 또는 기획재정부령으로 세율을 정하는 경우에는 그 세율

④ 삭제 〈2024. 2. 29.〉

⑤기획재정부장관은 편익관세의 적용에 관하여 필요한 사항을 조사하기 위하여 필요하다고 인정되는 때에는 관계행정기관 · 수출자 · 수입자 기타 이해관계인에게 관계자료의 제출 기타 필요한 협조를 요청할 수 있다. 〈개정 2008. 2. 29.〉

제3절 세율의 적용 등

제96조(간이세율의 적용) ①법 제81조의 규정에 의하여 간이세율(이하 "간이세율"이라 한다)을 적용하는 물품과 그 세율은 별표 2와 같다.

②제1항의 규정에 불구하고 다음 각호의 물품에 대하여는 간이세율을 적용하지 아니한다. 〈개정 2001. 12. 31.〉

1. 관세율이 무세인 물품과 관세가 감면되는 물품
2. 수출용원재료
3. 법 제11장의 범칙행위에 관련된 물품
4. 종량세가 적용되는 물품
5. 다음 각목의 1에 해당하는 물품으로서 관세청장이 정하는 물품
   가. 상업용으로 인정되는 수량의 물품
   나. 고가품
   다. 당해 물품의 수입이 국내산업을 저해할 우려가 있는 물품
   라. 법 제81조제4항의 규정에 의한 단일한 간이세율의 적용이 과세형평을 현저히 저해할 우려가 있는 물품
6. 화주가 수입신고를 할 때에 과세대상물품의 전부에 대하여 간이세율의 적용을 받지 아니할 것을 요청한 경우의 당해 물품

제97조(용도세율 적용신청) ① 법 제83조제1항 본문에 따라 용도세율을 적용받으려는 자는 해당 물품을 수입신고하는 때부터 수입신고가 수리되기 전까지 그 품명·규격·수량·가격·용도·사용방법 및 사용장소를 기재한 신청서를 세관장에게 제출해야 한다. 다만, 해당 물품을 보세구역에서 반출하지 않은 경우에는 수입신고 수리일부터 15일이 되는 날까지 신청서를 제출할 수 있다. 〈개정 2022. 2. 15., 2024. 2. 29.〉

② 법 제83조제1항 단서에 따라 세관장으로부터 해당 용도로만 사용할 것을 승인받으려는 자는 관세청장이 정하여 고시하는 신청서에 해당 물품의 품명, 규격 및 용도 등을 확인할 수 있는 서류를 첨부하여 세관장에게 신청해야 한다. 〈신설 2024. 2. 29.〉

③ 제2항에서 규정한 사항 외에 법 제83조제1항 단서에 따른 승인에 필요한 사항은 관세청장이 정하여 고시한다. 〈신설 2024. 2. 29.〉

제4절 품목분류

제98조(품목분류표 등) ①기획재정부장관은 「통일상품명 및 부호체계에 관한 국제협약」(이하 이 절에서 "협약"이라 한다) 제3조제3항에 따라 수출입물품의 신속한 통관, 통계파악 등을 위하여 협약 및 법 별표 관세율표를 기초로 하여 품목을 세분한 관세·통계통합품목

분류표(이하 이 절에서 "품목분류표"라 한다)를 고시할 수 있다. 〈개정 2006. 5. 22., 2008. 2. 29., 2015. 2. 6., 2019. 2. 12., 2024. 2. 29.〉

② 법 제84조 각 호 외의 부분에서 "「통일상품명 및 부호체계에 관한 국제협약」에 따른 관세협력이사회의 권고 또는 결정 등 대통령령으로 정하는 사유"란 다음 각 호의 어느 하나에 해당하는 경우를 말한다. 〈개정 2024. 2. 29.〉

1. 관세협력이사회로부터 협약의 통일상품명 및 부호체계에 관한 권고 또는 결정이 있은 경우

2. 관계 법령이 개정된 경우

3. 그 밖에 제1호 및 제2호와 유사한 경우로서 법 제84조 각 호에 따른 품목을 수정(품목을 신설 또는 삭제하거나 다시 분류하는 것을 말한다. 이하 이 조에서 같다)할 필요가 있다고 기획재정부장관이 인정하는 경우

③ 법 제84조제2호에서 "대통령령으로 정한 품목분류"란 「세계무역기구협정 등에 의한 양허관세규정」 별표 1부터 별표 4까지, 「특정국가와의 관세협상에 따른 국제협력관세의 적용에 관한 규정」 별표 및 「최빈개발도상국에 대한 특혜관세 공여규정」 별표 2에 따른 품목분류를 말한다. 〈개정 2024. 2. 29.〉

④ 기획재정부장관은 법 제84조에 따라 같은 조 각 호에 따른 품목을 수정한 경우에는 이를 고시해야 한다. 〈신설 2024. 2. 29.〉

⑤ 기획재정부장관은 제2항제1호의 사유로 법 제84조제1호 및 제3호에 따른 품목을 수정하는 경우에는 협약 제16조제4항에 따른 기한 내에 수정해야 한다. 〈신설 2024. 2. 29.〉

제98조의2(품목분류 분쟁 해결 절차) ① 기획재정부장관 또는 관세청장은 상대국과의 품목분류 분쟁 사실을 알게 된 경우 협약 제10조제1항에 따라 그 상대국과 분쟁에 대한 협의를 진행한다. 다만, 관세청장이 해당 협의를 진행하는 경우에는 매 반기 마지막 날까지 그 분쟁 사실과 협의 내용 등을 기획재정부장관에게 보고해야 한다.

② 기획재정부장관은 제1항에 따라 협의를 진행한 품목분류 분쟁이 상대국과 합의되지 않은 경우에는 협약 제10조제2항에 따라 관세협력이사회에 해당 분쟁의 해결을 요구할 수 있다.

[본조신설 2019. 2. 12.]

第99조(품목분류의 적용기준) ① 법 제85조제1항에 따른 품목분류의 적용기준은 기획재정부령으로 정한다.

② 기획재정부장관은 관세협력이사회가 협약에 따라 권고한 통일상품명 및 부호체계의 품목분류에 관한 사항을 관세청장으로 하여금 고시하게 할 수 있다. 이 경우 관세청장은 고시할 때 기획재정부장관의 승인을 받아야 한다.

[전문개정 2015. 2. 6.]

第100조(관세품목분류위원회의 구성 등) ①법 제85조제2항에 따른 관세품목분류위원회(이하 "관세품목분류위원회"라 한다)는 위원장 1명과 30명 이상 40명 이하의 위원으로 구성한다. 〈개정 2004. 3. 29., 2007. 4. 5., 2019. 2. 12.〉

②관세품목분류위원회의 위원장은 관세청의 3급 공무원 또는 고위공무원단에 속하는 일반직공무원으로서 관세청장이 지정하는 자가 되고, 위원은 다음 각 호의 어느 하나에 해당하는 자중에서 관세청장이 임명 또는 위촉한다. 〈개정 2004. 3. 29., 2006. 5. 22., 2006. 6. 12., 2007. 4. 5.〉

1. 관세청소속 공무원
2. 관계중앙행정기관의 공무원
3. 삭제 〈2004. 3. 29.〉
4. 시민단체(「비영리민간단체 지원법」 제2조의 규정에 의한 비영리민간단체를 말한다. 이하 같다)에서 추천한 자
5. 기타 상품학에 관한 지식이 풍부한 자

③ 제2항제4호 및 제5호에 해당하는 위원의 임기는 2년으로 하되, 한번만 연임할 수 있다. 다만, 보궐위원의 임기는 전임위원 임기의 남은 기간으로 한다. 〈신설 2017. 3. 27., 2018. 2. 13.〉

④ 관세청장은 관세품목분류위원회의 위원이 다음 각 호의 어느 하나에 해당하는 경우에는 해당 위원을 해임 또는 해촉할 수 있다. 〈신설 2017. 3. 27., 2018. 2. 13.〉

1. 심신장애로 인하여 직무를 수행할 수 없게 된 경우
2. 직무와 관련된 비위사실이 있는 경우
3. 직무태만, 품위손상이나 그 밖의 사유로 인하여 위원으로 적합하지 아니하다고 인정되는 경우
4. 위원 스스로 직무를 수행하는 것이 곤란하다고 의사를 밝히는

경우

5. 제101조의2제1항 각 호의 어느 하나에 해당함에도 불구하고 회피하지 아니한 경우

⑤관세품목분류위원회의 위원장은 위원회의 사무를 총괄하고 위원회를 대표한다. 〈개정 2017. 3. 27., 2020. 12. 29.〉

⑥관세품목분류위원회의 위원장이 직무를 수행하지 못하는 부득이한 사정이 있는 때에는 위원장이 지명하는 위원이 그 직무를 대행한다. 〈개정 2017. 3. 27.〉

⑦관세품목분류위원회의 위원중 공무원인 위원이 회의에 출석하지 못할 부득이한 사정이 있는 때에는 그가 소속된 기관의 다른 공무원으로 하여금 회의에 출석하여 그 직무를 대행하게 할 수 있다. 〈개정 2017. 3. 27.〉

⑧관세청장은 회의의 원활한 운영을 위하여 품목분류와 관련된 기술적인 사항 등에 대한 의견을 듣기 위하여 관련 학계·연구기관 또는 협회 등에서 활동하는 자를 기술자문위원으로 위촉할 수 있다. 〈신설 2004. 3. 29., 2017. 3. 27.〉

제101조(관세품목분류위원회의 회의) ①관세품목분류위원회의 위원장은 위원회의 회의를 소집하고 그 의장이 된다.

②관세품목분류위원회의 회의는 위원장과 위원장이 매 회의마다 지정하는 14명 이상 16명 이하의 위원으로 구성하되, 제100조제2항제2호의 위원 2명 이상과 같은 항 제4호 또는 제5호의 위원 8명 이상이 포함되어야 한다. 〈신설 2007. 4. 5., 2019. 2. 12.〉

③관세품목분류위원회의 회의는 제2항에 따른 구성원 과반수의 출석과 출석위원 과반수의 찬성으로 의결한다. 〈개정 2007. 4. 5.〉

④ 관세품목분류위원회에서 법 제85조제2항제2호 또는 제3호에 따른 품목분류의 재심사를 심의하려는 경우로서 제2항에 따라 제100조제2항제4호 또는 제5호의 위원을 회의의 구성원으로 포함시키려는 경우에는 재심사의 대상인 품목분류의 사전심사 또는 품목분류의 변경을 심의할 때 출석하지 않은 위원을 회의의 구성원으로 포함시켜야 한다. 〈신설 2019. 2. 12.〉

제101조의2(관세품목분류위원회 위원의 제척·회피) ① 관세품목분류위원회의 위원은 다음 각 호의 어느 하나에 해당하는 경우에는 심의·의결에서 제척된다.

1. 위원이 해당 안건의 당사자(당사자가 법인·단체 등인 경우에는 그 임원을 포함한다. 이하 이 항에서 같다)이거나 해당 안건에 관하여 직접적인 이해관계가 있는 경우

2. 위원의 배우자, 4촌 이내의 혈족 및 2촌 이내의 인척의 관계에 있는 사람이 해당 안건의 당사자이거나 해당 안건에 관하여 직접적인 이해관계가 있는 경우

3. 위원이 해당 안건 당사자의 대리인이거나 최근 5년 이내에 대리인이었던 경우

4. 위원이 해당 안건 당사자의 대리인이거나 최근 5년 이내에 대리인이었던 법인·단체 등에 현재 속하고 있거나 속하였던 경우

5. 위원이 최근 5년 이내에 해당 안건 당사자의 자문·고문에 응하였거나 해당 안건 당사자와 연구·용역 등의 업무 수행에 동업 또는 그 밖의 형태로 직접 해당 안건 당사자의 업무에 관여를 하였던 경우

6. 위원이 최근 5년 이내에 해당 안건 당사자의 자문·고문에 응하였거나 해당 안건 당사자와 연구·용역 등의 업무 수행에 동업 또는 그 밖의 형태로 직접 해당 안건 당사자의 업무에 관여를 하였던 법인·단체 등에 현재 속하고 있거나 속하였던 경우

② 관세품목분류위원회의 위원은 제1항 각 호의 어느 하나에 해당하는 경우에는 스스로 해당 안건의 심의·의결에서 회피하여야 한다.

[본조신설 2018. 2. 13.]

제102조(관세품목분류위원회의 간사) ①관세품목분류위원회의 서무를 처리하기 위하여 위원회에 간사 1인을 둔다.

②관세품목분류위원회의 간사는 관세청장이 소속공무원 중에서 임명한다.

제103조(수당) 관세품목분류위원회의 회의에 출석한 공무원이 아닌 위원 및 기술자문위원에 대하여는 예산의 범위 안에서 수당과 여비를 지급할 수 있다. 〈개정 2004. 3. 29.〉

제104조(관세품목분류위원회의 운영세칙) 이 영에서 규정한 것외에 관세품목분류위원회의 운영에 관하여 필요한 사항은 위원회의 의결을 거쳐 위원장이 정한다.

제105조 삭제 〈2004. 3. 29.〉

제106조(특정물품에 적용될 품목분류의 사전심사 등) ①법 제86조제1항·제3항 및 법 제87조제3항에 따라 특정물품에 적용될 품목분류의 사전심사 또는 재심사(이하 이 조에서 "사전심사 또는 재심사"라 한다)를 신청하려는 자는 관세청장에게 다음 각 호의 서류 및 물품을 제출하여야 한다. 다만, 관세청장은 물품의 성질상 견본을 제출하기 곤란한 물품으로서 견본이 없어도 품목분류 심사에 지장이 없고, 해당 물품의 통관 시에 세관장이 이를 확인할 수 있다고 인정되는 때에는 제2호에 따른 견본의 제출을 생략하게 할 수 있다. 〈개정 2015. 2. 6.〉

1. 물품의 품명·규격·제조과정·원산지·용도·통관예정세관 및 신청사유 등을 기재한 신청서
2. 신청대상물품의 견본
3. 그 밖의 설명자료

②관세청장은 제1항에 따라 제출된 신청서와 견본 및 그 밖의 설명자료가 미비하여 품목분류를 심사하기가 곤란한 때에는 20일 이내의 기간을 정하여 보정을 요구할 수 있다. 〈개정 2015. 2. 6.〉

③ 관세청장은 사전심사 또는 재심사의 신청이 다음 각 호의 어느 하나에 해당하는 경우에는 해당 신청을 반려할 수 있다. 〈개정 2015. 2. 6., 2020. 2. 11.〉

1. 제2항에 따른 보정기간 내에 보정하지 아니한 경우
2. 신청인이 사전심사 또는 재심사를 신청한 물품과 동일한 물품을 이미 수출입신고한 경우
3. 신청인이 반려를 요청하는 경우
4. 이의신청 등 불복 또는 소송이 진행 중인 경우
5. 그 밖에 사전심사 또는 재심사가 곤란한 경우로서 기획재정부령으로 정하는 경우

④ 법 제86조제2항 본문에서 "대통령령으로 정하는 기간"이란 사전심사의 신청을 받은 날부터 30일(다음 각 호의 기간은 제외한다)을 말한다. 〈개정 2019. 2. 12., 2023. 2. 28.〉

1. 법 제85조제2항에 따라 관세품목분류위원회에서 사전심사를 심의하는 경우 해당 심의에 소요되는 기간
2. 제2항에 따른 보정기간
3. 해당 물품에 대한 구성재료의 물리적·화학적 분석이 필요한

경우로서 해당 분석에 소요되는 기간

4. 관세협력이사회에 질의하는 경우 해당 질의에 소요되는 기간

5. 전문기관에 기술 자문을 받는 경우 해당 자문에 걸리는 기간

6. 다른 기관의 의견을 들을 필요가 있는 경우 해당 의견을 듣는 데 걸리는 기간

7. 신청인의 의견 진술이 필요한 경우 관세청장이 정하는 절차를 거치는 데 걸리는 기간

⑤ 관세청장은 법 제86조제2항에 따라 품목분류를 심사하여 신청인에게 통지하는 경우에는 통관예정세관장에게도 그 내용을 통지하여야 한다. 이 경우 설명자료를 함께 송부하여야 한다. 〈신설 2015. 2. 6.〉

⑥ 관세청장은 법 제86조제2항에 따라 품목분류를 심사할 때 신청인이 법 별표 관세율표에 따른 호 및 소호까지의 품목분류에 대한 심사를 요청하는 경우에는 해당 번호까지의 품목분류에 대해서만 심사하여 통지할 수 있다. 〈신설 2019. 9. 24.〉

⑦ 법 제86조제3항 후단에서 "대통령령으로 정하는 기간"이란 재심사의 신청을 받은 날부터 60일(법 제85조제2항에 따라 관세품목분류위원회에서 재심사를 심의하는 경우 해당 심의에 소요되는 기간과 제4항제2호부터 제7호까지에 해당하는 기간은 제외한다)을 말한다. 〈신설 2019. 2. 12., 2019. 9. 24., 2024. 2. 29.〉

⑧ 관세청장은 법 제86조제3항 또는 법 제87조제3항에 따라 재심사를 신청한 물품이 다음 각 호의 어느 하나에 해당하는 경우에는 관세품목분류위원회의 심의에 부쳐야 한다. 〈신설 2019. 2. 12., 2019. 9. 24., 2024. 2. 29.〉

1. 해당 물품의 품목분류가 변경될 경우 등 납세자(수출자를 포함한다)의 권리 및 의무에 중대한 영향을 미칠 수 있다고 판단되는 경우

2. 법 별표 관세율표, 품목분류 적용기준 및 품목분류표에 대하여 사전(事前)적 해석이 필요하다고 판단되는 경우

3. 그 밖에 제1호 및 제2호와 유사한 경우로서 관세청장이 정하여 고시하는 경우

[제목개정 2015. 2. 6.]

제107조(품목분류의 변경) ① 법 제87조제1항에서 "관세청장이 직

권으로 한 품목분류를 변경하여야 할 부득이한 사유가 생겼을 경우 등 대통령령으로 정하는 경우"란 다음 각 호의 경우를 말한다. 〈개정 2019. 9. 24., 2020. 2. 11., 2024. 2. 29.〉

1. 삭제 〈2024. 2. 29.〉

2. 삭제 〈2024. 2. 29.〉

3. 신청인의 허위자료 제출 등으로 품목분류에 중대한 착오가 생긴 경우

4. 협약에 따른 관세협력이사회의 권고 또는 결정 및 법원의 확정판결이 있는 경우

5. 동일 또는 유사한 물품에 대하여 서로 다른 품목분류가 있는 경우

② 관세청장은 협약에 따른 관세협력이사회의 권고·결정이나 법원의 판결로 법 제87조제1항에 따른 품목분류 변경이 필요한 경우에는 그 권고·결정이 있은 날 또는 판결이 확정된 날부터 3개월 이내에 이를 관세품목분류위원회의 심의에 부쳐야 한다. 〈신설 2019. 9. 24., 2024. 2. 29.〉

[제목개정 2019. 9. 24.]

제4장 감면·환급 및 분할납부 등

제1절 감면

제108조(대사관 등의 관원지정) 법 제88조제1항제4호에서 "대통령령으로 정하는 직원"이란 다음 각 호의 어느 하나에 해당하는 직위 또는 이와 동등 이상이라고 인정되는 직위에 있는 사람을 말한다. 〈개정 2011. 4. 1.〉

1. 대사관 또는 공사관의 참사관·1등서기관·2등서기관·3등서기관 및 외교관보

2. 총영사관 또는 영사관의 총영사·영사·부영사 및 영사관보(명예총영사 및 명예영사를 제외한다)

3. 대사관·공사관·총영사관 또는 영사관의 외무공무원으로서 제1호 및 제2호에 해당하지 아니하는 사람

제109조(감면물품의 용도외사용 등에 대한 승인신청) ①법 제83조제2항 단서·법 제88조제2항 단서·법 제97조제2항 단서(법 제98조제2항에서 준용하는 경우를 포함한다) 또는 법 제102조제1항 단

서에 의하여 세관장의 승인을 얻고자 하는 자는 다음 각호의 사항을 기재한 신청서를 당해 물품의 소재지를 관할하는 세관장(이하 "관할지세관장"이라 한다)에게 제출하여야 한다. 다만, 법 제97조제2항 단서(법 제98조제2항에서 준용하는 경우를 포함한다)의 규정에 해당하는 경우에는 당해 물품을 최초에 수입신고한 세관에서도 할 수 있다.

1. 당해 물품의 품명·규격·수량·관세감면액 또는 적용된 용도세율·수입신고수리 연월일 및 수입신고번호
2. 당해 물품의 통관세관명
3. 승인신청이유
4. 당해 물품의 양수인의 사업의 종류, 주소·상호 및 성명(법인인 경우에는 대표자의 성명)

②재해 기타 부득이한 사유로 인하여 멸실된 물품에 대하여 법 제83조제3항 단서·법 제97조제3항 단서(법 제98조제2항에서 준용하는 경우를 포함한다)·법 제102조제2항 단서 또는 법 제109조제2항 단서의 규정을 적용받고자 하는 자는 멸실 후 지체없이 다음의 사항을 기재한 신청서에 그 사실을 증빙할 수 있는 서류를 첨부하여 세관장에게 제출하여야 한다. 〈개정 2024. 2. 29.〉

1. 멸실된 물품의 품명·규격·수량·수입신고수리 연월일 및 수입신고번호
2. 멸실연월일 및 멸실장소
3. 멸실된 물품의 통관세관명

③법 제83조제3항 단서·법 제97조제3항 단서(법 제98조제2항에서 준용하는 경우를 포함한다)·법 제102조제2항 단서 또는 법 제109조제2항 단서의 규정에 의하여 물품폐기에 대한 세관장의 승인을 얻고자 하는 자는 다음의 사항을 기재한 신청서를 세관장에게 제출하여야 한다.

1. 당해 물품의 품명·규격·수량·수입신고수리 연월일 및 수입신고번호
2. 당해 물품의 통관세관명
3. 폐기의 사유·방법 및 장소와 폐기예정연월일

제110조(감면물품의 용도외 사용 등의 금지기간) 관세청장은 법 제83조제2항·제88조제2항 또는 제102조제1항에 따라 관세감면물품

의 용도 외 사용의 금지기간 및 양수·양도의 금지기간(이하 "사후관리기간"이라 한다)을 정하려는 경우에는 다음 각 호의 기준에 따르며, 각 호의 기준을 적용한 결과 동일물품에 대한 사후관리기간이 다르게 되는 경우에는 그 중 짧은 기간으로 할 수 있다. 〈개정 2001. 12. 31., 2006. 5. 22., 2007. 4. 5., 2018. 2. 13., 2021. 2. 17.〉

1. 물품의 내용연수(「법인세법 시행령」 제28조에 따른 기준내용연수를 말한다)를 기준으로 하는 사후관리기간 : 다음 각 목의 구분에 의한 기간

가. 내용연수가 5년 이상인 물품 : 3년. 다만, 법 제90조의 규정에 의하여 관세의 감면을 받는 물품의 경우는 2년으로 한다.

나. 내용연수가 4년인 물품 : 2년

다. 내용연수가 3년 이하인 물품 : 1년 이내의 기간에서 관세청장이 정하여 고시하는 기간

2. 관세감면물품이 다른 용도로 사용될 가능성이 적은 경우의 사후관리기간 : 1년 이내의 기간에서 관세청장이 정하여 고시하는 기간. 다만, 장애인 등 특정인만이 사용하거나 금형과 같이 성격상 다른 용도로 사용될 수 없는 물품의 경우에는 수입신고수리일까지로 하며, 박람회·전시회 등 특정행사에 사용되는 물품의 경우에는 당해 용도 또는 행사가 소멸 또는 종료되는 때까지로 한다.

3. 관세감면물품이 원재료·부분품 또는 견본품인 경우의 사후관리기간: 1년 이내의 기간에서 관세청장이 정하여 고시하는 기간. 다만, 원재료·부분품 또는 견본품 등이 특정용도로 사용된 후 사실상 소모되는 물품인 경우에는 감면용도에 사용하기 위하여 사용장소로 반입된 사실이 확인된 날까지로 하며, 해당 기간이 경과될 때까지 감면받은 용도로 사용되지 않고 보관되는 경우에는 해당 물품이 모두 사용된 날까지로 한다.

4. 관세감면물품에 대한 법 제50조의 규정에 의한 세율에 감면율을 곱한 율을 기준으로 하는 사후관리기간 : 3퍼센트 이하인 경우에는 1년 이내의 기간에서 관세청장이 정하여 고시하는 기간, 3퍼센트 초과 7퍼센트 이하인 경우에는 2년 이내의 기간에서 관세청장이 정하여 고시하는 기간

제111조(관세경감률산정의 기준) ①법 제89조·법 제90조·법 제95

조 및 법 제98조에 의한 관세의 경감에 있어서 경감률의 산정은 실제로 적용되는 관세율(법 제50조제2항제1호의 세율을 제외한다)을 기준으로 한다.

②이 법 기타 법률 또는 조약에 의하여 관세를 면제하는 경우 면제되는 관세의 범위에 대하여 특별한 규정이 없는 때에는 법 제50조제2항제1호의 세율은 면제되는 관세의 범위에 포함되지 아니한다.

제112조(관세감면신청) ①법 기타 관세에 관한 법률 또는 조약에 따라 관세를 감면받으려는 자는 해당 물품의 수입신고 수리 전에 다음 각 호의 사항을 적은 신청서를 세관장에게 제출하여야 한다. 다만, 관세청장이 정하는 경우에는 감면신청을 간이한 방법으로 하게 할 수 있다. 〈개정 2012. 2. 2.〉

1. 감면을 받고자 하는 자의 주소·성명 및 상호
2. 사업의 종류(업종에 따라 감면하는 경우에는 구체적으로 기재하여야 한다)
3. 품명·규격·수량·가격·용도와 설치 및 사용장소
4. 감면의 법적 근거
5. 기타 참고사항

② 제1항 각 호 외의 부분 본문에도 불구하고 다음 각 호의 사유가 있는 경우에는 다음 각 호의 구분에 따른 기한까지 감면신청서를 제출할 수 있다. 〈신설 2012. 2. 2.〉

1. 법 제39조제2항에 따라 관세를 징수하는 경우: 해당 납부고지를 받은 날부터 5일 이내
2. 그 밖에 수입신고수리전까지 감면신청서를 제출하지 못한 경우: 해당 수입신고수리일부터 15일 이내(해당 물품이 보세구역에서 반출되지 아니한 경우로 한정한다)

③제1항 및 제2항에 따른 신청서에 첨부하여야 하는 서류와 그 기재사항은 기획재정부령으로 정한다. 〈개정 2008. 2. 29., 2012. 2. 2.〉

제113조(제조·수리공장의 지정) ①법 제89조제1항의 규정에 의한 제조·수리공장의 지정을 받고자 하는 자는 다음 각호의 사항을 기재한 신청서에 사업계획서와 그 구역 및 부근의 도면을 첨부하여 세관장에게 제출하여야 한다. 〈개정 2002. 12. 30.〉

1. 당해 제조·수리공장의 명칭·소재지·구조·동수 및 평수

2. 제조하는 제품의 품명과 그 원재료 및 부분품의 품명

3. 작업설비와 그 능력

4. 지정을 받고자 하는 기간

②제1항의 규정에 의한 신청을 받은 세관장은 그 감시 · 단속에 지장이 없다고 인정되는 때에는 3년의 범위내에서 기간을 정하여 제조 · 수리공장의 지정을 하여야 한다. 이 경우 지정기간은 관세청장이 정하는 바에 의하여 경신할 수 있다. 〈개정 2002. 12. 30.〉

③세관장은 법 제89조제1항에 따라 항공기의 수리가 일시적으로 이루어지는 공항 내의 특정지역이 감시 · 단속에 지장이 없고, 세율불균형물품의 관세 감면 관리 업무의 효율화를 위하여 필요하다고 인정되는 경우에는 제1항 및 제2항에 따라 해당 특정지역을 제조 · 수리공장으로 지정할 수 있다. 〈신설 2002. 12. 30., 2021. 2. 17.〉

④ 삭제 〈2017. 3. 27.〉

제114조(재수출기간의 연장신청) 법 제97조제1항제1호 단서의 규정에 의하여 수출기간을 연장받고자 하는 자는 당해 물품의 수입신고수리 연월일 · 신고번호 · 품명 · 규격 및 수량, 연장기간과 연장사유를 기재한 신청서를 당해 물품의 수입지세관장에게 제출하여야 한다. 다만, 관세청장이 정한 물품에 대하여는 수입지세관외의 세관에서도 재수출기간의 연장승인을 할 수 있다. 〈개정 2004. 3. 29.〉

제115조(재수출면세기간) ①세관장은 법 제97조제1항의 규정에 의하여 재수출면세기간을 정하고자 하는 때에는 다음 각 호의 기간을 재수출면세기간으로 한다. 이 경우 재수출면세물품이 행정당국에 의하여 압류된 경우에는 해당 압류기간은 재수출면세 기간에 산입하지 않는다. 〈개정 2002. 12. 30., 2023. 2. 23.〉

1. 일시 입국하는 자가 본인이 사용하고 재수출할 목적으로 직접 휴대하여 수입하거나 별도로 수입하는 신변용품 · 취재용품 및 이와 유사한 물품의 경우에는 입국후 처음 출국하는 날까지의 기간

2. 박람회 · 전시회 · 품평회 기타 이에 준하는 행사에 출품 또는 사용하기 위하여 수입하는 물품은 박람회 등의 행사기간종료일에 당해 물품을 재수출하는데 필요한 기일을 더한 기간

3. 수리를 위한 물품 및 그 재료는 수리에 소요되는 것으로 인정되는 기간

4. 기타의 물품은 당해 물품의 반입계약에 관한 증빙서류에 의하

여 확인되는 기간으로 하되, 반입계약에 관한 증빙서류에 의하여 확인할 수 없는 때에는 당해 물품의 성질·용도·수입자·내용연수 등을 고려하여 세관장이 정하는 기간

②세관장은 법 제98조제1항의 규정에 의하여 4년의 범위내에서 재수출 기간을 정하고자 하는 때에는 당해 물품의 반입계약에 관한 증빙서류에 의하여 확인되는 기간을 기준으로 하여야 한다. 다만, 그 증빙서류에 의하여 확인되는 기간을 기준으로 하기가 적당하지 아니하거나 증빙서류에 의하여 확인할 수 없는 때에는 당해 감면물품의 성질·용도·임대차기간 또는 도급기간 등을 고려하여 타당하다고 인정되는 기간을 기준으로 할 수 있다.

제116조(재수출조건 감면물품의 수출 및 가산세징수) ①법 제97조제1항 또는 법 제98조제1항의 규정에 의하여 관세의 감면을 받은 물품을 당해 기간내에 수출하고자 하는 자는 수출신고시에 당해 물품의 수입신고필증 또는 이에 대신할 세관의 증명서와 기타 참고서류를 제출하여야 한다.

②세관장은 제1항의 물품이 수출된 때에는 세관에 제출된 수입신고필증 또는 이에 대신할 세관의 증명서에 수출된 사실을 기재하여 수출신고인에게 교부하여야 한다.

③ 삭제 〈2013. 2. 15.〉

제117조 삭제 〈2006. 5. 22.〉

제118조(변질·손상 등의 관세경감액) ①법 제100조의 규정에 의하여 경감하는 관세액은 다음 각호의 관세액중 많은 금액으로 한다.

1. 수입물품의 변질·손상 또는 사용으로 인한 가치의 감소에 따르는 가격의 저하분에 상응하는 관세액

2. 수입물품의 관세액에서 그 변질·손상 또는 사용으로 인한 가치의 감소후의 성질 및 수량에 의하여 산출한 관세액을 공제한 차액

②제1항의 변질·손상 또는 사용으로 인한 가치감소의 산정기준은 기획재정부령으로 정할 수 있다. 〈개정 2020. 10. 7.〉

제119조(해외임가공물품에 대한 관세경감액) 법 제101조제1항에 따라 경감하는 관세액은 다음 각 호와 같다. 〈개정 2004. 3. 29., 2015. 2. 6.〉

1. 법 제101조제1항제1호의 물품 : 수입물품의 제조·가공에 사용된 원재료 또는 부분품의 수출신고가격에 당해 수입물품에 적용되

는 관세율을 곱한 금액

2. 법 제101조제1항제2호의 물품: 가공 수리물품의 수출신고가격에 해당 수입물품에 적용되는 관세율을 곱한 금액. 다만, 수입물품이 매매계약상의 하자보수보증 기간(수입신고수리 후 1년으로 한정한다) 중에 하자가 발견되거나 고장이 발생하여 외국의 매도인 부담으로 가공 또는 수리하기 위하여 수출된 물품에 대하여는 다음 각 목의 금액을 합한 금액에 해당 수입물품에 적용되는 관세율을 곱한 금액으로 한다.

가. 수출물품의 수출신고가격

나. 수출물품의 양륙항까지의 운임 · 보험료

다. 가공 또는 수리 후 물품의 선적항에서 국내 수입항까지의 운임 · 보험료

라. 가공 또는 수리의 비용에 상당하는 금액

제120조(용도 외 사용물품의 관세 감면 신청 등) ①법 제103조의 규정에 의하여 관세의 감면을 받고자 하는 자는 제109조제1항 또는 제134조의 규정에 의한 승인 또는 확인신청시에 다음 각호의 사항을 기재한 신청서에 그 새로운 용도에 사용하기 위하여 수입하는 때에 관세의 감면을 받기 위하여 필요한 서류를 첨부하여 세관장에게 제출하여야 한다.

1. 당해 물품의 품명 · 규격 · 수량 및 가격

2. 당해 물품의 수입신고번호 · 수입신고수리 연월일 및 통관세관명

3. 당해 물품의 당초의 용도, 사업의 종류, 설치 또는 사용장소 및 관세감면의 법적 근거

4. 당해 물품의 새로운 용도, 사업의 종류, 설치 또는 사용장소 및 관세감면의 법적 근거

②법 제103조의 규정에 의하여 관세를 감면하는 경우에 새로운 용도에 따라 감면되는 관세의 금액이 당초에 감면된 관세의 금액보다 적은 경우에는 그 차액에 해당하는 관세를 징수한다.

[제목개정 2021. 2. 17.]

제2절 환급 및 분할납부 등

제121조(계약내용이 상이한 물품의 수출 등으로 인한 관세환급) ①

수입신고가 수리된 물품이 계약내용과 상이하고 수입신고 당시의 성질 또는 형태가 변경되지 아니한 경우 법 제106조제1항 또는 제2항에 따라 해당 물품을 수출하거나 보세공장에 반입하려는 자는 수출신고서 또는 보세공장물품반입신고서에 해당 물품의 품명·규격·수량·가격과 수출 또는 반입 사유를 적은 사유서, 해당 물품 수입에 관한 계약내용의 증빙서류와 수입신고필증 또는 이에 대신하는 세관의 증빙서류를 첨부하여 세관장에게 제출하여야 한다. 〈개정 2004. 3. 29., 2008. 2. 22.〉

②제1항의 규정에 의하여 물품을 수출하거나 보세공장에 반입하고 관세의 환급을 받고자 하는 자는 당해 물품의 품명·규격·수량·수입신고수리 연월일·수입신고번호와 환급받고자 하는 관세액을 기재한 신청서에 수출신고필증·보세공장반입승인서 또는 이에 대신하는 세관의 증명서를 첨부하여 세관장에게 제출하여야 한다. 〈개정 2004. 3. 29.〉

③제2항의 규정에 의하여 환급하는 관세액은 그 물품에 대하여 이미 납부한 관세의 전액으로 하며, 그 물품의 일부를 수출하거나 보세공장에 반입한 경우에는 그 일부물품에 해당하는 관세액으로 한다. 〈개정 2004. 3. 29.〉

제122조(폐기물품의 관세환급) ①법 제106조제3항의 규정에 의하여 물품의 폐기의 승인을 얻고자 하는 자는 다음 각호의 사항을 기재한 신청서에 당해 물품의 수입신고필증 또는 이에 갈음하는 세관의 증명서와 당해 물품의 폐기가 부득이한 것을 증빙하는 서류를 첨부하여 세관장에게 제출하여야 한다.

1. 당해 물품의 품명·규격·수량·수입신고수리 연월일·수입신고번호 및 장치장소
2. 폐기방법·폐기예정연월일 및 폐기예정장소
3. 폐기사유

②제1항의 규정에 의하여 승인을 얻어 폐기한 물품에 대하여 법 제106조제3항의 규정에 의하여 관세를 환급받고자 하는 자는 다음 각호의 사항을 기재한 신청서에 제1항의 규정에 의한 폐기승인서를 첨부하여 세관장에게 제출하여야 한다.

1. 당해 물품의 품명·규격·수량·수입신고수리 연월일·수입신고번호 및 장치장소

2. 폐기연월일

3. 그 폐기에 의하여 생긴 잔존물의 품명 · 규격 및 수량

③제2항의 규정에 의하여 환급하는 관세액은 그 물품에 대하여 이미 납부한 그 관세액으로 한다. 다만, 제2항제3호의 규정에 의한 잔존물에 대하여는 그 폐기한 때의 당해 잔존물의 성질 · 수량 및 가격에 의하여 부과될 관세액을 공제한 금액으로 한다.

제123조(멸실 · 변질 · 손상 등의 관세환급) ①법 제106조제4항의 규정에 의하여 관세를 환급받고자 하는 자는 다음 각호의 사항을 기재한 신청서에 당해 물품의 수입신고필증 또는 이에 갈음할 세관의 증명서를 첨부하여 세관장에게 제출하여야 한다.

1. 당해 물품의 품명 · 규격 · 수량 · 수입신고수리 연월일 · 수입신고번호 및 장치장소

2. 피해상황 및 기타 참고사항

3. 환급받고자 하는 관세액과 그 산출기초

②제1항의 규정에 의하여 환급하는 관세액은 다음 각호의 구분에 의한 금액으로 한다.

1. 멸실된 물품 : 이미 납부한 관세의 전액

2. 변질 또는 손상된 물품 : 제118조의 규정을 준용하여 산출한 금액

제124조(관세가 미납된 계약내용이 상이한 물품의 부과취소신청) 법 제106조제5항의 규정에 의하여 관세의 부과를 취소받고자 하는 자는 해당 수입물품에 대한 관세의 납부기한(징수유예 또는 분할납부의 경우에는 징수유예기간 또는 분할납부기간의 종료일을 말한다) 전에 신청서를 세관장에게 제출하여야 한다 〈개정 2013. 2. 15.〉

제124조의2(수입한 상태 그대로 수출되는 자가사용물품에 대한 관세 환급) ① 법 제106조의2제1항 전단에 따른 수입한 상태 그대로 수출되는 자가사용물품은 다음 각 호의 요건을 모두 갖춘 물품으로 한다.

1. 해당 물품이 수입신고 당시의 성질 또는 형태가 변경되지 아니한 상태로 수출될 것

2. 해당 물품이 국내에서 사용된 사실이 없다고 세관장이 인정할 것

② 법 제106조의2제1항 또는 제2항에 따라 관세의 환급을 받으

려는 자는 해당 물품의 품명·규격·수량·수입신고연월일·수입신고번호와 환급받으려는 관세액을 적은 신청서에 다음 각 호의 서류를 첨부하여 세관장에게 제출해야 한다. 〈개정 2022. 2. 15.〉

1. 해당 물품의 수입신고필증이나 이를 갈음하는 세관의 증명서

2. 해당 물품의 수출 또는 환불을 증명하는 서류로서 다음 각 목의 구분에 따른 서류

가. 법 제106조의2제1항제1호 및 제2호의 경우: 수출신고필증이나 이를 갈음하는 세관의 증명서

나. 법 제106조의2제1항제3호의 경우: 선하증권 또는 항공화물운송장, 판매자가 발행한 환불 및 반품을 증명하는 자료

다. 법 제106조의2제2항의 경우: 판매자가 발행한 환불 및 반품을 증명하는 자료

③ 법 제106조의2제1항 및 제2항에 따라 환급하는 관세액은 다음 각 호의 구분에 따른 금액으로 한다. 〈개정 2022. 2. 15.〉

1. 물품을 전부 수출하거나 환불하는 경우: 이미 납부한 관세의 전액

2. 물품의 일부를 수출하거나 환불하는 경우: 그 일부 물품에 해당하는 관세액

[본조신설 2016. 2. 5.]

제125조(천재·지변 등으로 인한 관세의 분할납부) ①법 제107조제1항의 규정에 의하여 관세를 분할납부하고자 하는 자는 다음의 각 호의 사항을 기재한 신청서를 납부기한내에 세관장에게 제출하여야 한다.

1. 납세의무자의 성명·주소 및 상호

2. 분할납부를 하고자 하는 세액 및 당해 물품의 신고일자·신고번호·품명·규격·수량·가격

3. 분할납부하고자 하는 사유 및 기간

4. 분할납부금액 및 횟수

②세관장은 제1항의 규정에 의하여 분할납부를 하게 하는 경우에는 제2조의 규정을 준용한다.

제126조(관세의 분할납부 승인신청) 법 제107조제2항의 규정에 의하여 관세의 분할납부승인을 얻고자 하는 자는 당해 물품의 수입신고시부터 수입신고수리전까지 그 물품의 품명·규격·수량·가격·

용도ㆍ사용장소와 사업의 종류를 기재한 신청서를 세관장에게 제출하여야 한다.

제127조(관세의 분할납부고지) ①세관장은 제126조에 따라 관세의 분할납부를 승인한 때에는 납부기한 별로 법 제39조에 따른 납부고지를 해야 한다. 〈개정 2021. 2. 17.〉

②세관장은 법 제107조제9항에 따라 관세를 징수하는 때에는 15일 이내의 납부기한을 정하여 법 제39조에 따른 납부고지를 해야 한다. 〈개정 2013. 2. 15., 2021. 2. 17.〉

③제1항에 따라 고지한 관세로서 그 납부기한이 제2항에 따른 납부기한 이후인 경우 그 납부고지는 취소해야 한다. 〈개정 2021. 2. 17.〉

제128조(용도외 사용 등의 승인) 법 제107조제3항의 규정에 의한 세관장의 승인을 얻고자 하는 자는 다음 각호의 사항을 기재한 신청서에 당해 물품의 양도ㆍ양수에 관한 계약서의 사본을 첨부하여 그 물품의 관할지 세관장에게 제출하여야 한다.

1. 당해 물품의 품명ㆍ규격ㆍ수량ㆍ가격ㆍ통관지세관명ㆍ수입신고수리 연월일ㆍ수입신고번호
2. 분할납부하고자 하는 관세액과 이미 납부한 관세액
3. 양수인
4. 승인을 받고자 하는 사유

제129조(관세감면 및 분할납부 승인물품의 반입 및 변경신고) ①법 제83조ㆍ법 제89조제1항제2호ㆍ법 제90조ㆍ법 제91조ㆍ법 제93조ㆍ법 제95조, 법 제98조 및 법 제107조에 따라 용도세율의 적용, 관세의 감면 또는 분할납부의 승인을 받은 자는 해당 물품을 수입신고 수리일부터 1개월 이내에 설치 또는 사용할 장소에 반입하여야 한다. 〈개정 2017. 3. 27.〉

② 제1항에 따른 용도세율의 적용, 관세의 감면 또는 분할납부의 승인을 받은 자는 설치장소 부족 등 부득이한 반입 지연사유가 있는 경우에는 관세청장이 정하는 바에 따라 세관장에게 반입 기한의 연장을 신청할 수 있다. 〈신설 2017. 3. 27.〉

③ 제2항에 따른 신청을 받은 세관장은 수입신고 수리일부터 3개월의 범위에서 해당 기한을 연장할 수 있다. 〈신설 2017. 3. 27.〉

④제1항의 규정에 의하여 설치 또는 사용할 장소에 물품을 반입

한 자는 당해 장소에 다음 각호의 사항을 기재한 장부를 비치하여야 한다. 〈개정 2017. 3. 27.〉

1. 당해 물품의 품명·규격 및 수량

2. 당해 물품의 가격과 용도세율의 적용, 관세의 감면 또는 분할납부에 관한 사항

3. 당해 물품의 수입신고번호·수입신고수리 연월일과 통관지세관명

4. 설치 또는 사용장소에 반입한 연월일과 사용개시 연월일

5. 설치 또는 사용장소와 사용상황

⑤ 제1항에 따른 용도세율의 적용, 관세의 감면 또는 분할납부의 승인을 받은 자는 다음 각 호의 물품을 해당 호에서 정한 기간 내에 그 설치 또는 사용 장소를 변경하려는 경우에는 변경 전의 관할지 세관장에게 설치 또는 사용장소변경신고서를 제출하고, 제출일부터 1개월 이내에 해당 물품을 변경된 설치 또는 사용 장소에 반입해야 한다. 다만, 재해·노사분규 등의 긴급한 사유로 국내에 소재한 자기 소유의 다른 장소로 해당 물품의 설치 또는 사용 장소를 변경하려는 경우에는 관할지 세관장에게 신고하고, 변경된 설치 또는 사용 장소에 반입한 후 1개월 이내에 설치 또는 사용장소변경신고서를 제출해야 한다. 〈개정 2022. 2. 15.〉

1. 법 제83조·법 제89조제1항제2호·법 제90조·법 제91조·법 제93조·법 제95조 및 법 제98조에 따라 용도세율이 적용된 물품이나 관세의 감면을 받은 물품: 해당 규정에서 정하는 기간

2. 법 제107조에 따라 관세의 분할납부 승인을 받은 물품: 해당 물품의 관세 분할납부기간

⑥ 제5항 각 호 외의 부분에 따른 설치 또는 사용장소변경신고서에는 다음 각 호의 사항이 기재되어야 한다. 〈신설 2022. 2. 15.〉

1. 해당 물품의 품명·규격 및 수량

2. 해당 물품의 가격 및 적용된 용도세율, 면세액 또는 분할납부 승인액과 그 법적 근거

3. 해당 물품의 수입신고번호 및 통관지 세관명

4. 설치 또는 사용 장소에 반입한 연월일과 사용개시 연월일

5. 설치 또는 사용 장소와 신고자의 성명·주소

제130조(사후관리 대상물품의 이관 및 관세의 징수) ①법 제83조,

제89조제1항제2호, 제90조, 제91조, 제93조, 제95조제1항제1호부터 제3호까지, 제98조 및 제107조에 따라 용도세율의 적용, 관세의 감면 또는 분할납부의 승인을 받은 물품의 통관세관과 관할지세관이 서로 다른 경우에는 통관세관장은 관세청장이 정하는 바에 따라 관할지세관장에게 해당 물품에 대한 관계서류를 인계하여야 한다. 〈개정 2011. 4. 1.〉

②제1항의 규정에 의하여 통관세관장이 관할지세관장에게 관계서류를 인계한 물품에 대하여 법 제97조제3항(법 제98조제2항에서 준용하는 경우를 포함한다) 및 법 제102조제2항의 규정에 의하여 징수하는 관세는 관할지세관장이 이를 징수한다.

제131조(담보제공의 신고 등) ①법 제108조제1항의 규정에 의한 담보의 제공여부는 물품의 성질 및 종류, 관세채권의 확보가능성 등을 기준으로 하여 정하되, 다음 각 호의 어느 하나에 해당하는 경우에 한하여야 한다. 〈개정 2007. 4. 5.〉

1. 법 제97조 또는 법 제98조의 규정에 의하여 관세를 감면받은 경우
2. 법 제107조의 규정에 의하여 분할납부승인을 받은 경우

②법 제108조제1항에 따라 세관장은 수입신고를 수리하는 때까지 담보를 제공하게 할 수 있다. 다만, 긴급한 사유로 법 제8조제3항 각 호에 해당하는 날 등 금융기관이 업무를 수행할 수 없는 날에 수입하는 물품으로서 긴급성의 정도 등을 고려하여 관세청장이 정하여 고시하는 물품에 대하여는 수입신고를 수리하는 때 이후 최초로 금융기관이 업무를 수행하는 날까지 담보를 제공하게 할 수 있다. 〈신설 2007. 4. 5., 2023. 2. 28.〉

제132조(감면 등의 조건이행의 확인) ①세관장은 용도세율의 적용, 관세의 감면 또는 분할납부의 승인을 받은 물품에 대하여 관세청장이 정하는 바에 따라 당해 조건의 이행을 확인하기 위하여 필요한 조치를 할 수 있다. 〈개정 2003. 8. 21.〉

②법 제108조제2항에 규정하는 서류는 관세청장이 정하는 바에 따라 통관세관장 또는 관할지세관장에게 제출하여야 한다.

제133조(사후관리의 위탁) ①관세청장은 용도세율의 적용, 관세의 감면 또는 분할납부의 승인을 받은 물품에 대한 해당 조건의 이행을 확인하기 위하여 필요한 경우에는 법 제108조제3항에 따라 다음

각 호의 구분에 따라 그 사후관리에 관한 사항을 위탁한다. 〈개정 2001. 12. 31., 2011. 4. 1.〉

1. 법 제109조제1항의 경우: 해당 법률·조약 등의 집행을 주관하는 부처의 장

2. 법 제83조제1항, 제90조, 제91조, 제93조, 제95조제1항제1호부터 제3호까지 또는 제107조의 경우: 해당 업무를 주관하는 부처의 장

②제1항의 규정에 의하여 사후관리를 위탁받은 부처의 장은 용도세율의 적용, 관세의 감면 또는 분할납부의 승인을 받은 물품에 대한 관세의 징수사유가 발생한 것을 확인한 때에는 지체없이 당해 물품의 관할지세관장에게 다음 각호의 사항을 기재한 통보서를 송부하여야 한다. 〈개정 2002. 12. 30.〉

1. 수입신고번호
2. 품명 및 수량
3. 감면 또는 분할납부의 승인을 받은 관세의 징수사유
4. 화주의 주소·성명

③제1항의 규정에 의하여 위탁된 물품에 대한 사후관리에 관한 사항은 위탁받은 부처의 장이 관세청장과 협의하여 정한다.

제134조(다른 법령·조약 등에 의한 감면물품의 용도외 사용 등의 확인신청) 법 제109조제1항의 규정에 의한 확인을 받고자 하는 자는 제120조제1항에 정하는 사항과 당해 물품의 관세감면의 근거가 되는 법령·조약 또는 협정 및 그 조항을 기재한 확인신청서에 동 법령·조약 또는 협정의 규정에 의하여 당해 물품의 용도외 사용 또는 양도에 필요한 요건을 갖춘 것임을 증빙하는 서류를 첨부하여 관할지 세관장에게 제출하여야 한다.

제5장 납세자의 권리 및 불복절차

제1절 납세자의 권리

제135조(납세자권리헌장의 교부시기) 법 제110조제2항제3호에서 "대통령령으로 정하는 경우"란 다음 각 호의 어느 하나에 해당하는 경우를 말한다. 〈개정 2011. 4. 1.〉

1. 징수권의 확보를 위하여 압류를 하는 경우
2. 보세판매장에 대한 조사를 하는 경우

제135조의2(통합조사 원칙의 예외) 법 제110조의2에서 "특정한 분야만을 조사할 필요가 있는 등 대통령령으로 정하는 경우"란 다음 각 호의 어느 하나에 해당하는 경우를 말한다.

1. 세금탈루 혐의, 수출입 관련 의무위반 혐의, 수출입업자 등의 업종·규모 등을 고려하여 특정 사안만을 조사할 필요가 있는 경우

2. 조세채권의 확보 등을 위하여 긴급히 조사할 필요가 있는 경우

3. 그 밖에 조사의 효율성, 납세자의 편의 등을 고려하여 특정 분야만을 조사할 필요가 있는 경우로서 기획재정부령으로 정하는 경우

[본조신설 2012. 2. 2.]

제135조의3(장기 미조사자에 대한 관세조사 기준) 법 제110조의3제1항제2호에 따라 실시하는 조사는 수출입업자 등의 업종, 규모, 이력 등을 고려하여 관세청장이 정하는 기준에 따른다.

[본조신설 2012. 2. 2.]

제135조의4(소규모 성실사업자에 대한 관세조사 면제) 법 제110조의3제4항 본문에 따라 다음 각 호의 요건을 모두 충족하는 자에 대해서는 같은 조 제1항에 따른 조사를 하지 아니할 수 있다. 〈개정 2017. 3. 27.〉

1. 최근 2년간 수출입신고 실적이 30억원 이하일 것

2. 최근 4년 이내에 다음 각 목의 어느 하나에 해당하는 사실이 없을 것

가. 수출입 관련 법령을 위반하여 통고처분을 받거나 벌금형 이상의 형의 선고를 받은 사실

나. 관세 및 내국세를 체납한 사실

다. 법 제38조의3제6항에 따라 신고납부한 세액이 부족하여 세관장으로부터 경정을 받은 사실

[본조신설 2012. 2. 2.]

제136조(중복조사의 금지) 법 제111조제2항제5호에서 "대통령령으로 정하는 경우"란 다음 각 호의 어느 하나에 해당하는 경우를 말한다.

1. 밀수출입, 부정·불공정무역 등 경제질서 교란 등을 통한 탈세혐의가 있는 자에 대해서 일제조사를 하는 경우

2. 관세 부과 업무를 담당하는 기관 외의 기관이 직무상 목적을

위해 작성하거나 취득해 관세 부과 업무를 담당하는 기관에 제공한 자료의 처리를 위해 조사하는 경우

3. 관세환급금의 결정을 위한 확인조사를 하는 경우

[전문개정 2025. 2. 28.]

제137조 삭제 〈2014. 3. 5.〉

제138조(납세자의 성실성 추정 등의 배제사유) ①법 제113조제1항에서 "대통령령으로 정하는 경우"란 다음 각 호의 어느 하나에 해당하는 경우를 말한다. 〈개정 2011. 4. 1.〉

1. 납세자가 법에서 정하는 신고 및 신청, 과세자료의 제출 등의 납세협력의무를 이행하지 아니한 경우

2. 납세자에 대한 구체적인 탈세정보가 있는 경우

3. 신고내용에 탈루나 오류의 혐의를 인정할 만한 명백한 자료가 있는 경우

4. 납세자의 신고내용이 관세청장이 정한 기준과 비교하여 불성실하다고 인정되는 경우

②법 제113조제2항에서 "대통령령으로 정하는 행위"란 다음 각 호의 어느 하나에 해당하는 것을 말한다. 〈개정 2006. 5. 22., 2011. 4. 1.〉

1. 법 제38조제2항에 따른 세액심사를 위한 질문이나 자료제출의 요구

2. 법 제246조에 따른 물품의 검사

3. 법 제266조제1항에 따른 장부 또는 자료의 제출

4. 그 밖의 법(「수출용원재료에 대한 관세 등 환급에 관한 특례법」을 포함한다)에 따른 자료조사나 자료제출의 요구

제139조(관세조사의 사전통지) 법 제114조제1항에 따라 납세자 또는 그 위임을 받은 자에게 관세조사에 관한 사전통지를 하는 경우에는 다음 각 호의 사항을 적은 문서로 하여야 한다. 〈개정 2012. 2. 2.〉

1. 납세자 또는 그 위임을 받은 자의 성명과 주소 또는 거소

2. 조사기간

3. 조사대상 및 조사사유

4. 삭제 〈2018. 2. 13.〉

5. 기타 필요한 사항

제139조의2(관세조사기간) ① 제139조제2호에 따른 조사기간은 조사대상자의 수출입 규모, 조사 인원·방법·범위 및 난이도 등을 종합적으로 고려하여 최소한이 되도록 하되, 방문하여 조사하는 경우에 그 조사기간은 20일 이내로 한다. 〈개정 2012. 2. 2.〉

② 제1항에도 불구하고 다음 각 호의 어느 하나에 해당하는 경우에는 20일 이내의 범위에서 조사기간을 연장할 수 있다. 이 경우 2회 이상 연장하는 경우에는 관세청장의 승인을 받아 각각 20일 이내에서 연장할 수 있다. 〈개정 2013. 2. 15., 2020. 2. 11.〉

1. 조사대상자가 장부·서류 등을 은닉하거나 그 제출을 지연 또는 거부하는 등 조사를 기피하는 행위가 명백한 경우

2. 조사범위를 다른 품목이나 거래상대방 등으로 확대할 필요가 있는 경우

3. 천재지변이나 노동쟁의로 조사가 중단되는 경우

4. 제1호부터 제3호까지에 준하는 사유로 사실관계의 확인이나 증거 확보 등을 위하여 조사기간을 연장할 필요가 있는 경우

5. 법 제118조의2제2항에 따른 납세자보호관 또는 담당관(이하 이 조에서 "납세자보호관등"이라 한다)이 세금탈루 혐의와 관련하여 추가적인 사실 확인이 필요하다고 인정하는 경우

6. 관세조사 대상자가 세금탈루 혐의에 대한 해명 등을 위하여 관세조사 기간의 연장을 신청한 경우로서 납세자보호관등이 이를 인정하는 경우

③ 세관공무원은 납세자가 자료의 제출을 지연하는 등 다음 각 호의 어느 하나에 해당하는 사유로 조사를 진행하기 어려운 경우에는 조사를 중지할 수 있다. 이 경우 그 중지기간은 제1항 및 제2항의 조사기간 및 조사연장기간에 산입하지 아니한다. 〈신설 2012. 2. 2., 2020. 2. 11.〉

1. 납세자가 천재지변이나 제140조제1항에 따른 관세조사 연기신청 사유에 해당하는 사유가 있어 조사중지를 신청한 경우

2. 납세자가 장부·서류 등을 은닉하거나 그 제출을 지연 또는 거부하는 등으로 인하여 조사를 정상적으로 진행하기 어려운 경우

3. 노동쟁의 등의 발생으로 관세조사를 정상적으로 진행하기 어려운 경우

4. 제144조의2제2항제1호(같은 조 제3항에 따라 위임한 경우를

포함한다)에 따라 납세자보호관등이 관세조사의 일시중지를 요청하는 경우

5. 그 밖에 관세조사를 중지하여야 할 특별한 사유가 있는 경우로서 관세청장이 정하는 경우

④ 세관공무원은 제3항에 따라 관세조사를 중지한 경우에는 그 중지사유가 소멸하면 즉시 조사를 재개하여야 한다. 다만, 관세채권의 확보 등 긴급히 조사를 재개하여야 할 필요가 있는 경우에는 그 중지사유가 소멸하기 전이라도 관세조사를 재개할 수 있다. 〈신설 2012. 2. 2.〉

⑤ 세관공무원은 제2항부터 제4항까지의 규정에 따라 조사기간을 연장, 중지 또는 재개하는 경우에는 그 사유, 기간 등을 문서로 통지하여야 한다. 〈개정 2012. 2. 2.〉

[본조신설 2010. 3. 26.]

제140조(관세조사의 연기신청) ①법 제114조제2항에서 "대통령령으로 정하는 사유"란 다음 각 호의 어느 하나에 해당하는 경우를 말한다. 〈개정 2011. 4. 1.〉

1. 화재나 그 밖의 재해로 사업상 심한 어려움이 있는 경우
2. 납세자 또는 그 위임을 받은 자의 질병, 장기출장 등으로 관세조사가 곤란하다고 판단되는 경우
3. 권한있는 기관에 의하여 장부 및 증빙서류가 압수 또는 영치된 경우
4. 그 밖에 제1호부터 제3호까지의 규정에 준하는 사유가 있는 경우

②법 제114조제2항의 규정에 의하여 관세조사의 연기를 받고자 하는 자는 다음 각호의 사항을 기재한 문서를 당해 세관장에게 제출하여야 한다.

1. 관세조사의 연기를 받고자 하는 자의 성명과 주소 또는 거소
2. 관세조사의 연기를 받고자 하는 기간
3. 관세조사의 연기를 받고자 하는 사유
4. 기타 필요한 사항

③ 제2항에 따라 관세조사 연기를 신청받은 세관장은 연기신청 승인 여부를 결정하고 그 결과를 조사 개시 전까지 신청인에게 통지하여야 한다. 〈신설 2013. 2. 15.〉

제140조의2(장부등의 일시 보관 방법 및 절차) ① 세관공무원은 법 제114조의2제2항에 따라 납세자의 장부·서류 또는 그 밖의 물건(이하 이 조에서 "장부등"이라 한다)을 일시 보관하려는 경우에는 장부등의 일시 보관 전에 납세자, 소지자 또는 보관자 등 정당한 권한이 있는 자(이하 이 조에서 "납세자등"이라 한다)에게 다음 각 호의 사항을 고지하여야 한다.

1. 법 제110조의3제2항 각 호에 따른 장부등을 일시 보관하는 사유
2. 납세자등이 동의하지 아니하는 경우에는 장부등을 일시 보관할 수 없다는 내용
3. 납세자등이 임의로 제출한 장부등에 대해서만 일시 보관할 수 있다는 내용
4. 납세자등이 요청하는 경우 일시 보관 중인 장부등을 반환받을 수 있다는 내용

② 납세자등은 조사목적이나 조사범위와 관련이 없는 장부등에 대해서는 세관공무원에게 일시 보관할 장부등에서 제외할 것을 요청할 수 있다.

③ 세관공무원은 해당 관세조사를 종료하였을 때에는 일시 보관한 장부등을 모두 반환하여야 한다.

[본조신설 2018. 2. 13.]

제141조(관세조사에 있어서의 결과통지) 법 제115조 단서에서 "대통령령으로 정하는 경우"란 다음 각 호의 어느 하나에 해당하는 경우를 말한다. 〈개정 2011. 4. 1.〉

1. 납세자에게 통고처분을 하는 경우
2. 범칙사건을 고발하는 경우
3. 폐업한 경우
4. 납세자의 주소 및 거소가 불명하거나 그 밖의 사유로 통지를 하기 곤란하다고 인정되는 경우

제141조의2(과세정보의 제공 기관 및 범위) ① 법 제116조제1항제5호나목에서 "대통령령으로 정하는 공공기관"이란 다음 각 호의 어느 하나에 해당하는 기관을 말한다. 〈개정 2024. 4. 30.〉

1. 「기술보증기금법」에 따른 기술보증기금
2. 「농촌진흥법」 제33조에 따른 한국농업기술진흥원

3. 「대한무역투자진흥공사법」에 따른 대한무역투자진흥공사
4. 「무역보험법」 제37조에 따른 한국무역보험공사
5. 「산업기술혁신 촉진법」 제39조에 따른 한국산업기술기획평가원
6. 「신용보증기금법」에 따른 신용보증기금
7. 「정부출연연구기관 등의 설립 · 운영 및 육성에 관한 법률」에 따른 한국해양수산개발원
8. 「중소기업진흥에 관한 법률」 제68조에 따른 중소벤처기업진흥공단
9. 「한국농수산식품유통공사법」에 따른 한국농수산식품유통공사
10. 「한국해양진흥공사법」에 따른 한국해양진흥공사
11. 그 밖에 「공공기관의 운영에 관한 법률」에 따른 공공기관으로서 공공기관이 수행하는 급부 · 지원사업 등의 대상자 선정 및 자격의 조사 · 심사를 위하여 과세정보(납세자가 법에서 정한 납세의무를 이행하기 위하여 제출한 자료나 관세의 부과 · 징수 또는 통관을 목적으로 업무상 취득한 자료 등을 말한다. 이하 같다)가 필요하다고 관세청장이 정하여 고시하는 공공기관

② 법 제116조제1항제5호라목에서 "대통령령으로 정하는 자"란 다음 각 호의 어느 하나에 해당하는 기관 또는 법인 · 단체를 말한다.
1. 법 제116조제1항제5호가목 및 나목에 해당하는 자의 급부 · 지원 등의 대상자 선정 및 그 자격의 조사 · 심사 업무를 위임 또는 위탁받아 수행하는 기관 또는 법인 · 단체
2. 법 제116조제1항제5호가목 및 나목에 해당하는 자가 급부 · 지원 등의 업무를 수행하기 위하여 출연 · 보조하는 기관 또는 법인 · 단체로서 관세청장이 정하여 고시하는 기관 또는 법인 · 단체
3. 그 밖에 기업의 경쟁력 강화, 산업발전 및 무역진흥을 위한 급부 · 지원 등의 업무를 수행하는 비영리법인으로서 급부 · 지원 등의 대상자 선정 및 자격의 조사 · 심사를 위하여 과세정보가 필요하다고 관세청장이 정하여 고시하는 법인

③ 세관공무원이 법 제116조제2항에 따라 제공할 수 있는 과세정보의 구체적인 범위는 별표 2의2와 같다.

[본조신설 2023. 2. 28.]

[종전 제141조의2는 제141조의5로 이동 〈2023. 2. 28.〉]

제141조의3(과세정보 제공의 요구 방법) ① 법 제116조제3항에 따

라 과세정보의 제공을 요구하는 자는 다음 각 호의 사항이 포함된 신청서를 관세청장에게 제출해야 한다.

1. 과세정보의 사용 목적
2. 요구하는 과세정보의 내용
3. 과세정보가 필요한 급부 · 지원 등 사업명
4. 당사자의 동의

② 제1항에 따른 신청서의 서식, 당사자의 동의 여부 확인 방법 등 과세정보의 제공 요구 및 제공에 필요한 세부 사항은 관세청장이 정하여 고시한다.

[본조신설 2023. 2. 28.]

[종전 제141조의3은 제141조의6으로 이동 〈2023. 2. 28.〉]

제141조의4(과세정보의 안전성 확보) ① 과세정보공유자(법 제116조제1항에 따라 과세정보를 알게 된 자 또는 같은 조 제5항에 따라 과세정보의 제공 업무를 대행하는 자를 말한다. 이하 이 조에서 같다)는 과세정보의 안전성을 확보하기 위하여 같은 조 제7항에 따라 다음 각 호의 조치를 해야 한다.

1. 과세정보의 유출 및 변조 등을 방지하기 위한 정보보호시스템의 구축
2. 과세정보 이용이 가능한 업무담당자 지정 및 업무담당자 외의 자에 대한 과세정보 이용 금지
3. 과세정보의 보관기간 설정 및 보관기관 경과 시 과세정보의 파기

② 과세정보공유자는 제1항 각 호에 해당하는 조치의 이행 여부를 주기적으로 점검해야 한다.

③ 관세청장은 과세정보공유자에게 제2항에 따른 점검결과의 제출을 요청할 수 있으며, 해당 요청을 받은 자는 그 점검결과를 관세청장에게 제출해야 한다.

[본조신설 2023. 2. 28.]

[종전 제141조의4는 제141조의7로 이동 〈2023. 2. 28.〉]

제141조의5(고액 · 상습체납자 등의 명단공개) ①법 제116조의2제1항제1호 단서에서 “체납관세등에 대하여 이의신청 · 심사청구 등 불복청구가 진행 중이거나 체납액의 일정금액 이상을 납부한 경우 등 대통령령으로 정하는 사유”란 다음 각 호의 어느 하나에 해당하는

경우를 말한다. 〈개정 2011. 4. 1., 2020. 2. 11., 2021. 2. 17., 2024. 2. 29.〉

1. 다음 계산식에 따라 계산한 최근 2년간의 체납액 납부비율이 100분의 50 이상인 경우

최근 2년간의 체납액 납부비율 $= \frac{B}{A + B}$

A: 명단 공개 예정일이 속하는 연도의 직전 연도 12월 31일 당시 명단 공개 대상 예정자의 체납액

B: 명단 공개 예정일이 속하는 연도의 직전 2개 연도 동안 명단 공개 대상 예정자가 납부한 금액

2. 「채무자 회생 및 파산에 관한 법률」 제243조에 따른 회생계획인가의 결정에 따라 체납된 세금의 징수를 유예받고 그 유예기간 중에 있거나 체납된 세금을 회생계획의 납부일정에 따라 납부하고 있는 경우

3. 재산상황, 미성년자 해당여부 및 그 밖의 사정 등을 고려할 때 법 제116조의2제2항에 따른 관세정보위원회가 공개할 실익이 없거나 공개하는 것이 부적절하다고 인정하는 경우

② 법 제116조의2제1항제2호 단서에서 “제2항에 따른 관세정보위원회가 공개할 실익이 없거나 공개하는 것이 부적절하다고 인정하는 경우 등 대통령령령으로 정하는 사유”란 법 제116조의2제2항에 따른 관세정보위원회가 공개할 실익이 없거나 공개하는 것이 부적절하다고 인정하는 경우를 말한다. 〈신설 2024. 2. 29.〉

③관세청장은 법 제116조의2제3항에 따라 공개대상예정자에게 명단공개 대상예정자임을 통지하는 때에는 그 체납하거나 포탈한 세금의 납부촉구와 명단공개 제외사유에 해당되는 경우 이에 관한 소명자료를 제출하도록 각각 안내하여야 한다. 〈개정 2024. 2. 29.〉

④체납자 명단공개시 공개할 사항은 체납자의 성명·상호(법인의 명칭을 포함한다)·연령·직업·주소, 체납액의 세목·납기 및 체납요지 등으로 하고, 체납자가 법인인 경우에는 법인의 대표자를 함께 공개한다. 〈개정 2024. 2. 29.〉

⑤ 법 제116조의2제1항제2호에 따라 관세포탈범의 명단을 공개할 때 공개할 사항은 관세포탈범의 성명·상호(법인의 명칭을 포함한다), 나이, 직업, 주소, 포탈관세액 등의 세목·금액, 판결 요지 및 형량 등으로 한다. 이 경우 관세포탈범의 범칙행위가 법 제279조제

1항 본문에 해당하는 경우에는 해당 법인의 명칭·주소·대표자 또는 해당 개인의 성명·상호·주소를 함께 공개한다. 〈신설 2024. 2. 29.〉

⑥ 관세청장이 법 제116조의2제5항에 다라 명단을 관세청장이 지정하는 정보통신망 또는 관할 세관의 게시판에 게시하는 방법으로 공개하는 경우 그 공개 기간은 게시일부터 다음 각 호의 구분에 따른 기간이 만료하는 날까지로 한다. 〈신설 2024. 2. 29.〉

1. 법 제116조의2제1항제2호에 따른 범죄(「특정범죄 가중처벌 등에 관한 법률」 제6조제8항에 따른 상습범은 제외한다)로 유죄판결이 확정된 자의 경우: 5년

2. 법 제116조의2제1항제2호에 따른 범죄(「특정범죄 가중처벌 등에 관한 법률」 제6조제8항에 따른 상습범만 해당한다)로 유죄판결이 확정된 자의 경우: 10년

⑦ 제6항에도 불구하고 같은 항 각 호에 따른 자가 그 공개 기간의 만료일 현재 다음 각 호의 어느 하나에 해당하는 경우에는 해당 호에서 정하는 날까지 계속하여 공개한다. 〈신설 2024. 2. 29.〉

1. 법에 따라 납부해야 할 세액, 과태료 또는 벌금을 납부하지 않은 경우: 그 세액 등을 완납하는 날

2. 형의 집행이 완료되지 않은 경우: 그 형의 집행이 완료되는 날

[본조신설 2006. 5. 22.]

[제목개정 2024. 2. 29.]

[제141조의2에서 이동, 종전 제141조의5는 제141조의8로 이동 〈2023. 2. 28.〉]

제141조의6(관세정보위원회의 구성 및 운영) ①법 제116조의2제2항에 따른 관세정보위원회(이하 이 조에서 "의원회"라 한다)의 위원장은 관세청 차장이 되고, 위원은 다음 각 호의 자가 된다. 〈개정 2006. 6. 12., 2020. 2. 11.〉

1. 관세청의 고위공무원단에 속하는 일반직공무원 중에서 관세청장이 임명하는 자 4인

2. 법률 또는 재정·경제에 관한 학식과 경험이 풍부한 자 중에서 관세청장이 성별을 고려하여 위촉하는 자 6인

② 제1항제2호에 해당하는 위원의 임기는 2년으로 하되, 한번만 연임할 수 있다. 다만, 보궐위원의 임기는 전임위원 임기의 남은 기

간으로 한다. 〈개정 2017. 3. 27., 2018. 2. 13.〉

③ 관세청장은 위원회의 위원이 다음 각 호의 어느 하나에 해당하는 경우에는 해당 위원을 해임 또는 해촉할 수 있다. 〈신설 2017. 3. 27., 2018. 2. 13.〉

1. 심신장애로 인하여 직무를 수행할 수 없게 된 경우

2. 직무와 관련된 비위사실이 있는 경우

3. 직무태만, 품위손상이나 그 밖의 사유로 인하여 위원으로 적합하지 아니하다고 인정되는 경우

4. 위원 스스로 직무를 수행하는 것이 곤란하다고 의사를 밝히는 경우

5. 제5항 각 호의 어느 하나에 해당함에도 불구하고 회피하지 아니한 경우

④위원회의 회의는 위원장을 포함한 재적위원 과반수의 출석으로 개의하고, 출석위원 과반수의 찬성으로 의결한다. 〈개정 2017. 3. 27.〉

⑤ 위원회의 위원은 다음 각 호의 어느 하나에 해당하는 경우에는 심의·의결에서 제척된다. 〈신설 2018. 2. 13.〉

1. 위원이 해당 안건의 당사자(당사자가 법인·단체 등인 경우에는 그 임원을 포함한다. 이하 이 항에서 같다)이거나 해당 안건에 관하여 직접적인 이해관계가 있는 경우

2. 위원의 배우자, 4촌 이내의 혈족 및 2촌 이내의 인척의 관계에 있는 사람이 해당 안건의 당사자이거나 해당 안건에 관하여 직접적인 이해관계가 있는 경우

3. 위원이 해당 안건 당사자의 대리인이거나 최근 5년 이내에 대리인이었던 경우

4. 위원이 해당 안건 당사자의 대리인이거나 최근 5년 이내에 대리인이었던 법인·단체 등에 현재 속하고 있거나 속하였던 경우

5. 위원이 최근 5년 이내에 해당 안건 당사자의 자문·고문에 응하였거나 해당 안건 당사자와 연구·용역 등의 업무 수행에 동업 또는 그 밖의 형태로 직접 해당 안건 당사자의 업무에 관여를 하였던 경우

6. 위원이 최근 5년 이내에 해당 안건 당사자의 자문·고문에 응하였거나 해당 안건 당사자와 연구·용역 등의 업무 수행에 동업 또는 그 밖의 형태로 직접 해당 안건 당사자의 업무에 관여를 하였던

법인·단체 등에 현재 속하고 있거나 속하였던 경우

⑥ 위원회의 위원은 제5항 각 호의 어느 하나에 해당하는 경우에는 스스로 해당 안건의 심의·의결에서 회피하여야 한다. 〈신설 2018. 2. 13.〉

⑦제1항부터 제6항까지에서 규정한 사항 외에 위원회의 구성 및 운영에 관하여 필요한 사항은 관세청장이 정한다. 〈개정 2017. 3. 27., 2018. 2. 13.〉

[본조신설 2006. 5. 22.]

[제목개정 2020. 2. 11.]

[제141조의3에서 이동, 종전 제141조의6은 제141조의9로 이동 〈2023. 2. 28.〉]

제141조의7(납세증명서의 제출) ① 법 제116조의3제1항제1호에서 "대통령령으로 정하는 정부 관리기관"이란 「감사원법」 제22조제1항제3호 및 제4호에 따라 감사원의 회계검사의 대상이 되는 법인 또는 단체 등을 말한다.

② 법 제116조의3제1항제2호에서 "체류기간 연장허가 등 대통령령으로 정하는 체류허가"란 다음 각 호의 어느 하나에 해당하는 경우를 말한다. 〈신설 2019. 2. 12.〉

1. 「재외동포의 출입국과 법적 지위에 관한 법률」 제6조에 따른 국내거소신고

2. 「출입국관리법」 제20조에 따른 체류자격 외 활동허가

3. 「출입국관리법」 제21조에 따른 근무처 변경·추가에 관한 허가 또는 신고

4. 「출입국관리법」 제23조에 따른 체류자격부여

5. 「출입국관리법」 제24조에 따른 체류자격 변경허가

6. 「출입국관리법」 제25조에 따른 체류기간 연장허가

7. 「출입국관리법」 제31조에 따른 외국인등록

③ 법 제116조의3에 따른 납세증명서의 내용과 납세증명서의 제출 등에 관하여는 「국세징수법」 제107조제2항(각 호 외의 부분 중 지정납부기한 연장 부분 및 제1호는 제외한다), 같은 법 시행령 제90조, 제91조, 제93조 및 제94조(제1호는 제외한다)를 준용한다. 이 경우 「국세징수법 시행령」 제93조 중 "국세청장 또는 관할 세무서장에게 조회(국세청장에게 조회하는 경우에는 국세정보통신망을

통한 방법으로 한정한다)"는 "관세청장 또는 세관장에게 조회"로 본다. 〈개정 2019. 2. 12., 2021. 2. 17.〉

[본조신설 2015. 2. 6.]

[제141조의4에서 이동, 종전 제141조의7은 제141조의10으로 이동 〈2023. 2. 28.〉]

제141조의8(납세증명서의 발급 신청) 법 제116조의3제2항에 따라 납세증명서를 발급받으려는 자는 기획재정부령으로 정하는 서식에 따른 신청서를 세관장에게 제출하여야 한다.

[본조신설 2015. 2. 6.]

[제141조의5에서 이동, 종전 제141조의8은 제141조의11로 이동 〈2023. 2. 28.〉]

제141조의9(납세증명서의 유효기간) ① 납세증명서의 유효기간은 그 증명서를 발급한 날부터 30일로 한다. 다만, 발급일 현재 납부기한이 진행 중인 관세 및 내국세등이 있는 경우에는 그 납부기한까지로 할 수 있다.

② 세관장은 제1항 단서에 따라 유효기간을 정할 경우에는 해당 납세증명서에 그 사유와 유효기간을 분명하게 적어야 한다.

[본조신설 2015. 2. 6.]

[제141조의6에서 이동, 종전 제141조의9는 제141조의12로 이동 〈2023. 2. 28.〉]

제141조의10(고액·상습체납자의 감치 신청에 대한 의견진술 등) ① 관세청장은 법 제116조의4제3항에 따라 체납자가 소명자료를 제출하거나 의견을 진술할 수 있도록 다음 각 호의 사항이 모두 포함된 서면(체납자가 동의하는 경우에는 전자문서를 포함한다)을 체납자에게 통지해야 한다. 이 경우 제4호에 따른 기간에 소명자료를 제출하지 않거나 의견진술 신청이 없는 경우에는 의견이 없는 것으로 본다.

1. 체납자의 성명과 주소

2. 감치(監置) 요건, 감치 신청의 원인이 되는 사실, 감치 기간 및 적용 법령

3. 법 제116조의4제6항에 따라 체납된 관세를 납부하는 경우에는 감치 집행이 종료될 수 있다는 사실

4. 체납자가 소명자료를 제출하거나 의견을 진술할 수 있다는 사

실과 소명자료 제출 및 의견진술 신청기간. 이 경우 그 기간은 통지를 받은 날부터 30일 이상으로 해야 한다.

5. 그 밖에 소명자료 제출 및 의견진술 신청에 관하여 필요한 사항

② 법 제116조의4제3항에 따라 의견을 진술하려는 사람은 제1항 제4호에 따른 기간에 관세청장에게 진술하려는 내용을 간략하게 적은 문서(전자문서를 포함한다)를 제출해야 한다.

③ 제2항에 따라 의견진술 신청을 받은 관세청장은 법 제116조의2제2항에 따른 관세정보위원회의 회의 개최일 3일 전까지 신청인에게 회의 일시 및 장소를 통지해야 한다.

[본조신설 2020. 2. 11.]

[제141조의7에서 이동 〈2023. 2. 28.〉]

제141조의11(출국금지 등의 요청) ① 법 제116조의5제1항에서 "대통령령으로 정하는 자"란 다음 각 호의 어느 하나에 해당하는 사람으로서 관할 세관장이 압류·공매, 담보 제공, 보증인의 납세보증서 등으로 조세채권을 확보할 수 없고, 강제징수를 회피할 우려가 있다고 인정되는 사람을 말한다. 〈개정 2021. 2. 17., 2023. 2. 28., 2024. 2. 29., 2025. 2. 28.〉

1. 배우자 또는 직계존비속이 국외로 이주(국외에 3년 이상 장기체류 중인 경우를 포함한다)한 사람

2. 「출입국관리법」 제4조에 따른 출국금지(같은 법 제29조에 따른 출국정지를 포함한다. 이하 이 조 및 제141조의12에서 "출국금지"라 한다)의 요청일 현재 최근 2년간 미화 5만달러 상당액 이상을 국외로 송금한 사람

3. 미화 5만달러 상당액 이상의 국외자산이 발견된 사람

4. 법 제116조의2에 따라 명단이 공개된 자

5. 출국금지 요청일을 기준으로 최근 1년간 사업 목적, 질병 치료, 직계존비속의 사망 등 정당한 사유 없이 국외 출입 횟수가 3회 이상이거나 국외 체류 일수가 6개월 이상인 사람

6. 법 제26조에 따라 「국세징수법」 제25조에 따른 사해행위(詐害行爲) 취소소송 중이거나 「국세기본법」 제35조제6항에 따른 제3자와 짜고 한 거짓계약에 대한 취소소송 중인 사람

② 관세청장은 법 제116조의5제1항에 따라 법무부장관에게 체납자에 대한 출국금지를 요청하는 경우에는 해당 체납자가 제1항 각

호 중 어느 항목에 해당하는지와 조세채권을 확보할 수 없고 강제징수를 회피할 우려가 있다고 인정하는 사유를 구체적으로 밝혀야 한다. 〈개정 2021. 2. 17.〉

[본조신설 2020. 2. 11.]

[제141조의8에서 이동 〈2023. 2. 28.〉]

제141조의12(출국금지 등의 해제 요청) ① 법 제116조의5제3항제4호에서 "대통령령으로 정하는 사유"란 다음 각 호의 어느 하나에 해당하는 경우를 말한다. 〈개정 2023. 2. 28.〉

1. 체납액의 부과결정의 취소 등에 따라 체납된 관세(세관장이 부과·징수하는 내국세등을 포함한다)가 5천만원 미만이 된 경우

2. 제141조의11제1항에 따른 출국금지 요청의 요건을 충족하지 않게 된 경우

② 관세청장은 출국금지 중인 사람에게 다음 각 호의 어느 하나에 해당하는 사유가 발생한 경우로서 강제징수를 회피할 목적으로 국외로 도피할 우려가 없다고 인정할 때에는 법무부장관에게 출국금지의 해제를 요청할 수 있다. 〈개정 2021. 2. 17.〉

1. 국외건설계약 체결, 수출신용장 개설, 외국인과의 합작사업계약 체결 등 구체적인 사업계획을 가지고 출국하려는 경우

2. 국외에 거주하는 직계존비속이 사망하여 출국하려는 경우

3. 제1호 및 제2호의 사유 외에 본인의 신병 치료 등 불가피한 사유로 출국할 필요가 있다고 인정되는 경우

[본조신설 2020. 2. 11.]

[제141조의9에서 이동 〈2023. 2. 28.〉]

제141조의13(납세자 본인의 과세정보 전송 요구 등) ① 법 제116조의6제1항제5호에서 "대통령령으로 정하는 자"란 다음 각 호의 자를 말한다.

1. 「전기통신사업법」에 따른 전기통신사업자로서 「신용정보의 이용 및 보호에 관한 법률」 제33조의2제1항제2호부터 제5호까지에 해당하는 자

2. 그 밖에 「전기통신사업법」에 따른 전기통신사업자로서 본인정보의 활용 수요, 본인정보를 전송·수신하는 정보시스템의 안전성·신뢰성 및 개인정보 보호 수준 등을 고려하여 관세청장이 정하여 고시하는 자

② 법 제116조의6제2항에서 "대통령령으로 정하는 범위"란 별표 2의2 제1호 각 목에 따른 정보(납세자 본인에 관한 정보만 해당한다)를 말한다. 다만, 해당 정보의 유출로 국가의 안전보장 또는 국민경제의 발전에 지장을 줄 우려가 있는 정보는 제외한다.

③ 납세자는 법 제116조의6제1항에 따라 과세정보의 전송을 요구하는 경우(납세자 본인에게 전송할 것을 요구하는 경우는 제외한다)에는 과세정보의 보관기간을 특정하여 요구해야 한다.

④ 법 제116조의6제1항에 따라 전송 요구를 받은 관세청장은 전송 요구를 받은 과세정보를 컴퓨터 등 정보처리장치로 처리가 가능한 방식으로 즉시 전송해야 한다. 다만, 전산시스템의 문제 발생 등으로 전송이 지연되거나 불가한 경우에는 전송이 지연된 사실 및 그 사유를 납세자에게 통지하고, 그 사유가 해소되면 즉시 과세정보를 전송해야 한다.

⑤ 관세청장은 납세자의 요구가 있는 경우에는 해당 과세정보의 정확성 및 최신성이 유지될 수 있도록 정기적으로 같은 내역의 과세정보를 전송할 수 있다.

⑥ 납세자는 법 제116조의6제3항에 따라 전송 요구를 철회하는 경우에는 다음 각 호의 어느 하나에 해당하는 방법으로 해야 한다.

1. 서면

2. 「전자서명법」 제2조제2호에 따른 전자서명(서명자의 실지명의를 확인할 수 있는 것으로 한정한다)이 있는 전자문서(「전자문서 및 전자거래 기본법」 제2조제1호에 따른 전자문서를 말한다)

3. 그 밖에 안전성과 신뢰성이 확보된 방법으로서 관세청장이 정하여 고시하는 방법

⑦ 법 제116조의6제4항에서 "납세자의 본인 여부가 확인되지 아니하는 경우 등 대통령령으로 정하는 경우"란 다음 각 호의 어느 하나에 해당하는 경우를 말한다.

1. 납세자 본인이 전송 요구를 한 사실이 확인되지 않은 경우

2. 납세자 본인이 전송 요구를 했으나 제3자의 기망이나 협박 때문에 전송 요구를 한 것으로 의심되는 경우

3. 법 제116조의6제1항 각 호의 자가 아닌 자에게 전송해 줄 것을 요구한 경우

4. 법 제116조의6제5항에 따른 전송 요구 방법을 따르지 않은

경우

5. 납세자의 인증정보 탈취 등 부당한 방법으로 인한 전송 요구임을 알게 된 경우

6. 전송 요구에 응하여 과세정보를 제공하면 타인의 권리나 정당한 이익을 부당하게 침해할 우려가 있는 경우

⑧ 다음 각 호의 어느 하나에 해당하는 자(이하 "전송과세정보 공유자"라 한다)는 법 제116조의6제9항에 따라 과세정보의 안전성을 확보하기 위해 제141조의4제1항 각 호의 조치를 해야 한다.

1. 법 제116조의6제2항에 따라 전송된 과세정보를 알게 된 같은 조 제1항제2호부터 제5호까지에 해당하는 자

2. 법 제116조의6제8항에 따라 과세정보의 전송 업무를 대행하는 자

⑨ 전송과세정보 공유자는 제8항에 따른 조치의 이행 여부를 주기적으로 점검해야 한다.

⑩ 관세청장은 전송과세정보 공유자에게 제9항에 따른 점검결과의 제출을 요청할 수 있으며, 해당 요청을 받은 자는 그 점검결과를 관세청장에게 제출해야 한다.

⑪ 제1항부터 제10항까지에서 규정한 사항 외에 과세정보의 전송 요구 절차 등에 관하여 필요한 사항은 관세청장이 정하여 고시한다.

[본조신설 2024. 2. 29.]

제142조(과세전통지의 생략) 법 제118조제1항제6호에서 "대통령령으로 정하는 경우"란 다음 각 호의 어느 하나에 해당하는 경우를 말한다. 〈개정 2004. 3. 29., 2006. 5. 22., 2011. 4. 1., 2018. 2. 13.〉

1. 납부세액의 계산착오 등 명백한 오류에 의하여 부족하게 된 세액을 징수하는 경우

2. 「감사원법」 제33조에 따른 감사원의 시정요구에 따라 징수하는 경우

3. 납세의무자가 부도·휴업·폐업 또는 파산한 경우

4. 법 제85조에 따른 관세품목분류위원회의 의결에 따라 결정한 품목분류에 의하여 수출입물품에 적용할 세율이나 품목분류의 세번이 변경되어 부족한 세액을 징수하는 경우

5. 법 제118조제4항제2호 후단 및 제128조제1항제3호 후단(법 제132조제4항에서 준용하는 경우를 포함한다)에 따른 재조사 결과

에 따라 해당 처분의 취소 · 경정을 하거나 필요한 처분을 하는 경우
제142조의2(재조사 결과에 따른 처분의 통지) 관세청장 또는 세관장은 법 제118조제4항제2호 후단 및 제128조제1항제3호 후단(법 제132조제4항에서 준용하는 경우를 포함한다)에 따른 재조사 결과에 따라 대상이 된 처분의 취소 · 경정을 하거나 필요한 처분을 하였을 때에는 그 처분결과를 지체 없이 서면으로 과세전적부심사 청구인 또는 심사청구인(법 제132조제4항에서 준용하는 경우에는 이의신청인을 말한다)에게 통지하여야 한다.

[본조신설 2018. 2. 13.]

제143조(과세전적부심사의 범위 및 청구절차 등) ① 법 제118조제2항 단서에서 "법령에 대한 관세청장의 유권해석을 변경하여야 하거나 새로운 해석이 필요한 경우 등 대통령령으로 정하는 경우"란 다음 각 호의 어느 하나에 해당하는 경우를 말한다. 〈개정 2001. 12. 31., 2004. 3. 29., 2007. 4. 5., 2010. 3. 26., 2011. 4. 1., 2012. 2. 2., 2023. 2. 28.〉

1. 관세청장의 훈령 · 예규 · 고시 등과 관련하여 새로운 해석이 필요한 경우

2. 관세청장의 업무감사결과 또는 업무지시에 따라 세액을 경정하거나 부족한 세액을 징수하는 경우

3. 관세평가분류원장의 품목분류 및 유권해석에 따라 수출입물품에 적용할 세율이나 물품분류의 관세율표 번호가 변경되어 세액을 경정하거나 부족한 세액을 징수하는 경우

4. 동일 납세의무자가 동일한 사안에 대하여 둘 이상의 세관장에게 과세전적부심사를 청구하여야 하는 경우

5. 제1호부터 제4호까지의 규정에 해당하지 아니하는 경우로서 과세전적부심사 청구금액이 5억원 이상인 것

② 납세의무자가 법 제118조제2항에 따른 과세전적부심사를 청구한 경우 세관장은 그 청구 부분에 대하여 같은 조 제3항에 따른 결정이 있을 때까지 경정을 유보(留保)해야 한다. 다만, 다음 각 호의 어느 하나에 해당하는 경우에는 그렇지 않다. 〈신설 2023. 2. 28.〉

1. 과세전적부심사를 청구한 날부터 법 제21조에 따른 관세부과의 제척기간 만료일까지 남은 기간이 3개월 이하인 경우

2. 법 제118조제1항 각 호의 어느 하나에 해당하는 경우

3. 납세의무자가 과세전적부심사를 청구한 이후 세관장에게 조기에 경정해 줄 것을 신청한 경우

[제목개정 2023. 2. 28.]

제144조(관세심사위원회의 심사를 생략할 수 있는 사유) 법 제118조제3항 단서에서 "과세전적부심사 청구기간이 지난 후 과세전적부심사청구가 제기된 경우 등 대통령령으로 정하는 사유"란 다음 각 호의 어느 하나에 해당하는 사유를 말한다. 〈개정 2020. 2. 11., 2023. 2. 28.〉

1. 과세전적부심사 청구기간이 지난 후 과세전적부심사청구가 제기된 경우

2. 법 제118조제1항 각 호 외의 부분 본문에 따른 통지가 없는 경우

3. 법 제118조제1항 각 호 외의 부분 본문에 따른 통지가 청구인에게 한 것이 아닌 경우

4. 법 제118조제6항에 따라 준용되는 법 제123조제1항 본문에 따른 보정기간 내에 보정을 하지 아니한 경우

5. 과세전적부심사청구의 대상이 되는 통지의 내용이나 쟁점 등이 이미 법 제118조의4제9항 전단에 따른 관세심사위원회(이하 "관세심사위원회"라 한다)의 심의를 거쳐 결정된 사항과 동일한 경우

[본조신설 2016. 2. 5.]

제144조의2(납세자보호관 및 담당관의 자격 · 직무 등) ① 법 제118조의2제2항에서 "대통령령으로 정하는 세관"이란 인천공항세관 · 서울세관 · 부산세관 · 인천세관 · 대구세관 및 광주세관(이하 "본부세관"이라 한다)을 말한다. 〈개정 2023. 4. 11.〉

② 법 제118조의2제5항에 따른 납세자보호관(이하 "납세자보호관"이라 한다)의 직무 및 권한은 다음 각 호와 같다. 〈개정 2021. 2. 17.〉

1. 위법 · 부당한 관세조사 및 관세조사 중 세관공무원의 위법 · 부당한 행위에 대한 일시중지 및 중지

2. 위법 · 부당한 처분(법에 따른 납부고지는 제외한다)에 대한 시정요구

3. 위법 · 부당한 처분이 있을 수 있다고 인정되는 경우 그 처분 절차의 일시중지 및 중지

4. 납세서비스 관련 제도 · 절차 개선에 관한 사항

5. 납세자의 권리보호업무에 관하여 법 제118조의2제2항에 따른 담당관(이하 "납세자보호담당관"이라 한다)에 대한 지도 · 감독

6. 세금 관련 고충민원의 해소 등 납세자 권리보호에 관한 사항

7. 그 밖에 납세자의 권리보호와 관련하여 관세청장이 정하는 사항

③ 납세자보호관은 제2항에 따른 업무를 효율적으로 수행하기 위하여 납세자보호담당관에게 그 직무와 권한의 일부를 위임할 수 있다.

④ 납세자보호담당관은 관세청 소속 공무원 중에서 그 직급 · 경력 등을 고려하여 관세청장이 정하는 기준에 해당하는 사람으로 한다.

⑤ 납세자보호담당관의 직무 및 권한은 다음 각 호와 같다.

1. 세금 관련 고충민원의 처리 등 납세자 권리보호에 관한 사항

2. 제3항에 따라 위임받은 업무

3. 그 밖에 납세자 권리보호에 관하여 관세청장이 정하는 사항

[본조신설 2020. 2. 11.]

제144조의3(납세자보호위원회의 위원) ① 법 제118조의4제1항에 따른 납세자보호위원회(이하 이 조 및 제144조의4에서 "위원회"라 한다)는 같은 조 제5항에 따른 위원장(이하 이 조 및 제144조의4에서 "위원장"이라 한다) 1명을 포함하여 다음 각 호의 구분에 따른 위원으로 구성한다. 〈신설 2023. 2. 28.〉

1. 본부세관에 두는 위원회: 160명 이내의 위원

2. 관세청에 두는 위원회: 45명 이내의 위원

② 위원회의 위원은 다음 각 호의 구분에 따른 사람이 된다. 〈개정 2023. 2. 28.〉

1. 본부세관에 두는 위원회: 다음 각 목의 사람

가. 납세자보호담당관 1명

나. 해당 본부세관의 5급 이상의 공무원 중 본부세관장이 임명하는 7명 이내의 사람

다. 관세청장이 정하는 일선세관(본부세관 외의 세관을 말한다. 이하 같다)의 5급 이상의 공무원 중 본부세관장이 임명하는 40명 이내의 사람(일선세관별 임명 위원은 5명 이내로 한다)

라. 관세 · 법률 · 재정 분야에 관한 전문적인 학식과 경험이 풍부한 사람으로서 본부세관장이 성별을 고려하여 위촉하는 32명 이내의 사람

마. 관세 · 법률 · 재정 분야에 관한 전문적인 학식과 경험이 풍부한 사람으로서 일선세관장이 성별을 고려하여 추천한 사람 중에서 본부세관장이 위촉하는 80명 이내의 사람(일선세관별 위촉 위원은 10명 이내로 한다)

2. 관세청에 두는 위원회: 다음 각 목의 사람

가. 납세자보호관 1명

나. 관세청의 3급 또는 고위공무원단에 속하는 공무원 중에서 관세청장이 임명하는 9명 이내의 사람

다. 관세 · 법률 · 재정 분야의 전문가 중에서 관세청장이 성별을 고려하여 위촉하는 22명 이내의 사람(기획재정부장관이 추천하여 위촉하는 7명 이내의 사람을 포함한다)

라. 「관세사법」 제21조에 따른 관세사회의 장이 추천하는 5년 이상 경력을 가진 관세사 중에서 관세청장이 위촉하는 사람 3명

마. 「세무사법」 제18조에 따른 한국세무사회의 장이 추천하는 5년 이상 경력을 가진 세무사 또는 「공인회계사법」 제41조에 따른 한국공인회계사회의 장이 추천하는 5년 이상의 경력을 가진 공인회계사 중에서 관세청장이 위촉하는 사람 3명

바. 「변호사법」에 따른 대한변호사협회의 장이 추천하는 5년 이상 경력을 가진 변호사 중에서 관세청장이 위촉하는 사람 3명

사. 「비영리민간단체 지원법」 제2조에 따른 비영리민간단체가 추천하는 5년 이상의 경력을 가진 관세 · 법률 · 재정 분야의 전문가 중에서 관세청장이 위촉하는 사람 4명

③ 위원장은 위원회를 대표하고 위원회의 업무를 총괄한다. 〈개정 2023. 2. 28.〉

④ 위원장이 부득이한 사유로 직무를 수행할 수 없을 때에는 관세청장(본부세관에 두는 위원회의 경우에는 해당 세관장을 말한다)이 위촉하는 위원(이하 이 조 및 제144조의4에서 "민간위원"이라 한다) 중 위원장이 미리 지명한 위원이 그 직무를 대행한다. 〈개정 2023. 2. 28.〉

⑤ 위원장과 민간위원의 임기는 2년으로 하며, 한 차례만 연임할 수 있다. 〈개정 2023. 2. 28.〉

⑥ 다음 각 호의 어느 하나에 해당하는 사람은 민간위원이 될 수 없다. 〈개정 2020. 6. 2., 2023. 2. 28., 2025. 2. 28.〉

1. 최근 3년 이내에 세관 또는 관세청에서 공무원으로 근무한 사람
2. 「공직자윤리법」 제17조에 따른 취업심사대상기관에 소속되어 있거나 취업심사대상기관에서 퇴직한 지 3년이 지나지 않은 사람
3. 「관세사법」 제27조, 「세무사법」 제17조, 「공인회계사법」 제48조 또는 「변호사법」 제90조에 따른 징계처분(견책은 제외한다)을 받은 날부터 5년이 지나지 않은 사람
4. 그 밖에 공정한 직무수행에 지장이 있다고 인정되는 사람으로서 관세청장이 정하는 사람

⑦ 관세청장(본부세관에 두는 위원회의 경우에는 해당 세관장을 말한다)은 위원장과 위원(납세자보호담당관 및 납세자보호관인 위원은 제외한다)이 다음 각 호의 어느 하나에 해당하는 경우에는 해당 위원을 해임하거나 해촉할 수 있다. 〈개정 2023. 2. 28.〉
1. 심신장애로 인하여 직무를 수행할 수 없게 된 경우
2. 직무와 관련된 비위사실이 있는 경우
3. 직무태만, 품위손상이나 그 밖의 사유로 인하여 위원으로 적합하지 않다고 인정되는 경우
4. 위원 스스로 직무를 수행하는 것이 곤란하다고 의사를 밝히는 경우
5. 제144조의4제7항 각 호의 어느 하나에 해당함에도 불구하고 회피하지 않은 경우

[본조신설 2020. 2. 11.]
[제목개정 2023. 2. 28.]

제144조의4(납세자보호위원회의 운영) ① 위원장은 다음 각 호의 어느 하나에 해당하는 경우 기일을 정하여 위원회의 회의를 소집하고, 그 의장이 된다.
1. 다음 각 목의 구분에 따른 안건에 대한 심의가 필요하다고 인정되는 경우
   가. 본부세관에 두는 위원회: 법 제118조의4제2항 각 호의 안건
   나. 관세청에 두는 위원회: 법 제118조의4제3항 각 호의 안건
2. 다음 각 목의 구분에 따른 안건에 대하여 납세자보호관 또는 납세자보호담당관인 위원의 요구가 있는 경우
   가. 본부세관에 두는 위원회: 법 제118조의4제2항제1호부터 제4호까지 및 제7호의 안건

나. 관세청에 두는 위원회: 법 제118조의4제3항제1호 및 제4호의 안건

② 위원회의 회의는 위원장과 다음 각 호의 구분에 따른 사람으로 구성한다.

1. 본부세관에 두는 위원회: 다음 각 목의 구분에 따른 사람

가. 법 제118조의4제2항제1호부터 제4호까지 및 제7호의 안건: 납세자보호담당관과 위원장이 납세자보호담당관인 위원의 의견을 들어 회의마다 성별을 고려하여 지정하는 사람 9명

나. 법 제118조의4제2항제5호 및 제6호의 안건: 위원장이 본부세관장의 의견을 들어 회의마다 성별을 고려하여 지정하는 사람 9명

2. 관세청에 두는 위원회: 다음 각 목의 구분에 따른 사람

가. 법 제118조의4제3항제1호 및 제4호의 안건: 납세자보호관과 위원장이 납세자보호관인 위원의 의견을 들어 회의마다 성별을 고려하여 지정하는 사람 9명

나. 법 제118조의4제3항제2호 및 제3호의 안건: 위원장이 관세청장의 의견을 들어 회의마다 성별을 고려하여 지정하는 사람 9명

③ 제2항에 따른 위원회의 회의는 다음 각 호에서 정하는 기준에 따라 구성해야 한다.

1. 제2항제1호가목 및 같은 항 제2호가목: 민간위원이 아닌 위원이 2명 이하일 것

2. 제2항제1호나목 및 같은 항 제2호나목: 민간위원이 2분의 1 이상일 것

④ 위원회의 회의는 제2항 및 제3항에 따라 구성된 위원 과반수의 출석으로 개의하고, 출석위원 과반수의 찬성으로 의결한다.

⑤ 위원회의 회의는 공개하지 않는다. 다만, 다음 각 호의 어느 하나에 해당하는 경우에는 공개할 수 있다.

1. 법 제118조의4제2항제1호부터 제4호까지, 제7호, 같은 조 제3항제1호 및 제4호의 안건: 위원장이 납세자보호관 또는 납세자보호담당관인 위원의 의견을 들어 공개가 필요하다고 인정하는 경우

2. 법 제118조의4제2항제5호·제6호, 같은 조 제3항제2호·제3호의 안건: 해당 안건과 관련된 제144조의6제3항 각 호에 따른 관세심사위원회의 위원장이 필요하다고 인정하여 위원장에게 요청하는 경우

⑥ 위원회에 그 사무를 처리하는 간사 1명을 두고, 간사는 다음

각 호의 구분에 따른 사람이 된다.

1. 본부세관에 두는 위원회: 해당 본부세관장이 소속 공무원 중에서 지명하는 사람

2. 관세청에 두는 위원회: 관세청장이 소속 공무원 중에서 지명하는 사람

⑦ 위원회의 위원은 다음 각 호의 구분에 따라 위원회의 심의·의결에서 제척된다.

1. 법 제118조의4제2항제1호부터 제4호까지, 제7호, 같은 조 제3항제1호 및 제4호의 안건의 경우: 다음 각 목의 어느 하나에 해당하는 경우

가. 심의의 대상이 되는 관세조사를 받는 사람(이하 이 호에서 "조사대상자"라 한다)인 경우 또는 조사대상자의 관세조사에 대하여 법 제112조에 따라 조력을 제공하거나 제공했던 사람인 경우

나. 가목에 규정된 사람의 친족이거나 친족이었던 경우

다. 가목에 규정된 사람의 사용인이거나 사용인이었던 경우

라. 심의의 대상이 되는 관세조사에 관하여 증언 또는 감정을 한 경우

마. 심의의 대상이 되는 관세조사 착수일 전 최근 5년 이내에 조사대상자의 법에 따른 신고·신청·청구에 관여했던 경우

바. 라목 또는 마목에 해당하는 법인 또는 단체에 속하거나 심의의 대상이 되는 관세조사의 착수일 전 최근 5년 이내에 속했던 경우

사. 그 밖에 조사대상자 또는 조사대상자의 관세조사에 대하여 법 제112조에 따라 조력을 제공하는 자의 업무에 관여하거나 관여했던 경우

2. 법 제118조의4제2항제5호·제6호, 같은 조 제3항제2호·제3호의 안건(관세심사위원회에서 심의·의결하는 안건을 포함한다)의 경우: 다음 각 목의 어느 하나에 해당하는 경우

가. 위원이 해당 안건의 당사자(당사자가 법인·단체 등인 경우에는 그 임원을 포함한다. 이하 이 호에서 같다)이거나 해당 안건에 관하여 직접적인 이해관계가 있는 경우

나. 위원의 배우자, 4촌 이내의 혈족 및 2촌 이내의 인척의 관계에 있는 사람이 해당 안건의 당사자이거나 해당 안건에 관하여

직접적인 이해관계가 있는 경우

다. 위원이 해당 안건 당사자의 대리인이거나 최근 5년 이내에 대리인이었던 경우

라. 위원이 해당 안건 당사자의 대리인이거나 최근 5년 이내에 대리인이었던 법인·단체 등에 현재 속하고 있거나 속하였던 경우

마. 위원이 최근 5년 이내에 해당 안건 당사자의 자문·고문에 응하였거나 해당 안건 당사자와 연구·용역 등의 업무 수행에 동업 또는 그 밖의 형태로 직접 해당 안건 당사자의 업무에 관여를 하였던 경우

바. 위원이 최근 5년 이내에 해당 안건 당사자의 자문·고문에 응하였거나 해당 안건 당사자와 연구·용역 등의 업무 수행에 동업 또는 그 밖의 형태로 직접 해당 안건 당사자의 업무에 관여를 하였던 법인·단체 등에 현재 속하고 있거나 속하였던 경우

⑧ 위원회의 위원은 제7항 각 호의 어느 하나에 해당하는 경우에는 스스로 해당 안건의 심의·의결에서 회피해야 한다.

⑨ 제144조의3 및 이 조 제1항부터 제8항까지에서 규정한 사항 외에 위원회의 구성 및 운영 등에 필요한 사항은 관세청장이 정한다.

[본조신설 2023. 2. 28.]

[종전 제144조의4는 제144조의5로 이동 〈2023. 2. 28.〉]

제144조의5(납세자보호위원회에 대한 납세자의 심의 등의 요청 및 결과 통지 등) ① 납세자는 법 제118조의5제1항에 따라 심의를 요청하는 경우 또는 같은 조 제3항에 따라 취소 또는 변경 요청을 하는 경우에는 서면으로 해야 한다.

② 세관장이 법 제118조의5제2항에 따른 결과를 통지하거나 관세청장이 같은 조 제4항에 따른 결과를 통지하는 경우에는 서면으로 해야 한다.

③ 법 제118조의5제5항 단서에서 "납세자가 관세조사를 기피하려는 것이 명백한 경우 등 대통령령으로 정하는 경우"란 다음 각 호의 경우를 말한다.

1. 납세자가 장부·서류 등을 은닉하거나 제출을 지연 또는 거부하는 등 조사를 기피하는 행위가 명백한 경우

2. 납세자의 심의 요청 및 취소 또는 변경 요청이 관세조사를 기

피하려는 행위임을 세관공무원이 자료·근거 등으로 명백하게 입증하는 경우

④ 법 제118조의5제7항에 따라 의견 진술을 하려는 납세자는 다음 각 호의 사항을 적은 문서를 해당 세관장 또는 관세청장에게 제출하여 신청해야 한다.

1. 진술자의 성명(법인인 경우 법인의 대표자 성명)
2. 진술자의 주소 또는 거소
3. 진술하려는 내용

⑤ 제4항의 신청을 받은 해당 세관장 또는 관세청장은 출석 일시 및 장소와 필요하다고 인정하는 진술시간을 정하여 회의 개최일 3일 전까지 납세자에게 통지해야 한다.

⑥ 제1항부터 제5항까지에서 규정한 사항 외에 납세자보호위원회에 대한 납세자의 심의 요청 및 결과 통지 등에 필요한 사항은 관세청장이 정한다.

[본조신설 2020. 2. 11.]

[제144조의4에서 이동 〈2023. 2. 28.〉]

제144조의6(관세심사위원회의 구성 등) ① 다음 각 호의 구분에 따라 납세자보호위원회에 관세심사위원회를 둔다. 이 경우 제1호나목의 위원회는 관세청장이 정하는 바에 따라 본부세관에 둔다.

1. 본부세관 납세자보호위원회에 두는 관세심사위원회: 다음 각 목의 분과위원회
   가. 본부세관분과 관세심사위원회: 1개
   나. 일선세관분과 관세심사위원회: 8개 이내
2. 관세청 납세자보호위원회에 두는 관세심사위원회: 관세청 관세심사위원회 1개

② 관세심사위원회는 해당 위원회의 위원장(이하 이 조 및 제144조의7에서 "위원장"이라 한다) 1명을 포함하여 다음 각 호의 구분에 따른 위원으로 구성한다.

1. 본부세관 납세자보호위원회에 두는 관세심사위원회: 다음 각 목의 위원
   가. 본부세관분과 관세심사위원회: 22명 이내의 위원
   나. 일선세관분과 관세심사위원회: 15명 이내의 위원
2. 관세청 납세자보호위원회에 두는 관세심사위원회: 31명 이내의

위원

③ 위원장은 다음 각 호의 구분에 따른 사람이 된다.

1. 본부세관 납세자보호위원회에 두는 관세심사위원회: 다음 각 목의 사람

가. 본부세관분과 관세심사위원회: 제144조의3제2항제1호나목의 위원 중 본부세관장이 임명하는 사람

나. 일선세관분과 관세심사위원회: 제144조의3제2항제1호다목의 위원 중 본부세관장이 임명하는 사람

2. 관세청 납세자보호위원회에 두는 관세심사위원회: 제144조의3제2항제2호나목의 위원 중 관세청장이 임명하는 사람

④ 관세심사위원회는 위원장 1명을 포함하여 다음 각 호의 구분에 따른 사람으로 구성한다.

1. 본부세관 납세자보호위원회에 두는 관세심사위원회: 다음 각 목에서 정하는 분과위원회별 구분에 따른 사람

가. 본부세관분과 관세심사위원회: 다음 구분에 따른 사람

1) 제144조의3제2항제1호나목에 해당하는 위원 중 본부세관장이 임명하는 7명 이내의 사람

2) 제144조의3제2항제1호라목에 해당하는 위원 중 본부세관장이 위촉하는 15명 이내의 사람

나. 일선세관분과 관세심사위원회: 다음 구분에 따른 사람

1) 제144조의3제2항제1호다목에 해당하는 위원 중 본부세관장이 임명하는 5명 이내의 사람

2) 제144조의3제2항제1호마목에 해당하는 위원 중 본부세관장이 위촉하는 10명 이내의 사람

2. 관세청 납세자보호위원회에 두는 관세심사위원회: 다음 각 목의 사람

가. 제144조의3제2항제2호나목에 해당하는 위원 중 관세청장이 임명하는 9명 이내의 사람

나. 제144조의3제2항제2호다목에 해당하는 위원 중 관세청장이 위촉하는 22명 이내의 사람

⑤ 위원장은 관세심사위원회를 대표하고, 관세심사위원회의 업무를 총괄한다.

⑥ 관세심사위원회는 위원장이 부득이한 사유로 직무를 수행할 수

없을 때에는 제4항 각 호에 해당하는 관세심사위원회의 위원 중 위원장(관세청에 두는 관세심사위원회의 경우에는 관세청장을 말한다)이 미리 지명한 위원이 그 직무를 대행한다.

[본조신설 2023. 2. 28.]

제144조의7(관세심사위원회의 운영) ① 위원장은 다음 각 호의 구분에 따른 안건에 대한 심의가 필요한 경우 기일을 정하여 관세심사위원회의 회의를 소집하고 그 의장이 된다.

1. 본부세관 납세자보호위원회에 두는 관세심사위원회: 법 제118조의4제2항제5호 및 제6호의 안건

2. 관세청 납세자보호위원회에 두는 관세심사위원회: 법 제118조의4제3항제2호 및 제3호의 안건

② 관세심사위원회의 회의는 해당 위원장과 다음 각 호의 구분에 따른 위원으로 구성한다. 이 경우 민간위원을 2분의 1 이상 포함해야 한다.

1. 본부세관 납세자보호위원회에 두는 관세심사위원회: 다음 각 목의 구분에 따른 사람

가. 본부세관분과 관세심사위원회: 제144조의6제4항제1호가목1) 및 2)에 해당하는 위원 중 위원장이 회의마다 지정하는 사람 8명

나. 일선세관분과 관세심사위원회: 제144조의6제4항제1호나목1) 및 2)에 해당하는 위원 중 위원장이 회의마다 지정하는 사람 6명

2. 관세청 납세자보호위원회에 두는 관세심사위원회: 제144조의6제4항제2호가목 및 나목에 해당하는 위원 중 위원장이 회의마다 지정하는 사람 10명

③ 위원장은 제1항에 따라 기일을 정하였을 때에는 그 기일 7일 전까지 제2항에 따라 지정된 위원 및 해당 청구인 또는 신청인에게 통지해야 한다.

④ 위원장은 제1항에 따른 관세심사위원회를 소집하는 경우 안건과 관련된 세관장 또는 처분권자를 회의에 참석하도록 요청할 수 있다.

⑤ 관세심사위원회의 회의는 제2항에 따라 구성된 위원 과반수의 출석으로 개의하고, 출석위원 과반수의 찬성으로 의결한다.

⑥ 관세심사위원회에 그 사무를 처리하기 위하여 간사 1명을 두고, 간사는 위원장이 소속 공무원 중에서 지명한다.

⑦ 관세심사위원회의 위원은 관세심사위원회에서 심의·의결하는 안건과 관련하여 제144조의4제7항제2호 각 목의 어느 하나에 해당하는 경우에는 스스로 해당 안건의 심의·의결에서 회피해야 한다.

⑧ 제144조의6 및 이 조 제1항부터 제7항까지에서 규정한 사항 외에 관세심사위원회의 구성 및 운영 등에 필요한 사항은 법 제118조의4제1항에 따른 납세자보호위원회의 의결을 거쳐 위원장이 정한다.

[본조신설 2023. 2. 28.]

제2절 심사와 심판

제145조(심사청구) ①법 제119조의 규정에 의한 심사청구를 하는 때에는 관세청장이 정하는 심사청구서에 다음 각호의 사항을 기재하여야 한다. 이 경우 관계증거서류 또는 증거물이 있는 때에는 이를 첨부할 수 있다.

1. 심사청구인의 주소 또는 거소와 성명
2. 처분이 있은 것을 안 연월일(처분의 통지를 받은 경우에는 그 받은 연월일)
3. 처분의 내용
4. 심사청구의 요지와 불복의 이유

② 세관장 또는 관세청장은 제1항에 따른 심사청구에 관한 법 제122조제3항에 따른 의견서 작성 또는 법 제127조에 따른 의결·결정을 위하여 필요하다고 인정하는 경우에는 직권으로 또는 심사청구인의 신청에 따라 해당 청구의 대상이 된 처분에 관계되는 통관절차 등을 대행한 관세사(합동사무소·관세사법인 및 통관취급법인을 포함한다)에게 통관경위에 관하여 질문하거나 관련 자료를 제출하도록 요구할 수 있다. 〈개정 2010. 3. 26., 2021. 2. 17.〉

③법 제119조제9항 전단에서 "이 법이나 그 밖의 관세에 관한 법률 또는 조약에 따른 처분으로 권리나 이익을 침해받게 되는 제2차 납세의무자 등 대통령령으로 정하는 이해관계인"이란 다음 각 호의 어느 하나에 해당하는 자를 말한다. 〈개정 2008. 2. 29., 2011. 4. 1., 2019. 2. 12., 2021. 2. 17.〉

1. 제2차 납세의무자로서 납부고지서를 받은 자
2. 법 제19조제10항에 따라 물적 납세의무를 지는 자로서 납부고지서를 받은 자

3. 납세보증인

4. 그 밖에 기획재정부령으로 정하는 자

④심사청구서가 법 제122조제1항의 규정에 의한 세관장외의 세관장 또는 관세청장에게 제출된 때에는 당해 청구서를 관할세관장에게 지체없이 송부하고 그 뜻을 당해 청구인에게 통지하여야 한다.

⑤ 삭제 〈2018. 2. 13.〉

⑥ 삭제 〈2018. 2. 13.〉

제146조(보정요구) 법 제123조의 규정에 의하여 심사청구의 내용이나 절차의 보정을 요구하는 때에는 다음 각호의 사항을 기재한 문서에 의하여야 한다.

1. 보정할 사항

2. 보정을 요구하는 이유

3. 보정할 기간

4. 기타 필요한 사항

제147조 삭제 〈2023. 2. 28.〉

제148조 삭제 〈2023. 2. 28.〉

제148조의2 삭제 〈2023. 2. 28.〉

제149조 삭제 〈2023. 2. 28.〉

제149조의2(소액사건) 법 제126조제2항에서 “대통령령으로 정하는 금액”이란 3천만원을 말한다.

[본조신설 2017. 3. 27.]

제150조(경미한 사항) 법 제127조제1항 단서에서 “대통령령으로 정하는 사유에 해당하는 경우”란 다음 각 호의 어느 하나에 해당하는 경우를 말한다. 〈개정 2011. 4. 1.〉

1. 심사청구기간이 지난 경우

2. 심사청구의 대상이 되는 처분이 존재하지 아니하는 경우

3. 해당 처분으로 권리 또는 이익을 침해당하지 아니한 자가 심사청구를 제기한 경우

4. 심사청구의 대상이 되지 아니하는 처분에 대하여 심사청구가 제기된 경우

5. 법 제123조제1항에 따른 보정기간 내에 필요한 보정을 하지 아니한 경우

6. 심사청구의 대상이 되는 처분의 내용·쟁점·적용법령 등이 이

미 관세심사위원회의 심의를 거쳐 결정된 사항과 동일한 경우

7. 그 밖에 신속히 결정하여 상급심에서 심의를 받도록 하는 것이 권리구제에 도움이 된다고 판단되는 경우

제151조(결정 등의 통지) ①법 제128조 또는 법 제129조의 규정에 의하여 결정 또는 불복방법의 통지를 하는 때에는 인편 또는 등기우편에 의하여야 하며, 인편에 의하는 경우에는 수령증을 받아야 한다.

②심사청구인의 주소 또는 거소가 불명하거나 기타의 사유로 인하여 제1항의 규정에 의한 방법으로 결정 등을 통지할 수 없는 때에는 그 요지를 당해 재결관서의 게시판 기타 적절한 장소에 공고하여야 한다.

③제2항의 규정에 의하여 공고를 한 때에는 그 공고가 있은 날부터 10일을 경과한 날에 결정 등의 통지를 받은 것으로 본다.

제151조의2(재조사의 연기·중지·연장 등) 법 제128조제5항 후단(법 제118조제6항 및 제132조제4항에서 준용하는 경우를 포함한다)에 따라 재조사를 연기 또는 중지하거나 조사기간을 연장하는 경우에는 제139조의2제2항부터 제5항까지 및 제140조를 준용한다.

[본조신설 2018. 2. 13.]

제152조(불복방법의 통지를 잘못한 경우 등의 구제) ①법 제129조의 규정에 의한 불복방법의 통지에 있어서 불복청구를 할 기관을 잘못 통지하였거나 누락한 경우 그 통지된 기관 또는 당해 처분기관에 불복청구를 한 때에는 정당한 기관에 당해 청구를 한 것으로 본다.

②제1항의 경우에 청구를 받은 기관은 정당한 기관에 지체없이 이를 이송하고, 그 뜻을 그 청구인에게 통지하여야 한다.

제153조(의견진술) ①법 제130조의 규정에 의하여 의견을 진술하고자 하는 자는 그 주소 또는 거소 및 성명과 진술하고자 하는 요지를 기재한 신청서를 당해 재결청에 제출하여야 한다. 〈개정 2007. 4. 5.〉

②제1항의 규정에 의한 신청을 받은 재결청은 다음 각호의 1에 해당하는 경우로서 심사청구인의 의견진술이 필요없다고 인정되는 때를 제외하고는 출석일시 및 장소와 진술시간을 정하여 관세심사위원회 회의개최예정일 3일전까지 심사청구인에게 통지하여야 한다.

1. 심사청구의 대상이 된 사항이 경미한 대
2. 심사청구의 대상이 된 사항이 오로지 법령해석에 관한 것인 때

③제1항의 규정에 의한 신청을 받은 재결청은 심사청구인의 의견진술이 필요없다고 인정되는 때에는 이유를 명시한 문서로 그 뜻을 당해 심사청구인에게 통지하여야 한다.

④법 제130조의 규정에 의한 의견진술은 진술하고자 하는 내용을 기재한 문서의 제출로 갈음할 수 있다.

제153조의2 삭제 〈2012. 2. 2.〉

제154조(준용규정) 이의신청에 관하여는 제145조, 제146조 및 제150조 부터 제153조까지의 규정을 준용한다.

[전문개정 2012. 2. 2.]

제6장 운송수단

제1절 국제항 〈개정 2021. 2. 17.〉

제155조(국제항의 지정) ①법 제133조에 따른 국제항(이하 "국제항"이라 한다)은 다음 표와 같다. 〈개정 2012. 2. 2., 2012. 6. 5., 2015. 2. 6., 2018. 5. 8., 2021. 2. 17.〉

구분	국제항명
항구	인천항, 부산항, 마산항, 여수항, 목포항, 군산항, 제주항, 동해·묵호항, 울산항, 통영항, 삼천포항, 장승포항, 포항항, 장항항, 옥포항, 광양항, 평택·당진항, 대산항, 삼척항, 진해항, 완도항, 속초항, 고현항, 경인항, 보령항
공항	인천공항, 김포공항, 김해공항, 제주공항, 청주공항, 대구공항, 무안공항, 양양공항

②국제항의 항계는 「항만법 시행령」 별표 1에 따른 항만의 수상구역 또는 「공항시설법」에 따른 범위로 한다. 〈개정 2006. 5. 22., 2015. 8. 3., 2016. 2. 5., 2017. 3. 29., 2021. 2. 17.〉

[제목개정 2021. 2. 17.]

제155조의2(국제항의 지정요건 등) ① 법 제133조제2항에 따른 국제항의 지정요건은 다음 각 호와 같다. 〈개정 2006. 5. 22., 2015. 2. 6., 2015. 8. 3., 2017. 3. 29., 2019. 2. 12., 2021. 2. 17.〉

1. 「선박의 입항 및 출항 등에 관한 법률」 또는 「공항시설법」에 따라 국제무역선(기)이 항상 입출항할 수 있을 것

2. 국내선과 구분되는 국제선 전용통로 및 그 밖에 출입국업무를 처리하는 행정기관의 업무수행에 필요한 인력ㆍ시설ㆍ장비를 확보할 수 있을 것

3. 공항 및 항구의 여객수 또는 화물량 등에 관한 다음 각 목의 구분에 따른 기준을 갖출 것

가. 공항의 경우: 다음의 어느 하나의 요건을 갖출 것

1) 정기여객기가 주 6회 이상 입항하거나 입항할 것으로 예상될 것

2) 여객기로 입국하는 여객수가 연간 4만명 이상일 것

나. 항구의 경우: 국제무역선인 5천톤급 이상의 선박이 연간 50회 이상 입항하거나 입항할 것으로 예상될 것

② 관세청장 또는 관계 행정기관의 장은 국제항이 제1항에 따른 지정요건을 갖추지 못하여 업무수행 등에 상당한 지장을 준다고 판단하는 경우에는 기획재정부장관에게 그 사실을 보고해야 한다. 이 경우 기획재정부장관은 관세청장 또는 국제항시설의 관리기관의 장과 국제항에 대한 현장점검을 할 수 있다. 〈신설 2019. 2. 12., 2021. 2. 17.〉

③ 기획재정부장관은 제2항에 따른 보고 또는 현장점검 결과를 검토한 결과 시설 등의 개선이 필요한 경우에는 해당 국제항의 운영자에게 개선대책 수립, 시설개선 등을 명할 수 있으며 그 이행결과를 보고하게 할 수 있다. 〈신설 2019. 2. 12., 2021. 2. 17.〉

[본조신설 2004. 3. 29.]

[제목개정 2021. 2. 17.]

제156조(국제항이 아닌 지역에 대한 출입허가) ①법 제134조제1항 단서에 따라 국제항이 아닌 지역에 대한 출입의 허가를 받으려는 자는 다음 각 호의 사항을 기재한 신청서를 해당 지역을 관할하는 세관장에게 제출해야 한다. 다만, 국제무역선 또는 국제무역기 항행의 편의도모나 그 밖의 특별한 사정이 있는 경우에는 다른 세관장에게 제출할 수 있다. 〈개정 2021. 2. 17.〉

1. 선박 또는 항공기의 종류ㆍ명칭ㆍ등록기호ㆍ국적과 총톤수 및 순톤수 또는 자체무게

2. 지명
3. 당해 지역에 머무는 기간
4. 당해 지역에서 하역하고자 하는 물품의 내외국물품별 구분, 포장의 종류·기호·번호 및 개수와 품명·수량 및 가격
5. 당해 지역에 출입하고자 하는 사유

②제1항 단서의 규정에 의하여 출입허가를 한 세관장은 지체없이 이를 당해 지역을 관할하는 세관장에게 통보하여야 한다.

[제목개정 2021. 2. 17.]

제2절 선박과 항공기

제157조(입항보고서 등의 기재사항) ①법 제135조의 규정에 의한 선박의 입항보고서에는 다음 각호의 사항을 기재하여야 한다.
1. 선박의 종류·등록기호·명칭·국적·선적항·총톤수 및 순톤수
2. 출항지·기항지·최종기항지·입항일시·출항예정일시 및 목적지
3. 적재물품의 개수 및 톤수와 여객·승무원의 수 및 통과여객수

②법 제135조제1항에 따른 선박용품목록에는 다음 각 호의 사항을 기재해야 한다. 〈개정 2021. 2. 17.〉
1. 선박의 종류·등록기호·명칭·국적 및 입항연월일
2. 선박용품의 품명·수량 및 가격

③법 제135조의 규정에 의한 선박의 여객명부에는 다음 각호의 사항을 기재하여야 한다. 〈개정 2002. 12. 30.〉
1. 선박의 종류·등록기호·명칭·국적 및 입항연월일
2. 여객의 국적·성명·생년월일·여권번호·승선지 및 상륙지

④법 제135조의 규정에 의한 선박의 승무원명부에는 다음 각호의 사항을 기재하여야 한다.
1. 선박의 종류·등록기호·명칭·국적 및 입항연월일
2. 승무원의 국적·성명·승무원수첩번호 또는 여권번호·승선지 및 상륙지

⑤법 제135조의 규정에 의한 선박의 승무원 휴대품목록에는 다음 각호의 사항을 기재하여야 한다.
1. 선박의 종류·등록기호·명칭·국적 및 입항연월일

2. 선원의 국적 · 성명 · 승무원수첩번호 또는 여권번호

3. 품명 · 수량 및 가격

⑥법 제135조제1항에 따른 적재화물목록에는 다음 각 호의 사항을 기재해야 한다. 〈신설 2002. 12. 30., 2021. 2. 17.〉

1. 선박명 및 적재항

2. 품명 및 물품수신인 · 물품발송인

3. 그 밖의 선박운항 및 화물에 관한 정보로서 관세청장이 필요하다고 인정하는 것

⑦법 제135조의 규정에 의한 항공기의 입항보고서에는 다음 각호의 사항을 기재하여야 한다.

1. 항공기의 종류 · 등록기호 · 명칭 · 국적 · 출항지 및 입항일시

2. 적재물품의 적재지 · 개수 및 톤수

3. 여객 · 승무원 · 통과여객의 수

⑧법 제135조제1항에 따른 항공기의 항공기용품목록, 여객명부, 승무원명부, 승무원 휴대품목록 및 적재화물목록에 관하여는 제2항부터 제6항까지의 규정을 준용한다. 〈개정 2002. 12. 30., 2021. 2. 17.〉

제157조의2(적재화물목록을 제출할 수 있는 화물운송주선업자) 법 제135조제2항 단서 및 제136조제3항 단서에서 "대통령령으로 정하는 요건을 갖춘 자"란 각각 다음 각 호의 어느 하나에 해당하는 자를 말한다. 〈개정 2021. 2. 17., 2022. 2. 15.〉

1. 법 제255조의2에 따라 수출입 안전관리 우수업체로 공인된 업체

2. 제259조의6제1항에 따른 준수도측정 · 평가의 결과가 우수한 자

3. 기획재정부령으로 정하는 화물운송 주선 실적이 있는 자

[본조신설 2016. 2. 5.]

[제목개정 2021. 2. 17.]

제158조(출항허가의 신청) ①법 제136조제1항의 규정에 의하여 선박이 출항하고자 하는 때에는 다음 각호의 사항을 기재한 신청서를 세관장에게 제출하여야 한다.

1. 선박의 종류 · 등록기호 · 명칭 · 국적 · 총톤수 및 순톤수

2. 여객 · 승무원 · 통과여객의 수

3. 적재물품의 개수 및 톤수

4. 선적지 · 목적지 및 출항일시

②법 제136조제1항의 규정에 의하여 항공기가 출항하고자 하는 경우에는 다음 각호의 사항을 기재한 신청서를 세관장에게 제출하여야 한다.

1. 항공기의 종류ㆍ등록기호ㆍ명칭 및 국적
2. 여객ㆍ승무원ㆍ통과여객의 수
3. 적재물품의 개수 및 톤수
4. 선적지ㆍ목적지 및 출항일시

③법 제136조제2항의 규정에 의한 물품의 목록에 관하여는 관세청장이 정하는 바에 의한다.

제158조의2(승객예약자료의 열람 등) ①세관장은 법 제137조의2제1항에 따라 제공받은 승객예약자료(이하 이 조에서 "승객예약자료"라 한다)를 열람할 수 있는 세관공무원(법 제137조의2제3항에 따라 지정받은 자를 말한다. 이하 이 조에서 같다)에게 관세청장이 정하는 바에 따라 개인식별 고유번호를 부여하는 등의 조치를 하여 권한 없는 자가 승객예약자료를 열람하는 것을 방지하여야 한다.

②세관장은 승객이 입항 또는 출항한 날(이하 이 조에서 "입ㆍ출항일"이라 한다)부터 1월이 경과한 때에는 해당승객의 승객예약자료를 다른 승객의 승객예약자료(승객의 입ㆍ출항일부터 1월이 경과하지 아니한 승객예약자료를 말한다)와 구분하여 관리하여야 한다.

③세관장은 제2항에 따라 구분하여 관리하는 승객예약자료(이하 이 조에서 "보존승객예약자료"라 한다)를 해당승객의 입ㆍ출항일부터 기산하여 3년간 보존할 수 있다. 다만, 다음 각 호의 어느 하나에 해당하는 자에 대한 보존승객예약자료는 5년간 보존할 수 있다. 〈개정 2012. 6. 7., 2016. 1. 6.〉

1. 법 제234조를 위반하여 수출입금지물품을 수출입한 자 또는 수출입하려고 하였던 자로서 관세청장이나 세관장의 통고처분을 받거나 벌금형 이상의 형의 선고를 받은 사실이 있는 자

2. 법 제241조제1항ㆍ제2항을 위반하였거나 법 제241조제1항ㆍ제2항을 위반하여 다음 각 목의 어느 하나의 물품을 수출입 또는 반송하려고 하였던 자로서 관세청장이나 세관장의 통고처분을 받거나 벌금형 이상의 형의 선고를 받은 사실이 있는 자

가. 「마약류 관리에 관한 법률」에 따른 마약류

나. 「총포ㆍ도검ㆍ화약류 등의 안전관리에 관한 법률」에 따른

총포·도검·화약류·전자충격기 및 석궁

3. 수사기관 등으로부터 제공받은 정보나 세관장이 수집한 정보 등에 근거하여 다음 각 목의 어느 하나에 해당하는 행위를 할 우려가 있다고 인정되는 자로서 관세청장이 정하는 기준에 해당하는 자

가. 법 제234조를 위반하여 수출입금지물품을 수출입하는 행위

나. 법 제241조제1항 또는 제2항을 위반하여 다음의 어느 하나의 물품을 수출입 또는 반송하는 행위

(1) 「마약류 관리에 관한 법률」에 따른 마약류

(2) 「총포·도검·화약류 등의 안전관리에 관한 법률」에 따른 총포·도검·화약류·전자충격기 및 석궁

④세관공무원은 보존승객예약자료를 열람하려는 때에는 관세청장이 정하는 바에 따라 미리 세관장의 승인을 얻어야 한다.

[본조신설 2006. 5. 22.]

제159조(재해 등으로 인한 행위의 보고) 법 제138조제4항의 규정에 의한 경과보고는 다음 각호의 사항을 기재한 보고서에 의하여야 한다.

1. 재해 등의 내용·발생일시·종료일시

2. 재해 등으로 인하여 행한 행위

3. 제166조제1항제2호 및 제3호의 사항

제160조(임시 외국 정박 또는 착륙의 보고) ①법 제139조에 따른 보고는 다음 각 호의 사항을 기재한 보고서로 한다. 〈개정 2021. 2. 17.〉

1. 선박 또는 항공기의 종류·명칭 또는 등록기호·국적·총톤수 및 순톤수 또는 자체무게

2. 임시 정박한 항만명 또는 임시 착륙한 공항명

3. 해당 항만 또는 공항에 머무른 기간

4. 임시 정박 또는 착륙 사유

5. 해당 항만 또는 공항에서의 적재물품 유무

②법 제139조의 규정에 의한 물품의 목록에 관하여는 제158조제3항의 규정을 준용한다.

[제목개정 2021. 2. 17.]

제161조(물품의 하역 등의 허가신청) ①법 제140조제1항 단서의 규정에 의하여 물품을 하역 또는 환적하기 위하여 허가를 받고자 하

는 자는 다음 각호의 사항을 기재한 신청서를 세관장에게 제출하여야 한다.

1. 선박 또는 항공기의 종류·명칭·국적 및 입항연월일
2. 물품의 내외국물품별 구분과 품명·수량 및 가격
3. 포장의 종류·기호·번호 및 개수
4. 신청사유

②법 제140조제4항에 따라 물품을 하역하려는 자는 다음 각 호의 사항을 기재한 신고서를 세관장에게 제출하고 그 신고필증을 현장세관공무원에게 제시하여야 한다. 다만, 수출물품의 경우에는 관세청장이 정하는 바에 따라 물품목록의 제출로서 이에 갈음할 수 있으며, 항공기인 경우에는 현장세관공무원에 대한 말로써 신고하여 이에 갈음할 수 있다. 〈개정 2002. 12. 30., 2019. 2. 12., 2022. 2. 15.〉

1. 선박 또는 항공기의 명칭
2. 물품의 품명·개수 및 중량
3. 승선자수 또는 탑승자수
4. 선박 또는 항공기 대리점
5. 작업의 구분과 작업예정기간

③법 제140조제5항에 따른 하역통로는 세관장이 지정하고 이를 공고해야 한다. 〈개정 2019. 2. 12.〉

④법 제140조제6항 단서에 따른 허가를 받으려는 자는 다음 각 호의 사항을 기재한 신청서를 세관장에게 제출해야 한다. 〈개정 2019. 2. 12.〉

1. 물품의 내외국물품별 구분과 품명 및 수량
2. 포장의 종류 및 개수
3. 적재선박 또는 항공기의 명칭, 적재기간
4. 화주의 주소 및 성명
5. 신청사유

⑤세관장은 다음 각 호의 어느 하나에 해당하는 허가를 하거나 신고를 한 경우에는 국제무역선 또는 국제무역기에 내국물품을 적재하거나 국내운항선 또는 국내운항기에 외국물품을 적재하게 할 수 있다. 〈개정 2021. 2. 17.〉

1. 법 제143조의 규정에 의하여 하역허가를 받은 경우

2. 법 제213조의 규정에 의하여 보세운송신고를 하거나 보세운송승인을 받은 경우

3. 법 제221조의 규정에 의하여 내국운송신고를 하는 경우

4. 법 제248조의 규정에 의하여 수출신고가 수리된 경우

제162조(외국물품의 일시양륙 등 신고) ①법 제141조제1호의 규정에 의하여 외국물품을 일시적으로 육지에 내려 놓고자 하는 경우에는 다음 각호의 사항을 기재한 신고서를 세관장에게 제출하고 그 신고필증을 현장세관공무원에게 제시하여야 한다.

1. 선박 또는 항공기의 종류 · 명칭 · 국적
2. 입항연월일
3. 육지에 내려 놓고자 하는 일시 및 기간
4. 육지에 내려 놓고자 하는 물품의 품명 · 수량 및 가격과 그 포장의 종류 · 기호 · 번호 · 개수
5. 육지에 내려 놓고자 하는 물품의 최종도착지
6. 육지에 내려 놓고자 하는 장소

②육지에 내려 놓고자 하는 외국물품을 장치할 수 있는 장소의 범위 등에 관하여는 관세청장이 정한다.

제163조(승선 또는 탑승신고) 법 제141조제2호의 규정에 의하여 승선 또는 탑승을 하고자 하는 자는 다음 각호의 사항을 기재한 신고서를 세관장에게 제출하고 그 신고필증을 현장 세관공무원에게 제시하여야 한다. 〈개정 2025. 2. 28.〉

1. 선박 또는 항공기의 명칭
2. 승선자 또는 탑승자의 성명 · 국적 및 생년월일
3. 승선 또는 탑승의 이유 및 기간
4. 다음 각 목의 물품을 하역하는 운송차량의 차량번호
   가. 선박용품
   나. 국제무역선 안에서 판매하는 물품
   다. 법 제143조제1항제3호에 따른 물품

제164조(환적 및 이동의 신고) 법 제141조제3호에 따라 물품을 환적 또는 복합환적하거나 사람을 이동시키고자 하는 자는 다음 각호의 사항을 적은 신고서를 세관장에게 제출하고 그 신고필증을 현장 세관공무원에게 제시하여야 한다. 〈개정 2008. 2. 22.〉

1. 각 운송수단의 종류 · 명칭 및 국적

2. 환적하는 물품의 내외국물품별 구분
3. 환적하는 물품의 품명 · 수량 및 가격과 그 포장의 종류 · 기호 · 번호 및 개수
4. 이동하는 사람의 성명 · 국적 · 생년월일 · 승선지 및 상륙지
5. 신고사유

제165조(항외하역에 관한 허가의 신청) 국제항의 바깥에서 하역 또는 환적하기 위하여 법 제142조제1항에 따른 허가를 받으려는 자는 다음 각 호의 사항을 기재한 신청서를 세관장에게 제출해야 한다. 〈개정 2021. 2. 17.〉

1. 국제항의 바깥에서 하역 또는 환적하려는 장소 및 일시
2. 선박의 종류 · 명칭 · 국적 · 총톤수 및 순톤수
3. 당해 물품의 내외국물품별 구분과 품명 · 수량 및 가격
4. 당해 물품의 포장의 종류 · 기호 · 번호 및 개수
5. 신청사유

제166조(선박용품 또는 항공기용품 등의 하역 또는 환적) ①국제무역선 또는 국제무역기나 「원양산업발전법」 제2조제6호에 따른 조업에 사용되는 선박에 물품을 하역하거나 환적하기 위하여 법 제143조제1항에 따른 허가를 받으려는 자는 다음 각 호의 사항을 기재한 신청서를 세관장에게 제출해야 한다. 〈개정 2021. 2. 17., 2022. 2. 15.〉

1. 선박 또는 항공기의 종류 · 등록기호 · 명칭 · 국적과 여객 및 승무원 · 선원의 수
2. 당해 물품의 내외국물품별 구분과 품명 · 규격 · 수량 및 가격
3. 당해 물품의 포장의 종류 · 기호 · 번호 및 개수
4. 당해 물품의 하역 또는 환적예정연월일과 방법 및 장소

②제1항의 경우 당해 물품이 법 제143조제2항에 해당하는 외국물품인 때에는 제1항 각호의 사항외에 다음 각호의 사항을 함께 쓰고 그 물품에 대한 송품장 또는 과세가격결정에 필요한 서류를 첨부하여야 한다.

1. 당해 물품의 선하증권번호 또는 항공화물운송장번호
2. 당해 물품의 장치된 장소(보세구역인 경우에는 그 명칭)와 반입연월일

③세관장은 제1항의 규정에 의한 허가를 함에 있어서 필요하다고

인정되는 때에는 소속공무원으로 하여금 당해 물품을 검사하게 할 수 있다.

④법 제143조제1항의 규정에 의한 허가를 받은 자가 허가를 받은 사항을 변경하고자 하는 때에는 변경하고자 하는 사항과 변경사유를 기재한 신청서를 세관장에게 제출하여 허가를 받아야 한다.

⑤제1항의 규정에 의한 허가를 받은 자는 허가내용에 따라 하역 또는 환적을 완료한 때에는 당해 허가서에 그 사실과 하역 또는 환적일자를 기재하여 당해 선박 또는 항공기의 장의 서명을 받아 보관하여야 한다. 이 경우 세관장은 필요하다고 인정하는 물품에 대하여는 세관공무원의 확인을 받게 할 수 있으며, 당해 선박 또는 항공기의 장이 적재한 사실을 확인하여 서명한 허가서 등을 제출하게 할 수 있다.

⑥ 제1항에 따른 허가를 받은 자는 법 제143조제6항제1호의 기간 내에 허가받은 물품을 적재하지 않고 다시 보세구역에 반입한 때에는 지체 없이 해당 허가서에 그 사실과 반입연월일을 기재하여 이를 확인한 세관공무원의 서명을 받아 해당 허가를 한 세관장에게 제출해야 한다. 〈개정 2019. 2. 12.〉

⑦ 제1항에 따른 허가를 받은 자는 해당 물품이 법 제143조제6항제2호에 따른 재해나 그 밖의 부득이한 사유로 멸실된 경우에는 지체 없이 해당 물품에 관한 제1항제2호의 사항과 멸실연월일·장소 및 사유를 기재한 신고서에 허가서를 첨부하여 해당 허가를 한 세관장에게 제출해야 한다. 〈개정 2019. 2. 12.〉

⑧법 제143조제6항제3호에 따른 승인을 받으려는 자는 폐기하려는 물품에 관한 다음 각 호의 사항을 기재한 신청서를 해당 허가를 한 세관장에게 제출해야 한다. 〈개정 2019. 2. 12.〉

1. 제1항제2호의 사항
2. 당해 물품이 있는 장소
3. 폐기예정연월일·폐기방법 및 폐기이유

[제목개정 2021. 2. 17.]

제167조(선박 또는 항공기의 전환) ①법 제144조에 따른 승인을 받으려는 자는 다음 각 호의 사항을 기재한 신청서를 세관장에게 제출해야 한다. 〈개정 2021. 2. 17.〉

1. 선박 또는 항공기의 명칭·종류·등록기호·국적·총톤수 및

순톤수 · 자체무게 · 선적항

2. 선박 또는 항공기의 소유자의 주소 · 성경

3. 국내운항선 · 국내운항기 · 국제무역선 또는 국제무역기 해당 여부

4. 전환하고자 하는 내용 및 사유

②세관장은 제1항의 규정에 의한 신청이 있는 때에는 당해 선박 또는 항공기에 적재되어 있는 물품을 검사할 수 있다.

제168조(특수선박) 법 제146조 단서에서 "대통령령으로 정하는 선박 및 항공기"란 다음 각 호의 어느 하나에 해당하는 것을 말한다. 〈개정 2011. 4. 1.〉

1. 군함 및 군용기

2. 국가원수 또는 정부를 대표하는 외교사절이 전용하는 선박 또는 항공기

제168조의2(환승전용국내운항기의 관리) 세관장은 법 제146조제2항에 따라 다음 각 호의 어느 하나에 해당하는 사항에 대하여 관세청장이 정하는 바에 따라 그 절차를 간소화하거나 그 밖에 필요한 조치를 할 수 있다.

1. 법 제135조제1항에 따른 입항보고

2. 법 제136조제1항에 따른 출항허가 신청

3. 그 밖에 법 제146조제1항제2호에 다른 환승전용국내운항기 및 해당 항공기에 탑승하는 외국을 왕래하는 여행자와 법 제241조제2항제1호에 따른 물품의 통관 및 감시에 필요한 사항

[본조신설 2012. 2. 2.]

[제목개정 2021. 2. 17.]

제3절 차량

제169조(국경출입차량의 도착보고 등) ①법 제149조제1항의 규정에 의한 도착보고서에는 다음 각호의 사항을 기재하여야 한다.

1. 차량의 회사명 · 국적 · 종류 · 등록기호 · 번호 · 총화차수 · 총객차수

2. 차량의 최초출발지 · 경유지 · 최종출발지 · 도착일시 · 출발예정일시 및 목적지

3. 적재물품의 내용 · 개수 및 중량

4. 여객 및 승무원수와 통과여객의 수

②법 제149조제1항의 규정에 의한 차량용품목록 · 여객명부 · 승무원명부 및 승무원휴대품목록에 관하여는 제157조제2항 내지 제5항의 규정을 준용한다.

③법 제149조제3항 본문에서 "대통령령으로 정하는 물품"이란 다음 각 호의 어느 하나에 해당하는 것을 말한다. 〈신설 2007. 4. 5., 2011. 4. 1.〉

1. 모래 · 자갈 등 골재
2. 석탄 · 흑연 등 광물

제170조(국경출입차량의 출발보고) ①법 제150조제1항의 규정에 의한 출발보고서에는 다음 각호의 사항을 기재하여야 한다.

1. 차량의 회사명 · 종류 · 등록기호 · 번호 · 총화차수 · 총객차수
2. 차량의 출발지 · 경유지 · 최종목적지 · 출발일시 및 도착일시
3. 적재물품의 내용 · 개수 및 중량
4. 여객 및 승무원의 수와 통과여객의 수

②법 제150조제2항의 규정에 의하여 제출하는 물품의 목록은 관세청장이 정하는 바에 따라 세관장에게 제출하여야 한다.

③법 제150조제3항 본문에서 "대통령령으로 정하는 물품"이란 다음 각 호의 어느 하나에 해당하는 것을 말한다. 〈신설 2007. 4. 5., 2011. 4. 1.〉

1. 모래 · 자갈 등 골재
2. 석탄 · 흑연 등 광물

제171조(물품의 하역신고) 법 제151조제1항의 규정에 의하여 물품을 하역하고자 하는 자는 다음 각호의 사항을 기재한 신고서를 세관장에게 제출하고 그 신고필증을 현장 세관공무원에게 제시하여야 한다.

1. 차량번호
2. 물품의 품명 · 개수 및 중량
3. 작업의 구분과 작업예정기간

제172조(차량용품 등의 하역 또는 환적) 법 제151조제2항의 규정에 의한 차량용품과 국경출입차량에서 판매할 물품에 대하여는 제166조의 규정을 준용한다.

제173조(도로차량에 대한 증서의 교부신청) 법 제152조제1항에 따라 국경을 출입할 수 있는 도로차량임을 증명하는 서류를 교부받으려는 자는 다음 각 호의 사항을 기재한 신청서를 세관장에게 제출

하여야 한다.

1. 차량의 종류 및 차량등록번호

2. 적재량 또는 승차정원

3. 운행목적 · 운행기간 및 운행경로

[전문개정 2007. 4. 5.]

제7장 보세구역

제1절 통칙

제174조(보세구역장치물품의 제한 등) ①법 제154조의 규정에 의한 보세구역(이하 "보세구역"이라 한다)에는 인화질 또는 폭발성의 물품을 장치하지 못한다.

②보세창고에는 부패할 염려가 있는 물품 또는 살아있는 동물이나 식물을 장치하지 못한다.

③제1항 및 제2항의 규정은 당해 물품을 장치하기 위하여 특수한 설비를 한 보세구역에 관하여는 이를 적용하지 아니한다.

제175조(보세구역 외 장치의 허가신청) 법 제156조제1항에 따른 허가를 받으려는 자는 해당 물품에 관하여 다음 각 호의 사항을 기재한 신청서에 송품장과 선하증권 · 항공화물운송장 또는 이에 갈음하는 서류를 첨부하여 세관장에게 제출하여야 한다. 〈개정 2015. 2. 6.〉

1. 장치장소 및 장치사유

2. 수입물품의 경우 당해 물품을 외국으로부터 운송하여 온 선박 또는 항공기의 명칭 또는 등록기호 · 입항예정연월일 · 선하증권번호 또는 항공화물운송장번호

3. 해당 물품의 내외국물품별 구분과 품명 · 규격 · 수량 및 가격

4. 당해 물품의 포장의 종류 · 번호 및 개수

[제목개정 2015. 2. 6.]

제176조(물품의 반출입신고) ①법 제157조제1항에 따른 물품의 반입신고는 다음 각 호의 사항을 기재한 신고서로 해야 한다. 〈개정 2019. 2. 12.〉

1. 외국물품(수출신고가 수리된 물품은 제외한다)의 경우

가. 당해 물품을 외국으로부터 운송하여 온 선박 또는 항공기의 명칭 · 입항일자 · 입항세관 · 적재항

나. 물품의 반입일시, 선하증권번호 또는 항공화물운송장번호와 화물관리번호

다. 물품의 품명, 포장의 종류, 반입개수와 장치위치

2. 내국물품(수출신고가 수리된 물품을 포함한다)의 경우

가. 물품의 반입일시

나. 물품의 품명, 포장의 종류, 반입개수, 장치위치와 장치기간

②제1항의 규정에 의하여 반입신고된 물품의 반출신고는 다음 각 호의 사항을 기재한 신고서에 의하여야 한다.

1. 반출신고번호 · 반출일시 · 반출유형 · 반출근거번호

2. 화물관리번호

3. 반출개수 및 반출중량

③세관장은 다음 각 호의 어느 하나에 해당하는 경우에는 제1항 및 제2항에 따른 신고서의 제출을 면제하거나 기재사항의 일부를 생략하게 할 수 있다. 〈개정 2019. 2. 12., 2021. 2. 17.〉

1. 다음 각 목의 어느 하나에 해당하는 서류를 제출하여 반출입하는 경우

가. 적재화물목록

나. 보세운송신고서 사본 또는 수출신고필증

다. 제197조제1항에 의한 내국물품장치신고서

2. 법 제164조에 따라 자율관리보세구역으로 지정받은 자가 제1항제2호의 물품(수입신고가 수리된 물품은 제외한다)에 대하여 장부를 비치하고 반출입사항을 기록관리하는 경우

④세관장은 법 제157조제2항의 규정에 의한 검사를 함에 있어서 반입신고서 · 송품장 등 검사에 필요한 서류를 제출하게 할 수 있다.

제176조의2(반출기간 연장신청) 법 제157조의2 단서에 의한 승인을 얻고자 하는 자는 다음 각호의 사항을 기재한 신청서를 세관장에게 제출하여야 한다.

1. 제175조제2호에 규정된 사항

2. 장치장소

3. 신청사유

[본조신설 2004. 3. 29.]

제177조(보수작업의 승인신청) ①법 제158조제2항에 따른 승인을 받으려는 자는 다음 각 호의 사항을 기재한 신청서를 세관장에게

제출하여야 한다. 〈개정 2015. 2. 6.〉

1. 제175조 각호의 사항
2. 사용할 재료의 품명 · 규격 · 수량 및 가격
3. 보수작업의 목적 · 방법 및 예정기간
4. 장치장소
5. 그 밖의 참고사항

②법 제158조제2항에 따른 승인을 받은 자는 보수작업을 완료한 경우에는 다음 각 호의 사항을 기재한 보고서를 세관장에게 제출하여 그 확인을 받아야 한다. 〈개정 2015. 2. 6.〉

1. 해당 물품의 품명 · 규격 · 수량 및 가격
2. 포장의 종류 · 기호 · 번호 및 개수
3. 사용한 재료의 품명 · 규격 · 수량 및 가격
4. 잔존재료의 품명 · 규격 · 수량 및 가격
5. 작업완료연월일

제178조(해체 · 절단 등 작업) ①법 제159조제2항의 규정에 의하여 해체 · 절단 등의 작업의 허가를 받고자 하는 자는 다음 각호의 사항을 기재한 신청서를 세관장에게 제출하여야 한다.

1. 당해 물품의 품명 · 규격 · 수량 및 가격
2. 작업의 목적 · 방법 및 예정기간
3. 기타 참고사항

②제1항의 작업을 완료한 때에는 다음 각호의 사항을 기재한 보고서를 세관장에게 제출하여 그 확인을 받아야 한다.

1. 작업후의 물품의 품명 · 규격 · 수량 및 가격
2. 작업개시 및 종료연월일
3. 작업상황에 관한 검정기관의 증명서(세관장이 특히 지정하는 경우에 한한다)
4. 기타 참고사항

제179조(장치물품의 폐기승인신청) ①법 제160조의 규정에 의한 승인을 얻고자 하는 자는 다음 각호의 사항을 기재한 신청서를 세관장에게 제출하여야 한다.

1. 제175조 각호의 사항
2. 장치장소
3. 폐기예정연월일 · 폐기방법 및 폐기사유

②제1항의 규정에 의한 승인을 얻은 자는 폐기작업을 종료한 때에는 잔존하는 물품의 품명·규격·수량 및 가격을 세관장에게 보고하여야 한다.

제180조(장치물품의 멸실신고) ①보세구역 또는 법 제155조제1항 단서의 규정에 의하여 보세구역이 아닌 장소에 장치된 외국물품이 멸실된 때에는 다음 각호의 사항을 기재한 신고서를 세관장에게 제출하여 그 확인을 받아야 한다.

1. 제175조 각호의 사항
2. 장치장소
3. 멸실연월일 및 멸실원인

②제1항의 규정에 의한 신고는 특허보세구역장치물품인 경우에는 운영인의 명의로, 특허보세구역장치물품이 아닌 경우에는 보관인의 명의로 하여야 한다.

제181조(물품의 도난 또는 분실의 신고) ①보세구역 또는 법 제155조제1항 단서의 규정에 의하여 보세구역이 아닌 장소에 장치된 물품이 도난당하거나 분실된 때에는 다음 각호의 사항을 기재한 신고서를 세관장에게 제출하여야 한다.

1. 제175조 각호의 사항
2. 장치장소
3. 도난 또는 분실연월일과 사유

②제180조제2항의 규정은 제1항의 신고에 관하여 이를 준용한다.

제182조(물품이상의 신고) ①보세구역 또는 법 제155조제1항 단서의 규정에 의하여 보세구역이 아닌 장소에 장치된 물품에 이상이 있는 때에는 다음 각호의 사항을 기재한 신고서를 세관장에게 제출하여야 한다. 〈개정 2001. 12. 31.〉

1. 제175조 각호의 사항
2. 장치장소
3. 발견연월일
4. 이상의 원인 및 상태

②제180조제2항의 규정은 제1항의 신고에 관하여 이를 준용한다.

제183조(견본품 반출의 허가신청) 법 제161조제1항의 규정에 의한 허가를 받고자 하는 자는 다음 각호의 사항을 기재한 신청서를 세관장에게 제출하여야 한다.

1. 제175조 각호의 사항
2. 장치장소
3. 반출목적 및 반출기간
[제목개정 2021. 2. 17.]

제184조(자율관리보세구역의 지정 등) ①법 제164조제2항의 규정에 의한 자율관리보세구역의 지정을 받고자 하는 자는 다음 각호의 사항을 기재한 신청서에 채용된 법 제164조제3항에 따른 보세사(이하 "보세사"라 한다)의 보세사등록증과 관세청장이 정하는 서류를 첨부하여 세관장에게 지정신청을 하여야 한다. 〈개정 2018. 2. 13.〉
1. 보세구역의 종류ㆍ명칭ㆍ소재지ㆍ구조ㆍ동수 및 면적
2. 장치하는 물품의 종류 및 수용능력

② 법 제164조제6항에서 "이 법에 따른 의무를 위반하거나 세관감시에 지장이 있다고 인정되는 경우 등 대통령령으로 정하는 사유"란 다음 각 호의 어느 하나에 해당하는 경우를 말한다. 〈신설 2018. 2. 13.〉
1. 법 제178조제1항 각 호의 어느 하나에 해당하는 경우
2. 자율관리보세구역 운영인이 보세사가 아닌 사람에게 보세사의 직무를 수행하게 한 경우
3. 그 밖에 세관감시에 지장이 있다고 인정되는 경우로서 관세청장이 정하여 고시하는 사유에 해당하는 경우

③자율관리보세구역의 관리에 관하여 필요한 사항은 관세청장이 정한다. 〈개정 2018. 2. 13.〉

제185조(보세사의 직무 등) ①보세사의 직무는 다음 각 호와 같다. 〈개정 2012. 2. 2., 2016. 2. 5., 2018. 2. 13., 2020. 12. 29., 2021. 2. 17.〉
1. 보세화물 및 내국물품의 반입 또는 반출에 대한 참관 및 확인
2. 보세구역안에 장치된 물품의 관리 및 취급에 대한 참관 및 확인
3. 보세구역출입문의 개폐 및 열쇠관리의 감독
4. 보세구역의 출입자관리에 대한 감독
5. 견본품의 반출 및 회수
6. 기타 보세화물의 관리를 위하여 필요한 업무로서 관세청장이 정하는 업무

② 법 제165조제3항에 따라 보세사로 등록하려는 자는 등록신청서

를 세관장에게 제출하여야 한다. 〈개정 2008. 2. 22., 2020. 2. 11.〉

③세관장은 제2항의 규정에 의한 신청을 한 자가 법 제165조제1항의 요건을 갖춘 경우에는 보세사등록증을 교부하여야 한다.

④보세사는 관세청장이 정하는 바에 의하여 그 업무수행에 필요한 교육을 받아야 한다.

⑤ 법 제165조제1항에 따른 보세화물의 관리업무에 관한 시험의 과목은 다음 각 호와 같고, 해당 시험의 합격자는 매과목 100점을 만점으로 하여 매과목 40점 이상, 전과목 평균 60점 이상을 득점한 사람으로 결정한다. 〈신설 2019. 2. 12., 2020. 2. 11.〉

1. 수출입통관절차
2. 보세구역관리
3. 화물관리
4. 수출입안전관리
5. 자율관리 및 관세벌칙

⑥ 법 제165조제2항 각 호 외의 부분 본문에서 "대통령령으로 정하는 과목"이란 다음 각 호의 과목을 말한다. 〈신설 2020. 2. 11.〉

1. 수출입통관절차
2. 보세구역관리

⑦ 법 제165조제2항을 적용할 때 그 경력산정의 기준일은 해당 시험의 응시원서 접수 마감일로 한다. 〈신설 2020. 2. 11.〉

⑧ 관세청장은 법 제165조제1항에 따른 보세화물의 관리업무에 관한 시험을 실시할 때에는 그 시험의 일시, 장소, 방법 및 그 밖에 필요한 사항을 시험 시행일 90일 전까지 공고하여야 한다. 〈신설 2012. 5. 1., 2019. 2. 12., 2020. 2. 11.〉

⑨ 삭제 〈2025. 2. 28.〉

제185조의2(보세사징계의결의 요구) 세관장은 보세사가 법 제165조제5항제3호에 해당하는 경우에는 지체 없이 법 제165조의5에 따른 보세사징계위원회(이하 "보세사징계위원회"라 한다)에 징계의결을 요구해야 한다. 〈개정 2020. 2. 11., 2021. 2. 17.〉

[본조신설 2019. 2. 12.]

제185조의3(보세사징계위원회의 구성 등) ① 법 제165조의5에 따라 보세사의 징계에 관한 사항을 심의·의결하기 위하여 세관에 보세사징계위원회를 둔다. 〈개정 2021. 2. 17.〉

② 보세사징계위원회는 위원장 1명을 포함하여 5명 이상 10명 이하의 위원으로 구성한다.

③ 보세사징계위원회의 위원장은 세관장 또는 해당 세관 소속 4급 이상 공무원으로서 세관장이 지명하는 사람이 되고, 위원은 다음 각 호의 사람 중에서 세관장이 임명 또는 위촉하는 사람으로 구성한다.

1. 소속 세관공무원
2. 제288조제7항에 따라 관세청장이 지정하여 고시하는 법인의 임원
3. 관세 또는 물류 전문가로서 제2호에 따른 법인의 대표자가 추천하는 사람

④ 제3항제2호 및 제3호에 해당하는 위원의 임기는 2년으로 하되, 한 번만 연임할 수 있다. 다만, 보궐위원의 임기는 전임위원 임기의 남은 기간으로 한다.

⑤ 세관장은 보세사징계위원회의 위원이 다음 각 호의 어느 하나에 해당하는 경우에는 해당 위원을 해임 또는 해촉할 수 있다.

1. 심신장애로 인하여 직무를 수행할 수 없게 된 경우
2. 직무와 관련된 비위사실이 있는 경우
3. 직무태만, 품위손상이나 그 밖의 사유로 인하여 위원으로 적합하지 않다고 인정되는 경우
4. 위원 스스로 직무를 수행하는 것이 곤란하다고 의사를 밝히는 경우
5. 제6항 각 호의 어느 하나에 해당함에도 불구하고 회피하지 않은 경우

⑥ 보세사징계위원회의 위원은 다음 각 호의 어느 하나에 해당하는 경우에는 보세사징계위원회의 심의·의결에서 제척된다.

1. 위원 본인이 징계의결 대상 보세사인 경우
2. 위원이 징계의결 대상 보세사와 채권·채무 등 금전관계가 있는 경우
3. 위원이 징계의결 대상 보세사와 친족[배우자(사실상 혼인관계에 있는 사람을 포함한다), 6촌 이내의 혈족 또는 4촌 이내의 인척을 말한다. 이하 이 호에서 같다]이거나 친족이었던 경우
4. 위원이 징계의결 대상 보세사와 직접적으로 업무연관성이 있는

경우

⑦ 보세사징계위원회의 위원은 제6항 각 호의 어느 하나에 해당하는 경우에는 스스로 해당 안건의 심의·의결에서 회피해야 한다.

[본조신설 2019. 2. 12.]

제185조의4(보세사징계위원회의 운영) ① 보세사징계위원회의 위원장은 보세사징계위원회를 대표하고 보세사징계위원회의 업무를 총괄한다.

② 보세사징계위원회는 제185조의2에 따른 징계의결의 요구를 받은 날부터 30일 이내에 이를 의결해야 한다.

③ 보세사징계위원회의 위원장은 보세사징계위원회의 회의를 소집하고 그 의장이 된다. 다만, 위원장이 부득이한 사유로 그 직무를 수행하지 못하는 경우에는 위원장이 지명하는 위원이 위원장의 직무를 대행한다.

④ 보세사징계위원회의 위원장이 보세사징계위원회의 회의를 소집하려는 경우에는 회의 개최일 7일 전까지 각 위원과 해당 보세사에게 회의의 소집을 서면으로 통지해야 한다.

⑤ 보세사징계위원회의 회의는 위원장을 포함한 재적위원 3분의 2 이상의 출석으로 개의하고 출석위원 과반수의 찬성으로 의결한다.

⑥ 보세사징계위원회는 징계사건의 심사를 위하여 필요하다고 인정하는 경우에는 징계혐의자 또는 관계인을 출석하게 하여 혐의내용에 대한 심문을 하거나 심사자료의 제출을 요구할 수 있다.

⑦ 보세사징계위원회의 회의에 출석한 공무원이 아닌 위원에 대해서는 예산의 범위에서 수당을 지급할 수 있다.

⑧ 제1항부터 제7항까지에서 규정한 사항 외에 보세사징계위원회의 운영에 필요한 세부사항은 관세청장이 정할 수 있다.

[본조신설 2019. 2. 12.]

제185조의5(징계의결의 통보 및 집행) ① 보세사징계위원회는 징계의 의결을 한 경우 의결서에 그 이유를 명시하여 즉시 세관장에게 통보해야 한다.

② 제1항의 통보를 받은 세관장은 해당 보세사에게 징계처분을 하고 징계의결서를 첨부하여 본인 및 제185조의3제3항제2호에 따른 법인에 통보해야 한다.

[본조신설 2019. 2. 12.]

제2절 지정보세구역

제186조 삭제 〈2004. 3. 29.〉

제187조(화물관리인의 지정) ① 법 제172조제2항에 따라 화물관리인으로 지정받을 수 있는 자는 다음 각 호의 어느 하나에 해당하는 자로 한다.

1. 직접 물품관리를 하는 국가기관의 장
2. 관세행정 또는 보세화물의 관리와 관련 있는 비영리법인
3. 해당 시설의 소유자 또는 관리자가 요청한 자(법 제172조제2항 단서에 따라 화물관리인을 지정하는 경우로 한정한다)

② 세관장은 다음 각 호의 구분에 따라 화물관리인을 지정한다.

1. 제1항제1호에 해당하는 자: 세관장이 요청한 후 제1항제1호에 해당하는 자가 승낙한 경우에 지정한다.
2. 제1항제2호 및 제3호에 해당하는 자: 세관장이 제1항제2호 및 제3호에 해당하는 자로부터 지정신청서를 제출받아 이를 심사하여 지정한다. 이 경우 제1항제3호에 해당하는 자는 해당 시설의 소유자 또는 관리자를 거쳐 제출하여야 한다.

③ 제2항제2호에 따라 화물관리인을 지정할 때에는 다음 각 호의 사항에 대하여 관세청장이 정하는 심사기준에 따라 평가한 결과를 반영하여야 한다.

1. 보세화물 취급경력 및 화물관리시스템 구비 사항
2. 보세사의 보유에 관한 사항
3. 자본금, 부채비율 및 신용평가등급 등 재무건전성에 관한 사항
4. 그 밖에 기획재정부령으로 정하는 사항

④ 화물관리인 지정의 유효기간은 5년 이내로 한다.

⑤ 화물관리인으로 재지정을 받으려는 자는 제4항에 따른 유효기간이 끝나기 1개월 전까지 세관장에게 재지정을 신청하여야 한다. 이 경우 재지정의 기준 및 절차는 제1항부터 제4항까지의 규정을 준용한다. 〈개정 2012. 2. 2.〉

⑥ 세관장은 제2항에 따라 지정을 받은 자에게 재지정을 받으려면 지정의 유효기간이 끝나는 날의 1개월 전까지 재지정을 신청하여야 한다는 사실과 재지정 절차를 지정의 유효기간이 끝나는 날의 2개월 전까지 휴대폰에 의한 문자전송, 전자메일, 팩스, 전화, 문서 등으로 미리 알려야 한다. 〈신설 2012. 2. 2.〉

⑦ 제2항부터 제6항까지의 규정에 따른 화물관리인 지정 또는 재지정의 심사기준, 절차 등에 관하여 필요한 세부 사항은 기획재정부령으로 정한다. 〈개정 2012. 2. 2.〉

[전문개정 2011. 4. 1.]

제187조의2(화물관리인의 지정 취소) ① 세관장은 다음 각 호의 어느 하나에 해당하는 사유가 발생한 경우에는 화물관리인의 지정을 취소할 수 있다. 이 경우 제1항제3호에 해당하는 자에 대한 지정을 취소할 때에는 해당 시설의 소유자 또는 관리자에게 미리 그 사실을 통보하여야 한다.

1. 거짓이나 그 밖의 부정한 방법으로 지정을 받은 경우
2. 화물관리인이 법 제175조 각 호의 어느 하나에 해당하는 경우
3. 화물관리인이 세관장 또는 해당 시설의 소유자·관리자와 맺은 화물관리업무에 관한 약정을 위반하여 해당 지정장치장의 질서유지 및 화물의 안전관리에 중대한 지장을 초래하는 경우
4. 화물관리인이 그 지정의 취소를 요청하는 경우

② 세관장은 제1항제1호부터 제3호까지의 규정에 따라 화물관리인의 지정을 취소하려는 경우에는 청문을 하여야 한다.

[본조신설 2011. 4. 1.]

제187조의3(화물관리인의 보관책임) 법 제172조제2항 본문에 따른 보관의 책임은 법 제160조제2항에 따른 보관인의 책임과 해당 화물의 보관과 관련한 하역·재포장 및 경비 등을 수행하는 책임으로 한다.

[본조신설 2011. 4. 1.]

제187조의4(검사비용 지원 대상) ① 법 제173조제3항 단서에서 "「중소기업기본법」 제2조에 따른 중소기업 또는 「중견기업 성장촉진 및 경쟁력 강화에 관한 특별법」 제2조제1호에 따른 중견기업의 컨테이너 화물로서 해당 화물에 대한 검사 결과 이 법 또는 「대외무역법」 등 물품의 수출입과 관련된 법령을 위반하지 아니하는 물품 등 대통령령으로 정하는 물품"이란 다음 각 호의 요건을 모두 갖춘 물품을 말한다. 〈개정 2021. 2. 17.〉

1. 「중소기업기본법」 제2조에 따른 중소기업 또는 「중견기업 성장촉진 및 경쟁력 강화에 관한 특별법」 제2조제1호에 따른 중견기업이 해당 물품의 화주일 것

2. 컨테이너로 운송되는 물품으로서 관세청장이 정하는 별도 검사장소로 이동하여 검사받는 물품일 것

3. 검사 결과 법령을 위반하여 통고처분을 받거나 고발되는 경우가 아닐 것

4. 검사 결과 제출한 신고 자료(적재화물목록은 제외한다)가 실제 물품과 일치할 것

5. 예산의 범위에 따라 관세청장이 정하는 기준을 충족할 것

② 제1항제3호에 따른 법령은 법, 「자유무역협정의 이행을 위한 관세법의 특례에 관한 법률」, 「수출용 원재료에 대한 관세 등 환급에 관한 특례법」, 「대외무역법」, 「상표법」, 그 밖에 물품의 수출입과 관련된 법령으로 기획재정부령으로 정하는 법령을 말한다.

[본조신설 2020. 2. 11.]

제3절 특허보세구역

제188조(특허보세구역의 설치ㆍ운영에 관한 특허의 신청) ①법 제174조제1항의 규정에 의하여 법 제154조의 규정에 의한 특허보세구역(이하 "특허보세구역"이라 한다)의 설치ㆍ운영에 관한 특허를 받고자 하는 자는 다음 각호의 사항을 기재한 신청서에 기획재정부령이 정하는 서류를 첨부하여 세관장에게 제출하여야 한다. 〈개정 2008. 2. 29.〉

1. 특허보세구역의 종류 및 명칭, 소재지, 구조, 동수와 면적 및 수용능력

2. 장치할 물품의 종류

3. 설치ㆍ운영의 기간

②제1항의 규정에 불구하고 특허보세구역 중 보세공장의 설치운영에 관한 특허를 받으려는 자는 다음 각 호의 사항을 기재한 신청서에 사업계획서와 그 구역 및 부근의 도면을 첨부하여 세관장에게 제출하여야 한다. 이 경우 세관장은 「전자정부법」 제36조제1항에 따른 행정정보의 공동이용을 통하여 법인 등기사항증명서를 확인하여야 한다. 〈개정 2001. 12. 31., 2006. 6. 12., 2010. 5. 4., 2010. 11. 2.〉

1. 공장의 명칭, 소재지, 구조, 동수 및 면적

2. 공장의 작업설비ㆍ작업능력

3. 공장에서 할 수 있는 작업의 종류

4. 원재료 및 제품의 종류

5. 설치·운영의 기간

③제1항에 따른 특허를 갱신하려는 자는 다음 각 호의 사항을 적은 신청서에 기획재정부령으로 정하는 서류를 첨부하여 그 기간만료 1개월 전까지 세관장에게 제출하여야 한다. 〈개정 2008. 2. 29., 2012. 2. 2.〉

1. 갱신사유

2. 갱신기간

④ 세관장은 제1항에 따라 특허를 받은 자에게 특허를 갱신받으려면 특허기간이 끝나는 날의 1개월 전까지 특허 갱신을 신청하여야 한다는 사실과 갱신절차를 특허기간이 끝나는 날의 2개월 전까지 휴대폰에 의한 문자전송, 전자메일, 팩스, 전화, 문서 등으로 미리 알려야 한다. 〈신설 2012. 2. 2.〉

제189조(특허보세구역의 설치·운영의 특허의 기준) 특허보세구역의 설치·운영에 관한 특허를 받을 수 있는 요건은 다음과 같다. 〈개정 2022. 2. 15., 2025. 8. 5.〉

1. 체납된 관세 및 내국세가 없을 것

2. 법 제175조 각호의 결격사유가 없을 것

3. 「위험물안전관리법」에 따른 위험물 또는 「화학물질관리법」에 따른 허가물질, 제한물질, 금지물질 및 유해화학물질 등 관련 법령에서 위험물품으로 분류되어 취급이나 관리에 관하여 별도로 정한 물품(이하 이 호에서 "위험물품"이라 한다)을 장치·제조·전시 또는 판매하는 경우에는 위험물품의 종류에 따라 관계행정기관의 장의 허가 또는 승인 등을 받을 것

4. 관세청장이 정하는 바에 따라 보세화물의 보관·판매 및 관리에 필요한 자본금·수출입규모·구매수요·장치면적 및 시설·장비 등에 관한 요건을 갖출 것

제189조의2(보세판매장의 신규 특허 수 결정 등) ① 기획재정부장관은 법 제176조의4에 따른 보세판매장 제도운영위원회(이하 "보세판매장 제도운영위원회"라 한다)의 심의·의결을 거쳐 공항 및 항만의 보세구역 외의 장소에 설치되는 보세판매장(이하 "시내보세판매장"이라 한다)의 신규 특허 수를 결정할 수 있다.

② 보세판매장 제도운영위원회는 다음 각 호의 어느 하나에 해당하면 특별시, 광역시, 특별자치시, 도 및 특별자치도(이하 "광역자치단체"라 한다)에 설치되는 법 제176조의2제1항에 따른 중소기업등(이하 "중소기업등"이라 한다)이 아닌 자에 대해 부여할 수 있는 시내보세판매장의 신규 특허 수를 심의·의결할 수 있다. 이 경우 보세판매장 제도운영위원회는 기존 보세판매장의 특허 수, 최근 3년간 외국인 관광객의 동향 등 시장상황을 고려하여 심의·의결해야 한다.

1. 광역자치단체별 시내보세판매장 매출액이 전년 대비 2천억원 이상 증가한 경우

2. 광역자치단체별 외국인 관광객 방문자 수가 전년 대비 20만명 이상 증가한 경우

③ 보세판매장 제도운영위원회는 다음 각 호의 어느 하나에 해당하면 해당 광역자치단체에 설치되는 시내보세판매장의 신규 특허 수를 심의·의결할 수 있다. 이 경우 보세판매장 제도운영위원회는 기존 보세판매장의 특허 수, 외국인 관광객 수의 증가 추이 등을 고려하여 심의·의결해야 하되, 제2항 각 호의 요건은 적용하지 않는다.

1. 법 제88조제1항제1호부터 제4호까지의 규정에 따라 관세의 면제를 받을 수 있는 자에게 판매하는 시내보세판매장을 설치하려는 경우

2. 올림픽·세계육상선수권대회 및 「전시산업발전법 시행령」 제2조제1호에 따른 박람회 등 대규모 국제행사기간 중에 참가하는 임직원, 선수, 회원 및 관광객들의 편의를 위하여 행사장, 경기장 또는 선수촌 주변에 한시적으로 시내보세판매장을 설치할 필요가 있는 경우

3. 시내보세판매장이 설치되지 않은 광역자치단체의 장이 중소기업등이 아닌 자가 시내보세판매장을 설치할 수 있도록 하려는 경우로서 해당 광역자치단체의 장이 시내보세판매장의 설치를 요청하는 경우

4. 중소기업등이 광역자치단체에 시내보세판매장을 설치하려는 경우

④ 기획재정부장관은 제2항 및 제3항에 따른 보세판매장 제도운영위원회의 심의·의결 결과를 관세청장에게 통보해야 한다.

⑤ 제2항 및 제3항에 따른 시내보세판매장의 설치·운영에 관한 특허절차는 제192조의5를 준용한다.

⑥ 제1항부터 제5항까지에서 규정한 사항 외에 시내보세판매장의 신규 특허 수 결정에 필요한 세부사항은 관세청장이 정하여 고시한다.

[본조신설 2019. 2. 12.]

제190조(업무내용 등의 변경) ①특허보세구역의 운영인이 그 장치물품의 종류를 변경하거나 그 특허작업의 종류 또는 작업의 원재료를 변경하고자 하는 때에는 그 사유를 기재한 신청서를 세관장에게 제출하여 그 승인을 얻어야 한다.

②특허보세구역의 운영인이 법인인 경우에 그 등기사항을 변경한 때에는 지체없이 그 요지를 세관장에게 통보하여야 한다.

제191조(수용능력증감 등의 변경) ①특허보세구역의 운영인이 그 장치물품의 수용능력을 증감하거나 그 특허작업의 능력을 변경할 설치·운영시설의 증축, 수선 등의 공사를 하고자 하는 때에는 그 사유를 기재한 신청서에 공사내역서 및 관계도면을 첨부하여 세관장에게 제출하여 그 승인을 얻어야 한다. 다만, 특허받은 면적의 범위내에서 수용능력 또는 특허작업능력을 변경하는 경우에는 신고함으로써 승인을 얻은 것으로 본다. 〈개정 2001. 12. 31.〉

②제1항의 공사를 준공한 운영인은 그 사실을 지체없이 세관장에게 통보하여야 한다.

제192조(특허기간) 특허보세구역(보세전시장과 보세건설장은 제외한다)의 특허기간은 10년의 범위내에서 신청인이 신청한 기간으로 한다. 다만, 관세청장은 보세구역의 합리적 운영을 위하여 필요한 경우에는 신청인이 신청한 기간과 달리 특허기간을 정할 수 있다. 〈개정 2013. 11. 5., 2023. 2. 28.〉

제192조의2(보세판매장의 특허 비율 등) ① 법 제176조의2제1항에 따라 세관장은 「중소기업기본법」 제2조에 따른 중소기업으로서 다음 각 호의 기준을 모두 갖춘 기업(이하 "특허보세구역 특례 적용 대상 중소기업"이라 한다) 및 「중견기업 성장촉진 및 경쟁력 강화에 관한 특별법」 제2조제1호에 따른 중견기업으로서 다음 각 호의 기준을 모두 갖춘 기업(이하 "특허보세구역 특례 적용 대상 중견기업"이라 한다) 중 법 제174조제3항에 따른 특허를 받을 수 있는 요건을 갖춘 기업에 보세판매장 총 특허 수의 100분의 30 이상(2017년 12월 31일까지는 보세판매장 총 특허 수의 100분의 20 이상)의 특허를 부여해야 한다. 〈개정 2014. 3. 5., 2014. 7. 21., 2019. 9. 24., 2021. 2. 17., 2025. 2. 28.〉

1. 제192조의5제1항에 따른 공고일 직전 3개 사업연도의 매출액(기업회계기준에 따라 작성한 손익계산서상의 매출액으로서, 창업·

분할·합병의 경우 그 등기일의 다음 날 또는 창업일이 속하는 사업연도의 매출액을 연간 매출액으로 환산한 금액을 말하며, 사업연도가 1년 미만인 사업연도의 매출액은 1년으로 환산한 매출액을 말한다)의 평균금액이 5천억원 미만인 기업일 것

2. 자산총액(제192조의5제1항에 따른 공고일 직전 사업연도 말일 현재 재무상태표상의 자산총액을 말한다. 이하 이 항에서 같다)이 1조원 미만인 기업일 것

3. 자산총액이 1조원 이상인 법인(외국법인을 포함한다)이 주식 또는 출자지분의 100분의 30 이상을 직접적 또는 간접적으로 소유하고 있는 기업이나 자산총액이 1조원 이상인 법인(외국법인을 포함한다)과 지배 또는 종속의 관계에 있는 기업이 아닐 것. 이 경우 주식 또는 출자지분의 간접소유 비율에 관하여는 「국제조세조정에 관한 법률 시행령」 제2조제3항을 준용하고, 지배 또는 종속의 관계에 관하여는 「중소기업제품 구매촉진 및 판로지원에 관한 법률 시행령」 제9조의3을 준용한다.

② 법 제176조의2제1항에 따라 세관장은 「독점규제 및 공정거래에 관한 법률」 제31조제1항에 따른 상호출자제한기업집단에 속한 기업에 대하여 보세판매장 총 특허 수의 100분의 60 이상의 특허를 부여할 수 없다. 〈개정 2021. 12. 28.〉

③ 제1항과 제2항에 따른 특허 비율에 적합한지를 판단하는 시점은 보세판매장의 설치·운영에 관한 특허를 부여할 때를 기준으로 한다.

④ 세관장이 제3항에 따라 특허 비율에 적합한지를 판단할 때에 제192조의5제1항에 따른 공고일 이후 기존 특허의 반납 등 예상하지 못한 사유로 특허 비율이 변경된 경우 그 변경된 특허 비율은 적용하지 아니한다.

⑤ 법 제176조의2제2항에서 "기존 특허가 만료되었으나 제3항에 따른 신규 특허의 신청이 없는 등 대통령령으로 정하는 경우"란 기존 특허의 기간 만료, 취소 및 반납 등으로 인하여 보세판매장의 설치·운영에 관한 특허를 부여하는 경우로서 다음 각 호의 모두에 해당하는 경우를 말한다. 〈개정 2014. 3. 5., 2025. 2. 28.〉

1. 특허보세구역 특례 적용 대상 중소기업 또는 특허보세구역 특례 적용 대상 중견기업 외의 자에게 특허를 부여할 경우 제1항 또

는 제2항에 따른 특허 비율 요건을 충족하지 못하게 되는 경우

2. 제192조의3제1항에 따른 특허의 신청자격 요건을 갖춘 특허보세구역 특례 적용 대상 중소기업 또는 특허보세구역 특례 적용 대상 중견기업이 없는 경우

[본조신설 2013. 11. 5.]

제192조의3(보세판매장 특허의 신청자격과 심사 시 평가기준) ① 법 제176조의2제3항에서 "대통령령으로 정하는 일정한 자격을 갖춘 자"란 제189조에 따른 특허보세구역의 설치·운영에 관한 특허를 받을 수 있는 요건을 갖춘 자를 말한다.

② 법 제176조의2제3항에서 "대통령령으로 정하는 평가기준"이란 다음 각 호의 평가요소를 고려하여 관세청장이 정하는 평가기준을 말한다. 〈개정 2014. 3. 5., 2021. 12. 28., 2025. 2. 28.〉

1. 제189조에 따른 특허보세구역의 설치·운영에 관한 특허를 받을 수 있는 요건의 충족 여부

2. 관세 관계 법령에 따른 의무·명령 등의 위반 여부

3. 재무건전성 등 보세판매장 운영인의 경영 능력

4. 중소기업제품의 판매 실적 등 경제·사회 발전을 위한 공헌도

5. 관광 인프라 등 주변 환경요소

6. 기업이익의 사회 환원 정도

7. 「독점규제 및 공정거래에 관한 법률」 제31조제1항에 따른 상호출자제한기업집단에 속한 기업과 「중소기업기본법」 제2조에 따른 중소기업 및 「중견기업 성장촉진 및 경쟁력 강화에 관한 특별법」 제2조제1호에 따른 중견기업 간의 상생협력을 위한 노력 정도

[본조신설 2013. 11. 5.]

제192조의4

[종전 제192조의4는 제192조의7로 이동〈2015. 2. 6.〉]

제192조의5(보세판매장의 특허절차) ① 관세청장은 기존 특허의 기간 만료, 취소 및 반납 등으로 인하여 법 제176조의2에 따른 보세판매장의 설치·운영에 관한 특허를 부여할 필요가 있는 경우에는 다음 각 호의 사항을 관세청의 인터넷 홈페이지 등에 공고하여야 한다. 〈개정 2017. 11. 28.〉

1. 특허의 신청 기간과 장소 등 특허의 신청절차에 관한 사항

2. 특허의 신청자격

3. 특허장소와 특허기간

4. 제192조의3제2항에 따라 관세청장이 정하는 평가기준(세부평가항목과 배점을 포함한다)

5. 그 밖에 보세판매장의 설치·운영에 관한 특허의 신청에 필요한 사항

② 법 제176조의2에 따른 보세판매장의 설치·운영에 관한 특허를 받으려는 자(이하 "보세판매장 특허 신청자"라 한다)는 제1항에 따라 공고된 신청 기간에 제188조제1항에 따라 신청서를 세관장에게 제출하여야 한다. 〈개정 2017. 11. 28.〉

③ 제2항에 따른 신청서를 제출받은 세관장은 다음 각 호의 서류 또는 자료를 관세청장을 거쳐 법 제176조의3에 따른 보세판매장 특허심사위원회(이하 "특허심사위원회"라 한다)에 제출하여야 한다. 〈개정 2017. 11. 28.〉

1. 제2항에 따른 신청서

2. 보세판매장 특허 신청자가 제192조의3제1항에 따른 요건을 갖추었는지에 대한 세관장의 검토의견

3. 제192조의3제2항제1호 및 제2호에 관하여 관세청장이 정하는 자료

④ 특허심사위원회는 제3항에 따라 제출받은 서류 또는 자료의 적정성을 검토한 후 제192조의3제2항에 따른 평가기준에 따라 보세판매장 특허 신청자를 평가하고 보세판매장 특허 여부를 심의하며, 그 결과를 관세청장 및 해당 세관장에게 통보하여야 한다. 〈신설 2017. 11. 28.〉

⑤ 제4항에 따라 결과를 통보받은 세관장은 선정된 보세판매장 특허 신청자에게 특허를 부여하고, 관세청장이 정하여 고시하는 바에 따라 모든 보세판매장 특허 신청자에게 해당 신청자의 평가 결과와 보세판매장 특허를 부여받을 자로 선정되었는지 여부 등을 통보하여야 한다. 〈신설 2017. 11. 28.〉

⑥ 관세청장은 제4항에 따른 특허심사위원회의 심의가 완료된 후 다음 각 호의 사항을 관세청장이 정하는 바에 따라 관세청의 인터넷 홈페이지 등을 통하여 공개하여야 한다. 다만, 보세판매장 특허를 부여받을 자로 선정되지 아니한 보세판매장 특허 신청자의 평가결과는 해당 신청자가 동의한 경우에만 공개할 수 있다. 〈신설

2017. 11. 28.〉

1. 보세판매장 특허 신청자에 대한 평가 결과

2. 심의에 참여한 특허심사위원회 위원의 명단

⑦ 관세청장은 보세판매장 특허 관련 업무를 수행하는 과정의 투명성 및 공정성을 높이기 위하여 특허심사위원회의 회의 및 그 심의에 참여하는 위원 선정 등의 과정을 참관하여 관련 비위사실 등을 적발하고 그에 따른 시정 또는 감사 요구 등을 할 수 있는 청렴 옴부즈만 제도를 운영할 수 있다. 이 경우 관세청장은 특허심사위원회의 심의에 참여한 위원의 명단이 제6항에 따라 공개되기 전까지 유출되지 아니하도록 적절한 조치를 하여야 한다. 〈신설 2017. 11. 28.〉

⑧ 제1항부터 제7항까지에서 규정한 사항 외에 보세판매장의 설치 · 운영에 관한 특허의 구체적인 절차는 관세청장이 정하여 고시한다. 〈개정 2017. 11. 28.〉

[본조신설 2013. 11. 5.]

제192조의6(보세판매장 특허의 갱신) ① 세관장은 보세판매장의 특허를 받은 자에게 법 제176조의2제6항에 따라 특허를 갱신받으려면 특허기간이 끝나는 날의 6개월 전까지 특허 갱신을 신청해야 한다는 사실과 갱신절차를 특허기간이 끝나는 날의 7개월 전까지 휴대폰에 의한 문자전송, 전자메일, 팩스, 전화, 문서 등으로 미리 알려야 한다.

② 법 제176조의2제6항에 따라 보세판매장의 특허를 갱신하려는 자는 다음 각 호의 사항을 적은 신청서에 기획재정부령으로 정하는 서류를 첨부하여 그 기간만료 6개월 전까지 세관장에게 제출해야 한다.

1. 갱신사유

2. 갱신기간

③ 세관장은 제2항의 신청서를 제출받은 경우 다음 각 호의 서류 또는 자료를 관세청장을 거쳐 특허심사위원회에 제출해야 한다.

1. 제2항의 신청서 및 첨부서류

2. 제2항에 따라 갱신을 신청한 자(이하 이 조에서 "갱신신청자"라 한다)가 제189조에 따른 요건을 충족하는지 여부 및 관세 관계 법령에 따른 의무 · 명령 등의 위반여부에 대한 세관장의 검토 의견

④ 특허심사위원회는 제3항에 따라 제출받은 서류 또는 자료의

적정성을 검토한 후 제192조의3제2항의 평가기준에 따라 갱신신청자를 평가하여 보세판매장 특허 갱신 여부를 심의하고, 심의결과를 관세청장 및 해당 세관장에게 통보해야 한다.

⑤ 관세청장은 제4항에 따른 특허심사위원회의 심의가 완료된 후 다음 각 호의 사항을 관세청장이 정하는 바에 따라 관세청의 인터넷 홈페이지 등을 통하여 공개해야 한다. 다만, 보세판매장 특허 갱신을 받지 못한 경우 제1호의 사항은 갱신신청자가 동의한 경우에만 공개할 수 있다.

1. 갱신신청자에 대한 평가결과
2. 심의에 참여한 특허심사위원회의 위원 명단

⑥ 세관장은 제4항에 따라 통보받은 심의결과에 따라 갱신 특허를 부여하고 갱신신청자에게 평가결과와 보세판매장의 특허 갱신 여부 등을 통보해야 한다.

⑦ 제1항부터 제6항까지에서 규정한 사항 외에 보세판매장의 특허 갱신에 관한 세부사항은 관세청장이 정하여 고시한다.

[전문개정 2019. 2. 12.]

제192조의7(보세판매장의 매출액 보고) 관세청장은 법 제176조의2 제7항에 따른 기획재정부장관의 국회 소관 상임위원회에 대한 보고를 위하여 매 회계연도 종료 후 3월 말일까지 전국 보세판매장의 매장별 매출액을 기획재정부장관에게 보고해야 한다. 〈개정 2015. 2. 6., 2022. 2. 15.〉

[본조신설 2013. 11. 5.]

[제192조의4에서 이동 〈2015. 2. 6.〉]

제192조의8(보세판매장 특허심사위원회의 구성 및 운영) ① 특허심사위원회는 위원장 1명을 포함하여 100명 이내의 위원으로 성별을 고려하여 구성한다. 〈개정 2017. 11. 28.〉

② 특허심사위원회의 위원은 다음 각 호의 어느 하나에 해당되는 사람 중에서 관세청장이 제192조의3제2항에 따른 평가기준을 고려하여 관세청장이 정하는 분야(이하 "평가분야"라 한다)별로 위촉하고, 위원장은 위원 중에서 호선한다. 〈개정 2017. 11. 28.〉

1. 변호사 · 공인회계사 · 세무사 또는 관세사 자격이 있는 사람
2. 「고등교육법」 제2조제1호 또는 제3호에 따른 학교에서 법률 · 회계 등을 가르치는 부교수 이상으로 재직하고 있거나 재직하였던

사람

3. 법률·경영·경제 및 관광 등의 분야에 전문적 지식이나 경험이 풍부한 사람

③ 특허심사위원회 위원의 임기는 1년으로 하되, 한 차례만 연임할 수 있다. 〈개정 2017. 11. 28.〉

④ 관세청장은 특허심사위원회의 위원이 다음 각 호의 어느 하나에 해당하는 경우에는 해당 위원을 해촉할 수 있다. 〈개정 2017. 11. 28.〉

1. 심신장애로 인하여 직무를 수행할 수 없게 된 경우
2. 직무와 관련된 비위사실이 있는 경우
3. 직무태만, 품위손상이나 그 밖의 사유로 인하여 위원으로 적합하지 아니하다고 인정되는 경우
4. 위원 스스로 직무를 수행하는 것이 곤란하다고 의사를 밝히는 경우
5. 제192조의9제3항 각 호의 어느 하나에 해당함에도 불구하고 회피하지 아니한 경우

⑤ 관세청장은 제2항에 따라 위촉한 위원 명단을 관세청의 인터넷 홈페이지 등에 공개하여야 한다. 〈신설 2017. 11. 28.〉

⑥ 제1항부터 제5항까지에서 규정한 사항 외에 특허심사위원회의 구성 및 운영에 필요한 사항은 관세청장이 정한다. 〈개정 2017. 11. 28.〉

[본조신설 2016. 2. 5.]

제192조의9(보세판매장 특허심사위원회의 회의) ① 특허심사위원회의 위원장은 위원회의 회의를 소집하고 그 의장이 된다. 다만, 특허심사위원회의 위원장이 부득이한 사유로 직무를 수행할 수 없는 경우에는 특허심사위원회의 위원장이 미리 지명한 위원이 그 직무를 대행한다.

② 특허심사위원회의 회의는 회의 때마다 평가분야별로 무작위 추출 방식으로 선정하는 25명 이내의 위원으로 구성한다.

③ 다음 각 호의 어느 하나에 해당하는 사람은 해당 회의에 참여할 수 없다.

1. 해당 안건의 당사자(당사자가 법인·단체 등인 경우에는 그 임원을 포함한다. 이하 이 항에서 같다)이거나 해당 안건에 관하여 직

접적인 이해관계가 있는 사람

2. 배우자, 4촌 이내의 혈족 및 2촌 이내의 인척의 관계에 있는 사람이 해당 안건의 당사자이거나 해당 안건에 관하여 직접적인 이해관계가 있는 사람

3. 해당 안건 당사자의 대리인이거나 대리인이었던 사람

4. 해당 안건 당사자의 대리인이거나 대리인이었던 법인·단체 등에 현재 속하고 있거나 최근 3년 이내에 속하였던 사람

5. 해당 안건 당사자의 자문·고문에 응하였거나 해당 안건 당사자와 연구·용역 등의 업무 수행에 동업 또는 그 밖의 형태로 직접 해당 안건 당사자의 업무에 관여를 하였던 사람

6. 해당 안건 당사자의 자문·고문에 응하였거나 해당 안건 당사자와 연구·용역 등의 업무 수행에 동업 또는 그 밖의 형태로 직접 해당 안건 당사자의 업무에 관여를 하였던 법인·단체 등에 현재 속하고 있거나 최근 3년 이내에 속하였던 사람

④ 특허심사위원회의 회의에 참석하는 위원은 제3항 각 호의 어느 하나에 해당되는 경우에는 스스로 해당 회의의 심의·의결에서 회피하여야 한다.

⑤ 특허심사위원회의 회의는 제2항에 따라 선정된 위원 과반수의 참석으로 개의하고, 회의에 참석한 위원 과반수의 찬성으로 의결한다.

⑥ 제5항에도 불구하고 법 제176조의3제1항제1호에 따른 보세판매장 특허 신청자의 평가·선정 및 같은 항 제1호의2에 따른 특허 갱신에 관한 심의를 하는 경우에는 위원장을 제외하고 각 위원이 자신의 평가분야에 대하여 평가한 후 그 평가분야별 점수를 합산하여 가장 높은 점수를 받은 보세판매장 특허 신청자를 특허를 부여받을 자로 결정한다. 〈개정 2019. 2. 12.〉

⑦ 특허심사위원회는 심의를 위하여 필요한 경우에는 관계 행정기관의 장에 대하여 자료 또는 의견의 제출 등을 요구할 수 있으며, 관계 공무원 또는 전문가를 참석하게 하여 의견을 들을 수 있다.

⑧ 제1항부터 제7항까지에서 규정한 사항 외에 특허심사위원회의 회의에 관하여 필요한 사항은 관세청장이 정한다.

[본조신설 2017. 11. 28.]

제192조의10(보세판매장 제도운영위원회의 구성) ① 보세판매장 제도운영위원회는 위원장 1명을 포함하여 17명 이상 20명 이하의 위

원으로 구성한다.

② 위원장은 기획재정부차관 중 기획재정부장관이 지명하는 사람이 되고, 위원은 다음 각 호의 사람 중에서 기획재정부장관이 임명 또는 위촉하는 사람이 된다.

1. 기획재정부 소속 3급 공무원 또는 고위공무원단에 속하는 일반직 공무원

2. 문화체육관광부 · 산업통상자원부 · 국토교통부 · 중소벤처기업부 · 공정거래위원회 및 관세청 소속 고위공무원단에 속하는 일반직 공무원으로서 업무 관련자 각 1명

3. 관세 · 무역 · 법률 · 경영 · 경제 및 관광 등의 분야에 학식과 경험이 풍부한 사람 중에서 기획재정부장관이 위촉하는 사람

③ 제2항제3호에 해당하는 위원의 임기는 2년으로 하되, 한 차례만 연임할 수 있다. 다만, 보궐위원의 임기는 전임위원 임기의 남은 기간으로 한다.

④ 기획재정부장관은 보세판매장 제도운영위원회의 위원이 다음 각 호의 어느 하나에 해당하는 경우에는 해당 위원을 해임 또는 해촉할 수 있다.

1. 심신장애로 인하여 직무를 수행할 수 없게 된 경우

2. 직무와 관련된 비위사실이 있는 경우

3. 직무태만, 품위손상이나 그 밖의 사유로 인하여 위원으로 적합하지 않다고 인정되는 경우

4. 위원 스스로 직무를 수행하는 것이 곤란하다고 의사를 밝히는 경우

5. 제192조의12제4항 각 호의 어느 하나에 해당함에도 불구하고 회피하지 않은 경우

⑤ 제1항부터 제4항까지에서 규정한 사항 외에 보세판매장 제도운영위원회의 구성 및 운영에 필요한 세부사항은 기획재정부장관이 정한다.

[본조신설 2019. 2. 12.]

제192조의11(보세판매장 제도운영위원회 위원장의 직무) ① 보세판매장 제도운영위원회의 위원장은 해당 위원회를 대표하고 보세판매장 제도운영위원회의 업무를 총괄한다.

② 보세판매장 제도운영위원회의 위원장이 부득이한 사유로 그 직

무를 수행하지 못하는 경우에는 위원장이 지명하는 위원이 그 직무를 대행한다.

[본조신설 2019. 2. 12.]

제192조의12(보세판매장 제도운영위원회의 회의) ① 보세판매장 제도운영위원회의 위원장은 위원회의 회의를 소집하고 그 의장이 된다.

② 보세판매장 제도운영위원회의 회의는 위원장과 위원장이 매 회의마다 지명하는 재적위원 과반수 이상의 위원으로 구성하되, 지명되는 위원 중 제192조의10제2항제3호의 사람이 2분의 1 이상 포함되어야 한다.

③ 보세판매장 제도운영위원회의 위원 중 공무원인 위원이 회의에 출석하지 못할 부득이한 사정이 있는 경우에는 그가 소속된 기관의 다른 공무원으로 하여금 회의에 출석하여 그 직무를 대행하게 할 수 있다.

④ 보세판매장 제도운영위원회의 위원은 다음 각 호의 어느 하나에 해당하는 경우에는 심의·의결에서 제척된다.

1. 위원이 해당 안건의 당사자(당사자가 법인·단체 등인 경우에는 그 임원을 포함한다. 이하 이 항에서 같다)이거나 해당 안건에 관하여 직접적인 이해관계가 있는 경우

2. 위원의 배우자, 4촌 이내의 혈족 및 2촌 이내의 인척의 관계에 있는 사람이 해당 안건의 당사자이거나 해당 안건에 관하여 직접적인 이해관계가 있는 경우

3. 위원이 해당 안건의 당사자의 대리인이거나 최근 5년 이내에 대리인이었던 경우

4. 위원이 해당 안건의 당사자의 대리인이거나 최근 5년 이내에 대리인이었던 법인·단체 등에 속하고 있거나 속하고 있었던 경우

5. 위원이 최근 5년 이내에 해당 안건의 당사자의 자문·고문에 응했거나 해당 안건의 당사자의 연구·용역 등의 업무 수행에 동업하는 등의 형태로 직접 해당 안건의 당사자의 업무에 관여했던 경우

6. 위원이 최근 5년 이내에 해당 안건의 당사자의 자문·고문에 응했거나 해당 안건의 당사자의 연구·용역 등의 업무 수행에 동업하는 등의 형태로 직접 해당 안건의 당사자의 업무에 관여했던 법

인·단체 등에 속하고 있거나 속하고 있었던 경우

⑤ 보세판매장 제도운영위원회의 위원은 제4항 각 호의 어느 하나에 해당하는 경우에는 스스로 해당 회의의 심의·의결에서 회피해야 한다.

⑥ 보세판매장 제도운영위원회의 회의는 회의마다 구성되는 위원 과반수 출석으로 개의하고 출석위원 과반수의 찬성으로 의결한다.

⑦ 보세판매장 제도운영위원회는 효율적인 운영을 위하여 필요한 경우 관계 행정기관의 장에게 자료 또는 의견의 제출 등을 요구할 수 있으며, 관계 공무원 또는 이해관계인 등의 의견을 들을 수 있다.

⑧ 보세판매장 제도운영위원회의 회의에 출석한 공무원이 아닌 위원에 대해서는 예산의 범위에서 수당을 지급할 수 있다.

⑨ 제1항부터 제8항까지에서 규정한 사항 외에 보세판매장 제도운영위원회의 회의에 관하여 필요한 세부사항은 해당 위원회의 의결을 거쳐 위원장이 정한다.

[본조신설 2019. 2. 12.]

제193조(특허보세구역의 휴지·폐지 등의 통보) ①특허보세구역의 운영인은 당해 특허보세구역을 운영하지 아니하게 된 때에는 다음 각호의 사항을 세관장에게 통보하여야 한다.

1. 당해 특허보세구역의 종류·명칭 및 소재지
2. 운영을 폐지하게 된 사유 및 그 일시
3. 장치물품의 명세
4. 장치물품의 반출완료예정연월일

②특허보세구역의 운영인은 30일 이상 계속하여 특허보세구역의 운영을 휴지하고자 하는 때에는 다음 각호의 사항을 세관장에게 통보하여야 하며, 특허보세구역의 운영을 다시 개시하고자 하는 때에는 그 사실을 세관장에게 통보하여야 한다.

1. 당해 특허보세구역의 종류·명칭 및 소재지
2. 휴지사유 및 휴지기간

제193조의2(특허보세구역의 물품반입 정지 사유) 법 제178조제1항 제4호에서 "대통령령으로 정하는 사유"란 다음 각 호의 어느 하나에 해당하는 경우를 말한다.

1. 제207조에 따른 재고조사 결과 원자재소요량 관리가 적정하지 않은 경우

2. 1년 동안 계속하여 물품의 반입·반출 실적이 없거나, 6개월 이상 보세작업을 하지 않은 경우

3. 운영인이 최근 1년 이내에 법에 따른 절차 등을 위반한 경우 등 관세청장이 정하는 사유에 해당하는 경우

[본조신설 2020. 2. 11.]

[종전 제193조의2는 제193조의3으로 이동 〈2020. 2. 11.〉]

제193조의3(특허보세구역의 운영인에 대한 과징금의 부과기준 등) ① 법 제178조제3항에 따라 부과하는 과징금의 금액은 제1호의 기간에 제2호의 금액을 곱하여 산정한다.

1. 기간: 법 제178조제1항에 따라 산정한 물품반입 등의 정지 일수(1개월은 30일을 기준으로 한다)

2. 1일당 과징금 금액: 해당 특허보세구역 운영에 따른 연간 매출액의 6천분의 1

② 제1항제2호의 연간매출액은 다음 각 호의 구분에 따라 산정한다.

1. 특허보세구역의 운영인이 해당 사업연도 개시일 이전에 특허보세구역의 운영을 시작한 경우: 직전 3개 사업연도의 평균 매출액(특허보세구역의 운영을 시작한 날부터 직전 사업연도 종료일까지의 기간이 3년 미만인 경우에는 그 시작일부터 그 종료일까지의 매출액을 연평균 매출액으로 환산한 금액)

2. 특허보세구역의 운영인이 해당 사업연도에 특허보세구역 운영을 시작한 경우: 특허보세구역의 운영을 시작한 날부터 반입정지 등의 처분사유가 발생한 날까지의 매출액을 연매출액으로 환산한 금액

③ 세관장은 제1항에 따라 산정된 과징금 금액의 4분의 1의 범위에서 사업규모, 위반행위의 정도 및 위반횟수 등을 고려하여 그 금액을 가중하거나 감경할 수 있다. 다만, 과징금을 가중하는 경우에는 과징금 총액이 제2항에 따라 산정된 연간매출액의 100분의 3을 초과할 수 없다.

④ 제1항에 따른 과징금의 부과 및 납부에 관하여는 제285조의7을 준용한다. 이 경우 "관세청장"은 "세관장"으로 본다.

[본조신설 2011. 4. 1.]

[제목개정 2015. 2. 6.]

[제193조의2에서 이동 〈2020. 2. 11.〉]

제194조(특허의 승계신고) ①법 제179조제3항의 규정에 의하여 특허보세구역의 운영을 계속하고자 하는 상속인 또는 승계법인은 당해 특허보세구역의 종류·명칭 및 소재지를 기재한 특허보세구역승계신고서에 다음 각호의 서류를 첨부하여 세관장에게 제출하여야 한다.

1. 상속인 또는 승계법인을 확인할 수 있는 서류
2. 법 제174조제3항의 규정에 의한 특허요건의 구비를 확인할 수 있는 서류로서 관세청장이 정하는 서류

②제1항의 규정에 의하여 신고를 받은 세관장은 이를 심사하여 신고일부터 5일 이내에 그 결과를 신고인에게 통보하여야 한다.

제195조(특허보세구역의 관리) ①세관장은 특허보세구역의 관리상 필요하다고 인정되는 때에는 특허보세구역의 운영인에게 그 업무에 종사하는 자의 성명 기타 인적사항을 보고하도록 명할 수 있다.

②특허보세구역의 출입구를 개폐하거나 특허보세구역에서 물품을 취급하는 때에는 세관공무원의 참여가 있어야 한다. 다만, 세관장이 불필요하다고 인정하는 때에는 그러하지 아니하다.

③특허보세구역의 출입구에는 자물쇠를 채워야 한다. 이 경우 세관장은 필요하다고 인정되는 장소에는 2중으로 자물쇠를 채우게 하고, 그중 1개소의 열쇠를 세관공무원에게 예치하도록 할 수 있다.

④지정보세구역의 관리인 또는 특허보세구역의 운영인은 그 업무에 종사하는 자 기타 보세구역에 출입하는 자에 대하여 상당한 단속을 하여야 한다.

제196조 삭제 〈2010. 3. 26.〉

제197조(내국물품의 장치신고 등) ①법 제183조제2항의 규정에 의한 신고를 하고자 하는 자는 다음 각호의 사항을 기재한 신고서를 세관장에게 제출하여야 한다.

1. 제176조제1항제2호의 사항
2. 장치사유
3. 생산지 또는 제조지

②법 제183조제3항의 규정에 의한 승인을 얻고자 하는 자는 다음 각호의 사항을 기재한 신청서를 세관장에게 제출하여야 한다.

1. 제175조제2호의 사항
2. 장치장소 및 장치기간
3. 생산지 또는 제조지

4. 신청사유

5. 현존 외국물품의 처리완료연월일

③세관장은 제2항의 규정에 의한 승인을 얻어 장치하는 물품에 대하여는 제176조의 규정에 의한 반출입신고를 생략하게 할 수 있다.

제198조(보세창고운영인의 기장의무) 보세창고의 운영인은 장치물품에 관한 장부를 비치하고 다음 각호의 사항을 기재하여야 한다. 다만, 법 제177조제1항제1호 다목의 규정에 의한 물품의 경우에는 관세청장이 정하는 바에 따라 장부의 비치 및 기재사항의 일부를 생략 또는 간이하게 할 수 있다.

1. 반입 또는 반출한 물품의 내외국물품별 구분, 품명·수량 및 가격과 포장의 종류·기호·번호 및 개수

2. 반입 또는 반출연월일과 신고번호

3. 보수작업물품과 보수작업재료의 내외국물품별 구분, 품명·수량 및 가격과 포장의 종류·기호·번호 및 개수

4. 보수작업의 종류와 승인연월일 및 승인번호

5. 보수작업의 검사완료연월일

제199조(보세공장원재료의 범위 등) ①법 제185조에 따라 보세공장에서 보세작업을 하기 위하여 반입되는 원료 또는 재료(이하 "보세공장원재료"라 한다)는 다음 각 호의 어느 하나에 해당하는 것을 말한다. 다만, 기계·기구 등의 작동 및 유지를 위한 연료, 윤활유 등 제품의 생산·수리·조립·검사·포장 및 이와 유사한 작업에 간접적으로 투입되어 소모되는 물품은 제외한다. 〈개정 2013. 2. 15., 2017. 3. 27.〉

1. 당해 보세공장에서 생산하는 제품에 물리적 또는 화학적으로 결합되는 물품

2. 해당 보세공장에서 생산하는 제품을 제조·가공하거나 이와 비슷한 공정에 투입되어 소모되는 물품

3. 해당 보세공장에서 수리·조립·검사·포장 및 이와 유사한 작업에 직접적으로 투입되는 물품

②보세공장원재료는 당해 보세공장에서 생산하는 제품에 소요되는 수량(이하 "원자재소요량"이라 한다)을 객관적으로 계산할 수 있는 물품이어야 한다.

③세관장은 물품의 성질, 보세작업의 종류 등을 고려하여 감시상

필요하다고 인정되는 때에는 보세공장의 운영인으로 하여금 보세작업으로 생산된 제품에 소요된 원자재소요량을 계산한 서류를 제출하게 할 수 있다.

④제3항의 규정에 따라 제출하는 서류의 작성 및 그에 필요한 사항은 관세청장이 정한다.

[전문개정 2001. 12. 31.]

제200조(내국물품만을 원재료로 하는 작업의 허가 등) ①법 제185조제2항의 규정에 의한 허가를 받고자 하는 자는 다음 각호의 사항을 기재한 신청서를 세관장에게 제출하여야 한다. 이 경우 당해 작업은 외국물품을 사용하는 작업과 구별하여 실시하여야 한다.

1. 작업의 종류
2. 원재료의 품명 및 수량과 생산지 또는 제조지
3. 작업기간

②제1항의 규정에 의한 작업에 사용하는 내국물품을 반입하는 때에는 제176조의 규정을 준용한다. 다만, 세관장은 보세공장의 운영실태, 작업의 성질 및 기간 등을 고려하여 물품을 반입할 때마다 신고를 하지 아니하고 작업개시 전에 그 작업기간에 소요될 것으로 예상되는 물품의 품명과 수량을 일괄하여 신고하게 할 수 있으며, 작업의 성질, 물품의 종류등에 비추어 필요하다고 인정하는 때에는 신고서의 기재사항중 일부를 생략하도록 할 수 있다.

[전문개정 2001. 12. 31.]

제201조(외국물품의 반입제한) 관세청장은 국내공급상황을 고려하여 필요하다고 인정되는 때에는 법 제185조제5항에 따른 보세공장에 대해서는 외국물품의 반입을 제한할 수 있다. 〈개정 2019. 2. 12.〉

제202조(보세공장 물품반입의 사용신고) 법 제186조제1항의 규정에 의한 사용신고를 하고자 하는 자는 당해 물품의 사용전에 다음 각호의 사항을 기재한 신고서를 세관장에게 제출하여야 한다.

1. 제246조제1항 각호의 사항
2. 품명 · 규격 · 수량 및 가격
3. 장치장소

제203조(보세공장 외 작업허가 신청 등) ①법 제187조제1항에 따른 보세공장 외 작업허가를 받으려는 자는 다음 각 호의 사항을 기재한 신청서를 세관장에게 제출해야 한다. 〈개정 2004. 3. 29.,

2022. 2. 15.〉

1. 보세작업의 종류 · 기간 및 장소

2. 신청사유

3. 해당 작업에 투입되는 원재료의 품명 · 규격 및 수량

4. 해당 작업으로 생산되는 물품의 품명 · 규격 및 수량

② 제1항에 따라 보세공장 외 작업허가를 신청하려는 자는 허가절차의 신속한 진행을 위하여 그 신청 전에 작업장소를 세관장에게 알릴 수 있다. 〈개정 2022. 2. 15.〉

③ 제1항에 따른 신청을 받은 세관장은 6개월의 범위에서 보세공장 외 작업을 허가할 수 있다. 다만, 다음 각 호의 경우에는 해당 호에서 정한 기간의 범위에서 보세공장 외 작업을 허가할 수 있다. 〈신설 2022. 2. 15.〉

1. 임가공계약서 등으로 전체 작업 내용(작업장소, 작업종류, 예상 작업기간 등)을 미리 알 수 있어 여러 작업을 일괄적으로 허가하는 경우: 1년

2. 물품 1단위 생산에 장기간이 소요된다고 세관장이 인정하는 경우: 2년

④ 제3항에 따라 보세공장 외 작업허가를 받은 자는 재해나 그 밖의 부득이한 사유로 허가받은 작업기간의 연장이나 작업장소의 변경이 필요한 경우에는 세관장에게 1년의 범위에서 작업기간의 연장이나 작업장소의 변경허가를 신청할 수 있다. 〈신설 2022. 2. 15.〉

⑤ 보세공장 외 작업허가를 받은 자는 제3항 또는 제4항에 따라 허가받은 기간이 끝나는 날부터 5일 이내에 세관장에게 보세공장 외 작업완료 결과를 통보해야 한다. 〈신설 2022. 2. 15.〉

[제목개정 2022. 2. 15.]

제204조(외국물품과 내국물품의 혼용에 관한 승인) ①법 제188조 단서의 규정에 의한 승인을 얻고자 하는 자는 다음 각호의 사항을 기재한 신청서를 세관장에게 제출하여야 한다.

1. 혼용할 외국물품 및 내국물품의 기호 · 번호 · 품명 · 규격별 수량 및 손모율

2. 승인을 얻고자 하는 보세작업기간 및 사유

②제1항의 규정에 의한 승인을 할 수 있는 경우는 작업의 성질 · 공정 등에 비추어 당해 작업에 사용되는 외국물품과 내국물품의 품

명·규격별 수량과 그 손모율이 확인되고, 제4항의 규정에 의한 과세표준이 결정될 수 있는 경우에 한한다.

③세관장은 제1항의 규정에 의한 승인을 얻은 사항중 혼용하는 외국물품 및 내국물품의 품명 및 규격이 각각 동일하고, 손모율에 변동이 없는 동종의 물품을 혼용하는 경우에는 새로운 승인신청을 생략하게 할 수 있다.

④법 제188조 단서의 규정에 의하여 외국물품과 내국물품을 혼용한 때에는 그로써 생긴 제품중에서 그 원료 또는 재료중 외국물품의 가격(종량세물품인 경우에는 수량을 말한다)이 차지하는 비율에 상응하는 분을 외국으로부터 우리나라에 도착된 물품으로 본다.

제205조(원료과세 적용신청 방법 등) ①법 제189조에 따른 신청을 하려는 자는 다음 각 호의 사항을 적은 신청서를 세관장에게 제출하여야 한다. 〈개정 2008. 2. 22.〉

1. 제175조 각 호의 사항
2. 원료인 외국물품의 규격과 생산지 또는 제조지
3. 신청사유
4. 원료과세 적용을 원하는 기간

②제1항의 규정에 의한 신청서에는 다음 각호의 서류를 첨부하여야 한다. 다만, 세관장이 부득이한 사유가 있다고 인정하는 때에는 그러하지 아니하다.

1. 법 제186조제2항의 증명서류
2. 당해 물품의 송품장 또는 이에 갈음할 수 있는 서류

③ 법 제189조제2항에서 "대통령령으로 정하는 기준"이란 다음 각 호의 기준을 말한다. 〈신설 2008. 2. 22., 2022. 2. 15.〉

1. 최근 2년간 생산되어 판매된 물품 중 수출된 물품의 가격 비율이 100분의 50 이상일 것
2. 법 제255조의2제1항에 따라 수출입 안전관리 우수업체로 공인된 업체가 운영할 것

제206조(보세공장운영인의 기장의무) ①보세공장의 운영인은 물품에 관한 장부를 비치하고 다음 각호의 사항을 기재하여야 한다.

1. 반입 또는 반출한 물품의 내외국물품의 구별·품명·규격 및 수량, 포장의 종류·기호·번호 및 개수, 반입 또는 반출연월일과 신고번호

2. 작업에 사용한 물품의 내외국물품의 구분, 품명·규격 및 수량, 포장의 종류·기호·번호 및 개수와 사용연월일

3. 작업에 의하여 생산된 물품의 기호·번호·품명·규격·수량 및 검사연월일

4. 외국물품 및 내국물품의 혼용에 관한 승인을 얻은 경우에는 다음 각목의 사항

가. 승인연월일

나. 혼용한 물품 및 생산된 물품의 기호·번호·품명·규격 및 수량, 내외국물품의 구별과 생산연월일

5. 보세공장외 작업허가를 받아 물품을 보세공장 바깥으로 반출하는 경우에는 다음 각호의 사항

가. 허가연월일 및 허가기간

나. 반출장소

다. 당해 물품의 품명·규격·수량 및 가격

②세관장은 물품의 성질, 보세작업의 종류 기타의 사정을 참작하여 제1항 각호의 사항중 필요가 없다고 인정되는 사항에 대하여는 이의 기재를 생략하게 할 수 있다.

제207조(재고조사) 세관장은 제199조제3항의 규정에 의하여 제출한 원자재소요량을 계산한 서류의 적정여부, 제206조의 규정에 의한 기장의무의 성실한 이행 여부 등을 확인하기 위하여 필요한 경우 보세공장에 대한 재고조사를 실시할 수 있다. 〈개정 2004. 3. 29.〉

제208조(보세전시장안에서의 사용) 법 제190조의 규정에 의한 박람회 등의 운영을 위한 외국물품의 사용에는 다음 각호의 행위가 포함되는 것으로 한다.

1. 당해 외국물품의 성질 또는 형상에 변경을 가하는 행위

2. 당해 박람회의 주최자·출품자 및 관람자가 그 보세전시장안에서 소비하는 행위

제209조(보세전시장의 장치 제한 등) ①세관장은 필요하다고 인정되는 때에는 보세전시장안의 장치물품에 대하여 장치할 장소를 제한하거나 그 사용사항을 조사하거나 운영인으로 하여금 필요한 보고를 하게 할 수 있다.

②보세전시장에 장치된 판매용 외국물품은 수입신고가 수리되기 전에는 이를 사용하지 못한다.

③보세전시장에 장치된 전시용 외국물품을 현장에서 직매하는 경우 수입신고가 수리되기 전에는 이를 인도하여서는 아니된다.

제210조(보세건설장 반입물품의 범위) 보세건설장에 반입할 수 있는 물품은 법 제191조의 규정에 의한 외국물품 및 이와 유사한 물품으로서 당해 산업시설의 건설에 필요하다고 세관장이 인정하는 물품에 한한다.

제211조(건설공사 완료보고) 보세건설장의 운영인은 법 제192조의 규정에 의한 수입신고를 한 물품을 사용한 건설공사가 완료된 때에는 지체없이 이를 세관장에게 보고하여야 한다.

제212조(보세건설장외 보세작업의 허가신청) ①법 제195조제1항의 규정에 의하여 보세작업의 허가를 받고자 하는 자는 다음 각호의 사항을 기재한 신청서를 세관장에게 제출하여야 한다.

1. 제175조 각호의 사항
2. 보세작업의 종료기한 및 작업장소
3. 신청사유
4. 당해 작업에서 생산될 물품의 품명·규격 및 수량

②세관장은 재해 기타 부득이한 사유로 인하여 필요하다고 인정되는 때에는 보세건설장 운영인의 신청에 의하여 보세건설장외에서의 보세작업의 기간 또는 장소를 변경할 수 있다. 〈개정 2001. 12. 31.〉

제213조(보세판매장의 관리 등) ①보세판매장의 운영인은 보세판매장에서 물품을 판매하는 때에는 판매사항·구매자인적사항 기타 필요한 사항을 관세청장이 정하는 바에 따라 기록·유지하여야 한다.

②관세청장은 보세판매장에서의 판매방법, 구매자에 대한 인도방법 등을 정할 수 있다.

③ 삭제 〈2019. 2. 12.〉

④세관장은 연 2회 이상 보세화물의 반출입량·판매량·외국반출현황·재고량 등을 파악하기 위하여 보세판매장에 대한 조사를 실시할 수 있다.

⑤관세청장은 보세화물이 보세판매장에서 불법적으로 반출되지 아니하도록 하기 위하여 반입·반출의 절차 기타 필요한 사항을 정할 수 있다.

제213조의2(입국장 인도장의 설치·운영 등) ① 보세판매장이 법 제196조제1항제1호 단서에 따라 물품을 판매하는 경우에는 공항·항

만 등의 입국경로에 설치된 해당 물품을 인도하는 장소(이하 "입국장 인도장"이라 한다)에서 물품을 인도해야 한다.

② 제1항에 따른 입국장 인도장을 설치·운영하려는 자는 관할 세관장의 승인을 받아야 한다.

③ 제2항에 따라 승인을 받으려는 자는 다음 각 호의 요건을 모두 갖추어 세관장에게 신청해야 한다.

1. 제189조제1호 및 제2호의 요건을 모두 갖출 것

2. 공항·항만 등의 입국경로에서 물품을 적절하게 관리·인도할 수 있는 공간을 확보할 것

3. 법 제96조에 따른 여행자 휴대품의 면세 통관이 적절하게 이루어질 수 있도록 입국장 인도장에서 인도한 물품의 내역을 확인하여 세관장에게 통보할 수 있는 관세청장이 정하는 전산설비 또는 시스템을 갖출 것. 다만, 해당 공항·항만 등의 입국경로에 법 제196조제2항에 따른 보세판매장(이하 "입국장 면세점"이라 한다)이 있는 경우에는 입국장 인도장에서 인도한 물품의 내역과 입국장 면세점에서 판매한 물품의 내역을 통합·확인하여 세관장에게 통보할 수 있는 관세청장이 정하는 전산설비 또는 시스템을 갖출 것

4. 입국장 인도장이 설치되는 공항·항만 등 입국경로의 시설을 관리하는 중앙행정기관·지방자치단체 또는 법인의 동의를 받을 것

④ 관할 세관장은 제2항에 따른 승인을 받아 입국장 인도장을 설치·운영하는 자가 다음 각 호의 어느 하나에 해당하는 경우에는 그 승인을 취소할 수 있다.

1. 거짓이나 그 밖의 부정한 방법으로 승인을 받은 경우

2. 입국장 인도장을 설치한 자가 그 승인의 취소를 요청하는 경우

3. 제3항의 요건에 해당하지 않게 된 경우

⑤ 법 제196조제1항제1호 단서에 따라 입국장 인도장에서 인도할 수 있는 물품의 종류 및 한도는 기획재정부령으로 정한다.

⑥ 제1항부터 제5항까지에서 규정한 사항 외에 입국장 인도장 설치·운영 및 인도 방법 등에 관하여 필요한 사항은 관세청장이 정한다.

[본조신설 2020. 2. 11.]

제213조의3(시내보세판매장의 현장인도 방법 등) ① 법 제196조의2제1항에 따른 시내보세판매장(이하 "시내보세판매장"이라 한다)에서 외국인에게 내국물품을 판매 현장에서 인도하려는 경우 시내보세판

매장 운영인은 구매자의 여권과 항공권 등 출국에 관한 예약내용을 확인할 수 있는 자료를 확인해야 한다.

② 법 제196조의2제2항 전단에서 "물품 구매자의 출입국 관리기록 등대통령령으로 정하는 정보 또는 자료"란 다음 각 호의 어느 하나에 해당하는 것을 말한다.

1. 물품을 구매한 외국인의 출입국관리기록
2. 그 밖에 시내보세판매장에서 현장 인도된 물품의 외국 반출 여부를 확인하기 위하여 관세청장이 필요하다고 인정하는 정보 또는 자료

③ 법 제196조의2제3항에서 "대통령령으로 정하는 사람"이란 다음 각 호를 고려하여 관세청장이 정하는 사람을 말한다.

1. 시내보세판매장에서의 구매내역
2. 항공권 등의 예약 및 취소 내역
3. 그 밖에 현장 인도 제한 사유로 관세청장이 필요하다고 인정하는 사유

④ 제1항부터 제3항까지에서 규정한 사항 외에 시내보세판매장의 현장인도 방법 및 그 밖에 필요한 사항은 관세청장이 정한다.

[본조신설 2020. 2. 11.]

제4절 종합보세구역

제214조(종합보세구역의 지정 등) ①법 제197조에 따른 종합보세구역(이하 "종합보세구역"이라 한다)은 다음 각 호의 어느 하나에 해당하는 지역으로서 관세청장이 종합보세구역으로 지정할 필요가 있다고 인정하는 지역을 그 지정대상으로 한다. 〈개정 2003. 6. 30., 2006. 5. 22., 2007. 4. 5., 2011. 4. 1.〉

1. 「외국인투자촉진법」에 의한 외국인투자지역
2. 「산업입지 및 개발에 관한 법률」에 의한 산업단지
3. 삭제 〈2007. 4. 5.〉
4. 「유통산업발전법」에 의한 공동집배송센터
5. 「물류시설의 개발 및 운영에 관한 법률」에 따른 물류단지
6. 기타 종합보세구역으로 지정됨으로써 외국인투자촉진·수출증대 또는 물류촉진 등의 효과가 있을 것으로 예상되는 지역

②법 제197조제1항의 규정에 의하여 종합보세구역의 지정을 요청

하고자 하는 자(이하 "지정요청자"라고 한다)는 다음 각호의 사항을 기재한 지정요청서에 당해 지역의 도면을 첨부하여 관세청장에게 제출하여야 한다. 〈개정 2004. 3. 29.〉

1. 당해 지역의 소재지 및 면적
2. 구역안의 시설물현황 또는 시설계획
3. 사업계획

③관세청장은 직권으로 종합보세구역을 지정하고자 하는 때에는 관계중앙행정기관의 장 또는 지방자치단체의 장과 협의하여야 한다.

제214조의2(종합보세구역 예정지의 지정) ①관세청장은 지정요청자의 요청에 의하여 종합보세기능의 수행이 예정되는 지역을 종합보세구역예정지역(이하 "예정지역"이라 한다)으로 지정할 수 있다.

②예정지역의 지정기간은 3년 이내로 한다. 다만, 관세청장은 당해 예정지역에 대한 개발계획의 변경 등으로 인하여 지정기간의 연장이 불가피하다고 인정되는 때에는 3년의 범위내에서 연장할 수 있다.

③제214조의 규정은 제1항의 규정에 의한 예정지역의 지정에 관하여 이를 준용한다.

④관세청장은 예정지역의 개발이 완료된후 제214조의 규정에 따라 지정요청자의 요청에 의하여 종합보세구역으로 지정할 수 있다.

[본조신설 2004. 3. 29.]

제215조(종합보세사업장의 설치·운영신고 등) ①법 제198조제1항의 규정에 의한 종합보세사업장의 설치·운영에 관한 신고의 절차에 관하여는 제188조의 규정을 준용한다. 다만, 관세청장은 종합보세구역의 규모·기능 등을 고려하여 첨부서류의 일부를 생략하는 등 설치·운영의 신고절차를 간이하게 할 수 있다.

②법 제198조제3항의 규정에 의하여 종합보세기능의 변경신고를 하고자 하는 자는 그 변경내용을 기재한 신고서를 세관장에게 제출하여야 한다.

제216조(종합보세구역에의 물품 반·출입절차 등) 법 제199조제1항의 규정에 의한 종합보세구역에의 물품반출입신고에 관하여는 제176조의 규정을 준용한다.

제216조의2(외국인관광객 등의 범위) 법 제199조의2제1항에서 "외국인 관광객 등 대통령령으로 정하는 자"란 「외국환거래법」 제3조에

따른 비거주자(이하 "외국인관광객등"이라 한다)를 말한다. 다만, 다음 각 호의 자를 제외한다. 〈개정 2006. 5. 22., 2011. 4. 1.〉

1. 법인
2. 국내에 주재하는 외교관(이에 준하는 외국공관원을 포함한다)
3. 국내에 주재하는 국제연합군과 미국군의 장병 및 군무원

[본조신설 2004. 3. 29.]

제216조의3(종합보세구역에서의 물품판매 등) ①종합보세구역에서 법 제199조의2의 규정에 의하여 외국인관광객등에게 물품을 판매하는 자(이하 "판매인"이라 한다)는 관세청장이 정하는 바에 따라 판매물품에 대한 수입신고 및 신고납부를 하여야 한다.

②판매인은 제1항의 규정에 의한 수입신고가 수리된 경우에는 구매자에게 당해 물품을 인도하되, 국외반출할 목적으로 구매한 외국인관광객등에게 판매한 경우에는 물품판매확인서(이하 "판매확인서"라 한다)를 교부하여야 한다.

③관세청장은 종합보세구역의 위치 및 규모 등을 고려하여 판매하는 물품의 종류 및 수량 등을 제한할 수 있다.

[본조신설 2004. 3. 29.]

제216조의4(외국인관광객등에 대한 관세등의 환급) ①외국인관광객등이 종합보세구역에서 물품을 구매할 때에 부담한 관세등을 환급 또는 송금받고자 하는 경우에는 출국하는 때에 출국항을 관할하는 세관장(이하 "출국항 관할세관장"이라 한다)에게 판매확인서와 구매물품을 함께 제시하여 확인을 받아야 한다.

②출국항 관할세관장은 제1항의 규정에 의하여 외국인관광객등이 제시한 판매확인서의 기재사항과 물품의 일치여부를 확인한후 판매확인서에 확인인을 날인하고, 외국인관광객등에게 이를 교부하거나 판매인에게 송부하여야 한다.

③제2항의 규정에 의하여 외국인관광객등이 판매확인서를 교부받은 때에는 제216조의6의 규정에 의한 환급창구운영사업자에게 이를 제시하고 환급 또는 송금받을 수 있다. 다만, 판매인이 제2항의 규정에 의하여 판매확인서를 송부받은 경우에는 그 송부받은 날부터 20일 이내에 외국인관광객등이 종합보세구역에서 물품을 구매한 때 부담한 관세등을 당해 외국인관광객등에게 송금하여야 한다.

[본조신설 2004. 3. 29.]

제216조의5(판매인에 대한 관세등의 환급 등) ①판매인은 법 제199조의2의 규정에 의하여 종합보세구역에서 관세 및 내국세등(이하 "관세등"이라 한다)이 포함된 가격으로 물품을 판매한후 다음 각호에 해당하는 경우에는 관세등을 환급받을 수 있다.

1. 외국인관광객등이 구매한 날부터 3월 이내에 물품을 국외로 반출한 사실이 확인되는 경우

2. 판매인이 제216조의4제3항 본문의 규정에 따라 환급창구운영사업자를 통하여 당해 관세등을 환급 또는 송금하거나 동항 단서의 규정에 따라 외국인관광객등에게 송금한 것이 확인되는 경우

②판매인이 제1항의 규정에 의하여 관세등을 환급받고자 하는 경우에는 다음 각호의 사항을 기재한 신청서에 제216조의4의 규정에 의하여 세관장이 확인한 판매확인서 및 수입신고필증 그 밖에 관세등의 납부사실을 증빙하는 서류와 제1항제2호의 규정에 의한 환급 또는 송금사실을 증명하는 서류를 첨부하여 당해 종합보세구역을 관할하는 세관장에게 제출하여야 한다. 이 경우 관세등의 환급에 관하여는 제54조 및 제55조의 규정을 준용한다.

1. 당해 물품의 품명 및 규격
2. 당해 물품의 판매연월일 및 판매확인번호
3. 당해 물품의 수입신고연월일 및 수입신고번호
4. 환급받고자 하는 금액

③제1항 및 제2항의 규정에 의하여 환급금을 지급받은 판매인은 외국인관광객등에 대하여 환급 또는 송금한 사실과 관련된 증거서류를 5년간 보관하여야 한다.

[본조신설 2004. 3. 29.]

제216조의6(환급창구운영사업자) ①관세청장은 외국인관광객등이 종합보세구역에서 물품을 구입한 때에 납부한 관세등을 판매인을 대리하여 환급 또는 송금하는 사업을 영위하는 자(이하 "환급창구운영사업자"라 한다)를 지정하여 운영할 수 있다.

②제1항의 규정에 의한 환급창구운영사업자에 대하여는 「외국인관광객 등에 대한 부가가치세 및 개별소비세 특례규정」(이하 "특례규정"이라 한다) 제5조의2제2항 내지 제5항, 제10조의2, 제10조의3 및 제14조제2항의 규정을 준용한다. 이 경우 특례규정 제5조의2제2항 내지 제5항중 "관할지방국세청장"은 "관세청장"으로 보고, 제5조

의2제5항제1호의 규정에 의하여 준용되는 제5조제4항제3호중 “국세 또는 지방세”는 “관세”로 보며, 제10조의2중 “외국인관광객”을 “외국인관광객등”으로, “면세물품”을 “물품”으로, “세액상당액”을 “관세등”으로, “면세판매자”를 “판매인”으로, “국세청장”을 “관세청장”으로 보고, 제10조의3중 “외국인관광객”을 “외국인관광객등”으로, “세액상당액”을 “관세등”으로, “면세판매자”를 “판매인”으로 보며, 제14조제2항중 “국세청장·관할지방국세청장 또는 관할세무서장”은 “관세청장 또는 관할세관장”으로, “외국인관광객”을 “외국인관광객등”으로 본다. 〈개정 2006. 5. 22., 2007. 12. 31.〉

[본조신설 2004. 3. 29.]

제217조(설비유지의무 등) ①법 제202조제1항의 규정에 의하여 종합보세구역의 운영인이 유지하여야 하는 시설 및 장비 등의 설비는 다음 각호의 설비로 한다.

1. 제조·가공·전시·판매·건설 및 장치 기타 보세작업에 필요한 기계시설 및 기구

2. 반입·반출물품의 관리 및 세관의 업무검사에 필요한 전산설비

3. 소방·전기 및 위험물관리 등에 관한 법령에서 정하는 시설 및 장비

4. 보세화물의 분실과 도난방지를 위한 시설

②제1항의 규정에 의한 설비가 천재·지변 기타 불가피한 사유로 인하여 일시적으로 기준에 미달하게 된 때에는 종합보세구역의 운영인은 관세청장이 정하는 기간내에 이를 갖추어야 한다.

③법 제202조제2항의 규정에 의한 보수작업 또는 보세작업에 관한 신고에 관하여는 제177조 및 제203조의 규정을 준용한다.

제218조(종합보세구역의 지정취소 사유) ①법 제204조제1항에서 “대통령령으로 정하는 사유”란 다음 각 호의 경우를 말한다. 〈개정 2011. 4. 1.〉

1. 종합보세구역의 지정요청자가 지정취소를 요청한 경우

2. 종합보세구역의 지정요건이 소멸한 경우

② 삭제 〈2019. 2. 12.〉

[제목개정 2019. 2. 12.]

제5절 유치 및 처분

제219조(물품의 유치 및 예치와 해제) ① 법 제206조제1항제2호라목에서 "대통령령으로 정하는 경우"란 다음 각 호의 경우를 말한다. 〈신설 2021. 2. 17.〉

1. 해당 물품에 대해 식품의약품안전처장 등 관계 기관의 장으로부터 부적합 통보 또는 통관 제한 요청을 받은 경우

2. 성분 또는 규격 등이 불명확한 물품으로서 식품의약품안전처 등 관계 기관의 확인 또는 법 제265조의2에 따른 물품분석이 필요한 경우

3. 그 밖에 유해 성분이 포함된 식품·의약품 등 세관장이 사회안전 또는 국민보건을 위해 유치가 필요하다고 인정하는 경우

②세관장이 법 제206조의 규정에 의하여 물품을 유치 또는 예치한 때에는 다음 각호의 사항을 기재한 유치증 또는 예치증을 교부하여야 한다. 〈개정 2021. 2. 17.〉

1. 당해 물품의 포장의 종류·개수·품명·규격 및 수량

2. 유치사유 또는 예치사유

3. 보관장소

③유치를 해제하거나 예치물품을 반환받으려는 자는 제2항에 따라 교부받은 유치증 또는 예치증을 세관장에게 제출해야 한다. 〈개정 2021. 2. 17.〉

제220조(매각대행기관) 법 제208조제4항에 따라 세관장이 매각을 대행하게 할 수 있는 기관은 다음 각 호의 기관 또는 법인·단체 중에서 관세청장이 지정하는 기관·법인 또는 단체(이하 "매각대행기관"이라 한다)로 한다. 〈개정 2006. 5. 22., 2014. 3. 24., 2022. 2. 17., 2023. 2. 28.〉

1. 「한국자산관리공사 설립 등에 관한 법률」에 따른 한국자산관리공사

2. 「한국보훈복지의료공단법」에 의하여 설립된 한국보훈복지의료공단

3. 관세청장이 정하는 기준에 따라 전자문서를 통한 매각을 수행할 수 있는 시설 및 시스템 등을 갖춘 것으로 인정되는 법인 또는 단체

4. 삭제 〈2002. 12. 30.〉

제221조(화주 등에 대한 매각대행의 통지) ①세관장은 법 제208조

제4항에 따라 매각을 대행하게 하는 때에는 매각대행의뢰서를 매각대행기관에 송부해야 한다. 〈개정 2023. 2. 28.〉

②세관장은 제1항의 규정에 의한 매각대행의 사실을 화주 및 물품보관인에게 통지하여야 한다.

제222조(매각방법 등) ①법 제210조제2항의 규정에 의한 예정가격의 체감은 제2회 경쟁입찰 때부터 하되, 그 체감한도액은 최초예정가격의 100분의 50으로 한다. 다만, 관세청장이 정하는 물품을 제외하고는 최초예정가격을 기초로 하여 산출한 세액이하의 금액으로 체감할 수 없다.

②응찰가격중 다음 회의 입찰에 체감될 예정가격보다 높은 것이 있는 때에는 응찰가격의 순위에 따라 법 제210조제2항의 규정에 의한 수의계약을 체결한다. 단독응찰자의 응찰가격이 다음 회의 입찰시에 체감될 예정가격보다 높은 경우 또는 공매절차가 종료한 물품을 최종 예정가격이상의 가격으로 매수하려는 자가 있는 때에도 또한 같다.

③제2항의 경우 수의계약을 체결하지 못하고 재입찰에 부친 때에는 직전입찰에서의 최고응찰가격을 다음 회의 예정가격으로 한다. 〈개정 2017. 3. 27.〉

④제2항의 규정에 의하여 수의계약을 할 수 있는 자로서 그 체결에 응하지 아니하는 자는 당해 물품에 대한 다음 회 이후의 경쟁입찰에 참가할 수 없다.

⑤법 제210조제4항에서 "대통령령으로 정하는 물품"이란 다음 각 호의 어느 하나에 해당하는 물품중에서 관세청장이 신속한 매각이 필요하다고 인정하여 위탁판매대상으로 지정한 물품을 말한다. 〈개정 2011. 4. 1.〉

1. 부패하거나 부패의 우려가 있는 물품
2. 기간경과로 사용할 수 없게 되거나 상품가치가 현저히 감소할 우려가 있는 물품
3. 공매하는 경우 매각의 효율성이 저하되거나 공매에 전문지식이 필요하여 직접 공매하기에 부적합한 물품

⑥법 제210조제4항의 규정에 의하여 위탁판매하는 경우 판매가격은 당해 물품의 최종예정가격(제5항의 규정에 해당하는 물품은 제7항의 규정에 의하여 산출한 가격을 말한다)으로 하고, 위탁판매의

장소 · 방법 · 수수료 기타 필요한 사항은 관세청장이 정한다.

⑦법 제210조에 따라 매각할 물품의 예정가격과 매각된 물품의 과세가격은 기획재정부령으로 정하는 바에 따라 산출한다. 〈개정 2020. 10. 7.〉

⑧법 제210조의 규정에 의하여 매각한 물품으로 다음 각호의 1에 해당하는 물품은 수출하거나 외화를 받고 판매하는 것을 조건으로 매각한다. 다만, 제2호의 물품으로서 관세청장이 필요하다고 인정하는 물품은 주무부장관 또는 주무부장관이 지정하는 기관의 장과 협의하여 수입하는 것을 조건으로 판매할 수 있다.

1. 법률에 의하여 수입이 금지된 물품
2. 기타 관세청장이 지정하는 물품

⑨법 제210조제3항제2호에서 "매각물품의 성질 · 형태 · 용도 등을 고려할 때 경쟁입찰의 방법으로 매각할 수 없는 경우"란 다음 각 호의 어느 하나에 해당하는 경우를 말한다. 〈개정 2011. 4. 1.〉

1. 부패 · 손상 · 변질 등의 우려가 현저한 물품으로서 즉시 매각하지 아니하면 상품가치가 저하할 우려가 있는 경우
2. 물품의 매각예정가격이 50만원미만인 경우
3. 경쟁입찰의 방법으로 매각하는 것이 공익에 반하는 경우

제223조(매각대상물품의 인도) ①세관장이 점유하고 있거나 제3자가 보관하고 있는 매각대상물품은 이를 매각대행기관에 인도할 수 있다. 이 경우 제3자가 보관하고 있는 물품에 대하여는 그 제3자가 발행하는 당해 물품의 보관증을 인도함으로서 이에 갈음할 수 있다.

②매각대행기관은 제1항의 규정에 의하여 물품을 인수한 때에는 인계 · 인수서를 작성하여야 한다.

제224조(매각대행의뢰의 철회요구) ①매각대행기관은 매각대행의뢰서를 받은 날부터 2년 이내에 매각되지 아니한 물품이 있는 때에는 세관장에게 당해 물품에 대한 매각대행의뢰의 철회를 요구할 수 있다.

②세관장은 제1항의 규정에 의한 철회요구를 받은 때에는 특별한 사유가 없는 한 이에 응하여야 한다.

제225조(매각대행의 세부사항) 매각대행기관이 대행하는 매각에 관하여 필요한 사항으로서 이 영에 정하지 아니한 것은 관세청장이 매각대행기관과 협의하여 정한다.

제225조의2(압류물품의 유찰 가격) ① 법 제212조제3항에서 "대통령령으로 정하는 유찰물품의 가격"은 해당 물품의 최종예정가격을 말한다.

② 제1항에 따른 최종예정가격은 마지막 입찰 시 제222조제7항에 따라 산출한 예정가격으로 한다.

[본조신설 2023. 2. 28.]

제8장 운송

제1절 보세운송

제226조(보세운송의 신고 등) ①법 제213조에 따른 보세운송신고를 하거나 승인을 받으려는 자는 다음 각 호의 사항을 기재한 신고서 또는 신청서를 세관장에게 제출해야 한다. 다만, 국제무역선 또는 국제무역기의 효율적인 하역을 위하여 필요하거나 세관의 감시·단속에 지장이 없다고 인정하여 관세청장이 따로 정하는 경우에는 그 정하는 바에 따른다. 〈개정 2002. 12. 30., 2021. 2. 17.〉

1. 운송수단의 종류·명칭 및 번호
2. 운송통로와 목적지
3. 화물상환증, 선하증권번호 또는 항공화물운송장번호와 물품의 적재지·생산지 또는 제조지
4. 포장의 종류·번호 및 개수
5. 품명·규격·수량 및 가격
6. 운송기간
7. 화주의 명칭(성명)·주소·사업자등록번호 및 대표자성명

②세관장은 운송거리 기타의 사정을 참작하여 필요가 없다고 인정되는 때에는 제1항 각호의 사항중 일부의 기재를 생략하게 할 수 있다.

③법 제213조제2항 단서에 따라 보세운송의 승인을 받아야 하는 경우는 다음 각 호의 어느 하나에 해당하는 물품을 운송하려는 경우를 말한다. 〈개정 2006. 5. 22., 2014. 12. 9., 2021. 2. 17., 2025. 8. 5.〉

1. 보세운송된 물품중 다른 보세구역 등으로 재보세운송하고자 하는 물품
2. 「검역법」·「식물방역법」·「가축전염병예방법」 등에 따라 검역

을 요하는 물품

3. 「위험물안전관리법」에 따른 위험물

3의2. 「화학물질관리법」에 따른 허가물질, 제한물질, 금지물질 및 유해화학물질

4. 비금속설

5. 화물이 국내에 도착된 후 최초로 보세구역에 반입된 날부터 30일이 경과한 물품

6. 통관이 보류되거나 수입신고수리가 불가능한 물품

7. 법 제156조의 규정에 의한 보세구역외 장치허가를 받은 장소로 운송하는 물품

8. 귀석·반귀석·귀금속·한약재·의약품·향료 등과 같이 부피가 작고 고가인 물품

9. 화주 또는 화물에 대한 권리를 가진 자가 직접 보세운송하는 물품

10. 법 제236조의 규정에 의하여 통관지가 제한되는 물품

11. 적재화물목록상 동일한 화주의 선하증권 단위의 물품을 분할하여 보세운송하는 경우 그 물품

12. 불법 수출입의 방지 등을 위하여 세관장이 지정한 물품

13. 법 및 법에 의한 세관장의 명령을 위반하여 관세범으로 조사를 받고 있거나 기소되어 확정판결을 기다리고 있는 보세운송업자등이 운송하는 물품

④제3항의 규정에 의한 물품중 관세청장이 보세운송승인대상으로 하지 아니하여도 화물관리 및 불법 수출입의 방지에 지장이 없다고 판단하여 정하는 물품에 대하여는 신고만으로 보세운송할 수 있다.

제227조(보세운송기간의 연장신청) 법 제216조제2항 단서의 규정에 의하여 보세운송기간의 연장을 받고자 하는 자는 다음 각호의 사항을 기재한 신청서를 당해 보세운송을 신고하거나 승인한 세관장 또는 도착지 세관장에게 제출하여야 한다.

1. 보세운송의 신고 또는 승인연월일과 신고번호 또는 승인번호

2. 당해 물품의 품명·규격 및 수량

3. 연장신청기간 및 신청사유

제228조(운송물품의 폐기승인신청) 제179조 및 제180조의 규정은 법 제217조 단서의 경우에 이를 준용한다.

제229조(조난물품의 운송) ①법 제219조제2항의 규정에 의한 승인을 얻고자 하는 자는 제226조제1항 각호의 사항을 기재한 신청서를 세관장에게 제출하여야 한다.

②제226조제3항의 규정은 제1항의 경우에 이를 준용한다.

제2절 내국운송

제230조(내국운송의 신고) 제226조의 규정은 법 제221조의 규정에 의한 신고에 관하여 이를 준용한다.

제3절 보세운송업자 등

제231조(보세운송업자 등의 등록) ① 법 제222조제1항제7호에서 "대통령령으로 정하는 자"란 「전자상거래 등에서의 소비자보호에 관한 법률」 제12조제1항에 따라 통신판매업자로 신고한 자로서 직전 연도 구매대행한 수입물품의 총 물품가격이 10억원 이상인 자를 말한다. 〈신설 2021. 2. 17.〉

②법 제222조제1항에 따라 등록을 하고자 하는 자는 관세청장이 정하는 바에 따라 다음 각 호의 사항을 적은 신청서 및 첨부서류를 세관장에게 제출하여야 한다. 〈개정 2018. 2. 13., 2021. 2. 17., 2025. 2. 28.〉

1. 신청인의 주소·성명 및 상호
2. 영업의 종류 및 영업장소
3. 운송수단의 종류·명칭 및 번호(관련 법령에 따라 등록 등을 한 번호를 말한다)

③세관장은 제2항에 따라 등록신청을 한 자가 법 제223조에 따른 등록요건을 갖추고 다음 각 호에 해당하는 경우에는 해당 등록부에 필요한 사항을 기재하고 등록증을 교부한다. 〈개정 2021. 2. 17.〉

1. 보세운송, 하역물품의 제공, 국제운송 등에 필요하다고 관세청장이 정하는 운송수단 또는 설비를 갖추고 있는 경우
2. 관세청장이 정하는 일정금액 이상의 자본금 또는 예금을 보유한 경우
3. 법 및 법에 의한 세관장의 명령에 위반하여 관세범으로 조사받고 있거나 기소중에 있지 아니한 경우

④ 법 제222조제5항 본문에 따라 등록의 유효기간을 갱신하려는

자는 등록갱신신청서를 기간만료 1개월 전까지 관할지세관장에게 제출하여야 한다. 〈개정 2014. 3. 5., 2016. 2. 5., 2021. 2. 17.〉

⑤ 세관장은 제2항에 따라 등록을 한 자에게 등록의 유효기간을 갱신하려면 등록의 유효기간이 끝나는 날의 1개월 전까지 등록 갱신을 신청해야 한다는 사실과 갱신절차를 등록의 유효기간이 끝나는 날의 2개월 전까지 휴대폰에 의한 문자전송, 전자메일, 팩스, 전화, 문서 등으로 미리 알려야 한다. 〈신설 2012. 2. 2., 2021. 2. 17.〉

⑥제2항에 따라 등록을 한 자는 등록사항에 변동이 생긴 때에는 지체 없이 등록지를 관할하는 세관장에게 신고해야 한다. 〈개정 2012. 2. 2., 2021. 2. 17.〉

제231조(보세운송업자 등의 등록) ① 삭제 〈2025. 2. 28.〉

②법 제222조제1항에 따라 등록을 하고자 하는 자는 관세청장이 정하는 바에 따라 다음 각 호의 사항을 적은 신청서 및 첨부서류를 세관장에게 제출하여야 한다. 〈개정 2018. 2. 13., 2021. 2. 17., 2025. 2. 28.〉

1. 신청인의 주소·성명 및 상호
2. 영업의 종류 및 영업장소
3. 운송수단의 종류·명칭 및 번호(관련 법령에 따라 등록 등을 한 번호를 말한다)

③세관장은 제2항에 따라 등록신청을 한 자가 법 제223조에 따른 등록요건을 갖추고 다음 각 호에 해당하는 경우에는 해당 등록부에 필요한 사항을 기재하고 등록증을 교부한다. 〈개정 2021. 2. 17.〉

1. 보세운송, 하역물품의 제공, 국제운송 등에 필요하다고 관세청장이 정하는 운송수단 또는 설비를 갖추고 있는 경우
2. 관세청장이 정하는 일정금액 이상의 자본금 또는 예금을 보유한 경우
3. 법 및 법에 의한 세관장의 명령에 위반하여 관세범으로 조사받고 있거나 기소중에 있지 아니한 경우

④ 법 제222조제5항 본문에 따라 등록의 유효기간을 갱신하려는 자는 등록갱신신청서를 기간만료 1개월 전까지 관할지세관장에게 제출하여야 한다. 〈개정 2014. 3. 5., 2016. 2. 5., 2021. 2. 17.〉

⑤ 세관장은 제2항에 따라 등록을 한 자에게 등록의 유효기간을 갱신하려면 등록의 유효기간이 끝나는 날의 1개월 전까지 등록 갱

신을 신청해야 한다는 사실과 갱신절차를 등록의 유효기간이 끝나는 날의 2개월 전까지 휴대폰에 의한 문자전송, 전자메일, 팩스, 전화, 문서 등으로 미리 알려야 한다. 〈신설 2012. 2. 2., 2021. 2. 17.〉

⑥제2항에 따라 등록을 한 자는 등록사항에 변동이 생긴 때에는 지체 없이 등록지를 관할하는 세관장에게 신고해야 한다. 〈개정 2012. 2. 2., 2021. 2. 17.〉

[시행일: 2026. 1. 1.] 제231조제1항

제231조의2(보세운송업자 등에 대한 과징금의 부과기준 등) ① 법 제224조제2항에 따라 부과하는 과징금의 금액은 제1호의 기간에 제2호의 금액을 곱하여 산정한다.

1. 기간: 법 제224조제1항에 따라 산정된 업무정지 일수(1개월은 30일을 기준으로 한다)

2. 1일당 과징금 금액: 해당 사업의 수행에 따른 연간매출액의 6천분의 1

② 제1항제2호의 연간매출액은 다음 각 호의 구분에 따라 산정한다.

1. 법 제222조제1항 각 호의 어느 하나에 해당하는 자(이하 "보세운송업자등"이라 한다)가 해당 사업연도 개시일 전에 사업을 시작한 경우: 직전 3개 사업연도의 평균 매출액. 이 경우 사업을 시작한 날부터 직전 사업연도 종료일까지의 기간이 3년 미만인 경우에는 그 시작일부터 그 종료일까지의 매출액을 연간 평균매출액으로 환산한 금액으로 한다.

2. 보세운송업자등이 해당 사업연도에 사업을 시작한 경우: 사업을 시작한 날부터 업무정지의 처분 사유가 발생한 날까지의 매출액을 연간매출액으로 환산한 금액

③ 세관장은 제1항에 따라 산정된 과징금 금액의 4분의 1 범위에서 사업규모, 위반행위의 정도 및 위반횟수 등을 고려하여 그 금액을 가중하거나 감경할 수 있다. 이 경우 과징금을 가중하는 때에는 과징금 총액이 제2항에 따라 산정된 연간매출액의 100분의 3을 초과할 수 없다.

④ 제1항에 따른 과징금의 부과 및 납부에 관하여는 제285조의7을 준용한다. 이 경우 제285조의7제1항, 제2항 및 제4항 중 "관세청장"은 "세관장"으로 본다.

[본조신설 2015. 2. 6.]

제232조(보세화물 취급 선박회사 등의 신고 및 보고) ①법 제225조제1항에 따라 보세화물을 취급하는 선박회사 또는 항공사(그 업무를 대행하는 자를 포함하며, 이하 이 조에서 "선박회사 또는 항공사"라 한다)는 다음 각 호의 요건을 모두 갖추어 주소·성명·상호 및 영업장소 등을 적은 신고서를 세관장에게 제출하여야 한다. 〈개정 2011. 9. 7., 2017. 3. 29.〉

1. 법 제175조 각 호의 어느 하나에 해당하지 아니할 것
2. 「해운법」, 「항공사업법」 등 관련 법령에 따른 등록을 할 것

②법 제225조제1항 후단에서 "대통령령으로 정하는 중요한 사항"이란 다음 각 호의 어느 하나에 해당하는 사항을 말한다. 〈신설 2006. 5. 22., 2011. 4. 1.〉

1. 신고인의 주소 및 성명
2. 신고인의 상호 또는 영업장소
3. 제1항제2호에 따라 신고한 등록사항

③세관장은 법 제225조제2항에 따라 다음 각 호의 사항을 선박회사 또는 항공사로 하여금 보고하게 할 수 있다. 〈개정 2011. 9. 7.〉

1. 선박회사 또는 항공사가 화주 또는 법 제222조제1항제2호에 따른 화물운송주선업자에게 발행한 선하증권 또는 항공화물운송장의 내역
2. 화물 취급과정에서 발견된 보세화물의 이상 유무 등 통관의 신속 또는 관세범의 조사상 필요한 사항

[제목개정 2011. 9. 7.]

제9장 통관

제1절 통칙

제233조(구비조건의 확인) 법 제226조제2항의 규정에 의한 허가·승인·표시 기타 조건(이하 이 조에서 "구비조건"이라 한다)의 구비를 요하는 물품에 대하여 관세청장은 주무부장관의 요청을 받아 세관공무원에 의하여 확인이 가능한 사항인지 여부, 물품의 특성 기타 수출입물품의 통관여건 등을 고려하여 세관장의 확인대상물품, 확인방법, 확인절차(관세청장이 지정·고시하는 정보통신망을 이용한 확인신청 등의 절차를 포함한다), 그 밖에 확인에 필요한 사항을 공고

하여야 한다. 〈개정 2006. 5. 22.〉

제234조(의무의 면제) 법 제227조제1항의 규정에 의하여 수입신고수리시에 부과된 의무를 면제받고자 하는 자는 다음 각호의 1에 해당하는 경우에 한하여 당해 의무이행을 요구한 세관장의 승인을 얻어야 한다.

1. 법령이 정하는 허가·승인·추천 기타 조건을 구비하여 의무이행이 필요하지 아니하게 된 경우

2. 법령의 개정 등으로 인하여 의무이행이 해제된 경우

3. 관계행정기관의 장의 요청 등으로 부과된 의무를 이행할 수 없는 사유가 있다고 인정된 경우

제235조(통관표지의 첨부) ①세관장은 다음 각호의 1에 해당하는 물품에 대하여는 관세보전을 위하여 법 제228조의 규정에 의한 통관표지의 첨부를 명할 수 있다.

1. 법에 의하여 관세의 감면 또는 용도세율의 적용을 받은 물품

2. 법 제107조제2항의 규정에 의하여 관세의 분할납부승인을 얻은 물품

3. 부정수입물품과 구별하기 위하여 관세청장이 지정하는 물품

②통관표지첨부대상, 통관표지의 종류, 첨부방법 등에 관하여 필요한 사항은 관세청장이 정한다.

제236조(원산지증명서의 제출 등) ①다음 각 호의 어느 하나에 해당하는 자는 해당 물품의 수입신고 시에 그 물품의 원산지를 증명하는 서류(이하 "원산지증명서"라 한다)를 세관장에게 제출하여야 한다. 다만, 제1호에 해당하는 자로서 수입신고 전에 원산지증명서를 발급받았으나 분실 등의 사유로 수입신고 시에 원산지증명서를 제출하지 못한 경우에는 제4항에 따른 원산지증명서 유효기간 내에 해당 원산지증명서 또는 그 부본을 제출할 수 있다. 〈개정 2015. 2. 6.〉

1. 법·조약·협정 등에 의하여 다른 국가의 생산(가공을 포함한다)물품에 적용되는 세율보다 낮은 세율을 적용받고자 하는 자로서 원산지확인이 필요하다고 관세청장이 정하는 자

2. 관세율의 적용 기타의 사유로 인하여 원산지확인이 필요하다고 관세청장이 지정한 물품을 수입하는 자

②법 제232조제1항 단서의 규정에 의하여 다음 각호의 물품에 대하여는 제1항의 규정을 적용하지 아니한다. 〈개정 2004. 3. 29.〉

1. 세관장이 물품의 종류·성질·형상 또는 그 상표·생산국명·제조자 등에 의하여 원산지를 확인할 수 있는 물품

2. 우편물(법 제258조제2항의 규정에 해당하는 것을 제외한다)

3. 과세가격(종량세의 경우에는 이를 법 제15조의 규정에 준하여 산출한 가격을 말한다)이 15만원 이하인 물품

4. 개인에게 무상으로 송부된 탁송품·별송품 또는 여행자의 휴대품

5. 기타 관세청장이 관계행정기관의 장과 협의하여 정하는 물품

③제1항의 규정에 의하여 세관장에게 제출하는 원산지증명서는 다음 각호의 1에 해당하는 것이어야 한다.

1. 원산지국가의 세관 기타 발급권한이 있는 기관 또는 상공회의소가 당해 물품에 대하여 원산지국가(지역을 포함한다)를 확인 또는 발행한 것

2. 원산지국가에서 바로 수입되지 아니하고 제3국을 경유하여 수입된 물품에 대하여 그 제3국의 세관 기타 발급권한이 있는 기관 또는 상공회의소가 확인 또는 발행한 경우에는 원산지국가에서 당해 물품에 대하여 발행된 원산지증명서를 기초로 하여 원산지국가(지역을 포함한다)를 확인 또는 발행한 것

3. 관세청장이 정한 물품의 경우에는 당해 물품의 상업송장 또는 관련서류에 생산자·공급자·수출자 또는 권한있는 자가 원산지국가를 기재한 것

④제3항에 따른 원산지증명서에는 해당 수입물품의 품명, 수량, 생산지, 수출자 등 관세청장이 정하는 사항이 적혀 있어야 하며, 제출일부터 소급하여 1년(다음 각 호의 구분에 따른 기간은 제외한다) 이내에 발행된 것이어야 한다. 〈개정 2011. 4. 1., 2015. 2. 6.〉

1. 원산지증명서 발행 후 1년 이내에 해당 물품이 수입항에 도착하였으나 수입신고는 1년을 경과하는 경우: 물품이 수입항에 도착한 날의 다음 날부터 해당 물품의 수입신고를 한 날까지의 기간

2. 천재지변, 그 밖에 이에 준하는 사유로 원산지증명서 발행 후 1년이 경과한 이후에 수입항에 도착한 경우: 해당 사유가 발생한 날의 다음 날부터 소멸된 날까지의 기간

⑤ 제1항 각 호 외의 부분 단서에 따라 원산지증명서 또는 그 부본을 제출하는 경우에는 제34조제1항에 따른 경정청구서를 함께 제

출하여야 한다. 〈신설 2015. 2. 6.〉

제236조의2(원산지 등에 대한 사전확인) ①법 제232조의 규정에 의하여 원산지확인이 필요한 물품을 수입하는 자는 관세청장에게 다음 각호의 1에 해당하는 사항에 대하여 당해 물품의 수입신고를 하기 전에 미리 확인 또는 심사(이하 "사전확인"이라 한다)하여 줄 것을 신청할 수 있다.

1. 법 제229조의 규정에 따른 원산지 확인기준의 충족여부
2. 조약 또는 협정 등의 체결로 인하여 관련법령에서 특정물품에 대한 원산지 확인기준을 달리 정하고 있는 경우에 당해 법령에 따른 원산지 확인기준의 충족여부
3. 제1호 및 제2호의 원산지 확인기준의 충족여부를 결정하기 위한 기초가 되는 사항으로서 관세청장이 정하는 사항
4. 그 밖에 관세청장이 원산지에 따른 관세의 적용과 관련하여 필요하다고 정하는 사항

②사전확인의 신청을 받은 경우 관세청장은 60일 이내에 이를 확인하여 그 결과를 기재한 서류(이하 "사전확인서"라 한다)를 신청인에게 교부하여야 한다. 다만, 제출자료의 미비 등으로 인하여 사전확인이 곤란한 경우에는 그 사유를 신청인에게 통지하여야 한다.

③세관장은 수입신고된 물품 및 원산지증명서의 내용이 사전확인서상의 내용과 동일하다고 인정되는 때에는 특별한 사유가 없는 한 사전확인서의 내용에 따라 관세의 경감 등을 적용하여야 한다.

④ 제2항에 따른 사전확인의 결과를 통지받은 자(제236조의3제1항에 따른 사전확인서의 내용변경 통지를 받은 자를 포함한다)는 그 통지내용에 이의를 제기하려는 경우 그 결과를 통지받은 날부터 30일 이내에 다음 각 호의 사항이 기재된 신청서에 이의제기 내용을 확인할 수 있는 자료를 첨부하여 관세청장에게 제출하여야 한다. 〈신설 2012. 2. 2.〉

1. 이의를 제기하는 자의 성명과 주소 또는 거소
2. 해당 물품의 품명·규격·용도·수출자·생산자 및 수입자
3. 이의제기의 요지와 내용

⑤ 관세청장은 제4항에 따라 이의제기를 받은 때에는 이를 심사하여 30일 이내에 그 결정 내용을 신청인에게 알려야 한다. 〈신설 2012. 2. 2.〉

⑥ 관세청장은 이의제기의 내용이나 절차가 적합하지 아니하거나 보정할 수 있다고 인정되는 때에는 20일 이내의 기간을 정하여 다음 각 호의 사항을 적은 문서로써 보정하여 줄 것을 요구할 수 있다. 이 경우 보정기간은 제5항에 따른 심사결정기간에 산입하지 아니한다. 〈신설 2012. 2. 2.〉

1. 보정할 사항
2. 보정을 요구하는 이유
3. 보정할 기간
4. 그 밖의 필요한 사항

[본조신설 2004. 3. 29.]

제236조의3(사전확인서 내용의 변경) ①관세청장은 사전확인서의 근거가 되는 사실관계 또는 상황이 변경된 경우에는 사전확인서의 내용을 변경할 수 있다. 이 경우 관세청장은 신청인에게 그 변경내용을 통지하여야 한다.

②제1항의 규정에 따른 사전확인서의 내용을 변경한 경우에는 그 변경일후에 수입신고되는 물품에 대하여 변경된 내용을 적용한다. 다만, 사전확인서의 내용변경이 자료제출누락 또는 허위자료제출 등 신청인의 귀책사유로 인한 때에는 당해 사전확인과 관련하여 그 변경일전에 수입신고된 물품에 대하여도 소급하여 변경된 내용을 적용한다.

[본조신설 2004. 3. 29.]

제236조의4 삭제 〈2022. 2. 15.〉

제236조의5 삭제 〈2023. 2. 28.〉

제236조의6(원산지증명서확인자료 등) ① 법 제232조의2제2항 전단에서 "대통령령으로 정하는 자료"란 다음 각 호의 구분에 따른 자료로서 수출신고 수리일부터 3년 이내의 자료를 말한다.

1. 수출물품의 생산자가 제출하는 다음 각 목의 자료

가. 수출자에게 해당 물품의 원산지를 증명하기 위하여 제공한 서류

나. 수출자와의 물품공급계약서

다. 해당 물품의 생산에 사용된 원재료의 수입신고필증(생산자 명의로 수입신고한 경우만 해당한다)

라. 해당 물품 및 원재료의 생산 또는 구입 관련 증명 서류

마. 원가계산서 · 원재료내역서 및 공정명세서
바. 해당 물품 및 원재료의 출납 · 재고관리대장
사. 해당 물품의 생산에 사용된 재료를 공급하거나 생산한 자가 그 재료의 원산지를 증명하기 위하여 작성하여 생산자에게 제공한 서류
아. 원산지증명서 발급 신청서류(전자문서를 포함하며, 생산자가 원산지증명서를 발급받은 경우만 해당한다)
2. 수출자가 제출하는 다음 각 목의 자료
가. 원산지증명서가 발급된 물품을 수입하는 국가의 수입자에게 제공한 원산지증명서(전자문서를 포함한다)
나. 수출신고필증
다. 수출거래 관련 계약서
라. 원산지증명서 발급 신청서류(전자문서를 포함하며, 수출자가 원산지증명서를 발급받은 경우만 해당한다)
마. 제1호라목부터 바목까지의 서류(수출자가 원산지증명서를 발급받은 경우만 해당한다)
3. 원산지증명서를 발급한 자가 제출하는 다음 각 목의 자료
가. 발급한 원산지증명서(전자문서를 포함한다)
나. 원산지증명서 발급신청 서류(전자문서를 포함한다)
다. 그 밖에 발급기관이 보관 중인 자료로서 원산지 확인에 필요하다고 판단하는 자료
② 법 제232조의2제2항제3호에서 "대통령령으로 정하는 자"란 해당 수출물품의 생산자 또는 수출자를 말한다.
[본조신설 2011. 4. 1.]

제236조의7(수입물품의 원산지증명서 등 확인요청) 세관장은 법 제233조제1항에 따라 원산지증명서 및 원산지증명서확인자료에 대한 진위 여부 등의 확인을 요청할 때에는 다음 각 호의 사항이 적힌 요청서와 수입자 또는 그 밖의 조사대상자 등으로부터 수집한 원산지증명서 사본 및 송품장 등 원산지 확인에 필요한 서류를 함께 송부하여야 한다.
1. 원산지증명서 및 원산지증명서확인자료의 진위 여부 등에 대하여 의심을 갖게 된 사유 및 확인 요청사항
2. 해당 물품에 적용된 원산지결정기준

[전문개정 2013. 2. 15.]

제236조의8(수출물품의 원산지증명서 등에 관한 조사 절차 등) ① 법 제233조제3항에 따른 현지조사는 서면조사만으로 원산지증명서 및 원산지증명서확인자료의 진위 여부, 정확성 등을 확인하기 곤란하거나 추가로 확인할 필요가 있는 경우에 할 수 있다. 〈개정 2018. 2. 13.〉

② 세관장은 서면조사 또는 현지조사를 하는 경우에는 기획재정부령으로 정하는 사항을 조사대상자에게 조사 시작 7일 전까지 서면으로 통지하여야 한다.

③ 조사의 연기신청, 조사결과의 통지에 관하여는 법 제114조제2항 및 제115조를 준용한다.

④ 조사결과에 대하여 이의가 있는 조사대상자는 조사결과를 통지받은 날부터 30일 이내에 다음 각 호의 사항이 적힌 신청서에 이의제기 내용을 확인할 수 있는 자료를 첨부하여 세관장에게 제출할 수 있다.

1. 이의를 제기하는 자의 성명과 주소 또는 거소
2. 제3항에 따른 조사결과통지서를 받은 날짜 및 조사결정의 내용
3. 해당 물품의 품명 · 규격 · 용도 · 수출자 · 생산자 및 수입자
4. 이의제기의 요지와 내용

⑤ 세관장은 제4항에 따라 이의제기를 받은 날부터 30일 이내에 심사를 완료하고 그 결정내용을 통지하여야 한다.

⑥ 세관장은 제4항에 따른 이의제기의 내용이나 절차에 결함이 있는 경우에는 20일 이내의 기간을 정하여 다음 각 호의 사항을 적은 문서로서 보정할 것을 요구할 수 있다. 다만, 보정할 사항이 경미한 경우에는 직권으로 보정할 수 있다.

1. 보정할 사항
2. 보정을 요구하는 이유
3. 보정할 기간
4. 그 밖의 필요한 사항

⑦ 제6항 본문에 따른 보정기간은 제5항에 따른 결정기간에 산입하지 아니한다.

[본조신설 2011. 4. 1.]

제236조의9(원산지표시위반단속기관협의회) ① 법 제233조의3제1항

에서 "원산지표시 위반 단속업무에 필요한 정보교류 등 대통령령으로 정하는 사항"이란 다음 각 호의 사항을 말한다.

1. 원산지표시 위반 단속업무에 필요한 정보교류에 관한 사항

2. 원산지표시 위반 단속업무와 관련된 인력교류에 관한 사항

3. 그 밖에 원산지표시 위반 단속업무와 관련되어 위원장이 회의에 부치는 사항

② 법 제233조의3제1항에 따른 원산지표시위반단속기관협의회(이하 이 조에서 "협의회"라 한다)는 위원장 1명을 포함하여 25명 이내의 위원으로 구성한다.

③ 협의회의 위원장은 원산지표시 위반 단속업무를 관장하는 관세청의 고위공무원단에 속하는 공무원 중에서 관세청장이 지정하는 사람이 되고, 위원은 다음 각 호의 사람이 된다.

1. 관세청장이 지정하는 과장급 공무원 1명

2. 농림축산식품부장관이 지정하는 국립농산물품질관리원 소속 과장급 공무원 1명

3. 해양수산부장관이 지정하는 국립수산물품질관리원 소속 과장급 공무원 1명

4. 특별시, 광역시, 특별자치시, 도, 특별자치도의 장이 지정하는 과장급 공무원 각 1명

④ 위원장은 협의회를 대표하고 사무를 총괄한다. 다만, 부득이한 사유로 위원장이 그 직무를 수행하지 못하는 경우에는 위원장이 미리 지명한 사람이 그 직무를 대행한다. 〈개정 2020. 12. 29.〉

⑤ 협의회의 회의는 정기회의와 임시회의로 구분하되, 정기회의는 반기마다 소집하며, 임시회의는 위원장이 필요하다고 인정하는 경우에 소집한다.

⑥ 협의회의 회의는 위원장이 소집하며 그 의장은 위원장이 된다.

⑦ 협의회의 회의는 재적위원 과반수의 출석으로 개의하고, 출석위원 3분의 2 이상의 찬성으로 의결한다.

⑧ 협의회의 사무를 처리하게 하기 위하여 관세청 소속 5급 공무원 1명을 간사로 둔다.

⑨ 제1항부터 제8항까지에서 규정한 사항 외에 협의회의 운영에 필요한 사항은 협의회의 의결을 거쳐 위원장이 정한다.

[본조신설 2014. 3. 5.]

제237조(지식재산권등의 신고) ① 지식재산권등을 법 제235조제2항에 따라 신고하려는 자는 다음 각 호의 사항을 적은 신고서 및 해당 지식재산권등을 관련 법령에 따라 등록 또는 설정등록한 증명서류를 세관장에게 제출하여야 한다. 〈개정 2008. 2. 22., 2011. 4. 1., 2017. 3. 27., 2025. 2. 28.〉

1. 지식재산권등을 사용할 수 있는 권리자
2. 지식재산권등의 내용 및 범위
3. 침해가능성이 있는 수출입자 또는 수출입국
4. 침해사실을 확인하기 위하여 필요한 사항

② 지식재산권등의 신고절차 및 기간, 그 밖에 필요한 사항은 관세청장이 정하여 고시한다. 〈신설 2017. 3. 27., 2025. 2. 28.〉

[제목개정 2025. 2. 28.]

제238조(통관보류등의 요청) 법 제235조제3항 및 제4항에 따라 통관의 보류나 유치(이하 "통관보류등"이라 한다)를 요청하려는 자는 다음 각 호의 사항을 적은 신청서와 해당 법령에 따른 정당한 권리자임을 증명하는 서류를 세관장에게 제출하여야 한다. 〈개정 2008. 2. 22., 2011. 4. 1., 2025. 2. 28.〉

1. 품명 · 수출입자 및 수출입국
2. 지식재산권등의 내용 및 범위
3. 요청사유
4. 침해사실을 입증하기 위하여 필요한 사항

[제목개정 2011. 4. 1.]

제239조(통관보류등) ① 세관장은 법 제235조제3항 및 제4항에 따라 통관보류등이 요청된 같은 조 제3항 각 호의 어느 하나에 해당하는 물품이 지식재산권등을 침해한 물품이라고 인정되면 해당 물품의 통관보류등을 하여야 한다. 다만, 지식재산권등의 권리자가 해당 물품의 통관 또는 유치 해제에 동의하는 때에는 관세청장이 정하는 바에 따라 통관을 허용하거나 유치를 해제할 수 있다. 〈개정 2011. 4. 1., 2025. 2. 28.〉

② 세관장은 법 제235조제5항 및 제7항에 따라 통관보류등을 한 경우 그 사실을 해당 물품의 수출입, 환적 또는 복합환적, 보세구역 반입, 보세운송, 법 제141조제1호에 따른 일시양륙의 신고(이하 "수출입신고등"이라 한다)를 한 자 또는 법 제235조제3항제6호에 해당

하는 물품의 화주에게 통보해야 하며, 지식재산권등의 권리자에게는 통관보류등의 사실 및 다음 각 호의 사항을 통보해야 한다. 〈개정 2008. 2. 22., 2011. 4. 1., 2021. 2. 17., 2023. 2. 28., 2025. 2. 28.〉

1. 다음 각 목에 해당하는 자의 성명과 주소

가. 수출입신고등을 한 자 또는 법 제235조제3항제6호에 해당하는 물품의 화주

나. 물품발송인

다. 물품수신인

2. 통관보류등을 한 물품의 성질·상태 및 수량

3. 원산지 등 그 밖의 필요한 사항

③세관장은 통관보류등을 요청한 자가 제2항에 따라 해당 물품에 대한 통관보류등의 사실을 통보받은 후 10일(법 제8조제3항 각 호에 해당하는 날은 제외한다. 이하 이 항에서 같다) 이내에 법원에의 제소사실 또는 무역위원회에의 조사신청사실을 입증하였을 때에는 해당 통관보류등을 계속할 수 있다. 이 경우 통관보류등을 요청한 자가 부득이한 사유로 인하여 10일 이내에 법원에 제소하지 못하거나 무역위원회에 조사신청을 하지 못하는 때에는 상기 입증기간은 10일간 연장될 수 있다. 〈개정 2011. 4. 1., 2017. 3. 27., 2023. 2. 28.〉

④제3항에도 불구하고 해당 통관보류등이 법원의 임시보호조치에 따라 시행되는 상태이거나 계속되는 경우 통관보류등의 기간은 다음 각 호의 구분에 따른다. 〈개정 2011. 4. 1., 2021. 2. 17.〉

1. 법원에서 임시보호조치 기간을 명시한 경우: 그 마지막 날

2. 법원에서 임시보호조치 기간을 명시하지 않은 경우: 임시보호조치 개시일부터 31일

⑤법 제235조제7항에 따른 통관보류등은 위반사실 및 통관보류등을 한 해당 물품의 신고번호·품명·수량 등을 명시한 문서로써 하여야 한다. 〈신설 2007. 4. 5., 2011. 4. 1.〉

⑥법 제235조제5항 및 제7항에 따라 통관보류등이 된 물품은 통관이 허용되거나 유치가 해제될 때까지 세관장이 지정한 장소에 보관하여야 한다. 〈개정 2007. 4. 5., 2011. 4. 1.〉

[제목개정 2011. 4. 1.]

제240조(통관보류등이 된 물품의 통관 또는 유치 해제 요청) ①수출입신고등을 한 자 또는 법 제235조제3항제5호에 해당하는 물품의 화주가 법 제235조제5항 단서에 따라 통관 또는 유치 해제를 요청하려는 때에는 관세청장이 정하는 바에 따라 신청서와 해당 물품이 지식재산권등을 침해하지 않았음을 소명하는 자료를 세관장에게 제출해야 한다. 〈개정 2008. 2. 22., 2011. 4. 1., 2023. 2. 28., 2025. 2. 28.〉

②제1항에 따른 요청을 받은 세관장은 그 요청사실을 지체 없이 통관보류등을 요청한 자에게 통보하여야 하며, 그 통보를 받은 자는 침해와 관련된 증거자료를 세관장에게 제출할 수 있다. 〈개정 2011. 4. 1.〉

③세관장은 제1항에 따른 요청이 있는 경우 해당 물품의 통관 또는 유치 해제 허용 여부를 요청일부터 15일 이내에 결정한다. 이 경우 세관장은 관계기관과 협의하거나 전문가의 의견을 들어 결정할 수 있다. 〈개정 2011. 4. 1.〉

[제목개정 2011. 4. 1.]

제241조(담보제공 등) ① 법 제235조제3항 및 제4항에 따라 통관보류나 유치를 요청하려는 자와 법 제235조제5항 각 호 외의 부분 단서에 따라 통관 또는 유치 해제를 요청하려는 자는 세관장에게 해당 물품의 과세가격의 100분의 120에 상당하는 금액의 담보를 법 제24조제1항제1호부터 제3호까지 및 제7호에 따른 금전 등으로 제공하여야 한다. 〈개정 2013. 2. 15.〉

② 제1항에 따른 담보 금액은 담보를 제공해야 하는 자가 「조세특례제한법」 제6조제1항에 따른 중소기업인 경우에는 해당 물품의 과세가격의 100분의 40에 상당하는 금액으로 한다. 〈개정 2013. 2. 15., 2015. 2. 6., 2021. 2. 17.〉

③제1항 또는 제2항에 따라 담보를 제공하는 자는 제공된 담보를 법원의 판결에 따라 수출입신고등을 한 자 또는 통관보류등을 요청한 자가 입은 손해의 배상에 사용하여도 좋다는 뜻을 세관장에게 문서로 제출하여야 한다. 〈개정 2011. 4. 1.〉

④ 세관장은 법 제235조제3항 및 제4항에 따라 통관보류등이 된 물품의 통관을 허용하거나 유치를 해제하였을 때 또는 법 제235조제5항 단서에 따른 통관 또는 유치 해제 요청에도 불구하고 통관보

류등을 계속할 때에는 제1항 또는 제2항에 따라 제공된 담보를 담보제공자에게 반환하여야 한다. 〈개정 2011. 4. 1.〉

⑤제1항 및 제2항의 규정에 의하여 제공된 담보의 해제신청 및 포괄담보에 관하여는 제11조 및 제13조의 규정을 준용한다.

제242조(지식재산권등 침해 여부의 확인 등) ①세관장은 수출입신고등이 된 물품 또는 통관우체국에 도착한 물품의 지식재산권등 침해 여부를 판단하기 위하여 필요하다고 인정되는 경우에는 해당 지식재산권등의 권리자로 하여금 지식재산권등에 대한 전문인력 또는 검사시설을 제공하도록 할 수 있다. 〈개정 2008. 2. 22., 2011. 4. 1., 2023. 2. 28., 2025. 2. 28.〉

②세관장은 지식재산권등의 권리자, 수출입신고등을 한 자 또는 법 제235조제3항제6호에 해당하는 물품의 화주가 지식재산권등의 침해 여부를 판단하기 위하여 법 제235조제3항에 따라 수출입신고등의 사실 또는 통관우체국 도착 사실이 통보된 물품 또는 법 제235조제5항 본문에 따라 통관보류등이 된 물품에 대한 검사 및 견본품의 채취를 요청하면 해당 물품에 관한 영업상의 비밀보호 등 특별한 사유가 없는 한 이를 허용해야 한다. 〈개정 2008. 2. 22., 2011. 4. 1., 2023. 2. 28., 2025. 2. 28.〉

③지식재산권등 침해 여부의 확인, 통관보류등의 절차 등에 관하여 필요한 사항은 관세청장이 정한다. 〈개정 2008. 2. 22., 2011. 4. 1., 2025. 2. 28.〉

[제목개정 2025. 2. 28.]

제243조(적용의 배제) 상업적 목적이 아닌 개인용도에 사용하기 위한 여행자휴대품으로서 소량으로 수출입되는 물품에 대하여는 법 제235조제1항을 적용하지 아니한다. 〈개정 2015. 2. 6.〉

제244조(통관의 보류) 법 제237조제1항제6호에서 "대통령령으로 정하는 경우"란 다음 각 호의 어느 하나에 해당하는 경우를 말한다.

1. 관세 관계 법령을 위반한 혐의로 고발되거나 조사를 받는 경우

2. 수출입 관계 법령에 따른 일시적 통관 제한·금지 또는 이에 따른 중앙행정기관의 장의 일시적 통관 제한·금지 요청이 있어 세관장이 그 해당 여부를 확인할 필요가 있는 경우

[전문개정 2024. 2. 29.]

제245조(반입명령) ①관세청장 또는 세관장은 수출입신고가 수리된 물품이 다음 각 호의 어느 하나에 해당하는 경우에는 법 제238조제1항에 따라 해당 물품을 보세구역으로 반입할 것을 명할 수 있다. 다만, 해당 물품이 수출입신고가 수리된 후 3개월이 지났거나 관련 법령에 따라 관계행정기관의 장의 시정조치가 있는 경우에는 그러하지 아니하다. 〈개정 2008. 2. 22., 2011. 4. 1., 2017. 3. 27., 2025. 2. 28.〉

1. 법 제227조에 따른 의무를 이행하지 아니한 경우
2. 법 제230조에 따른 원산지 표시가 적법하게 표시되지 아니하였거나 수출입신고 수리 당시와 다르게 표시되어 있는 경우
3. 법 제230조의2에 따른 품질등의 표시(표지의 부착을 포함한다. 이하 이 호에서 같다)가 적법하게 표시되지 아니하였거나 수출입신고 수리 당시와 다르게 표시되어 있는 경우
4. 지식재산권등을 침해한 경우

②관세청장 또는 세관장이 제1항의 규정에 의하여 반입명령을 하는 경우에는 반입대상물품, 반입할 보세구역, 반입사유와 반입기한을 기재한 명령서를 화주 또는 수출입신고자에게 송달하여야 한다.

③관세청장 또는 세관장은 명령서를 받을 자의 주소 또는 거소가 불분명한 때에는 관세청 또는 세관의 게시판 및 기타 적당한 장소에 반입명령사항을 공시할 수 있다. 이 경우 공시한 날부터 2주일이 경과한 때에는 명령서를 받을 자에게 반입명령서가 송달된 것으로 본다.

④제2항 또는 제3항의 규정에 의하여 반입명령서를 받은 자는 관세청장 또는 세관장이 정한 기한내에 제1항 각호의 1에 해당하는 것으로서 명령서에 기재된 물품을 지정받은 보세구역에 반입하여야 한다. 다만, 반입기한내에 반입하기 곤란한 사유가 있는 경우에는 관세청장 또는 세관장의 승인을 얻어 반입기한을 연장할 수 있다.

⑤ 삭제 〈2021. 2. 17.〉

⑥ 삭제 〈2021. 2. 17.〉

⑦ 삭제 〈2021. 2. 17.〉

⑧관세청장은 보세구역 반입명령의 적정한 시행을 위하여 필요한 반입보세구역, 반입기한, 반입절차, 수출입신고필증의 관리방법 등에 관한 세부기준을 정할 수 있다.

제245조의2(무역원활화위원회의 구성) ① 법 제240조의4에 따른 통관 등 수출입 절차의 원활화 및 이와 관련된 국제협력의 원활화(이하 "무역원활화"라 한다)의 촉진에 관한 다음 각 호의 사항을 심의하기 위하여 기획재정부장관 소속으로 무역원활화위원회(이하 이 조 및 제245조의3에서 "위원회"라 한다)를 둔다.

1. 무역원활화 기본계획에 관한 사항
2. 무역원활화 추진 관련 행정기관 간의 업무 협조에 관한 사항
3. 무역원활화 관련 법령ㆍ제도의 정비ㆍ개선에 관한 사항
4. 그 밖에 무역원활화 추진에 관한 주요 사항

② 위원회는 위원장 1명을 포함하여 20명 이내의 위원으로 구성한다.

③ 위원회의 위원장은 기획재정부차관이 되고, 위원은 다음 각 호의 사람이 된다.

1. 무역원활화 관련 행정기관의 고위공무원단에 속하는 공무원 중에서 기획재정부장관이 임명하는 사람
2. 다음 각 목의 어느 하나에 해당하는 사람 중에서 기획재정부장관이 위촉하는 사람
   가. 무역원활화 관계 기관 및 단체의 임직원
   나. 무역원활화에 관한 학식과 경험이 풍부한 사람으로서 해당 업무에 2년 이상 종사한 사람

④ 제3항제2호에 따른 위원의 임기는 2년으로 하되, 한번만 연임할 수 있다. 다만, 보궐위원의 임기는 전임위원 임기의 남은 기간으로 한다. 〈개정 2017. 3. 27., 2018. 2. 13.〉

⑤ 기획재정부장관은 위원회의 위원이 다음 각 호의 어느 하나에 해당하는 경우에는 해당 위원을 해임 또는 해촉할 수 있다. 〈신설 2017. 3. 27.〉

1. 심신장애로 인하여 직무를 수행할 수 없게 된 경우
2. 직무와 관련된 비위사실이 있는 경우
3. 직무태만, 품위손상이나 그 밖의 사유로 인하여 위원으로 적합하지 아니하다고 인정되는 경우
4. 위원 스스로 직무를 수행하는 것이 곤란하다고 의사를 밝히는 경우

⑥ 위원회의 사무를 처리하기 위하여 간사 1명을 두며, 간사는 기

획재정부의 고위공무원단에 속하는 공무원 중에서 기획재정부장관이 지명한다. 〈개정 2017. 3. 27.〉

⑦ 제1항부터 제6항까지에서 규정한 사항 외에 위원회의 구성에 필요한 사항은 기획재정부령으로 정한다. 〈개정 2017. 3. 27.〉

[본조신설 2015. 2. 6.]

제245조의3(위원회의 운영) ① 위원회의 위원장은 회의를 소집하고 그 의장이 된다.

② 위원회의 위원장이 부득이한 사유로 그 직무를 수행할 수 없을 때에는 위원장이 미리 지명한 위원이 그 직무를 대행한다.

③ 위원회의 회의를 소집하려면 회의 개최 7일 전까지 회의 일시·장소 및 안건을 각 위원에게 서면으로 알려야 한다. 다만, 긴급한 사정이나 그 밖의 부득이한 사유가 있는 경우에는 회의 개최 전날까지 구두로 알릴 수 있다.

④ 위원회는 재적위원 과반수의 출석으로 개의하고, 출석위원 과반수의 찬성으로 의결한다.

⑤ 위원회는 업무수행을 위하여 필요한 경우에는 전문적인 지식과 경험이 있는 관계 분야 전문가 및 공무원으로 하여금 위원회의 회의에 출석하여 의견을 진술하게 할 수 있다.

⑥ 위원회에 출석한 위원과 관계 분야 전문가에게는 예산의 범위에서 수당과 여비를 지급할 수 있다. 다만, 공무원이 그 소관 업무와 직접적으로 관련되어 출석하는 경우에는 수당과 여비를 지급하지 아니한다.

⑦ 제1항부터 제6항까지에서 규정한 사항 외에 위원회의 운영에 필요한 사항은 기획재정부령으로 정한다.

[본조신설 2015. 2. 6.]

제245조의4(간이한 통관절차 적용대상 국가) ① 법 제240조의5에 따른 간이한 통관절차(이하 "통관절차의 특례"라 한다)를 적용받을 수 있는 국가는 다음 각 호의 국가로 한다.

1. 우리나라와 통관절차의 편익에 관한 협정을 체결한 국가
2. 우리나라와 무역협정 등을 체결한 국가

② 통관절차의 특례 부여의 절차 및 특례 부여 중지, 그 밖에 필요한 사항은 관세청장이 정하여 고시한다.

[본조신설 2015. 2. 6.]

제245조의5(다른 국가와의 수출입신고자료 등의 교환) ① 법 제240조의6제3항에서 "수출입신고자료 등 대통령령으로 정하는 사항"이란 다음 각 호의 어느 하나에 해당하는 사항을 말한다.

1. 수출·수입 또는 반송의 신고와 관련된 다음 각 목의 자료

가. 신고서

나. 송품장, 포장명세서, 원산지증명서 및 선하증권 등 신고 시 제출한 자료

다. 가목 및 나목의 서류 또는 자료의 진위 확인에 필요한 자료

2. 해당 물품에 대한 법 제30조부터 제35조까지의 규정에 따른 과세가격의 결정 및 관세율표상의 품목분류의 정확성 확인에 필요한 자료

3. 법 제234조 및 제235조에 따라 수출하거나 수입할 수 없는 물품의 반출입과 관련된 자료

4. 법 제283조부터 제318조까지의 규정에 따른 관세범의 조사 및 처분과 관련된 자료

② 관세청장은 제1항제1호에 따른 자료를 다른 국가와 교환한 경우에는 법 제240조의6제5항에 따라 그 교환한 날부터 10일 이내에 자료의 교환 사실 및 내용 등을 해당 신고인 또는 그 대리인에게 통지하여야 한다.

③ 관세청장은 제2항에도 불구하고 해당 통지가 다음 각 호의 어느 하나에 해당하는 경우에는 6개월의 범위에서 통지를 유예할 수 있다. 다만, 제1호에 해당하는 경우에는 6개월을 초과하여 유예할 수 있다.

1. 사람의 생명이나 신체의 안전을 위협할 우려가 있는 경우

2. 증거인멸 등 공정한 사법절차의 진행을 방해할 우려가 있는 경우

3. 질문·조사 등의 행정절차 진행을 방해하거나 지나치게 지연시킬 우려가 있는 경우

4. 다른 국가로부터 해당 통지의 유예를 서면으로 요청받은 경우

[본조신설 2015. 2. 6.]

제2절 수출·수입 및 반송

제246조(수출·수입 또는 반송의 신고) ①법 제241조제1항에서 "대

통령령으로 정하는 사항"이란 다음 각 호의 사항을 말한다. 〈개정 2002. 12. 30., 2011. 4. 1., 2015. 2. 6., 2016. 2. 5.〉

1. 포장의 종류 · 번호 및 개수
2. 목적지 · 원산지 및 선적지
3. 원산지표시 대상물품인 경우에는 표시유무 · 방법 및 형태
4. 상표
5. 납세의무자 또는 화주의 상호(개인의 경우 성명을 말한다) · 사업자등록번호 · 통관고유부호와 해외공급자부호 또는 해외구매자부호
6. 물품의 장치장소
7. 그 밖에 기획재정부령으로 정하는 참고사항

②법 제241조제1항의 규정에 의하여 수출 · 수입 또는 반송의 신고를 하고자 하는 자는 기획재정부령으로 정하는 수출 · 수입 또는 반송의 신고서를 세관장에게 제출하여야 한다. 〈개정 2016. 2. 5.〉

1. 삭제 〈2016. 2. 5.〉
2. 삭제 〈2016. 2. 5.〉

③ 법 제241조제1항에 따른 가격은 다음 각 호의 구분에 따른다. 〈개정 2019. 2. 12.〉

1. 수출 · 반송신고가격: 해당 물품을 본선에 인도하는 조건으로 실제로 지급받았거나 지급받아야 할 가격으로서 최종 선적항 또는 선적지까지의 운임 · 보험료를 포함한 가격
2. 수입신고가격: 법 제30조부터 제35조까지의 규정에 따른 방법으로 결정된 과세가격

④법 제241조제2항의 규정에 의하여 신고를 생략하게 하는 물품은 다음 각호의 1과 같다. 다만, 법 제226조의 규정에 해당하는 물품을 제외한다. 〈개정 2015. 2. 6., 2018. 2. 13.〉

1. 법 제96조제1항제1호에 따른 여행자휴대품
2. 법 제96조제1항제3호에 따른 승무원휴대품
3. 우편물(법 제258조제2항에 해당하는 것을 제외한다)
4. 국제운송을 위한 컨테이너(법 별표 관세율표중 기본세율이 무세인 것에 한한다)
5. 기타 서류 · 소액면세물품 등 신속한 통관을 위하여 필요하다고 인정하여 관세청장이 정하는 탁송품 또는 별송품

⑤법 제241조제2항의 규정에 의한 수입물품중 관세가 면제되거나

무세인 물품에 있어서는 그 검사를 마친 때에 당해 물품에 대한 수입신고가 수리된 것으로 본다. 〈개정 2015. 2. 6.〉

⑥법 제241조의 규정에 의하여 수출신고를 함에 있어 수출신고가격을 산정하기 위하여 외국통화로 표시된 가격을 내국통화로 환산하는 때에는 수출신고일이 속하는 주의 전주의 기준환율 또는 재정환율을 평균하여 관세청장이 정한 율로 하여야 한다. 〈개정 2015. 2. 6., 2022. 9. 15.〉

⑦법 제241조제6항 전단에서 "대통령령으로 정하는 물품"이란 다음 각 호의 어느 하나에 해당하는 것을 말한다. 〈신설 2007. 4. 5., 2011. 4. 1., 2015. 2. 6.〉

1. 전기
2. 가스
3. 유류
4. 용수(用水)

⑧법 제241조제6항 전단에서 "전선이나 배관 등 대통령령으로 정하는 시설 또는 장치 등"이란 전선로, 배관 등 제7항 각 호의 어느 하나에 해당하는 물품을 공급하기에 적합하도록 설계·제작된 일체의 시설을 말한다. 〈신설 2007. 4. 5., 2011. 4. 1., 2015. 2. 6., 2023. 2. 28.〉

⑨제1항 및 제2항은 법 제241조제6항에 따라 수출·수입 또는 반송하는 경우에 준용한다. 〈신설 2007. 4. 5., 2015. 2. 6.〉

제247조(가산세율) ①법 제241조제4항의 규정에 의한 가산세액은 다음 각호의 율에 의하여 산출한다.

1. 법 제241조제3항의 규정에 의한 기한(이하 이 조에서 "신고기한"이라 한다)이 경과한 날부터 20일내에 신고를 한 때에는 당해 물품의 과세가격의 1천분의 5
2. 신고기한이 경과한 날부터 50일내에 신고를 한 때에는 당해 물품의 과세가격의 1천분의 10
3. 신고기한이 경과한 날부터 80일내에 신고를 한 때에는 당해 물품의 과세가격의 1천분의 15
4. 제1호 내지 제3호외의 경우에는 당해 물품의 과세가격의 1천분의 20

②제1항에 따른 가산세액은 500만원을 초과할 수 없다. 〈개정

2012. 2. 2.〉

③신고기한이 경과한 후 보세운송된 물품에 대하여는 보세운송신고를 한 때를 기준으로 제1항의 규정에 의한 가산세율을 적용하며 그 세액은 수입 또는 반송신고를 하는 때에 징수한다.

④ 법 제241조제5항 각 호 외의 부분에서 "반복적으로 자진신고를 하지 아니하는 경우 등 대통령령으로 정하는 사유에 해당하는 경우"란 같은 여행자나 승무원에 대하여 그 여행자나 승무원의 입국일을 기준으로 소급하여 2년 이내에 2회 이상 법 제241조제5항제1호의 경우에 해당하는 사유로 가산세를 징수한 경우를 말한다. 〈신설 2015. 2. 6.〉

제248조(가산세 대상물품) 법 제241조제4항에 따른 가산세를 징수해야 하는 물품은 물품의 신속한 유통이 긴요하다고 인정하여 보세구역의 종류와 물품의 특성을 고려하여 관세청장이 정하는 물품으로 한다. 〈개정 2020. 12. 29.〉

제248조의2(보세구역 반입 후 수출신고의 대상 등) ① 법 제243조제4항에서 "대통령령으로 정하는 물품"이란 다음 각 호의 어느 하나에 해당하는 물품으로서 관세청장이 정하여 고시하는 물품을 말한다. 〈개정 2019. 9. 24.〉

1. 도난우려가 높은 물품 등 국민의 재산권 보호를 위하여 수출관리가 필요한 물품

2. 고세율 원재료를 제조·가공하여 수출하는 물품 등 부정환급 우려가 높은 물품

3. 국민보건이나 사회안전 또는 국제무역질서 준수 등을 위해 수출관리가 필요한 물품

② 제1항에도 불구하고 법 제255조의2제1항에 따라 수출입 안전관리 우수업체로 공인된 업체가 수출하는 물품은 법 제243조제4항에 따라 관세청장이 정하는 장소에 반입한 후 수출의 신고를 하는 물품(이하 이 조에서 "반입 후 신고물품"이라 한다)에서 제외할 수 있다. 〈개정 2022. 2. 15.〉

③ 반입 후 신고물품의 반입절차 및 그 밖에 필요한 사항은 관세청장이 정하여 고시한다.

[본조신설 2017. 3. 27.]

제249조(입항전 수입신고) ①법 제244조제1항의 규정에 의한 수입

신고는 당해 물품을 적재한 선박 또는 항공기가 그 물품을 적재한 항구 또는 공항에서 출항하여 우리나라에 입항하기 5일전(항공기의 경우 1일전)부터 할 수 있다.

②출항부터 입항까지의 기간이 단기간인 경우 등 당해 선박 등이 출항한 후에 신고하는 것이 곤란하다고 인정되어 출항하기 전에 신고하게 할 필요가 있는 때에는 관세청장이 정하는 바에 따라 그 신고시기를 조정할 수 있다.

③제1항에도 불구하고 다음 각 호의 어느 하나에 해당하는 물품은 해당 물품을 적재한 선박 등이 우리나라에 도착된 후에 수입신고하여야 한다. 〈개정 2008. 2. 22.〉

1. 세율이 인상되거나 새로운 수입요건을 갖추도록 요구하는 법령이 적용되거나 적용될 예정인 물품

2. 수입신고하는 때와 우리나라에 도착하는 때의 물품의 성질과 수량이 달라지는 물품으로서 관세청장이 정하는 물품

제250조(신고서류) ①법 제245조제1항에서 "대통령령으로 정하는 서류"란 다음 각 호의 서류를 말한다. 〈개정 2011. 4. 1.〉

1. 선하증권 사본 또는 항공화물운송장 사본

2. 원산지증명서(제236조제1항이 적용되는 경우로 한정한다)

3. 기타 참고서류

②수출입신고를 하는 물품이 법 제226조의 규정에 의한 증명을 필요로 하는 것인 때에는 관련증명서류를 첨부하여 수출입신고를 하여야 한다. 다만, 세관장은 필요없다고 인정되는 때에는 이를 생략하게 할 수 있다.

제251조(통관물품에 대한 검사) ①세관장은 법 제241조제3항의 규정에 의한 신고를 하지 아니한 물품에 대하여는 관세청장이 정하는 바에 의하여 직권으로 이를 검사할 수 있다.

②세관장은 법 제241조제1항의 신고인이 제1항의 규정에 의한 검사에 참여할 것을 신청하거나 신고인의 참여가 필요하다고 인정하는 때에는 그 일시·장소·방법 등을 정하여 검사에 참여할 것을 통지할 수 있다.

제251조의2(물품 등의 검사에 대한 손실보상의 금액) ① 법 제246조의2제1항에 따른 손실보상의 대상은 세관공무원의 적법한 물품검사로 손실이 발생한 다음 각 호의 어느 하나에 해당하는 것으로 한

다. 〈신설 2024. 2. 29.〉

1. 검사 대상 물품

2. 제1호의 물품을 포장한 용기 또는 운반·운송하는 수단

② 법 제246조의2제1항에 따른 손실보상의 금액은 다음 각 호의 구분에 따른 금액으로 한다. 〈개정 2024. 2. 29.〉

1. 해당 물품 등을 수리할 수 없는 경우: 다음 각 목의 구분에 따른 금액

가. 제1항제1호에 해당하는 경우: 법 제30조부터 제35조까지의 규정에 따른 해당 물품의 과세가격에 상당하는 금액. 다만, 과세가격에 상당하는 금액을 산정할 수 없는 경우에는 구매가격 및 손실을 입은 자가 청구하는 금액을 고려하여 관세청장이 합리적인 범위에서 인정하는 금액으로 한다.

나. 제1항제2호에 해당하는 경우: 구매가격 및 손실을 입은 자가 청구하는 금액을 고려하여 관세청장이 합리적인 범위에서 인정하는 금액

2. 해당 물품 등을 수리할 수 있는 경우: 수리비에 상당하는 금액. 다만, 제1호에 따른 금액을 한도로 한다.

[본조신설 2016. 2. 5.]

[제목개정 2024. 2. 29.]

제251조의3(수출입물품안전관리기관협의회의 구성 및 운영 등) ① 법 제246조의3제7항에서 "안전성 검사에 필요한 정보교류, 제264조의10에 따른 불법·불량·유해물품에 대한 정보 등의 제공 요청 등 대통령령으로 정하는 사항"이란 다음 각 호의 사항을 말한다. 〈개정 2018. 2. 13., 2021. 2. 17.〉

1. 법 제246조의3제1항에 따른 안전성 검사(이하 "안전성 검사"라 한다)에 필요한 정보교류

2. 법 제264조의10에 따른 불법·불량·유해물품에 대한 정보 등의 제공에 관한 사항

3. 안전성 검사 대상 물품의 선정에 관한 사항

4. 그 밖에 관세청장이 안전성 검사, 불법·불량·유해물품에 대한 정보 등의 제공과 관련하여 협의가 필요하다고 인정하는 사항

② 법 제246조의3제7항에 따른 수출입물품안전관리기관협의회(이하 이 조에서 "협의회"라 한다)는 위원장 1명을 포함하여 25명 이

내의 위원으로 구성한다. 〈개정 2018. 2. 13.〉

③ 협의회의 위원장은 관세청 소속 고위공무원단에 속하는 공무원 중에서 관세청장이 지명하는 사람으로 하고, 위원은 다음 각 호의 사람으로 한다.

1. 관세청의 4급 이상 공무원 중에서 관세청장이 지명하는 사람 1명

2. 관계 중앙행정기관의 4급 이상 공무원 중에서 해당 기관의 장이 지명하는 사람 각 1명

④ 제2항에 따라 협의회의 위원을 지명한 자는 해당 위원이 다음 각 호의 어느 하나에 해당하는 경우에는 그 지명을 철회할 수 있다.

1. 심신장애로 인하여 직무를 수행할 수 없게 된 경우

2. 직무와 관련된 비위사실이 있는 경우

3. 직무태만, 품위손상이나 그 밖의 사유로 인하여 위원으로 적합하지 아니하다고 인정되는 경우

4. 위원 스스로 직무를 수행하는 것이 곤란하다고 의사를 밝히는 경우

⑤ 협의회의 회의는 위원의 과반수 출석으로 개의하고, 출석위원 3분의 2 이상의 찬성으로 의결한다.

⑥ 제1항부터 제5항까지에서 규정한 사항 외에 협의회의 운영에 필요한 사항은 협의회의 의결을 거쳐 위원장이 정한다.

[본조신설 2016. 2. 5.]

제252조(담보의 제공) 법 제248조제2항제5호에서 "대통령령으로 정하는 관세채권의 확보가 곤란한 경우에 해당하는 자"란 다음 각 호의 어느 하나에 해당하는 자를 말한다.

1. 최근 2년간 계속해서 수입실적이 없는 자

2. 파산, 청산 또는 개인회생절차가 진행 중인 자

3. 수입실적, 자산, 영업이익, 수입물품의 관세율 등을 고려할 때 관세채권 확보가 곤란한 경우로서 관세청장이 정하는 요건에 해당하는 자

[전문개정 2010. 3. 26.]

제253조(신고취하의 승인신청) 법 제250조제1항의 규정에 의한 승인을 얻고자 하는 자는 다음 각호의 사항을 기재한 신청서를 세관장에게 제출하여야 한다.

1. 제175조 각호의 사항
2. 신고의 종류
3. 신고연월일 및 신고번호
4. 신청사유

제254조(신고각하의 통지) 세관장은 법 제250조제3항의 규정에 의하여 신고를 각하한 때에는 즉시 그 신고인에게 다음 각호의 사항을 기재한 통지서를 송부하여야 한다.

1. 신고의 종류
2. 신고연월일 및 신고번호
3. 각하사유

제255조(수출신고수리의 취소) ①세관장은 법 제251조제2항의 규정에 의하여 우리나라와 외국간을 왕래하는 운송수단에 적재하는 기간을 초과하는 물품에 대하여 수출신고의 수리를 취소하여야 한다. 다만, 다음 각호의 1에 해당하는 경우에는 그러하지 아니하다.

1. 법 제250조제1항의 규정에 의한 신고취하의 승인신청이 정당한 사유가 있다고 인정되는 경우
2. 법 제251조제1항 단서의 규정에 의한 적재기간연장승인의 신청이 정당한 사유가 있다고 인정되는 경우
3. 세관장이 수출신고의 수리를 취소하기 전에 당해 물품의 적재를 확인한 경우
4. 기타 세관장이 법 제251조제1항의 규정에 의한 기간내에 적재하기 곤란하다고 인정하는 경우

②세관장은 제1항의 규정에 의하여 수출신고의 수리를 취소하는 때에는 즉시 신고인에게 그 내용을 통지하여야 한다.

제256조(신고수리전 반출) ①법 제252조의 규정에 의한 승인을 얻고자 하는 자는 다음 각호의 사항을 기재한 신청서를 세관장에게 제출하여야 한다.

1. 제175조 각호의 사항
2. 신고의 종류
3. 신고연월일 및 신고번호
4. 신청사유

②세관장이 제1항의 규정에 의한 신청을 받아 법 제252조의 규정에 의한 승인을 하는 때에는 관세청장이 정하는 절차에 따라야 한다.

③ 다음 각 호의 어느 하나에 해당하는 물품에 대해서는 법 제252조 단서에 따라 담보의 제공을 생략할 수 있다. 다만, 제2호 및 제3호의 물품을 수입하는 자 중 관세 등의 체납, 불성실신고 등의 사유로 담보 제공을 생략하는 것이 타당하지 아니하다고 관세청장이 인정하는 자가 수입하는 물품에 대해서는 담보를 제공하게 할 수 있다. 〈신설 2011. 4. 1.〉

1. 국가, 지방자치단체, 「공공기관의 운영에 관한 법률」 제4조에 따른 공공기관, 「지방공기업법」 제49조에 따라 설립된 지방공사 및 같은 법 제79조에 따라 설립된 지방공단이 수입하는 물품

2. 법 제90조제1항제1호 및 제2호에 따른 기관이 수입하는 물품

3. 최근 2년간 법 위반(관세청장이 법 제270조·제276조 및 제277조에 따른 처벌을 받은 자로서 재범의 우려가 없다고 인정하는 경우를 제외한다) 사실이 없는 수출입자 또는 신용평가기관으로부터 신용도가 높은 것으로 평가를 받은 자로서 관세청장이 정하는 자가 수입하는 물품

4. 수출용원재료 등 수입물품의 성질, 반입사유 등을 고려할 때 관세채권의 확보에 지장이 없다고 관세청장이 인정하는 물품

5. 거주 이전(移轉)의 사유, 납부할 세액 등을 고려할 때 관세채권의 확보에 지장이 없다고 관세청장이 정하여 고시하는 기준에 해당하는 자의 이사물품

제257조(수입신고전 물품반출) ①법 제253조제1항의 규정에 의하여 수입하고자 하는 물품을 수입신고전에 즉시반출하고자 하는 자는 당해 물품의 품명·규격·수량 및 가격을 기재한 신고서를 제출하여야 한다.

②법 제253조제1항의 규정에 의한 즉시반출을 할 수 있는 자 및 물품은 다음 각호의 1에 해당하는 것중 법 제226조제2항의 규정에 의한 구비조건의 확인에 지장이 없는 경우로서 세관장이 지정하는 것에 한한다.

1. 관세 등의 체납이 없고 최근 3년동안 수출입실적이 있는 제조업자 또는 외국인투자자가 수입하는 시설재 또는 원부자재

2. 삭제 〈2010. 3. 26.〉

3. 기타 관세 등의 체납우려가 없는 경우로서 관세청장이 정하는 물품

제258조(전자상거래물품의 특별통관 등) ① 관세청장은 법 제254조

제1항에 따라 전자상거래물품에 대하여 다음 각 호의 사항을 따로 정할 수 있다.

1. 특별통관 대상 거래물품 또는 업체
2. 수출입신고 방법 및 절차
3. 관세 등에 대한 납부방법
4. 물품검사방법
5. 그 밖에 관세청장이 필요하다고 인정하는 사항

② 법 제254조제2항에서 "대통령령으로 정하는 정보"란 다음 각 호의 정보를 말한다.

1. 주문번호 및 구매 일자
2. 물품수신인의 성명 및 통관고유부호
3. 물품의 품명 및 수량
4. 물품의 결제금액
5. 그 밖에 관세청장이 전자상거래물품의 통관을 위하여 수입신고 전에 제공받을 필요가 있다고 인정하여 고시하는 정보

③ 법 제254조제2항에 따라 요청받은 정보의 제공은 관세청장이 정하는 전자적 매체를 통해 제공하는 방법으로 한다.

④ 제3항에 따라 정보를 제공하는 경우 그 제공 기간은 전자상거래물품의 선하증권 또는 화물운송장 번호가 생성되는 시점부터 수입신고 전까지로 한다.

⑤ 법 제254조제4항에서 "대통령령으로 정하는 사항"이란 다음 각 호의 사항을 말한다.

1. 물품의 품명
2. 납부세액
3. 선하증권 또는 화물운송장 번호
4. 그 밖에 관세청장이 전자상거래물품의 화주에게 안내할 필요가 있다고 인정하여 고시하는 정보

[전문개정 2023. 2. 28.]

제258조(전자상거래물품의 특별통관 등) ① 법 제254조제1항에서 "대통령령으로 정하는 물품"이란 개인의 자가사용물품을 말한다. 〈신설 2025. 2. 28.〉

② 관세청장은 법 제254조제1항에 따라 다음 각 호의 사항을 관세청장이 정하여 고시하는 바에 따라 생략하거나 간소한 방법으로

적용할 수 있다. 〈개정 2025. 2. 28.〉

1. 삭제 〈2025. 2. 28.〉
2. 수출입신고 방법 및 절차
3. 관세 등에 대한 납부방법
4. 물품검사방법
5. 그 밖에 관세청장이 필요하다고 인정하는 사항

③ 법 제254조제2항에 따라 통관에 필요한 사항을 생략하거나 간소한 방법으로 적용받기 위해 등록하려는 자는 다음 각 호의 사항을 포함하여 관세청장이 정하는 등록신청서를 관세청장 또는 세관장에게 제출해야 한다. 〈신설 2025. 2. 28.〉

1. 신청인의 성명·주소 및 상호
2. 영업의 종류, 영업장소 및 번호(해당 영업 관련 신고번호나 사업자등록번호 등 관련 법령에 따라 신고나 등록을 한 번호가 있는 경우로 한정한다)

④ 관세청장 또는 세관장은 제3항에 따라 등록신청을 한 자가 다음 각 호의 요건을 모두 갖춘 경우에는 관세청장이 정하는 바에 따라 등록부에 필요한 사항을 적고 등록증을 발급한다. 〈신설 2025. 2. 28.〉

1. 관세 및 국세의 체납이 없을 것
2. 법 제238조제1항에 따른 관세범으로 조사받고 있거나 기소되어 있지 않을 것
3. 법 제175조제4호, 제5호 및 제7호의 어느 하나에 해당하지 않을 것

⑤ 법 제254조제3항에서 "대통령령으로 정하는 정보"란 다음 각 호의 정보를 말한다. 〈개정 2025. 2. 28.〉

1. 주문번호 및 구매 일자
2. 물품수신인의 성명 및 통관고유부호
3. 물품의 품명 및 수량
4. 물품의 결제금액
5. 그 밖에 관세청장이 전자상거래물품의 통관을 위하여 수입신고 전에 제공받을 필요가 있다고 인정하여 고시하는 정보

⑥ 법 제254조제3항에 따라 요청받은 정보의 제공은 관세청장이 정하는 전자적 매체를 통해 제공하는 방법으로 한다. 〈개정 2025.

2. 28.〉

⑦ 제6항에 따라 정보를 제공하는 경우 그 제공 기간은 주문 또는 배송의 결제가 완료되는 시점부터 수입 전까지로 한다. 〈개정 2025. 2. 28.〉

⑧ 법 제254조제5항에서 "대통령령으로 정하는 사항"이란 다음 각 호의 사항을 말한다. 〈개정 2025. 2. 28.〉

1. 물품의 품명
2. 납부세액
3. 선하증권 또는 화물운송장 번호
4. 그 밖에 관세청장이 전자상거래물품의 화주에게 안내할 필요가 있다고 인정하여 고시하는 정보

⑨ 법 제254조제7항에 따라 등록의 유효기간을 갱신하려는 자는 관세청장이 정하는 등록갱신신청서를 유효기간 만료일부터 역산하여 1개월 이내에 관세청장 또는 세관장에게 제출해야 한다. 〈신설 2025. 2. 28.〉

[전문개정 2023. 2. 28.]

[시행일: 2026. 1. 1.] 제258조

제258조의2(탁송품의 검사설비) ① 법 제254조의2제6항 단서에 따라 세관장이 탁송품 운송업자가 운영하는 보세창고 또는 시설(이하 이 조부터 제258조의4까지에서 "자체시설"이라 한다)에서 탁송품을 통관하는 경우 탁송품 운송업자가 갖추어야 할 검사설비는 다음 각 호와 같다. 〈개정 2015. 2. 6.〉

1. X-Ray 검색기
2. 자동분류기
3. 세관직원전용 검사장소

② 제1항에 따른 검사설비의 세부기준은 관세청장이 고시로 정한다.

[본조신설 2013. 2. 15.]

제258조의3(자체시설 이용 절차 등) ① 탁송품을 자체시설에서 통관하려는 탁송품 운송업자는 다음 각 호의 자료를 세관장에게 제출하여야 한다.

1. 탁송품을 장치할 보세창고 또는 시설의 도면(제258조의2제1항 각 호에 따른 검사설비의 배치도를 포함한다) 및 위치도
2. 장치·통관하려는 탁송품이 해당 탁송품 운송업자가 직접 운송

하거나 운송을 주선하는 물품임을 증명하는 서류

3. 다음 각 목이 기재된 사업계획서

가. 보세창고 또는 시설, X-Ray 검색기 및 자동분류기의 수용능력

나. 탁송품 검사설비의 운용인력 계획과 검사대상화물선별 및 관리를 위한 전산설비

다. 탁송품 반출입 및 재고관리를 위한 전산설비

라. 탁송품의 수집, 통관, 배송 전과정에 대한 관리방안

4. 자체시설 통관 시 지켜야할 유의사항, 절차 등을 담은 합의각서

5. 그 밖에 관세청장이 고시로 정하는 자료

② 세관장은 제1항에 따라 탁송품 운송업자가 제출한 자료를 검토한 결과 자체시설에서의 통관이 감시·단속에 지장이 없다고 인정되는 경우 제출한 날부터 30일 이내에 검토결과를 탁송품 운송업자에게 서면으로 통보하고 자체시설에서의 통관을 개시할 수 있다.

[본조신설 2013. 2. 15.]

제258조의4(자체시설의 운영에 관한 관리 등) ① 세관장은 탁송품 운송업자의 시설 및 설비 기준, 자체시설 운영상황 등을 확인한 결과 자체시설에서의 통관이 감시·단속에 지장이 있다고 인정될 경우 탁송품 운송업자에게 해당 시설 및 설비의 보완 등을 요구할 수 있다.

② 세관장은 탁송품 운송업자가 제1항에 따른 요구사항을 이행하지 않을 경우 그 사유를 서면으로 통보하고 자체시설에서의 통관을 30일 이내에서 일시 정지하거나 종료할 수 있다.

③ 그 밖에 자체시설에서의 통관 개시 및 종료, 자체시설의 운영에 관한 관리 등에 관하여 필요한 사항은 관세청장이 고시로 정한다.

[본조신설 2013. 2. 15.]

제258조의5(세관장과 탁송품 운송업자간 협력 등) 법 제254조의2제9항에서 "세관장과 탁송품 운송업자간 협력에 관한 사항 등 대통령령으로 정하는 사항"이란 다음 각 호의 사항을 말한다. 〈개정 2022. 2. 15.〉

1. 밀수출입 정보교환 및 법에 따른 정보제공 등 세관장과 탁송품 운송업자 간 협력에 관한 사항

2. 신속한 통관을 위한 절차 개선 협약 등 세관장과 탁송품 운송업자 간 업무협약 체결에 관한 사항

3. 세관장의 탁송품 운송업자에 대한 법 제255조의7제1항 및 제2항에 따른 평가 및 관리에 관한 세부사항

4. 그 밖에 관세청장이 필요하다고 인정하는 사항

[본조신설 2021. 2. 17.]

제259조 삭제 〈2015. 2. 6.〉

제259조의2(수출입 안전관리 기준 등) ① 법 제255조의2제1항에 따른 안전관리 기준(이하 "안전관리기준"이라 한다)은 다음 각 호와 같다. 〈개정 2015. 2. 6.〉

1. 「관세법」, 「자유무역협정의 이행을 위한 관세법의 특례에 관한 법률」, 「대외무역법」 등 수출입에 관련된 법령을 성실하게 준수하였을 것

2. 관세 등 영업활동과 관련한 세금을 체납하지 않는 등 재무 건전성을 갖출 것

3. 수출입물품의 안전한 관리를 확보할 수 있는 운영시스템, 거래업체, 운송수단 및 직원교육체계 등을 갖출 것

4. 그 밖에 세계관세기구에서 정한 수출입 안전관리에 관한 표준 등을 반영하여 관세청장이 정하는 기준을 갖출 것

② 관세청장은 법 제255조의2제2항에 따른 심사를 할 때 「국제항해선박 및 항만시설의 보안에 관한 법률」 제12조에 따른 국제선박보안증서를 교부받은 국제항해선박소유자 또는 같은 법 제27조에 따른 항만시설적합확인서를 교부받은 항만시설소유자에 대하여는 제1항 각 호의 안전관리 기준 중 일부에 대하여 심사를 생략할 수 있다.

③ 삭제 〈2022. 2. 15.〉

④ 삭제 〈2022. 2. 15.〉

⑤ 삭제 〈2022. 2. 15.〉

[본조신설 2009. 2. 4.]

제259조의3(수출입 안전관리 우수업체의 공인절차 등) ① 법 제255조의2제1항에 따라 수출입 안전관리 우수업체(이하 "수출입안전관리우수업체"라 한다)로 공인받으려는 자는 신청서에 다음 각 호의 서류를 첨부하여 관세청장에게 제출하여야 한다. 〈개정 2022. 2. 15.〉

1. 자체 안전관리 평가서

2. 안전관리 현황 설명서

3. 그 밖에 업체의 안전관리 현황과 관련하여 관세청장이 정하는 서류

② 법 제255조의2제5항에 따라 공인을 갱신하려는 자는 공인의 유효기간이 끝나는 날의 6개월 전까지 신청서에 제1항 각 호에 따른 서류를 첨부하여 관세청장에게 제출해야 한다. 〈개정 2016. 2. 5., 2022. 2. 15.〉

③ 관세청장은 공인을 받은 자에게 공인을 갱신하려면 공인의 유효기간이 끝나는 날의 6개월 전까지 갱신을 신청하여야 한다는 사실을 해당 공인의 유효기간이 끝나는 날의 7개월 전까지 휴대폰에 의한 문자전송, 전자메일, 팩스, 전화, 문서 등으로 미리 알려야 한다. 〈신설 2016. 2. 5.〉

④ 관세청장은 제1항 또는 제2항에 따른 신청을 받은 경우 안전관리기준을 충족하는 업체에 대하여 공인증서를 교부하여야 한다. 〈신설 2016. 2. 5.〉

⑤ 수출입안전관리우수업체에 대한 공인의 등급, 안전관리 공인심사에 관한 세부절차, 그 밖에 필요한 사항은 관세청장이 정한다. 다만, 「국제항해선박 및 항만시설의 보안에 관한 법률」 등 안전관리에 관한 다른 법령과 관련된 사항에 대해서는 관계기관의 장과 미리 협의해야 한다. 〈개정 2016. 2. 5., 2022. 2. 15.〉

[본조신설 2009. 2. 4.]

제259조의4(수출입안전관리우수업체에 대한 혜택 등) ① 법 제255조의3제1항에서 "대통령령으로 정하는 사항"이란 수출입물품에 대한 검사 완화나 수출입신고 및 관세납부 절차 간소화 등의 사항을 말한다.

② 제1항에 따른 통관절차 및 관세행정상의 혜택의 세부내용은 관세청장이 정하여 고시한다.

③ 법 제255조의3제3항에서 "법 제255조의4제2항에 따른 자율평가 결과를 보고하지 아니하는 등 대통령령으로 정하는 사유"란 다음 각 호의 어느 하나에 해당하는 경우를 말한다.

1. 수출입안전관리우수업체가 법 제255조의4제2항에 따라 자율평가 결과를 보고하지 않은 경우

2. 수출입안전관리우수업체가 법 제255조의4제3항에 따라 변동사항 보고를 하지 않은 경우

3. 수출입안전관리우수업체(대표자 및 제259조의5제1항에 따라 지정된 관리책임자를 포함한다)가 법 또는 「자유무역협정의 이행을 위한 관세법의 특례에 관한 법률」, 「대외무역법」, 「외국환거래법」, 「수출용 원재료에 대한 관세 등 환급에 관한 특례법」 등 수출입과 관련된 법령을 위반한 경우

4. 수출입안전관리우수업체가 소속 직원에게 안전관리기준에 관한 교육을 실시하지 않는 등 관세청장이 수출입안전관리우수업체에 제공하는 혜택을 정지할 필요가 있다고 인정하여 고시하는 경우

[본조신설 2022. 2. 15.]

[종전 제259조의4는 제259조의6으로 이동 〈2022. 2. 15.〉]

제259조의5(수출입안전관리우수업체에 대한 사후관리 등) ① 수출입안전관리우수업체는 법 제255조의4제2항에 따라 안전관리기준의 충족 여부를 평가·보고하는 관리책임자를 지정해야 한다.

② 수출입안전관리우수업체는 법 제255조의4제2항에 따라 안전관리기준의 충족 여부를 매년 자율적으로 평가하여 그 결과를 해당 업체가 수출입안전관리우수업체로 공인된 날이 속하는 달의 다음 달 15일까지 관세청장에게 보고해야 한다. 다만, 제259조의3제2항에 따라 공인의 갱신을 신청한 경우로서 공인의 유효기간이 끝나는 날이 속한 연도에 실시해야 하는 경우의 평가는 생략할 수 있다.

③ 법 제255조의5제6호에서 "대통령령으로 정하는 경우"란 수출입안전관리우수업체(대표자 및 제1항에 따라 지정된 관리책임자를 포함한다)가 다음 각 호의 어느 하나에 해당하는 경우를 말한다. 다만, 법 제279조 또는 제3호·제4호에서 정한 법률의 양벌규정에 따라 처벌받은 경우는 제외한다. 〈개정 2023. 2. 28.〉

1. 법 제268조의2, 제269조, 제270조, 제270조의2, 제271조, 제274조 및 제275조의2부터 제275조의4까지의 규정에 따라 벌금형 이상의 형을 선고받거나 통고처분을 받은 경우

2. 법 제276조에 따라 벌금형의 선고를 받은 경우

3. 「자유무역협정의 이행을 위한 관세법의 특례에 관한 법률」, 「대외무역법」, 「외국환거래법」, 「수출용 원재료에 대한 관세 등 환급에 관한 특례법」 등 수출입과 관련된 법령을 위반하여 벌금형 이상의 형을 선고받은 경우

4. 「관세사법」 제29조에 따라 벌금형 이상의 형을 선고받거나 통

고처분[같은 조 제4항 및 같은 법 제32조(같은 법 제29조제4항과 관련된 부분으로 한정한다)에 따라 적용되는 이 법 제311조에 따른 통고처분은 제외한다]을 받은 경우

[본조신설 2022. 2. 15.]

제259조의6(준수도측정 · 평가의 절차 및 활용 등) ① 관세청장은 법 제255조의7제1항에 따라 연 4회의 범위에서 다음 각 호의 어느 하나에 해당하는 자를 대상으로 안전관리기준의 준수 정도에 대한 측정 · 평가(이하 이 조에서 "준수도측정 · 평가"라 한다)를 할 수 있다. 〈개정 2022. 2. 15.〉

1. 운영인
2. 법 제19조에 따른 납세의무자
3. 법 제172조제2항에 따른 화물관리인
4. 법 제225조제1항에 따른 선박회사 또는 항공사
5. 법 제242조에 따른 수출 · 수입 · 반송 등의 신고인(화주를 포함한다)
6. 법 제254조 및 이 영 제258조제1호에 따른 특별통관 대상 업체
7. 보세운송업자등
8. 「자유무역지역의 지정 및 운영에 관한 법률」 제2조제2호에 따른 입주기업체

② 관세청장은 법 제255조의7제2항에 따라 준수도측정 · 평가의 결과를 다음 각 호의 사항에 활용할 수 있다. 〈개정 2022. 2. 15.〉

1. 간이한 신고 방식의 적용 등 통관 절차의 간소화
2. 검사 대상 수출입물품의 선별
3. 그 밖에 업체 및 화물 관리의 효율화를 위하여 기획재정부령으로 정하는 사항

③ 준수도측정 · 평가에 대한 평가 항목, 배점 및 등급 등 세부 사항은 관세청장이 정하여 고시한다. 〈개정 2022. 2. 15.〉

[본조신설 2015. 2. 6.]

[제목개정 2022. 2. 15.]

[제259조의4에서 이동 〈2022. 2. 15.〉]

<u>제259조의6(준수도측정 · 평가의 절차 및 활용 등) ① 관세청장은 법 제255조의7제1항에 따라 연 4회의 범위에서 다음 각 호의 어느 하</u>

나에 해당하는 자를 대상으로 안전관리기준의 준수 정도에 대한 측정 · 평가(이하 이 조에서 "준수도측정 · 평가"라 한다)를 할 수 있다. 〈개정 2022. 2. 15., 2025. 2. 28.〉

1. 운영인
2. 법 제19조에 따른 납세의무자
3. 법 제172조제2항에 따른 화물관리인
4. 법 제225조제1항에 따른 선박회사 또는 항공사
5. 법 제242조에 따른 수출 · 수입 · 반송 등의 신고인(화주를 포함한다)
6. 법 제254조제2항에 따라 등록한 전자상거래업체등
7. 보세운송업자등
8. 「자유무역지역의 지정 및 운영에 관한 법률」 제2조제2호에 따른 입주기업체

② 관세청장은 법 제255조의7제2항에 따라 준수도측정 · 평가의 결과를 다음 각 호의 사항에 활용할 수 있다. 〈개정 2022. 2. 15.〉

1. 간이한 신고 방식의 적용 등 통관 절차의 간소화
2. 검사 대상 수출입물품의 선별
3. 그 밖에 업체 및 화물 관리의 효율화를 위하여 기획재정부령으로 정하는 사항

③ 준수도측정 · 평가에 대한 평가 항목, 배점 및 등급 등 세부 사항은 관세청장이 정하여 고시한다. 〈개정 2022. 2. 15.〉

[본조신설 2015. 2. 6.]

[제목개정 2022. 2. 15.]

[제259조의4에서 이동 〈2022. 2. 15.〉]

[시행일: 2026. 1. 1.] 제259조의6제1항제6호

제259조의7(수출입안전관리우수업체심의위원회) ① 관세청장은 다음 각 호의 사항을 심의하기 위하여 필요한 경우에는 수출입안전관리우수업체심의위원회(이하 이 조에서 "수출입안전관리우수업체심의위원회"라 한다)를 구성 · 운영할 수 있다. 〈개정 2022. 10. 4.〉

1. 수출입안전관리우수업체의 공인 및 갱신
2. 수출입안전관리우수업체의 공인 취소
3. 그 밖에 수출입안전관리우수업체 제도의 운영에 관하여 관세청장이 수출입안전관리우수업체심의위원회에 부치는 사항

② 수출입안전관리우수업체심의위원회는 위원장 1명을 포함하여 20명 이상 30명 이내의 위원으로 구성한다.

③ 수출입안전관리우수업체심의위원회의 위원장은 관세청 차장으로 하고, 위원은 다음 각 호의 사람 중에서 성별을 고려하여 관세청장이 임명하거나 위촉한다.

1. 관세청 소속 공무원
2. 관세행정에 관한 학식과 경험이 풍부한 사람

④ 제3항제2호에 따라 위촉되는 위원의 임기는 2년으로 한다. 다만, 위원의 사임 등으로 새로 위촉된 위원의 임기는 전임위원의 남은 임기로 하고, 제8항에 따라 수출입안전관리우수업체심의위원회가 해산되는 경우에는 그 해산되는 때에 임기가 만료되는 것으로 한다. 〈개정 2022. 10. 4.〉

⑤ 수출입안전관리우수업체심의위원회의 위원장은 위원회의 회의를 소집하고, 그 의장이 된다.

⑥ 수출입안전관리우수업체심의위원회의 회의는 위원장과 위원장이 매 회의마다 지정하는 10명 이상 15명 이내의 위원으로 구성한다. 이 경우 제3항제2호에 따라 위촉되는 위원이 5명 이상 포함되어야 한다.

⑦ 수출입안전관리우수업체심의위원회의 회의는 제6항에 따라 구성된 위원 과반수의 출석으로 개의(開議)하고, 출석위원 과반수의 찬성으로 의결한다.

⑧ 관세청장은 수출입안전관리우수업체심의위원회의 구성 목적을 달성하였다고 인정하는 경우에는 수출입안전관리우수업체심의위원회를 해산할 수 있다. 〈신설 2022. 10. 4.〉

⑨ 제1항부터 제8항까지에서 규정한 사항 외에 수출입안전관리우수업체심의위원회의 운영 등에 필요한 사항은 관세청장이 정한다. 〈개정 2022. 10. 4.〉

[본조신설 2022. 2. 15.]

제3절 우편물

제259조의8(우편물의 사전전자정보 제출) ① 법 제256조의2제1항에서 "대통령령으로 정하는 전자정보"란 다음 각 호의 정보를 말한다.

1. 사전 통관정보: 우편물에 관한 전자적 통관정보로서 다음 각

목의 정보

가. 우편물번호, 발송인 및 수취인의 성명과 주소, 총수량 및 총중량

나. 개별 우편물의 품명 · 수량 · 중량 및 가격

다. 그 밖에 수입하려는 우편물에 관한 통관정보로서 관세청장이 정하여 고시하는 정보

2. 사전 발송정보: 개별 우편물이 들어있는 우편 용기에 관한 전자적 발송정보로서 다음 각 목의 정보

가. 우편물 자루번호 및 우편물번호

나. 발송 · 도착 예정 일시, 발송국 · 도착국 공항 또는 항만의 명칭, 운송수단

다. 그 밖에 수입하려는 우편물에 관한 발송정보로서 관세청장이 정하여 고시하는 정보

② 통관우체국의 장은 법 제256조의2제1항에 따라 제1항 각 호의 전자정보(이하 "사전전자정보"라 한다)를 정보통신망을 이용하여 세관장에게 제출해야 한다.

③ 세관장은 법 제256조의2제2항에 따라 사전전자정보가 제출되지 않은 우편물을 통관우체국의 장으로 하여금 반송하도록 하기로 결정한 경우에는 그 결정사항을 통관우체국의 장에게 통지해야 한다.

④ 제3항에 따른 통지를 받은 통관우체국의 장은 우편물의 수취인이나 발송인에게 그 결정사항을 통지하고 반송해야 한다.

⑤ 법 제256조의2제3항 단서에서 "대통령령으로 정하는 사유"란 다음 각 호의 사유를 말한다.

1. 세관장이 법 제39조에 따라 관세를 부과 · 징수하려는 경우

2. 세관장이 법 제235조 또는 제237조에 따라 우편물의 통관을 보류하거나 유치할 필요가 있는 경우

3. 법 제256조의2제1항에 따라 제출된 사전전자정보가 불충분하거나 불분명한 경우

4. 법 제258조제2항에 따라 법 제241조제1항에 따른 수입신고를 해야 하는 경우

5. 세관장이 관세 관계 법령 위반 혐의가 있는 우편물을 조사하려는 경우

[본조신설 2022. 2. 15.]

제260조(우편물의 검사) ①통관우체국의 장은 법 제257조에 따른 검사를 받는 때에는 소속공무원을 참여시켜야 한다. 〈개정 2022. 2. 15.〉

②통관우체국의 장은 제1항에 따른 검사를 위하여 세관공무원이 해당 우편물의 포장을 풀고 검사할 필요가 있다고 인정하는 경우에는 그 우편물의 포장을 풀었다가 다시 포장해야 한다. 〈개정 2022. 2. 15.〉

제261조(수출입신고대상 우편물) 법 제258조제2항에서 “대통령령으로 정하는 기준에 해당하는 것”이란 다음 각 호의 어느 하나에 해당하는 우편물을 말한다. 〈개정 2002. 12. 30., 2011. 4. 1., 2023. 2. 28., 2025. 2. 28.〉

1. 법령에 따라 수출입이 제한되거나 금지되는 물품
2. 법 제226조에 따라 세관장의 확인이 필요한 물품
3. 판매를 목적으로 반입하는 물품 또는 대가를 지급하였거나 지급하여야 할 물품(통관허용여부 및 과세대상여부에 관하여 관세청장이 정한 기준에 해당하는 것으로 한정한다)
4. 가공무역을 위하여 우리나라와 외국간에 무상으로 수출입하는 물품 및 그 물품의 원·부자재

4의2. 다음 각 목의 어느 하나에 해당하는 수입물품

가. 「건강기능식품에 관한 법률」 제3조제1호에 따른 건강기능식품

나. 「약사법」 제2조제4호에 따른 의약품

다. 그 밖에 가목 및 나목의 물품과 유사한 물품으로서 관세청장이 국민보건을 위하여 수입신고가 필요하다고 인정하여 고시하는 물품

5. 그 밖에 수출입신고가 필요하다고 인정되는 물품으로서 관세청장이 정하는 금액을 초과하는 물품

제262조(세관장 등의 통지) ①법 제258조제2항에 해당하는 우편물에 있어서 법 제259조제1항의 규정에 의한 통지는 법 제248조의 규정에 의한 신고의 수리 또는 법 제252조의 규정에 의한 승인을 받은 서류를 당해 신고인이 통관우체국에 제출하는 것으로써 이에 갈음한다.

②제1항의 경우에 법 제259조제2항에 따른 통지는 세관이 발행하는 납부고지서로 갈음한다. 〈개정 2021. 2. 17.〉

第263조(우편물에 관한 납세절차) 법 제260조제1항의 규정에 의하여 관세를 납부하고자 하는 자는 제262조제2항의 경우에는 세관장에게, 기타의 경우에는 체신관서에 각각 금전으로 이를 납부하여야 한다.

제10장 세관공무원의 자료제출요청 등

제263조의2(과세자료의 범위 및 제출시기 등) ① 법 제264조의2에 따른 과세자료제출기관(이하 “과세자료제출기관”이라 한다)이 법 제264조의3 및 제264조의4에 따라 제출하여야 하는 과세자료의 범위, 과세자료를 제출받을 기관 및 제출시기는 별표 3과 같다.

② 과세자료제출기관의 장은 법 제264조의4제3항에 따라 관세청장 또는 세관장으로부터 과세자료의 추가 또는 보완을 요구받은 경우에는 정당한 사유가 없으면 그 요구를 받은 날부터 15일 이내에 그 요구에 따라야 한다.

[본조신설 2014. 3. 5.]

제263조의3(마약류 관련 정보의 제출 요구) 관세청장은 법 제264조의11제1항에 따라 관계 중앙행정기관의 장에게 다음 각 호의 구분에 따른 정보의 제출을 요구할 수 있다.

1. 과학기술정보통신부장관: 「국제우편규정」 제3조에 따른 국제우편물(법령을 위반하여 우리나라에 반입되거나 우리나라에서 반출되는 마약류를 배달한 우편물만 해당한다) 수취인의 성명 · 주소, 배송일자 · 배송경로를 조회한 인터넷 프로토콜(protocol) 주소와 접속기기 및 조회일시

2. 외교부장관: 국외에서 마약류 밀수 또는 유통 범죄로 최근 10년간 체포 · 구금 또는 수감된 사람으로서 「재외국민보호를 위한 영사조력법」 제11조에 따라 재외공관의 장의 영사조력을 받은 재외국민(해당 범죄로 유죄 판결이 확정된 경우만 해당한다)의 성명 · 생년월일 · 여권번호, 범죄사실 및 처벌내용

3. 법무부장관: 국내에서 마약류 밀수 또는 유통 범죄로 처벌받은 외국인으로서 최근 10년간 「출입국관리법」 제46조제1항제13호에 따른 강제퇴거 대상자에 해당하게 된 외국인의 성명 · 생년월일 · 외국인등록번호 및 처분내역

4. 검찰총장: 다음 각 목의 정보

가. 마약류 밀수 또는 유통 범죄와 관련하여 최근 10년간 「형의 실효 등에 관한 법률」에 따른 수형인명부에 기재된 국민의 성명·생년월일, 범죄사실 및 처벌내용

나. 마약류 밀수 또는 유통 범죄와 관련하여 최근 10년간 「형의 실효 등에 관한 법률」에 따른 수형인명부에 기재된 외국인의 성명·생년월일·외국인등록번호, 범죄사실 및 처벌내용

[본조신설 2024. 2. 29.]

제264조(영업에 관한 보고) 법 제266조제3항의 규정에 의하여 관세청장 또는 세관장은 상설영업장을 갖추고 외국에서 생산된 물품을 판매하는 자, 그 대리인 기타 관계인에 대하여 판매물품에 관한 다음 각호의 사항에 관한 보고서의 제출을 명할 수 있다.

1. 판매물품의 품명·규격 및 수량
2. 수입대상국과 생산국 또는 원산지
3. 수입가격 또는 구입가격
4. 수입자 또는 구입처
5. 구입일자, 당해 영업장에의 반입일자
6. 판매일자

제264조의2(실태조사 범위 등) ① 관세청장은 법 제266조제4항에 따라 통신판매중개자(「전자상거래 등에서의 소비자보호에 관한 법률」 제2조제4호에 따른 통신판매중개를 하는 자를 말한다. 이하 같다)에 대한 서면실태조사(이하 "서면실태조사"라 한다)를 매년 1회 실시할 수 있다.

② 관세청장은 서면실태조사를 하는 경우에 공정거래위원회, 관련 업체 및 단체 등의 의견을 수렴하여 실시계획을 수립하고 이에 따라 실태조사를 해야 한다.

③ 서면실태조사의 항목에는 통신판매중개자가 운영 중인 법 제266조제4항에 따른 사이버몰(이하 이 항에서 "사이버몰"이라 한다) 관련 정보 중에서 다음 각 호의 사항이 포함되어야 한다.

1. 사이버몰에서 법 제226조, 제230조 및 제235조를 위반하여 수입된 물품(이하 이 조 및 제264조의3에서 "부정수입물품"이라 한다)을 판매한 통신판매자(「전자상거래 등에서의 소비자보호에 관한 법률」 제2조제2호에 따른 통신판매를 한 자를 말한다. 이하 제2호에서 같다)가 사이버몰에 등록한 정보에 대한 통신판매중개자의 관

리 실태

2. 통신판매중개자가 사이버몰에서 부정수입물품이 유통되는 것을 방지하기 위하여 통신판매자와 판매물품을 검증할 목적으로 갖추고 있는 인력 · 기술, 검증체계 및 방법에 관한 사항

3. 사이버몰에서 부정수입물품 유통 또는 거래내역 발견 시 판매중지, 거래취소 및 환불 등 소비자 보호에 관한 사항

④ 관세청장은 서면실태조사를 효율적으로 하기 위해 정보통신망, 전자우편 등 전자적 매체를 사용할 수 있다.

⑤ 제1항부터 제4항까지에서 규정한 사항 외에 서면실태조사에 관하여 필요한 사항은 관세청장이 정한다.

[본조신설 2020. 2. 11.]

제264조의3(조사결과 통지 및 공표) ① 관세청장은 법 제266조제5항에 따라 조사결과를 공개하기 전에 조사대상자에게 조사결과를 통지하여 소명자료를 제출하거나 의견을 진술할 수 있는 기회를 부여해야 한다.

② 관세청장은 공정거래위원회와 함께 서면실태조사의 결과 및 제1항에 따른 조사대상자의 소명자료 · 의견을 검토한 후에 소비자 피해 예방을 위하여 필요한 경우에는 다음 각 호의 사항을 관세청과 공정거래위원회의 홈페이지에 게시하는 방법으로 공표할 수 있다.

1. 통신판매중개자의 사이버몰에서 판매된 부정수입물품 내역

2. 해당 통신판매중개자가 운영하는 사이버몰의 명칭, 소재지 및 대표자 성명

3. 그 밖에 해당 통신판매중개자에 대한 서면실태조사 결과

[본조신설 2020. 2. 11.]

제265조(무기등 관리 의무) ① 관세청장은 법 제267조에 따른 무기등(이하 "무기등"이라 한다)의 안전한 사용, 관리 및 사고예방을 위하여 그 무기등의 사용, 관리, 보관 및 해당 시설 등에 대한 안전기준을 마련하여야 한다. 〈개정 2025. 2. 28.〉

② 관세청장이나 세관장은 무기등이 사용된 경우 사용 일시 · 장소 · 대상, 현장책임자, 종류 및 수량 등을 기록하여 보관하여야 한다. 〈개정 2025. 2. 28.〉

[본조신설 2018. 2. 13.]

[제목개정 2025. 2. 28.]

제11장 벌칙 〈개정 2019. 2. 12.〉

제265조의2(과태료의 부과기준) 법 제277조제1항부터 제7항까지 및 제277조의2제5항에 따른 과태료의 부과기준은 별표 5와 같다. 〈개정 2022. 2. 15., 2024. 2. 29.〉

[본조신설 2019. 2. 12.]

제265조의3(비밀유지 의무 위반에 대한 과태료의 부과기준) 법 제277조의3에 따른 과태료의 부과기준은 별표 6과 같다.

[본조신설 2023. 2. 28.]

제266조(국내도매가격) 법 제282조제3항에서 "국내도매가격"이라 함은 도매업자가 수입물품을 무역업자로부터 매수하여 국내도매시장에서 공정한 거래방법에 의하여 공개적으로 판매하는 가격을 말한다.

제12장 조사와 처분

제266조의2(관세범칙조사심의위원회의 구성) ① 법 제284조의2의제1항에 따라 인천공항세관·서울세관·부산세관·인천세관·대구세관·광주세관 및 평택세관에 관세범칙조사심의위원회를 둔다. 〈개정 2023. 4. 11.〉

② 법 제284의2제1항에 따른 관세범칙조사심의위원회(이하 "관세범칙조사심의위원회"라 한다)는 위원장 1명을 포함한 10명 이상 20명 이하의 위원으로 구성한다.

③ 관세범칙조사심의위원회의 위원장은 관세청의 3급부터 5급까지에 해당하는 공무원 중 관세청장이 지정하는 사람이 되고, 위원은 다음 각 호의 사람 중에서 세관장이 임명 또는 위촉하되, 제2호부터 제6호까지에 해당하는 위원이 2분의 1 이상 포함되어야 한다.

1. 관세청 소속 공무원
2. 변호사·관세사
3. 대학교수
4. 관세, 무역 및 형사 관련 전문연구기관 연구원
5. 시민단체(「비영리민간단체 지원법」 제2조에 따른 비영리민간단체를 말한다)에서 추천하는 자
6. 그 밖에 범칙조사에 관한 학식과 경험이 풍부한 자

④ 제3항제2호부터 제6호까지에 해당하는 위원의 임기는 2년으로 하되, 한차례만 연임할 수 있다. 다만, 보궐위원의 임기는 전임위원 임기의 남은 기간으로 한다.

[본조신설 2020. 2. 11.]

제266조의3(관세범칙조사심의위원회 위원의 해임 등) 세관장은 관세범칙조사심의위원회 위원이 다음 각 호의 어느 하나에 해당하는 경우에는 해당 위원을 해임 또는 해촉할 수 있다.

1. 심신장애로 인하여 직무를 수행할 수 없게 된 경우

2. 직무와 관련된 비위사실이 있는 경우

3. 직무태만, 품위손상이나 그 밖의 사유로 인하여 위원으로 적합하지 않다고 인정되는 경우

4. 위원 스스로 직무를 수행하는 것이 곤란하다고 의사를 밝힌 경우

5. 제266조의6 각 호의 어느 하나에 해당함에도 불구하고 회피하지 않은 경우

[본조신설 2020. 2. 11.]

제266조의4(관세범칙조사심의위원회 위원장의 직무) ① 관세범칙조사심의위원회의 위원장은 관세범칙조사심의위원회를 대표하고, 관세범칙조사심의위원회의 업무를 총괄한다.

② 관세범칙조사심의위원회의 위원장이 직무를 수행하지 못하는 부득이한 사정이 있는 때에는 위원장이 지명하는 위원이 그 직무를 대행한다.

[본조신설 2020. 2. 11.]

제266조의5(관세범칙조사심의위원회의 운영) ① 관세범칙조사심의위원회의 위원장은 법 제284조의2제1항 각 호의 사항에 관한 심의가 필요한 경우 회의를 소집하고 그 의장이 된다.

② 관세범칙조사심의위원회의 회의는 위원장을 포함한 재적위원 과반수의 출석으로 개의하고, 출석위원 과반수의 찬성으로 의결한다.

③ 관세범칙조사심의위원회의 사무를 처리하기 위하여 간사 1명을 두고, 간사는 위원장이 관세청 소속 공무원 중에서 지명한다.

④ 관세범칙조사심의위원회의 위원장은 회의를 개최한 때에는 심의내용, 결정사항 등이 포함된 회의록을 작성하여 보관해야 한다.

⑤ 관세범칙조사심의위원회의 위원장은 회의에서 심의·의결한 사항을 관세청장에게 통보해야 한다.

⑥ 관세범칙조사심의위원회의 회의와 회의록은 공개하지 않는다. 다만, 위원장이 필요하다고 인정하는 경우에는 공개할 수 있다.

⑦ 관세범칙조사심의위원회는 의안에 관하여 필요하다고 인정되는 때에는 공무원 등 관계자에게 출석을 요청하여 의견을 들을 수 있고 관련 기관에 필요한 자료를 요청할 수 있다.

⑧ 제1항부터 제7항까지에서 규정한 사항 외에 위원회의 운영에 필요한 사항은 관세청장이 정한다.

[본조신설 2020. 2. 11.]

제266조의6(관세범칙조사심의위원회 위원의 제척·회피) ① 관세범칙조사심의위원회의 위원은 다음 각 호의 어느 하나에 해당하는 경우에는 해당 안건의 심의·의결에서 제척된다.

1. 위원이 안건의 당사자(당사자가 법인·단체 등인 경우에는 그 임직원을 포함한다. 이하 이 항에서 같다)이거나 안건에 관하여 직접적인 이해관계가 있는 경우

2. 위원의 배우자, 4촌 이내의 혈족 및 2촌 이내의 인척의 관계에 있는 사람이 안건의 당사자이거나 안건에 관하여 직접적인 이해관계가 있는 경우

3. 위원이 안건 당사자의 대리인이거나 최근 5년 이내에 대리인이었던 경우

4. 위원이 안건 당사자의 대리인이거나 최근 5년 이내에 대리인이었던 법인·단체 등에 현재 속하고 있거나 속했던 경우

5. 위원이 최근 5년 이내에 안건 당사자의 자문·고문에 응했거나 안건 당사자와 연구·용역 등의 업무 수행에 동업 또는 그 밖의 형태로 직접 해당 안건 당사자의 업무에 관여했던 경우

6. 위원이 최근 5년 이내에 안건 당사자의 자문·고문에 응했거나 안건 당사자와 연구·용역 등의 업무 수행에 동업 또는 그 밖의 형태로 직접 안건 당사자의 업무에 관여했던 법인·단체 등에 현재 속하고 있거나 속했던 경우

② 관세범칙조사심의위원회의 위원은 제1항 각 호의 어느 하나에 해당하는 경우에는 스스로 해당 안건의 심의·의결에서 회피해야 한다.

[본조신설 2020. 2. 11.]

제266조의7(수당) 관세법칙조사심의위원회의 회의에 출석한 공무원이 아닌 위원에 대해 예산의 범위에서 수당을 지급할 수 있다.

[본조신설 2020. 2. 11.]

제267조(피의자의 구속) 사법경찰관리의 직무를 행하는 세관공무원이 법령에 의하여 피의자를 구속하는 때에는 세관관서·국가경찰관서 또는 교도관서에 유치하여야 한다. 〈개정 2006. 6. 29.〉

제268조(물품의 압수 및 보관) ①법 제303조제1항의 규정에 의하여 물품을 압수하는 때에는 당해 물품에 봉인하여야 한다. 다만, 물품의 성상에 따라 봉인할 필요가 없거나 봉인이 곤란하다고 인정되는 때에는 그러하지 아니하다.

②법 제303조제2항의 규정에 의하여 압수물품을 보관시키는 때에는 수령증을 받고 그 요지를 압수 당시의 소유자에게 통지하여야 한다.

제269조(검증·수색 또는 압수조서의 기재사항) 법 제305조제1항의 규정에 의한 검증·수색 또는 압수조서에는 다음 각호의 사항을 기재하여야 한다. 〈개정 2010. 3. 26.〉

1. 당해 물품의 품명 및 수량
2. 포장의 종류·기호·번호 및 개수
3. 검증·수색 또는 압수의 장소 및 일시
4. 소유자 또는 소지자의 주소 또는 거소와 성명
5. 보관장소

[제목개정 2010. 3. 26.]

제270조(몰수물품의 납부) 몰수에 해당하는 물품으로서 시·군·읍·면사무소에서 보관한 것은 그대로 납부절차를 행할 수 있다.

제270조의2(통고처분) ① 법 제311조제1항제1호에 따른 벌금에 상당하는 금액은 해당 벌금 최고액의 100분의 30으로 한다. 다만, 별표 4에 해당하는 범죄로서 해당 물품의 원가가 해당 벌금의 최고액 이하인 경우에는 해당 물품 원가의 100분의 30으로 한다. 〈개정 2020. 2. 11.〉

② 관세청장이나 세관장은 관세범이 조사를 방해하거나 증거물을 은닉·인멸·훼손한 경우 등 관세청장이 정하여 고시하는 사유에 해당하는 경우에는 제1항에 따른 금액의 100분의 50 범위에서 관세

청장이 정하여 고시하는 비율에 따라 그 금액을 늘릴 수 있다.

③ 관세청장이나 세관장은 관세범이 조사 중 해당 사건의 부족세액을 자진하여 납부한 경우, 심신미약자인 경우 또는 자수한 경우 등 관세청장이 정하여 고시하는 사유에 해당하는 경우에는 제1항에 따른 금액의 100분의 50 범위에서 관세청장이 정하여 고시하는 비율에 따라 그 금액을 줄일 수 있다.

④ 관세범이 제2항 및 제3항에 따른 사유에 2가지 이상 해당하는 경우에는 각각의 비율을 합산하되, 합산한 비율이 100분의 50을 초과하는 경우에는 100분의 50으로 한다.

⑤ 관세청장이나 세관장은 법 제311조제1항에 따라 통고처분을 하는 경우 관세범의 조사를 마친 날부터 10일 이내에 그 범칙행위자 및 법 제279조의 양벌 규정이 적용되는 법인 또는 개인별로 통고서를 작성하여 통고해야 한다. 〈신설 2019. 2. 12.〉

⑥ 법 제311조제5항에서 "대통령령으로 정하는 통고처분납부대행기관"이란 정보통신망을 이용하여 신용카드, 직불카드 등(이하 이 조에서 "신용카드등"이라 한다)에 의한 결재를 수행하는 기관으로서 다음 각 호의 어느 하나에 해당하는 기관을 말한다. 〈신설 2019. 2. 12.〉

1. 「민법」 제32조에 따라 설립된 금융결제원
2. 시설, 업무수행능력, 자본금 규모 등을 고려하여 관세청장이 지정하는 자

⑦ 제6항에 따른 통고처분납부대행기관은 납부대행의 대가로 기획재정부령으로 정하는 바에 따라 납부대행 수수료를 받을 수 있다. 〈신설 2019. 2. 12.〉

⑧ 관세청장은 납부에 사용되는 신용카드등의 종류 등 납부에 필요한 사항을 정할 수 있다. 〈신설 2019. 2. 12.〉

[본조신설 2016. 2. 5.]

제271조(벌금 또는 추징금의 예납신청 등) ①법 제311조제2항의 규정에 의하여 벌금 또는 추징금에 상당한 금액을 예납하고자 하는 자는 다음 각호의 사항을 기재한 신청서를 관세청장 또는 세관장에게 제출하여야 한다.

1. 주소 및 성명
2. 예납금액

3. 신청사유

②제1항의 규정에 의하여 예납금을 받은 관세청장 또는 세관장은 그 보관증을 예납자에게 교부하여야 한다.

③관세청장 또는 세관장은 제2항의 규정에 의하여 보관한 예납금으로써 예납자가 납부하여야 하는 벌금 또는 추징금에 상당하는 금액에 충당하고 잔금이 있는 때에는 지체없이 예납자에게 환급하여야 한다.

제272조(압수물품의 인계) ①관세청장 또는 세관장은 법 제312조·법 제316조 및 법 제318조의 규정에 의하여 관세범을 고발하는 경우 압수물품이 있는 때에는 압수물품조서를 첨부하여 인계하여야 한다.

②관세청장 또는 세관장은 제1항의 규정에 의한 압수물품이 법 제303조제2항의 규정에 해당하는 것인 때에는 당해 보관자에게 인계의 요지를 통지하여야 한다.

제273조(관세범의 조사에 관한 통지) 관세청장 또는 세관장의 조사위촉을 받은 수사기관의 장은 그 조사전말을 관세청장 또는 세관장에게 통지하여야 한다.

제13장 보칙

제273조의2 삭제 〈2007. 4. 5.〉

제274조(업무시간과 물품취급시간) 법 제321조의 규정에 의한 세관의 업무시간과 보세구역 및 운수수단의 물품취급시간은 다음 각호의 구분에 의한다. 〈개정 2004. 8. 30., 2006. 5. 22., 2025. 2. 28.〉

1. 세관의 업무시간 및 운송수단의 물품취급시간 : 「국가공무원 복무규정」에 의한 공무원의 근무시간. 다만, 항공기·선박 등이 상시 입·출항하는 등 세관의 업무특성상 필요한 경우에 세관장은 관세청장의 승인을 얻어 부서별로 근무시간을 달리 정할 수 있다.

2. 보세구역의 물품취급시간 : 24시간. 다만, 감시·단속을 위하여 필요한 경우 세관장은 그 시간을 제한할 수 있다.

[제목개정 2025. 2. 28.]

제275조(임시업무 및 시간외 물품취급) ①법 제8조제3항제1호부터 제3호까지에 해당하는 날 또는 법 제321조제2항에 따라 업무시간외에 통관절차·보세운송절차 또는 입출항절차를 밟고자 하는 자는 사무의 종류 및 시간과 사유를 기재한 통보서를 세관장에게 제출해야 한다. 다만, 법 제241조에 따라 신고를 해야 하는 우편물외의 우편

물에 대해서는 그렇지 않다. 〈개정 2023. 2. 28., 2025. 2. 28.〉

②법 제321조제2항에 따라 물품취급시간외에 물품의 취급을 하려는 자는 다음 각 호의 어느 하나에 해당하는 경우를 제외하고는 통보서를 세관장에게 제출하여야 한다. 〈개정 2008. 2. 22., 2016. 2. 5.〉

1. 우편물(법 제241조의 규정에 의하여 신고를 하여야 하는 것은 제외한다)을 취급하는 경우

2. 제1항의 규정에 의하여 통보한 시간내에 당해 물품의 취급을 하는 경우

3. 보세공장에서 보세작업을 하는 경우. 다만, 감시·단속에 지장이 있다고 세관장이 인정할 때에는 예외로 한다.

4. 보세전시장 또는 보세건설장에서 전시·사용 또는 건설공사를 하는 경우

5. 수출신고수리시 세관의 검사가 생략되는 수출물품을 취급하는 경우

5의2. 제155조제1항에 따른 항구나 공항에서 하역작업을 하는 경우

6. 재해 기타 불가피한 사유로 인하여 당해 물품을 취급하는 경우. 이 경우에는 사후에 경위서를 세관장에게 제출하여 그 확인을 받아야 한다.

③제1항의 규정에 의한 통보서에는 다음 각호의 사항을 기재하여야 한다.

1. 당해 물품의 내외국물품의 구분과 품명 및 수량

2. 포장의 종류·번호 및 개수

3. 취급물품의 종류

4. 물품취급의 시간 및 장소

④법 제321조제2항의 규정에 의한 사전통보는 부득이한 경우를 제외하고는 「국가공무원 복무규정」에 의한 공무원의 근무시간내에 하여야 한다. 〈개정 2006. 5. 22.〉

[제목개정 2025. 2. 28.]

제276조(통계·증명서의 작성 및 교부의 신청) ①법 제322조제1항 및 제3항의 규정에 의하여 통계의 열람 또는 교부를 신청하고자 하는 자는 다음 각호의 사항을 기재한 신청서를 관세청장에게 제출하

여야 한다. 〈개정 2002. 12. 30.〉

1. 통계의 종류 및 내용

2. 열람 또는 교부의 사유

②법 제322조제2항의 규정에 의한 통계의 공표는 연 1회 이상으로 한다.

③법 제322조제3항 후단에서 "대통령령으로 정하는 경우"란 열람 또는 교부의 대상이 되는 자료가 「공공기관의 정보공개에 관한 법률」 제9조제1항 각 호의 어느 하나에 해당하는 경우를 말한다. 〈신설 2002. 12. 30., 2004. 7. 29., 2006. 5. 22., 2011. 4. 1.〉

④법 제322조제6항에 따라 증명서, 통계 또는 통계자료를 교부받으려는 자는 다음 각 호의 사항을 적은 신청서를 관세청장·세관장 또는 법 제322조제5항에 따라 업무를 대행하는 자에게 제출하여야 한다. 〈개정 2002. 12. 30., 2011. 4. 1.〉

1. 증명서, 통계 또는 통계자료의 내용이 기록되는 매체의 종류 및 내용

2. 교부받으려는 사유

제276조의2(통계 작성·교부 대행기관의 지정 등) ① 관세청장은 법 제322조제5항에 따라 다음 각 호의 요건을 모두 갖춘 자를 통계 등의 작성 및 교부 업무를 대행할 자(이하 이 조에서 "대행기관"이라 한다)로 지정할 수 있다.

1. 「민법」 제32조에 따라 설립된 법인일 것

2. 수출입 관련 통계의 작성·교부 업무에 전문성이 있을 것

3. 대행업무의 수행에 필요하다고 관세청장이 인정하여 고시하는 인력·조직 및 시설을 갖출 것

② 대행기관으로 지정받으려는 자는 관세청장이 정하여 고시하는 지정신청서에 제1항 각 호의 요건을 증명하는 서류를 첨부하여 관세청장에게 제출해야 한다.

③ 관세청장은 제2항에 따라 지정신청서를 제출받은 경우에는 제1항에 따른 지정 요건을 갖추었는지 여부 및 대행기관으로서의 적절성 등을 종합적으로 검토하여 대행기관의 지정 여부를 결정해야 한다.

④ 관세청장은 대행기관이 다음 각 호의 어느 하나에 해당하는 경우에는 그 지정을 해제할 수 있다. 다만, 제1호에 해당하는 경우

에는 그 지정을 해제해야 한다.
1. 거짓이나 그 밖에 부정한 방법으로 지정을 받은 경우
2. 제1항에 따른 지정 요건을 갖추지 못하게 된 경우
3. 그 밖에 대행기관으로서의 업무를 수행하는 것이 현저히 부당하게 된 경우
⑤ 관세청장은 대행기관이 제4항제2호 또는 제3호에 해당하는 경우에는 6개월 이내의 기간을 정하여 위반사항을 시정하도록 할 수 있다.
⑥ 관세청장은 대행기관이 제5항에 따른 시정기간 내에 시정하지 않는 경우에는 제4항에 따라 그 지정을 해제해야 한다.
⑦ 제1항부터 제6항까지에서 규정한 사항 외에 대행기관의 지정 및 지정 해제에 필요한 사항은 관세청장이 정하여 고시한다.
[본조신설 2025. 2. 28.]
[종전 제276조의2는 제276조의3으로 이동 〈2025. 2. 28.〉]
제276조의3(관세무역데이터 제공시설 및 제공절차 등) ① 법 제322조제10항 각 호 외의 부분 전단에서 "대통령령으로 정하는 시설"이란 다음 각 호의 요건을 모든 갖춘 시설로서 관세청장이 정하는 시설(이하 "관세무역데이터센터"라고 한다)을 말한다.
1. 해당 시설 외부에서 내부통신망에 접근·침입하는 것을 방지하기 위한 정보보호시스템을 갖춘 시설일 것
2. 관세정책의 평가·연구 등에 활용하기 위하여 통계 작성에 사용된 기초자료와 관세청장이 생산·가공·분석한 데이터(이하 "관세무역데이터"라 한다)를 분석할 수 있는 설비 등을 갖춘 시설일 것
② 법 제322조제10항제5호에서 "「정부출연연구기관 등의 설립·운영 및 육성에 관한 법률」 제2조에 따른 정부출연연구기관의 장 등 대통령령으로 정하는 자"란 다음 각 호의 어느 하나에 해당하는 자를 말한다.
1. 「고등교육법」 제2조에 따른 학교의 장
2. 「공공기관의 운영에 관한 법률」 제4조에 따른 공공기관의 장
3. 「정부출연연구기관 등의 설립·운영 및 육성에 관한 법률」 제2조에 따른 정부출연연구기관의 장
4. 제3호에 준하는 민간 연구기관의 장
5. 관세정책의 평가 및 연구를 목적으로 관세무역데이터의 적정성

점검 등을 수행하는 기관의 장

③ 법 제322조제10항 각 호의 어느 하나에 해당하는 자는 같은 항에 따라 관세무역데이터를 직접 분석하기를 원하는 경우에는 다음 각 호의 사항을 포함한 관세무역데이터센터 이용 요청서를 관세청장에게 제출해야 한다.

1. 관세무역데이터의 이용 목적
2. 관세무역데이터의 명칭 및 내용
3. 관세무역데이터센터 이용 기간 및 이용자

④ 제3항에 따른 관세무역데이터센터 이용 요청서를 받은 관세청장은 그 요청서를 받은 날부터 30일 이내에 관세무역데이터센터의 이용 가능 여부 및 이용 기간을 통보해야 한다.

⑤ 관세청장은 다음 각 호의 어느 하나에 해당하는 경우에는 관세무역데이터의 제공을 거부할 수 있다. 이 경우 제4항에 따라 이용 가능 여부를 통보할 때에 거부 사유를 함께 통보해야 한다.

1. 관세무역데이터센터 이용 요청자가 요청한 자료를 보유하고 있지 않은 경우
2. 관세무역데이터의 이용 목적이 불분명하거나 이용 목적과 무관한 관세무역데이터의 제공을 요청하는 경우
3. 「공공기관의 정보공개에 관한 법률」 제9조 각 호에 해당하는 비공개정보의 제공을 요청하는 경우
4. 이미 공표된 통계를 요청하거나 공표된 통계로 이용 목적을 달성할 수 있는 경우
5. 관세무역데이터센터 이용 요청 전에 법 제322조제11항을 위반한 사실이 있는 경우

⑥ 제3항에 따른 관세무역데이터 이용 요청서의 서식 및 그 밖에 관세무역데이터센터 이용에 필요한 사항은 관세청장이 정하여 고시한다.

[본조신설 2023. 2. 28.]

[제276조의2에서 이동 〈2025. 2. 28.〉]

제277조(포상방법) ①법 제324조의 규정에 의한 포상은 관세청장이 정하는 바에 의하여 포상장 또는 포상금을 수여하거나 포상장과 포상금을 함께 수여할 수 있다.

②관세청장이 제1항의 규정에 의하여 도상금의 수여기준을 정하

는 경우 포상금의 수여대상자가 공무원인 때에는 공무원에게 수여하는 포상금총액을 그 공로에 의한 실제 국고수입액의 100분의 25 이내로 하여야 한다. 다만, 1인당 수여액을 100만원 이하로 하는 때에는 그러하지 아니하다. 〈개정 2001. 12. 31.〉

③제1항의 경우에 법 제324조제1항의 규정에 의한 공로자중 관세범을 세관, 그 밖의 수사기관에 통보한 자와 법 제324조제2항에 따라 체납자의 은닉재산을 신고한 자에 대하여는 관세청장이 정하는 바에 의하여 익명으로 포상할 수 있다. 〈개정 2007. 4. 5.〉

④법 제324조제2항에 따라 체납자의 은닉재산을 신고한 자에 대해서는 은닉재산의 신고를 통하여 징수된 금액(이하 이 조에서 "징수금액"이라 한다)에 다음의 지급률을 곱하여 계산한 금액을 포상금으로 지급할 수 있다. 다만, 10억원을 초과하는 부분은 지급하지 않는다. 〈신설 2007. 4. 5., 2013. 2. 15., 2014. 3. 5., 2022. 2. 15.〉

징수금액	지급률
2천만원 이상 5억원 이하	100분의 20
5억원 초과 20억원 이하	1억원 + 5억원 초과 금액의 100분의 15
20억원 초과 30억원 이하	3억2천5백만원 + 20억원 초과 금액의 100분의 10
30억원 초과	4억2천5백만원 + 30억원 초과 금액의 100분의 5

⑤법 제324조제2항 단서에서 "대통령령으로 정하는 금액"이란 2천만원을 말한다. 〈신설 2007. 4. 5., 2011. 4. 1.〉

⑥법 제324조제3항제3호에서 "대통령령으로 정하는 것"이란 체납자 본인의 명의로 등기된 국내소재 부동산을 말한다. 〈신설 2007. 4. 5., 2011. 4. 1.〉

⑦은닉재산을 신고한 자에 대한 포상금은 재산은닉 체납자의 체납액에 해당하는 금액을 징수한 후 지급한다. 〈신설 2007. 4. 5.〉

제278조(공로심사) ①관세청장 또는 세관장은 법 제324조의 규정에 의한 공로자의 공로사실을 조사하여 포상할 필요가 있다고 인정되는 자에 대하여 포상할 수 있다. 〈개정 2009. 2. 4.〉

②관세청장 또는 세관장은 포상을 받을 만한 공로가 있는 자에게

공정하게 포상의 기회를 부여하여야 한다.

③제1항에 따른 포상에 필요한 공로의 기준·조사방법과 그 밖에 필요한 사항은 관세청장이 정한다. 다만, 동일한 공로에 대하여 이중으로 포상할 수 없다. 〈개정 2009. 2. 4.〉

제279조 삭제 〈2009. 2. 4.〉

제280조 삭제 〈2009. 2. 4.〉

제281조 삭제 〈2009. 2. 4.〉

제282조 삭제 〈2009. 2. 4.〉

제282조의2(몰수농산물의 이관 등) ①세관장은 법 제326조제1항의 규정에 의하여 공매 그 밖의 방법으로 처분할 수 있는 몰수품 등이 농산물(이하 "몰수농산물"이라 한다)인 경우에는 관세청장이 정하는 바에 따라 농림축산식품부장관에게 이를 통보하여야 한다. 〈개정 2008. 2. 29., 2013. 3. 23.〉

②제1항의 규정에 의한 통보를 받은 농림축산식품부장관이 법 제326조제6항의 규정에 의하여 몰수농산물을 이관받고자 하는 경우에는 통보받은 날부터 20일 이내에 관세청장이 정하는 바에 따라 이관요청서를 세관장에게 제출하여야 한다. 〈개정 2008. 2. 29., 2013. 3. 23.〉

③세관장은 농림축산식품부장관이 제2항의 규정에 의한 기한내에 이관요청서를 제출하지 아니하는 경우에는 법 제326조제1항의 규정에 의하여 처분할 수 있다. 〈개정 2008. 2. 29., 2013. 3. 23.〉

④제2항의 규정에 의한 농림축산식품부장관의 요청에 따라 이관하는 몰수농산물에 대한 보관료 및 관리비는 관세청장이 정하는 바에 따라 농림축산식품부장관이 지급하여야 한다. 〈개정 2008. 2. 29., 2013. 3. 23.〉

[본조신설 2004. 3. 29.]

제283조(몰수품 등에 대한 보관료 등의 지급기준) 법 제326조제4항에서 "대통령령으로 정하는 금액"이란 통상적인 물품의 보관료 및 관리비를 고려하여 관세청장이 정하여 고시하는 금액을 말한다. 이 경우 해당 물품의 매각대금에서 보관료 및 관리비를 지급하는 경우에는 매각대금에서 매각비용을 공제한 금액을 초과하여 지급할 수 없다. 〈개정 2002. 12. 30., 2011. 4. 1., 2020. 12. 29.〉

제283조의2(사업에 관한 허가 등의 제한의 예외) ① 법 제326조의2

제1항 단서에서 “대통령령으로 정하는 사유”란 다음 각 호의 어느 하나에 해당하는 경우로서 세관장이 인정하는 사유를 말한다.
1. 공시송달의 방법으로 납부고지된 경우
2. 법 제10조에 따른 기한의 연장 사유에 해당하는 경우
3. 「국세징수법 시행령」 제101조제1항제2호 및 제4호에 해당하는 경우
4. 법 제19조제10항에 따라 양도담보재산으로써 발생한 납세의무(이하 이 호에서 “물적납세의무”라 한다)를 부담하는 양도담보권자가 그 물적납세의무와 관련된 관세·내국세등 및 강제징수비를 체납한 경우
5. 제1호부터 제4호까지의 규정에 준하는 사유가 있는 경우

② 법 제326조의2제2항 단서에서 “대통령령으로 정하는 사유”란 다음 각 호의 어느 하나에 해당하는 경우를 말한다.
1. 제1항 각 호의 어느 하나에 해당하는 경우로서 세관장이 인정하는 경우
2. 그 밖에 세관장이 납세자에게 납부가 곤란한 사정이 있다고 인정하는 경우

[본조신설 2023. 2. 28.]

제283조의3(체납한 횟수 및 체납된 금액의 합계액의 계산) ① 법 제326조의2제3항의 체납한 횟수는 납부고지서 1통을 1회로 보아 계산한다.

② 법 제326조의2제3항의 체납된 금액의 합계액은 다음 각 호의 금액을 합한 금액으로 한다.
1. 관세 및 내국세등
2. 관세 및 내국세등의 가산세
3. 관세 및 내국세등의 강제징수비

[본조신설 2023. 2. 28.]

제284조(매각 및 폐기의 공고) ①제14조에 규정된 경우를 제외하고 법의 규정에 의하여 물품을 일반경쟁입찰에 의하여 매각하고자 하는 때에는 다음 사항을 공고하여야 한다.
1. 당해 물품의 품명·규격 및 수량
2. 포장의 종류 및 개수
3. 매각의 일시 및 장소

4. 매각사유
5. 기타 필요한 사항

②법의 규정에 의하여 물품을 폐기하고자 하는 때에는 다음 각호의 사항을 공고하여야 한다.

1. 당해 물품의 품명 및 수량
2. 포장의 종류 · 기호 · 번호 및 개수
3. 폐기의 일시 및 장소
4. 폐기사유
5. 화주의 주소 및 성명
6. 기타 필요한 사항

③제1항 및 제2항의 규정에 의하여 공고하는 때에는 소관세관관서의 게시판에 게시하여야 한다. 다만, 세관장은 필요하다고 인정되는 때에는 다른 장소에 게시하거나 관보 또는 신문에 게재할 수 있다.

제285조(교부잔금의 공탁) 세관장은 법의 규정에 의하여 물품 또는 증권을 매각하거나 기타 방법으로 처분한 경우에 교부할 잔금을 교부할 수 없는 때에는 공탁할 수 있다.

제285조의2(전자송달) ①법 제327조제6항에 따라 전자송달을 받으려는 자는 관세청장이 정하는 바에 따라 전자송달에 필요한 설비를 갖추고 다음 각 호의 사항을 기재한 신청서를 관할 세관장에게 제출해야 한다. 〈개정 2009. 2. 4., 2021. 2. 17., 2024. 2. 29.〉

1. 성명 · 주민등록번호 등 인적사항
2. 주소 · 거소 또는 영업소의 소재지
3. 전자우편주소, 법 제327조제1항에 따른 국가관세종합정보시스템의 전자사서함 또는 같은 조 제3항에 따른 연계정보통신망의 전자고지함 등 전자송달을 받을 곳
4. 제3항의 규정에 의한 서류중 전자송달을 받고자 하는 서류의 종류
5. 그 밖의 필요한 사항으로서 관세청장이 정하는 것

②법 제327조제7항에서 "대통령령으로 정하는 사유"란 다음 각 호의 어느 하나에 해당하는 경우를 말한다. 〈개정 2009. 2. 4., 2011. 4. 1., 2021. 2. 17., 2024. 2. 29.〉

1. 정전, 프로그램의 오류 그 밖의 부득이한 사유로 인하여 금융

기관 또는 체신관서의 전산처리장치의 가동이 정지된 경우

2. 전자송달을 받으려는 자의 법 제327조제1항에 따른 국가관세종합정보시스템 또는 같은 조 제3항에 따른 연계정보통신망 이용권한이 정지된 경우

3. 그 밖의 전자송달이 불가능한 경우로서 관세청장이 정하는 경우

③법 제327조제8항에 따라 전자송달할 수 있는 서류는 납부서·납부고지서·환급통지서 및 그 밖에 관세청장이 정하는 서류로 한다. 〈개정 2009. 2. 4., 2021. 2. 17.〉

④관세청장은 제3항에 따른 서류 중 납부서·납부고지서·환급통지서 및 관세청장이 따로 정하는 서류를 전자송달하는 경우에는 법 제327조제1항에 따른 국가관세종합정보시스템의 전자사서함 또는 같은 조 제3항에 따른 연계정보통신망의 전자고지함에 저장하는 방식으로 이를 송달해야 한다. 〈개정 2021. 2. 17., 2024. 2. 29.〉

⑤관세청장이 제4항의 규정에 의한 서류외의 서류를 전자송달하는 경우에는 전자송달을 받고자 하는 자가 지정한 전자우편주소로 이를 송달하여야 한다.

[본조신설 2002. 12. 30.]

제285조의3 삭제 〈2024. 2. 29.〉

제285조의4(전자문서중계사업자의 지정기준) ①법 제327조의3제1항에 따른 전자문서중계사업자의 지정기준은 다음 각 호와 같다. 〈개정 2006. 5. 22., 2009. 2. 4., 2012. 2. 2.〉

1. 「상법」상 주식회사로서 납입자본금이 10억원 이상일 것

2. 정부, 「공공기관의 운영에 관한 법률」 제4조에 따른 공공기관 및 비영리법인을 제외한 동일인이 의결권있는 주식총수의 100분의 15를 초과하여 소유하거나 사실상 지배하지 아니할 것

3. 법 제327조의3제1항에 따른 전자문서중계사업을 영위하기 위한 설비와 기술인력을 보유할 것

②제1항제2호에서 동일인이 소유하거나 사실상 지배하는 주식의 범위는 기획재정부령으로 정한다. 〈개정 2008. 2. 29.〉

③제1항제3호의 규정에 의한 지정기준의 세부적인 사항은 기획재정부령으로 정한다. 〈개정 2008. 2. 29.〉

[본조신설 2002. 12. 30.]

[제285조의3에서 이동, 종전 제285조의4는 제285조의5로 이동 〈2009. 2. 4.〉]

제285조의5(전자문서중계사업자의 지정절차) ①법 제327조의3제1항에 따른 전자문서중계사업자의 지정을 받고자 하는 자는 관세청장이 정하는 서류를 갖추어 관세청장에게 신청하여야 한다. 지정을 받은 전자문서중계사업자가 지정받은 사항을 변경하고자 할 때에도 또한 같다. 〈개정 2009. 2. 4.〉

②관세청장은 법 제327조의3제1항에 따라 지정을 한 때에는 당해 신청인에게 지정증을 교부하고, 그 사실을 관계행정기관의 장 및 관세업무 관련기관의 장에게 통지하여야 한다. 〈개정 2009. 2. 4.〉

[본조신설 2002. 12. 30.]

[제285조의4에서 이동, 종전 제285조의5는 제285조의6으로 이동 〈2009. 2. 4.〉]

제285조의6(전자문서중계사업자에 대한 과징금의 부과기준 등) ① 법 제327조의3제4항에 따라 부과하는 과징금의 금액은 제1호의 기간에 제2호의 금액을 곱하여 산정한다. 이 경우 산정한 금액이 1억원을 넘을 때에는 1억원으로 한다. 〈개정 2010. 3. 26., 2024. 2. 29.〉

1. 기간: 법 제327조의3제3항에 따라 산정된 업무정지 일수(1개월은 30일을 기준으로 한다)

2. 1일당 과징금 금액: 30만원

②관세청장은 전자문서중계사업자의 사업규모·위반행위의 정도 및 횟수 등을 참작하여 제1항의 규정에 의한 과징금의 금액의 4분의 1의 범위안에서 이를 가중 또는 경감할 수 있다. 이 경우 가중하는 때에도 과징금의 총액이 1억원을 초과할 수 없다. 〈개정 2010. 3. 26., 2024. 2. 29.〉

[본조신설 2002. 12. 30.]

[제목개정 2024. 2. 29.]

[제285조의5에서 이동 〈2009. 2. 4.〉]

제285조의7(과징금의 납부) ①관세청장은 법 제327조의3제4항에 따라 위반행위를 한 자에게 과징금을 부과하고자 할 때에는 그 위반행위의 종별과 해당 과징금의 금액을 명시하여 이를 납부할 것을 서면 또는 전자문서로 통지하여야 한다. 〈개정 2009. 2. 4., 2024. 2. 29.〉

②제1항에 따라 통지를 받은 자는 납부통지일부터 20일 이내에 과징금을 관세청장이 지정하는 수납기관에 납부해야 한다. 〈개정 2023. 12. 12.〉

③제2항의 규정에 의하여 과징금의 납부를 받은 수납기관은 영수증을 납부자에게 서면으로 교부하거나 전자문서로 송부하여야 한다.

④과징금의 수납기관은 제2항의 규정에 의하여 과징금을 수납한 때에는 그 사실을 관세청장에게 서면 또는 전자문서로 지체없이 통지하여야 한다.

⑤ 삭제 〈2021. 9. 24.〉

[본조신설 2002. 12. 30.]

[제285조의6에서 이동 〈2009. 2. 4.〉]

제286조(「국가를 당사자로 하는 계약에 관한 법률」의 적용) 법의 규정에 의한 물품 또는 증권의 매각에 관하여 이 영에 규정되지 아니한 사항은 「국가를 당사자로 하는 계약에 관한 법률」의 규정에 의한다. 〈개정 2006. 5. 22.〉

제287조(서식의 제정) 법 또는 이 영에 따른 신청서 및 그 밖의 서식으로서 기획재정부령으로 정하는 것을 제외하고는 관세청장이 정하여 고시한다.

[전문개정 2016. 2. 5.]

제288조(권한 또는 업무의 위임·위탁) ① 기획재정부장관은 법 제329조제1항에 따라 다음 각 호의 사항에 관한 조사 권한을 관세청장에게 위임한다. 〈신설 2022. 2. 15.〉

1. 제70조제11항 각 호의 사항
2. 제84조제11항 각 호의 사항

② 관세청장은 법 제329조제2항에 따라 법 제324조에 따른 포상에 관한 권한 중 관세청장이 정하여 고시하는 권한을 세관장에게 위임한다. 〈개정 2022. 2. 15.〉

③관세청장은 법 제329조제2항에 따라 다음 각 호의 권한을 관세평가분류원장에게 위임한다. 〈개정 2006. 5. 22., 2008. 2. 22., 2009. 2. 4., 2011. 4. 1., 2015. 2. 6., 2022. 2. 15.〉

1. 법 제18조에 따른 과세환율의 결정
2. 법 제30조에 따라 가산 또는 공제하는 금액의 결정
3. 법 제33조제1항제1호 및 제2호에 따른 금액의 결정

4. 법 제37조에 따른 과세가격 결정방법의 사전심사
5. 법 제86조에 따른 품목분류사전심사
6. 제246조제6항에 따른 환율의 결정

④ 관세청장은 법 제329조제2항에 따라 법 제255조의2제2항 및 제3항에 따른 수출입안전관리우수업체의 심사 및 예비심사에 관한 권한을 세관장 또는 관세평가분류원장에게 위임한다. 〈개정 2009. 2. 4., 2022. 2. 15.〉

⑤세관장은 법 제329조제4항에 따라 법 제209조제1항에 따른 통고(자가용보세구역에서의 통고를 제외한다) 업무를 보세구역의 운영인 또는 화물관리인에게 위탁한다. 〈개정 2006. 5. 22., 2022. 2. 15., 2025. 2. 28.〉

⑥세관장은 법 제329조제4항에 따라 법 제215조에 따른 보세운송의 도착보고의 수리에 관한 업무를 보세구역의 운영인 또는 화물관리인에게 위탁한다. 〈개정 2006. 5. 22. 2022. 2. 15., 2025. 2. 28.〉

⑦ 세관장은 법 제329조제4항에 따라 법 제165조제3항에 따른 보세사의 등록과 법 제222조제1항제1호 및 제2호에 따른 보세운송업자 및 화물운송주선업자에 대한 다음 각 호의 업무를 「민법」 제32조에 따라 설립된 사단법인 중 관세청장이 지정하여 고시하는 법인의 장에게 위탁한다. 〈개정 2025. 2. 28.〉

1. 법 제222조제1항에 따른 등록에 관한 업무
2. 법 제222조제3항에 따른 영업에 관한 보고의 수리 및 서류제출의 접수에 관한 업무
3. 법 제222조제5항에 따른 등록 유효기간의 갱신 및 연장에 관한 업무

⑧ 관세청장은 법 제329조제5항제1호에 따라 법 제165조제1항에 따른 보세사 시험 업무를 「민법」 제32조에 따라 설립된 사단법인 중 관세청장이 지정하여 고시하는 법인의 장에게 위탁한다. 〈신설 2025. 2. 28.〉

⑨ 관세청장 또는 세관장은 법 제329조제5항제2호에 따라 법 제173조제3항 단서에 따른 물품 검사비용 지원업무의 일부(신청서 접수, 지원요건 및 금액에 관한 심사에 한정한다)를 세관 검사비용 지급 업무에 전문성이 있다고 인정되어 관세청장이 지정·고시하는 법

인 또는 단체에 위탁할 수 있다. 〈신설 2020. 2. 11., 2022. 2. 15., 2025. 2. 28.〉

⑩ 관세청장은 법 제329조제5항제3호에 따라 법 제235조제2항에 따른 지식재산권등의 신고에 관한 업무(신고서의 접수 및 보완요구만 해당한다)를 「민법」 제32조에 따라 설립된 사단법인 중 지식재산권등 보호업무에 전문성이 있다고 인정되어 관세청장이 지정·고시하는 법인에 위탁한다. 〈신설 2010. 3. 26., 2011. 4. 1., 2022. 2. 15., 2025. 2. 28.〉

⑪ 관세청장은 법 제329조제5항제4호에 따라 법 제255조의2제2항에 따른 수출입안전관리우수업체 공인 심사 지원 및 같은 조 제3항에 따른 예비심사 지원 업무를 「민법」 제32조에 따라 설립된 사단법인 중 수출입 안전관리 심사 업무에 전문성이 있다고 인정되어 관세청장이 지정·고시하는 법인에 위탁할 수 있다. 〈신설 2022. 2. 15., 2025. 2. 28.〉

⑫ 관세청장 또는 세관장은 법 제329조제5항제5호에 따라 제155조제1항에 따른 국제항(보세구역을 포함한다)으로부터 나오는 사람의 휴대품 및 운송수단에 대한 검사 업무를 관세청장이 정하는 기준에 따라 검사 업무에 전문성이 있다고 인정되어 관세청장이 지정·고시하는 법인 또는 단체에 위탁할 수 있다. 〈신설 2018. 2. 13., 2021. 2. 17., 2022. 2. 15., 2025. 2. 28.〉

⑬ 관세청장 또는 세관장이 제9항, 제11항 및 제12항에 따라 업무를 위탁하는 경우에는 위탁받은 법인 또는 단체와 위탁 업무의 내용을 고시해야 한다. 〈신설 2022. 2. 15., 2025. 2. 28.〉

⑭제5항부터 제12항까지의 규정에 따라 업무의 위탁을 받은 자에 대한 지휘·감독에 관한 사항은 관세청장이 정한다. 〈개정 2010. 3. 26., 2018. 2. 13., 2020. 2. 11., 2022. 2. 15., 2025. 2. 28.〉

[제목개정 2022. 2. 15.]

제289조(민감정보 및 고유식별정보의 처리) ①관세청장, 세관장 또는 세관공무원은 법 및 이 영에 따른 관세의 부과·징수 및 수출입물품의 통관에 관한 사무를 처리하기 위하여 불가피한 경우 「개인정보 보호법 시행령」 제18조제2호에 따른 범죄경력자료에 해당하는 정보나 같은 영 제19조제1호, 제2호 또는 제4호에 따른 주민등록번호, 여권번호 또는 외국인등록번호가 포함된 자료를 처리할 수 있

다. 〈개정 2014. 3. 5.〉

② 과세자료제출기관의 장은 법 제264조의4 및 제264조의5에 따라 과세자료를 제출하기 위하여 불가피한 경우 「개인정보 보호법 시행령」 제19조제1호, 제2호 또는 제4호에 따른 주민등록번호, 여권번호 또는 외국인등록번호가 포함된 자료를 처리할 수 있다. 〈신설 2014. 3. 5.〉

[본조신설 2012. 1. 6.]

제290조(규제의 재검토) 기획재정부장관은 보세판매장의 설치·운영에 관한 특허와 관련하여 「독점규제 및 공정거래에 관한 법률」 제31조제1항에 따른 상호출자제한기업집단에 속한 기업과 특허보세구역 특례 적용 대상 중소기업 및 특허보세구역 특례 적용 대상 중견기업에 적용할 특허 비율을 정한 제192조의2제1항 및 제2항에 대하여 2013년 10월 31일을 기준으로 하여 3년마다 그 타당성을 검토하여 강화·완화 또는 유지 등의 조치를 하여야 한다. 〈개정 2014. 3. 5., 2021. 12. 28., 2025. 2. 28.〉

[본조신설 2013. 11. 5.]

부칙 〈제17048호, 2000. 12. 29.〉

제1조 (시행일) 이 영은 2001년 1월 1일부터 시행한다.

제2조 (다른 법령의 폐지) 개항지정령을 폐지한다.

제3조 (신고서류의 보관기간에 관한 적용례) 제3조의 개정규정은 이 영 시행후 최초로 신고하는 서류부터 적용한다.

제4조 (재심사기간에 관한 적용례) 제70조제2항 및 제84조제2항의 개정규정은 이 법 시행후 최초로 재심사요청이 있은 분부터 적용한다.

제5조 (일반적 경과조치) 이 영 시행당시 종전의 규정에 의한 처분·절차 기타의 행위는 이 영의 규정에 저촉되지 아니하는 한 이 영의 규정에 의하여 행하여진 것으로 본다.

제6조 (종전의 개항에 대한 경과조치) 종전의 개항지정령에 의하여 지정된 개항은 제155조의 개정규정에 의하여 지정된 개항으로 본다.

제7조 (다른 법령의 개정) ①과세자료의제출및관리에관한법률시행령중 다음과 같이 개정한다.

별표 제21호중 "관세법 제137조제1항"을 "관세법 제241조제1항"으로 한다.

②관세법제12조의2의규정에의한조정관세의적용에관한규정중 다음과 같이 개정한다.

제명을 관세법제69조의규정에의한조정관세의적용에관한규정으로 한다.

본문중 "관세법 제12조의2"를 각각 "관세법 제69조"로 한다.

③국가채권관리법시행령중 다음과 같이 개정한다.

제2조제1호중 "관세법 제227조"를 "관세법 제311조"로 한다.

④국제도로면세통과증서의담보하에행하는화물의국제운송에관한관세협약및콘테이너에관한관세협약의시행에관한규정중 다음과 같이 개정한다.

제3조제3항중 "관세법시행령 제110조"를 "관세법시행령 제226조"로, "관세법 제128조제2항"을 "관세법 제213조제2항"으로 한다.

⑤국제물류기지육성을위한관세자유지역의지정및운영에관한법률시행령중 다음과 같이 개정한다.

제12조제2항제1호중 "관세법 제141조의2"를 "관세법 제248조"로 하고, 동항제2호중 "관세법 제142조 · 동법 제142조의2 또는 동법 제142조의3"을 "관세법 제250조 및 제251조"로 한다.

제19조 본문중 "관세법 제4조 및 동법 제5조"를 "관세법 제16조 및 동법 제17조"로 한다.

별표 제5호중 "관세법 제66조"를 "관세법 제155조"로 하고, 동표 제6호중 "관세법 제139조제3항 또는 동법 제141조의3"을 "관세법 제245조제3항 또는 동법 제249조"로 하며, 동표 제13호중 "관세법 제128조제2항 또는 동법 제133조제2항"을 "관세법 제213조제2항 또는 동법 제219조제2항"으로 하고, 동표 제14호중 "관세법 제128조의2제1항, 동법 제129조제2항 또는 동법 제130조"를 "관세법 제214조 내지 제216조"로 한다.

⑥기업활동규제완화에관한특별조치법시행령중 다음과 같이 개정한다.

제10조의2제8호를 다음과 같이 한다.

8. 관세법 제183조의 규정에 의한 보세창고

⑦대외무역법시행령중 다음과 같이 개정한다.

제31조제1항제1호 및 제2호중 "관세법 제137조"를 각각 "관세법 제241조"로 한다.

제56조제1항 본문중 "관세법시행령 제53조의5"를 "관세법시행령 제98조"로 한다.

⑧무역위원회직제중 다음과 같이 개정한다.

제5조제1항중 "관세법 제10조 · 제13조"를 "관세법 제51조 및 제57조"로 한다.

⑨문화재보호법시행령중 다음과 같이 개정한다.

제39조제1항제5호를 다음과 같이 한다.

5. 관세법 제295조의 규정에 의한 세관공무원

⑩생명공학육성법시행령중 다음과 같이 개정한다.

제23조제3항 전단중 "관세법 제143조"를 "관세법 제252조"로 한다.

⑪석유사업법시행령중 다음과 같이 개정한다.

제25조제1항제1호중 "관세법 제141조의2"를 "관세법 제248조"로 한다.

⑫세계무역기구협정등에의한양허관세규정중 다음과 같이 개정한다.

제1조중 "관세법 제43조의8 및 제43조의9"를 "관세법 제73조 및 제78조"로 한다.

제6조중 "관세법 제7조제3항 단서"를 "관세법 제50조제3항 단서"로 한다.

⑬소방법시행령중 다음과 같이 개정한다.

제16조제7호 단서중 "관세법 제65조"를 "관세법 제154조"로 한다.

⑭소음 · 진동규제법시행령중 다음과 같이 개정한다.

제6조의2제2항제8호 다목중 "관세법 제242조의3"을 "관세법 제326조"로 한다.

⑮수출용원재료에대한관세등환급에관한특례법시행령중 다음과 같이 개정한다.

제4조제1항제3호 및 제7조제1항제2호중 "관세법 제179조 내지 제188조"를 각각 "관세법 제269조 내지 제276조"로 한다.

제9조제2항제1호중 "관세법 제141조의2"를 "관세법 제248조"로 하고, 동항제2호중 "관세법 제143조"를 "관세법 제252조"로 하며, 동항제3호중 "관세법 제143조의2"를 "관세법 제253조"르 한다.

제25조제3항중 "관세법 제16조의2"를 "관세법 제13조"로 한다.

⑯자유무역지역의지정등에관한법률시행령중 다음과 같이 개정한다.

제15조중 "관세법 제128조제1항 각호"를 "관세법 제213조제1항

각호"로, "관세법 제128조"를 "관세법 제213조"로 한다.

제19조 본문중 "관세법 제4조 및 제5조"를 "관세법 제16조 및 제17조"로 한다.

⑰최빈개발도상국에대한특혜관세공여규정중 다음과 같이 개정한다.

제1조중 "관세법 제43조의17제3항"을 "관세법 제76조제3항"으로 한다.

제5조제5항중 "관세법시행령 제53조의4"를 "관세법시행령 제236조"로 한다.

⑱특정국가와의관세협상에따른국제협력관세의적용에관한규정중 다음과 같이 개정한다.

본문중 "관세법 제43조의8"을 "관세법 제73조"로 한다.

⑲폐기물의국가간이동및그처리에관한법률시행령중 다음과 같이 개정한다.

제12조제2항중 "관세법 제65조"를 "관세법 제154조"로 한다.

⑳행정권한의위임및위탁에관한규정중 다음과 같이 개정한다.

제29조제1항제5호중 "관세법 제28조의6제1항제7호"를 "관세법 제93조제1호"로 한다.

제34조제5항제3호중 "관세법 제28조의6제1항제2호"를 "관세법 제91조제2호"로 한다.

제36조제5호중 "관세법 제28조의7제1항제1호 및 제2호"를 "관세법 제95조제1항제1호 및 제2호"로 하고, 동조제6호중 "관세법 제30조제20호 및 제21호"를 "관세법 제92조제6호 및 제7호"로 한다.

제37조제3호중 "관세법 제28조의7제1항제3호"를 "관세법 제95조제1항제3호"로 한다.

제38조제4항제1호중 "관세법 제28조의6제1항제12호"를 "관세법 제93조제3호"로 하고, 동항제2호중 "관세법 제37조 및 동법시행령 제46조의4"를 "관세법 제108조 및 동법시행령 제139조"로 한다.

제42조제1항중 "관세법 제58조의2제1항"을 "관세법 제222조제1항"으로 한다.

제46조제2항중 "관세법 제28조의6제1항제7호"를 "관세법 제93조제1호"로 한다.

제49조제1항중 "관세법 제16조 및 동법시행령 제4조의16"을 "관

세법 제71조 및 동법시행령 제113조"로 한다.
제8조 (다른 법령과의 관계) 이 영 시행당시 다른 법령에서 종전의 관세법시행령 및 그 규정을 인용하고 있는 경우 이 영중 그에 해당하는 규정이 있는 때에는 종전의 규정에 갈음하여 이 영 또는 이 영의 해당 규정을 인용한 것으로 본다.

부칙 〈제17157호, 2001. 3. 27.〉
이 영은 2001년 3월 29일부터 시행한다.

부칙 〈제17166호, 2001. 3. 27.〉 (관세청과그소속기관직제)
제1조 (시행일) 이 영은 2001년 3월 29일부터 시행한다.
제2조 (다른 법령의 개정) ①관세법시행령중 다음과 같이 개정한다.
제105조제2항제3호 및 제144조제1항중 "김포세관"을 각각 "인천공항세관"으로 한다.
②생략

부칙 〈제17320호, 2001. 7. 30.〉
이 영은 2001년 8월 1일부터 시행한다.

부칙 〈제17425호, 2001. 12. 15.〉
이 영은 공포한 날부터 시행한다.

부칙 〈제17467호, 2001. 12. 31.〉
제1조 (시행일) 이 영은 2002년 1월 1일부터 시행한다.
제2조 (적용례) ①제3조제1항의 개정규정은 이 영 시행후 최초로 수출입신고를 하는 분부터 적용한다.
②제6조제4호의 개정규정은 이 영 시행후 최초로 과다환급 등을 징수하는 분부터 적용한다.
③제37조제1항의 개정규정은 이 영 시행후 최초로 징수하는 분부터 적용한다.
④제56조제2항의 개정규정은 이 영 시행후 최초로 환급·충당 또는 징수하는 분부터 적용한다.
⑤제145조제5항 및 제6항의 개정규정은 이 영 시행후 최초로 불

복청구를 하는 분부터 적용한다.

⑥제188조제2항의 개정규정은 이 영 시행후 최초로 보세공장의 설치·운영에 관한 특허를 신청하는 분부터 적용한다.

⑦제191조제1항의 개정규정은 이 영 시행후 최초로 특허보세구역의 수용능력의 증감이나 특허작업의 능력을 변경하는 공사를 하는 분부터 적용한다.

⑧제252조제1호의 개정규정은 이 영 시행 후 최초로 수입신고하는 분부터 적용한다.

⑨제277조제2항의 개정규정은 이 영 시행 후 최초로 지급하는 포상금부터 적용한다.

제3조 (다른 법령과의 관계) 다른 법령에서 종전의 규정을 인용하고 있는 경우에는 이 영중 그에 해당하는 규정이 있는 때에는 이 영의 해당규정을 인용한 것으로 본다.

부칙 〈제17602호, 2002. 5. 13.〉

이 영은 공포한 날부터 시행한다.

부칙 〈제17833호, 2002. 12. 30.〉

①(시행일) 이 영은 2003년 1월 1일부터 시행한다.

②(관세징수권 소멸시효의 기산일에 관한 적용례) 제7조제1항제2호의 개정규정은 이 영 시행후 최초로 수정신고하는 분부터 적용한다.

부칙 〈제18039호, 2003. 6. 30.〉 (산업집적활성화및공장설립에관한법률시행령)

제1조 (시행일) 이 영은 2003년 7월 1일부터 시행한다.

제2조 내지 제4조 생략

제5조 (다른 법령의 개정) ①내지 ⑤생략

⑥관세법시행령중 다음과 같이 개정한다.

제214조제1항제3호중 "공업배치및공장설립에관한법률"을 "산업집적활성화및공장설립에관한법률"로 한다.

⑦내지 ㊸생략

제6조 생략

부칙 〈제18074호, 2003. 7. 30.〉

이 영은 공포한 날부터 시행한다.

부칙 〈제18086호, 2003. 8. 21.〉

①(시행일) 이 영은 공포한 날부터 시행한다.

②(가산세에 관한 적용례) 제39조제1항제1호의 개정규정은 이 영 시행후 수정신고를 하는 분부터 적용한다.

부칙 〈제18136호, 2003. 11. 20.〉

제288조 제2항을 다음과 같이 한다.

②법 제329조제1항의 규정에 의하여 법 제18조의 규정에 의한 과세환율의 결정, 법 제30조의 규정에 의하여 가산 또는 공제하는 금액의 결정, 법 제33조제1항제1호 및 제2호의 금액의 결정, 법 제37조의 규정에 의한 과세가격의 사전심사(관세청장이 심사하는 경우에 한한다) 및 법 제86조의 규정에 의한 품목분류 사전심사의 업무를 관세평가분류원장에게 위임한다. 다만, 품목분류 사전심사의 업무중 물리적·화학적 분석을 요하는 물품의 품목분류 사전심사의 업무는 관세중앙분석소장에게 위임한다.

부칙 〈제18333호, 2004. 3. 29.〉

제18조 제8호를 삭제한다.

제20조의2 제9호중 "수출입물품(관세율표 제82류 내지 제97류에 한한다)"을 "수출입물품"으로 한다.

부칙 〈제18493호, 2004. 7. 29.〉 (공공기관의정보공개에관한법률시행령)

제1조 (시행일) 이 영은 2004년 7월 30일부터 시행한다. 〈단서 생략〉

제2조 및 제3조 생략

제4조 (다른 법령의 개정) ①생략

②관세법시행령중 다음과 같이 개정한다.

제276조제3항중 "공공기관의정보공개에관한법률 제7조 각호"를 "공공기관의정보공개에관한법률 제9조제1항 각호"로 한다.

③내지 ⑤생략

부칙 〈제18530호, 2004. 8. 30.〉

①(시행일) 이 영은 공포한 날부터 시행한다.

②(가산세에 관한 적용례) 제39조제1항제2호의 개정규정은 2004년 9월 1일 이후 납세고지하는 분부터 적용한다.

부칙 〈제18624호, 2004. 12. 30.〉 (항만법시행령)

제1조 (시행일) 이 영은 공포한 날부터 시행한다.

제2조 (다른 법령의 개정) ①생략

②관세법시행령중 다음과 같이 개정한다.

별표 3의 항구란을 다음과 같이 한다.

항구	인천항, 부산항, 마산항, 여수항, 목포항, 군산항, 제주항, 묵호항, 울산항, 통영항, 삼천포항, 장승포항, 포항항, 장항항, 옥포항, 광양항, 동해항, 평택·당진항, 대산항, 삼척항, 진해항, 완도항, 속초항

부칙 〈제18903호, 2005. 6. 30.〉 (디자인보호법 시행령)

제1조 (시행일) 이 영은 2005년 7월 1일부터 시행한다.

제2조 (다른 법령의 개정) ①및 ②생략

③관세법시행령 일부를 다음과 같이 개정한다.

제18조제4호중 "의장"을 "디자인"으로 한다.

제19조제2항중 "의장권"을 "디자인권"으로 하고, 동조제3항제2호중 "의장권"을 각각 "디자인권"으로, "의장"을 "디자인"으로 한다.

제28조중 "의장"을 "디자인"으로 한다.

④내지 ⑳생략

부칙 〈제19478호, 2006. 5. 22.〉

①(시행일) 이 영은 공포한 날부터 시행한다. 다만, 제141조의2 및 제141조의3의 개정규정은 2007년 1월 1일부터 시행한다.

②(징수최저금액에 관한 적용례) 제37조제1항의 개정규정은 이 영 시행후 최초로 징수하는 분부터 적용한다.

③(제141조의2제1항제2호의 개정규정 중 「채무자 회생 및 파산에 관한 법률」에 따른 회생계획인가의 결정에 관한 경과조치) 종전의

「회사정리법」에 따른 정리계획인가의 결정은 제141조의2제1항제2호의 개정규정에 따른 「채무자 회생 및 파산에 관한 법률」에 따른 회생계획인가의 결정으로 본다.

④(다른 법령의 개정) 관세청과 그 소속기관 직제 일부를 다음과 같이 개정한다.

제18조에 제8호를 다음과 같이 신설한다.

8. 수출입물품(관세법 별표 관세율표의 제1류 내지 제81류에 한한다)의 품목분류 사전심사 및 민원회신에 관한 사항

제20조의2제8호 및 제9호를 각각 다음과 같이 한다.

8. 과세환율 산정에 관한 사항 및 수출신고가격의 산정을 위한 환율의 결정에 관한 사항

9. 수출입물품(관세법 별표 관세율표의 제82류 내지 제97류에 한한다)의 품목분류 사전심사 및 민원회신에 관한 사항

부칙 〈제19507호, 2006. 6. 12.〉 (행정정보의 공동이용 및 문서감축을 위한 국가채권관리법 시행령 등 일부개정령)

이 영은 공포한 날부터 시행한다.

부칙 〈제19513호, 2006. 6. 12.〉 (고위공무원단 인사규정)

제1조 (시행일) 이 영은 2006년 7월 1일부터 시행한다.

제2조 및 제3조 생략

제4조 (다른 법령의 개정) ①내지 ㉗생략

㉘관세법시행령 일부를 다음과 같이 개정한다.

제4조제3항 각호외의 부분중 "재정경제부소속 1급공무원"을 "재정경제부의 고위공무원단에 속하는 일반직공무원"으로 하고, 동항제1호중 "관세청소속의 2급 또는 3급 일반직국가공무원"을 "관세청의 3급 국가공무원 또는 고위공무원단에 속하는 일반직공무원"으로 한다.

제100조제2항 각호외의 부분중 "3급 이상 공무원"을 "3급 공무원 또는 고위공무원단에 속하는 일반직공무원"으로 한다.

제141조의3제1항제1호 부분중 "관세청 소속 2급 또는 3급 공무원"을 "관세청의 고위공무원단에 속하는 일반직공무원"으로 한다.

제144조제2항제1호중 "소속 2급 또는 3급 공무원"을 "관세청의

3급 공무원 또는 고위공무원단에 속하는 일반직공무원"으로 한다.

제147조제1항제1호중 "관세청소속 3급 이상의 공무원"을 "관세청의 3급 공무원 또는 고위공무원단에 속하는 일반직공무원"으로 한다.

제236조의4제3항 각호외의 부분중 "3급 이상의 국장급 공무원"을 "고위공무원단에 속하는 공무원"으로 하고, 동조제7항중 "관세청소속 5급 이상 공무원"을 "관세청의 5급 이상 공무원 또는 고위공무원단에 속하는 일반직공무원"으로 한다.

제273조의2제3항제1호를 다음과 같이 하고, 동항제2호중 "3급 이상 공무원"을 "3급 공무원 또는 고위공무원단에 속하는 일반직공무원"으로 한다.

1. 관세청의 3급 공무원 또는 고위공무원단에 속하는 일반직공무원

제280조제1항제1호중 "관세청소속 3급 이상의 공무원"을 "관세청의 3급 공무원 또는 고위공무원단에 속하는 일반직공무원"으로 한다.

㉙내지 〈241〉생략

부칙 〈제19563호, 2006. 6. 29.〉 (제주특별자치도 설치 및 국제자유도시 조성을 위한 특별법 시행령)

제1조 (시행일) 이 영은 2006년 7월 1일부터 시행한다.

제2조 내지 제6조 생략

제7조 (다른 법령의 개정) ①내지 ⑤생략

⑥관세법시행령 일부를 다음과 같이 개정한다.

제267조중 "경찰관서"를 "국가경찰관서"로 한다.

⑦내지 ㉜생략

제8조 생략

부칙 〈제19993호, 2007. 4. 5.〉

①(시행일) 이 영은 공포한 날부터 시행한다. 다만, 제100조제1항, 제101조제2항 및 제3항, 제144조제2항 · 제3항 · 제5항 · 제6항 및 제7항, 제147조제1항, 제148조제2항 및 제3항, 제153조의2제1항 및 제2항, 제154조 및 제282조의 개정규정은 2007년 7월 1일

부터 시행한다.

②(담보의 해제신청에 관한 적용례) 제13조 단서의 개정규정은 이 영 시행 전에 담보의 해제를 신청한 것에 대하여도 적용한다.

③(잠정가격의 신고에 관한 적용례) 제16조제4항 후단의 개정규정은 이 영 시행 전에 종전의 제16조제3항에 따른 확정가격의 신고기간이 만료되지 아니하거나 제16조제4항 본문에 따라 연장된 확정가격의 신고기간이 만료되지 아니한 것에 대하여도 적용한다.

④(담보제공의 신고에 관한 적용례) 제131조제2항의 개정규정은 이 영 시행 후 최초로 수입신고하는 분부터 적용한다.

⑤(담보제공에 관한 적용례) 제252조제5호의 개정규정은 이 영 시행 후 최초로 수입신고하는 이사물품부터 적용한다.

부칙 〈제20438호, 2007. 12. 13.〉

이 영은 공포한 날부터 시행한다.

부칙 〈제20516호, 2007. 12. 31.〉 (개별소비세법 시행령)

제1조 (시행일) 이 영은 2008년 1월 1일부터 시행한다.

제2조 부터 제5조까지 생략

제6조 (다른 법령의 개정) ① 관세법 시행령 일부를 다음과 같이 개정한다.

제216조의6제2항 전단 중 "「외국인관광객 등에 대한 부가가치세 및 특별소비세 특례규정」"을 "「외국인관광객 등에 대한 부가가치세 및 개별소비세 특례규정」"으로 하고, 별표 2 제1호의 품명란의 각 목 외의 부분 및 같은 표 제3호의 품명란의 각 목 외의 부분 중 "특별소비세"를 각각 "개별소비세"로 한다.

② 부터 ⑯ 까지 생략

제7조 생략

부칙 〈제20624호, 2008. 2. 22.〉

제1조 (시행일) 이 영은 공포한 날부터 시행한다.

제2조 (덤핑 및 실질적 피해등의 조사개시 여부 결정에 관한 적용례) 제60조제2항의 개정규정은 이 영 시행 후 최초로 덤핑방지관세의 부과를 요청한 물품부터 적용한다.

제3조 (재심사 결과에 따른 조치에 관한 적용례) 제70조제8항 및 제11항의 개정규정은 이 영 시행 후 최초로 법 제56조제1항의 재심사 결과에 따라 새로운 덤핑방지관세를 부과하거나 가격수정·수출중지 등의 약속을 시행하는 분부터 적용한다.
제4조 (보세공장외 작업허가신청에 관한 경과조치) 이 영 시행 전에 제203조제1항에 따른 보세공장외 작업허가를 받고, 종전의 법(법률 제8833호 관세법 일부개정법률로 개정되기 전의 것을 말한다) 제189조 후단에 따른 세관공무원의 검사를 받은 물품은 제203조제3항의 개정규정에도 불구하고 종전의 규정에 따른다.

부칙 〈제20720호, 2008. 2. 29.〉 (기획재정부와 그 소속기관 직제)

제1조(시행일) 이 영은 공포한 날부터 시행한다. 다만, 부칙 제8조에 따라 개정되는 대통령령 중 이 영의 시행 전에 공포되었으나 시행일이 도래하지 아니한 대통령령을 개정한 부분은 각각 해당 대통령령의 시행일부터 시행한다.
제2조 부터 제7조까지 생략
제8조(다른 법령의 개정) ① 부터 ⑦ 까지 생략
⑧ 관세법 시행령 일부를 다음과 같이 개정한다.
제4조제1항제1호·제2호, 제4조제3항 각 호 외의 부분, 제4조제3항제1호·제2호, 제51조제3항, 제57조제1항, 같은 조 제2항 각 호 외의 부분, 같은 조 제3항, 제59조제1항, 제59조제4항 각 호 외의 부분 후단, 같은 항 제1호아목, 제60조제1항 각 호 외의 부분, 제61조제2항, 같은 조 제3항 본문, 같은 조 제5항, 같은 조 제7항 본문, 같은 조 제8항 본문, 같은 조 제9항 각 호 외의 부분, 제62조제1항 후단, 같은 조 제2항·제3항, 제64조제1항 본문, 같은 조 제2항, 같은 조 제3항 전단, 같은 조 제4항·제5항·제6항, 같은 조 제7항 전단, 같은 조 제8항, 제66조제3항, 제68조제1항 후단, 같은 조 제2항 본문, 같은 조 제3항부터 제6항까지, 제69조제1항제4호, 제70조제1항 각 호 외의 부분, 같은 조 제2항 후단, 같은 조 제3항, 같은 조 제4항 전단, 같은 조 제5항 본문, 같은 조 제6항 본문, 같은 조 제8항·제9항·제10항·제11항, 제71조제1항 각 호 외의 부분, 같은 조 제2항 각 호 외의 부분, 같은 항 제8호, 같은 조 제3

항, 제73조제1항, 같은 조 제4항제9호, 제74조제1항 각 호 외의 부분, 제75조제2항 · 제3항 · 제5항, 같은 조 제7항 본문, 같은 조 제8항 본문, 같은 조 제9항 각 호 외의 부분, 제76조제1항 후단, 같은 조 제2항 · 제3항, 제78조제1항 본문, 같은 조 제2항, 같은 조 제3항 전단, 같은 조 제4항 · 제5항 · 제6항, 같은 조 제7항 전단, 같은 조 제8항, 제81조제1항 후단, 같은 조 제2항 각 호 외의 부분, 같은 조 제3항부터 제6항까지, 제82조제1항제4호, 제84조제1항 각 호 외의 부분, 같은 조 제2항 후단, 같은 조 제3항, 같은 조 제4항 전단, 같은 조 제5항 본문, 같은 조 제6항 본문, 같은 조 제8항 · 제9항, 제85조제1항 각 호 외의 부분, 같은 조 제2항 각 호 외의 부분, 같은 항 제8호, 같은 조 제3항, 제86조제1항 각 호 외의 부분, 같은 조 제2항, 제88조제1항 단서, 같은 조 제3항, 제89조, 제90조제8항 각 호 외의 부분, 같은 조 제9항, 제91조제1항 각 호 외의 부분, 같은 조 제2항, 제92조제1항 각 호 외의 부분, 같은 조 제2항 각 호 외의 부분, 같은 조 제3항 단서, 같은 조 제6항, 제93조제1항 각 호 외의 부분, 같은 조 제2항, 제95조제4항 각 호 외의 부분, 같은 조 제5항, 제98조제1항 · 제2항 · 제3항, 제99조제1항 전단, 같은 조 제2항 중 "재정경제부장관"을 각각 "기획재정부장관"으로 한다.

제4조제3항 각 호 외의 부분, 같은 조 제6항 중 "재정경제부"를 각각 "기획재정부"로 한다.

제4조제3항제1호 중 "재정경제부 · 외교통상부 · 농림부 · 산업자원부 · 보건복지부 · 해양수산부"를 "기획재정부 · 외교통상부 · 농림수산식품부 · 지식경제부 · 보건복지가족부"로 한다.

제42조제3항제4호 중 "재정경제"를 "기획재정"으로 한다.

제16조제1항제1호, 제18조제2호, 제23조제2항제3호 각 목 외의 부분, 제24조제1항제5호, 제27조제4항 각 호 외의 부분 단서, 제39조제2항제3호, 제58조제3항 각 호 외의 부분 단서, 같은 조 제4항제1호 · 2호, 같은 조 제5항 후단, 제59조제1항 · 제2항 · 제3항, 제60조제1항제1호 · 제3호, 같은 조 제2항제3호 · 제4호, 제61조제4항^ · 제5항, 제63조제3항제1호, 제65조제2항 본문, 같은 조 제3항 단서, 제68조제2항 단서, 제70조제10항, 제72조제1항 단서, 같은 조 제2항 · 제3항, 제73조제1항 · 제2항 · 제3항, 같은 조 제4항제9

호, 제74조제1항제1호 · 제3호, 같은 조 제2항제3호 · 제4호, 제75조제4항 · 제5항, 제77조제3항제1호, 제79조제2항 본문, 같은 조 제3항 단서, 제81조제2항 각 호 외의 부분 단서, 제84조제9항, 제90조제1항 각 호 외의 부분 단서, 같은 조 제4항 각 호 외의 부분 단서, 제95조제3항제2호, 제112조제2항, 제145조제3항제4호, 제188조제1항 각 호 외의 부분, 같은 조 제3항 각 호 외의 부분, 제285조의3제2항 · 제3항 중 "재정경제부령"을 각각 "기획재정부령"으로 한다.

제282조의2제1항부터 제4항까지 중 "농림부장관"을 각각 "농림수산식품부장관"으로 한다.

⑨ 부터 〈68〉 까지 생략

부칙 〈제21305호, 2009. 2. 4.〉

제1조(시행일) 이 영은 공포한 날부터 시행한다. 다만 제288조제2항의 개정규정은 2009년 4월 1일부터 시행한다.

제2조(일반적 적용례) 이 영은 이 영 시행 후 최초로 수입신고하는 분부터 적용한다.

제3조(다른 법령의 개정) ① 행정권한의 위임 및 위탁에 관한 규정 일부를 다음과 같이 개정한다.

제42조제1항을 다음과 같이 한다.

① 관세청장은 「관세법」 제235조제2항에 따른 상표권 또는 저작권등에 관한 사항의 신고에 관한 업무(신고서의 접수 및 보완요구만 해당한다)를 지식재산권 관련 업무에 전문성이 있다고 인정되어 관세청장이 고시하는 「민법」 제32조에 따라 설립된 사단법인에 위탁할 수 있다.

② 관세청과 그 소속기관 직제 일부를 다음과 같이 개정한다.

제18조제8호를 다음과 같이 한다.

8. 수출입물품(「관세법」 별표 관세율표의 제1류부터 제81류까지만 해당한다)의 원산지 사전심사에 관한 사항

제20조의2제9호를 다음과 같이 한다.

9. 수출입물품의 품목분류 사전심사, 민원회신 및 원산지 사전심사(「관세법」 별표 관세율표의 제82류부터 제97류까지에 관한 원산지 사전심사만 해당한다)에 관한 사항

부칙 〈제21634호, 2009. 7. 22.〉 (저작권법 시행령)

제1조(시행일) 이 영은 2009년 7월 23일부터 시행한다. 〈단서 생략〉

제2조 생략

제3조(다른 법령의 개정) ① 생략

② 관세법 시행령 일부를 다음과 같이 개정한다.

제237조 각 호 외의 부분 중 “저작권, 저작인접권 또는 프로그램저작권(이하 "저작권등" 이라 한다)”을 “저작권 또는 저작인접권(이하 "저작권등" 이라 한다)”으로 하고, “「상표법」, 「저작권법」 또는 「컴퓨터프로그램 보호법」”을 “「상표법」 또는 「저작권법」”으로 한다.

③ 부터 ⑨ 까지 생략

제4조 생략

부칙 〈제22086호, 2010. 3. 26.〉

제1조(시행일) 이 영은 공포한 날부터 시행한다. 다만, 별표 2의 개정규정은 2010년 4월 1일부터 시행하고, 제196조, 제252조 및 제257조제2항의 개정규정은 2010년 7월 1일부터 시행한다.

제2조(일반적 적용례) 이 영은 이 영 시행 후 최초로 하는 수입신고부터 적용한다.

제3조(월별납부에 관한 적용례) 제1조의2제2항 후단 및 제5항의 개정규정은 이 영 시행 후 최초로 하는 월별납부의 승인 신청 또는 승인갱신 신청부터 적용한다.

제4조(신용카드등에 의한 관세 등의 납부에 관한 적용례) 제32조의5제1항의 개정규정은 2010년 1월 1일 이후에 하는 수입신고부터 적용한다.

제5조(가산세에 관한 적용례) 제39조제2항제5호 및 같은 조 제4항의 개정규정은 이 영 시행 후 최초로 징수하는 가산세부터 적용한다.

제6조(덤핑 및 실질적 피해등의 조사에 관한 적용례) 제61조제7항의 개정규정은 이 영 시행 후 최초로 접수되는 본조사 결과부터 적용한다.

제7조(덤핑방지관세의 부과에 관한 적용례) 제65조제4항부터 제6항까지의 개정규정은 이 영 시행 후 개시되는 신규공급자에 대한 조사부터 적용한다.

제8조(덤핑방지관세 및 약속의 재심사에 관한 적용례) 제70조제2항

및 제11항의 개정규정은 이 영 시행 후 최초로 개시되는 재심사부터 적용하고, 제70조제6항의 개정규정은 이 영 시행 후 최초로 제출받은 조사결과부터 적용한다.
제9조(과징금의 금액에 관한 경과조치) 이 영 시행 전의 위반행위에 대하여 부과하는 과징금의 금액은 제285조의6제1항의 개정규정에도 불구하고 종전의 규정에 따른다.
제10조(다른 법령의 개정) 행정권한의 위임 및 위탁에 관한 규정 일부를 다음과 같이 개정한다.
　제44조를 삭제한다.

부칙 〈제22151호, 2010. 5. 4.〉 (전자정부법 시행령)
제1조(시행일) 이 영은 2010년 5월 5일부터 시행한다.
제2조 및 제3조 생략
제4조(다른 법령의 개정) ① 부터 ㉕ 까지 생략
　㉖ 관세법 시행령 일부를 다음과 같이 개정한다.
　제188조제2항 각 호 외의 부분 후단 중 "「전자정부 구현을 위한 행정업무 등의 전자화촉진에 관한 법률」 제21조제1항"을 "「전자정부법」 제36조제1항"으로 한다.
　㉗ 부터 〈192〉 까지 생략

부칙 〈제22467호, 2010. 11. 2.〉 (행정정보의 공동이용 및 문서감축을 위한 경제교육지원법 시행령 등 일부개정령)
이 영은 공포한 날부터 시행한다.

부칙 〈제22493호, 2010. 11. 15.〉 (은행법 시행령)
제1조(시행일) 이 영은 2010년 11월 18일부터 시행한다.
제2조 및 제3조 생략
제4조(다른 법령의 개정) ①부터 ⑮까지 생략
　⑯ 관세법 시행령 일부를 다음과 같이 개정한다.
　제56조제2항 중 "금융기관"을 각각 "은행"으로 한다.
　⑰부터 〈115〉까지 생략
제5조 생략

부칙 〈제22816호, 2011. 4. 1.〉

제1조(시행일) 이 영은 공포일부터 시행한다. 다만, 제3조제1항제2호, 제193조의2, 제256조제3항의 개정규정은 2011년 4월 1일부터 시행하고, 제236조제4항·제5항, 제236조의6부터 제236조의8까지의 개정규정은 2011년 7월 1일부터 시행하며, 제3조제1항제1호, 제237조부터 제240조까지, 제241조제2항부터 제4항까지, 제242조, 제245조제1항 및 제288조제8항의 개정규정은 「대한민국과 유럽연합 및 그 회원국 간의 자유무역협정」이 발효되는 날(특허권 및 디자인권은 발효되는 날 이후 2년이 되는 날)부터 시행한다.

제2조(일반적 적용례) 이 영은 이 영 시행 후 최초로 수출입신고하는 분부터 적용한다.

제3조(수입물품의 평균 신고가격 등의 공표에 관한 적용례) 제16조의2의 개정규정은 이 영 시행 후 최초로 공표하는 분부터 적용한다.

제4조(화물관리인의 지정 취소에 관한 적용례) 제187조의2의 개정규정은 이 영 시행 후 최초로 지정 취소 사유가 발생하는 분부터 적용한다.

제5조(과징금에 관한 적용례) 제193조의2의 개정규정은 부칙 제1조 단서에 따른 제193조의2의 개정규정 시행 후 최초로 물품반입 등의 정지처분 사유가 발생한 분부터 적용한다.

제6조(지식재산권 보호에 관한 적용례) 제237조부터 제240조까지, 제241조제2항부터 제4항까지, 제242조, 제245조제1항 및 제288조제8항의 개정규정은 부칙 제1조 단서에 따른 제237조부터 제240조까지, 제241조제2항부터 제4항까지, 제242조, 제245조제1항 및 제288조제8항의 개정규정 시행 후 최초로 수출입신고, 환적신고, 복합환적신고, 보세구역 반입신고, 보세운송신고 또는 일시양륙의 신고를 하는 분부터 적용한다.

제7조(수입신고 수리 전 물품반출 시 담보제공 생략에 관한 적용례) 제256조제3항의 개정규정은 부칙 제1조 단서에 따른 제256조제3항의 개정규정 시행 후 최초로 반출하는 분부터 적용한다.

제8조(화물관리인 지정에 관한 경과조치) 이 영 시행 당시 종전의 규정에 따라 지정된 화물관리인은 제187조에 따라 지정된 화물관리인으로 보되, 그 지정의 유효기간은 제187조제4항의 개정규정에도 불구하고 이 영 시행일부터 이 영 시행 후 3년이 되는 날까지의 기

간으로 한다.

부칙 〈제23127호, 2011. 9. 7.〉
이 영은 2011년 10월 26일부터 시행한다.

부칙 〈제23488호, 2012. 1. 6.〉 (민감정보 및 고유식별정보 처리 근거 마련을 위한 과세자료의 제출 및 관리에 관한 법률 시행령 등 일부개정령)
제1조(시행일) 이 영은 공포한 날부터 시행한다. 〈단서 생략〉
제2조 생략

부칙 〈제23602호, 2012. 2. 2.〉
제1조(시행일) 이 영은 공포한 날부터 시행한다. 다만, 제1조, 제34조제2항, 제39조제2항·제3항, 제135조의2부터 제135조의4까지, 제168조의2의 개정규정은 2012년 3월 1일부터 시행하고, 제1조의3제6항, 제27조제4항부터 제7항까지, 제35조, 제144조, 제147조, 제148조, 제153조의2, 제154조, 제187조제6항, 제188조제4항 및 제231조제4항의 개정규정은 2012년 7월 1일부터 시행한다.
제2조(일반적 적용례) 이 영은 이 영 시행 후 최초로 수출입신고하는 분부터 적용한다.
제3조(유효기간 갱신 시 사전통지에 관한 적용례 등) ① 제1조의3제6항, 제187조제6항, 제188조제4항 및 제231조제4항의 개정규정은 부칙 제1조 단서에 따른 시행일 이후 유효기간이 도래하는 분부터 적용한다.
② 제1항에 따라 유효기간이 도래하는 분에 대한 사전통지를 위하여 필요한 경우에는 부칙 제1조 단서에도 불구하고 제1항에 따른 각 개정규정이 시행된 것으로 보아 해당 개정규정에 따라 사전통지를 할 수 있다.
제4조(수입물품의 국내판매가격 등에 관한 적용례) 제27조제4항부터 제7항까지의 개정규정은 2012년 7월 1일 현재 법 제38조제1항에 따라 납세신고 된 후 같은 조 제2항에 따라 심사가 진행 중인 물품으로서 개정규정의 적용으로 해당 물품의 과세 가격이 감소되는 등 납세자에게 유리하게 적용되는 경우에도 적용할 수 있다.

제5조(가산세 일부 면제에 관한 적용례) 제39조제2항 및 제3항의 개정규정(제2항제2호의2의 개정사항에 한정한다)은 부칙 제1조 단서에 따른 시행일 이후 최초로 수정신고 하는 분부터 적용한다.
제6조(관세조사기간에 관한 적용례) 제139조의2제1항 및 제3항부터 제5항까지의 개정규정은 이 영 시행 후 최초로 조사하는 분부터 적용한다.
제7조(관세청장에 대한 과세전적부심사 청구에 관한 적용례) 제143조 제5호의 개정규정은 이 영 시행 후 최초로 청구하는 분부터 적용한다.
제8조(전자문서중계사업자 지정기준에 관한 적용례) 제285조의4제1항제2호의 개정규정은 이 영 시행 후 최초로 지정하는 분부터 적용한다.

부칙 〈제23759호, 2012. 5. 1.〉 (수험생 편의제공 및 충분한 수험준비기간 부여 등을 위한 경비업법 시행령 등 일부개정령)
제1조(시행일) 이 영은 공포한 날부터 시행한다. 〈단서 생략〉
제2조(시험의 공고에 관한 적용례) 이 영 가운데 시험 등의 공고 기한을 개정하는 사항은 2013년 1월 1일 이후에 시행하는 시험부터 적용한다.

부칙 〈제23827호, 2012. 6. 5.〉
이 영은 공포한 날부터 시행한다. 다만, 대통령령 제23602호 관세법 시행령 일부개정령 제147조제3항제1호, 같은 조 제4항제1호가목·나목 및 같은 조 제6항의 개정규정에 대한 개정규정은 2012년 7월 1일부터 시행한다.

부칙 〈제23845호, 2012. 6. 7.〉 (마약류 관리에 관한 법률 시행령)
제1조(시행일) 이 영은 2012년 6월 8일부터 시행한다.
제2조 및 제3조 생략
제4조(다른 법령의 개정) ① 생략
② 관세법 시행령 일부를 다음과 같이 개정한다.
제158조의2제3항제2호가목 및 같은 항 제3호나목(1) 중 "「마약류

관리에 관한 법률」"을 각각 "「마약류 관리에 관한 법률」"로 한다.
③부터 ⑨까지 생략

부칙 〈제24373호, 2013. 2. 15.〉

제1조(시행일) 이 영은 공포한 날부터 시행한다. 다만, 제41조, 제45조제1항제2호 및 별표 2 제1호나목의 개정규정은 2014년 1월 1일부터 시행한다.

제2조(일반적 적용례) 이 영은 이 영 시행 후 최초로 수입신고 또는 수출신고하는 분부터 적용한다.

제3조(납세고지에 따른 납부기한에 관한 적용례) 제2조 및 제127조의 개정규정은 이 영 시행일 현재 납부기한이 도래하지 않은 것에 대해서도 적용한다.

제4조(특수관계자가 제출하는 과세자료에 관한 적용례) 제31조의3의 개정규정은 이 영 시행 후 세액을 심사하는 분부터 적용한다.

제5조(후발적 경정청구 사유에 관한 적용례) 제34조제2항의 개정규정은 이 영 시행 후 원산지증명서 등의 확인을 요청하는 분부터 적용한다.

제6조(관세환급가산금 기산일에 관한 적용례) 제56조의 개정규정은 이 영 시행 후 관세환급금을 충당하거나 환급하는 분부터 적용한다.

제7조(계약 내용과 다른 물품 등에 대한 관세 환급에 관한 적용례) 제124조의 개정규정은 이 영 시행일 현재 신고납부 기한이 도래하지 않은 것에 대해서도 적용한다.

제8조(관세조사에 관한 적용례) 제139조의2 및 제140조의 개정규정은 이 영 시행 후 관세조사하는 분부터 적용한다.

제9조(지식재산권 침해의심 물품의 담보비율에 관한 적용례) 제241조의 개정규정은 이 영 시행 후 통관보류나 유치를 요청하거나 통관 또는 유치 해제를 요청하는 분부터 적용한다.

제10조(신고 포상금 지급한도에 관한 적용례) 제277조의 개정규정은 이 영 시행 후 체납자의 은닉재산을 신고하는 분부터 적용한다.

제11조(탁송품 운송업자의 시설 기준 등에 관한 특례) 제258조의2부터 제258조의4까지의 개정규정에도 불구하고 이 영 시행일 현재 탁송품 운송업자의 시설에서 통관하고 있는 경우에는 2016년 6월 30일까지 해당 탁송품 운송업자의 시설에서 계속 통관할 수 있다.

〈개정 2015. 12. 31.〉

부칙 〈제24441호, 2013. 3. 23.〉 (기획재정부와 그 소속기관 직제)

제1조(시행일) 이 영은 공포한 날부터 시행한다.

제2조 부터 제4조까지 생략

제5조(다른 법률의 개정) ①부터 ⑤까지 생략

⑥ 관세법 시행령 일부를 다음과 같이 개정한다.

제282조의2제1항부터 제4항까지 중 "농림수산식품부장관"을 각각 "농림축산식품부장관"으로 한다.

⑦부터 ㊸까지 생략

부칙 〈제24697호, 2013. 8. 27.〉 (자본시장과 금융투자업에 관한 법률 시행령)

제1조(시행일) 이 영은 2013년 8월 29일부터 시행한다. 〈단서 생략〉

제2조 부터 제11조까지 생략

제12조(다른 법령의 개정) ①부터 ④까지 생략

⑤ 관세법 시행령 일부를 다음과 같이 개정한다.

제9조제1항제1호 중 "「자본시장과 금융투자업에 관한 법률」에 따른 유가증권시장 또는 코스닥시장"을 "「자본시장과 금융투자업에 관한 법률」에 따라 거래소가 개설한 증권시장"으로 한다.

⑥부터 ㉟까지 생략

제13조 생략

부칙 〈제24825호, 2013. 11. 5.〉

제1조(시행일) 이 영은 공포한 날부터 시행한다.

제2조(보세판매장의 특허절차를 진행하는 중 특허기간이 만료되는 보세판매장에 관한 경과조치) 법 제174조에 따라 보세판매장의 설치·운영에 관한 특허를 받은 자(법률 제11602호 관세법 일부개정법률 부칙 제1조 단서에 따른 법 제176조의2의 개정규정 시행일부터 2013년 12월 31일까지 특허기간이 만료되는 자로 한정하며, 이하 "기존 특허자"라 한다)의 특허기간 만료를 사유로 이 영 시행 후

제192조의2 및 제192조의5의 개정규정에 따라 보세판매장의 설치·운영에 관한 특허를 부여하기 위한 특허절차를 진행하는 경우에는 기존 특허자의 특허기간 만료에도 불구하고 제192조의2 및 제192조의5의 개정규정에 따라 특허를 부여하기 전까지는 기존 특허자에게 보세판매장의 설치·운영에 관한 특허가 있는 것으로 본다.

부칙 〈제25224호, 2014. 3. 5.〉
제1조(시행일) 이 영은 공포한 날부터 시행한다. 다만, 제32조의5제1항의 개정규정은 2014년 7월 1일부터 시행한다.
제2조(덤핑방지관세 부과조치에 관한 적용례) ① 제61조제7항의 개정규정은 이 영 시행 후 같은 조 제5항에 따른 본조사 결과가 제출되는 분부터 적용한다.
② 제70조제6항의 개정규정은 이 영 시행 후 같은 조 제5항에 따른 조사 결과가 제출되는 분부터 적용한다.
제3조(과세자료의 범위 및 제출시기에 관한 적용례) 제263조의2 및 별표 3의 개정규정은 이 영 시행 후 과세자료제출기관이 제출하는 과세자료 분부터 적용한다.
제4조(포상금의 지급률 인상에 관한 적용례) 제277조제4항의 개정규정은 이 영 시행 후 은닉재산을 신고하는 분부터 적용한다.

부칙 〈제25279호, 2014. 3. 24.〉 (금융회사부실자산 등의 효율적 처리 및 한국자산관리공사의 설립에 관한 법률 시행령)
제1조(시행일) 이 영은 공포한 날부터 시행한다.
제2조(다른 법령의 개정) ①부터 ⑥까지 생략
⑦ 관세법 시행령 일부를 다음과 같이 개정한다.
제220조제1호 중 "「금융기관부실자산 등의 효율적 처리 및 한국자산관리공사의 설립에 관한 법률」"을 "「금융회사부실자산 등의 효율적 처리 및 한국자산관리공사의 설립에 관한 법률」"로 한다.
⑧부터 ㉞까지 생략
제3조 생략

부칙 〈제25495호, 2014. 7. 21.〉 (중견기업 성장촉진 및 경쟁력 강화에 관한 특별법 시행령)

제1조(시행일) 이 영은 2014년 7월 22일부터 시행한다.
제2조(다른 법령의 개정) ① 생략
② 관세법 시행령 일부를 다음과 같이 개정한다.
제192조의2제1항 각 호 외의 부분 중 "「산업발전법」 제10조의2에 따른 중견기업"을 "「중견기업 성장촉진 및 경쟁력 강화에 관한 특별법」 제2조제1호에 따른 중견기업"으로 한다.
③부터 ⑩까지 생략

부칙 〈제25523호, 2014. 7. 28.〉 (부동산 거래신고에 관한 법률 시행령)
제1조(시행일) 이 영은 2014년 7월 29일부터 시행한다.
제2조 생략
제3조(다른 법령의 개정) ① 관세법 시행령 일부를 다음과 같이 개정한다.
별표 3 제37호의 과세자료명란 중 "「공인중개사의 업무 및 부동산 거래신고에 관한 법률」 제27조제1항 및 제2항"을 "「부동산 거래신고에 관한 법률」 제3조제1항, 제2항 및 제5항"으로 한다.
②부터 ④까지 생략
제4조 생략

부칙 〈제25751호, 2014. 11. 19.〉 (행정자치부와 그 소속기관 직제)
제1조(시행일) 이 영은 공포한 날부터 시행한다. 다만, 부칙 제5조에 따라 개정되는 대통령령 중 이 영 시행 전에 공포되었으나 시행일이 도래하지 아니한 대통령령을 개정한 부분은 각각 해당 대통령령의 시행일부터 시행한다.
제2조 부터 제4조까지 생략
제5조(다른 법령의 개정) ①부터 ③까지 생략
④ 관세법 시행령 일부를 다음과 같이 개정한다.
별표 3 제35호의 과세자료제출기관란 및 같은 표 제36호의 과세자료제출기관란 중 "안전행정부"를 각각 "행정자치부"로 한다.
⑤부터 〈418〉까지 생략

부칙 〈제25836호, 2014. 12. 9.〉 (화학물질관리법 시행령)

제1조(시행일) 이 영은 2015년 1월 1일부터 시행한다.

제2조 부터 제4조까지 생략

제5조(다른 법령의 개정) ① 생략

② 관세법 시행령 일부를 다음과 같이 개정한다.

제226조제3항제3호의2 중 "「유해화학물질관리법」"을 "「화학물질관리법」"으로 한다.

③부터 ⑲까지 생략

제6조 생략

부칙 〈제25898호, 2014. 12. 30.〉

이 영은 2015년 1월 1일부터 시행한다.

부칙 〈제26089호, 2015. 2. 6.〉

제1조(시행일) 이 영은 공포한 날부터 시행한다.

제2조(일반적 적용례) 이 영은 이 영 시행 이후 수출신고·수입신고 또는 반송신고하는 분부터 적용한다.

제3조(신용카드 등에 의한 관세 등의 납부에 관한 적용례) 제32조의5의 개정규정은 이 영 시행 이후 관세 등을 납부하는 분부터 적용한다.

제4조(가산세에 관한 적용례) ① 제39조제2항제3호의2 및 같은 조 제3항제3호의 개정규정은 이 영 시행 이후 수정신고하는 분부터 적용한다.

② 제39조제2항제4호의2 및 같은 조 제3항제4호의 개정규정은 이 영 시행 전에 과세전적부심사를 청구하여 이 영 시행 당시 법 제118조제3항에 따른 기간 내에 결정·통지되지 아니한 경우에도 적용한다.

제5조(원산지증명서의 제출에 관한 적용례) 제236조제1항 각 호 외의 부분 단서의 개정규정은 이 영 시행 전에 수입신고한 경우로서 분실 등의 사유로 그 수입신고 시에 원산지증명서를 제출하지 못한 경우에도 적용한다.

제6조(관세환급가산금의 기산일에 관한 경과조치) 이 영 시행 전에 협정관세 사후 적용을 신청하여 이 영 시행 이후 협정관세의 적용을 통지받은 경우의 관세환급가산금의 기산일에 관하여는 제56조제

3항의 개정규정에도 불구하고 종전의 규정에 따른다.
제7조(개항의 지정요건에 관한 경과조치) 이 영 시행 전에 제155조에 따라 지정된 공항의 지정요건에 관하여는 제155조의2제3호의 개정규정에도 불구하고 종전의 규정에 따른다.
제8조(원산지증명서의 발행에 관한 경과조치) 이 영 시행 전에 발행되어 이 영 시행 이후 제출하는 원산지증명서로서 그 제출일 당시 수입신고일부터 소급하여 1년이 지나지 아니한 원산지증명서에 대해서는 제236조제4항의 개정규정에도 불구하고 종전의 규정에 따른다.
제9조(통관 보류 등의 요청 시 담보금액에 관한 경과조치) 이 영 시행 전에 통관 보류나 유치를 요청한 경우의 담보금액에 대해서는 제241조제2항의 개정규정에도 불구하고 종전의 규정에 따른다.

부칙 〈제26473호, 2015. 8. 3.〉 (선박의 입항 및 출항 등에 관한 법률 시행령)

제1조(시행일) 이 영은 2015년 8월 4일부터 시행한다.
제2조 부터 제6조까지 생략
제7조(다른 법령의 개정) ① 관세법 시행령 일부를 다음과 같이 개정한다.

제155조제2항 중 "「개항질서법」"을 "「선박의 입항 및 출항 등에 관한 법률」"로 한다.

제155조의2제1호 중 "「개항질서법」"을 "「선박의 입항 및 출항 등에 관한 법률」"로 한다.

②부터 ⑧까지 생략
제8조 생략

부칙 〈제26516호, 2015. 9. 9.〉

제1조(시행일) 이 영은 공포한 날부터 시행한다.
제2조(간이세율에 관한 적용례) 별표 2 제1호의 개정규정은 2015년 8월 27일 이후 수입신고하는 분부터 적용한다.
제3조(간이세율에 관한 경과조치) 2015년 8월 26일 이전 수입신고하는 분에 대해서는 별표 2 제1호의 개정규정에도 불구하고 종전의 규정에 따른다.

제4조(세액의 환급 등에 관한 경과조치) 법 제19조에 따른 납세의무자가 별표 2 제1호의 개정규정에 따라 세율이 인하된 물품을 2015년 8월 27일부터 이 영 시행일 전일까지 수입신고한 분에 대해서는 그 사실을 확인할 수 있는 수입신고필증 등 관세청장이 정하는 증명서류를 첨부하여 2015년 10월 25일까지 관할 세관장에게 신고하면 인하된 분에 해당하는 세액을 환급하거나 납부하여야 할 세액에서 공제한다.

부칙 〈제26669호, 2015. 11. 27.〉

제1조(시행일) 이 영은 공포한 날부터 시행한다.

제2조(고급 시계 등의 간이세율 변경에 관한 경과조치) 이 영 시행 전 수입신고한 분에 대해서는 별표 2 제1호의 개정규정에도 불구하고 종전의 규정에 따른다.

부칙 〈제26791호, 2015. 12. 30.〉 (관세청과 그 소속기관 직제)

제1조(시행일) 이 영은 2016년 1월 18일부터 시행한다. 〈단서 생략〉

제2조 생략

제3조(다른 법령의 개정) ① 생략

② 관세법 시행령 일부를 다음과 같이 개정한다.

제147조제1항제2호 중 “서울세관 · 인천공항세관 · 부산세관 · 인천세관”을 “인천세관 · 서울세관 · 부산세관”으로 한다.

③ 및 ④ 생략

부칙 〈제26830호, 2015. 12. 31.〉

제1조(시행일) 이 영은 2016년 1월 1일부터 시행한다.

제2조(간이세율 변경에 관한 경과조치) 이 영 시행 전에 수입신고한 분에 대해서는 별표 2의 개정규정에도 불구하고 종전의 규정에 따른다.

부칙 〈제26858호, 2016. 1. 6.〉 (총포 · 도검 · 화약류 등의 안전관리에 관한 법률 시행령)

제1조(시행일) 이 영은 2016년 1월 7일부터 시행한다.
제2조(다른 법령의 개정) ① 관세법 시행령 일부를 다음과 같이 개정한다.

제158조의2제3항제2호나목 및 같은 항 제3호나목(2) 중 "「총포·도검·화약류 등 단속법」"을 각각 "「총포·도검·화약류 등의 안전관리에 관한 법률」"로 한다.

②부터 ⑦까지 생략

제3조 생략

부칙 〈제26957호, 2016. 2. 5.〉

제1조(시행일) 이 영은 공포한 날부터 시행한다. 다만, 제251조의2의 개정규정은 2017년 1월 1일부터 시행한다.
제2조(세액의 경정에 따른 납세고지에 관한 적용례) 제34조제4항 후단의 개정규정은 이 영 시행 이후 세액을 경정하는 분부터 적용한다.

부칙 〈제27129호, 2016. 5. 10.〉 (행정기관 소속 위원회 운영의 공정성 및 책임성 강화를 위한 사립학교법 시행령 등 일부개정령)

이 영은 공포한 날부터 시행한다.

부칙 〈제27300호, 2016. 6. 30.〉 (자유무역협정의 이행을 위한 관세법의 특례에 관한 법률 시행령)

제1조(시행일) 이 영은 2016년 7월 1일부터 시행한다. 〈단서 생략〉
제2조 부터 제8조까지 생략
제9조(다른 법령의 개정) ① 관세법 시행령 일부를 다음과 같이 개정한다.

제56조제3항제5호 중 "「자유무역협정의 이행을 위한 관세법의 특례에 관한 법률」 제10조제5항에 따른 관세환급금: 같은 법 제10조제4항"을 "「자유무역협정의 이행을 위한 관세법의 특례에 관한 법률」 제9조제4항에 따른 관세환급금: 같은 법 제9조제3항"으로 한다.

제236조의5제1항제2호 중 "「자유무역협정의 이행을 위한 관세법의 특례에 관한 법률」 제13조에 따른 원산지조사 업무 중"을 "「자

유무역협정의 이행을 위한 관세법의 특례에 관한 법률」 제17조제1항 및 제18조제1항에 따른 서면조사 또는 현지조사 업무 중"으로 하며, 같은 항 제3호 중 "「자유무역협정의 이행을 위한 관세법의 특례에 관한 법률」 제14조 및 조약ㆍ협정에 따른 원산지"를 "「자유무역협정의 이행을 위한 관세법의 특례에 관한 법률」 제31조 및 조약ㆍ협정에 따른"으로 한다.

② 생략

제10조 생략

부칙 〈제27464호, 2016. 8. 29.〉 (2018 평창 동계올림픽대회 및 동계패럴림픽대회 지원 등에 관한 특별법 시행령)

제1조(시행일) 이 영은 2016년 8월 30일부터 시행한다.

제2조 및 제3조 생략

제4조(다른 법령의 개정) ① 관세법 시행령 일부를 다음과 같이 개정한다.

별표 3 제9호의 과세자료제출기관란 중 "「2018 평창 동계올림픽대회 및 장애인동계올림픽대회 지원 등에 관한 특별법」에 따른 2018 평창 동계올림픽대회 및 장애인동계올림픽대회 조직위원회"를 "「2018 평창 동계올림픽대회 및 동계패럴림픽대회 지원 등에 관한 특별법」에 따른 2018 평창 동계올림픽대회 및 동계패럴림픽대회 조직위원회"로 한다.

②부터 ⑤까지 생략

제5조 생략

부칙 〈제27472호, 2016. 8. 31.〉 (감정평가 및 감정평가사에 관한 법률 시행령)

제1조(시행일) 이 영은 2016년 9월 1일부터 시행한다.

제2조 부터 제5조까지 생략

제6조(다른 법령의 개정) ①부터 ⑯까지 생략

⑰ 관세법 시행령 일부를 다음과 같이 개정한다.

제9조제2항제2호 중 "「부동산 가격공시 및 감정평가에 관한 법률」"을 "「감정평가 및 감정평가사에 관한 법률」"로 한다.

⑱부터 〈92〉까지 생략

제7조 생략

부칙 〈제27793호, 2017. 1. 17.〉 (부동산 거래신고 등에 관한 법률 시행령)

제1조(시행일) 이 영은 2017년 1월 20일부터 시행한다.
제2조 및 제3조 생략
제4조(다른 법령의 개정) ① 및 ② 생략
③ 관세법 시행령 일부를 다음과 같이 개정한다.
별표 3 제37호의 과세자료명란 중 "「부동산 거래신고에 관한 법률」 제3조제1항, 제2항 및 제5항"을 "「부동산 거래신고 등에 관한 법률」 제3조제1항 및 제3항"으로 한다.
④부터 ⑫까지 생략
제5조 생략

부칙 〈제27952호, 2017. 3. 27.〉

제1조(시행일) 이 영은 공포한 날부터 시행한다. 다만, 제248조의2의 개정규정은 2017년 4월 1일부터 시행하고, 제16조제1항제2호의3의 개정규정은 2017년 7월 1일부터 시행한다.
제2조(일반적 적용례) 이 영은 이 영 시행 이후 수출신고·수입신고 또는 반송신고하는 분부터 적용한다.
제3조(체납된 내국세등의 세무서장 징수에 관한 적용례) 제1조의2제1항의 개정규정은 이 영 시행 전에 체납된 내국세등에 대해서도 적용한다.
제4조(관세체납정리위원회 위원의 임기에 관한 적용례) 제42조제4항 본문의 개정규정은 이 영 시행 이후 위원을 위촉(연임을 포함한다)하는 경우부터 적용한다.
제5조(관세품목분류위원회 위원의 임기에 관한 적용례) 제100조제3항 본문의 개정규정은 이 영 시행 이후 위원을 위촉(연임을 포함한다)하는 경우부터 적용한다.
제6조(보세공장원재료의 범위에 관한 적용례) 제199조제1항의 개정규정은 이 영 시행 이후 보세공장에 원료 또는 재료를 반입하는 경우부터 적용한다.
제7조(원산지확인위원회 위원의 임기에 관한 적용례) 제236조의4제

4항 본문의 개정규정은 이 영 시행 이후 위원을 위촉(연임을 포함한다)하는 경우부터 적용한다.
제8조(통관보류등의 입증기간의 연장에 관한 적용례) 제239조제3항의 개정규정은 이 영 시행 이후 통관보류등을 요청하는 경우부터 적용한다.
제9조(과세자료의 범위 및 제출시기 등에 관한 적용례) 별표 3의 개정규정은 이 영 시행 이후 과세자료를 요청하는 경우부터 적용한다.
제10조(덤핑방지관세의 소급부과에 관한 경과조치) 이 영 시행 전에 잠정조치가 이루어진 물품에 대해서는 제69조제1항제3호의 개정규정에도 불구하고 종전의 규정에 따른다.

부칙 〈제27958호, 2017. 3. 27.〉 (지방세기본법 시행령)
제1조(시행일) 이 영은 2017년 3월 28일부터 시행한다.
제2조 부터 제7조까지 생략
제8조(다른 법령의 개정) ① 관세법 시행령 일부를 다음과 같이 개정한다.
별표 3 제34호의 과세자료명란 중 "「지방세기본법」 제76조제1항"을 "「지방세기본법」 제60조제1항"으로 한다.
②부터 ⑨까지 생략
제9조 생략

부칙 〈제27970호, 2017. 3. 29.〉 (항공사업법 시행령)
제1조(시행일) 이 영은 2017년 3월 30일부터 시행한다.
제2조 부터 제5조까지 생략
제6조(다른 법령의 개정) ① 및 ② 생략
③ 관세법 시행령 일부를 다음과 같이 개정한다.
제232조제1항제2호 중 "「항공법」"을 "「항공사업법」"으로 한다.
④부터 ⑪까지 생략
제7조 생략

부칙 〈제27972호, 2017. 3. 29.〉 (공항시설법 시행령)
제1조(시행일) 이 영은 2017년 3월 30일부터 시행한다.
제2조 부터 제8조까지 생략

제9조(다른 법령의 개정) ①부터 ⑧까지 생략

⑨ 관세법 시행령 일부를 다음과 같이 개정한다.

제155조제2항 및 제155조의2제1호 중 "「항공법」"을 각각 "「공항시설법」으로 한다.

⑩부터 ㊺까지 생략

제10조 생략

부칙 〈제28211호, 2017. 7. 26.〉 (행정안전부와 그 소속기관 직제)

제1조(시행일) 이 영은 공포한 날부터 시행한다. 다만, 부칙 제8조에 따라 개정되는 대통령령 중 이 영 시행 전에 공포되었으나 시행일이 도래하지 아니한 대통령령을 개정한 부분은 각각 해당 대통령령의 시행일부터 시행한다.

제2조 부터 제7조까지 생략

제8조(다른 법령의 개정) ①부터 ④까지 생략

⑤ 관세법 시행령 일부를 다음과 같이 개정한다.

별표 3 제3호의 과세자료제출기관란 중 "미래창조과학부"를 "과학기술정보통신부"로 하고, 같은 표 제35호의 과세자료제출기관란, 같은 표 제36호의 과세자료제출기관란 및 같은 표 제43호의 과세자료제출기관란 중 "행정자치부"를 각각 "행정안전부"로 한다.

⑥부터 〈388〉까지 생략

부칙 〈제28443호, 2017. 11. 28.〉

제1조(시행일) 이 영은 공포한 날부터 시행한다.

제2조(보세판매장의 특허공고에 관한 적용례) 제192조의5제1항제4호의 개정규정은 이 영 시행 이후 공고하는 경우부터 적용한다.

부칙 〈제28642호, 2018. 2. 13.〉

제1조(시행일) 이 영은 공포한 날부터 시행한다. 다만, 별표 3(제40호에 관한 부분에 한정한다)의 개정규정은 2018년 4월 1일부터 시행하고, 제31조의2, 제31조의3 및 제251조의3제1항 · 제2항의 개정규정은 2018년 7월 1일부터 시행한다.

제2조(일반적 적용례) 이 영은 이 영 시행 이후 수출신고 · 수입신고

또는 반송신고하는 분부터 적용한다.
제3조(관세체납정리위원회 위원 등의 연임에 관한 적용례) ① 제42조제4항 본문의 개정규정에 따른 관세체납정리위원회의 위원의 연임 제한은 이 영 시행 이후 위원을 위촉하는 경우부터 적용한다. 이 경우 연임 횟수는 이 영 시행 전에 위원으로 위촉되어 개시된 임기를 제외하고 계산한다.

② 제100조제3항 본문의 개정규정에 따른 관세품목분류위원회의 위원의 연임 제한은 이 영 시행 이후 위원을 위촉하는 경우부터 적용한다. 이 경우 연임 횟수는 이 영 시행 전에 위원으로 위촉되어 개시된 임기를 제외하고 계산한다.

③ 제141조의3제2항 본문의 개정규정에 따른 관세정보공개심의위원회의 위원의 연임 제한은 이 영 시행 이후 위원을 위촉하는 경우부터 적용한다. 이 경우 연임 횟수는 이 영 시행 전에 위원으로 위촉되어 개시된 임기를 제외하고 계산한다.

④ 제147조제7항 본문의 개정규정에 따른 관세심사위원회의 위원의 연임 제한은 이 영 시행 이후 위원을 위촉하는 경우부터 적용한다. 이 경우 연임 횟수는 이 영 시행 전에 위원으로 위촉되어 개시된 임기를 제외하고 계산한다.

⑤ 제236조의4제4항 본문의 개정규정에 따른 원산지확인위원회의 위원의 연임 제한은 이 영 시행 이후 위원을 위촉하는 경우부터 적용한다. 이 경우 연임 횟수는 이 영 시행 전에 위원으로 위촉되어 개시된 임기를 제외하고 계산한다.

⑥ 제245조의2제4항 본문의 개정규정에 따른 무역원활화위원회의 위원의 연임 제한은 이 영 시행 이후 위원을 위촉하는 경우부터 적용한다. 이 경우 연임 횟수는 이 영 시행 전에 위원으로 위촉되어 개시된 임기를 제외하고 계산한다.

제4조(보세운송업자 등의 등록에 관한 적용례 등) ① 제231조제1항제3호의 개정규정은 이 영 시행 이후 등록하는 경우부터 적용한다.

② 이 영 시행 당시 종전의 규정에 따라 보세운송업자 등으로 등록한 자는 이 영 시행 이후 1년 이내에 제231조제1항제3호의 개정규정에 따른 사항을 세관장에게 제출하여야 한다.

부칙 〈제28864호, 2018. 5. 8.〉

이 영은 공포한 날부터 시행한다.

부칙 〈제29530호, 2019. 2. 12.〉

제1조(시행일) 이 영은 공포한 날부터 시행한다. 다만, 제31조, 제31조의5, 제265조의2, 제270조의2 및 별표 5의 개정규정은 2019년 7월 1일부터 시행하고, 별표 3 제57호의 개정규정은 2020년 1월 1일부터 시행한다.

제2조(일반적 적용례) 이 영은 이 영 시행 이후 수출신고·수입신고 또는 반송신고하는 분부터 적용한다.

제3조(금전 담보의 제공에 관한 적용례) 제10조제2항의 개정규정은 이 영 시행 이후 금전 담보를 제공하는 분부터 적용한다.

제4조(특수관계자에 대한 수입물품의 과세가격결정자료 요구에 관한 적용례) 제31조의5제1항의 개정규정은 부칙 제1조 단서에 따른 시행일 이후 세액심사하는 분부터 적용한다.

제5조(조정관세 부과조치의 요청에 관한 적용례) 제91조제1항제7호의 개정규정은 이 영 시행 이후 법 제69조제2호에 따라 조정관세의 부과조치를 요청하는 분부터 적용한다.

제6조(관세품목분류위원회의 회의에 관한 적용례) 제101조제4항의 개정규정은 이 영 시행 이후 품목분류의 재심사를 신청하는 경우부터 적용한다.

제7조(품목분류의 사전심사 또는 재심사에 관한 적용례) ① 제106조제4항의 개정규정은 이 영 시행 이후 품목분류의 사전심사를 신청하는 경우부터 적용한다.

② 제106조제6항의 개정규정은 2019년 1월 1일 이후 품목분류의 재심사를 신청한 경우부터 적용한다.

③ 제106조제7항의 개정규정은 이 영 시행 이후 품목분류의 재심사를 신청하는 경우부터 적용한다.

제8조(시내보세판매장의 신규 특허에 관한 적용례) 제189조의2의 개정규정은 이 영 시행 이후 시내보세판매장의 신규 특허 수를 결정하는 경우부터 적용한다.

제9조(수출·수입 또는 반송의 신고에 관한 적용례) 제246조제3항의 개정규정은 이 영 시행 이후 수출·수입 또는 반송의 신고를 하는 경우부터 적용한다.

제10조(미납부관세 가산세율에 관한 경과조치) 이 영 시행 전에 납부기한이 지났거나 환급받은 경우로서 이 영 시행 이후 납부 또는 부과하는 경우 그 납부기한 또는 환급받은 날의 다음 날부터 이 영 시행일 전일까지의 기간에 대한 이자율은 제39조제1항의 개정규정에도 불구하고 종전의 규정에 따른다.

부칙 〈제30087호, 2019. 9. 24.〉

제1조(시행일) 이 영은 공포한 날부터 시행한다.

제2조(품목분류의 사전심사에 관한 적용례) 제106조제6항의 개정규정은 이 영 시행 이후 법 제86조제1항에 따른 사전심사를 신청하는 경우부터 적용한다.

제3조(품목분류의 변경에 관한 적용례) 제107조제2항의 개정규정은 이 영 시행 이후의 「통일상품명 및 부호체계에 관한 국제협약」에 따른 관세협력이사회의 권고·결정 또는 법원의 확정판결부터 적용한다.

제4조(보세판매장 특허에 관한 적용례) 제192조의2제1항제3호의 개정규정은 이 영 시행 이후 법 제176조의2제1항에 따라 신규로 특허를 부여하거나 같은 조 제6항에 따라 특허를 갱신하는 분부터 적용한다.

제5조(보세구역 반입 후 수출신고의 대상 등에 관한 적용례) 제248조의2제1항제3호의 개정규정은 이 영 시행 이후 수출신고하는 분부터 적용한다.

부칙 〈제30399호, 2020. 2. 11.〉

제1조(시행일) 이 영은 공포한 날부터 시행한다. 다만, 제29조제3항제7호, 제141조의8 및 제141조의9의 개정규정은 2020년 4월 1일부터 시행하고, 제59조제2항 및 제3항, 제70조제3항, 제139조의2제2항제5호·제6호 및 같은 조 제3항제4호, 제144조의2부터 제144조의4까지, 제187조의4, 제213조의2, 제213조의3, 제264조의2, 제264조의3 및 제270조의2제1항의 개정규정은 2020년 7월 1일부터 시행한다.

제2조(품목분류 사전심사 및 재심사 신청의 반려에 관한 적용례) 제106조제3항제3호부터 제5호까지의 개정규정은 이 영 시행 이후 법

제86조제1항에 따른 품목분류 사전심사 또는 같은 조 제3항에 따른 재심사를 신청하는 분부터 적용한다.
제3조(통고처분에 대한 경과조치) 부칙 제1조 단서에 따른 시행일 전에 발생한 범죄에 대한 통고처분에 대해서는 제270조의2제1항의 개정규정에도 불구하고 종전의 규정에 따른다.

부칙 〈제30753호, 2020. 6. 2.〉 (공직자윤리법 시행령)
제1조(시행일) 이 영은 2020년 6월 4일부터 시행한다. 다만, ··· 〈생략〉···, 부칙 제4조제1항은 2020년 7월 1일부터 시행한다.
제2조 및 제3조 생략
제4조(다른 법령의 개정) ① 관세법 시행령 일부를 다음과 같이 개정한다.
대통령령 제30399호 관세법 시행령 일부개정령 제144조의3제5항제2호의 개정규정 중 "취업제한기관"을 각각 "취업심사대상기관"으로 한다.
② 생략

부칙 〈제31088호, 2020. 10. 7.〉
제1조(시행일) 이 영은 2021년 1월 1일부터 시행한다.
제2조(과세가격 사전심사 신청에 대한 보정요구 기간에 관한 적용례) 제31조제2항의 개정규정은 이 영 시행 이후 보정을 요구하는 경우부터 적용한다.
제3조(항공기 외의 일반적인 운송으로 보는 특례에 관한 경과조치) 이 영 시행 전에 관세청장이 종전의 제20조제3항에 따라 같은 항이 적용되는 대상물품(같은 항이 적용되는 기간을 정한 경우로 한정한다)을 정한 경우에는 제20조제3항의 개정규정에도 불구하고 해당 물품에 대해서는 종전의 규정에 따른다.

부칙 〈제31291호, 2020. 12. 29.〉
제1조(시행일) 이 영은 2021년 1월 1일부터 시행한다.
제2조(덤핑방지관세 조사신청 사실의 통보 등에 관한 적용례) 제59조제7항, 제60조제3항, 제61조제8항, 제63조제1항·제4항, 제64조제2항·제7항·제8항, 제70조제1항·제2항·제3항, 제71조제2항·

제4항의 개정규정은 이 영 시행 당시 제60조에 따른 덤핑 및 실질적 피해등의 조사를 개시한 경우 및 제70조에 따른 덤핑방지관세 및 약속의 재심사를 개시한 경우에 대해서도 적용한다.

부칙 〈제31454호, 2021. 2. 17.〉

제1조(시행일) 이 영은 공포한 날부터 시행한다. 다만, 제231조의 개정규정은 2021년 7월 1일부터 시행한다.

제2조(할당관세 등 적용을 위한 추천서 제출기한 연장에 관한 적용례) 제92조제4항 단서 및 제94조 단서의 개정규정은 이 영 시행 전에 수입신고한 경우로서 이 영 시행 당시 수입신고 수리일부터 15일이 지나지 않은 경우에도 적용한다.

부칙 〈제32014호, 2021. 9. 24.〉 (행정기본법 시행령)

제1조(시행일) 이 영은 공포한 날부터 시행한다. 〈단서 생략〉

제2조(다른 법령의 개정) ①부터 ③까지 생략

④ 관세법 시행령 일부를 다음과 같이 개정한다.

제285조의7제5항을 삭제한다.

⑤부터 ㊱까지 생략

부칙 〈제32274호, 2021. 12. 28.〉 (독점규제 및 공정거래에 관한 법률 시행령)

제1조(시행일) 이 영은 2021년 12월 30일부터 시행한다.

제2조 부터 제12조까지 생략

제13조(다른 법령의 개정) ①부터 ⑪까지 생략

⑫ 관세법 시행령 일부를 다음과 같이 개정한다.

제192조의2제2항 중 "「독점규제 및 공정거래에 관한 법률」 제14조제1항"을 "「독점규제 및 공정거래에 관한 법률」 제31조제1항"으로 한다.

제192조의3제2항제7호 중 "「독점규제 및 공정거래에 관한 법률」 제14조제1항"을 "「독점규제 및 공정거래에 관한 법률」 제31조제1항"으로 한다.

제290조 중 "「독점규제 및 공정거래에 관한 법률」 제14조제1항"을 "「독점규제 및 공정거래에 관한 법률」 제31조제1항"으로 한다.

⑬부터 〈68〉까지 생략

제14조 생략

부칙 〈제32352호, 2022. 1. 21.〉 (감정평가 및 감정평가사에 관한 법률 시행령)

제1조(시행일) 이 영은 2022년 1월 21일부터 시행한다.

제2조 부터 제4조까지 생략

제5조(다른 법령의 개정) ①부터 ⑪까지 생략

⑫ 관세법 시행령 일부를 다음과 같이 개정한다.

제9조제2항제2호 중 "감정평가업자"를 "감정평가법인등"으로 한다.

⑬부터 〈64〉까지 생략

부칙 〈제32427호, 2022. 2. 15.〉

제1조(시행일) 이 영은 공포한 날부터 시행한다. 다만, 제7조제2항제3호의4의 개정규정 중 "국제무역선, 국제무역기 또는"을 개정하는 부분은 2022년 4월 1일부터 시행하고, 제259조의8의 개정규정은 2022년 7월 1일부터 시행한다.

제2조(운임 등의 결정에 관한 적용례) 제20조제5항의 개정규정은 이 영 시행 이후 수입신고를 하는 경우부터 적용한다.

제3조(용도세율 적용 신청서 제출기한 연장에 따른 적용례) 제97조 단서의 개정규정은 이 영 시행 전에 수입신고하여 이 영 시행 당시 수입신고 수리일부터 15일이 지나지 않은 경우에도 적용한다.

제4조(과세자료의 범위 및 제출시기에 관한 적용례) 별표 3 제9호의 개정규정은 이 영 시행 이후 관세청장이 과세자료를 요청하는 경우부터 적용한다.

제5조(가산세 산정에 적용되는 이자율에 관한 경과조치) 이 영 시행 전에 납부기한이 지났거나 수입신고를 하지 않고 수입한 경우로서 이 영 시행 이후 가산세를 납부하는 경우 이 영 시행일 전의 기간분에 대한 가산세 산정에 적용되는 이자율은 제39조제1항의 개정규정에도 불구하고 종전의 규정에 따르고, 이 영 시행 이후의 기간분에 대한 가산세 산정에 적용되는 이자율은 제39조제1항의 개정규정에 따른다.

제6조(관세 체납자의 은닉재산 신고포상금 지급률에 관한 경과조치)

이 영 시행 전에 체납자의 은닉재산을 신고한 사람에게 이 영 시행 이후 포상금을 지급하는 경우에는 제277조제4항의 개정규정에도 불구하고 종전의 규정에 따른다.
제7조(과태료 부과기준에 관한 경과조치) 이 영 시행 전의 법 제37조의4제3항을 위반한 행위에 대하여 과태료를 부과하는 경우의 기준에 관하여는 별표 5 제1호바목 및 사목의 개정규정에도 불구하고 종전의 규정에 따른다.

부칙 〈제32449호, 2022. 2. 17.〉 (한국자산관리공사 설립 등에 관한 법률 시행령)
제1조(시행일) 이 영은 2022년 2월 18일부터 시행한다.
제2조(다른 법령의 개정) ①부터 ⑦까지 생략
⑧ 관세법 시행령 일부를 다음과 같이 개정한다.
제220조제1호 중 "「금융회사부실자산 등의 효율적 처리 및 한국자산관리공사의 설립에 관한 법률」에 의하여 설립된"을 "「한국자산관리공사 설립 등에 관한 법률」에 따른"으로 한다.
⑨부터 〈55〉까지 생략
제3조 생략

부칙 〈제32908호, 2022. 9. 15.〉
제1조(시행일) 이 영은 공포 후 첫 번째 일요일부터 시행한다.
제2조(수출신고가격 산정 시 적용하는 환율 기준의 변경에 관한 적용례) 제246조제6항의 개정규정은 이 영 시행 이후 수출신고하는 경우부터 적용한다.

부칙 〈제32931호, 2022. 10. 4.〉 (행정기관 소속 위원회 정비를 위한 관세법 시행령 등 5개 법령의 일부개정에 관한 대통령령)
제1조(시행일) 이 영은 공포 후 3개월이 경과한 날부터 시행한다. 〈단서 생략〉
제2조 생략

부칙 〈제33275호, 2023. 2. 28.〉
제1조(시행일) 이 영은 공포한 날부터 시행한다. 다만, 다음 각 호의

개정규정은 해당 호에서 정한 날부터 시행한다.

1. 제141조의2부터 제141조의12까지, 제265조의3, 제276조의2, 별표 2의2 및 별표 6의 개정규정: 2023년 4월 1일

2. 제144조, 제144조의3부터 제144조의7까지, 제147조, 제148조, 제148조의2, 제149조, 제236조의5, 제258조 및 제261조제4호의2의 개정규정: 2023년 7월 1일

제2조(수입물품 평균 신고가격 공표 기준에 관한 적용례) 제16조의2제3항제1호의 개정규정은 이 영 시행 이후 수입물품의 평균 신고가격을 공표하는 경우부터 적용한다.

제3조(수입물품에 통상적으로 부가되는 이윤 및 일반경비의 산출에 관한 적용례) 제27조제5항의 개정규정은 2023년 1월 1일 이후 수입신고한 물품에 대하여 국내판매가격을 기초로 과세가격을 결정하는 경우부터 적용한다.

제4조(품목분류 사전심사·재심사 처리 기간 산정 시 제외 기간에 관한 적용례) 제106조제4항제5호부터 제7호까지의 개정규정은 이 영 시행 이후 법 제86조제1항·제3항 및 제87조제3항에 따라 특정물품에 적용될 품목분류의 사전심사 또는 재심사를 신청하는 경우부터 적용한다.

제5조(과세전적부심사 결정 전 경정유보에 관한 적용례) 제143조제2항의 개정규정은 이 영 시행 이후 법 제118조제2항에 따른 과세전적부심사를 청구하는 경우부터 적용한다.

제6조(수출입신고대상 우편물에 관한 적용례) 제261조제4호의2의 개정규정은 부칙 제1조제2호에 따른 시행일 이후 통관우체국에 도착하는 물품부터 적용한다.

제7조(과세자료 범위 및 제출시기에 관한 적용례) 별표 3 제61호 및 같은 표 비고 제3호너목의 개정규정은 이 영 시행 이후 관세청장이 과세자료를 요청하는 경우부터 적용한다.

제8조(가격약속 제의 등 기한에 관한 경과조치) 이 영 시행 전에 덤핑방지관세의 부과 여부를 결정하기 위한 조사가 개시된 물품의 수출자가 이 영 시행 이후에 법 제54조제1항에 따라 약속을 제의하거나 같은 조 제2항의 단서에 따라 피해조사를 계속해 줄 것을 요청하려는 경우로서 이 영 시행일부터 제61조제5항에 따른 본조사의 결과에 따른 최종판정이 있기 전까지의 기간이 45일 이내인 경우의

가격약속 제의 등의 기한에 관하여는 제68조제1항의 개정규정에도 불구하고 종전의 규정에 따른다.

제9조(간이세율 변경에 관한 경과조치) ① 이 영 시행 전에 반입된 여행자 또는 승무원의 휴대품으로서 이 영 시행 이후에 법 제39조에 따라 세관장이 관세를 부과고지하는 휴대품에 대해서는 별표 2의 개정규정에도 불구하고 종전의 규정에 따른다.

② 이 영 시행 전에 법 제241조제1항에 따라 수입신고한 별송품으로서 이 영 시행 이후에 법 제39조에 따라 세관장이 관세를 부과고지하는 별송품에 대해서는 별표 2의 개정규정에도 불구하고 종전의 규정에 따른다.

③ 이 영 시행 전에 법 제256조에 따른 통관우체국에 도착한 우편물로서 이 영 시행 이후에 법 제39조에 따라 세관장이 관세를 부과고지하는 우편물에 대해서는 별표 2의 개정규정에도 불구하고 종전의 규정에 따른다.

부칙 〈제33388호, 2023. 4. 11.〉 (관세청과 그 소속기관 직제)

제1조(시행일) 이 영은 2023년 4월 18일부터 시행한다.

제2조(다른 법령의 개정) ① 관세법 시행령 일부를 다음과 같이 개정한다.

제144조의2제1항 중 "인천세관 · 서울세관 · 부산세관"을 "인천공항세관 · 서울세관 · 부산세관 · 인천세관"으로 한다.

제266조의2제1항 중 "인천세관 · 서울세관 · 부산세관"을 "인천공항세관 · 서울세관 · 부산세관 · 인천세관"으로 한다.

② 및 ③ 생략

부칙 〈제33913호, 2023. 12. 12.〉 (행정법제 혁신을 위한 가덕도신공항 건설을 위한 특별법 시행령 등 123개 법령의 일부개정에 관한 대통령령)

이 영은 공포한 날부터 시행한다.

부칙 〈제34278호, 2024. 2. 29.〉

제1조(시행일) 이 영은 공포한 날부터 시행한다. 다만, 다음 각 호의 개정규정은 해당 호에서 정하는 날부터 시행한다.

1. 제251조의2의 개정규정: 2024년 3월 1일

2. 제1조의4제2항, 제13조 단서, 제141조의13, 제285조의2제1항제3호, 같은 조 제2항제2호, 같은 조 제4항, 제285조의3, 제285조의6, 제285조의7제1항, 별표 5 제2호나목 및 별표 6 제2호의 위반행위란의 개정규정: 2024년 7월 1일

3. 제71조의2부터 제71조의11까지의 개정규정: 2025년 1월 1일

제2조(품목분류 재심사 처리 기간 산정에 관한 적용례) 제106조제7항의 개정규정은 이 영 시행 전에 재심사 신청을 받은 경우에도 적용한다.

부칙 〈제34468호, 2024. 4. 30.〉 (산업기술혁신 촉진법 시행령)

제1조(시행일) 이 영은 공포한 날부터 시행한다. 〈단서 생략〉

제2조(다른 법령의 개정) ① 생략

② 관세법 시행령 일부를 다음과 같이 개정한다.

제141조의2제1항제5호 중 "한국산업기술평가관리원"을 "한국산업기술기획평가원"으로 한다.

③부터 ⑲까지 생략

부칙 〈제35038호, 2024. 12. 3.〉 (주민등록법 시행령)

제1조(시행일) 이 영은 2024년 12월 27일부터 시행한다. 〈단서 생략〉

제2조(다른 법령의 개정) ①부터 ③까지 생략

④ 관세법 시행령 일부를 다음과 같이 개정한다.

제54조제4항 중 "주민등록증"을 "주민등록증(모바일 주민등록증을 포함한다)"으로 한다.

⑤부터 ㉓까지 생략

부칙 〈제35363호, 2025. 2. 28.〉

제1조(시행일) 이 영은 공포한 날부터 시행한다. 다만, 다음 각 호의 개정규정은 해당 호에서 정하는 날부터 시행한다.

1. 제231조제1항, 제258조, 제259조의6제1항제6호 및 별표 3 제61호의 개정규정: 2026년 1월 1일

2. 별표 4 제32호의 개정규정: 2025년 7월 22일
제2조(유효기간) 별표 4 제30호의2는 2025년 7월 21일까지 효력을 가진다.
제3조(과세가격 결정방법의 사전심사에 관한 적용례) 제31조제7항제4호의 개정규정은 이 영 시행 이후 법 제37조제2항(같은 조 제3항 후단에 따라 준용되는 경우를 포함한다)에 따라 과세가격 결정방법의 사전심사 결과를 통보하거나 재심사 결과를 통보하는 경우부터 적용한다.
제4조(출국금지 요청의 요건에 관한 경과조치) 제141조의11제1항제5호의 개정규정에 따라 국외 출입 횟수 또는 국외 체류 일수를 산정할 때 이 영 시행 전의 국외 출입 횟수 또는 국외 체류 일수가 포함되는 경우에는 제141조의11제1항제5호의 개정규정에도 불구하고 종전의 규정에 따라 이 영 시행 전의 국외 출입 횟수 또는 국외 체류 일수를 산정한다.
제5조(과태료에 관한 경과조치) 이 영 시행 전의 위반행위에 대하여 과태료를 부과하는 경우의 기준에 관하여는 별표 5 제1호라목1)의 개정규정에도 불구하고 종전의 규정에 따른다.
제6조(통고처분의 금액에 관한 경과조치) ① 이 영 시행 전의 위반행위에 대하여 통고처분을 하는 경우의 금액에 관하여는 별표 4 제30호의 개정규정에도 불구하고 종전의 규정에 따른다.
② 2025년 7월 22일 전의 위반행위에 대하여 통고처분을 하는 경우의 금액에 관하여는 별표 4 제32호의 개정규정에도 불구하고 종전의 규정에 따른다.
제7조(유효기간 만료에 따른 통고처분의 금액에 관한 경과조치) 이 영 시행일부터 부칙 제2조에 따른 유효기간 만료일 이전의 위반행위에 대하여 통고처분을 하는 경우의 금액에 관하여는 위반행위 당시의 규정에 따른다.

부칙 〈제35590호, 2025. 6. 2.〉 (종이 없는 행정 구현을 위한 5개 법령의 일부개정에 관한 대통령령)
이 영은 공포한 날부터 시행한다.

부칙 〈제35696호, 2025. 8. 5.〉 (화학물질관리법 시행령)

제1조(시행일) 이 영은 2025년 8월 7일부터 시행한다.
제2조(다른 법령의 개정) ①부터 ④까지 생략

⑤ 관세법 시행령 일부를 다음과 같이 개정한다.

제189조제3호 및 제226조제3항제3호의2 중 "유해화학물질"을 각각 "허가물질, 제한물질, 금지물질 및 유해화학물질"로 한다.

⑥부터 ㉓까지 생략

별표 / 서식

[별표 1] 1986년부터 1988년까지의 평균수입가격 적용 대상 물품(제90조제1항제2호 관련)

[별표 2] 간이세율(제96조 관련)

[별표 2의2] 제공할 수 있는 과세정보의 구체적인 범위(제141조의2제3항 관련)

[별표 3] 과세자료의 범위 및 제출시기 등(제263조의2제1항 관련)

[별표 4] 물품 원가를 기준으로 통고처분하는 범죄(제270조의2제1항 단서 관련)

[별표 5] 과태료의 부과기준(제265조의2 관련)

[별표 6] 비밀유지 의무 위반에 대한 과태료의 부과기준(제265조의3 관련)

관세법 시행규칙

[시행 2025. 7. 31.] [기획재정부령 제1138호, 2025. 7. 31., 일부개정]

제9조의4(압류 · 매각의 유예 신청 등)
제10조(정상가격 및 덤핑가격의 비교)
제11조(덤핑방지관세의 부과요청)
제12조(덤핑 및 실질적 피해등의 조사개시)
제13조(덤핑방지관세부과를 위한 본조사의 종결 및 피해의 통산)
제14조(덤핑방지관세부과에 필요한 조사신청의 철회)
제15조(덤핑방지조치 관련 비밀취급자료)
제15조의2(덤핑방지조치 관련 이용가능한 자료)
제16조(덤핑방지관세부과를 위한 공청회)
제17조(덤핑방지관세의 부과 등)
제18조(잠정조치 적용기간의 연장요청)
제19조(가격수정 · 수출중지 등의 약속)
제20조(덤핑방지관세 및 약속의 재심사)
제20조의2(경미한 변경행위의 판단)
제20조의3(우회덤핑 조사 신청의 철회)
제20조의4(우회덤핑 조사 관련 비밀취급자료)
제21조(보조금등의 범위)
제22조(상계관세의 부과에 필요한 조사신청)
제23조(보조금등을 받은 물품의 수입 및 실질적 피해등의 조사개시)
제24조(상계관세부과를 위한 본조사의 종결)
제25조(상계관세부과에 필요한 조사신청의 철회)
제26조(상계관세부과를 위한 피해의 통산)
제27조(상계조치 관련 비밀취급자료)
제27조의2(상계조치 관련 이용가능한 자료)
제28조(상계관세부과를 위한 공청회)
제29조(보조금률의 산정 등)
제30조(가격수정 등의 약속)
제31조(상계관세 및 약속의 재심사)
제32조(긴급관세 관련 비밀취급자료)
제33조(품목분류 사전심사 및 재심사 신청물품에 대한 분석수수료)
제33조의2(품목분류 사전심사 및 재심사의 반려사유)
제34조(외교관용 물품 등에 대한 면세 신청)
제35조(세율불균형물품에 대한 관세의 감면)
제36조(세율불균형물품에 대한 관세의 감면신청)
제37조(관세가 감면되는 학술연구용품)

**개정 예정 법률 밑줄 별도 표시.

관세법 시행규칙

[시행 2025. 7. 31.] [기획재정부령 제1138호, 2025. 7. 31., 일부개정]

제1조(목적) 이 규칙은 「관세법」 및 같은 법 시행령에서 위임된 사항과 그 시행에 필요한 사항을 규정함을 목적으로 한다.

[본조신설 2020. 10. 7.]

[종전 제1조는 제1조의3으로 이동 〈2020. 10. 7.〉]

제1조의2(과세환율) ① 관세청장은 「외국환거래법」 제9조제2항에 따른 외국환중개회사가 「관세법」(이하 "법"이라 한다) 제17조에 따른 날(보세건설장에 반입된 물품의 경우에는 수입신고를 한 날을 말한다)이 속하는 주의 전주(前週) 월요일부터 금요일까지 매일 최초 고시하는 기준환율 또는 재정환율을 평균하여 법 제18조에 따른 과세환율을 결정한다. 〈개정 2022. 9. 16.〉

② 관세청장은 법 제18조에 따른 과세환율의 세부 결정방법 등 필요한 사항을 따로 정할 수 있다. 〈개정 2022. 9. 16.〉

[본조신설 2020. 10. 7.]

제1조의3(담보의 관세충당) 법 제25조제1항에 따른 담보의 관세충당은 다음 각 호의 구분에 의한 방법에 따른다. 〈개정 2005. 2. 11., 2009. 3. 26., 2020. 10. 7.〉

1. 담보물이 법 제24조제1항제2호·제3호·제5호 및 제6호에 해당하는 경우 : 이를 매각하는 방법

2. 담보물이 법 제24조제1항제4호 및 제7호에 해당하는 경우 : 그 보증인에게 담보한 관세에 상당하는 금액을 납부할 것을 즉시 통보하는 방법

3. 삭제 〈2009. 3. 26.〉

[제1조에서 이동 〈2020. 10. 7.〉]

제2조(가격신고의 생략) ①법 제27조제3항의 규정에 따라 가격신고를 생략할 수 있는 물품은 다음 각 호와 같다. 〈개정 2005. 2. 11., 2007. 12. 31., 2020. 10. 7.〉

1. 정부 또는 지방자치단체가 수입하는 물품

2. 정부조달물품

3. 「공공기관의 운영에 관한 법률」 제4조에 따른 공공기관이 수입하는 물품

4. 관세 및 내국세등이 부과되지 않는 물품

5. 방위산업용 기계와 그 부분품 및 원재료로 수입하는 물품. 다만, 해당 물품과 관련된 중앙행정기관의 장의 수입확인 또는 수입추천을 받은 물품에 한정한다.

6. 수출용 원재료

7. 「특정연구기관 육성법」의 규정에 의한 특정연구기관이 수입하는 물품

8. 과세가격이 미화 1만불 이하인 물품. 다만, 개별소비세, 주세, 교통·에너지·환경세가 부과되는 물품과 분할하여 수입되는 물품은 제외한다.

9. 종량세 적용물품. 다만, 종량세와 종가세 중 높은 세액 또는 높은 세율을 선택하여 적용해야 하는 물품의 경우에는 제외한다.

10. 법 제37조제1항제3호에 따른 과세가격 결정방법의 사전심사 결과가 통보된 물품. 다만, 「관세법 시행령」(이하 "영"이라 한다) 제16조제1항 각 호의 물품은 제외한다.

②다음 각 호의 어느 하나에 해당하는 물품은 제1항(제10호는 제외한다)에 따른 가격신고 생략물품에 해당하지 않는 것으로 한다. 〈개정 2005. 2. 11., 2020. 10. 7.〉

1. 과세가격을 결정함에 있어서 법 제30조제1항제1호 내지 제5호의 규정에 의한 금액을 가산하여야 하는 물품

1의2. 법 제30조제2항에 따른 구매자가 실제로 지급하였거나 지급하여야 할 가격에 구매자가 해당 수입물품의 대가와 판매자의 채무를 상계(相計)하는 금액, 구매자가 판매자의 채무를 변제하는 금액, 그 밖의 간접적인 지급액이 포함되어 있는 경우에 해당하는 물품

1의3. 과세가격이 법 제31조부터 제35조까지에 따라 결정되는 경우에 해당하는 물품

2. 법 제39조에 따라 세관장이 관세를 부과·징수하는 물품
3. 영 제16조제1항 각 호의 물품
4. 제8조제1항제3호부터 제5호까지의 물품

제3조(잠정가격신고 대상물품 등) ① 영 제16조제1항제1호에서 "기획재정부령으로 정하는 것"이란 원유·곡물·광석 그 밖의 이와 비슷한 1차산품을 말한다. 〈개정 2008. 12. 31., 2011. 4. 1., 2017. 3. 31.〉

② 영 제16조제1항제2호의3에서 "기획재정부령으로 정하는 요건을 갖춘 경우"란 판매자와 구매자가 수립하는 수입물품의 거래가격 조정계획에 따라 조정(「국제조세조정에 관한 법률」 제7조에 따른 조정은 제외한다)하는 금액이 실제로 지급 또는 영수되고 해당 거래의 수입물품에 객관적으로 배분·계산될 것으로 판단되는 거래로서 다음 각 호의 요건을 모두 갖춘 경우를 말한다. 〈신설 2017. 3. 31., 2021. 3. 16.〉

1. 납세의무자가 다음 각 목의 어느 하나에 해당될 것

가. 법 제37조제1항제3호에 따라 과세가격 결정방법의 사전심사를 신청하여 과세가격 결정방법을 통보받아 영 제16조제1항제2호의2에 따른 잠정가격 신고의 자격이 없는 경우 중 해당 통보받은 과세가격 결정방법이 법 제30조제1항 본문에 따른 방법인 경우

나. 「국제조세조정에 관한 법률」 제14조에 따른 정상가격 산출방법의 사전승인을 받은 경우

2. 납세의무자가 제1호가목에 따른 과세가격 결정방법을 통보받거나 같은 호 나목에 따른 정상가격 산출방법 사전승인을 받은 이후 해당 거래의 수입물품 수입신고 1개월 전까지 별지 제1호의5 서식의 수입물품 거래가격 조정 계획서에 다음 각 목의 서류를 첨부하여 세관장에게 제출했을 것

가. 수입물품별 가격의 산출방법을 구체적으로 설명하는 다음의 자료

1) 구매자와 판매자간 가격결정 및 조정에 관하여 합의한 계약서, 구매자의 내부지침 등 자료

2)「국제조세조정에 관한 법률」 제8조에 따른 정상가격을 산출하기 위하여 작성한 검토 보고서 및 관련 재무자료

나. 과세관청으로부터 과세가격 결정방법을 통보받은 내역 또는

「국제조세조정에 관한 법률」 제14조에 따른 정상가격 산출방법의 사전승인을 받은 내역

다. 「국제조세조정에 관한 법률」 제16조제1항에 따른 국제거래 정보통합보고서

라. 그 밖에 잠정가격 신고요건을 확인하기 위하여 필요한 서류로서 세관장이 요청하는 서류

③ 영 제16조제1항제3호에서 "기획재정부령으로 정하는 경우"란 다음 각 호의 어느 하나에 해당하는 경우를 말한다. 〈신설 2020. 10. 7.〉

1. 법 제33조에 따라 과세가격을 결정하기 위한 이윤 및 일반경비 산출 등에 오랜 시간이 소요되는 경우

2. 설계·시공 일괄입찰 방식으로 계약된 플랜트 등 물품의 최초 발주시기보다 상당기간이 지나 인도가 완료되는 경우

3. 수입 후에 수입물품의 가격이 확정되는 경우로서 다음 각 목의 요건을 모두 충족하는 경우

가. 수입 이전에 거래 당사자간의 계약에 따라 최종 거래가격 산출공식이 확정되어 있을 것

나. 최종 거래가격은 수입 후 발생하는 사실에 따라 확정될 것

다. 수입 후 발생하는 사실은 거래 당사자가 통제할 수 없는 변수에 기초할 것

4. 그 밖에 계약의 내용이나 거래의 특성상 잠정가격으로 가격신고를 하는 것이 불가피하다고 세관장이 인정하는 경우

[제목개정 2017. 3. 31.]

제3조의2(확정가격 신고기간의 연장방법) ① 영 제16조제4항에 따라 확정가격 신고기간의 연장을 요청하려는 자는 확정가격 신고기간이 만료되기 3일전까지 관세청장이 정하는 확정가격 신고기간 연장신청서에 관련 증빙자료를 첨부하여 영 제16조제2항에 따라 잠정가격을 신고한 세관장에게 제출해야 한다.

② 제1항에 따라 확정가격 신고기간 연장을 신청하려는 자는 잠정가격을 신고한 세관장이 둘 이상인 경우 그 중 어느 하나의 세관장에게 일괄적으로 확정가격 신고기간 연장을 신청할 수 있다.

③ 세관장은 영 제16조제4항에 따라 확정가격 신고기간의 연장 여부가 결정되면 세관장은 그 결과를 신청인에게 통보해야 한다.

[본조신설 2020. 10. 7.]

[종전 제3조의2는 제3조의3으로 이동 〈2020. 10. 7.〉]

제3조의3(구매자를 대리하여 행하는 용역의 범위 등) 영 제17조의2 제1항에 따른 구매자를 대리하여 행하는 용역은 구매자의 계산과 위험부담으로 공급자 물색, 구매 관련 사항 전달, 샘플수집, 물품검사, 보험·운송·보관 및 인도 등을 알선하는 용역으로 한다. 다만, 다음 각 호의 어느 하나에 해당하는 경우에는 그러하지 아니하다.

1. 구매대리인이 자기의 계산으로 용역을 수행하는 경우
2. 구매대리인이 해당 수입물품에 대하여 소유권 또는 그 밖의 이와 유사한 권리가 있는 경우
3. 구매대리인이 해당 거래나 가격을 통제하여 실질적인 결정권을 행사하는 경우

[본조신설 2011. 4. 1.]

[제3조의2에서 이동 〈2020. 10. 7.〉]

제4조(무료 또는 인하된 가격으로 공급하는 물품 및 용역) ①영 제18조제2호에서 "기획재정부령으로 정하는 것"이란 해당 수입물품의 조립·가공·성형 등의 생산과정에 직접 사용되는 기계·기구 등을 말한다. 〈개정 2008. 12. 31., 2011. 4. 1.〉

②영 제18조제4호의 규정에 의한 수입물품의 생산에 필요한 기술은 특허기술·노하우 등 이미 개발되어 있는 기술과 새로이 수행하여 얻은 기술로 한다.

③영 제18조 각 호의 물품 및 용역의 가격은 다음 각 호의 구분에 따른 금액으로 결정한다. 〈개정 2020. 10. 7.〉

1. 해당 물품 및 용역을 영 제23조제1항에 따른 특수관계가 없는 자로부터 구입 또는 임차하여 구매자가 공급하는 경우: 그 구입 또는 임차하는 데에 소요되는 비용과 이를 생산장소까지 운송하는 데에 소요되는 비용을 합한 금액
2. 해당 물품 및 용역을 구매자가 직접 생산하여 공급하는 경우: 그 생산비용과 이를 수입물품의 생산장소까지 운송하는 데에 소요되는 비용을 합한 금액
3. 해당 물품 및 용역을 구매자와 영 제23조제1항에 따른 특수관계에 있는 자로부터 구입 또는 임차하여 공급하는 경우: 다음 각 목의 어느 하나에 따라 산출된 비용과 이를 수입물품의 생산장소까지

운송하는 데에 소요되는 비용을 합한 금액

가. 해당 물품 및 용역의 생산비용

나. 특수관계에 있는 자가 해당 물품 및 용역을 구입 또는 임차한 비용

4. 수입물품의 생산에 필요한 기술 · 설계 · 고안 · 공예 및 의장(이하 이 호에서 "기술등"이라 한다)이 수입물품 및 국내생산물품에 함께 관련된 경우 : 당해 기술등이 제공되어 생산된 수입물품에 해당되는 기술등의 금액

제4조의2(권리사용료의 산출) 구매자가 수입물품과 관련하여 판매자가 아닌 자에게 권리사용료를 지급하는 경우 그 권리사용료가 영 제19조제2항에 따른 해당 물품의 거래조건에 해당하는지를 판단할 때에는 다음 각 호를 고려해야 한다.

1. 물품판매계약 또는 물품판매계약 관련 자료에 권리사용료에 대해 기술한 내용이 있는지 여부

2. 권리사용계약 또는 권리사용계약 관련 자료에 물품 판매에 대해 기술한 내용이 있는지 여부

3. 물품판매계약 · 권리사용계약 또는 각각의 계약 관련 자료에 권리사용료를 지급하지 않는 경우 물품판매계약이 종료될 수 있다는 조건이 있는지 여부

4. 권리사용료가 지급되지 않는 경우 해당 권리가 결합된 물품을 제조 · 판매하는 것이 금지된다는 조건이 권리사용계약에 있는지 여부

5. 상표권 등 권리의 사용을 허락한 자가 품질관리 수준을 초과하여 우리나라에 수출하기 위해 판매되는 물품의 생산 또는 판매 등을 관리할 수 있는 조건이 권리사용계약에 포함되어 있는지 여부

6. 그 밖에 실질적으로 권리사용료에 해당하는 지급의무가 있고, 거래조건으로 지급된다고 인정할 만한 거래사실이 존재하는지 여부

[본조신설 2020. 10. 7.]

제4조의3(운임 등의 결정) ① 영 제20조제2항에 따른 운임은 다음 각 호에 따른다.

1. 법 제241조제2항제3호의2가목에 따른 운송수단이 외국에서 우리나라로 운항하여 수입되는 경우: 해당 운송수단이 수출항으로부터 수입항에 도착할 때까지의 연료비, 승무원의 급식비, 급료, 수당, 선

원 등의 송출비용 및 그 밖의 비용 등 운송에 실제로 소요되는 금액

2. 하나의 용선계약으로 여러가지 화물을 여러 차례에 걸쳐 왕복운송하거나 여러가지 화물을 하나의 운송계약에 따라 일괄운임으로 지급하는 경우: 수입되는 물품의 중량을 기준으로 계산하여 배분한 운임. 다만, 수입되는 물품의 중량을 알 수 없거나 중량을 기준으로 계산하는 것이 현저히 불합리한 경우에는 가격을 기준으로 계산하여 배분한 운임으로 한다.

3. 운송계약상 선적항 및 수입항의 구분 없이 총 허용정박 시간만 정하여 체선료(滯船料) 또는 조출료(早出料)의 발생장소를 명확히 구분할 수 없는 경우: 총 허용정박 시간을 선적항과 수입항에서의 허용 정박시간으로 반분(半分)하여 계산된 선적항에서의 체선료를 포함한 운임. 이 경우 실제 공제받은 조출료는 운임에 포함하지 않는다.

4. 법 제254조의2제6항에 따라 통관하는 탁송품으로서 그 운임을 알 수 없는 경우: 관세청장이 정하는 탁송품 과세운임표에 따른 운임

② 영 제20조제3항에서 "기획재정부령으로 정하는 물품"이란 다음 각 호의 어느 하나에 해당하는 물품을 말한다. 〈개정 2021. 3. 16.〉

1. 무상으로 반입하는 상품의 견본, 광고용품 및 그 제조용 원료로서 운임 및 보험료를 제외한 총 과세가격이 20만원 이하인 물품

2. 수출물품의 제조·가공에 사용할 외화획득용 원재료로서 세관장이 수출계약의 이행에 필요하다고 인정하여 무상으로 반입하는 물품

3. 계약조건과 다르거나 하자보증기간 안에 고장이 생긴 수입물품을 대체·수리 또는 보수하기 위해 무상으로 반입하는 물품

4. 계약조건과 다르거나 하자보증 기간 안에 고장이 생긴 수입물품을 외국으로 반출한 후 이를 수리하여 무상으로 반입하는 물품으로서 운임 및 보험료를 제외한 총 과세가격이 20만원 이하인 물품

5. 계약조건과 다르거나 하자보증 기간 안에 고장이 생긴 수출물품을 수리 또는 대체하기 위해 무상으로 반입하는 물품

6. 신문사, 방송국 또는 통신사에서 반입하는 뉴스를 취재한 사진필름, 녹음테이프 및 이와 유사한 취재물품

7. 우리나라의 거주자가 받는 물품으로서 자가 사용할 것으로 인정되는 것 중 운임 및 보험료를 제외한 총 과세가격이 20만원 이하인 물품

8. 제48조의2제1항에 따른 우리나라 국민, 외국인 또는 재외영주

권자가 입국할 때 반입하는 이사화물로서 운임 및 보험료를 제외한 총 과세가격이 50만원 이하인 물품

9. 여행자가 휴대하여 반입하는 물품

10. 항공사가 자기 소유인 운송수단으로 운송하여 반입하는 항공기용품과 외국의 본사 또는 지사로부터 무상으로 송부받은 해당 운송사업에 사용할 소모품 및 사무용품

11. 항공기 외의 일반적인 운송방법으로 운송하기로 계약된 물품으로서 해당 물품의 제작지연, 그 밖에 수입자의 귀책사유가 아닌 사유로 수출자가 그 운송방법의 변경에 따른 비용을 부담하고 항공기로 운송한 물품

12. 항공기 외의 일반적인 운송방법으로 운송하기로 계약된 물품으로서 천재지변이나 영 제2조제1항 각 호에 해당하는 사유로 운송수단을 변경하거나 해외 거래처를 변경하여 항공기로 긴급하게 운송하는 물품

③ 제2항 각 호의 물품은 다음 각 호의 구분에 따라 운임을 산출한다. 이 경우 다음 각 호의 적용 운임이 실제 발생한 항공운임을 초과하는 경우에는 해당 항공운임을 적용한다.

1. 제2항제1호부터 제9호까지의 물품: 우리나라에서 적용하고 있는 선편소포우편물요금표에 따른 요금. 이 경우 물품의 중량이 선편소포우편물요금표에 표시된 최대중량을 초과하는 경우에는 최대중량의 요금에 최대중량을 초과하는 중량에 해당하는 요금을 가산하여 계산한다.

2. 제2항제10호부터 제12호까지의 물품: 법 제225조제1항에 따른 선박회사(그 업무를 대행하는 자를 포함한다)가 해당 물품에 대해 통상적으로 적용하는 운임

④ 영 제20조제3항에 따른 제2항 각 호의 물품에 대한 보험료는 보험사업자가 통상적으로 적용하는 항공기 외의 일반적인 운송방법에 대한 보험료로 계산할 수 있다.

[본조신설 2020. 10. 7.]

제5조(특수관계의 영향을 받지 않은 물품가격) ①영 제23조제2항제3호 각 목 외의 부분에서 "기획재정부령이 정하는 가격"이란 수입가격과 영 제23조제2항제3호 각 목의 가격(이하 "비교가격"이라 한다)과의 차이가 비교가격을 기준으로 하여 비교할 때 100분의 10 이

하인 경우를 말한다. 다만, 세관장은 해당 물품의 특성·거래내용·거래관행 등으로 보아 그 수입가격이 합리적이라고 인정되는 때에는 비교가격의 100분의 110을 초과하더라도 비교가격에 근접한 것으로 볼 수 있으며, 수입가격이 불합리한 가격이라고 인정되는 때에는 비교가격의 100분의 110 이하인 경우라도 비교가격에 근접한 것으로 보지 아니할 수 있다. 〈개정 2008. 12. 31., 2009. 3. 26.〉

②비교가격은 비교의 목적으로만 사용되어야 하며, 비교가격을 과세가격으로 결정하여서는 아니된다.

③ 영 제23조제2항제3호 후단에 따른 비교가격 산출의 기준시점은 다음 각 호와 같다. 〈신설 2020. 10. 7.〉

1. 특수관계가 없는 우리나라의 구매자에게 수출되는 동종·동질물품 또는 유사물품의 거래가격: 선적 시점

2. 법 제33조에 따라 결정되는 동종·동질물품 또는 유사물품의 과세가격: 국내판매 시점

3. 법 제34조에 따라 결정되는 동종·동질물품 또는 유사물품의 과세가격: 수입신고 시점

[제목개정 2020. 10. 7.]

제5조의2(신고가격 증명자료 제출기간) 영 제24조제2항에 따른 "기획재정부령으로 정하는 기간"은 자료제출 요구일로부터 15일로 한다. 다만, 부득이한 사유로 납세의무자가 자료제출 기간 연장을 요청하는 경우에는 세관장이 해당 사유를 고려하여 타당하다고 인정하는 기간으로 한다.

[본조신설 2020. 10. 7.]

제6조 삭제 〈2012. 2. 28.〉

제7조(합리적인 기준에 의한 과세가격의 결정) ①영 제29조제1항제1호에서 "법 제31조제1항제1호의 요건을 신축적으로 해석·적용하는 방법"이라 함은 다음 각호의 방법을 말한다. 〈개정 2015. 3. 6.〉

1. 당해 물품의 생산국에서 생산된 것이라는 장소적 요건을 다른 생산국에서 생산된 것으로 확대하여 해석·적용하는 방법

2. 당해 물품의 선적일 또는 선적일 전후라는 시간적 요건을 선적일 전후 90일로 확대하여 해석·적용하는 방법. 다만, 가격에 영향을 미치는 시장조건이나 상관행(商慣行)이 유사한 경우에는 90일

을 초과하는 기간으로 확대하여 해석·적용할 수 있다.

②영 제29조제1항제2호에서 "수입된 것과 동일한 상태로 판매하여야 한다는 요건을 신축적으로 해석·적용하는 방법"이라 함은 납세의무자의 요청이 없는 경우에도 법 제33조제3항에 따라 과세가격을 결정하는 방법을 말한다. 〈개정 2020. 3. 13.〉

③영 제29조제1항제4호에서 "제27조제3항 단서를 적용하지 않는 방법"이란 수입신고일부터 180일까지 판매되는 가격을 적용하는 방법을 말한다. 〈개정 2022. 3. 18.〉

제7조의2(수입신고 전 변질 또는 손상물품의 과세가격의 결정) 영 제29조제3항제1호에 해당하는 물품의 과세가격은 다음 각 호의 가격을 기초로 하여 결정할 수 있다.

1. 변질 또는 손상으로 인해 구매자와 판매자간에 다시 결정된 가격

2. 변질 또는 손상되지 않은 물품의 가격에서 다음 각 목 중 어느 하나의 금액을 공제한 가격

가. 관련 법령에 따른 감정기관의 손해평가액

나. 수리 또는 개체(改替)비용

다. 보험회사의 손해보상액

[본조신설 2020. 10. 7.]

제7조의3(여행자 휴대품·우편물등의 과세가격의 결정) ① 영 제29조제3항제2호에 따른 여행자 또는 승무원의 휴대품·우편물·탁송품 및 별송품(이하 "여행자 휴대품·우편물등"이라 한다)의 과세가격을 결정하는 때에는 다음 각 호의 가격을 기초로 하여 결정할 수 있다.

1. 신고인의 제출 서류에 명시된 신고인의 결제금액(명칭 및 형식에 관계없이 모든 성격의 지급수단으로 결제한 금액을 말한다)

2. 외국에서 통상적으로 거래되는 가격으로서 객관적으로 조사된 가격

3. 해당 물품과 동종·동질물품 또는 유사물품의 국내도매가격에 관세청장이 정하는 시가역산율을 적용하여 산출한 가격

4. 관련 법령에 따른 감정기관의 감정가격

5. 중고 승용차(화물자동차를 포함한다) 및 이륜자동차에 대해 제1호 또는 제2호를 적용하는 경우 최초 등록일 또는 사용일부터 수

입신고일까지의 사용으로 인한 가치감소에 대해 관세청장이 정하는 기준을 적용하여 산출한 가격

6. 그 밖에 신고인이 제시하는 가격으로서 세관장이 타당하다고 인정하는 가격

② 제1항제3호의 국내도매가격을 산출하려는 경우에는 다음 각 호의 방법에 따른다.

1. 해당 물품과 동종·동질물품 또는 유사물품을 취급하는 2곳 이상의 수입물품 거래처(인터넷을 통한 전자상거래처를 포함한다)의 국내도매가격을 조사해야 한다. 다만, 다음 각 목의 경우에는 1곳의 수입물품 거래처만 조사하는 등 국내도매가격 조사방법을 신축적으로 적용할 수 있다.

가. 국내도매가격이 200만원 이하인 물품으로 신속한 통관이 필요한 경우

나. 물품 특성상 2곳 이상의 거래처를 조사할 수 없는 경우

다. 과세가격 결정에 지장이 없다고 세관장이 인정하는 경우

2. 제1호에 따라 조사된 가격이 둘 이상인 경우에는 다음 각 목에 따라 국내도매가격을 결정한다.

가. 조사된 가격 중 가장 낮은 가격을 기준으로 최고가격과 최저가격의 차이가 10%를 초과하는 경우에는 조사된 가격의 평균가격

나. 조사된 가격 중 가장 낮은 가격을 기준으로 최고가격과 최저가격의 차이가 10% 이하인 경우에는 조사된 가격 중 최저가격

③ 제1항제3호의 시가역산율은 국내도매가격에서 법 제33조제1항제2호부터 제4호까지의 금액을 공제하여 과세가격을 산정하기 위한 비율을 말하며, 산출방법은 관세청장이 정하는 바에 따른다.

[본조신설 2020. 10. 7.]

제7조의4(임차수입물품의 과세가격의 결정) ① 영 제29조제3항제3호에 따른 임차수입물품의 과세가격은 다음 각 호를 순차적으로 적용한 가격을 기초로 하여 결정할 수 있다.

1. 임차료의 산출 기초가 되는 해당 임차수입물품의 가격

2. 해당 임차수입물품, 동종·동질물품 또는 유사물품을 우리나라에 수출할 때 공개된 가격자료에 기재된 가격(중고물품의 경우에는 제7조의5에 따라 결정된 가격을 말한다)

3. 해당 임차수입물품의 경제적 내구연한 동안 지급될 총 예상임

차료를 기초로 하여 계산한 가격. 다만, 세관장이 일률적인 내구연한의 적용이 불합리하다고 판단하는 경우는 제외한다.

4. 임차하여 수입하는 물품에 대해 수입자가 구매선택권을 가지는 경우에는 임차계약상 구매선택권을 행사할 수 있을 때까지 지급할 총 예상임차료와 구매선택권을 행사하는 때에 지급해야 할 금액의 현재가격(제2항제2호 및 제3호를 적용하여 산정한 가격을 말한다)의 합계액을 기초로 하여 결정한 가격

5. 그 밖에 세관장이 타당하다고 인정하는 합리적인 가격

② 제1항제3호에 따라 과세가격을 결정할 때에는 다음 각 호에 따른다.

1. 해당 수입물품의 경제적 내구연한 동안에 지급될 총 예상임차료(해당 물품을 수입한 후 이를 정상으로 유지 사용하기 위해 소요되는 비용이 임차료에 포함되어 있을 때에는 그에 상당하는 실비를 공제한 총 예상임차료)를 현재가격으로 환산한 가격을 기초로 한다.

2. 수입자가 임차료 외의 명목으로 정기적 또는 비정기적으로 지급하는 특허권 등의 사용료 또는 해당 물품의 거래조건으로 별도로 지급하는 비용이 있는 경우에는 이를 임차료에 포함한다.

3. 현재가격을 계산하는 때에 적용할 이자율은 임차계약서에 따르되, 해당 계약서에 이자율이 정해져 있지 않거나 규정된 이자율이 제9조의3에서 정한 이자율 이상인 때에는 제9조의3에서 정한 이자율을 적용한다.

[본조신설 2020. 10. 7.]

제7조의5(중고물품의 과세가격의 결정) ① 영 제29조제3항제4호에 따른 중고물품의 과세가격은 다음 각 호의 가격을 기초로 하여 결정할 수 있다.

1. 관련 법령에 따른 감정기관의 감정가격

2. 국내도매가격에 제7조의3제1항제3호의 시가역산율을 적용하여 산출한 가격

3. 해외로부터 수입되어 국내에서 거래되는 신품 또는 중고물품의 수입당시의 과세가격을 기초로 하여 가치감소분을 공제한 가격. 다만, 내용연수가 경과된 물품의 경우는 제외한다.

4. 그 밖에 세관장이 타당하다고 인정하는 합리적인 가격

② 제1항제3호의 가치감소 산정기준은 관세청장이 정할 수 있다.

[본조신설 2020. 10. 7.]

제7조의6(보세공장에서 내국물품과 외국물품을 혼용하여 제조한 물품의 과세가격의 결정) ①영 제29조제3항제5호에 따라 내국물품과 외국물품의 혼용에 관한 승인을 받아 제조된 물품의 과세가격은 다음의 산식에 따른다.

제품가격 × [외국물품가격 / (외국물품가격 + 내국물품가격)]

② 제1항을 적용할 때 제품가격, 외국물품가격 및 내국물품 가격은 다음 각 호의 방법으로 결정한다.

1. 제품가격은 보세공장에서 외국물품과 내국물품을 혼용하여 제조된 물품의 가격으로 하며, 법 제30조부터 제35조까지에서 정하는 방법에 따른다.
2. 제조에 사용된 외국물품의 가격은 법 제30조부터 제35조까지에서 정하는 방법에 따른다.
3. 제조에 사용된 내국물품의 가격은 해당 보세공장에서 구매한 가격으로 한다.
4. 제3호에도 불구하고 다음 각 목의 어느 하나에 해당하는 경우에는 해당 물품과 동일하거나 유사한 물품의 국내판매가격을 구매가격으로 한다. 이 경우 거래 단계 등이 같아야 하며, 두 물품 간 거래 단계 등에 차이가 있는 경우에는 그에 따른 가격 차이를 조정해야 한다.
   가. 구매자와 판매자가 영 제23조제1항 각 호에서 정하는 특수관계가 있는 경우
   나. 영 제18조 각 호에서 정하는 물품 및 용역을 무료 또는 인하된 가격으로 직접 또는 간접으로 공급한 사실이 있는 경우
5. 제2호부터 제4호까지의 가격은 법 제186조제1항에 따라 사용신고를 하는 때에 이를 확인해야 하며, 각각 사용신고 하는 때의 원화가격으로 결정한다.

[본조신설 2020. 10. 7.]

제7조의7(범칙물품의 과세가격의 결정) 영 제29조제3항제6호에 따른 범칙물품의 과세가격은 제7조의2부터 제7조의6까지 및 제7조의

8에 따라 결정한다.

[본조신설 2020. 10. 7.]

제7조의8(보세구역에서 거래되는 석유의 과세가격의 결정) ① 영 제29조제3항제7호에 따른 국제거래시세를 조정한 가격으로 보세구역에서 거래되는 석유의 과세가격은 보세구역에서 거래되어 판매된 가격을 알 수 있는 송품장, 계약서 등의 자료를 기초로 하여 결정할 수 있다.

② 국내에서 발생한 하역비, 보관료 등의 비용이 제1항의 보세구역에서 거래되어 판매된 가격에 포함되어 있고, 이를 입증자료를 통해 구분할 수 있는 경우 그 비용을 해당 가격에서 공제할 수 있다.

[본조신설 2020. 10. 7.]

제7조의9(가산율 또는 공제율의 결정 방법) ① 영 제30조제2항에 따라 가산율 또는 공제율의 적용을 받으려 하는 자는 관세청장이 정하는 가산율 또는 공제율 산정신청서에 다음 각 호의 서류를 첨부하여 관세청장 또는 세관장에게 제출해야한다.

1. 최근 3년간의 해당물품의 수입실적 자료

2. 영 제31조제1항 각 호의 서류

3. 최근 3년간 해당 수입물품의 국내판매 가격자료와 이윤 및 일반경비를 확인할 수 있는 자료(공제율 산정의 경우에 한정한다)

② 영 제30조제1항에 따라 가산율 또는 공제율을 산정하는 경우 관세청장 또는 세관장은 해당 납세의무자에게 의견을 제시할 기회를 주어야 한다.

③ 제1항에 따른 신청을 받은 관세청장 또는 세관장은 신청서류 및 신청인의 최근 거래관계와 거래내용을 심사하여 20일 이내에 관세청장이 정하는 가산율 또는 공제율 결정서를 신청인에게 발급해야 한다. 다만, 다음 각 호의 어느 하나에 해당하여 가산율 또는 공제율의 산정이 곤란한 경우에는 가산율 또는 공제율 결정서를 발급하지 아니한다.

1. 가산 또는 공제할 금액의 지급기준이 변경되는 경우

2. 가산율 또는 공제율 결정의 기초가 되는 거래관계나 내용이 변경된 경우

3. 그 밖에 관세청장 또는 세관장이 거래관계나 거래내용 등을 고려하여 가산율 또는 공제율의 산정이 곤란하다고 인정하는 경우

④ 제3항에 따라 결정되는 가산율 또는 공제율은 소수점 이하 셋째 자릿수까지 계산한 후 이를 반올림하여 둘째 자릿수까지 산정한다.

⑤ 가산율 또는 공제율은 제3항에 따른 가산율 또는 공제율 결정서를 발급한 날부터 1년 간 적용한다. 다만, 세관장이 필요하다고 인정하는 경우에는 적용 기간을 다르게 정할 수 있다.

[본조신설 2020. 10. 7.]

제7조의10(특수관계자간 거래물품의 과세가격 결정방법 사전심사) ① 영 제31조제1항제4호의2에서 "기획재정부령으로 정하는 서류"란 다음 각 호의 서류를 말한다. 다만, 제2호 및 제7호의 서류는 특수관계 사전심사 신청 물품의 과세가격 결정방법과 관련이 없다고 관세청장이 인정하는 경우에는 제출하지 않을 수 있다. 〈개정 2021. 3. 16.〉

1. 거래당사자의 사업연혁, 사업내용, 조직 및 출자관계 등에 관한 설명자료
2. 관할 세무서에 신고한 거래당사자의 최근 3년 동안의 재무제표, 무형자산 및 용역거래를 포함한 「국제조세조정에 관한 법률」 제16조제2항제3호에 따른 정상가격 산출방법 신고서
3. 원가분담 계약서, 비용분담 계약서 등 수입물품 거래에 관한 서류
4. 수입물품 가격의 산출방법을 구체적으로 설명하는 다음 각 목의 자료
   가. 가격산출 관련 재무자료
   나. 가격산출의 전제가 되는 조건 또는 가정에 대한 설명자료
   다. 특수관계자간 가격결정에 관한 내부지침 및 정책
5. 「국제조세조정에 관한 법률」 제14조에 따른 정상가격 산출방법의 사전승인을 받은 경우 이를 증명하는 서류
6. 회계법인이 작성한 이전가격보고서가 있는 경우 산출근거자료 및 자산·용역의 가격에 영향을 미치는 요소에 관한 분석자료가 포함된 보고서
7. 판매 형태에 따라 구분한 최근 3년간 수입품목별 매출액·매출원가
8. 특수관계가 거래가격에 영향을 미치지 않았음을 확인할 수 있

는 자료

② 제1항에도 불구하고 사전심사를 신청하는 자가 「중소기업기본법」제2조에 따른 중소기업인 경우에는 영 제31조제1항제4호의2의 "기획재정부령으로 정하는 서류"는 제1항제4호 및 제8호의 자료를 말한다.

③ 영 제31조제7항제4호에 따라 특수관계 사전심사 결과의 적용기간을 연장하려는 자는 관세청장이 정하는 특수관계 사전심사 적용기간 연장 신청서에 다음 각 호의 서류를 첨부하여 관세청장에게 제출해야 한다. 다만, 연장 신청일 이전에 법 제37조제5항에 따른 보고서에 다음 각 호의 서류를 포함하여 제출하였고, 연장 신청일 현재 거래사실 등이 변동되지 않은 경우에는 첨부하지 않을 수 있다. 〈개정 2022. 3. 18.〉

1. 수입물품 거래 관련 계약서(수입물품과 관련된 기술용역 계약서 등을 포함한다)

2. 사전심사 결정물품의 거래 상대방 및 거래단계 등을 확인할 수 있는 서류

3. 사전심사 결과 결정된 과세가격 결정방법의 전제가 되는 조건 또는 가정의 변동 여부를 확인할 수 있는 자료

[본조신설 2020. 10. 7.]

제8조(수입신고수리전 세액심사 대상물품) ①법 제38조제2항 단서의 규정에 의하여 수입신고수리전에 세액심사를 하는 물품은 다음 각호와 같다. 〈개정 2002. 5. 10.〉

1. 법률 또는 조약에 의하여 관세 또는 내국세를 감면받고자 하는 물품

2. 법 제107조의 규정에 의하여 관세를 분할납부하고자 하는 물품

3. 관세를 체납하고 있는 자가 신고하는 물품(체납액이 10만원 미만이거나 체납기간 7일 이내에 수입신고하는 경우를 제외한다)

4. 납세자의 성실성 등을 참작하여 관세청장이 정하는 기준에 해당하는 불성실신고인이 신고하는 물품

5. 물품의 가격변동이 큰 물품 기타 수입신고수리후에 세액을 심사하는 것이 적합하지 아니하다고 인정하여 관세청장이 정하는 물품

②제1항의 규정에 의하여 수입신고수리전에 세액심사를 하는 물

품중 제1항제1호 및 제2호에 규정된 물품의 감면 또는 분할납부의 적정 여부에 대한 심사는 수입신고수리전에 하고, 과세가격 및 세율 등에 대한 심사는 수입신고수리후에 한다.

제8조의2(신용카드 등에 의한 관세납부) ① 영 제32조의5제2항에서 "기획재정부령으로 정하는 바에 따라 관세납부를 대행하는 기관"(이하 "관세납부대행기관"이라 한다)이란 다음 각 호의 어느 하나에 해당하는 자를 말한다. 〈개정 2011. 4. 1., 2019. 3. 20.〉

1. 「민법」제32조 및 「금융위원회 소관 비영리법인의 설립 및 감독에 관한 규칙」에 따라 설립된 금융결제원

2. 시설, 업무수행능력, 자본금 규모 등을 고려하여 관세청장이 관세납부대행기관으로 지정하는 자

② 영 제32조의5제3항에 따른 납부대행수수료는 관세청장이 관세납부대행기관의 운영경비 등을 종합적으로 고려하여 승인하되, 해당 납부세액의 1천분의 10을 초과할 수 없다. 〈개정 2012. 2. 28.〉

[본조신설 2009. 3. 26.]

제9조(부과고지 대상물품) 법 제39조제1항제6호의 규정에 의하여 세관장이 관세를 부과고지하는 물품은 다음 각호와 같다.

1. 여행자 또는 승무원의 휴대품 및 별송품

2. 우편물(법 제258조제2항에 해당하는 것을 제외한다)

3. 법령의 규정에 의하여 세관장이 관세를 부과 · 징수하는 물품

4. 제1호 내지 제3호외에 납세신고가 부적당하다고 인정하여 관세청장이 지정하는 물품

제9조의2(가산세) 법 제42조의2제1항제5호 단서에서 "기획재정부령으로 정하는 경우"란 다음 각 호의 어느 하나에 해당하는 경우를 말한다. 〈개정 2020. 3. 13.〉

1. 납세자가 법 제114조제1항 본문에 따른 관세조사의 사전통지를 받은 후 수정신고서를 제출한 경우

2. 납세자가 법 제114조제1항 단서에 따라 사전통지 없이 법 제110조제2항 각 호의 조사가 개시된 사실을 알고 수정신고서를 제출한 경우

3. 납세자가 법 제118조제1항에 따른 서면통지를 받은 후 수정신고서를 제출한 경우

[본조신설 2015. 3. 6.]

[종전 제9조의2는 제9조의3으로 이동 〈2015. 3. 6.〉]

제9조의3(관세 등 환급가산금의 이율) 영 제56조제2항에서 "기획재정부령으로 정하는 이자율"이란 연 1천분의 31을 말한다. 〈개정 2013. 2. 23., 2015. 3. 6., 2016. 3. 9., 2017. 3. 31., 2018. 3. 21., 2019. 3. 20., 2020. 3. 13., 2021. 3. 16., 2023. 3. 20., 2024. 3. 22., 2025. 3. 21.〉

[본조신설 2012. 2. 28.]

[제9조의2에서 이동 〈2015. 3. 6.〉]

제9조의4(압류·매각의 유예 신청 등) ① 영 제40조제1항에 따른 압류 또는 매각의 유예 신청은 별지 제59호서식의 압류·매각 유예 신청서에 따른다. 〈개정 2021. 3. 16.〉

② 영 제40조제4항 따른 압류 또는 매각의 유예 통지 및 같은 조 제5항에 따른 압류 또는 매각의 유예 신청에 대한 거부의 통지는 별지 제60호서식의 압류·매각의 유예(거부) 통지서에 따른다. 〈개정 2021. 3. 16.〉

③ 영 제40조제5항에 따른 압류 또는 매각 유예의 취소 통지는 별지 제61호서식의 압류·매각의 유예 취소 통지서에 따른다. 〈개정 2021. 3. 16.〉

[본조신설 2019. 3. 20.]

[제목개정 2021. 3. 16.]

제10조(정상가격 및 덤핑가격의 비교) ①영 제58조제1항 본문의 규정에 의한 통상거래가격과 동항 단서의 규정에 의한 제3국으로 수출되는 수출가격을 결정함에 있어서 동종물품의 판매가 다음 각호의 1에 해당하는 경우에는 그 판매가격을 근거로 하지 아니할 수 있다.

1. 조사대상기간 동안 정상가격을 결정하기 위하여 고려되고 있는 거래중 당해 물품의 제조원가에 합리적인 수준의 판매비 및 일반관리비를 가산한 가격(이하 이 조에서 "원가"라 한다) 이하로 판매한 양이 100분의 20 이상이거나 정상가격을 결정하기 위하여 고려되고 있는 거래의 가중평균 판매가격이 당해 거래의 가중평균 원가 이하이고, 당해 원가 이하의 판매에 의하여 적절한 기간내에 그 물품의 원가수준에 상당하는 비용을 회수할 수 없는 경우(판매시 원가 이하인 가격이 조사대상기간동안의 가중평균 원가보다 높은 때에는 그 물품의 원가수준에 상당하는 비용을 회수할 수 있는 것으로 본다)

2. 영 제23조제1항의 규정에 의한 특수관계가 있는 당사자간의 판매가격으로서 당해 가격이 당사자간의 관계에 의하여 영향을 받은 경우

②영 제58조제1항 단서의 규정에 의한 특수한 시장상황 등에는 공급국안에서의 판매량이 그 공급국으로부터의 수입량의 100분의 5 미만으로서 정상가격결정의 기초로 사용하기에 부적당한 경우를 포함한다. 다만, 공급국안에서의 판매량이 100분의 5 미만인 경우에도 덤핑가격과 비교할 수 있음이 입증되는 때에는 그러하지 아니하다.

③영 제58조제1항 단서의 규정에 의한 구성가격을 산정함에 있어서 판매비 · 일반관리비 및 이윤의 금액은 조사대상 공급자에 의하여 동종물품의 통상적인 거래에서 발생한 생산 및 판매와 관련된 실제자료에 기초하여야 한다. 이 경우 현재 또는 미래의 생산에 기여할 수 있는 일회성 비용이나 조사대상기간중의 생산개시비용 등으로 인하여 원가가 적절히 반영되지 아니한 때에는 이를 조정하여야 한다.

④제3항의 규정에 의하여 구성가격을 산정함에 있어서 실제자료에 기초할 수 없는 때에는 다음 각호의 자료에 기초할 수 있다. 〈개정 2010. 3. 30.〉

1. 조사대상 공급자에 의하여 원산지국가의 국내시장에서 동일부류의 물품의 생산 · 판매와 관련하여 발생되고 실현된 실제금액

2. 원산지국가의 국내시장에서 동종물품의 생산 · 판매와 관련하여 다른 조사대상 공급자에 의하여 발생되고 실현된 실제금액의 가중평균

3. 기타 합리적이라고 인정되는 방법. 다만, 이러한 방법으로 산정된 이윤은 원산지국가안에서 동일부류의 물품을 다른 공급자가 판매하여 통상적으로 실현시킨 이윤을 초과하여서는 아니된다.

⑤영 제58조제3항 각호외의 부분 본문의 규정을 적용함에 있어서의 시장경제국가는 원칙적으로 당해 물품을 공급한 국가와 경제발전정도, 당해 물품의 생산기술수준 등이 비슷한 국가로 한다.

⑥ 영 제58조제3항 각 호 외의 부분 단서에서 "기획재정부령이 정하는 경우"란 해당 국가 안에서 해당 물품의 생산 또는 판매가 시장경제원리에 따르고 있는 경우를 말한다. 〈개정 2008. 12. 31.〉

⑦영 제58조제4항제1호의 규정에 의한 재판매가격을 기초로 산정

한 가격은 수입과 재판매 사이에 발생하는 제세를 포함한 비용과 그로 인한 이윤을 공제한 가격으로 하며, 영 제58조제4항제2호의 규정에 의한 합리적인 기준에 의한 가격은 당해 물품의 수입가격에 당해 수입과 관련하여 발생하거나 당해 수입과 재판매 사이에서 발생하는 비용과 적정한 이윤 등을 참작하여 산출한 가격으로 한다.

⑧영 제58조제5항 전단의 규정에 의하여 정상가격과 덤핑가격을 비교하는 때에는 원칙적으로 거래량을 가중치로 하여 가중산술평균한 가격으로 비교하여야 한다. 이 경우 개별 덤핑가격이 정상가격보다 높은 경우를 포함하여 모든 개별 덤핑가격을 가중산술평균한 가격을 덤핑가격으로 한다. 〈개정 2010. 3. 30.〉

⑨ 영 제58조제5항 전단에 따라 정상가격과 덤핑가격을 비교할 때 적용하는 환율은 원칙적으로 해당 물품 거래일의 환율로 한다. 다만, 해당 물품 거래가 선물환거래와 직접적으로 연계되어 있는 경우에는 그 약정환율을 적용할 수 있다. 〈신설 2010. 3. 30.〉

⑩영 제58조제5항 후단의 규정에 의하여 물리적 특성의 차이로 가격조정을 하는 때에는 그 물리적 특성이 공급국의 시장가격에 미치는 영향을 기준으로 계산하여야 한다. 다만, 공급국의 시장가격에 관한 자료를 구할 수 없거나 그 자료가 가격비교에 사용하기에 부적합한 때에는 물리적 특성의 차이에 따른 제조원가의 차이를 기준으로 조정할 수 있다. 〈개정 2010. 3. 30.〉

⑪영 제58조제5항 후단의 규정에 의하여 판매수량의 차이로 가격조정을 하는 경우는 대량생산에 따른 생산비의 절감에 의한 것이거나 통상적인 거래에서 모든 구매자에게 제공되는 대량판매에 의한 할인이 있는 경우로 한다. 〈개정 2010. 3. 30.〉

⑫영 제58조제5항 후단의 규정에 의하여 판매조건의 차이로 가격조정을 하는 경우는 그 판매조건이 당해 판매가격에 영향을 미칠 정도의 직접적인 관계가 있는 경우에 한한다. 〈개정 2010. 3. 30.〉

⑬영 제58조제5항 후단의 규정에 의하여 환율변동으로 가격을 조정하는 경우는 덤핑률 조사대상 기간 중 환율이 일정한 방향으로 변동하여 지속된 경우로 하며, 그 조정된 가격을 조사대상 공급자에게 환율변동 후 60일 동안 적용할 수 있게 하여야 한다. 〈개정 2010. 3. 30.〉

제11조(덤핑방지관세의 부과요청) ①영 제59조제4항에서 "동종물품"

이라 함은 당해 수입물품과 물리적 특성, 품질 및 소비자의 평가 등 모든 면에서 동일한 물품(겉모양에 경미한 차이가 있는 물품을 포함한다)을 말하며, 그러한 물품이 없는 때에는 당해 수입물품과 매우 유사한 기능·특성 및 구성요소를 가지고 있는 물품을 말한다. 〈개정 2020. 3. 13.〉

② 영 제59조제4항에서 "당해 수입물품의 수입자인 생산자로서 기획재정부령이 정하는 자"란 해당 수입물품을 수입한 생산자 중 다음 각 호의 자를 제외한 자를 말한다. 〈개정 2008. 12. 31., 2009. 3. 26., 2020. 3. 13.〉

1. 영 제59조제6항에 따른 신청서 접수일부터 6개월 이전에 덤핑물품을 수입한 생산자

2. 덤핑물품의 수입량이 근소한 생산자

③영 제59조제4항에 따라 특수관계에 있는 생산자의 범위를 판정함에 있어서 당해 수입물품과 동종물품의 생산자가 영 제23조제1항에 따른 특수관계에 속하지 아니하는 자와 동일 또는 유사한 가격 및 조건 등으로 이를 판매하는 때에는 당해 생산자를 특수관계에 있는 생산자의 범위에서 제외할 수 있다. 〈개정 2020. 3. 13.〉

④영 제59조제5항에서 "기획재정부령이 정하는 자"란 국내생산자로 구성된 협회·조합 등을 말한다. 〈개정 2008. 12. 31., 2020. 3. 13.〉

제12조(덤핑 및 실질적 피해등의 조사개시) ①영 제60조제1항제1호 및 제3호의 규정에 의하여 조사대상물품 또는 공급자를 선정함에 있어서는 이용가능한 자료를 기초로 통계적으로 유효한 표본추출방법(공급자의 수 또는 물품의 수를 수입량의 비율이 큰 순서대로 선정하는 방법 등을 포함한다)을 사용함을 원칙으로 한다.

②영 제60조제2항제3호에서 "기획재정부령이 정하는 기준"이란 다음 각 호의 요건을 모두 갖추는 것을 말한다. 〈개정 2008. 12. 31., 2024. 3. 22.〉

1. 덤핑차액: 덤핑가격의 100분의 2 이상인 경우

2. 덤핑물품 수입량: 다음 각 목의 어느 하나에 해당하는 경우

가. 특정 공급국으로부터의 수입량이 동종물품의 국내수입량의 100분의 3 이상인 경우

나. 동종물품의 국내수입량의 100분의 3 미만의 점유율을 보이

는 공급국들로부터의 수입량의 합계가 국내수입량의 100분의 7을 초과하는 경우

③영 제60조제2항제4호에서 "기획재정부령이 정하는 기준"이란 다음 각 호의 어느 하나에 해당하는 경우를 말한다. 〈개정 2008. 12. 31., 2024. 3. 22.〉

1. 영 제59조제1항에 의한 부과요청에 대하여 찬성 또는 반대의사를 표시한 국내생산자들의 동종물품 국내생산량합계 중 찬성의사를 표시한 국내생산자들의 생산량합계가 100분의 50을 초과하는 경우

2. 영 제59조제1항에 의한 부과요청에 대하여 찬성의사를 표시한 국내생산자들의 생산량합계가 동종물품 국내총생산량의 100분의 25 이상인 경우

제13조(덤핑방지관세부과를 위한 본조사의 종결 및 피해의 통산) 영 제61조제4항 및 영 제63조제3항제1호에서 "기획재정부령이 정하는 기준"이란 제12조제2항 각 호의 요건을 모두 갖추는 것을 말한다. 〈개정 2008. 12. 31.〉

제14조(덤핑방지관세부과에 필요한 조사신청의 철회) ①영 제62조제1항의 규정에 의하여 조사신청을 철회하고자 하는 자는 철회사유를 기재한 철회서 및 관련자료를 무역위원회에 제출하여야 한다.

②기획재정부장관 또는 무역위원회는 영 제61조제2항 또는 제5항의 규정에 의한 예비조사 또는 본조사의 기간중에 철회서가 접수된 경우로서 해당 철회의 사유가 부당하다고 인정되는 경우에는 해당 예비조사 또는 본조사가 종료될 때까지 철회에 따른 조사종결여부에 대한 결정을 유보할 수 있다. 〈개정 2008. 12. 31.〉

제15조(덤핑방지조치 관련 비밀취급자료) 영 제64조제2항에 따라 비밀로 취급하는 자료는 다음 각 호의 사항에 관한 자료로서 이들이 공개되는 경우 그 제출자나 이해관계인의 이익이 침해되거나 그 경쟁자에게 중대한 경쟁상 이익이 될 우려가 있는 것으로 한다. 〈개정 2014. 10. 1., 2020. 12. 29.〉

1. 제조원가
2. 공표되지 않은 회계자료
3. 거래처의 성명·주소 및 거래량
4. 비밀정보의 제공자에 관한 사항
5. 그 밖에 비밀로 취급하는 것이 타당하다고 인정되는 자료

제15조의2(덤핑방지조치 관련 이용가능한 자료) ① 무역위원회는 이해관계인이 관계자료를 제출하지 않거나 제출한 자료가 불충분하여 영 제64조제5항에 따라 조사 또는 자료의 검증이 곤란하다고 판단한 경우에는 그 사실을 즉시 해당 이해관계인에게 통보하고, 특별한 사정이 없는 한 7일 이내에 추가 자료제출 또는 설명을 할 수 있는 기회를 제공해야 한다.

② 무역위원회는 영 제64조제5항에 따라 이용가능한 자료를 사용할 경우 조사절차가 지나치게 지연되지 않는 한 공식 수입통계 등 다른 자료로부터 취득하거나 조사 과정에서 다른 이해관계인으로부터 얻은 정보를 확인해야 한다.

③ 무역위원회는 영 제64조제5항에 따라 이용가능한 자료를 사용하여 조사·판정한 경우에는 해당 자료를 사용한 사유를 영 제71조제2항제3호 및 제9호에 따른 통지(영 제71조의9제1항에 따라 준용되는 경우에는 영 제71조의11제2항제2호나목에 따른 통지를 말한다) 시에 이해관계인에게 함께 통지해야 한다. 〈개정 2024. 3. 22.〉

[본조신설 2020. 12. 29.]

제16조(덤핑방지관세부과를 위한 공청회) ①무역위원회는 영 제64조제8항 전단에 따라 공청회를 개최하는 때에는 그 계획 및 결과를 기획재정부장관에게 통보해야 한다. 〈개정 2008. 12. 31., 2020. 12. 29.〉

②기획재정부장관 및 무역위원회는 공청회를 개최하고자 하는 때에는 신청인 및 이해관계인에게 공청회의 일시 및 장소를 개별통지하고, 관보 등 적절한 방법으로 공청회개최일 30일 이전에 공고하여야 한다. 다만, 사안이 시급하거나 조사일정상 불가피한 때에는 7일 이전에 알려줄 수 있다. 〈개정 2008. 12. 31.〉

③공청회에 참가하고자 하는 자는 공청회개최예정일 7일전까지 신청인 또는 이해관계인이라는 소명자료와 진술할 발언의 요지, 관련근거자료, 자신을 위하여 진술할 자의 인적사항 등을 첨부하여 기획재정부장관 및 무역위원회에 신청하여야 한다. 〈개정 2008. 12. 31.〉

④신청인 또는 이해관계인은 공청회에 대리인과 공동으로 참가하여 진술하거나 필요한 때에는 대리인으로 하여금 진술하게 할 수

있다.

⑤공청회에 참가하는 자는 공청회에서 진술한 내용과 관련되는 보완자료를 공청회 종료후 7일 이내에 기획재정부장관 및 무역위원회에 서면으로 제출할 수 있다. 〈개정 2008. 12. 31.〉

⑥신청인 또는 이해관계인은 공청회에서 진술하는 때에는 한국어를 사용하여야 한다.

⑦외국인이 공청회에 직접 참가하는 때에는 통역사를 대동할 수 있다. 이 경우 통역사가 통역한 내용을 당해 외국인이 진술한 것으로 본다.

제17조(덤핑방지관세의 부과 등) ①법 제51조의 규정에 의하여 덤핑방지관세를 부과하는 때에는 다음 각호의 방법에 의한다. 〈개정 2010. 3. 30.〉

1. 덤핑방지관세를 정률세의 방법으로 부과하는 경우 : 다음의 산식에 의하여 산정된 덤핑률의 범위안에서 결정한 율을 과세가격에 곱하여 산출한 금액

$$덤핑률 = \frac{조정된\ 정상가격 - 조정된\ 덤핑가격}{과세가격} \times 100$$

2. 덤핑방지관세를 기준수입가격의 방법으로 부과하는 경우 : 영 제65조제7항에 따른 기준수입가격에서 과세가격을 차감하여 산출한 금액

②영 제65조제3항제1호에 따라 가중평균 덤핑방지관세율 또는 기준수입가격을 산정함에 있어서 공급자가 다수인 때에는 공급자별 수출량에 따라 가중치를 둘 수 있다. 이 경우 다음 각 호의 어느 하나에 해당하는 공급자는 산정대상에서 제외한다. 〈개정 2007. 12. 31., 2024. 3. 22.〉

1. 덤핑차액이 없거나 덤핑가격대비 덤핑차액이 100분의 2 미만인 공급자

2. 영 제64조제5항에 따라 이용가능한 자료 등을 사용하여 덤핑차액 등을 산정한 공급자

③기획재정부장관은 영 제65조제3항제2호에 따라 자료를 제출한 신규공급자에 대하여 영 제61조의 규정에 의한 조사를 조속히 행하여야 한다. 이 경우 실질적 피해등의 조사는 영 제65조제3항 각 호

외의 부분에 따른 공급국에 대한 실질적 피해등의 조사로 갈음할 수 있다. 〈개정 2008. 12. 31., 2024. 3. 22.〉

제18조(잠정조치 적용기간의 연장요청) 영 제66조제2항 단서의 규정에 의하여 잠정조치 적용기간의 연장을 요청하고자 하는 자는 그 잠정조치의 유효기간종료일 10일전까지 이를 요청하여야 한다.

제19조(가격수정·수출중지 등의 약속) ①영 제68조제1항에 따라 수출자가 기획재정부장관에게 약속을 제의하는 경우 그 약속에는 다음 각 호의 사항이 포함되어야 한다. 〈개정 2008. 12. 31.〉

1. 수출자가 수출가격을 실질적 피해등이 제거될 수 있는 수준으로 인상한다는 내용 또는 기획재정부장관과 협의하여 정하는 기간내에 덤핑수출을 중지한다는 내용

2. 약속수락전까지 계약되거나 선적되는 물품에 관한 내용

3. 형식·모양·명칭 등의 변경이나 저급품의 판매 등의 방법으로 약속의 이행을 회피하는 행위를 하지 아니하겠다는 내용

4. 제3국이나 제3자를 통한 판매 등의 방법으로 사실상 약속을 위반하지 아니하겠다는 내용

5. 수출국안에서의 판매물량 및 판매가격과 우리나라로의 수출물량 및 수출가격에 대하여 기획재정부장관에게 정기적으로 보고하겠다는 내용

6. 관련자료에 대한 검증을 허용하겠다는 내용

7. 그 밖의 상황변동의 경우에 기획재정부장관의 요구에 대하여 재협의할 수 있다는 내용

②기획재정부장관은 영 제68조제2항 본문에 따라 약속을 수락하기 전에 무역위원회, 관계행정기관의 장 및 이해관계인의 의견을 물을 수 있다. 〈개정 2008. 12. 31.〉

③ 기획재정부장관은 다음 각 호의 어느 하나에 해당하는 경우에는 영 제68조제2항 단서에 따라 약속을 수락하지 아니할 수 있다. 〈개정 2008. 12. 31.〉

1. 다수의 수출자를 대리하여 약속을 제의한 자가 그 다수의 수출자간에 완전한 합의가 이루어졌음을 입증하지 못하는 경우

2. 약속의 이행여부에 대한 적절한 확인 또는 조사를 곤란하게 하는 조건이 있는 경우

3. 과거에 약속을 위반하였던 사실이 있는 등 약속을 수락할 수

없다고 인정되는 합리적인 사유가 있는 경우

④영 제68조제3항에 따라 기획재정부장관으로부터 약속을 제의받은 수출자는 1개월 이내에 수락여부를 통보하여야 한다. 〈개정 2008. 12. 31.〉

제20조(덤핑방지관세 및 약속의 재심사) ①영 제70조제1항에 따라 덤핑방지관세 및 약속의 재심사를 요청할 수 있는 이해관계인은 다음 각 호와 같다. 〈개정 2008. 12. 31.〉

1. 동종물품의 국내생산자 또는 그 단체
2. 당해 덤핑방지조치대상 물품의 공급자·수입자 또는 그 단체
3. 그 밖에 이해관계가 있다고 기획재정부장관이 인정하는 자

② 삭제 〈2022. 3. 18.〉

제20조의2(경미한 변경행위의 판단) 영 제71조의2제2항에 따라 경미한 변경행위 여부를 판단할 때에는 다음 각 호의 사항을 고려해야 한다.

1. 법 제51조에 따라 덤핑방지관세가 부과되는 물품(이하 "덤핑방지관세물품"이라 한다)과 법 제56조의2제1항에 따른 우회덤핑(이하 "우회덤핑"이라 한다) 조사대상물품의 물리적 특성 및 화학성분 차이
2. 덤핑방지관세물품과 우회덤핑 조사대상물품의 법 제84조제3호에 따른 관세·통계통합품목분류표상 품목번호 차이
3. 덤핑방지관세물품을 우회덤핑 조사대상물품으로 대체할 수 있는 범위 및 우회덤핑 조사대상물품의 용도
4. 덤핑방지관세물품과 우회덤핑 조사대상물품의 생산설비 차이
5. 영 제71조의2제1항에 따른 경미한 변경행위에 소요되는 비용
6. 그 밖에 무역위원회가 필요하다고 인정하는 사항

[본조신설 2024. 3. 22.]

제20조의3(우회덤핑 조사 신청의 철회) ① 영 제71조의8제1항 전단에 따라 우회덤핑 해당 여부의 조사를 신청한 자가 그 신청을 철회하려는 경우에는 철회 사유를 적은 철회서 및 관련 자료를 무역위원회에 제출해야 한다.

② 무역위원회는 영 제71조의7제2항에 따른 조사 기간 중에 제1항에 따른 철회서가 접수된 경우 해당 철회사유가 부당하다고 인정되면 해당 조사가 종료될 때까지 철회에 따른 조사종결 여부에 대

한 결정을 유보할 수 있다.

[본조신설 2024. 3. 22.]

제20조의4(우회덤핑 조사 관련 비밀취급자료) 영 제71조의9제3항에 따라 비밀로 취급하는 자료는 다음 각 호의 사항에 관한 자료로서 공개되는 경우 그 제출자나 이해관계인의 이익이 침해되거나 그 경쟁자에게 중대한 경쟁상 이익이 될 우려가 있는 것으로 한다.

1. 제조원가
2. 공표되지 않은 회계자료
3. 거래처의 성명·주소 및 거래량
4. 비밀정보의 제공자에 관한 사항
5. 그 밖에 비밀로 취급하는 것이 타당하다고 인정되는 자료

[본조신설 2024. 3. 22.]

제21조(보조금등의 범위) ①영 제72조제1항 단서에서 "기획재정부령이 정하는 보조금 또는 장려금"이란 영 제72조제2항의 규정에 의한 특정성은 있으나 연구·지역개발 및 환경관련 보조금 또는 장려금(이하 "보조금등"이라 한다)으로서 국제협약에서 인정하고 있는 것을 말한다. 〈개정 2008. 12. 31.〉

②다음 각호의 1에 해당되는 경우에는 영 제72조제2항의 규정에 의한 특정성이 있는 것으로 본다.

1. 보조금등이 일부 기업 등에 대하여 제한적으로 지급되는 경우
2. 보조금등이 제한된 수의 기업 등에 의하여 사용되어지는 경우
3. 보조금등이 특정한 지역에 한정되어 지급되는 경우
4. 기타 국제협약에서 인정하고 있는 특정성의 기준에 부합되는 경우

③영 제72조제3항의 규정에 의하여 보조금등의 금액을 산정함에 있어서는 다음 각호의 기준에 의한다.

1. 지분참여의 경우 : 당해 지분참여와 통상적인 투자와의 차이에 의하여 발생하는 금액 상당액
2. 대출의 경우 : 당해 대출금리에 의하여 지불하는 금액과 시장금리에 의하여 지불하는 금액과의 차액 상당액
3. 대출보증의 경우 : 당해 대출에 대하여 지불하는 금액과 대출보증이 없을 경우 비교가능한 상업적 차입에 대하여 지불하여야 하는 금액과의 차액 상당액

4. 재화·용역의 공급 또는 구매의 경우 : 당해 가격과 시장가격과의 차이에 의하여 발생하는 금액 상당액

5. 기타 국제협약에서 인정하고 있는 기준에 의한 금액

제22조(상계관세의 부과에 필요한 조사신청) ①영 제73조제4항에서 "동종물품"이라 함은 해당 수입물품과 물리적 특성, 품질 및 소비자의 평가 등 모든 면에서 동일한 물품(겉모양에 경미한 차이가 있는 물품을 포함한다)을 말하며, 그러한 물품이 없는 경우 해당 수입물품과 매우 유사한 기능·특성 및 구성요소를 가지고 있는 물품을 말한다. 〈개정 2020. 12. 29.〉

② 영 제73조제4항에서 "당해 수입물품의 수입자인 생산자로서 기획재정부령이 정하는 자"란 해당 수입물품을 수입한 생산자 중 다음 각 호의 자를 제외한 자를 말한다. 〈개정 2008. 12. 31., 2020. 12. 29.〉

1. 영 제73조제6항에 따른 조사신청 접수일부터 6개월 이전에 보조금등을 받은 물품을 수입한 생산자

2. 보조금등을 받은 물품의 수입량이 매우 적은 생산자

③ 영 제73조제4항에 따라 특수관계에 있는 생산자를 판정할 때 해당 수입물품과 동종물품의 생산자가 영 제23조제1항에 따른 특수관계가 없는 자와 동일 또는 유사한 가격 및 조건 등으로 이를 판매하는 경우에는 해당 생산자를 특수관계가 있는 생산자의 범위에서 제외할 수 있다. 〈개정 2020. 12. 29.〉

④영 제73조제5항에서 "기획재정부령이 정하는 자"란 국내생산자로 구성된 협회·조합 등을 말한다. 〈개정 2008. 12. 31., 2020. 12. 29.〉

제23조(보조금등을 받은 물품의 수입 및 실질적 피해등의 조사개시) ①영 제74조제1항제1호 및 제3호의 규정에 의하여 조사대상 물품과 수출국정부 또는 수출자를 선정함에 있어서는 이용가능한 자료를 기초로 통계적으로 유효한 표본추출방법(수출국정부 또는 수출자의 수 또는 물품의 수를 수입량의 비율이 큰 순서대로 선정하는 방법 등을 포함한다)을 사용함을 원칙으로 한다.

②영 제74조제2항제3호에서 "기획재정부령이 정하는 기준"이란 국제협약에서 달리 정하지 아니하는 한 보조금등의 금액이 당해 물품가격대비 100분의 1 이상인 경우를 말한다. 〈개정 2008. 12. 31.〉

③ 영 제74조제2항제4호에서 "국내생산자들의 생산량합계가 기획재정부령이 정하는 기준에 미달된다고 인정되는 경우"란 다음 각 호의 어느 하나에 해당하는 경우를 말한다. 〈개정 2008. 12. 31.〉

1. 영 제73조제1항에 의한 부과요청에 대하여 찬성 또는 반대의사를 표시한 국내생산자들의 동종물품 국내생산량합계중 찬성의사를 표시한 국내생산자들의 생산량합계가 100분의 50 이하인 경우

2. 영 제73조제1항에 의한 부과요청에 대하여 찬성의사를 표시한 국내생산자들의 생산량합계가 동종물품 국내총생산량의 100분의 25 미만인 경우

제24조(상계관세부과를 위한 본조사의 종결) 영 제75조제4항 전단에서 "기획재정부령으로 정하는 기준"이란 국제협약에서 달리 정하지 않는 한 보조금등의 금액이 해당 물품 가격대비 100분의 1이상인 경우를 말한다. 〈개정 2008. 12. 31., 2020. 12. 29.〉

제25조(상계관세부과에 필요한 조사신청의 철회) ①영 제76조제1항의 규정에 의하여 조사신청을 철회하고자 하는 자는 철회사유를 기재한 철회서 및 관련자료를 무역위원회에 제출하여야 한다.

②기획재정부장관 또는 무역위원회는 영 제75조제2항 또는 제5항에 따른 예비조사 또는 본조사의 기간중에 철회서가 접수된 경우로서 해당 철회의 사유가 부당하다고 인정되는 경우에는 해당 예비조사 또는 본조사가 종료될 때까지 철회에 따른 조사종결여부에 대한 결정을 유보할 수 있다. 〈개정 2008. 12. 31.〉

제26조(상계관세부과를 위한 피해의 통산) 영 제77조제3항제1호에서 "기획재정부령이 정하는 기준"이란 국제협약에서 달리 정하지 아니하는 한 보조금등의 금액이 당해 물품 가격대비 100분의 1이상인 경우를 말한다. 〈개정 2008. 12. 31.〉

제27조(상계조치 관련 비밀취급자료) 영 제78조제2항에 따라 비밀로 취급하는 자료는 다음 각 호의 사항에 관한 자료로서 이들이 공개되는 경우 그 제출자나 이해관계인의 이익이 침해되거나 그 경쟁자에게 중대한 경쟁상 이익이 될 우려가 있는 것으로 한다. 〈개정 2014. 10. 1., 2020. 12. 29.〉

1. 제조원가
2. 공표되지 않은 회계자료
3. 거래처의 성명·주소 및 거래량

4. 비밀정보의 제공자에 관한 사항

5. 그 밖에 비밀로 취급하는 것이 타당하다고 인정되는 자료

제27조의2(상계조치 관련 이용가능한 자료) ① 무역위원회는 이해관계인이 관계자료를 제출하지 않거나 제출한 자료가 불충분하여 영 제78조제5항에 따라 조사 또는 자료의 검증이 곤란하다고 판단한 경우에는 그 사실을 즉시 해당 이해관계인에게 통보하고, 특별한 사정이 없는 한 7일 이내에 추가 자료제출 또는 설명을 할 수 있는 기회를 제공해야 한다.

② 무역위원회는 영 제78조제5항에 따라 이용가능한 자료를 사용할 경우 조사절차가 지나치게 지연되지 않는 한 공식 수입통계 등 다른 자료로부터 취득하거나 조사 과정에서 다른 이해관계인으로부터 얻은 정보를 확인해야 한다.

③ 무역위원회는 제78조제5항에 따라 이용가능한 자료를 사용하여 조사·판정한 경우에는 해당 자료를 사용한 사유를 영 제85조제2항제3호 및 제9호에 따른 통지 시에 이해관계인에게 함께 통지해야 한다.

[본조신설 2020. 12. 29.]

제28조(상계관세부과를 위한 공청회) 영 제78조제8항 전단에 따른 공청회에 관하여는 제16조의 규정을 준용한다. 〈개정 2020. 12. 29.〉

제29조(보조금률의 산정 등) ①법 제57조의 규정에 의하여 상계관세를 부과하는 경우 상계관세는 다음의 산식에 의하여 산정된 보조금률의 범위안에서 결정한 율을 과세가격에 곱하여 산출한다.

$$\text{보조금률} = \frac{\text{보조금등의 금액}}{\text{과세가격}} \times 100$$

②영 제79조제2항제1호에 따라 가중평균 상계관세율을 산정함에 있어서 보조금등을 받는 수출자가 다수인 때에는 수출자별 수출량에 따라 가중치를 둘 수 있다. 이 경우 보조금등의 금액이 과세가격의 100분의 1 미만인 수출자를 상계관세율 산정대상에서 제외할 수 있다. 〈개정 2024. 3. 22.〉

③ 기획재정부장관은 영 제79조제2항제2호에 따라 자료를 제출한 신규수출자에 대하여 영 제75조에 따른 조사를 조속히 행하여야 한

다. 이 경우 실질적 피해등의 조사는 영 제79조제2항 각 호 외의 부분에 따른 수출국에 대한 실질적 피해등의 조사로 갈음할 수 있다. 〈개정 2008. 12. 31., 2024. 3. 22.〉

제30조(가격수정 등의 약속) ① 영 제81조제1항에 따라 수출자가 기획재정부장관에게 약속을 제의하는 경우 그 약속에는 다음 각 호의 사항이 포함되어야 한다. 〈개정 2008. 12. 31.〉

1. 수출자가 수출가격을 실질적 피해등이 제거될 수 있는 수준으로 인상한다는 내용
2. 약속수락전까지 계약되거나 선적되는 물품에 관한 내용
3. 형식·모양·명칭 등의 변경이나 저급품의 판매 등의 방법으로 약속의 이행을 회피하는 행위를 하지 아니하겠다는 내용
4. 제3국이나 제3자를 통한 판매 등의 방법으로 사실상 약속을 위반하지 아니하겠다는 내용
5. 수출국안에서의 판매물량 및 판매가격과 우리나라로의 수출물량 및 수출가격에 대하여 기획재정부장관에게 정기적으로 보고하겠다는 내용
6. 관련자료에 대한 검증을 허용하겠다는 내용
7. 그 밖의 상황변동의 경우 기획재정부장관의 요구에 대하여 재협의할 수 있다는 내용

②기획재정부장관은 영 제81조제2항에 따라 약속을 수락하기 전에 무역위원회·관계행정기관의 장 및 이해관계인의 의견을 물을 수 있다. 〈개정 2008. 12. 31.〉

③ 기획재정부장관은 다음 각 호의 어느 하나에 해당하는 경우에는 영 제81조제2항 단서에 따라 약속을 수락하지 아니할 수 있다. 〈개정 2008. 12. 31.〉

1. 다수의 수출자를 대리하여 약속을 제의한 자가 그 다수의 수출자간에 완전한 합의가 이루어졌음을 입증하지 못하는 경우
2. 약속의 이행여부에 대한 적절한 확인 또는 조사를 곤란하게 하는 조건이 있는 경우
3. 과거에 약속을 위반하였던 사실이 있는 등 약속을 수락할 수 없다고 인정되는 합리적인 사유가 있는 경우

④영 제81조제3항에 따라 기획재정부장관으로부터 약속을 제의받은 수출자는 1개월 이내에 수락여부를 통보하여야 한다. 〈개정

2008. 12. 31.〉

제31조(상계관세 및 약속의 재심사) ① 영 제84조제1항에 따라 재심사를 요청할 수 있는 이해관계인은 다음 각 호와 같다. 〈개정 2008. 12. 31.〉

1. 동종물품의 국내생산자 또는 그 단체

2. 당해 상계조치대상 물품의 수출국정부 또는 수출자와 수입자 또는 그 단체

3. 그 밖에 이해관계가 있다고 기획재정부장관이 인정하는 자

② 삭제 〈2022. 3. 18.〉

제32조(긴급관세 관련 비밀취급자료) ①법 제65조제7항의 규정에 의하여 제출된 자료중 자료를 제출하는 자가 정당한 사유를 제시하여 비밀로 취급하여 줄 것을 요청한 자료에 대하여는 당해 자료를 제출한 자의 명시적인 동의없이는 이를 공개하여서는 아니된다.

②제1항의 규정에 의하여 비밀로 취급하는 자료에 대하여는 제15조의 규정을 준용한다.

제33조(품목분류 사전심사 및 재심사 신청물품에 대한 분석수수료) 법 제86조제6항에 따른 분석수수료는 분석이 필요한 물품에 대한 품목분류 사전심사 및 재심사 신청품목당 3만원으로 한다. 〈개정 2015. 3. 6.〉

[제목개정 2015. 3. 6.]

제33조의2(품목분류 사전심사 및 재심사의 반려사유) 영 제106조제3항제5호의 "기획재정부령으로 정하는 경우"는 다음 각 호와 같다.

1. 농산물 혼합물로서 제조공정이 규격화되어 있지 않아 성분·조성의 일관성 확보가 곤란한 경우

2. 냉장·냉동 물품과 같이 운송수단 및 저장방법 등에 따라 상태가 달라질 수 있는 경우

[본조신설 2020. 3. 13.]

제34조(외교관용 물품 등에 대한 면세 신청) ①법 제88조제1항제5호의 규정에 의하여 관세를 면제받고자 하는 자는 영 제112조제1항 각호의 사항외에 계약의 종류, 사업장소재지와 사용목적 및 사용방법을 기재하여 당해 업무를 관장하는 중앙행정기관의 장의 확인을 받은 신청서에 계약서 사본을 첨부하여야 한다.

②법 제88조제1항제6호에서 "기획재정부령으로 정하는 자"란 면

세업무와 관련된 조약 등에 의하여 외교관에 준하는 대우를 받는 자로서 해당 업무를 관장하는 중앙행정기관의 장이 확인한 자를 말한다. 〈개정 2008. 12. 31., 2011. 4. 1.〉

③법 제88조제1항제6호의 규정에 의하여 관세를 면제받고자 하는 자는 당해 업무를 관장하는 중앙행정기관의 장이 국제기구 또는 외국정부로부터 정부에 파견된 자임을 증명하는 서류를 신청서에 첨부하여야 한다.

④법 제88조제2항의 규정에 의하여 양수가 제한되는 물품은 다음 각호와 같다.

1. 자동차(삼륜자동차와 이륜자동차를 포함한다)
2. 선박
3. 피아노
4. 전자오르간 및 파이프오르간
5. 엽총

[제목개정 2011. 4. 1.]

제35조(세율불균형물품에 대한 관세의 감면) ① 법 제89조제1항 각 호 외의 부분에 따라 관세가 감면되는 물품은 다음 각 호와 같다. 〈개정 2013. 3. 23., 2019. 3. 20.〉

1. 항공기 제조업자 또는 수리업자가 항공기와 그 부분품의 제조 또는 수리에 사용하기 위하여 수입하는 부분품 및 원재료
2. 장비 제조업자 또는 수리업자가 반도체 제조용 장비의 제조 또는 수리에 사용하기 위하여 수입하는 부분품 및 원재료 중 산업통상자원부장관 또는 그가 지정하는 자가 추천하는 물품

② 법 제89조제6항제1호에서 "「세계무역기구 설립을 위한 마라케쉬 협정 부속서 4의 민간항공기 무역에 관한 협정」 대상 물품 중 기획재정부령으로 정하는 물품"은 별표 1과 같다. 〈신설 2019. 3. 20.〉

[전문개정 2013. 2. 23.]

제36조(세율불균형물품에 대한 관세의 감면신청) 법 제89조제1항 및 제6항에 따라 관세를 감면받고자 하는 자는 영 제112조제1항 각 호의 사항 외에 제조할 물품의 품명·규격·수량 및 가격, 제조개시 및 완료예정연월일과 지정제조공장의 명칭 및 소재지를 신청서에 기재하고, 원자재소요량증명서 또는 이에 갈음할 서류를 첨부하

여 세관장에게 제출하여야 한다. 다만, 세관장이 필요없다고 인정하는 때에는 원자재소요량증명서 등의 첨부를 생략할 수 있다. 〈개정 2009. 3. 26., 2019. 3. 20.〉

제37조(관세가 감면되는 학술연구용품) ①법 제90조제1항제1호 및 제2호에 따라 관세가 감면되는 물품은 다음 각 호와 같다. 〈개정 2002. 5. 10., 2004. 3. 30., 2010. 3. 30. 2021. 3. 16.〉

1. 표본, 참고품, 도서, 음반, 녹음된 테이프, 녹화된 슬라이드, 촬영된 필름, 시험지, 시약류, 그 밖에 이와 유사한 물품 및 자료

2. 다음 각목의 1에 해당하는 것으로서 국내에서 제조하기 곤란한 것중 당해 물품의 생산에 관한 업무를 담당하는 중앙행정기관의 장 또는 그가 지정하는 자가 추천하는 물품

가. 개당 또는 셋트당 과세가격이 100만원 이상인 기기

나. 가목에 해당하는 기기의 부분품 및 부속품

3. 부분품(제2호에 따른 기기의 부분품을 제외하며, 법 제90조제1항제1호 및 제2호에 따라 학술연구용 등에 직접 사용되는 것으로 한정한다)·원재료 및 견본품

②법 제90조제1항제2호에서 "기획재정부령으로 정하는 기관"이란 다음 각 호와 같다. 〈개정 2002. 5. 10., 2005. 2. 11., 2005. 12. 30., 2006. 5. 30., 2006. 10. 27., 2007. 5. 29., 2007. 12. 31., 2008. 12. 31., 2009. 3. 26., 2009. 12. 31., 2010. 3. 30., 2011. 4. 1., 2013. 2. 23., 2013. 3. 23., 2018. 3. 21., 2019. 3. 20., 2020. 3. 13., 2021. 3. 16., 2025. 3. 21.〉

1. 「정부조직법」 제4조 또는 지방자치단체의 조례에 의하여 설치된 시험소·연구소·공공도서관·동물원·식물원 및 전시관(이들 기관에서 사용하기 위하여 중앙행정기관의 장이 수입하는 경우를 포함한다)

2. 대한무역투자진흥공사 전시관

3. 「산업집적활성화 및 공장설립에 관한 법률」 제31조에 따라 설립된 산업단지관리공단의 전시관

4. 「정부출연연구기관 등의 설립·운영 및 육성에 관한 법률」 및 「과학기술분야 정부출연연구기관 등의 설립·운영 및 육성에 관한 법률」에 의하여 설립된 연구기관

5. 수출조합전시관(산업통상자원부장관이 면세추천을 한 것에 한

정한다)

6. 중소기업진흥공단(농가공산품개발사업을 위하여 개설한 전시관과 「중소기업진흥에 관한 법률」 제74조제1항제13호 및 제14호의 사업을 수행하기 위하여 수입하는 물품에 한한다)

7. 「산업디자인진흥법」 제11조의 규정에 의하여 설립된 한국디자인진흥원(「산업디자인진흥법」 제11조제4항제1호 · 제2호 및 제5호의 사업을 수행하기 위하여 수입하는 물품에 한한다)

8. 수입물품을 실험 · 분석하는 국가기관

9. 도로교통공단(「도로교통법」 제123조제1호 · 제2호 · 제4호 및 제5호의 사업을 수행하기 위하여 수입하는 물품에 한한다)

10. 「독립기념관법」에 의한 독립기념관

11. 한국소비자원(「소비자기본법」 제35조제1항제2호 · 제3호 및 제6호의 업무를 수행하기 위하여 수입하는 물품에 한한다)

12. 「한국산업안전보건공단법」에 따라 설립된 한국산업안전보건공단(같은 법 제6조의 사업을 수행하기 위하여 수입하는 물품으로 한정한다)

13. 「산업발전법」에 의하여 설립된 한국생산성본부

14. 「전쟁기념사업회법」에 의하여 설립된 전쟁기념사업회

15. 「한국교통안전공단법」에 따라 설립된 한국교통안전공단

16. 교육부장관이 인정하는 사내기술대학 및 사내기술대학원

17. 고용노동부장관의 인가를 받은 중소기업협동조합부설 직업훈련원

18. 「국토안전관리원법」에 따라 설립된 국토안전관리원

19. 「과학관육성법」에 의한 과학관

20. 「한국교육방송공사법」에 의하여 설립된 한국교육방송공사

21. 「지방자치단체의 행정기구와 정원기준 등에 관한 규정」에 의하여 설치된 농업기술원

22. 「특정연구기관 육성법」 제2조의 규정에 의한 연구기관

23. 산업기술연구를 목적으로 「민법」 제32조 및 「협동조합 기본법」에 따라 설립된 비영리법인으로서 독립된 연구시설을 갖추고 있는 법인임을 산업통상자원부장관, 과학기술정보통신부장관 또는 기획재정부장관이 확인 · 추천하는 기관

24. 「산업기술혁신 촉진법」 제42조에 따라 산업통상자원부장관의

허가를 받아 설립된 연구소

25. 「국립암센터법」에 따라 설립된 국립암센터 및 「국립중앙의료원의 설립 및 운영에 관한 법률」에 따라 설립된 국립중앙의료원

26. 「방송통신발전 기본법」 제34조에 따라 설립된 한국정보통신기술협회(한국정보통신기술협회에 설치된 시험연구소에서 사용하기 위하여 수입하는 물품으로 한정한다)

27. 「산업교육진흥 및 산학협력촉진에 관한 법률」에 의하여 설립된 산학협력단

28. 「경제자유구역 및 제주국제자유도시의 외국교육기관 설립·운영에 관한 특별법」에 따라 설립된 외국교육기관

29. 「국가표준기본법」 제4장의2에 따라 설립된 한국화학융합시험연구원, 한국기계전기전자시험연구원 및 한국건설생활환경시험연구원

30. 「산업기술혁신 촉진법」 제21조제4항에 따라 산업통상자원부장관이 지정한 연구장비관리 전문기관(같은 법 제2조제7호에 따른 산업기술혁신사업을 수행하는 데에 필요한 물품을 제1호부터 제29호까지의 규정에 따른 감면대상기관에서 사용하도록 하기 위하여 수입하는 경우를 포함한다)

31. 「보건의료기술 진흥법」 제15조에 따라 보건복지부장관이 지정한 연구중심병원

32. 「국방과학연구소법」에 따라 설립된 국방과학연구소

33. 「국가과학기술 경쟁력 강화를 위한 이공계지원 특별법」제18조제2항에 따라 과학기술정보통신부장관에게 신고한 연구개발서비스업을 영위하는 기업

34. 「식품위생법」 제67조제1항에 따른 식품안전정보원(「수입식품안전관리특별법 시행령」 제14조제2항제3호에 따른 업무를 수행하기 위해 수입하는 직접구매 해외식품등으로 한정한다)

③법 제90조제1항제4호에 따라 관세를 감면받을 수 있는 자는 다음 각 호와 같다. 〈개정 2002. 5. 10., 2005. 2. 11., 2008. 12. 31., 2011. 4. 1., 2012. 2. 28., 2013. 3. 23., 2019. 3. 20.〉

1. 기업부설 연구소 또는 연구개발 전담부서를 설치하고 있거나 설치를 위한 신고를 한 기업(「기초연구진흥 및 기술개발지원에 관한 법률」 제14조제1항제2호에 따른 것임을 과학기술정보통신부장관이

확인한 것으로 한정한다)

2. 산업기술연구조합(「산업기술연구조합 육성법」에 의한 산업기술연구조합으로서 기술개발을 위한 공동연구시설을 갖추고 자연계분야의 학사 이상의 학위를 가진 연구전담요원 3인 이상을 상시 확보하고 있음을 과학기술정보통신부장관이 확인한 산업기술연구조합에 한정한다)

④ 법 제90조제1항제4호에 따라 관세를 감면하는 물품은 다음 각 호와 같다. 〈개정 2001. 6. 30., 2002. 5. 10., 2008. 12. 31., 2009. 12. 31., 2011. 4. 1., 2019. 3. 20., 2021. 3. 16.〉

1. 산업기술의 연구·개발에 사용하기 위하여 수입하는 별표 1의2의 물품

2. 시약 및 견본품

3. 연구·개발 대상물품을 제조 또는 수리하기 위하여 사용하는 부분품 및 원재료

4. 제1호의 물품을 수리하기 위한 목적으로 수입하는 부분품

⑤법 제90조제2항의 규정에 의한 관세의 감면율은 100분의 80으로 한다. 다만, 공공의료기관(제2항제25호의 규정에 의한 국립암센터 및 국립중앙의료원은 제외한다) 및 학교부설의료기관에서 사용할 물품에 대한 관세의 감면율은 100분의 50으로 한다. 〈개정 2003. 2. 14., 2009. 12. 31.〉

제38조(학술연구용품 등에 대한 관세의 감면신청) ①법 제90조제1항제3호에 따라 관세를 감면받으려는 자는 해당 기증사실을 증명하는 서류를 신청서에 첨부하여 제출하여야 한다. 〈개정 2011. 4. 1.〉

②법 제90조제1항제4호에 따른 물품을 관세감면대상물품으로 지정받으려는 자는 다음 각 호의 사항을 적은 신청서에 해당 물품의 상품목록 등 참고자료를 첨부하여 주무부처를 경유하여 기획재정부장관에게 제출하여야 한다. 〈개정 2008. 12. 31., 2011. 4. 1.〉

1. 신청인의 주소·성명 및 상호

2. 사업의 종류

3. 법 별표 관세율표 번호(이하 "관세율표 번호"라 한다)·품명·규격·수량·가격·용도 및 구조

③제2항의 규정에 의한 신청서는 매년 2월 말일까지 제출하여야

한다.

[제목개정 2011. 4. 1.]

제39조(종교 · 자선 · 장애인용품에 대한 관세의 부과) ①법 제91조제1호 단서에 따라 관세가 부과되는 물품은 다음 각 호와 같다. 〈개정 2007. 5. 29., 2011. 4. 1.〉

1. 관세율표 번호 제8518호에 해당하는 물품
2. 관세율표 번호 제8531호에 해당하는 물품
3. 관세율표 번호 제8519호 · 제8521호 · 제8522호 · 제8523호 및 제92류에 해당하는 물품(파이프오르간은 제외한다)

② 법 제91조제2호에 따라 관세를 면제받을 수 있는 자선 · 구호시설 또는 사회복지시설은 다음 각 호와 같다. 〈개정 2005. 2. 11., 2008. 12. 31., 2016. 12. 30.〉

1. 삭제 〈2016. 12. 30.〉
2. 「국민기초생활 보장법」 제32조의 규정에 의한 시설
3. 「아동복지법」 제3조제10호에 따른 아동복지시설

③법 제91조제2호 단서에 따라 관세가 부과되는 물품은 관세율표 번호 제8702호 및 제8703호에 해당하는 자동차와 번호 제8711호에 해당하는 이륜자동차로 한다. 〈개정 2011. 4. 1.〉

④법 제91조제4호의 규정에 의하여 관세가 면제되는 물품은 별표 2와 같다.

제40조(종교 · 자선 · 장애인용품에 대한 관세면제신청) ①법 제91조제1호 내지 제3호의 규정에 의하여 관세를 면제받고자 하는 자는 당해 기증사실을 증명하는 서류를 신청서에 첨부하여야 한다.

② 법 제91조제1호에 따라 관세를 면제받으려는 자는 해당 기증목적에 관하여 문화체육관광부장관의 확인을 받아야 한다. 〈개정 2008. 12. 31.〉

③법 제91조제2호에 따라 관세를 면제받고자 하는 자가 국가 또는 지방자치단체외의 자인 때에는 해당 시설 및 사업에 관하여 보건복지부장관이나 시장 또는 군수가 발급한 증명서 또는 그 사본을 신청서에 첨부하여야 한다. 〈개정 2008. 12. 31., 2017. 3. 31.〉

④법 제91조제3호의 규정에 의하여 관세를 면제받고자 하는 자가 국가 · 지방자치단체 또는 대한적십자사외의 자인 때에는 당해 기증목적에 관하여 외교부장관의 확인을 받아야 한다. 〈개정 2013. 3. 23.〉

⑤세관장은 당해 물품의 수량 또는 가격을 참작하는 경우 제1항 내지 제4항의 규정에 의한 확인 및 증명이 필요없다고 인정되는 때에는 이를 생략하게 할 수 있다.

제41조(관세가 면제되는 정부용품 등) ①법 제92조제1호 단서에 따라 관세가 부과되는 물품은 관세율표 번호 제8703호에 해당하는 승용자동차로 한다. 〈개정 2011. 4. 1.〉

②법 제92조제2호 단서의 규정에 의하여 관세가 부과되는 물품은 「군수품관리법」 제3조의 규정에 의한 통상품으로 한다. 〈개정 2005. 2. 11., 2007. 5. 29., 2007. 12. 31.〉

1. 삭제 〈2007. 12. 31.〉
2. 삭제 〈2007. 12. 31.〉
3. 삭제 〈2007. 12. 31.〉
4. 삭제 〈2007. 12. 31.〉
5. 삭제 〈2007. 12. 31.〉
6. 삭제 〈2007. 12. 31.〉
7. 삭제 〈2007. 12. 31.〉
8. 삭제 〈2007. 12. 31.〉
9. 삭제 〈2007. 12. 31.〉
10. 삭제 〈2007. 12. 31.〉
11. 삭제 〈2007. 12. 31.〉

③법 제92조제6호 또는 제7호의 규정에 의하여 관세가 면제되는 물품은 다음 각호의 물품중 개당 또는 셋트당 과세가격이 100만원 이상인 기기와 그 기기의 부분품 및 부속품(사후에 보수용으로 따로 수입하는 물품을 포함한다)중 국내에서 제작하기 곤란한 것으로서 당해 물품의 생산에 관한 사무를 관장하는 주무부처의 장 또는 그가 지정하는 자가 추천하는 물품으로 한다.

1. 대기질의 채취 및 측정용 기계·기구
2. 소음·진동의 측정 및 분석용 기계·기구
3. 환경오염의 측정 및 분석용 기계·기구
4. 수질의 채취 및 측정용 기계·기구

제42조(정부용품 등에 대한 관세의 면제신청) ①법 제92조제1호의 규정에 의하여 관세를 면제받고자 하는 자는 당해 기증사실을 증명하는 서류를 신청서에 첨부하여야 한다.

② 법 제92조제2호 본문에 따라 관세를 면제받으려는 경우에는 다음 각 호의 서류를 신청서에 첨부해야 한다. 〈개정 2021. 3. 16.〉

1. 해당 물품이 제41조제2항에 따른 통상품이 아님을 국방부장관 또는 방위사업청장이 지정하는 자가 확인한 서류

2. 정부의 위탁을 받아 수입하는 경우에는 정부의 위탁을 받아 수입한다는 것을 국방부장관 또는 방위사업청장이 지정하는 자가 확인한 서류

③법 제92조제6호 또는 제7호의 규정에 의하여 국가 또는 지방자치단체가 설립하였거나 출연 또는 출자한 법인이 관세를 면제받고자 하는 때에는 환경 또는 상수도업무를 관장하는 주무부처의 장이 확인한 서류를 첨부하여야 한다.

제43조(관세가 면제되는 특정물품) ① 법 제93조제1호에 따라 관세를 면제하는 물품은 사료작물 재배용 종자(호밀·귀리 및 수수에 한한다)로 한다. 〈개정 2007. 5. 29.〉

② 법 제93조제2호에 따라 관세를 면제하는 물품은 다음 각 호의 어느 하나에 해당하는 물품으로 한다. 〈개정 2010. 3. 30., 2011. 6. 7., 2012. 2. 28., 2013. 2. 23., 2014. 3. 14., 2015. 7. 16., 2015. 12. 1., 2017. 3. 31., 2018. 3. 21., 2022. 3. 18., 2023. 3. 20.〉

1. 「포뮬러원 국제자동차경주대회 지원법」에 따른 포뮬러원 국제자동차경주대회에 참가하는 자가 해당 대회와 관련하여 사용할 목적으로 수입하는 물품으로서 같은 법 제4조에 따른 포뮬러원국제자동차경주대회조직위원회가 확인하는 물품

2. 「2023 새만금 세계스카우트잼버리 지원 특별법」에 따른 2023 새만금 세계스카우트잼버리에 참가하는 세계스카우트연맹, 각국 스카우트연맹이 그 소속 대원·지도자·운영요원 등 구성원이나 다른 참가단체의 소속 대원·지도자·운영요원 등 구성원 또는 같은 법 제5조제1항에 따라 설립된 2023 새만금 세계스카우트잼버리조직위원회에 제공하는 등 해당 행사와 관련하여 사용할 목적으로 수입하는 물품으로서 2023 새만금 세계스카우트잼버리조직위원회가 확인하는 물품

3. 「국제경기대회 지원법」 제2조제1호가목에 따른 올림픽대회 중 2024년에 강원도에서 개최되는 15세 이상 18세 이하 선수들이 활

동하는 대회(이하 이 호에서 “2024 강원동계청소년올림픽”이라 한다)와 관련하여 사용할 목적으로 수입하는 물품으로서 다음 각 목의 어느 하나에 해당하는 물품

가. 2024 강원동계청소년올림픽에 참가하는 국제올림픽위원회, 국제경기연맹, 각국 올림픽위원회가 그 소속 직원·선수 등 구성원, 다른 참가단체의 소속 직원·선수 등 구성원 또는 「국제경기대회 지원법」 제9조에 따라 설립된 2024 강원동계청소년올림픽대회 조직위원회(이하 이 호에서 “조직위원회”라 한다)에 제공하는 등 해당 대회와 관련하여 사용할 목적으로 수입하는 물품으로서 조직위원회가 확인하는 물품

나. 국제올림픽위원회가 지정한 주관방송사 및 방송권자가 2024 강원동계청소년올림픽에서 사용할 목적으로 수입하는 방송용 기자재로서 조직위원회가 확인하는 물품

다. 국제올림픽위원회가 지정한 후원업체가 2024 강원동계청소년올림픽과 관련하여 사용할 목적으로 수입하여 조직위원회에 제공하는 물품으로서 조직위원회가 확인하는 물품

4. 삭제 〈2022. 3. 18.〉
5. 삭제 〈2022. 3. 18.〉
6. 삭제 〈2022. 3. 18.〉
7. 삭제 〈2015. 12. 1.〉
8. 삭제 〈2015. 12. 1.〉

③ 제2항에 따라 관세가 면제되는 물품 중 해당 행사 외의 다른 용도로 사용하거나 양도하는 물품에 대해서는 관세를 면제하지 아니한다. 다만, 해당 행사 종료 후 다음 각 호의 어느 하나에 해당하는 자에 무상으로 양도하는 물품은 관세를 면제한다. 〈개정 2014. 3. 14.〉

1. 국가
2. 지방자치단체
3. 「국민체육진흥법」 제2조제11호에 따른 경기단체
4. 해당 행사의 조직위원회(해당 행사의 조직위원회가 해산된 후 해당 행사와 관련된 사업 및 자산을 관리하기 위한 법인이 설립된 경우에는 그 법인을 말한다)

④법 제93조제3호에 따라 관세가 면제되는 물품은 다음 각 호와 같다. 〈개정 2002. 5. 10., 2011. 4. 1.〉

1. 방사선측정기
2. 시료채취 및 처리기
3. 시료분석장비
4. 방사능 방호장비
5. 제염용장비

⑤법 제93조제5호에서 "기획재정부령으로 정하는 방법"이란 「원양산업발전법」 제6조에 따라 해양수산부장관으로부터 원양모선식 어업허가를 받고 외국과의 협상 등에 의하여 해외수역에서 해당 외국의 국적을 가진 자선과 공동으로 수산물을 채집 또는 포획하는 원양어업방법을 말한다. 〈개정 2002. 5. 10., 2005. 12. 30., 2008. 12. 31., 2011. 4. 1., 2013. 3. 23.〉

⑥ 법 제93조제6호에서 "기획재정부령으로 정하는 요건"이란 다음 각 호의 요건을 모두 갖춘 경우를 말한다. 〈개정 2021. 12. 13.〉

1. 「원양산업발전법」 제6조제7항에 따라 해외현지법인으로 원양어업을 하기 위하여 신고한 경우로서 해외현지법인이 다음 각 목의 어느 하나에 해당할 것

가. 대한민국 국민이 납입한 자본금이나 보유한 의결권이 49퍼센트 이상일 것

나. 해외현지법인이 설립된 국가의 법령에 따라 대한민국 국민이 보유할 수 있는 지분이 25퍼센트 미만으로 제한되는 경우에는 대한민국 국민이 납입한 자본금이나 보유한 의결권이 24퍼센트 이상일 것

2. 「원양산업발전법」 제2조제10호에 따른 해외수역에서 해양수산부장관이 기획재정부장관과 협의하여 고시한 선박·어구 등의 생산수단을 투입하여 수산동식물을 채집 또는 포획(어획할당량 제한으로 불가피하게 해외현지법인이 직접 수산동식물을 채집 또는 포획하지 못하게 되었을 때에는 생산수단을 실질적으로 운영하고 소요경비를 전액 부담하는 등 해외현지법인의 계산과 책임으로 합작상대국 어업자를 통하여 수산동식물을 채집 또는 포획하는 경우를 포함한다)하고 직접 수출할 것

⑦법 제93조제7호에서 "기획재정부령으로 정하는 물품"이란 우리나라 선박 등에 의하여 채집 또는 포획된 수산물과 제5항 및 제6항

에 따른 방법 또는 요건에 따라 채집 또는 포획된 수산물을 포장한 관세율표 번호 제4819호의 골판지 어상자를 말한다. 〈개정 2002. 5. 10., 2004. 3. 30., 2008. 12. 31., 2011. 4. 1.〉

⑧ 법 제93조제8호에서 “기획재정부령으로 정하는 요건에 적합한 물품”이란 법 제93조제8호에 따른 해당 중소기업에 외국인이 무상으로 공급하는 물품을 말한다. 〈개정 2008. 12. 31., 2011. 4. 1.〉

⑨법 제93조제12호에 따라 관세가 면제되는 증표는 다음 각 호와 같다. 〈개정 2002. 5. 10., 2011. 4. 1., 2021. 3. 16.〉

1. 캐나다 공인검사기관에서 발행하는 시 · 에스 · 에이(C.S.A)증표
2. 호주 공인검사기관에서 발행하는 에스 · 에이 · 에이(S.A.A)증표
3. 독일 공인검사기관에서 발행하는 브이 · 디 · 이(V.D.E)증표
4. 영국 공인검사기관에서 발행하는 비 · 에스 · 아이(B.S.I)증표
5. 불란서 공인검사기관에서 발행하는 엘 · 시 · 아이 · 이(L.C.I.E)증표
6. 미국 공인검사기관에서 발행하는 유 · 엘(U.L)증표
7. 유럽경제위원회 공인검사기관에서 발행하는 이 · 시 · 이(E.C.E)증표
8. 유럽공동시장 공인검사기관에서 발행하는 이 · 이 · 시(E.E.C)증표
9. 유럽공동체 공인검사기관에서 발행하는 이 · 시(E.C)증표

⑩법 제93조제15호에 따라 관세가 면제되는 물품은 「국민체육진흥법」에 따라 설립된 대한체육회 또는 대한장애인체육회가 수입하는 물품으로 한다. 〈개정 2002. 5. 10., 2005. 2. 11., 2008. 12. 31., 2011. 4. 1.〉

⑪ 법 제93조제18호에 따라 관세가 면제되는 물품은 「개별소비세법 시행령」 별표 1 제3호가목1)가)에 따른 보석의 원석 및 나석으로 한다. 〈신설 2020. 3. 13.〉

제44조(특정물품에 대한 관세의 면제신청) ①법 제93조제1호 · 제2호 및 제15호에 따라 관세를 면제받으려는 자는 신청서에 주무부처의 장 또는 그 위임을 받은 기관의 장의 확인을 받아야 한다. 다만, 다른 법령에 따라 반입승인 · 수입승인 등을 받은 물품의 경우 그 승인서에 의하여 해당 물품이 관세의 면제를 받은 용도에 사용될 것임을 확인할 수 있거나 관할지 세관장이 이를 확인한 경우에는 그

러하지 아니하다. 〈개정 2011. 4. 1.〉

②법 제93조제3호에 따라 관세를 면제받으려는 자는 해당 기증사실을 증명하는 서류를 신청서에 첨부하여 제출하여야 하며, 해당 기증목적에 관하여 원자력안전위원회의 확인을 받아야 한다. 〈개정 2008. 12. 31., 2011. 4. 1., 2013. 3. 23.〉

③법 제93조제10호에 따라 관세를 면제받으려는 자는 영 제112조제1항 각 호의 사항 외에 운수기관명·조난장소 및 조난연월일을 신청서에 적고 주무부장관이 확인한 서류를 첨부하여 제출하여야 한다. 〈개정 2011. 4. 1.〉

④법 제93조제11호에 따라 관세를 면제받으려는 자는 영 제112조제1항 각 호의 사항 외에 사용계획·사용기간과 공사장의 명칭 및 소재지를 신청서에 적어 제출하여야 한다. 〈개정 2011. 4. 1.〉

⑤법 제93조제12호에 따라 관세를 면제받으려는 자는 해당 증표공급국의 권한있는 기관과의 공급 및 관리에 관한 계약서 또는 이에 갈음할 서류를 신청서에 첨부하여 제출하여야 한다. 다만, 세관장이 필요 없다고 인정하는 경우에는 해당 계약서 등의 첨부를 생략할 수 있다. 〈개정 2011. 4. 1.〉

⑥법 제93조제13호 및 제14호에 따라 관세를 면제받으려는 자는 영 제112조제1항 각 호의 사항 외에 수리선박명 또는 수리항공기명을 신청서에 적고, 해당 수리가 외국의 보험회사·가해자 또는 매도인의 부담으로 행하는 것임을 증명하는 서류와 수리인이 발급한 수리사실을 증명하는 서류를 첨부하여 제출하여야 한다. 〈개정 2011. 4. 1.〉

⑦제1항 내지 제5항의 규정에 의한 확인 및 증명은 세관장이 당해 물품의 수량 또는 가격을 참작하여 필요없다고 인정하는 때에는 이를 생략할 수 있다.

제45조(관세가 면제되는 소액물품) ①법 제94조제3호에 따라 관세가 면제되는 물품은 다음 각 호와 같다. 〈개정 2021. 3. 16.〉

1. 물품이 천공 또는 절단되었거나 통상적인 조건으로 판매할 수 없는 상태로 처리되어 견본품으로 사용될 것으로 인정되는 물품

2. 판매 또는 임대를 위한 물품의 상품목록·가격표 및 교역안내서등

3. 과세가격이 미화 250달러 이하인 물품으로서 견본품으로 사용

될 것으로 인정되는 물품

4. 물품의 형상·성질 및 성능으로 보아 견본품으로 사용될 것으로 인정되는 물품

②법 제94조제4호에 따라 관세가 면제되는 물품은 다음 각 호와 같다. 〈개정 2003. 2. 14., 2004. 3. 30., 2015. 12. 1., 2022. 3. 18.〉

1. 물품가격(법 제30조부터 제35조까지의 규정에 따른 방법으로 결정된 과세가격에서 법 제30조제1항제6호 본문에 따른 금액을 뺀 가격. 다만, 법 제30조제1항제6호 본문에 따른 금액을 명백히 구분할 수 없는 경우에는 이를 포함한 가격으로 한다)이 미화 150달러 이하의 물품으로서 자가사용 물품으로 인정되는 것. 다만, 반복 또는 분할하여 수입되는 물품으로서 관세청장이 정하는 기준에 해당하는 것을 제외한다.

2. 박람회 기타 이에 준하는 행사에 참가하는 자가 행사장안에서 관람자에게 무상으로 제공하기 위하여 수입하는 물품(전시할 기계의 성능을 보여주기 위한 원료를 포함한다). 다만, 관람자 1인당 제공량의 정상도착가격이 미화 5달러 상당액 이하의 것으로서 세관장이 타당하다고 인정하는 것에 한한다.

제46조(관세가 감면되는 환경오염방지물품 등) ① 삭제 〈2019. 12. 23.〉

② 법 제95조제1항제3호에 따라 관세를 감면하는 물품은 별표 2의4와 같다. 〈개정 2009. 12. 31., 2011. 4. 1.〉

③ 삭제 〈2011. 4. 1.〉

④ 법 제95조제2항에 따른 감면율은 다음 각 호의 구분과 같다. 〈개정 2005. 12. 30., 2007. 12. 31., 2008. 12. 31., 2009. 12. 31., 2010. 12. 31., 2011. 4. 1., 2011. 12. 30., 2013. 10. 11., 2013. 12. 31., 2014. 10. 1., 2014. 10. 31., 2015. 12. 1., 2016. 12. 30., 2017. 10. 30., 2018. 12. 31., 2019. 12. 23., 2020. 3. 13., 2021. 3. 16., 2021. 12. 31., 2022. 12. 31., 2023. 12. 29., 2024. 12. 31.〉

1. 삭제 〈2019. 12. 23.〉

1의2. 삭제 〈2010. 3. 30.〉

2. 법 제95조제1항제3호에 따른 물품: 다음 각 목의 구분에 따른

감면율

가. 제59조제3항에 따른 중소제조업체가 수입신고하는 경우: 100분의 30(2026년 12월 31일까지 수입신고하는 경우에는 100분의 50)

나. 「조세특례제한법 시행령」 제6조의4제1항에 따른 중견기업으로서 「통계법」 제22조에 따라 통계청장이 고시하는 산업에 관한 표준분류(이하 "한국표준산업분류표"라 한다)상 제조업을 경영하는 업체가 2026년 12월 31일까지 수입신고하는 경우: 100분의 30

3. 삭제 〈2011. 4. 1.〉

4. 삭제 〈2011. 4. 1.〉

제47조(환경오염방지물품 등에 대한 관세의 감면신청) ① 법 제95조제1항제1호부터 제3호까지의 규정에 따른 물품을 관세감면대상물품으로 지정받으려는 자는 다음 각 호의 사항을 적은 신청서에 해당 물품의 상품목록 등 참고자료를 첨부하여 주무부장관을 거쳐 기획재정부장관에게 제출하여야 한다. 〈개정 2008. 12. 31., 2011. 4. 1.〉

1. 신청인의 주소·성명 및 상호

2. 사업의 종류

3. 관세율표 번호·품명·규격·수량·가격·용도 및 구조

②제1항에 따른 신청서의 제출기한(기획재정부장관에게 신청서를 제출하는 기한을 말한다)은 다음 각 호의 구분에 따른다. 〈개정 2010. 3. 30., 2011. 4. 1., 2014. 10. 31., 2016. 12. 30.〉

1. 법 제95조제1항제1호 및 제2호의 물품에 대한 것인 경우: 매년 4월말까지

2. 법 제95조제1항제3호의 물품에 대한 것인 경우: 매년 7월 31일까지

③ 삭제 〈2011. 4. 1.〉

④ 삭제 〈2011. 4. 1.〉

제48조(관세가 면제되는 여행자 휴대품 등) ①법 제96조제1항제1호에 따라 관세가 면제되는 물품은 다음 각 호의 어느 하나에 해당하는 것으로 한다. 〈개정 2012. 2. 28., 2015. 2. 6.〉

1. 여행자가 통상적으로 몸에 착용하거나 휴대할 필요성이 있다고 인정되는 물품일 것

2. 비거주자인 여행자가 반입하는 물품으로서 본인의 직업상 필요하다고 인정되는 직업용구일 것

3. 세관장이 반출 확인한 물품으로서 재반입되는 물품일 것

4. 물품의 성질·수량·가격·용도 등으로 보아 통상적으로 여행자의 휴대품 또는 별송품인 것으로 인정되는 물품일 것

② 제1항에 따른 관세의 면제 한도는 여행자 1명의 휴대품 또는 별송품으로서 각 물품(제1항제1호에 따른 물품으로서 국내에서 반출된 물품과 제1항제3호에 따른 물품은 제외한다)의 과세가격 합계 기준으로 미화 800달러 이하(이하 이 항 및 제3항에서 "기본면세범위"라 한다)로 하고, 법 제196조제1항제1호 단서 및 같은 조 제2항에 따라 구매한 내국물품이 포함되어 있을 경우에는 기본면세범위에서 해당 내국물품의 구매가격을 공제한 금액으로 한다. 다만, 농림축산물 등 관세청장이 정하는 물품이 휴대품 또는 별송품에 포함되어 있는 경우에는 기본면세범위에서 해당 농림축산물 등에 대하여 관세청장이 따로 정한 면세한도를 적용할 수 있다. 〈신설 2012. 2. 28., 2014. 9. 2., 2018. 3. 21., 2019. 3. 20., 2020. 3. 13., 2021. 3. 16., 2022. 9. 6.〉

③제2항에도 불구하고 술·담배·향수에 대해서는 기본면세범위와 관계없이 다음 표(이하 이 항에서 "별도면세범위"라 한다)에 따라 관세를 면제하되, 19세 미만인 사람(19세가 되는 해의 1월 1일을 맞이한 사람은 제외한다)이 반입하는 술·담배에 대해서는 관세를 면제하지 않고, 법 제196조제1항제1호 단서 및 같은 조 제2항에 따라 구매한 내국물품인 술·담배·향수가 포함되어 있을 경우에는 별도면세범위에서 해당 내국물품의 구매수량을 공제한다. 이 경우 해당 물품이 다음 표의 면세한도를 초과하여 관세를 부과하는 경우에는 해당 물품의 가격을 과세가격으로 한다. 〈개정 2018. 9. 20., 2019. 3. 20., 2020. 3. 13., 2022. 9. 5., 2023. 5. 1., 2023. 12. 29., 2025. 3. 21.〉

구분	면세한도	비고
술	용량은 2리터(L) 이하, 가격은 미화 400달러 이하로 한다.	

담배	궐련		200개비	둘 이상의 담배 종류를 반입하는 경우에는 한 종류로 한정한다.
	엽궐련		50개비	
	전자담배	궐련형	200개비	
		니코틴용액	20밀리리터(mL)	
		기타유형	110그램	
	그 밖의 담배		250그램	
향수	100밀리리터			

④ 삭제 〈2021. 3. 16.〉

⑤ 삭제 〈2021. 3. 16.〉

⑥법 제96조제1항제1호에 따른 별송품은 천재지변 등 부득이한 사유가 있는 경우를 제외하고는 여행자가 입국한 날부터 6월 이내에 도착한 것이어야 한다. 〈개정 2012. 2. 28., 2015. 2. 6., 2021. 3. 16.〉

⑦ 삭제 〈2021. 3. 16.〉

[제목개정 2021. 3. 16.]

제48조의2(관세가 면제되는 이사물품) ① 법 제96조제1항제2호에 따라 관세가 면제되는 물품은 우리나라 국민(재외영주권자를 제외한다. 이하 이 항에서 같다)으로서 외국에 주거를 설정하여 1년(가족을 동반한 경우에는 6개월) 이상 거주했거나 외국인 또는 재외영주권자로서 우리나라에 주거를 설정하여 1년(가족을 동반한 경우에는 6개월) 이상 거주하려는 사람이 반입하는 다음 각 호의 어느 하나에 해당하는 것으로 한다. 다만, 자동차(제3호에 해당하는 것은 제외한다), 선박, 항공기와 개당 과세가격이 500만원 이상인 보석·진주·별갑(鼈甲)·산호·호박(琥珀)·상아 및 이를 사용한 제품은 제외한다. 〈개정 2022. 3. 18.〉

1. 해당 물품의 성질·수량·용도 등으로 보아 통상적으로 가정용으로 인정되는 것으로서 우리나라에 입국하기 전에 3개월 이상 사용했고 입국한 후에도 계속하여 사용할 것으로 인정되는 것

2. 우리나라에 상주하여 취재하기 위하여 입국하는 외국국적의 기자가 최초로 입국할 때에 반입하는 취재용품으로서 문화체육관광부장관이 취재용임을 확인하는 물품일 것

3. 우리나라에서 수출된 물품(조립되지 않은 물품으로서 법 별표 관세율표상의 완성품에 해당하는 번호로 분류되어 수출된 것을 포함

한다)이 반입된 경우로서 관세청장이 정하는 사용기준에 적합한 물품일 것

4. 외국에 거주하던 우리나라 국민이 다른 외국으로 주거를 이전하면서 우리나라로 반입(송부를 포함한다)하는 것으로서 통상 가정용으로 3개월 이상 사용하던 것으로 인정되는 물품일 것

② 제1항 각 호 외의 부분 본문에도 불구하고 사망이나 질병 등 관세청장이 정하는 사유가 발생하여 반입하는 이사물품에 대해서는 거주기간과 관계없이 관세를 면제할 수 있다.

③ 법 제96조제1항제2호에 따른 이사물품 중 별도로 수입하는 물품은 천재지변 등 부득이한 사유가 있는 경우를 제외하고는 입국자가 입국한 날부터 6월 이내에 도착한 것이어야 한다.

[본조신설 2021. 3. 16.]

제48조의3(관세가 면제되는 승무원 휴대 수입 물품) ① 법 제96조제1항제3호에 따라 승무원이 휴대하여 수입하는 물품에 대하여 관세를 면제하는 경우 그 면제 한도는 각 물품의 과세가격 합계 기준으로 다음 각 호의 구분에 따른 금액으로 한다. 이 경우 법 제196조제1항제1호 단서 및 같은 조 제2항에 따라 구매한 내국물품이 포함되어 있는 경우에는 다음 각 호의 금액에서 해당 내국물품의 구매가격을 공제한 금액으로 한다.

1. 국제무역기의 승무원이 휴대하여 수입하는 물품: 미화 150달러

2. 국제무역선의 승무원이 휴대하여 수입하는 물품: 다음 각 목의 구분에 따른 금액

가. 1회 항행기간이 1개월 미만인 경우: 미화 90달러

나. 1회 항행기간이 1개월 이상 3개월 미만인 경우: 미화 180달러

다. 1회 항행기간이 3개월 이상인 경우: 미화 270달러

② 제1항에도 불구하고 국제무역선·국제무역기의 승무원이 휴대하여 수입하는 술 또는 담배에 대해서는 제1항 각 호의 구분에 따른 금액과 관계없이 제48조제3항 표에 따라 관세를 면제한다. 이 경우 법 제196조제1항제1호 단서 및 같은 조 제2항에 따라 구매한 내국물품인 술 또는 담배가 포함되어 있는 경우에는 제48조제3항 표에 따른 한도에서 해당 내국물품의 구매수량을 공제한다.

③ 제2항에 따라 국제무역선·국제무역기의 승무원이 휴대하여 수입하는 술에 대해 관세를 면제하는 경우 다음 각 호의 어느 하나에 해당하는 자에 대해서는 해당 호에 규정된 범위에서 관세를 면제한다.

1. 국제무역기의 승무원: 3개월에 1회

2. 국제무역선의 승무원으로서 1회 항행기간이 1개월 미만인 경우: 1개월에 1회

④ 제1항에도 불구하고 자동차(이륜자동차과 삼륜자동차를 포함한다)·선박·항공기 및 개당 과세가격 50만원 이상의 보석·진주·별갑·산호·호박 및 상아와 이를 사용한 제품에 대해서는 관세를 면세하지 않는다.

[본조신설 2021. 3. 16.]

제49조(휴대품 등에 대한 관세의 면제신청) 법 제96조제1항제1호에 따른 별송품 및 법 제96조제1항제2호에 따른 이사물품 중 별도로 수입하는 물품에 대하여 관세를 면제받으려는 자는 휴대반입한 주요 물품의 통관명세서를 입국지 관할 세관장으로부터 발급받아 세관장에게 제출하여야 한다. 다만, 세관장은 관세를 면제받고자 하는 자가 통관명세서를 제출하지 아니한 경우로서 그 주요 물품의 통관명세를 입국지 관할 세관장으로부터 확인할 수 있는 경우에는 통관명세서를 제출하지 아니하게 할 수 있다. 〈개정 2015. 2. 6.〉

제49조의2(여행자 휴대품 등에 대한 자진신고 방법) 법 제96조제2항에서 "기획재정부령으로 정하는 방법"이란 여행자가 다음 각 호의 구분에 따른 여행자 휴대품 신고서를 작성하여 세관공무원에게 제출하는 것을 말한다.

1. 항공기를 통하여 입국하는 경우: 별지 제42호서식의 여행자 휴대품 신고서

2. 선박을 통하여 입국하는 경우: 별지 제43호서식의 여행자 휴대품 신고서

[본조신설 2015. 2. 6.]

제50조(재수출면세대상물품 및 가산세징수대상물품) ①법 제97조제1항제1호에 따라 관세가 면제되는 물품과 같은 조 제4항에 따라 가산세가 징수되는 물품은 다음 각 호와 같다. 〈개정 2002. 5. 10., 2003. 2. 14., 2004. 3. 30., 2005. 2. 11., 2007. 5. 29., 2007.

12. 31., 2009. 3. 26., 2012. 2. 28., 2013. 2. 23., 2016. 3. 9., 2016. 12. 30., 2021. 3. 16., 2021. 10. 28., 2023. 12. 29., 2025. 3. 21.〉

1. 수입물품의 포장용품. 다만, 관세청장이 지정하는 물품을 제외한다.

2. 수출물품의 포장용품. 다만, 관세청장이 지정하는 물품을 제외한다.

3. 우리나라에 일시입국하는 자가 본인이 사용하고 재수출할 목적으로 몸에 직접 착용 또는 휴대하여 반입하거나 별도로 반입하는 물품. 다만, 관세청장이 지정하는 물품을 제외한다.

4. 우리나라에 일시입국하는 자가 본인이 사용하고 재수출할 목적으로 직접 휴대하여 반입하거나 별도로 반입하는 직업용품 및 「신문 등의 진흥에 관한 법률」 제28조에 따라 지사 또는 지국의 설치등록을 한 자가 취재용으로 반입하는 방송용의 녹화되지 아니한 비디오테이프

5. 관세청장이 정하는 시설에서 국제해운에 종사하는 외국선박의 승무원의 후생을 위하여 반입하는 물품과 그 승무원이 숙박기간중 당해 시설에서 사용하기 위하여 선박에서 하역된 물품

6. 박람회·전시회·공진회·품평회나 그 밖에 이에 준하는 행사에 출품 또는 사용하기 위하여 그 주최자 또는 행사에 참가하는 자가 수입하는 물품 중 해당 행사의 성격·규모 등을 고려하여 세관장이 타당하다고 인정하는 물품

7. 국제적인 회의·회합 등에서 사용하기 위한 물품

8. 법 제90조제1항제2호에 따른 기관 및 「국방과학연구소법」에 따른 국방과학연구소에서 학술연구 및 교육훈련을 목적으로 사용하기 위한 학술연구용품

9. 법 제90조제1항제2호에 따른 기관 및 「국방과학연구소법」에 따른 국방과학연구소에서 과학기술연구 및 교육훈련을 위한 과학장비용품

10. 주문수집을 위한 물품, 시험용 물품 및 제작용 견본품

11. 수리를 위한 물품[수리를 위하여 수입되는 물품과 수리 후 수출하는 물품이 영 제98조제1항에 따른 관세·통계통합품목분류표(이하 "품목분류표"라 한다)상 10단위의 품목번호가 일치할 것으로 인

정되는 물품만 해당한다]

12. 수출물품 및 수입물품의 검사 또는 시험을 위한 기계·기구

13. 일시입국자가 입국할 때에 수송하여 온 본인이 사용할 승용자동차·이륜자동차·캠핑카·캬라반·트레일러·선박 및 항공기와 관세청장이 정하는 그 부분품 및 예비품

14. 관세청장이 정하는 수출입물품·반송물품 및 환적물품을 운송하기 위한 차량

15. 이미 수입된 국제운송을 위한 컨테이너의 수리를 위한 부분품

16. 수출인쇄물 제작원고용 필름(빛에 노출되어 현상된 것에 한한다)

17. 광메모리매체 제조용으로 정보가 수록된 마스터테이프 및 니켈판(생산제품을 수출할 목적으로 수입되는 것임을 당해 업무를 관장하는 중앙행정기관의 장이 확인한 것에 한한다)

18. 항공기 및 그 부분품의 수리·검사 또는 시험을 위한 기계·기구

19. 항공 및 해상화물운송용 파렛트

20. 수출물품 규격확인용 물품

21. 항공기의 수리를 위하여 일시 사용되는 엔진 및 부분품

22. 산업기계의 수리용 또는 정비용의 것으로서 무상으로 수입되는 기계 또는 장비

23. 외국인투자기업이 자체상표제품을 생산하기 위하여 일시적으로 수입하는 금형 및 그 부분품

24. 반도체 제조설비 또는 디스플레이 제조설비와 함께 수입되는 물품으로서 다음 각 목의 어느 하나에 해당하는 물품

가. 반도체 제조설비 또는 디스플레이 제조설비 운반용구

나. 반도체 제조설비 또는 디스플레이 제조설비의 운송과정에서 해당 설비의 품질을 유지하거나 상태를 측정·기록하기 위해 해당 설비에 부착하는 기기

②법 제97조제1항제2호에 따라 관세가 면제되는 물품과 같은 조 제4항에 따라 가산세가 징수되는 물품은 다음 각 호와 같다. 〈개정 2009. 3. 26.〉

1. 수송기기의 하자를 보수하거나 이를 유지하기 위한 부분품

2. 외국인 여행자가 연 1회 이상 항해조건으로 반입한 후 지방자치단체에서 보관·관리하는 요트(모터보트를 포함한다)

제51조(재수출물품에 대한 관세의 감면신청) 법 제97조제1항의 규정에 의하여 관세를 감면받고자 하는 자는 영 제112조제1항 각호의 사항외에 당해 물품의 수출예정시기·수출지 및 수출예정세관명을 신청서에 기재하여야 한다.

제52조(재수출감면 및 가산세징수 대상물품) 법 제98조제1항의 규정에 의하여 관세가 감면되거나 동조제2항의 규정에 의하여 가산세가 징수되는 물품은 다음 각호의 요건을 갖춘 물품으로서 국내제작이 곤란함을 당해 물품의 생산에 관한 업무를 관장하는 중앙행정기관의 장 또는 그 위임을 받은 자가 확인하고 추천하는 기관 또는 기업이 수입하는 물품에 한한다. 〈개정 2002. 5. 10., 2005. 2. 11.〉

1. 「법인세법 시행규칙」 제15조의 규정에 의한 내용연수가 5년(금형의 경우에는 2년) 이상인 물품

2. 개당 또는 셋트당 관세액이 500만원 이상인 물품

제53조(재수출물품에 대한 관세의 감면신청) 법 제98조제1항의 규정에 의하여 관세를 감면받고자 하는 자는 영 제112조제1항 각호의 사항외에 당해 물품의 수출예정시기·수출지 및 수출예정세관명을 신청서에 기재하여야 한다.

제54조(관세가 면제되는 재수입 물품 등) ① 법 제99조제1호에서 "기획재정부령으로 정하는 물품"이란 다음 각 호의 물품을 말한다. 〈개정 2020. 3. 13.〉

1. 장기간에 걸쳐 사용할 수 있는 물품으로서 임대차계약 또는 도급계약 등에 따라 해외에서 일시적으로 사용하기 위하여 수출된 물품 중 「법인세법 시행규칙」 제15조에 따른 내용연수가 3년(금형의 경우에는 2년) 이상인 물품

2. 박람회, 전시회, 품평회, 「국제경기대회 지원법」 제2조제1호에 따른 국제경기대회, 그 밖에 이에 준하는 행사에 출품 또는 사용된 물품

3. 수출물품을 해외에서 설치, 조립 또는 하역하기 위해 사용하는 장비 및 용구

4. 수출물품을 운송하는 과정에서 해당 물품의 품질을 유지하거나 상태를 측정 및 기록하기 위해 해당 물품에 부착하는 기기

5. 결함이 발견된 수출물품

6. 수입물품을 적재하기 위하여 수출하는 용기로서 반복적으로 사용되는 물품

② 법 제99조제1호부터 제3호까지의 규정에 따라 관세를 감면받으려는 자는 그 물품의 수출신고필증·반송신고필증 또는 이를 갈음할 서류를 세관장에게 제출하여야 한다. 다만, 세관장이 다른 자료에 의하여 그 물품이 감면대상에 해당한다는 사실을 인정할 수 있는 경우에는 그러하지 아니하다.

[전문개정 2010. 3. 30.]

제55조(손상물품에 대한 감면 신청) 법 제100조제1항의 규정에 의하여 관세를 경감받고자 하는 자는 영 제112조제1항 각호의 사항외에 다음 각호의 사항을 신청서에 기재하여야 한다.

1. 당해 물품의 수입신고번호와 멸실 또는 손상의 원인 및 그 정도

2. 당해 물품에 대하여 관세를 경감받고자 하는 금액과 그 산출기초

[제목개정 2021. 3. 16.]

제55조의2(가치감소 산정기준) 영 제118조제2항에 따른 가치감소의 산정기준은 다음 각 호와 같다.

1. 변질 또는 손상으로 인한 가치감소의 경우 제7조의2제2호 각 목에 따른 금액 산정 방법을 준용한다.

2. 사용으로 인한 가치감소의 경우 제7조의5제1항제3호에 따른 가치감소분 산정방법을 준용한다.

[본조신설 2020. 10. 7.]

제56조(관세가 감면되는 해외임가공물품) ①법 제101조제1항제1호의 규정에 의하여 관세가 감면되는 물품은 법 별표 관세율표 제85류 및 제90류중 제9006호에 해당하는 것으로 한다. 〈개정 2002. 5. 10.〉

②법 제101조제1항제2호에서 "기획재정부령으로 정하는 기준에 적합한 물품"이란 가공 또는 수리하기 위하여 수출된 물품과 가공 또는 수리 후 수입된 물품의 품목분류표상 10단위의 품목번호가 일치하는 물품을 말한다. 다만, 수율·성능 등이 저하되어 폐기된 물품을 수출하여 용융과정 등을 거쳐 재생한 후 다시 수입하는 경우와 제품의 제작일련번호 또는 제품의 특성으로 보아 수입물품이 우리나라에서 수출된 물품임을 세관장이 확인할 수 있는 물품인 경우

에는 품목분류표상 10단위의 품목번호가 일치하지 아니하더라도 법 제101조제1항제2호에 따라 관세를 경감할 수 있다. 〈개정 2008. 12. 31., 2009. 3. 26., 2011. 4. 1., 2016. 3. 9.〉

제57조(해외임가공물품에 대한 관세의 감면신청) ①법 제101조제1항의 규정에 의하여 관세를 감면받고자 하는 자는 해외에서 제조·가공·수리(이하 이 조에서 "해외임가공"이라 한다)할 물품을 수출신고할 때 미리 해외임가공 후 수입될 예정임을 신고하고, 감면신청을 할 때 영 제112조제1항 각호의 사항외에 수출국 및 적출지와 감면받고자 하는 관세액을 기재한 신청서에 제조인·가공인 또는 수리인이 발급한 제조·가공 또는 수리사실을 증명하는 서류와 당해 물품의 수출신고필증 또는 이에 갈음할 서류를 첨부하여 세관장에게 제출하여야 한다. 다만, 세관장이 다른 자료에 의하여 그 물품이 감면대상에 해당한다는 사실을 인정할 수 있는 경우에는 수출신고필증 또는 이를 갈음할 서류를 첨부하지 아니할 수 있다. 〈개정 2010. 3. 30.〉

②제1항의 규정에 의한 제조·가공 또는 수리사실을 증명하는 서류에는 다음 각호의 사항을 기재하여야 한다.

1. 원물품의 품명·규격·수량 및 가격
2. 제조·가공 또는 수리에 의하여 부가 또는 환치된 물품의 품명·규격·수량 및 가격
3. 제조·가공 또는 수리에 의하여 소요된 비용
4. 제조·가공 또는 수리의 명세
5. 감면받고자 하는 금액과 그 산출기초
6. 기타 수입물품이 국내에서 수출한 물품으로 제조·가공 또는 수리된 것임을 확인할 수 있는 자료

③ 삭제 〈2010. 3. 30.〉

제58조(사후관리면제) 법 제102조제1항 단서에서 "기획재정부령으로 정하는 물품"이란 다음 각 호의 어느 하나에 해당하는 물품을 말한다. 〈개정 2008. 12. 31., 2011. 4. 1.〉

1. 법 제89조제1항제1호의 물품
2. 삭제 〈2011. 4. 1.〉
3. 법 제95조제1항제1호의 물품 중 자동차의 부분품

제58조의2(수입한 상태 그대로 수출되는 자가사용물품에 대한 관세

환급) 법 제106조의2제1항제3호에서 "기획재정부령으로 정하는 금액 이하인 물품"이란 영 제246조제3항제1호에 따른 수출신고가격이 200만원 이하인 물품을 말한다.

[본조신설 2022. 3. 18.]

제59조(관세분할납부의 요건) ①법 제107조제2항제1호의 규정에 의하여 관세를 분할납부할 수 있는 물품은 다음 각호의 요건을 갖추어야 한다. 〈개정 2002. 5. 10., 2005. 2. 11.〉

1. 법 별표 관세율표에서 부분품으로 분류되지 아니할 것

2. 법 기타 관세에 관한 법률 또는 조약에 의하여 관세를 감면받지 아니할 것

3. 당해 관세액이 500만원 이상일 것. 다만, 「중소기업기본법」 제2조제1항의 규정에 의한 중소기업이 수입하는 경우에는 100만원 이상일 것

4. 법 제51조 내지 제72조의 규정을 적용받는 물품이 아닐 것

②법 제107조제2항제2호 내지 제5호의 규정에 의하여 관세를 분할납부하는 물품 및 기관은 별표 4와 같다.

③법 제107조제2항제6호에 따라 관세분할납부의 승인을 얻을 수 있는 중소제조업체는 「중소기업기본법」 제2조에 따른 중소기업자로서 한국표준산업분류표상 제조업을 영위하는 업체에 한한다. 〈개정 2002. 5. 10., 2005. 2. 11., 2020. 3. 13.〉

④법 제107조제2항제6호의 규정에 의하여 관세를 분할납부할 수 있는 물품은 법 별표 관세율표 제84류 · 제85류 및 제90류에 해당하는 물품으로서 다음 각호의 요건을 갖추어야 한다. 〈개정 2002. 5. 10.〉

1. 법 기타 관세에 관한 법률 또는 조약에 의하여 관세의 감면을 받지 아니할 것

2. 당해 관세액이 100만원 이상일 것

3. 법 제51조 내지 제72조의 규정을 적용받는 물품이 아닐 것

4. 국내에서 제작이 곤란한 물품으로서 당해 물품의 생산에 관한 사무를 관장하는 주무부처의 장 또는 그 위임을 받은 기관의 장이 확인한 것일 것

⑤법 제107조제2항제2호 내지 제5호 및 제7호의 규정에 의하여 관세를 분할납부할 수 있는 물품은 법 기타 관세에 관한 법률 또는

조약에 의하여 관세를 감면받지 아니한 것이어야 한다.
제60조(분할납부의 기간 및 방법) 법 제107조제2항의 규정에 의하여 관세의 분할납부승인을 하는 경우의 납부기간과 납부방법은 별표 5와 같다. 다만, 수입신고 건당 관세액이 30만원 미만인 물품을 제외한다.
제60조의2(납세증명서의 발급 신청) 영 제141조의8에 따른 납세증명서의 발급 신청서는 별지 제1호서식과 같다. 〈개정 2024. 3. 22.〉
[본조신설 2016. 3. 9.]
제60조의3(과세정보 전송 요구에 따른 수수료) 법 제116조의6제11항 본문에 따라 과세정보 전송을 요구하려는 자가 관세청장에게 납부해야 하는 수수료에 관하여는 별표 7 제3호를 준용한다.
[본조신설 2024. 3. 22.]
제61조(과세전적부심사의 청구) 법 제118조제2항 본문에 따라 과세전적부심사를 청구하는 세관장은 다음 각 호의 구분에 의한다. 〈개정 2001. 3. 29., 2002. 5. 10., 2004. 3. 30., 2005. 12. 30., 2007. 5. 29., 2009. 3. 26., 2016. 1. 18., 2019. 12. 3., 2023. 3. 20., 2023. 4. 11.〉
1. 인천공항세관장 및 김포공항세관장의 통지에 대한 과세전적부심사인 경우: 인천공항세관장
2. 서울세관장 · 안양세관장 · 천안세관장 · 청주세관장 · 성남세관장 · 파주세관장 · 속초세관장 · 동해세관장 및 대전세관장의 통지에 대한 과세전적부심사인 경우: 서울세관장
3. 부산세관장 · 김해공항세관장 · 용당세관장 · 양산세관장 · 창원세관장 · 마산세관장 · 경남남부세관장 및 경남서부세관장의 통지에 대한 과세전적부심사인 경우: 부산세관장
4. 인천세관장 · 평택세관장 · 수원세관장 및 안산세관장의 통지에 대한 과세전적부심사인 경우: 인천세관장
5. 대구세관장 · 울산세관장 · 구미세관장 및 포항세관장의 통지에 대한 과세전적부심사인 경우: 대구세관장
6. 광주세관장 · 광양세관장 · 목포세관장 · 여수세관장 · 군산세관장 · 제주세관장 및 전주세관장의 통지에 대한 과세전적부심사인 경우: 광주세관장
제62조(국제항이 아닌 지역에 대한 출입허가수수료) ①법 제134조

제2항에 따라 국제항이 아닌 지역에 출입하기 위하여 내야 하는 수수료는 다음 표에 따라 계산하되, 산정된 금액이 1만원에 미달하는 경우에는 1만원으로 한다. 이 경우 수수료의 총액은 50만원을 초과하지 못한다. 〈개정 2012. 2. 28., 2018. 3. 21., 2021. 3. 16.〉

구분	출입 횟수 기준	적용 무게 기준	수수료
국제무역선	1회	해당 선박의 순톤수 1톤	100원
국제무역기	1회	해당 항공기의 자체무게 1톤	1천2백원

②세관장은 다음 각 호의 어느 하나에 해당하는 사유가 있는 경우에는 제1항에 따른 출입허가수수료를 징수하지 않는다. 〈개정 2013. 2. 23., 2021. 3. 16.〉

1. 법령의 규정에 의하여 강제로 입항하는 경우
2. 급병환자, 항해중 발견한 밀항자, 항해중 구조한 조난자·조난선박·조난화물 등의 하역 또는 인도를 위하여 일시입항하는 경우
3. 위험물품·오염물품 기타 이에 준하는 물품의 취급, 유조선의 청소 또는 가스발생선박의 가스제거작업을 위하여 법령 또는 권한 있는 행정관청이 정하는 일정한 장소에 입항하는 경우
4. 국제항의 협소 등 입항여건을 고려하여 관세청장이 정하는 일정한 장소에 입항하는 경우

③ 세관장은 영 제156조제1항제3호 기간의 개시일까지 해당 출입허가를 취소한 경우에는 제1항에 따라 징수한 수수료를 반환한다. 〈개정 2013. 2. 23.〉

[제목개정 2021. 3. 16.]

제62조의2(적재화물목록을 제출할 수 있는 화물운송주선업자) 영 제157조의2제3호에서 "기획재정부령으로 정하는 화물운송 주선 실적이 있는 자"란 화물운송 주선 실적(선하증권 또는 항공화물운송장을 기준으로 한다)이 직전 연도 총 60만 건 이상인 자를 말한다.

[본조신설 2016. 3. 9.]

[제목개정 2021. 3. 16.]

[종전 제62조의2는 제62조의3으로 이동 〈2016. 3. 9.〉]

제62조의3(승객예약자료 제출시한) 법 제137조의2제1항에 따른 승객예약자료의 제출시한은 다음 각 호의 구분에 의한다.

1. 출항하는 선박 또는 항공기의 경우: 출항 후 3시간 이내

2. 입항하는 선박 또는 항공기의 경우: 입항 1시간 전까지. 다만, 운항예정시간이 3시간 이내인 경우에는 입항 30분 전까지 할 수 있다.

[본조신설 2009. 3. 26.]

[제62조의2에서 이동 〈2016. 3. 9.〉]

第63조(항외하역에 관한 허가수수료) 법 제142조제2항의 규정에 의하여 납부하여야 하는 항외하역에 관한 허가수수료는 하역 1일마다 4만원으로 한다. 다만, 수출물품(보세판매장에서 판매하는 물품과 보세공장, 「자유무역지역의 지정 및 운영에 관한 법률」에 의한 자유무역지역에서 제조·가공하여 외국으로 반출하는 물품을 포함한다)에 대한 하역인 경우에는 하역 1일마다 1만원으로 한다. 〈개정 2005. 2. 11.〉

第63조의2(반복운송 도로차량의 신고) 법 제150조제3항에 따른 도로차량을 운행하려는 운전자는 다음 각 호의 사항을 기재한 신고서를 세관장에게 제출하여야 한다.

1. 차량의 회사명·종류 및 차량등록번호

2. 차량의 출발지, 경유지, 최종목적지, 최초 출발일시, 최종 도착일시 및 총운행횟수

3. 운송대상 물품의 내용 및 총중량

[본조신설 2007. 5. 29.]

第64조(사증수수료) 법 제152조제3항에 따라 납부하여야 하는 사증수수료는 400원으로 한다. 〈개정 2007. 5. 29.〉

第65조(보세구역외 장치허가수수료) ①법 제156조제3항의 규정에 의하여 납부하여야 하는 보세구역외 장치허가수수료는 1만8천원으로 한다. 이 경우 동일한 선박 또는 항공기로 수입된 동일한 화주의 화물을 동일한 장소에 반입하는 때에는 1건의 보세구역외 장치허가신청으로 보아 허가수수료를 징수한다.

②국가 또는 지방자치단체가 수입하거나 협정에 의하여 관세가 면제되는 물품을 수입하는 때에는 제1항의 규정에 의한 보세구역외 장치허가수수료를 면제한다.

③제1항의 규정에 의한 보세구역외 장치허가수수료를 납부하여야 하는 자가 관세청장이 정하는 바에 의하여 이를 따로 납부한 때에는 그 사실을 증명하는 증표를 허가신청서에 첨부하여야 한다.

④세관장은 전산처리설비를 이용하여 법 제156조제1항의 규정에

의한 보세구역의 장치허가를 신청하는 때에는 제1항의 규정에 의한 보세구역의 장치허가수수료를 일괄고지하여 납부하게 할 수 있다.

제65조의2(보세사에 대한 행정처분 기준) ① 법 제165조제5항에 따른 보세사의 행정처분이나 조치의 세부기준은 별표 5의2와 같다.

② 그 밖에 보세사의 행정처분이나 조치에 필요한 사항은 관세청장이 정하여 고시한다.

[본조신설 2025. 3. 21.]

제66조 삭제 〈2004. 3. 30.〉

제67조(특허 및 기간갱신신청시의 첨부서류) ①영 제188조제1항 각 호 외의 부분에 따라 신청서에 첨부하여야 하는 서류는 다음 각 호와 같다. 〈개정 2009. 3. 26.〉

1. 보세구역의 도면
2. 보세구역의 위치도
3. 운영인의 자격을 증명하는 서류
4. 필요한 시설 및 장비의 구비를 증명하는 서류

②영 제188조제3항 각 호 외의 부분에 따라 신청서에 첨부하여야 하는 서류는 다음 각 호와 같다. 〈개정 2009. 3. 26.〉

1. 운영인의 자격을 증명하는 서류
2. 필요한 시설 및 장비의 구비를 증명하는 서류

제68조(특허수수료) ①법 제174조제2항의 규정에 의하여 납부하여야 하는 특허신청의 수수료는 4만5천원으로 한다.

②법 제174조제2항의 규정에 의하여 납부하여야 하는 특허보세구역의 설치·운영에 관한 수수료(이하 이 조에서 "특허수수료"라 한다)는 다음 각호의 구분에 의한 금액으로 한다. 다만, 보세공장과 목재만 장치하는 수면의 보세창고에 대하여는 각호의 구분에 의한 금액의 4분의 1로 한다.

1. 특허보세구역의 연면적이 1천제곱미터 미만인 경우 : 매 분기당 7만2천원
2. 특허보세구역의 연면적이 1천제곱미터 이상 2천제곱미터 미만인 경우 : 매 분기당 10만8천원
3. 특허보세구역의 연면적이 2천제곱미터 이상 3천5백제곱미터 미만인 경우 : 매 분기당 14만4천원
4. 특허보세구역의 연면적이 3천5백제곱미터 이상 7천제곱미터

미만인 경우 : 매 분기당 18만원

5. 특허보세구역의 연면적이 7천제곱미터 이상 1만5천제곱미터 미만인 경우 : 매 분기당 22만5천원

6. 특허보세구역의 연면적이 1만5천제곱미터 이상 2만5천제곱미터 미만인 경우 : 매 분기당 29만1천원

7. 특허보세구역의 연면적이 2만5천제곱미터 이상 5만제곱미터 미만인 경우 : 매 분기당 36만원

8. 특허보세구역의 연면적이 5만제곱미터 이상 10만제곱미터 미만인 경우 : 매 분기당 43만5천원

9. 특허보세구역의 연면적이 10만제곱미터 이상인 경우 : 매 분기당 51만원

③특허수수료는 분기단위로 매분기말까지 다음 분기분을 납부하되, 특허보세구역의 설치·운영에 관한 특허가 있은 날이 속하는 분기분의 수수료는 이를 면제한다. 이 경우 운영인이 원하는 때에는 1년 단위로 일괄하여 미리 납부할 수 있다.

④특허수수료를 계산함에 있어서 특허보세구역의 연면적은 특허보세구역의 설치·운영에 관한 특허가 있은 날의 상태에 의하되, 특허보세구역의 연면적이 변경된 때에는 그 변경된 날이 속하는 분기의 다음 분기 첫째 달 1일의 상태에 의한다.

⑤특허보세구역의 연면적이 수수료납부후에 변경된 경우 납부하여야 하는 특허수수료의 금액이 증가한 때에는 변경된 날부터 5일내에 그 증가분을 납부하여야 하고, 납부하여야 하는 특허수수료의 금액이 감소한 때에는 그 감소분을 다음 분기 이후에 납부하는 수수료의 금액에서 공제한다.

⑥영 제193조의 규정에 의한 특허보세구역의 휴지 또는 폐지의 경우에는 당해 특허보세구역안에 외국물품이 없는 때에 한하여 그 다음 분기의 특허수수료를 면제한다. 다만, 휴지 또는 폐지를 한 날이 속하는 분기분의 특허수수료는 이를 환급하지 아니한다.

⑦우리나라에 있는 외국공관이 직접 운영하는 보세전시장에 대하여는 특허수수료를 면제한다.

⑧제1항 및 제2항의 규정에 의한 수수료를 납부하여야 하는 자가 관세청장이 정하는 바에 의하여 이를 따로 납부한 때에는 그 사실을 증명하는 증표를 특허신청서 등에 첨부하여야 한다.

제68조의2(보세판매장 특허수수료) ①법 제176조의2제4항 본문에 따라 보세판매장의 설치 · 운영에 관한 수수료(이하 이 조에서 "보세판매장 특허수수료"라 한다)는 제68조제2항에도 불구하고 영 제192조의7에 따른 보세판매장의 매장별 매출액을 기준으로 다음 표의 특허수수료율을 적용하여 계산한 금액으로 한다. 〈개정 2014. 3. 14., 2017. 2. 15., 2019. 3. 20., 2021. 3 16., 2025. 3. 21.〉

해당 연도 매출액	특허수수료율
2천억원 이하	해당 연도 매출액의 1만분의 5
2천억원 초과 1조원 이하	1억원+(2천억원을 초과하는 금액의 1만분의 25)
1조원 초과	21억원+(1조원을 초과하는 금액의 1천분의 5)

② 제1항에도 불구하고 다음 각 호의 어느 하나에 해당하는 경우에는 보세판매장 특허수수료는 해당 연도 매출액의 1만분의 1에 해당하는 금액으로 한다. 다만, 제3호의 경우에는 해당 제품에 대한 해당 연도 매출액의 1만분의 1에 해당하는 금액으로 하고, 해당 제품에 대한 매출액을 제외한 매출액에 대한 보세판매장 특허수수료는 제1항에 따른다. 〈신설 2019. 3. 20.〉

1. 「중소기업기본법」 제2조에 따른 중소기업으로서 영 제192조의2제1항 각 호의 요건을 모두 충족하는 기업이 운영인인 경우

2. 「중견기업 성장촉진 및 경쟁력 강화에 관한 특별법」 제2조제1호에 따른 중견기업으로서 영 제192조의2제1항 각 호의 요건을 모두 충족하는 기업이 운영인인 경우

3. 제1호 및 제2호에 해당하지 않는 자가 「중소기업기본법」 제2조에 따른 중소기업 또는 「중견기업 성장촉진 및 경쟁력 강화에 관한 특별법」 제2조제1호에 따른 중견기업의 제품을 판매하는 경우

③ 법 제176조의2제4항 단서에 따라 2020년 1월 1일부터 2023년 12월 31일까지 발생한 매출액에 대한 보세판매장 특허수수료는 제1항 및 제2항에 따른 보세판매장 특허수수료의 100분의 50을 감경한다. 〈신설 2021. 3. 16., 2023. 3. 20., 2024. 3. 22.〉

④ 보세판매장 특허수수료는 연단위로 해당 연도분을 다음 연도 4월 30일까지 납부해야 한다. 다만, 해당 연도 중간에 특허의 기간

만료, 취소 및 반납 등으로 인하여 특허의 효력이 상실된 경우에는 그 효력이 상실된 날부터 3개월 이내에 납부해야 한다. 〈개정 2019. 3. 20., 2021. 3. 16., 2023. 3. 20.〉

[본조신설 2013. 11. 5.]

제68조의3(보세판매장 특허 갱신 신청시의 첨부서류) 영 제192조의6제2항 각 호 외의 부분에서 "기획재정부령으로 정하는 서류"란 다음 각 호의 서류를 말한다. 〈개정 2019. 3. 20.〉

1. 운영인의 자격을 증명하는 서류
2. 필요한 시설 및 장비의 구비를 증명하는 서류
3. 고용창출, 중소기업 및 중견기업간의 상생협력 등 기존 특허신청 또는 직전 갱신 신청시 제출한 사업계획서 이행여부에 대한 자체평가보고서
4. 갱신받으려는 특허기간에 대한 사업계획서

[본조신설 2015. 3. 6.]

제69조(보세공장업종의 제한) 법 제185조제5항에 따른 수입물품을 제조·가공하는 것을 목적으로 하는 보세공장의 업종은 다음 각호에 규정된 업종을 제외한 업종으로 한다. 〈개정 2005. 2. 11., 2020. 3. 13.〉

1. 법 제73조의 규정에 의하여 국내외 가격차에 상당하는 율로 양허한 농·임·축산물을 원재료로 하는 물품을 제조·가공하는 업종
2. 국민보건 또는 환경보전에 지장을 초래하거나 풍속을 해하는 물품을 제조·가공하는 업종으로 세관장이 인정하는 업종

제69조의2(화물관리인의 지정절차 및 지정기준) ① 세관장이나 해당 시설의 소유자 또는 관리자는 영 제187조제2항제2호에 따라 화물관리인을 지정하려는 경우에는 지정 예정일 3개월 전까지 지정 계획을 공고하여야 한다.

② 영 제187조제2항제2호에 따라 화물관리인으로 지정을 받으려는 자는 지정신청서를 제1항에 따른 공고일부터 30일 내에 세관장이나 해당 시설의 소유자 또는 관리자에게 제출하여야 한다.

③ 영 제187조제3항제4호에서 "기획재정부령으로 정하는 사항"이란 다음 각 호의 사항을 말한다.

1. 지게차, 크레인 등 화물관리에 필요한 시설장비 구비 현황
2. 법 제255조의2제1항에 따라 수출입 안전관리 우수업체로 공

인을 받았는지 여부

3. 그 밖에 관세청장이나 해당 시설의 소유자 또는 관리자가 정하는 사항

④ 제1항 및 제2항에서 규정한 사항 외에 화물관리인의 지정절차 등에 관하여 필요한 사항은 관세청장이 정한다.

[본조신설 2011. 4. 1.]

제69조의3 삭제 〈2022. 3. 18.〉

제69조의4(보세판매장 판매한도) ① 법 제196조제2항에 따라 설치된 보세판매장의 운영인이 외국에서 국내로 입국하는 사람에게 물품(술 · 담배 · 향수는 제외한다)을 판매하는 때에는 미화 800달러의 한도에서 판매해야 하며, 술 · 담배 · 향수는 제48조제3항에 따른 별도 면세범위에서 판매할 수 있다. 〈개정 2020. 3. 13., 2022. 9. 6.〉

② 법 제196조제1항제1호 단서에 따라 입국장 인도장에서 인도하는 것을 조건으로 보세판매장의 운영인이 판매할 수 있는 물품의 한도는 제1항과 같다. 〈신설 2020. 3. 13.〉

③ 제1항 및 제2항에도 불구하고 제1항에 따른 입국장 면세점과 제2항에 따른 입국장 인도장이 동일한 입국경로에 함께 설치된 경우 보세판매장의 운영인은 입국장 면세점에서 판매하는 물품(술 · 담배 · 향수는 제외한다)과 입국장 인도장에서 인도하는 것을 조건으로 판매하는 물품(술 · 담배 · 향수는 제외한다)을 합하여 미화 800달러의 한도에서 판매해야 하며, 술 · 담배 · 향수는 제48조제3항에 따른 별도면세범위에서 판매할 수 있다. 〈신설 2020. 3. 13., 2022. 9. 6.〉

[본조신설 2019. 3. 20.]

제69조의5(보세판매장 판매 대상 물품) 법 제196조에 따른 보세판매장에서 판매할 수 있는 물품은 다음 각 호와 같다. 〈개정 2020. 3. 13.〉

1. 법 제196조제1항에 따라 외국으로 반출하는 것을 조건으로 보세판매장에서 판매할 수 있는 물품은 다음 각 목의 물품을 제외한 물품으로 한다.

가. 법 제234조에 따른 수출입 금지 물품

나. 「마약류 관리에 관한 법률」, 「총포 · 도검 · 화약류 등의 안전관리에 관한 법률」에 따른 규제대상 물품

2. 법 제196조제1항에 따라 법 제88조제1항제1호부터 제4호까지에 따라 관세의 면제를 받을 수 있는 자가 사용하는 것을 조건으로 보세판매장에서 판매할 수 있는 물품은 별표 6과 같다.

3. 법 제196조제2항에 따라 설치된 보세판매장에서 판매할 수 있는 물품은 다음 각 목의 물품을 제외한 물품으로 한다.

가. 법 제234조에 따른 수출입 금지 물품

나. 「마약류 관리에 관한 법률」, 「총포·도검·화약류 등의 안전관리에 관한 법률」에 따른 규제대상 물품

다. 「가축전염병 예방법」에 따른 지정검역물과 「식물방역법」에 따른 식물검역 대상물품

라. 「수산생물질병 관리법」에 따른 지정검역물

4. 법 제196조제1항제1호 단서에 따라 입국장 인도장에서 인도하는 것을 조건으로 보세판매장에서 판매할 수 있는 물품은 다음 각 목의 물품을 제외한 물품으로 한다.

가. 법 제234조에 따른 수출입 금지 물품

나. 「마약류 관리에 관한 법률」, 「총포·도검·화약류 등의 안전관리에 관한 법률」에 따른 규제대상 물품

다. 「가축전염병 예방법」에 따른 지정검역물과 「식물방역법」에 따른 식물검역 대상물품

라. 「수산생물질병 관리법」에 따른 지정검역물

[본조신설 2019. 3. 20.]

제70조(내국물품 반출입신고의 생략) 세관장은 법 제199조제2항의 규정에 의하여 다음 각호의 1에 해당하지 아니하는 경우에는 반출입신고를 생략하게 할 수 있다.

1. 법 제185조제2항의 규정에 의하여 세관장의 허가를 받고 내국물품만을 원료로 하여 제조·가공 등을 하는 경우 그 원료 또는 재료

2. 법 제188조 단서의 규정에 의한 혼용작업에 소요되는 원재료

3. 법 제196조의 규정에 의한 보세판매장에서 판매하고자 하는 물품

4. 당해 내국물품이 외국에서 생산된 물품으로서 종합보세구역안의 외국물품과 구별되는 필요가 있는 물품(보세전시장의 기능을 수행하는 경우에 한한다)

제71조(수입통관 후 소비 또는 사용하는 물품) 법 제200조제1항의 규정에 의하여 수입통관후 소비 또는 사용하여야 하는 물품은 다음 각호의 것으로 한다.

1. 제조·가공에 사용되는 시설기계류 및 그 수리용 물품

2. 연료·윤활유·사무용품 등 제조·가공에 직접적으로 사용되지 아니하는 물품

제72조(종합보세구역안에서의 이동신고 대상물품) 법 제201조제3항 후단의 규정에 의하여 세관장에게 신고하여야 하는 물품은 종합보세구역의 운영인 상호간에 이동하는 물품으로 한다.

제73조(매각대행수수료) ①법 제208조제6항의 규정에 의한 매각대행수수료는 다음 각호의 금액으로 한다.

1. 매각대행을 의뢰한 물품이 매각된 경우 : 건별 매각금액에 1천분의 20을 곱하여 계산한 금액

2. 매각대행을 의뢰한 물품이 수입 또는 반송되어 매각대행이 중지된 경우 : 건별 최초공매예정가격에 1천분의 1을 곱하여 계산한 금액

3. 매각대행을 의뢰한 물품의 국고귀속·폐기·매각의뢰철회 등의 사유로 매각대행이 종료된 경우 : 건별 최초공매예정가격에 1천분의 2를 곱하여 계산한 금액

②제1항의 규정에 의한 매각대행수수료를 계산함에 있어서 건별 매각금액이나 건별 최초공매예정가격이 10억원을 초과하는 때에는 당해 매각금액 또는 최초공매예정가격은 10억원으로 한다.

③제1항의 규정에 의하여 계산한 매각대행수수료의 금액이 5천원 미만인 때에는 당해 매각대행수수료는 5천원으로 한다.

제73조의2(매각물품의 과세가격 및 예정가격) ① 영 제222조제7항에 따른 매각된 물품의 과세가격은 다음 각 호의 구분에 따라 결정한다. 〈개정 2023. 3. 20.〉

1. 여행자 휴대품·우편물등: 제7조의3에 따라 산출한 가격

2. 변질 또는 손상된 물품: 제7조의2에 다라 산출한 가격

3. 사용으로 인해 가치가 감소된 물품: 제7조의5제1항에 따라 산출한 가격

4. 제2호 및 제3호에 따라 산출한 가격이 불합리하다고 인정되는 물품: 합리적으로 산출한 국내도매가격에 시가역산율을 곱하여 산출

한 가격

5. 제1호부터 제4호까지에 해당하지 않는 수입물품: 법 제30조부터 제35조까지의 방법에 따라 산출한 가격

② 영 제222조제7항에 따른 매각할 물품의 예정가격은 다음 각 호의 구분에 따라 결정한다. 〈개정 2023. 3. 20.〉

1. 제1항제1호부터 제5호까지의 물품: 제1항제1호부터 제5호까지에 따른 과세가격에 관세 등 제세를 합한 금액

2. 수출조건으로 매각하는 물품: 제1호에 따른 금액에서 관세 등 제세, 운임 및 보험료를 공제한 가격

③ 세관장은 제1항 및 제2항에 따라 과세가격과 예정가격의 산출이 곤란하거나 산출된 금액이 불합리하다고 판단하는 경우에는 그 밖의 합리적인 방법으로 과세가격과 예정가격을 산출할 수 있다.

[본조신설 2020. 10. 7.]

제73조의3(국제항 안에서 국제무역선을 이용한 보세운송) ① 법 제220조의2에서 "기획재정부령으로 정하는 선박회사"란 다음 각 호의 구분에 따른 선박회사를 말한다.

1. 제2항제1호에 따른 물품의 경우: 「해운법」 제24조제2항에 따라 외항 정기 화물운송사업의 등록을 한 선박회사

2. 제2항제2호에 따른 물품의 경우: 다음 각 목의 어느 하나에 해당하는 선박회사

가.「해운법」 제24조제2항에 따라 외항 부정기 화물운송사업의 등록을 한 선박회사

나. 「선박법」 제6조 단서에 따라 해양수산부장관이 허가한 외국국적 선박이 소속된 선박회사

② 법 제220조의2에서 "환적물품 등 기획재정부령으로 정하는 물품"이란 다음 각 호의 물품을 말한다.

1. 환적컨테이너

2. 법 제2조제4호나목에 따른 외국물품으로서 관세청장이 정하여 고시하는 물품

[본조신설 2024. 3. 22.]

제74조(일반물품의 원산지결정기준) ①법 제229조제1항제1호의 규정에 의하여 원산지를 인정하는 물품은 다음 각호와 같다.

1. 당해 국가의 영역에서 생산된 광산물과 식물성 생산물

2. 당해 국가의 영역에서 번식 또는 사육된 산 동물과 이들로부터 채취한 물품

3. 당해 국가의 영역에서의 수렵 또는 어로로 채집 또는 포획한 물품

4. 당해 국가의 선박에 의하여 채집 또는 포획한 어획물 기타의 물품

5. 당해 국가에서의 제조·가공의 공정 중에 발생한 부스러기

6. 당해 국가 또는 그 선박에서 제1호 내지 제5호의 물품을 원재료로 하여 제조·가공한 물품

②법 제229조제1항제2호의 규정에 의하여 2개국 이상에 걸쳐 생산·가공 또는 제조(이하 이 조에서 "생산"이라 한다)된 물품의 원산지는 당해 물품의 생산과정에 사용되는 물품의 품목분류표상 6단위 품목번호와 다른 6단위 품목번호의 물품을 최종적으로 생산한 국가로 한다. 〈개정 2016. 3. 9.〉

③관세청장은 제2항의 규정에 의하여 6단위 품목번호의 변경만으로 법 제229조제1항제2호의 규정에 의한 본질적 특성을 부여하기에 충분한 정도의 실질적인 생산과정을 거친 것으로 인정하기 곤란한 품목에 대하여는 주요공정·부가가치 등을 고려하여 품목별로 원산지기준을 따로 정할 수 있다.

④다음 각호의 1에 해당하는 작업이 수행된 국가는 제2항의 규정에 의한 원산지로 인정하지 아니한다.

1. 운송 또는 보세구역장치중에 있는 물품의 보존을 위하여 필요한 작업

2. 판매를 위한 물품의 포장개선 또는 상표표시 등 상품성 향상을 위한 개수작업

3. 단순한 선별·구분·절단 또는 세척작업

4. 재포장 또는 단순한 조립작업

5. 물품의 특성이 변하지 아니하는 범위안에서의 원산지가 다른 물품과의 혼합작업

6. 가축의 도축작업

⑤관세청장은 제3항에 따른 품목별 원산지기준을 정하는 때에는 기획재정부장관 및 해당 물품의 관계부처의 장과 협의하여야 한다. 〈개정 2008. 12. 31.〉

⑥ 제1항부터 제5항까지의 규정에도 불구하고 수출물품에 대한 원산지 결정기준이 수입국의 원산지 결정기준과 다른 경우에는 수입국의 원산지 결정기준을 따를 수 있다. 〈신설 2019. 3. 20.〉

제75조(특수물품의 원산지결정기준) ① 제74조에도 불구하고 촬영된 영화용 필름, 부속품·예비부분품 및 공구와 포장용품은 다음 각 호의 구분에 따라 원산지를 인정한다. 〈개정 2011. 4. 1., 2016. 3. 9., 2019. 3. 20.〉

1. 촬영된 영화용 필름은 그 제작자가 속하는 국가
2. 기계·기구·장치 또는 차량에 사용되는 부속품·예비부분품 및 공구로서 기계·기구·장치 또는 차량과 함께 수입되어 동시에 판매되고 그 종류 및 수량으로 보아 통상 부속품·예비부분품 및 공구라고 인정되는 물품은 당해 기계·기구 또는 차량의 원산지
3. 포장용품은 그 내용물품의 원산지. 다만, 품목분류표상 포장용품과 내용품을 각각 별개의 품목번호로 하고 있는 경우에는 그러하지 아니한다.

② 제1항에도 불구하고 수출물품에 대한 원산지 결정기준이 수입국의 원산지 결정기준과 다른 경우에는 수입국의 원산지 결정기준을 따를 수 있다. 〈신설 2019. 3. 20.〉

제76조(직접운송원칙) 법 제229조에 따라 원산지를 결정할 때 해당 물품이 원산지가 아닌 국가를 경유하지 아니하고 직접 우리나라에 운송·반입된 물품인 경우에만 그 원산지로 인정한다. 다만, 다음 각 호의 어느 하나에 해당하는 물품인 경우에는 우리나라에 직접 반입한 것으로 본다.

1. 다음 각 목의 요건을 모두 충족하는 물품일 것
   가. 지리적 또는 운송상의 이유로 단순 경유한 것
   나. 원산지가 아닌 국가에서 관세당국의 통제하에 보세구역에 장치된 것
   다. 원산지가 아닌 국가에서 하역, 재선적 또는 그 밖에 정상 상태를 유지하기 위하여 요구되는 작업 외의 추가적인 작업을 하지 아니한 것
2. 박람회·전시회 및 그 밖에 이에 준하는 행사에 전시하기 위하여 원산지가 아닌 국가로 수출되어 해당 국가 관세당국의 통제하에 전시목적에 사용된 후 우리나라로 수출된 물품일 것

[전문개정 2012. 2. 28.]

제76조의2(원산지증명서 발급 기관 등) ① 법 제232조의2제1항에서 원산지증명서를 발급할 권한이 있는 기관이란 다음 각 호의 자를 말한다.

1. 「대외무역법 시행령」 제91조제4항 단서에 따라 원산지증명서 발급 권한을 위임받은 자

2. 「대외무역법 시행령」 제91조제10항에 따라 원산지증명서 발급 업무를 위탁받은 자

② 법 제232조의2제1항에 따른 원산지증명서의 발급 요청은 수출물품 선적이 완료되기 전까지 해야 한다. 다만, 과실·착오 또는 그 밖의 부득이한 사유로 수출물품 선적이 완료되기 전까지 원산지증명서의 발급을 요청하지 못한 경우에는 수출물품 선적일부터 1년의 범위에서 관세청장이 정하여 고시하는 기간 내에 원산지증명서의 발급을 요청할 수 있다.

③ 제1항 및 제2항에서 규정한 사항 외에 원산지증명서의 발급에 필요한 사항은 관세청장이 정하여 고시한다.

[본조신설 2025. 3. 21.]

제77조(원산지증명서확인자료의 제출기간) 법 제232조의2제2항 각 호 외의 부분 후단에서 "기획재정부령으로 정하는 기간"이란 세관장으로부터 원산지증명서확인자료의 제출을 요구받은 날부터 30일을 말한다. 다만, 제출을 요구받은 자가 부득이한 사유로 그 기간에 원산지증명서확인자료를 제출하기 곤란할 때에는 그 기간을 30일의 범위에서 한 차례만 연장할 수 있다.

[본조신설 2011. 4. 1.]

제77조의2(원산지증명서 등의 확인 요청에 대한 회신기간) 법 제233조제2항제1호에서 "기획재정부령으로 정한 기간"이란 다음 각 호의 구분에 따른 기간을 말한다.

1. 법 제73조에 따른 국제협력관세로서 「아시아·태평양 무역협정」에 따른 국제협정관세를 적용하기 위하여 원산지증명서를 발급한 국가의 세관이나 그 밖에 발급권한이 있는 기관(이하 이 조에서 "외국세관등"이라 한다)에 원산지증명서 등의 확인을 요청한 경우: 확인을 요청한 날부터 4개월

2. 법 제76조제3항에 따른 최빈 개발도상국에 대한 일반특혜관세

를 적용하기 위하여 외국세관등에 원산지증명서 등의 확인을 요청한 경우: 확인을 요청한 날부터 6개월

[본조신설 2014. 3. 14.]

[종전 제77조의2는 제77조의3으로 이동 〈2014. 3. 14.〉]

제77조의3(조사 전 통지) 영 제236조의8제2항에서 "기획재정부령으로 정하는 사항"이란 다음 각 호의 구분에 따른 사항을 말한다.

1. 서면조사의 경우
   가. 조사대상자 및 조사기간
   나. 조사대상 수출입물품
   다. 조사이유
   라. 조사할 내용
   마. 조사의 법적 근거
   바. 제출서류 및 제출기간
   사. 조사기관, 조사자의 직위 및 성명
   아. 그 밖에 세관장이 필요하다고 인정하는 사항
2. 현지조사의 경우
   가. 조사대상자 및 조사예정기간
   나. 조사대상 수출입물품
   다. 조사방법 및 조사이유
   라. 조사할 내용
   마. 조사의 법적 근거
   바. 조사에 대한 동의 여부 및 조사동의서 제출기간(조사에 동의하지 아니하거나 조사동의서 제출기간에 그 동의 여부를 통보하지 아니하는 경우의 조치사항을 포함한다)
   사. 조사기관, 조사자의 직위 및 성명
   아. 그 밖에 세관장이 필요하다고 인정하는 사항

[본조신설 2011. 4. 1.]

[제77조의2에서 이동 , 종전 제77조의3은 제77조의4로 이동 〈2014. 3. 14.〉]

제77조의4(무역원활화 위원회의 구성) ① 영 제245조의2제3항제1호에 따라 기획재정부장관이 임명하는 위원은 다음 각 호와 같다. 〈개정 2017. 3. 31., 2021. 3. 16., 2023. 3. 20.〉

1. 기획재정부 관세정책관

2. 과학기술정보통신부, 농림축산식품부, 산업통상자원부, 환경부, 국토교통부, 해양수산부, 식품의약품안전처 및 관세청 소속 고위공무원단에 속하는 일반직공무원 중에서 그 소속기관의 장이 추천하는 사람

② 영 제245조의2제3항제2호가목에 따라 기획재정부장관이 위촉하는 위원은 「관세사법」에 따른 관세사회, 「대한무역투자진흥공사법」에 따른 대한무역투자진흥공사, 「민법」 제32조에 따라 산업통상자원부장관의 허가를 받아 설립된 한국무역협회 및 「상공회의소법」에 따른 대한상공회의소의 임원 중에서 그 소속기관의 장이 추천하는 사람으로 한다.

③ 삭제 〈2023. 3. 20.〉

[본조신설 2015. 7. 16.]

[종전 제77조의4는 제77조의5로 이동 〈2015. 7. 16.〉]

제77조의5(통관고유부호 등의 신청) ① 영 제246조제1항제5호에 따른 통관고유부호, 해외공급자부호 또는 해외구매자부호를 발급받거나 변경하려는 자는 주소, 성명, 사업종류 등을 적은 신청서에 다음 각 호의 서류를 첨부하여 세관장에게 제출하여야 한다. 다만, 세관장이 필요 없다고 인정하는 경우에는 첨부서류의 제출을 생략할 수 있다.

1. 사업자등록증

2. 해외공급자 또는 해외구매자의 국가·상호·주소가 표기된 송품장

3. 그 밖에 관세청장이 정하여 고시하는 서류

② 제1항에 따른 통관고유부호, 해외공급자부호 또는 해외구매자부호의 발급절차 및 관리 등에 관하여 필요한 사항은 관세청장이 정한다.

[본조신설 2011. 4. 1.]

[제77조의4에서 이동 〈2015. 7. 16.〉]

제77조의6(수출·수입 또는 반송의 신고) ① 영 제246조제1항제7호에서 "기획재정부령으로 정하는 참고사항"이란 다음 각 호를 말한다. 〈개정 2024. 3. 22.〉

1. 물품의 모델 및 중량

2. 품목분류표의 품목 번호

3. 법 제226조에 따른 허가·승인·표시 또는 그 밖의 조건을 갖

춘 것임을 증명하기 위하여 발급된 서류의 명칭

4. 수출입 법령에 따라 통관이 일시적으로 제한 · 금지되는 물품인지 여부를 확인할 수 있는 정보로서 관세청장이 관계 중앙행정기관의 장과 협의하여 관보에 공고하는 정보

② 영 제246조제2항에 따른 수출 또는 반송의 신고서는 별지 제1호의2서식과 같다.

③ 영 제246조제2항에 따른 수입의 신고서는 별지 제1호의3서식과 같다.

④ 법 제327조제2항에 따른 전자신고의 작성에 필요한 구체적인 사항은 관세청장이 정하여 고시한다.

[본조신설 2016. 3. 9.]

제78조 삭제 〈2024. 3. 22.〉

제79조(적재기간 등 연장승인) 법 제251조제1항 단서의 규정에 의하여 적재기간의 연장승인을 얻고자 하는 자는 다음 각호의 사항을 기재한 신청서를 세관장에게 제출하여야 한다.

1. 수출신고번호 · 품명 · 규격 및 수량
2. 수출자 · 신고자 및 제조자
3. 연장승인신청의 사유
4. 기타 참고사항

제79조의2(탁송품의 특별통관) ① 법 제254조의2제1항 각 호 외의 부분에서 "기획재정부령으로 정하는 물품"이란 자가사용물품 또는 면세되는 상업용 견본품 중 물품가격(법 제30조부터 제35조까지의 규정에 따른 방법으로 결정된 과세가격에서 법 제30조제1항제6호 본문에 따른 금액을 뺀 가격. 다만, 법 제30조제1항제6호 본문에 따른 금액을 명백히 구분할 수 없는 경우에는 이를 포함한 가격으로 한다)이 미화 150달러 이하인 물품을 말한다. 〈개정 2015. 12. 1., 2018. 3. 21., 2021. 3. 16., 2022. 3. 18.〉

② 법 제254조의2제1항제3호에서 "기획재정부령으로 정하는 사항"이란 다음 각 호의 사항을 말한다. 〈개정 2020. 3. 13., 2021. 3. 16., 2023. 3. 20.〉

1. 운송업자명
2. 선박편명 또는 항공편명
3. 선하증권 번호

4. 물품수신인의 통관고유부호
5. 그 밖에 관세청장이 정하는 사항
[본조신설 2009. 3. 26.]

제79조의3(준수도 측정 · 평가 결과 활용) 영 제259조의6제2항제3호에서 "기획재정부령으로 정하는 사항"이란 다음 각 호의 사항을 말한다. 〈개정 2018. 3. 21., 2022. 3. 18.〉
1. 보세구역의 지정 또는 특허
2. 보세구역의 관리 · 감독
3. 법 제222조제1항에 따른 보세운송업자등의 관리 · 감독
4. 「자유무역지역의 지정 및 운영에 관한 법률」에 따른 자유무역지역 입주기업체의 지원 · 관리
5. 과태료 · 과징금의 산정
6. 행정제재 처분의 감경
[본조신설 2016. 3. 9.]
[종전 제79조의3은 제79조의4로 이동 〈2016. 3. 9.〉]

제79조의4(과세자료의 제출서식 등) ① 법 제264조의2에 따른 과세자료제출기관이 영 제263조의2 및 별표 3에 따른 과세자료를 제출하는 경우에는 다음 각 호의 서식에 따른다. 〈개정 2015. 3. 6., 2016. 3. 9., 2017. 3. 31., 2018. 3. 21., 2018. 9. 20., 2019. 3. 20., 2021. 3. 16., 2023. 3. 20., 2024. 3. 22., 2025. 3. 21.〉
1. 영 별표 3 제1호에 따른 할당관세 수량의 추천에 관한 자료: 별지 제1호의4서식
2. 영 별표 3 제2호에 따른 양허세율 적용의 추천에 관한 자료: 별지 제2호서식
3. 영 별표 3 제3호에 따른 관세를 감면받는 자의 기업부설 연구소 또는 연구개발 전담부서에 관한 자료: 별지 제3호서식
4. 영 별표 3 제4호에 따른 종교단체의 의식에 사용되는 물품에 대한 관세 면제를 위한 신청에 관한 자료: 별지 제4호서식
5. 영 별표 3 제5호에 따른 자선 또는 구호의 목적으로 기증되는 물품 및 자선시설 · 구호시설 또는 사회복지시설에 기증되는 물품에 대한 관세 면제를 위한 신청에 관한 자료: 별지 제4호서식
6. 영 별표 3 제6호에 따른 국제평화봉사활동 또는 국제친선활동

을 위하여 기증하는 물품에 대한 관세 면제를 위한 신청에 관한 자료: 별지 제4호서식

7. 영 별표 3 제7호에 따른 환경오염 측정 또는 분석을 위하여 수입하는 기계·기구에 대한 관세 면제를 위한 신청에 관한 자료: 별지 제4호서식

8. 영 별표 3 제8호에 따른 상수도 수질 측정 또는 보전·향상을 위하여 수입하는 물품에 대한 관세 면제를 위한 신청에 관한 자료: 별지 제4호서식

9. 영 별표 3 제9호에 따른 국제경기대회 행사에 사용하기 위하여 수입하는 물품에 대한 관세 면제를 위한 신청에 관한 자료: 별지 제4호서식

10. 영 별표 3 제10호에 따른 핵사고 또는 방사능 긴급사태 복구 지원과 구호를 위하여 기증되는 물품에 대한 관세 면제를 위한 신청에 관한 자료: 별지 제4호서식

11. 영 별표 3 제11호에 따른 우리나라 선박이 외국의 선박과 협력하여 채집하거나 포획한 수산물에 대한 관세 면제를 위한 추천에 관한 자료: 별지 제5호서식

12. 영 별표 3 제12호에 따른 외국인과 합작하여 채집하거나 포획한 수산물에 대한 관세 면제를 위한 추천에 관한 자료: 별지 제5호서식

13. 영 별표 3 제13호에 따른 조난으로 인하여 해체된 선박 또는 운송수단의 해체재 및 장비에 대한 관세 면제를 위한 신청에 관한 자료: 별지 제4호서식

14. 영 별표 3 제14호에 따른 운동용구(부분품을 포함한다)에 대한 관세 면제를 위한 신청에 관한 자료: 별지 제4호서식

15. 영 별표 3 제15호에 따른 특수관계인 간 거래명세서 자료: 별지 제6호서식

16. 영 별표 3 제16호에 따른 다음 각 목의 자료

가. 재무상태표: 별지 제7호서식

나. 포괄손익계산서: 별지 제8호서식

다. 이익잉여금처분계산서(또는 결손금처리계산서): 별지 제9호서식

17. 영 별표 3 제17호에 따른 매출·매입처별 계산서합계표 자

료: 별지 제10호서식

18. 영 별표 3 제18호에 따른 다음 각 목의 자료

가. 법인사업자 공통내역: 별지 제11호서식

나. 개인사업자 공통내역: 별지 제12호서식

다. 주업종 · 부업종 내역: 별지 제13호서식

라. 공동사업자 내역: 별지 제14호서식

마. 휴업 · 폐업 현황: 별지 제15호서식

바. 사업자단위 과세사업자 공통내역: 별지 제16호서식

사. 사업자단위 과세사업자 업종: 별지 제17호서식

아. 사업자단위 과세사업자 휴업 · 폐업 현황: 별지 제18호서식

19. 영 별표 3 제19호에 따른 매출 · 매입처별 세금계산서합계표 자료: 별지 제10호서식

20. 영 별표 3 제20호에 따른 다음 각 목의 자료

가. 무형자산에 대한 정상가격 산출방법 신고서: 별지 제19호서식

나. 용역거래에 대한 정상가격 산출방법 신고서: 별지 제20호서식

다. 가목 및 나목 외의 정상가격 산출방법 신고서: 별지 제21호서식

21. 영 별표 3 제21호에 따른 국외특수관계인과의 국제거래명세서 자료(국외특수관계인의 요약손익계산서를 제출한 경우에는 이를 포함한다): 별지 제22호서식

22. 영 별표 3 제22호에 따른 특정외국법인의 유보소득 계산 명세서 자료: 별지 제23호서식

23. 영 별표 3 제23호에 따른 특정외국법인의 유보소득 합산과세 적용범위 판정 명세서 자료: 별지 제24호서식

24. 영 별표 3 제24호에 따른 국외출자 명세서 자료: 별지 제25호서식

25. 영 별표 3 제25호에 따른 여권발급에 관한 자료: 별지 제26호서식

26. 영 별표 3 제26호에 따른 국민의 출국심사 및 입국심사에 관한 자료 : 별지 제27호서식

27. 영 별표 3 제27호에 따른 자동차 등록에 관한 자료: 별지 제

28호서식

28. 영 별표 3 제28호에 따른 조달계약에 관한 자료: 별지 제29호서식

29. 영 별표 3 제29호에 따른 법인세 환급금 내역: 별지 제30호서식

30. 영 별표 3 제30호에 따른 종합소득세 환급금 내역: 별지 제31호서식

31. 영 별표 3 제31호에 따른 부가가치세 환급금 내역: 별지 제32호서식

32. 영 별표 3 제32호에 따른 이용권·회원권 자료: 별지 제33호서식

33. 영 별표 3 제33호 따른 종합소득과세표준 신고에 관한 자료, 퇴직소득과세표준 신고에 관한 자료 및 원천징수에 관한 자료: 별지 제34호서식

34. 영 별표 3 제34호에 따른 지방세환급금 내역: 별지 제35호서식

35. 영 별표 3 제35호에 따른 과세물건(부동산·골프회원권·콘도미니엄회원권·항공기·선박만 해당한다)에 대한 취득세 신고납부 또는 징수에 관한 자료: 별지 제36호서식

36. 영 별표 3 제36호에 따른 과세대상(토지·건축물·주택·항공기·선박만 해당한다)에 대한 재산세 부과·징수에 관한 자료: 별지 제37호서식

37. 영 별표 3 제37호에 따른 부동산 거래의 신고에 관한 자료: 별지 제38호서식

38. 영 별표 3 제38호에 따른 특허권·실용신안권·디자인권 및 상표권의 설정등록에 관한 자료: 별지 제39호서식

39. 영 별표 3 제39호에 따른 법원공탁금 자료: 별지 제40호서식

40. 영 별표 3 제40호에 따른 신용카드등의 대외지급(물품구매 내역만 해당한다) 및 외국에서의 외국통화 인출에 관한 자료: 별지 제41호서식

41. 영 별표 3 제41호 및 제66호에 따른 외국기업 본점 등의 공통경비배분계산서 자료: 별지 제44호서식

42. 영 별표 3 제42호에 따른 비거주자의 사업소득 및 기타소득

의 지급명세서 자료: 별지 제45호서식

43. 영 별표 3 제43호에 따른 제조자 또는 수입판매업자의 반출 신고 자료: 별지 제46호서식

44. 영 별표 3 제44호에 따른 신용카드가맹점 정보 관리 업무에 관한 자료: 별지 제47호서식

45. 영 별표 3 제45호에 따른 장애인 보장구 보험급여에 관한 자료: 별지 제48호서식

46. 영 별표 3 제46호에 따른 장기요양급여 제공에 관한 자료: 별지 제49호서식

47. 영 별표 3 제47호에 따른 보험금 등 지급에 관한 자료: 별지 제50호서식

48. 영 별표 3 제48호에 따른 주식등변동상황명세서에 관한 자료: 별지 제51호서식

49. 영 별표 3 제49호에 따른 해외직접투자 신고에 관한 자료: 별지 제52호서식

50. 영 별표 3 제50호에 따른 부동산 소유권 변경 사실에 관한 자료: 별지 제53호서식

51. 영 별표 3 제51호에 따른 부동산 전세권 및 저당권의 등기에 관한 자료: 별지 제54호서식

52. 영 별표 3 제52호에 따른 금융거래 내역에 관한 자료: 별지 제55호서식

53. 영 별표 3 제53호에 따른 다음 각 목의 자료

가. 재무상태표: 별지 제56호서식(「소득세법 시행규칙」 별지 제40호의6서식으로 갈음할 수 있다)

나. 손익계산서: 별지 제57호서식(「소득세법 시행규칙」 별지 제40호의7서식으로 갈음할 수 있다)

54. 영 별표 3 제54호에 따른 해외금융계좌 신고의무 불이행 등에 대한 과태료 처분내역: 별지 제58호서식

55. 영 별표 3 제55호에 따른 직장가입자에 관한 자료 및 통보된 보수 등에 관한 자료: 별지 제62호서식

56. 영 별표 3 제57호에 따른 「방위사업법」 제57조의4에 따른 중개수수료 신고 자료: 별지 제63호서식

57. 영 별표 3 제58호에 따른 무역보험 종류별 보험계약 체결에

관한 자료: 별지 제64호서식

58. 영 별표 3 제59호에 따른 치료재료에 대한 요양급여대상 여부의 결정과 요양급여비용의 산정자료: 별지 제65호서식

59. 영 별표 3 제60호에 따른 치료재료에 대한 요양급여비용 청구와 지급 등에 관한 자료: 별지 제66호서식

60. 영 별표 3 제61호에 따른 월별 거래명세(판매대행에 관한 자료를 말한다)로서 법 제19조에 따른 관세 부과·징수 및 법 제222조에 따른 구매대행업자의 등록에 필요한 자료: 별지 제67호서식(「부가가치세법 시행규칙」 별지 제48호서식으로 갈음할 수 있다)

61. 영 별표 3 제62호에 따른 지급보증 용역거래 명세서 자료: 별지 제68호서식

62. 영 별표 3 제63호에 따른 다음 각 목의 자료

가. 해외현지법인 명세서 자료: 별지 제69호서식

나. 해외현지법인 재무상황표 자료: 별지 제70호서식

63. 영 별표 3 제64호에 따른 세무조정계산서 부속서류 중 「법인세법 시행규칙」 제82조제1항제48호에 따른 자본금과 적립금조정명세서(병) 자료: 별지 제71호서식

64. 영 별표 3 제65호에 따른 국내원천 사용료소득을 외국법인에 지급한 자가 제출한 지급명세서 자료: 별지 제72호서식

65. 영 별표 3 제67호에 따른 부가가치세 신고서 자료: 별지 제73호서식

66. 영 별표 3 제68호에 따른 영세율 매출명세서 자료: 별지 제74호서식

67. 영 별표 3 제69호에 따른 공공기관의 조달 계약에 관한 자료: 별지 제75호서식

68. 영 별표 3 제70호에 따른 가상자산거래 내역에 관한 자료: 별지 제76호서식

② 법 제264조의2에 따른 과세자료제출기관은 관세청장 또는 세관장과 협의하여 영 제263조의2 및 별표 3에 규정된 과세자료를 이동식 저장장치 또는 광디스크 등 전자적 기록매체에 수록하여 제출하거나 정보통신망을 이용하여 제출할 수 있다.

[본조신설 2014. 3. 14.]

[제79조의3에서 이동 〈2016. 3. 9.〉]

제80조(자료를 갖춰 두어야 하는 영업장) 법 제266조제2항에서 "기획재정부령으로 정하는 기준에 해당하는 자"란 다음 각 호의 어느 하나에 해당하는 상설영업장을 갖추고 외국에서 생산된 물품을 판매하는 자를 말한다. 〈개정 2005. 2. 11., 2008. 12. 31., 2011. 4. 1.〉

1. 백화점

2. 최근 1년간 수입물품의 매출액이 5억원 이상인 수입물품만을 취급하거나 수입물품을 할인판매하는 상설영업장

3. 통신판매하는 자로서 최근 1년간 수입물품의 매출액이 10억원 이상인 상설영업장

4. 관세청장이 정하는 물품을 판매하는 자로서 최근 1년간 수입물품의 매출액이 전체 매출액의 30퍼센트를 초과하는 상설영업장

5. 상설영업장의 판매자 또는 그 대리인이 최근 3년 이내에 「관세법」 또는 「관세사법」위반으로 처벌받은 사실이 있는 경우 그 상설영업장

[제목개정 2011. 4. 1.]

제80조의2(명예세관원의 자격요건 등) ① 법 제268조에 따른 명예세관원은 다음 각 호의 어느 하나에 해당하는 사람 중에서 위촉한다

1. 수출입물품과 같은 종류의 물품을 생산·유통·보관 및 판매하는 등의 업무에 종사하는 사람 및 관련단체의 임직원

2. 소비자 관련단체의 임직원

3. 관세행정 발전에 기여한 공로가 있는 사람

4. 수출입물품의 유통에 관심이 있고 명예세관원의 임무를 성실히 수행할 수 있는 사람

② 명예세관원의 임무는 다음 각 호와 같다.

1. 세관의 조사·감시 등 관세행정과 관련한 정보제공

2. 밀수방지 등을 위한 홍보 활동 지원 및 개선 건의

3. 세관직원을 보조하여 공항, 항만 또는 유통단계의 감시 등 밀수단속 활동 지원

4. 세관직원을 보조하여 원산지 표시 위반, 지식재산권 침해 등에 대한 단속 활동 지원

③ 관세청장은 필요한 경우 명예세관원에게 활동경비 등을 지급할 수 있다.

④ 명예세관원의 위촉·해촉, 그 밖에 필요한 사항은 관세청장이

정한다.

[본조신설 2012. 2. 28.]

제80조의3(신용카드 등에 의한 통고처분 납부) 영 제270조의2제7항에 따른 납부대행수수료는 관세청장이 통고처분납부대행기관의 운영경비 등을 종합적으로 고려하여 승인하되, 해당 납부금액의 1천분의 10을 초과할 수 없다.

[본조신설 2019. 3. 20.]

제81조(업무시간 및 물품취급시간외의 통관절차 등에 관한 수수료) ① 법 제321조제3항의 규정에 의하여 납부하여야 하는 업무시간외의 통관절차·보세운송절차 또는 입출항절차에 관한 수수료(구호용 물품의 경우 당해 수수료를 면제한다)는 기본수수료 4천원(휴일은 1만2천원)에 다음 각호의 구분에 의한 금액을 합한 금액으로 한다. 다만, 수출물품의 통관절차 또는 출항절차에 관한 수수료는 수입물품의 통관절차 또는 출항절차에 관한 수수료의 4분의 1에 상당하는 금액으로 한다. 〈개정 2003. 2. 14., 2025. 3. 21.〉

1. 오전 6시부터 오후 6시까지 : 1시간당 3천원
2. 오후 6시부터 오후 10시까지 : 1시간당 4천8백원
3. 오후 10시부터 그 다음날 오전 6시까지 : 1시간당 7천원

②제1항의 규정에 의하여 수수료를 계산함에 있어서 관세청장이 정하는 물품의 경우 여러 건의 수출입물품을 1건으로 하여 통관절차·보세운송절차 또는 입출항절차를 신청하는 때에는 이를 1건으로 한다.

③법 제321조제3항의 규정에 의하여 납부하여야 하는 물품취급시간외의 물품취급에 관한 수수료는 당해 물품을 취급하는 때에 세관공무원이 참여하는 경우에는 기본수수료 2천원(휴일은 6천원)에 다음 각호의 1에 해당하는 금액을 합한 금액으로 하며, 세관공무원이 참여하지 아니하는 경우에는 기본수수료 2천원(휴일은 6천원)으로 한다. 다만, 수출물품을 취급하는 때에는 그 금액의 4분의 1에 상당하는 금액(보세구역에 야적하는 산물인 광석류의 경우에는 그 금액의 5분의 1에 상당하는 금액)으로 한다.

1. 오전 6시부터 오후 6시까지 : 1시간당 1천5백원
2. 오후 6시부터 오후 10시까지 : 1시간당 2천4백원
3. 오후 10시부터 그 다음날 오전 6시까지 : 1시간당 3천6백원

④제1항 및 제3항의 규정에 의한 수수료금액을 계산함에 있어서

소요시간중 1시간이 제1항 각호 상호간 또는 제3항 각호 상호간에 걸쳐 있는 경우의 수수료는 금액이 많은 것으로 한다.

⑤세관장은 제1항 및 제3항의 규정에 의한 수수료를 일정기간별로 일괄하여 납부하게 할 수 있다.

⑥제1항 및 제3항의 규정에 의한 수수료를 납부하여야 하는 자가 관세청장이 정하는 바에 따라 이를 따로 납부한 때에는 그 사실을 증명하는 증표를 세관장에게 제출하여야 한다.

[제목개정 2025. 3. 21.]

제82조(증명서 및 통계의 교부수수료) ①법 제322조제6항의 규정에 의한 세관사무에 관한 증명서, 통계 및 통관관련 세부통계자료의 교부수수료는 별표 7과 같다. 〈개정 2003. 2. 14., 2007. 12. 31.〉

② 법 제322조제5항에 따른 대행기관(이하 "대행기관"이라 한다)은 법 제322조제7항에 따라 교부수수료를 정하거나 변경하려는 경우에는 이해관계인의 의견을 수렴할 수 있도록 대행기관의 인터넷 홈페이지에 30일간 정하거나 변경하려는 교부수수료의 내용을 게시하여야 한다. 다만, 긴급하다고 인정되는 경우에는 대행기관의 인터넷 홈페이지에 그 사유를 소명하고 10일간 게시할 수 있다. 〈신설 2012. 2. 28.〉

③ 대행기관은 제2항에 따라 수렴된 의견을 고려하여 제1항에 따른 교부수수료의 범위에서 정한 교부수수료에 대하여 관세청장의 승인을 받아야 한다. 이 경우 대행기관은 원가명세서 등 교부수수료의 승인에 필요한 자료를 관세청장에게 제출하여야 한다. 〈신설 2012. 2. 28.〉

④ 대행기관은 제3항에 따라 승인받은 교부수수료의 금액을 대행기관의 인터넷 홈페이지를 통하여 공개하여야 한다. 〈신설 2012. 2. 28.〉

⑤ 관세청장은 3년마다 원가명세서, 대행기관의 교부수수료 수입·지출 내역 등을 검토하여 교부수수료 수준을 평가하여야 하며, 필요한 경우 적정한 교부수수료 수준을 통보할 수 있다. 〈신설 2012. 2. 28.〉

⑥ 일일자료교부 등 새로운 컴퓨터프로그램이나 전산처리설비를 필요로 하는 방식으로 교부신청을 하는 경우에는 추가되는 비용의 범위에서 제1항 및 제3항에 따른 교부수수료를 인상하여 적용할 수

있다. 〈신설 2007. 12. 31., 2012. 2. 28.〉

⑦정부 및 지방자치단체에 대하여는 제1항 및 제3항에 따른 교부수수료를 면제한다. 〈개정 2012. 2. 28.〉

⑧「공공기관의 운영에 관한 법률」 제4조에 따른 공공기관 및 영 제233조에 따라 관세청과 정보통신망을 연결하여 구비조건을 확인하고 있는 기관에 대하여는 관세청장이 정하는 바에 따라 제1항 및 제3항에 따른 교부수수료를 인하하거나 면제할 수 있다. 〈신설 2007. 12. 31., 2012. 2. 28.〉

[제목개정 2003. 2. 14.]

제83조(세관설비사용료) ①법 제323조의 규정에 의하여 납부하여야 하는 세관설비사용료는 기본사용료 1만2천원에 다음 각호의 구분에 의한 금액을 합한 금액으로 한다. 〈개정 2010. 3. 30.〉

1. 토지 : 분기마다 1제곱미터당 780원
2. 건물 : 분기마다 1제곱미터당 1,560원

②세관장은 토지의 상황 기타의 사정에 의하여 필요하다고 인정하는 때에는 관세청장의 승인을 얻어 제1항의 규정에 의한 세관설비사용료를 경감할 수 있다.

③제68조제3항 내지 제5항의 규정은 제1항의 규정에 의한 세관설비사용료에 관하여 이를 준용한다.

제84조(동일인이 소유하거나 사실상 지배하는 주식의 범위) ①영 제285조의4제2항에서 "동일인이 소유하거나 사실상 지배하는 주식의 범위"란 주주 1명 또는 그와 다음 각 호의 어느 하나에 해당하는 자가 자기 또는 타인의 명의로 소유하는 주식을 말한다. 〈개정 2009. 3. 26.〉

1. 주주 1인의 배우자, 8촌 이내의 혈족 또는 4촌 이내의 인척(이하 "친족"이라 한다)
2. 주주 1인이 법인인 경우에 당해 법인이 100분의 30 이상을 출자 또는 출연하고 있는 법인과 당해 법인에 100분의 30 이상을 출자 또는 출연하고 있는 법인이나 개인
3. 주주 1인이 개인인 경우에 당해 개인 또는 그와 그 친족이 100분의 30 이상을 출자 또는 출연하고 있는 법인
4. 주주 1인 또는 그 친족이 최다수 주식소유자 또는 최다액 출자자로서 경영에 참여하고 있는 법인

5. 주주 1인과 그 친족이 이사 또는 업무집행사원의 과반수인 법인

②제1항의 규정은 외국인에게도 이를 준용한다.

[본조신설 2003. 2. 14.]

제85조(전자문서중계사업자 지정기준) ①영 제285조의4제3항에 따른 지정기준은 다음과 같다. 〈개정 2005. 2. 11., 2009. 3. 26., 2017. 3. 31.〉

1. 전자문서중계사업에 필요한 다음 각 목의 설비에 대한 정당한 사용권을 가질 것

가. 전자문서중계사업을 안정적으로 수행할 수 있는 충분한 속도 및 용량의 전산설비

나. 전자문서를 변환·처리·전송 및 보관할 수 있는 소프트웨어

다. 전자문서를 전달하고자 하는 자의 전산처리설비로부터 관세청의 전산처리설비까지 전자문서를 안전하게 전송할 수 있는 통신설비 및 통신망

라. 전자문서의 변환·처리·전송·보관, 데이터베이스의 안전한 운영과 보안을 위한 전산설비 및 소프트웨어

2. 전자문서중계사업에 필요한 다음 각목의 기술인력을 보유할 것

가. 「국가기술자격법」에 의한 정보처리 또는 통신 분야의 기술사 이상의 자격이 있는 자 1인 이상

나. 전자문서중계사업을 위한 표준전자문서의 개발 또는 전자문서중계방식과 관련한 기술 분야의 근무경력이 2년 이상인 자 2인 이상

다. 전자문서와 데이터베이스의 보안관리를 위한 전문요원 1인 이상

라. 「관세사법」에 의한 관세사 자격이 있는 자 1인 이상

②제1항제1호 및 제2호 각목의 세부적인 사항은 관세청장이 정하여 고시한다.

[본조신설 2003. 2. 14.]

제85조의2(전자문서중계사업자의 지정취소 및 업무정지 기준) 법 제327조의3제3항에 따른 전자문서중계사업자의 지정취소 및 업무정지 처분의 세부기준은 별표 8과 같다.

[본조신설 2024. 3. 22.]

제86조(전자문서중계업무의 수수료 등) 전자문서중계사업자는 법 제

327조의3제6항에 따라 수수료 등 필요한 요금을 부과하기 위하여 요금을 정하거나 변경하고자 하는 경우에는 그 금액과 산출기초를 기재한 서류를 첨부하여 관세청장에게 신고하여야 한다. 이 경우 관세청장은 수수료 등의 금액이 관세청장이 정하는 산출기준에 맞지 아니하거나 그 밖에 적정하지 아니하여 보완이 필요하다고 인정되는 경우에는 그 수리전에 보완을 요구할 수 있다. 〈개정 2009. 3. 26.〉

[본조신설 2003. 2. 14.]

제87조 삭제 〈2012. 2. 28.〉

부칙 〈제175호, 2000. 12. 30.〉

제1조 (시행일) 이 규칙은 2001년 1월 1일부터 시행한다.

제2조 (다른 법령의 개정) ①관세법제28조의7제1항제1호및제2호의규정에의한환경오염방지물품등에관한관세감면규칙중 다음과 같이 개정한다.

제명 "관세법제28조의7제1항제1호및제2호의규정에의한환경오염방지물품등에관한관세감면규칙"을 "관세법제95조제1항제1호및제2호의규정에의한환경오염방지물품등에관한관세감면규칙"으로 한다.

본문중 "관세법 제28조의7제1항제1호 · 제2호 및 동법시행규칙 제21조의2제1항제1호 · 제2호"를 "관세법 제95조제1항제1호 · 제2호 및 동법시행규칙 제46조제1항제1호 · 제2호"로 한다.

②부가가치세법시행규칙중 다음과 같이 개정한다.

제12조의2제2항중 "관세법시행규칙 제17조제4항 각호의 기관 및 동법시행규칙 제17조제8항제2호의 산업기술연구조합"을 "관세법시행규칙 제37조제2항제4호 · 제22호 내지 제24호의 기관 및 동조제3항제2호의 산업기술연구조합"으로 한다.

③소득세법시행규칙중 다음과 같이 개정한다.

제10조제2항제2호중 "관세법 제240조"를 "관세법 제324조"로 한다.

④수출용원재료에대한관세등환급에관한특례법시행규칙중 다음과 같이 개정한다.

제2조제2항제2호중 "관세법 제27조제1항제1호 및 제3호의 규정에 의한 기관"을 "관세법 제88조제1항제1호 및 제3호의 규정에 의한 기관"으로 하고, 동항제3호중 "관세법 제27조 및 제31조"를 "관세법 제88조"로 한다.

제2조제3항제1호 본문중 "관세법 제93조의 규정에 의한 보세창고"를 "관세법 제183조의 규정에 의한 보세창고"로 하고, 동항제2호 본문중 "관세법 제98조의 규정에 의한 보세공장"을 "관세법 제185조의 규정에 의한 보세공장"으로 하며, 동항제3호를 다음과 같이 하고, 동항제4호중 "관세법 제116조의3의 규정에 의한 종합보세구역"을 "관세법 제197조의 규정에 의한 종합보세구역"으로 한다.

3. 관세법 제196조의 규정에 의한 보세판매장

제14조 단서중 "관세법 제98조의 규정에 의한 보세공장"을 "관세법 제185조의 규정에 의한 보세공장"으로 한다.

별표 제1호의 물품명란 및 제한비율란중 "관세법 제10조"를 각각 "관세법 제51조"로 하고, 동표 제2호의 물품명란 및 제한비율란중 "관세법 제11조"를 각각 "관세법 제63조"로 하며, 동표 제3호의 물품명란 및 제한비율란중 "관세법 제13조"를 각각 "관세법 제57조"로 한다.

⑤외국인관광객등에대한부가가치세및특별소비세특례규정시행규칙중 다음과 같이 개정한다.

제2조제1항중 "관세법 제98조의 규정에 의한 보세공장"을 "관세법 제185조의 규정에 의한 보세공장"으로 한다.

별지 제4호의2서식의 구비서류란중 "관세법 제58조의2제1항제4호의 규정에 의한 등록증"을 "관세법 제222조제1항제4호의 규정에 의한 등록증"으로 한다.

제3조 (다른 법령과의 관계) 이 규칙 시행당시 다른 법령에서 종전의 관세법시행규칙 및 그 규정을 인용하고 있는 경우 이 규칙중 그에 해당하는 규정이 있는 때에는 종전의 규정에 갈음하여 이 규칙 또는 이 규칙의 해당 규정을 인용한 것으로 본다.

부칙 〈제186호, 2001. 3. 29.〉 (관세청과그소속기관직제시행규칙)

①(시행일) 이 규칙은 공포한 날부터 시행한다.

②(다른 법령의 개정) 관세법시행규칙중 다음과 같이 개정한다.

제61조제2호중 "김포세관장"을 각각 "인천공항세관장"으로 한다.

별표 6의 관할세관란중 "김포세관"을 "인천공항세관"으로 한다.

부칙 〈제206호, 2001. 6. 30.〉 (산업기술연구 · 개발용물품에 관한관세감면규칙)
제37조 제4항제1호를 다음과 같이 한다.
1. 산업기술의 연구 · 개발에 사용하기 위하여 수입하는 물품으로서 따로 재정경제부령이 정하는 것
별표 1을 삭제한다.
④생략

부칙 〈제260호, 2002. 5. 10.〉
①(시행일) 이 규칙은 공포한 날부터 시행한다.
②(해외임가공감면에 관한 적용례) 제56조제1항의 개정규정은 법 제101조제1항제1호의 규정에 의한 원재료 또는 부분품이 이 규칙 시행후 최초로 수출신고되는 분부터 적용한다.

부칙 〈제301호, 2003. 2. 14.〉
①(시행일) 이 규칙은 공포한 날부터 시행한다.
②(관세가 면제되는 물품 등에 관한 적용례) 제45조제2항제1호, 별표 2 및 별표 3의 개정규정은 이 규칙 시행후 최초로 수입신고하는 분부터 적용한다.

부칙 〈제375호, 2004. 3. 30.〉
①(시행일) 이 규칙은 2004년 3월 31일부터 시행한다.
②(일반적 적용례) 이 규칙은 이 규칙 시행후 수입신고하는 분부터 적용한다.

부칙 〈제413호, 2005. 2. 11.〉
①(시행일) 이 규칙은 공포한 날부터 시행한다.
②(관세가 면제되는 특정물품에 대한 경과조치) 이 규칙 시행당시 종전의 규정에 의한 선박 · 어구 등 생산수단은 제43조제6항의 개정규정에 의하여 해양수산부장관이 재정경제부장관과 협의하여 고시한 선박 · 어구 등의 생산수단으로 본다.

부칙 〈제470호, 2005. 12. 30.〉

①(시행일) 이 규칙은 2006년 1월 1일부터 시행한다.
②(관세가 면제되는 물품 등에 대한 적용례) 제43조제1항 및 제46조제3항의 개정규정은 이 규칙 시행 후 최초로 수입신고하는 분부터 적용한다.

부칙 〈제329호, 2006. 5. 30.〉 (도로교통법 시행규칙)
제1조 (시행일) 이 규칙은 2006년 6월 1일부터 시행한다.
제2조 내지 제7조 생략
제8조 (다른 법령의 개정) ①및 ②생략
③관세법 시행규칙 일부를 다음과 같이 개정한다.
제37조제2항제9호중 "제86조"를 "제123조"로 한다.
④내지 ⑯생략

부칙 〈제372호, 2006. 10. 27.〉 (산업기술혁신 촉진법 시행규칙)
제1조 (시행일) 이 규칙은 공포한 날부터 시행한다.
제2조 (다른 법령의 개정) ①관세법 시행규칙 일부를 다음과 같이 한다.
제37조제1항제24호중 "「산업기술기반조성에 관한 법률」 제18조의 규정에 의하여"를 "「산업기술혁신 촉진법」 제42조에 따라"로 한다.
별표 4 제4호 다목중 "「산업기술기반조성에 관한 법률」 제14조의4의 규정에 의한"을 "「산업기술혁신 촉진법」 제38조에 따른"으로 하고, 동호 라목중 "「산업기술기반조성에 관한 법률」 제18조의 규정에 의한"을 "「산업기술혁신 촉진법」 제42조에 따른"으로 한다.
②및 ③생략

부칙 〈제560호, 2007. 5. 29.〉
제1조 (시행일) 이 규칙은 공포한 날부터 시행한다.
제2조 (관세가 면제되는 이사물품에 관한 적용례) 제48조제2항제1호가목·나목 및 마목의 개정규정은 이 규칙 시행 후 최초로 수입신고되는 분부터 적용한다.
제3조 (관세가 면제되는 장애인용품에 관한 적용례) 별표 2 제2호나

목 (7)의 개정규정은 이 규칙 시행 후 최초로 수입신고되는 분부터 적용한다

부칙 〈제596호, 2007. 12. 31.〉

제1조 (시행일) 이 규칙은 2008년 1월 1일부터 시행한다.

제2조 (일반적 적용례) 이 규칙은 이 규칙 시행 후 최초로 수입신고하는 분부터 적용한다.

제3조 (관세 면제물품에 대한 경과조치) 이 규칙 시행 당시 종전의 제41조제2항 단서에 따른 통상품 중 다음 각 호의 물품은 2008년 12월 31일까지 수입신고되는 분에 한하여 관세가 부과되는 통상품에서 제외한다.

1. 법 별표 관세율표 번호 제2710호에 해당하는 물품
2. 법 별표 관세율표 번호 제9018호 · 제9019호 · 제9020호 · 제9021호 · 제9022호 및 제9027호에 해당하는 물품

부칙 〈제50호, 2008. 12. 31.〉

제1조(시행일) 이 규칙은 2009년 1월 1일부터 시행한다.

제2조(적용례) 제43조제10항, 제46조제4항 및 제58조의 개정규정은 이 규칙 시행 후 최초로 수입신고하는 분부터 적용한다.

부칙 〈제61호, 2009. 3. 26.〉

제1조(시행일) 이 규칙은 공포한 날부터 시행한다. 다만, 제62조의2 및 제79조의2의 개정규정은 2009년 4월 1일부터 시행한다.

제2조(희귀병치료제에 대한 적용례) 별표 2 제4호나목의 개정규정은 이 규칙 시행 후 수입신고되는 분부터 적용한다.

부칙 〈제100호, 2009. 9. 21.〉

제1조(시행일) 이 규칙은 공포한 날부터 시행한다.

제2조(적용례) 별표 2 제4호나목의 개정규정은 이 규칙 시행 후 수입신고되는 분부터 적용한다.

부칙 〈제119호, 2009. 12. 31.〉

제1조(시행일) 이 규칙은 2010년 1월 1일부터 시행한다. 다만, 제

37조제2항제25호 및 같은 조 제5항의 개정규정은 2010년 4월 2일부터 시행한다.
제2조(다른 법령의 폐지) 다음 각 호의 규칙은 폐지한다.
1. 「산업기술 연구·개발용 물품에 관한 관세감면 규칙」
2. 「관세법 제95조제1항제1호 및 제2호의 규정에 의한 환경오염방지물품 등에 관한 관세감면 규칙」
3. 「공장자동화 물품에 관한 관세감면 규칙」
제3조(일반적 적용례) 이 규칙은 이 규칙 시행 후 수입신고하는 분부터 적용한다.

부칙 〈제133호, 2010. 3. 30.〉
제1조(시행일) 이 규칙은 공포한 날부터 시행한다. 다만, 제37조제1항 및 제54조의 개정규정은 2010년 4월 1일부터 시행한다.
제2조(일반적 적용례) 이 규칙은 이 규칙 시행 후 최초로 하는 수입신고부터 적용한다.
제3조(정상가격 및 덤핑가격의 비교에 관한 적용례) 제10조제9항 및 제13항의 개정규정은 이 규칙 시행 후 개시되는 덤핑사실에 대한 조사부터 적용한다.
제4조(해외임가공물품에 대한 관세의 감면신청에 관한 적용례) 제57조제1항의 개정규정은 이 규칙 시행 후 최초로 하는 수출신고부터 적용한다.
제5조(세관설비사용료에 관한 적용례) 제83조제1항의 개정규정은 이 규칙 시행 후 최초로 시작하는 분기에 대한 사용료부터 적용한다.

부칙 〈제163호, 2010. 8. 4.〉
제1조(시행일) 이 규칙은 공포한 날부터 시행한다.
제2조(적용례) 이 규칙은 이 규칙 시행 후 최초로 수입신고되는 물품부터 적용한다.

부칙 〈제175호, 2010. 11. 18.〉
제1조(시행일) 이 규칙은 공포한 날부터 시행한다.
제2조(적용례) 이 규칙은 이 규칙 시행 후 최초로 수입신고되는 물품부터 적용한다.

부칙 〈제183호, 2010. 12. 31.〉

제1조(시행일) 이 규칙은 2011년 1월 1일부터 시행한다.

제2조(적용례) 이 규칙은 이 규칙 시행 후 최초로 수입신고하는 물품부터 적용한다.

부칙 〈제197호, 2011. 4. 1.〉

제1조(시행일) 이 규칙은 공포한 날부터 시행한다. 다만, 제77조, 제77조의2, 제77조의3의 개정규정은 2011년 7월 1일부터 시행한다.

제2조(일반적 적용례) 이 규칙은 이 규칙 시행 후 최초로 수출입신고하는 분부터 적용한다.

제3조(통관고유번호 등의 신청에 관한 적용례) 제77조의3의 개정규정은 부칙 제1조 단서에 따른 제77조의3의 개정규정 시행 후 최초로 통관고유부호, 해외공급자부호 또는 해외구매자부호의 발급 또는 변경을 신청하는 분부터 적용한다.

부칙 〈제213호, 2011. 6. 7.〉

제1조(시행일) 이 규칙은 공포한 날부터 시행한다.

제2조(적용례) 이 규칙은 이 규칙 시행 후 최초로 수입신고하는 물품부터 적용한다.

부칙 〈제241호, 2011. 10. 11.〉

제1조(시행일) 이 규칙은 공포한 날부터 시행한다.

제2조(적용례) 이 규칙은 이 규칙 시행 후 최초로 수입신고하는 물품부터 적용한다.

부칙 〈제246호, 2011. 11. 17.〉

제1조(시행일) 이 규칙은 공포한 날부터 시행한다.

제2조(관세가 면제되는 특정물품에 관한 적용례) 제43조제6항의 개정규정은 이 규칙 시행 후 수입신고하거나 경정하는 분부터 적용한다.

부칙 〈제250호, 2011. 12. 30.〉

제1조(시행일) 이 규칙은 2012년 1월 1일부터 시행한다.

제2조(적용례) 이 규칙은 이 규칙 시행 후 최초로 수입신고하는 물품부터 적용한다.

부칙 〈제273호, 2012. 2. 28.〉

제1조(시행일) 이 규칙은 공포일부터 시행한다. 다만, 제9조의2의 개정규정은 2012년 3월 1일부터 시행하고, 제8조의2제2항의 개정규정은 2012년 4월 1일부터 시행한다.

제2조(일반적 적용례) 이 규칙은 이 규칙 시행 후 최초로 수출입신고하는 분부터 적용한다.

제3조(신용카드 등에 의한 납부대행수수료 한도에 관한 적용례) 제8조의2제2항의 개정규정은 2012년 4월 1일 이후 납부하는 분부터 적용한다.

제4조(관세등 환급가산금 이율에 관한 적용례) 제9조의2의 개정규정은 2012년 3월 1일 이후 기간분에 대하여 적용한다.

제5조(증명서 또는 통계 등의 교부수수료 승인에 관한 경과조치) 이 규칙 시행 당시 대행기관이 법 제322조제6항에 따라 이 규칙 제82조제1항 및 별표 7에 따른 교부수수료의 범위에서 정한 교부수수료는 제82조제3항의 개정규정에 따라 승인된 것으로 본다. 다만, 해당 교부수수료의 적정성에 대하여 제82조의 개정규정에 따른 절차를 거쳐 2012년 6월 30일까지 승인을 받아야 한다.

부칙 〈제291호, 2012. 7. 2.〉

제1조(시행일) 이 규칙은 공포한 날부터 시행한다.

제2조(적용례) 이 규칙은 이 규칙 시행 후 최초로 수입신고하는 물품부터 적용한다.

부칙 〈제299호, 2012. 10. 5.〉

제1조(시행일) 이 규칙은 공포한 날부터 시행한다.

제2조(적용례) 이 규칙은 이 규칙 시행 후 수입신고하는 물품부터 적용한다

부칙 〈제308호, 2012. 12. 31.〉

제1조(시행일) 이 규칙은 2013년 1월 1일브터 시행한다.

제2조(적용례) 별표 2 및 별표 2의4의 개정규정은 이 규칙 시행 후 수입신고하는 물품부터 적용한다.

부칙 〈제337호, 2013. 2. 23.〉

제1조(시행일) 이 규칙은 공포한 날부터 시행한다. 다만 제62조제2항제4호의 개정규정은 2013년 4월 1일부터 시행한다.

제2조(일반적 적용례) 이 규칙은 이 규칙 시행 후 수입신고하는 분부터 적용한다.

제3조(환급가산금의 이율에 관한 적용례) 제9조의2의 개정규정은 2013년 3월 1일 이후 기간 분부터 적용한다.

부칙 〈제342호, 2013. 3. 23.〉 (기획재정부와 그 소속기관 직제 시행규칙)

제1조(시행일) 이 규칙은 공포한 날부터 시행한다.

제2조 및 제3조 생략

제4조(다른 규칙의 개정) ① 생략

② 관세법 시행규칙 일부를 다음과 같이 개정한다.

제35조제2호, 제37조제2항제5호·제23호·제24호·제30호 중 "지식경제부장관"을 각각 "산업통상자원부장관"으로 한다.

제37조제2항제16호 중 "교육과학기술부장관"을 "교육부장관"으로 한다.

제37조제2항제17호 중 "노동부장관"을 "고용노동부장관"으로 한다.

제37조제2항제23호 및 같은 조 제3항제1호 중 "교육과학기술부장관"을 각각 "미래창조과학부장관"으로 한다.

제37조제3항제2호 중 "지식경제부장관"을 "미래창조과학부장관"으로 한다.

제40조제4항 중 "외교통상부장관"을 "외교부장관"으로 한다.

제43조제5항 및 같은 조 제6항 중 "농림수산식품부장관"을 각각 "해양수산부장관"으로 한다.

제44조제2항 중 "교육과학기술부장관"을 "원자력안전위원회"로 한다.

별표 4 제1호나목 중 "교육과학기술부"를 "교육부"로 하고, 같은 표 제3호다목 중 "보건복지가족부장관"을 "보건복지부장관"으로 하며, 같은 표 제4호가목 중 "교육과학기술부장관"을 "미래창조과학부장관"으로 하고, 같은 호 나목 중 "지식경제부장관"을 "미래창조과학부장관"으로 하며, 같은 호 라목 중 "지식경제부장관"을 "산업통상자원부장관"으로 한다.

③부터 ⑮까지 생략

부칙 〈제354호, 2013. 7. 1.〉

제1조(시행일) 이 규칙은 2013년 7월 1일부터 시행한다.

제2조(관세가 감면되는 산업기술 연구·개발용 물품에 관한 적용례) 이 규칙은 이 규칙 시행 후 수입신고하는 물품부터 적용한다.

부칙 〈제369호, 2013. 10. 1.〉

제1조(시행일) 이 규칙은 공포한 날부터 시행한다.

제2조(관세가 감면되는 환경오염방지물품에 관한 적용례) 이 규칙은 이 규칙 시행 후 수입신고하는 물품부터 적용한다.

부칙 〈제371호, 2013. 10. 11.〉

제1조(시행일) 이 규칙은 공포한 날부터 시행한다.

제2조(공장 자동화 물품에 대한 관세 감면율에 관한 적용례) 제46조제4항제2호의 개정규정은 이 규칙 시행 후 수입신고하는 물품부터 적용한다.

부칙 〈제374호, 2013. 11. 5.〉

제1조(시행일) 이 규칙은 공포한 날부터 시행한다.

제2조(보세판매장 특허수수료에 관한 적용례) 제68조의2의 개정규정은 2014년 1월 1일 이후 발생하는 매출액브터 적용한다.

부칙 〈제390호, 2013. 12. 31.〉

제1조(시행일) 이 규칙은 2014년 1월 1일부터 시행한다.

제2조(공장자동화 물품의 관세 감면에 관한 적용례) 별표 2의4의 개정규정은 이 규칙 시행 후 수입신고하는 물품부터 적용한다.

부칙 〈제418호, 2014. 3. 14.〉

제1조(시행일) 이 규칙은 공포한 날부터 시행한다. 다만, 별표 2 제2호나목(10)의 개정규정은 2014년 7월 1일부터 시행하고, 제68조의2제1항 단서의 개정규정은 2015년 1월 1일부터 시행한다.

제2조(관세가 면제되는 특정물품에 관한 적용례) 제43조제2항제5호부터 제7호까지의 개정규정은 이 규칙 시행 후 수입신고하는 분부터 적용한다.

제3조(보세판매장 특허수수료에 관한 적용례) 제68조의2제1항 단서의 개정규정은 2015년 1월 1일 이후 발생하는 매출액부터 적용한다.

제4조(관세가 감면되는 장애인용품 등에 관한 적용례) 별표 2 제2호나목(11)의 개정규정은 이 규칙 시행 후 수입신고하는 분부터 적용한다.

제5조(관세가 감면되는 장애인용품 등에 관한 경과조치) 2014년 7월 1일 전에 수입신고한 분에 대해서는 별표 2 제2호나목(10)의 개정규정에도 불구하고 종전의 규정에 따른다.

부칙 〈제430호, 2014. 7. 30.〉

제1조(시행일) 이 규칙은 공포한 날부터 시행한다.

제2조(관세가 감면되는 산업기술 연구·개발용 물품에 관한 적용례) 별표 1의 개정규정은 이 규칙 시행 후 수입신고하는 물품부터 적용한다.

제3조(관세가 감면되는 산업기술 연구·개발용 물품에 관한 경과조치) 이 규칙 시행 당시 수입신고한 물품에 대해서는 별표 1의 개정규정에도 불구하고 종전의 규정에 따른다.

부칙 〈제432호, 2014. 9. 2.〉

제1조(시행일) 이 규칙은 2014년 9월 5일부터 시행한다. 다만, 별표 2의4의 개정규정은 2015년 1월 1일부터 시행한다.

제2조(여행자 휴대품 등의 기본면세 범위 변경에 관한 적용례) 제48조제2항의 개정규정은 이 규칙 시행 후 여행자가 휴대하여 반입하는 물품부터 적용한다.

제3조(관세가 감면되는 공장자동화 물품에 관한 적용례) 별표 2의4

의 개정규정은 부칙 제1조 단서에 따른 시행일 이후 수입신고하는 물품부터 적용한다.
제4조(관세가 감면되는 공장자동화 물품에 관한 경과조치) 이 규칙 시행 당시 수입신고한 물품에 대해서는 별표 2의4의 개정규정에도 불구하고 종전의 규정에 따른다.

부칙 〈제436호, 2014. 10. 1.〉
제1조(시행일) 이 규칙은 공포한 날부터 시행한다.
제2조(관세가 감면되는 환경오염방지물품 등에 관한 적용례) 제46조제4항제2호, 별표 2의2 및 별표 2의3의 개정규정은 이 규칙 시행 이후 수입신고하는 물품부터 적용한다.
제3조(관세가 감면되는 환경오염방지물품 등에 관한 경과조치) 이 규칙 시행 당시 종전의 규정에 따라 수입신고한 물품은 제46조제4항제2호, 별표 2의2 및 별표 2의3의 개정규정에도 불구하고 종전의 규정에 따른다.

부칙 〈제440호, 2014. 10. 31.〉
제1조(시행일) 이 규칙은 2014년 11월 1일부터 시행한다.
제2조(관세가 감면되는 공장자동화 물품에 관한 적용례) 제46조제4항제2호의 개정규정은 이 규칙 시행 이후 수입신고하는 물품부터 적용한다.

부칙 〈제458호, 2015. 2. 6.〉
제1조(시행일) 이 규칙은 공포한 날부터 시행한다.
제2조(관세가 감면되는 공장자동화 물품에 관한 경과조치) 이 규칙 시행 당시 수입신고한 물품에 대해서는 별표 2의4의 개정규정에도 불구하고 종전의 규정을 따른다.

부칙 〈제475호, 2015. 3. 6.〉
제1조(시행일) 이 규칙은 공포한 날부터 시행한다.
제2조(일반적 적용례) 이 규칙은 이 규칙 시행 이후 수입신고하는 분부터 적용한다.
제3조(가산세 적용에 관한 적용례) 제9조의2의 개정규정은 이 규칙

시행 이후 수정신고하는 분부터 적용한다.
제4조(관세 등 환급가산금의 이율에 관한 적용례) 제9조의3의 개정규정은 이 규칙 시행 이후 기간 분부터 적용한다.
제5조(과세자료의 제출서식에 관한 적용례) 제79조의3제1항의 개정규정은 이 규칙 시행 이후 과세자료제출기관이 제출하는 과세자료 분부터 적용한다.

부칙 〈제491호, 2015. 7. 16.〉
제1조(시행일) 이 규칙은 공포한 날부터 시행한다.
제2조(관세가 면제되는 특정물품에 관한 경과조치) 이 규칙 시행 당시 수입신고한 물품에 대해서는 제43조제2항의 개정규정에도 불구하고 종전의 규정에 따른다.
제3조(관세가 감면되는 산업기술 연구·개발용 물품에 관한 경과조치) 이 규칙 시행 당시 수입신고한 물품에 대해서는 별표 1의 개정규정에도 불구하고 종전의 규정에 따른다.

부칙 〈제513호, 2015. 12. 1.〉
제1조(시행일) 이 규칙은 공포한 날부터 시행한다. 다만, 별표 2와 별표 2의4의 개정규정은 2016년 1월 1일부터 시행한다.
제2조(관세가 면제되는 특정물품에 관한 적용례) 제43조제2항제2호부터 제4호까지의 개정규정은 이 규칙 시행 이후 수입신고하는 분부터 적용한다.
제3조(일반적 경과조치) 이 규칙 시행 전 수입신고한 분에 대해서는 종전의 규정에 따른다.
제4조(탁송품의 특별통관에 관한 경과조치) 이 규칙 시행 전 통관목록을 제출한 분에 대해서는 제79조의2제1항의 개정규정에도 불구하고 종전의 규정에 따른다.

부칙 〈제532호, 2016. 1. 18.〉 (관세청과 그 소속기관 직제 시행규칙)
제1조(시행일) 이 규칙은 2016년 1월 18일부터 시행한다.
제2조(다른 법령의 개정) 관세법 시행규칙 제61조제1호부터 제5호까지를 각각 다음과 같이 하고, 같은 조 제6호를 삭제한다.

1. 인천세관장·평택세관장·김포공항세관장·인천공항국제우편세관장·수원세관장 및 안산세관장의 통지에 대한 과세전적부심사인 경우: 인천세관장

2. 서울세관장·안양세관장·천안세관장·청주세관장·성남세관장 및 파주세관장의 통지에 대한 과세전적부심사인 경우: 서울세관장

3. 부산세관장·김해공항세관장·북부산세관장·양산세관장·창원세관장·마산세관장·경남남부세관장 및 경남서부세관장의 통지에 대한 과세전적부심사인 경우: 부산세관장

4. 대구세관장·울산세관장·구미세관장·포항세관장·속초세관장 및 동해세관장의 통지에 대한 과세전적부심사인 경우: 대구세관장

5. 광주세관장·광양세관장·목포세관장·대전세관장·여수세관장·군산세관장·제주세관장 및 전주세관장의 통지에 대한 과세전적부심사인 경우: 광주세관장

부칙 〈제551호, 2016. 3. 9.〉

제1조(시행일) 이 규칙은 공포한 날부터 시행한다.

제2조(관세 등 환급가산금의 이율에 관한 적용례) 제9조의3의 개정규정은 이 규칙 시행 이후 기간 분부터 적용한다.

부칙 〈제567호, 2016. 7. 8.〉

제1조(시행일) 이 규칙은 공포한 날부터 시행한다.

제2조(관세가 감면되는 산업기술 연구·개발용 물품에 관한 경과조치) 이 규칙 시행 전 수입신고한 물품에 대해서는 별표 1의 개정규정에도 불구하고 종전의 규정에 따른다.

부칙 〈제588호, 2016. 12. 30.〉

제1조(시행일) 이 규칙은 2017년 1월 1일부터 시행한다.

제2조(관세가 감면되는 공장자동화 물품 등에 관한 경과조치) 이 규칙 시행 전에 수입신고한 물품에 대해서는 별표 2의4의 개정규정에도 불구하고 종전의 규정에 따른다.

부칙 〈제589호, 2017. 2. 15.〉

제1조(시행일) 이 규칙은 공포한 날부터 시행한다.

제2조(보세판매장의 매출액 산정에 관한 특례) 제68조의2제1항 본문에 따라 특허수수료를 계산할 때 2017년 1월 1일부터 이 규칙 시행 전까지 발생한 매출액과 이 규칙 시행일부터 2017년 12월 31일까지 발생한 매출액은 각각 해당 연도 매출액으로 본다.
제3조(보세판매장 특허수수료에 관한 경과조치) 제68조의2제1항 본문의 개정규정에도 불구하고 이 규칙 시행 전에 발생한 매출액에 대한 특허수수료는 종전의 규정에 따라 계산한다.

부칙 〈제619호, 2017. 3. 31.〉

제1조(시행일) 이 규칙은 공포한 날부터 시행한다. 다만, 제3조제2항의 개정규정은 2017년 7월 1일부터 시행한다.
제2조(관세가 면제되는 특정물품에 대한 적용례) 제43조제2항제5호의 개정규정은 이 규칙 시행 이후 수입신고하는 분부터 적용한다.
제3조(관세 등 환급가산금의 이율에 관한 경과조치) 이 규칙 시행 전에 경과한 기간에 대해서는 제9조의3의 개정규정에도 불구하고 종전의 제9조의3에 따른다.

부칙 〈제630호, 2017. 7. 19.〉

제1조(시행일) 이 규칙은 공포한 날부터 시행한다.
제2조(관세가 감면되는 산업기술 연구·개발용 물품에 관한 경과조치) 별표 1의 개정규정에도 불구하고 이 규칙 시행 전에 수입신고한 물품에 대해서는 종전의 규정에 따른다.

부칙 〈제636호, 2017. 10. 30.〉

제1조(시행일) 이 규칙은 공포한 날부터 시행한다.
제2조(관세가 감면되는 환경오염 방지물품 또는 폐기물 처리물품에 관한 경과조치) 제46조제1항, 별표 2의2 및 별표 2의3의 개정규정에도 불구하고 이 규칙 시행 전에 수입신고한 물품에 대해서는 종전의 규정에 따른다.

부칙 〈제648호, 2017. 12. 29.〉

제1조(시행일) 이 규칙은 2018년 1월 1일부터 시행한다.
제2조(관세가 감면되는 공장자동화 물품에 관한 경과조치) 이 규칙

시행 전에 수입신고한 물품에 대해서는 별표 2의4의 개정규정에도 불구하고 종전의 규정에 따른다.

부칙 〈제672호, 2018. 3. 21.〉
제1조(시행일) 이 규칙은 공포한 날부터 시행한다.
제2조(일반적 적용례) 이 규칙은 이 규칙 시행 이후 수입신고하는 분부터 적용한다.
제3조(관세 등 환급가산금의 이율에 관한 경과조치) 이 규칙 시행 전에 경과한 기간에 대해서는 제9조의3의 개정규정에도 불구하고 종전의 규정에 따른다.

부칙 〈제685호, 2018. 7. 19.〉
제1조(시행일) 이 규칙은 공포한 날부터 시행한다.
제2조(관세가 감면되는 산업기술 연구·개발용 물품에 관한 경과조치) 이 규칙 시행 전에 수입신고한 물품에 대해서는 별표 1의 개정규정에도 불구하고 종전의 규정에 따른다.

부칙 〈제692호, 2018. 9. 20.〉
제1조(시행일) 이 규칙은 공포한 날부터 시행한다.
제2조(전자담배의 여행자 휴대품 면세한도에 관한 적용례) 제48조제3항의 개정규정은 이 규칙 시행 이후 여행자가 휴대하여 반입하는 물품부터 적용한다.

부칙 〈제705호, 2018. 12. 31.〉
제1조(시행일) 이 규칙은 2019년 1월 1일부터 시행한다.
제2조(관세가 감면되는 공장자동화 물품에 관한 경과조치) 이 규칙 시행 전에 수입신고한 물품에 대해서는 별표 2의4의 개정규정에도 불구하고 종전의 규정에 따른다.

부칙 〈제725호, 2019. 3. 20.〉
제1조(시행일) 이 규칙은 공포한 날부터 시행한다. 다만, 제35조제2항, 제36조 및 별표 1의 개정규정은 2019년 5월 1일부터 시행하고, 제80조의3의 개정규정은 2019년 7월 1일부터 시행하며, 제79

조의4제1항제56호 및 별지 제63호서식의 개정규정은 2020년 1월 1일부터 시행한다.
제2조(여행자 휴대품 면세한도에 관한 적용례) 제48조제2항 및 제3항의 개정규정은 이 규칙 시행 이후 여행자가 수입하는 휴대품 또는 별송품부터 적용한다.
제3조(보세판매장 특허수수료에 관한 적용례) 제68조의2제1항 및 제2항의 개정규정은 이 규칙 시행일이 속하는 달의 매출액부터 적용한다.
제4조(보세판매장 특허갱신 신청시 첨부서류에 관한 적용례) 제68조의3의 개정규정은 이 규칙 시행 이후 보세판매장 특허에 대한 갱신을 신청하는 경우부터 적용한다.
제5조(원산지결정기준에 관한 적용례) 제74조제6항 및 제75조제2항의 개정규정은 이 규칙 시행 이후 원산지증명서를 발급하는 경우부터 적용한다.
제6조(관세가 면제되는 희귀병치료제에 대한 적용례) 별표 2 제2호 나목의 개정규정은 이 규칙 시행 이후 수입신고하는 분부터 적용한다.
제7조(관세 등 환급가산금의 이율에 관한 경과조치) 이 규칙 시행 전에 경과한 기간에 대해서는 제9조의3의 개정규정에도 불구하고 종전의 규정에 따른다.

부칙 〈제744호, 2019. 8. 2.〉
제1조(시행일) 이 규칙은 공포한 날부터 시행한다.
제2조(관세가 감면되는 산업기술 연구·개발용 물품에 관한 경과조치) 이 규칙 시행 전에 수입신고한 물품에 대해서는 별표 1의2의 개정규정에도 불구하고 종전의 규정에 따른다.

부칙 〈제748호, 2019. 8. 30.〉
제1조(시행일) 이 규칙은 2019년 9월 1일부터 시행한다.
제2조(내국인의 보세판매장 판매한도에 관한 적용례) 제69조의3의 개정규정은 이 규칙 시행 이후 판매하는 경우부터 적용한다.

부칙 〈제756호, 2019. 12. 3.〉 (관세청과 그 소속기관 직제

시행규칙)
제1조(시행일) 이 규칙은 공포한 날부터 시행한다.
제2조 생략
제3조(다른 법령의 개정) 관세법 시행규칙 일부를 다음과 같이 개정한다.
제61조제3호 중 "북부산세관장"을 "용당세관장"으로 한다.

부칙 〈제758호, 2019. 12. 23.〉
제1조(시행일) 이 규칙은 2020년 1월 1일부터 시행한다.
제2조(관세가 감면되는 환경오염 방지물품에 관한 경과조치) 이 규칙 시행 전에 수입신고한 물품에 대해서는 제46조제1항, 같은 조 제4항제1호 및 별표 2의2의 개정규정에도 불구하고 종전의 규정에 따른다.
제3조(관세가 감면되는 공장자동화 물품에 관한 경과조치) 이 규칙 시행 전에 수입신고한 물품에 대해서는 제46조제4항제2호 및 별표 2의4의 개정규정에도 불구하고 종전의 규정에 따른다.

부칙 〈제770호, 2020. 3. 13.〉
제1조(시행일) 이 규칙은 공포한 날부터 시행한다. 다만, 제43조제11항, 제54조제1항의 개정규정은 2020년 4월 1일에 시행하고, 제11조, 제48조제2항 · 제3항(법 제196조제1항제1호 단서와 관련된 부분만 해당한다), 제69조의4제2항 및 제3항 제69조의5제4호의 개정규정은 2020년 7월 1일부터 시행한다.
제2조(여행자 휴대품 면세한도에 관한 적용례) 제48조제2항 및 제3항의 개정규정은 시행일 이후 여행자가 수입하는 휴대품 또는 별송품부터 적용한다.
제3조(관세가 면제되는 장애인용품 등에 관한 적용례) 별표 2의 개정규정은 시행일 이후 수입신고하는 분부터 적용한다.
제4조(관세가 감면되는 학술연구용품에 대한 특례) 제37조제2항제32호에 따른 국방과학연구소가 2020년 12월 31일까지 수입신고하는 분에 대해서는 같은 조 제5항에도 불구하고 관세의 감면율을 100분의 100으로 한다.
제5조(관세 등 환급가산금의 이율 적용에 관한 경과조치) 이 규칙

시행 전에 경과한 환급 기간에 대해서는 제9조의3의 개정규정에도 불구하고 종전의 규정에 따른다.

부칙 〈제803호, 2020. 7. 30.〉

제1조(시행일) 이 규칙은 공포한 날부터 시행한다.

제2조(관세가 감면되는 산업기술 연구·개발용 물품에 관한 경과조치) 이 규칙 시행 전에 수입신고한 물품에 대해서는 별표 1의2의 개정규정에도 불구하고 종전의 규정에 따른다.

부칙 〈제809호, 2020. 10. 7.〉

이 규칙은 2021년 1월 1일부터 시행한다.

부칙 〈제820호, 2020. 12. 29.〉

제1조(시행일) 이 규칙은 2021년 1월 1일부터 시행한다.

제2조(덤핑방지관세 관련 비밀취급자료 및 이용가능한 자료에 관한 적용례) 제15조 및 제15조의2의 개정규정은 이 규칙 시행 당시 영 제60조에 따른 덤핑 및 실질적 피해등의 조사를 개시한 경우 및 영 제70조에 따른 덤핑방지관세 및 약속의 재심사를 개시한 경우에 대해서도 적용한다.

제3조(관세가 감면되는 공장자동화 물품에 관한 경과조치) 이 규칙 시행 전에 수입신고한 물품에 대해서는 별표 2의4의 개정규정에도 불구하고 종전의 규정에 따른다.

부칙 〈제842호, 2021. 3. 16.〉

제1조(시행일) 이 규칙은 공포한 날부터 시행한다.

제2조(공장자동화 물품에 대한 관세 감면율에 관한 적용례) 제46조 제4항제2호의 개정규정은 이 규칙 시행 이후 수입신고하는 경우부터 적용한다.

제3조(관세 등 환급가산금의 이율 적용에 관한 경과조치) 이 규칙 시행 당시 경과한 환급 기간에 대해서는 제9조의3의 개정규정에도 불구하고 종전의 규정에 따른다.

부칙 〈제861호, 2021. 7. 30.〉

제1조(시행일) 이 규칙은 공포한 날부터 시행한다.
제2조(관세가 감면되는 산업기술 연구·개발용 물품에 관한 경과조치) 이 규칙 시행 전에 수입신고한 물품에 대해서는 별표 1의2의 개정규정에도 불구하고 종전의 규정에 따른다.

부칙 〈제867호, 2021. 10. 28.〉 (어려운 법령용어 정비를 위한 개별소비세법 시행규칙 등 23개 기획재정부령 일부개정령)
이 규칙은 공포한 날부터 시행한다.

부칙 〈제872호, 2021. 12. 13.〉
제1조(시행일) 이 규칙은 공포한 날부터 시행한다.
제2조(관세가 면제되는 특정물품에 관한 적용례) 제43조제6항의 개정규정은 이 규칙 시행 이후 수입신고하는 수산물부터 적용한다.

부칙 〈제881호, 2021. 12. 31.〉
제1조(시행일) 이 규칙은 2022년 1월 1일부터 시행한다.
제2조(관세가 감면되는 공장 자동화 물품에 관한 경과조치) 이 규칙 시행 전에 수입신고한 물품에 대한 관세 감면에 관하여는 별표 2의4의 개정규정에도 불구하고 종전의 규정에 따른다.

부칙 〈제895호, 2022. 3. 18.〉
제1조(시행일) 이 규칙은 공포한 날부터 시행한다.
제2조(관세가 면제되는 특정물품에 관한 적용례) 제43조제2항제2호의 개정규정은 이 규칙 시행 이후 수입신고하는 경우부터 적용한다.
제3조(관세가 면제되는 희귀병치료제에 관한 적용례) 별표 2 제2호나목의 개정규정은 이 규칙 시행 이후 수입신고하는 경우부터 적용한다.

부칙 〈제929호, 2022. 7. 28.〉
제1조(시행일) 이 규칙은 공포한 날부터 시행한다.
제2조(관세가 감면되는 산업기술 연구·개발용 물품에 관한 경과조치) 이 규칙 시행 전에 수입신고한 물품에 대해서는 별표 1의2의 개정규정에도 불구하고 종전의 규정에 따른다.

부칙 〈제933호, 2022. 9. 6.〉

제1조(시행일) 이 규칙은 2022년 9월 6일부터 시행한다.

제2조(여행자 휴대품 면세 한도에 관한 적용례) 제48조제2항 및 제3항의 개정규정은 이 규칙 시행 이후 여행자가 수입하는 휴대품 및 별송품부터 적용한다.

제3조(보세판매장 판매한도에 관한 적용례) 제69조의4제1항 및 제3항의 개정규정은 이 규칙 시행 이후 보세판매장의 운영인이 물품을 판매하는 경우부터 적용한다.

부칙 〈제936호, 2022. 9. 16.〉

이 규칙은 2022년 9월 18일부터 시행한다.

부칙 〈제955호, 2022. 12. 31.〉

제1조(시행일) 이 규칙은 2023년 1월 1일부터 시행한다.

제2조(관세가 감면되는 공장 자동화 물품에 관한 경과조치) 이 규칙 시행 전에 수입신고한 물품에 대한 관세 감면에 관하여는 별표 2의4의 개정규정에도 불구하고 종전의 규정에 따른다.

부칙 〈제968호, 2023. 3. 20.〉

제1조(시행일) 이 규칙은 공포한 날부터 시행한다.

제2조(관세가 면제되는 특정물품에 관한 적용례) 제43조제2항제3호의 개정규정은 이 규칙 시행 이후 수입신고를 하는 경우부터 적용한다.

제3조(관세 등 환급가산금의 이율에 관한 경과조치) ① 법 제48조 본문에 따른 관세환급가산금 기산일이 이 규칙 시행 전인 경우로서 이 규칙 시행 이후 같은 조 본문에 따라 관세환급금을 환급하거나 충당하는 경우 그 기산일부터 이 규칙 시행일 전일까지의 기간에 대한 이율은 제9조의3의 개정규정에도 불구하고 종전의 규정에 따른다.

② 법 제47조제2항에 따른 과다환급을 한 날의 다음 날이 이 규칙 시행 전인 경우로서 이 규칙 시행 이후 같은 조에 따라 과다환급관세를 징수하는 경우 과다환급을 한 날의 다음 날부터 이 규칙 시행일 전일까지의 기간에 대한 이율은 제9조의3의 개정규정에도 불구하고 종전의 규정에 따른다.

부칙 〈제988호, 2023. 4. 11.〉 (관세청과 그 소속기관 직제 시행규칙)

제1조(시행일) 이 영은 2023년 4월 18일부터 시행한다.

제2조(다른 법령의 개정) 관세법 시행규칙 일부를 다음과 같이 개정한다.

제61조제1호를 다음과 같이 하고, 같은 조 제4호 및 제5호를 각각 제5호 및 제6호로 하며, 같은 조에 제4호를 다음과 같이 신설한다.

1. 인천공항세관장 및 김포공항세관장의 통지에 대한 과세전적부심사인 경우: 인천공항세관장

4. 인천세관장·평택세관장·수원세관장 및 안산세관장의 통지에 대한 과세전적부심사인 경우: 인천세관장

부칙 〈제991호, 2023. 5. 1.〉

이 규칙은 2023년 5월 1일부터 시행한다.

부칙 〈제1011호, 2023. 7. 28.〉

제1조(시행일) 이 규칙은 공포한 날부터 시행한다.

제2조(관세가 감면되는 산업기술 연구·개발용 물품에 관한 경과조치) 이 규칙 시행 전에 수입신고한 물품에 대한 관세 감면에 관하여는 별표 1의2의 개정규정에도 불구하고 종전의 규정에 따른다.

부칙 〈제1033호, 2023. 12. 29.〉

제1조(시행일) 이 규칙은 2024년 1월 1일부터 시행한다.

제2조(여행자 휴대품 면세 한도에 관한 적용례) 제48조제3항의 개정규정은 이 규칙 시행 이후 여행자가 수입하는 휴대품 및 별송품부터 적용한다.

제3조(재수출면세대상물품 및 가산세징수대상물품에 관한 적용례) 제50조제1항제24호의 개정규정은 이 규칙 시행 이후 수입신고하는 경우부터 적용한다.

제4조(관세가 감면되는 공장 자동화 물품에 관한 적용례 등) ① 별표 2의4의 개정규정은 이 규칙 시행 이후 수입신고하는 경우부터 적용한다.

② 이 규칙 시행 전에 수입신고한 물품에 대한 관세 감면에 관하

여는 별표 2의4의 개정규정에도 불구하고 종전의 규정에 따른다.

부칙 〈제1057호, 2024. 3. 22.〉

제1조(시행일) 이 규칙은 공포한 날부터 시행한다. 다만, 다음 각 호의 개정규정은 해당 호에서 정하는 날부터 시행한다.

1. 제60조의3의 개정규정: 2024년 7월 1일
2. 제15조의2제3항 및 제20조의2부터 제20조의4까지의 개정규정: 2025년 1월 1일

제2조(관세가 면제되는 희귀병치료제에 관한 적용례) 별표 2 제2호 나목의 개정규정은 이 규칙 시행 이후 수입신고하는 경우부터 적용한다.

제3조(관세 등 환급가산금의 이율에 관한 경과조치) ① 법 제48조 본문에 따른 관세환급가산금 기산일이 이 규칙 시행 전인 경우로서 이 규칙 시행 이후 같은 조 본문에 따라 관세환급금을 환급하거나 충당하는 경우 그 기산일부터 이 규칙 시행일 전일까지의 기간에 대한 이율은 제9조의3의 개정규정에도 불구하고 종전의 규정에 따른다.

② 법 제47조제2항에 따른 과다환급을 한 날의 다음 날이 이 규칙 시행 전인 경우로서 이 규칙 시행 이후 같은 조에 따라 과다환급관세를 징수하는 경우 과다환급을 한 날의 다음 날부터 이 규칙 시행일 전일까지의 기간에 대한 이율은 제9조의3의 개정규정에도 불구하고 종전의 규정에 따른다.

부칙 〈제1078호, 2024. 7. 31.〉

제1조(시행일) 이 규칙은 공포한 날부터 시행한다.

제2조(관세가 감면되는 산업기술 연구·개발용 물품에 관한 경과조치) 이 규칙 시행 전에 수입신고한 물품에 대한 관세의 감면에 관하여는 별표 1의2의 개정규정에도 불구하고 종전의 규정에 따른다.

부칙 〈제1094호, 2024. 12. 31.〉

제1조(시행일) 이 규칙은 2025년 1월 1일부터 시행한다.

제2조(관세가 감면되는 공장 자동화 물품에 관한 경과조치) 이 규칙 시행 전에 수입신고한 물품에 대한 관세의 감면에 관하여는 제46조제4항제2호 및 별표 2의4의 개정규정에도 불구하고 종전의 규정에

따른다.

부칙 〈제1110호, 2025. 3. 21.〉

제1조(시행일) 이 규칙은 공포한 날부터 시행한다.

제2조(여행자 휴대품 면세 한도에 관한 적용례) 제48조제3항의 개정규정은 이 규칙 시행 이후 여행자가 수입하는 휴대품 또는 별송품부터 적용한다.

제3조(보세판매장 특허수수료 납부에 관한 적용례) 제68조의2제1항의 개정규정은 2024년 1월 1일 이후 발생한 매출액부터 적용한다.

제4조(관세 등 환급가산금의 이율에 관한 경과조치) ① 법 제48조 본문에 따른 관세환급가산금 기산일이 이 규칙 시행 전인 경우로서 이 규칙 시행 이후 같은 조 본문에 따라 관세환급금을 환급하거나 충당하는 경우 그 기산일부터 이 규칙 시행일 전일까지의 기간에 대한 이율은 제9조의3의 개정규정에도 불구하고 종전의 규정에 따른다.

② 법 제47조제2항에 따른 과다환급을 한 날의 다음 날이 이 규칙 시행 전인 경우로서 이 규칙 시행 이후 같은 조에 다라 과다환급관세를 징수하는 경우 과다환급을 한 날의 다음 날부터 이 규칙 시행일 전일까지의 기간에 대한 이율은 제9조의3의 개정규정에도 불구하고 종전의 규정에 따른다.

부칙 〈제1138호, 2025. 7. 31.〉

제1조(시행일) 이 규칙은 공포한 날부터 시행한다.

제2조(관세가 감면되는 산업기술 연구·개발용 물품에 관한 경과조치) 이 규칙 시행 전에 수입신고한 물품에 대한 관세의 감면에 관하여는 별표 1의2의 개정규정에도 불구하고 종전의 규정에 따른다.

별표 / 서식

[별표 1] 법 제89조제6항제1호에 따라 관세가 감면되는 물품(제35조제2항 관련)

[별표 1의2] 법 제90조제1항제4호에 따라 관세가 감면되는 산업기술 연구·개발용 물품(제37조제4항제1호 관련)

[별표 2] 법 제91조제4호에 따라 관세가 면제되는 장애인용품 등

(제39조제4항 관련)
[별표 2의2] 삭제 〈2019. 12. 23.〉
[별표 2의3] 삭제 〈2017. 10. 30.〉
[별표 2의4] 법 제95조제1항제3호에 따라 관세가 감면되는 공장자동화 물품(제46조제2항 관련)
[별표 3] 삭제 〈2011.4.1〉
[별표 4] 관세의 분할납부대상 물품 및 기관(제59조제2항관련)
[별표 5] 관세분할납부 기간 및 방법(제60조관련)
[별표 5의2] 보세사의 행정처분 등 기준(제65조의2 관련)
[별표 6] 법 제196조제1항에 따라 보세판매장에서 판매할 수 있는 외교관용 물품(제69조의5제1항제2호 관련)
[별표 7] 증명서 또는 통계 등의 교부수수료(제82조제1항 관련)
[별표 8] 전자문서중계사업자의 지정취소 및 업무정지 기준(제85조의2 관련)
[별지 제1호서식] 관세 등 납세증명서
[별지 제1호의2서식] (수출, 반송)신고서
[별지 제1호의3서식] 수입신고서
[별지 제1호의4서식] 할당관세 수량의 추천에 관한 자료
[별지 제1호의5서식] 수입물품 거래가격 조정 계획서, 거래가격 조정방법
[별지 제2호서식] 양허세율 적용의 추천에 관한 자료
[별지 제3호서식] (기업부설 연구소, 연구개발 전담부서)에 관한 자료
[별지 제4호서식] 종교용품 등에 대한 관세 면제 신청에 관한 자료
[별지 제5호서식] 채집·포획한 수산물에 대한 관세 면제 추천에 관한 자료
[별지 제6호서식] 특수관계인 간 거래명세서 자료(매출 및 매입거래 등)
[별지 제7호서식] 재무상태표 자료
[별지 제8호서식] 포괄손익계산서 자료
[별지 제9호서식] 이익잉여금처분계산서(결손금처리계산서) 자료
[별지 제10호서식] 매출·매입처별(계산서합계표, 세금계산서합계표)자료

[별지 제11호서식] 법인사업자 공통내역
[별지 제12호서식] 개인사업자 공통내역
[별지 제13호서식] 주업종 · 부업종 내역
[별지 제14호서식] 공동사업자 내역
[별지 제15호서식] 휴업 · 폐업 현황
[별지 제16호서식] 사업자단위 과세사업자 공통내역
[별지 제17호서식] 사업자단위 과세사업자 겸종
[별지 제18호서식] 사업자단위 과세사업자 휴업 · 폐업 현황
[별지 제19호서식] 무형자산에 대한 정상가격 산출방법 신고서
[별지 제20호서식] 용역거래에 대한 정상가격 산출방법 신고서
[별지 제21호서식] 정상가격 산출방법 신고서
[별지 제22호서식] 국외특수관계인과의 국지거래명세서 자료
[별지 제23호서식] 특정외국법인의 유보소득 계산 명세서 자료
[별지 제24호서식] 특정외국법인의 유보소득 합산과세 적용범위 판정 명세서 자료
[별지 제25호서식] 국외출자 명세서 자료
[별지 제26호서식] 여권발급에 관한 자료
[별지 제27호서식] 국민의 출국심사 및 입국심사에 관한 자료
[별지 제28호서식] 자동차 등록에 관한 자료
[별지 제29호서식] 조달계약에 관한 자료
[별지 제30호서식] 법인세 환급금 내역
[별지 제31호서식] 종합소득세 환급금 내역
[별지 제32호서식] 부가가치세 환급금 내역
[별지 제33호서식] 이용권 · 회원권 자료
[별지 제34호서식] 종합소득과세표준 · 퇴직소득과세표준 신고 및 원천징수에 관한 자료
[별지 제35호서식] 지방세환급금 내역
[별지 제36호서식] 부동산 · 골프회원권 · 콘도미니엄회원권 · 항공기 · 선박에 대한 취득세 신고납부 또는 징수에 관한 자료
[별지 제37호서식] 토지 · 건축물 · 주택 · 항공기 · 선박에 대한 재산세 부과 · 징수에 관한 자료
[별지 제38호서식] 부동산 거래신고에 관한 자료
[별지 제39호서식] 특허권 · 실용신안권 · 디자인권 · 상표권의 설정

등록에 관한 자료
[별지 제40호서식] 법원공탁금 자료
[별지 제41호서식] 신용카드등의 대외지급 및 외국통화 인출에 관한 자료
[별지 제42호서식] 여행자 휴대품 신고서
[별지 제43호서식] 여행자 휴대품 신고서
[별지 제44호서식] 외국기업 본점 등의 공통경비배분계산서 자료
[별지 제45호서식] 비거주자의 사업소득 및 기타소득 지급명세서 자료
[별지 제46호서식] 담배 반출신고에 관한 자료
[별지 제47호서식] 신용카드가맹점에 대한 정보 관리 업무에 관한 자료
[별지 제48호서식] 장애인 보장구에 대한 보험급여에 관한 자료
[별지 제49호서식] 장기요양급여 제공에 관한 자료
[별지 제50호서식] 보험금 등 지급에 관한 자료
[별지 제51호서식] 주식등변동상황명세서 제출 자료
[별지 제52호서식] 해외 직접투자 신고(보고)에 관한 자료
[별지 제53호서식] 부동산 소유권 변경 사실에 관한 자료
[별지 제54호서식] 부동산 전세권 및 저당권 등기에 관한 자료
[별지 제55호서식] 금융거래 내역에 관한 자료
[별지 제56호서식] 재무상태표
[별지 제57호서식] 손익계산서
[별지 제58호서식] 해외금융계좌 신고의무 불이행 등에 대한 과태료 처분내역
[별지 제59호서식] 압류·매각 유예 신청서
[별지 제60호서식] 압류·매각의 유예(거부) 통지서
[별지 제61호서식] 압류·매각의 유예 취소 통지서
[별지 제62호서식] 직장가입자에 관한 자료 및 통보된 보수 등에 관한 자료
[별지 제63호서식] 「방위사업법」 제57조의4에 따른 중개수수료 신고 자료
[별지 제64호서식] 보험계약 체결에 관한 자료
[별지 제65호서식] 치료재료 요양급여대상 결정 및 요양급여비용

산정자료

[별지 제66호서식] 치료재료 요양급여비용 청구와 지급 등에 관한 자료

[별지 제67호서식] 월별 거래 명세

[별지 제68호서식] 지급보증 용역거래 명세서

[별지 제69호서식] 해외현지법인 명세서

[별지 제70호서식] 해외현지법인(확정분, 가결산)재무상황표

[별지 제71호서식] 자본금과 적립금조정명세서

[별지 제72호서식] 외국법인에 대한 국내원천 사용료소득 지급명세서(발행자보고용)

[별지 제73호서식] 일반과세자 부가가치세(예정, 확정, 기한후과세표준, 영세율 등 조기환급)신고서

[별지 제74호서식] 영세율 매출명세서

[별지 제75호서식] 조달계약에 관한 자료

[별지 제76호서식] 가상자산 거래내역에 관한 자료

대한민국 법령 시리즈 85

관 세 법

법 령 / 시 행 령 / 시 행 규 칙

2025년 9월 17일 인쇄 정가 65,000원
2025년 9월 27일 발행

편 저 편집부
디 자 인 송영미
발 행 인 조준형
발 행 처 해광출판사

http://www.hgbookpub.com
E-mail : munbookcokr@naver.com
주 소 부산광역시 중구 해관로 41-1 (중앙동2가)
전화번호 (051) 253-0001 팩스 (051) 245-1187

등 록 제 2012-000005호

해광출판사에서는 여러분의 소중한 원고와 함께 할 기회를 기다리고 있습니다. 책으로 엮을 원고나 아이디어가 있으신 분들은 이메일 munbookcokr@naver.com로 책에 대한 간단한 개요와 원고 전체 또는 일부를 연락처와 함께 보내주십시오.

ISBN 979-11-6881-892-7

※ 법령 출처 : 법제처 국가법령정보센터
※ 본 도서는 〈공공데이터 제공 및 이용 활성화에 관한 법률〉을 근거로 출판되었습니다.

해광출판사 대한민국 법령 시리즈

001. 선원법
002. 어선법
003. 선박직원법
004. 해사안전기본법
005. 해양환경관리법
006. 선박의 입항 및 출항등에 관한 법률
007. 학교안전사고예방 및 보상에 관한 법률
008. 종합부동산세법
009. 방위사업법
010. 행정규제기본법
011. 식품산업진흥법
012. 위험물안전관리법
013. 화재의 예방 및 안전관리에 관한 법률
014. 도시가스사업법
015. 실내공기질관리법
016. 지방세법
017. 소득세법
018. 법인세법
019. 도선법
020. 선박안전법
021. 선박법
022. 수산업법
023. 고압가스안전관리법
024. 국민연금법
025. 공동주택관리법
026. 화학물질관리법
027. 어선원 및 어선 재해보상보험법
028. 장기등 이식에 관한 법률
029. 자연재해대책법
030. 공유재산 및 물품 관리법
031. 산업입지 및 개발에 관한 법률
032. 부정경쟁방지 및 영업비밀보호에 관한 법률
033. 금융지주회사법
034. 온실가스 배출권의 할당 및 거래에 관한 법률
035. 건축사법
036. 산림문화휴양에 관한 법률
037. 전기사업법
038. 사립학교법
039. 고등교육법
040. 액화석유가스의 안전관리 및 사업법
041. 선박투자회사법
042. 수산자원관리법
043. 위험물선박운송및저장규칙
044. 선박평형수관리법
045. 주택임대차보호법
046. 상가건물임대차보호법
047. 지방공기업법
048. 승강기안전관리법
049. 수목원·정원의 조성 및 진흥에 관한 법률
050. 민법
051. 치료감호 등에 관한 법률
052. 대부업 등의 등록 및 금융이용자 보호에 관한 법률
053. 사료관리법
054. 무형문화재 보전 및 진흥에 관한 법률
055. 총포·도검·화약류 등의 안전관리에 관한 법률
056. 경찰관직무집행법
057. 시설물의 안전 및 유지관리에 관한 특별법
058. 수산생물질병 관리법
059. 소비자기본법
060. 국제선박등록법
061. 정보통신망 이용촉진 및 정보보호 등에 관한 법률
062. 해운법
063. 농수산물 품질관리법
064. 수산업협동조합법
065. 해외건설촉진법
066. 수상레저안전법
067. 공무원재해보상법
068. 수상에서의 수색·구조 등에 관한 법률
069. 어촌어항법
070. 항만법
071. 항만운송사업법
072. 해양경비법
073. 해양사고의 조사 및 심판에 관한 법률
074. 외국인근로자의 고용 등에 관한 법률
075. 중소기업기본법
076. 자유무역지역의 지정 및 운영에 관한 법률
077. 대기환경보전법
078. 소음진동관리법
079. 폐기물관리법
080. 하수도법
081. 물환경보전법
082. 토양환경보전법
083. 환경정책기본법
084. 산업재해보상보험법
085. 관세법
086. 노동조합 및 노동관계조정법
087. 근로기준법
088. 군인연금법
089. 먹는물관리법
090. 기술보증기금법
091. 관광진흥법
092. 감염병의 예방 및 관리에 관한 법률
093. 사법경찰관리의 직무를 수행할 자와 그 직무범위에 관한 법률
094. 수의사법
095. 가정폭력방지 및 피해자보호 등에 관한 법률
096. 환경영향평가법
097. 체육시설의 설치 · 이용에 관한 법률
098. 장사 등에 관한 법률
099. 상호저축은행법
100. 은행법
101. 보호관찰 등에 관한 법률
102. 형법
103. 자동차관리법
104. 형사소송법
105. 전자금융거래법
106. 마약류 불법거래 방지에 관한 특례법
107. 도로법
108. 주세법
109. 변리사법
110. 하천법
111. 중소기업진흥에 관한 법률
112. 발달장애인 권리보장 및 지원에 관한 법률
113. 주택법
114. 장애인복지법
115. 농어업경영체 육성 및 지원에 관한 법률
116. 공인중개사법
117. 건강기능식품에 관한 법률
118. 예비군법
119. 개발제한구역의 지정 및 관리에 관한 특별조치법
120. 국유재산법
121. 주차장법
122. 환경기술 및 환경산업 지원법
123. 대기관리권역의 대기환경개선에 관한 특별법
124. 악취방지법
125. 미세먼지 저감 및 관리에 관한 특별법
126. 가축분뇨의 관리 및 이용에 관한 법률
127. 물의 재이용 촉진 및 지원에 관한 법률
128. 물관리기본법
129. 물관리기술 발전 및 물산업 진흥에 관한 법률
130. 자원의 절약과 재활용촉진에 관한 법률
131. 전기 · 전자제품 및 자동차의 자원순환에 관한 법률
132. 건설폐기물의 재활용촉진에 관한 법률
133. 수도권매립지관리공사의 설립 및 운영 등에 관한 법률
134. 폐기물의 국가 간 이동 및 그 처리에 관한 법률
135. 폐기물처리시설 설치촉진 및 주변지역지원 등에 관한 법률
136. 자원순환기본법
137. 잔류성오염물질 관리법
138. 환경분쟁 조정법

해광출판사 대한민국 법령 시리즈

139. 화학물질의 등록 및 평가 등에 관한 법률
140. 환경오염시설의 통합관리에 관한 법률
141. 환경오염피해 배상책임 및 구제에 관한 법률
142. 중소기업제품 구매촉진 및 판로지원에 관한 법률
143. 환경개선비용 부담법
144. 환경분야 시험·검사 등에 관한 법률
145. 환경친화적 산업구조로의 전환촉진에 관한 법률
146. 환경친화적 자동차의 개발 및 보급 촉진에 관한 법률
147. 환경범죄 등의 단속 및 가중처벌에 관한 법률
148. 생명윤리 및 안전에 관한 법률
149. 장애인차별금지 및 권리구제 등에 관한 법률
150. 부동산투자회사법
151. 정치자금법
152. 과학기술기본법
153. 대리점거래의 공정화에 관한 법률
154. 상속세 및 증여세법
155. 학원의 설립 · 운영 및 과외교습에 관한 법률
156. 해양심층수의 개발 및 관리에 관한 법률
157. 전기용품 및 생활용품 안전관리법
158. 사회기반시설에 대한 민간투자법
159. 공직선거법
160. 정당법
161. 유류오염손해배상 보장법
162. 부정청탁 및 금품등 수수의 금지에 관한 법률
163. 항로표지법
164. 어장관리법
165. 민방위기본법
166. 공직자윤리법
167. 선거관리위원회법
168. 유선 및 도선 사업법
169. 전기공사업법
170. 사회복지사업법
171. 택지개발촉진법
172. 국가공무원법
173. 민간임대주택에 관한 특별법
174. 어음법·수표법
175. 민사집행법
176. 상법
177. 문화예술진흥법
178. 중소기업협동조합법
179. 농업협동조합법
180. 도로교통법
181. 의료사고 피해구제 및 의료분쟁 조정 등에 관한 법률
182. 산림보호법
183. 소년법
184. 동물보호법
185. 건축물관리법
186. 도시개발법
187. 화물자동차 운수사업법
188. 도시 및 주거환경정비법
189. 의료법
190. 국회법
191. 응급의료에 관한 법률
192. 출입국관리법
193. 노인복지법
194. 산림자원의 조성 및 관리에 관한 법률
195. 청소년 보호법
196. 초 · 중등교육법
197. 혁신도시 조성 및 발전에 관한 특별법
198. 경제자유구역의 지정 및 운영에 관한 특별법
199. 공공기관의 운영에 관한 법률
200. 대한민국헌법
201. 국민기초생활 보장법
202. 저작권법
203. 가사소송법
204. 국가유공자 등 예우 및 지원에 관한 법률
205. 국민체육진흥법
206. 전통주 등의 산업진흥에 관한 법률
207. 재난 및 안전관리 기본법
208. 정보통신공사업법
209. 주식회사 등의 외부감사에 관한 법률
210. 공익사업을 위한 토지 등의 취득 및 보상에 관한 법률
211. 개인정보 보호법
212. 국세기본법
213. 에너지이용 합리화법
214. 감정평가 및 감정평가사에 관한 법률
215. 국가인권위원회법
216. 가맹사업거래의 공정화에 관한 법률
217. 보건의료기본법
218. 산업안전보건법
219. 법무사법
220. 교육공무원법
221. 특허법
222. 민사소송법
223. 아동복지법
224. 전파법
225. 하도급거래 공정화에 관한 법률
226. 기초연금법
227. 사립학교교직원 연금법
228. 직업안정법
229. 장애아동 복지지원법
230. 부동산등기법
231. 자동차손해배상 보장법
232. 철도안전법
233. 항공안전법
234. 전자상거래 등에서의 소비자보호에 관한 법률
235. 독점규제 및 공정거래에 관한 법률
236. 상표법
237. 채무자 회생 및 파산에 관한 법률
238. 공무원연금법
239. 축산법
240. 근로복지기본법
241. 민원 처리에 관한 법률
242. 약사법
243. 방문판매 등에 관한 법률
244. 건축기본법
245. 지방세기본법
246. 지방세징수법
247. 지방자치법
248. 도시교통정비 촉진법
249. 공공주택 특별법
250. 국세징수법
251. 공인노무사법
252. 중대재해 처벌 등에 관한 법률
253. 외무공무원법
254. 소방시설공사업법
255. 검역법
256. 공중위생관리법
257. 할부거래에 관한 법률
258. 인터넷 멀티미디어 방송사업법
259. 전기통신사업법
260. 제품안전기본법
261. 철도사업법
262. 어린이제품 안전 특별법
263. 영유아보육법
264. 원자력안전법
265. 보험업법
266. 경비업법
267. 교통안전법
268. 세무사법
269. 관세사법
270. 공인회계사법
271. 지방공무원법
272. 고용정책 기본법
273. 국가경찰과 자치경찰의 조직 및 운영에 관한 법률
274. 협동조합 기본법
275. 재해구호법
276. 환경보건법

해광출판사 대한민국 법령 시리즈

277. 자살예방 및 생명존중문화 조성을 위한 법률
278. 소방산업의 진흥에 관한 법률
279. 소방기본법
280. 비송사건절차법
281. 자연환경보전법
282. 변호사법
283. 기업구조조정투자회사법
284. 전기통신기본법
285. 에너지법
286. 해양생태계의 보전 및 관리에 관한 법률
287. 사회보장기본법
288. 통신비밀보호법
289. 공증인법
290. 물류시설의 개발 및 운영에 관한 법률
291. 청소년활동 진흥법
292. 형의 집행 및 수용자의 처우에 관한 법률
293. 도시공원 및 녹지 등에 관한 법률
294. 태권도 진흥 및 태권도공원 조성 등에 관한 법률
295. 녹색건축물 조성 지원법
296. 우편법
297. 예금자보호법
298. 건설산업기본법
299. 금융회사의 지배구조에 관한 법률
300. 장애인활동 지원에 관한 법률
301. 언론중재 및 피해구제 등에 관한 법률
302. 국가재정법
303. 농지법
304. 게임산업진흥에 관한 법률
305. 정신건강증진 및 정신질환자 복지서비스 지원에 관한 법률
306. 디자인보호법
307. 의료기사 등에 관한 법률
308. 스마트도시 조성 및 산업진흥 등에 관한 법률
309. 내수면어업법
310. 한국주택금융공사법
311. 의료기기법
312. 유통산업발전법
313. 전통시장 및 상점가 육성을 위한 특별법
314. 여신전문금융업법
315. 해외자원개발 사업법
316. 산업교육진흥 및 산학연협력촉진에 관한 법률
317. 빈집 및 소규모주택 정비에 관한 특례법
318. 기업도시개발 특별법
319. 전력기술관리법
320. 국토기본법
321. 지하수법
322. 식품위생법
323. 광업법
324. 호스피스·완화의료 및 임종과정에 있는 환자의 연명의료결정에 관한 법률
325. 주식·사채 등의 전자등록에 관한 법률
326. 표시·광고의 공정화에 관한 법률
327. 골재채취법
328. 국민건강증진법
329. 새마을금고법
330. 여객자동차 운수사업법
331. 마리나항만의 조성 및 관리 등에 관한 법률
332. 한부모가족지원법
333. 국가를 당사자로 하는 계약에 관한 법률
334. 지방자치단체를 당사자로 하는 계약에 관한 법률
335. 축산물 위생관리법
336. 병역법
337. 음악산업진흥에 관한 법률
338. 국가균형발전 특별법
339. 첨단재생의료 및 첨단바이오의약품 안전 및 지원에 관한 법률
340. 공간정보의 구축 및 관리 등에 관한 법률
341. 공유수면 관리 및 매립에 관한 법률
342. 농수산물 유통 및 가격안정에 관한 법률
343. 아시아문화중심도시 조성에 관한 특별법
344. 신탁법
345. 자연공원법
346. 생활화학제품 및 살생물제의 안전관리에 관한 법률
347. 군인사법
348. 국제조세조정에 관한 법률
349. 낙동강수계 물관리 및 주민지원 등에 관한 법률
350. 주민등록법
351. 집합건물의 소유 및 관리에 관한 법률
352. 집단에너지사업법
353. 산림조합법
354. 반도체집적회로의 배치설계에 관한 법률
355. 자본시장과 금융투자업에 관한 법률
356. 담보부사채신탁법
357. 근로자퇴직급여 보장법
358. 국제과학비즈니스벨트 조성 및 지원에 관한 특별법
359. 수도법
360. 식품 등의 표시 · 광고에 관한 법률
361. 약관의 규제에 관한 법률
362. 인삼산업법
363. 종자산업법
364. 항공사업법
365. 건설기계관리법
366. 군형법
367. 궤도운송법
368. 기술의 이전 및 사업화 촉진에 관한 법률
369. 농수산물의 원산지 표시 등에 관한 법률
370. 담배사업법
371. 석유 및 석유대체연료 사업법
372. 가축전염병 예방법
373. 농어촌정비법
374. 식물신품종 보호법
375. 항공보안법
376. 중소기업창업 지원법
377. 군사법원법
378. 우주개발 진흥법
379. 해저광물자원 개발법
380. 산림복지 진흥에 관한 법률
381. 지능형 로봇 개발 및 보급 촉진법
382. 헌법재판소법
383. 옥외광고물 등의 관리와 옥외광고산업 진흥에 관한 법률
384. 혈액관리법
385. 국제항해선박 등에 대한 해적행위 피해예방에 관한 법률
386. 유료도로법
387. 독립유공자예우에 관한 법률
388. 신에너지 및 재생에너지 개발 · 이용 · 보급 촉진법
389. 신용정보의 이용 및 보호에 관한 법률
390. 출판문화산업 진흥법
391. 공항시설법
392. 국민 평생 직업능력 개발법
393. 아동 · 청소년의 성보호에 관한 법률
394. 방송법식
395. 신용보증기금법
396. 화장품법
397. 청소년 기본법
398. 인터넷주소자원에 관한 법률
399. 양곡관리법
400. 도로명주소법
401. 전자문서 및 전자거래 기본법
402. 산업기술의 유출방지 및 보호에 관한 법률
403. 국가기술자격법
404. 양식산업발전법
405. 산업기술혁신 촉진법
406. 새만금사업 추진 및 지원에 관한 특별법
407. 전자정부법
408. 지역 개발 및 지원에 관한 법률
409. 한국농어촌공사 및 농지관리기금법
410. 계량에 관한 법률
411. 기업활동 규제완화에 관한 특별조치법
412. 군에서의 형의 집행 및 군수용자의 처우에 관한 법률

해광출판사 대한민국 법령 시리즈

413. 규제자유특구 및 지역특화발전특구에 관한 규제특례법
414. 금융위원회의 설치 등에 관한 법률
415. 남녀고용평등과 일·가정 양립 지원에 관한 법률
416. 농어업인 삶의 질 향상 및 농어촌지역 개발촉진에 관한 특별법
417. 댐건설·관리 및 주변지역지원 등에 관한 법률
418. 국가유산수리 등에 관한 법률
419. 법원조직법
420. 보훈보상대상자 지원에 관한 법률
421. 부패방지 및 국민권익위원회의 설치와 운영에 관한 법률
422. 과학기술분야 정부출연연구기관 등의 설립·운영 및 육성에 관한 법률
423. 연구개발특구의 육성에 관한 특별법
424. 친환경농어업 육성 및 유기식품 등의 관리·지원에 관한 법률
425. 연안관리법
426. 영화 및 비디오물의 진흥에 관한 법률
427. 신용협동조합법
428. 방송통신발전 기본법
429. 범죄피해자 보호법
430. 가축 및 축산물 이력관리에 관한 법률
431. 국가표준기본법
432. 국가통합교통체계효율화법
433. 범죄인 인도법
434. 국가과학기술 경쟁력 강화를 위한 이공계지원 특별법
435. 국제경기대회 지원법
436. 금융혁신지원 특별법
437. 수자원의 조사·계획 및 관리에 관한 법률
438. 축산자조금의 조성 및 운용에 관한 법률
439. 소방시설 설치 및 관리에 관한 법률
440. 양성평등기본법
441. 축산계열화사업에 관한 법률
442. 수입식품안전관리 특별법
443. 대외무역법
444. 국가연구개발사업 등의 성과평가 및 성과관리에 관한 법률
445. 무역보험법
446. 기술사법
447. 광산안전법
448. 농약관리법
449. 농업·농촌 및 식품산업 기본법
450. 문화산업진흥 기본법
451. 부담금관리 기본법
452. 야생생물 보호 및 관리에 관한 법률
453. 한국은행법
454. 별정우체국법
455. 원양산업발전법
456. 콘텐츠산업 진흥법
457. 한국수출입은행법
458. 외국인투자 촉진법
459. 물류정책기본법
460. 전자서명법
461. 산업발전법
462. 산업표준화법
463. 소프트웨어 진흥법
464. 토지이용규제 기본법
465. 해수욕장의 이용 및 관리에 관한 법률
466. 정보통신 진흥 및 융합 활성화 등에 관한 특별법
467. 정보통신산업 진흥법
468. 지진·화산재해대책법
469. 소금산업진흥법
470. 위치정보의 보호 및 이용 등에 관한 법률
471. 외국법자문사법
472. 이러닝(전자학습)산업 발전 및 이러닝 활용 촉진에 관한 법률
473. 암관리법
474. 실용신안법
475. 가족관계의 등록 등에 관한 법률
476. 무인도서의 보전 및 관리에 관한 법률
477. 감사원법
478. 정보보호산업의 진흥에 관한 법률
479. 결혼중개업의 관리에 관한 법률
480. 공익신고자 보호법
481. 박물관 및 미술관 진흥법
482. 낚시 관리 및 육성법
483. 동산·채권 등의 담보에 관한 법률
484. 임금채권보장법
485. 국민투표법
486. 농림수산업자 신용보증법
487. 국가채권 관리법
488. 중소기업은행법
489. 식품안전기본법
490. 외국환거래법
491. 발명진흥법
492. 건설기술 진흥법
493. 기후위기 대응을 위한 탄소중립·녹색성장 기본법
494. 인체조직안전 및 관리 등에 관한 법률
495. 엔지니어링산업 진흥법
496. 신문 등의 진흥에 관한 법률
497. 식물방역법
498. 석탄산업법
499. 산업융합 촉진법
500. 비료관리법
501. 임업 및 산촌 진흥촉진에 관한 법률
502. 복권 및 복권기금법
503. 대규모유통업에서의 거래 공정화에 관한 법률
504. 뉴스통신 진흥에 관한 법률
505. 지능정보화 기본법
506. 자격기본법
507. 중소기업 기술혁신 촉진법
508. 국가공간정보 기본법
509. 농어업재해대책법
510. 방송광고판매대행 등에 관한 법률
511. 지식재산 기본법
512. 초고층 및 지하연계 복합건축물 재난관리에 관한 특별법
513. 해양 조사와 해양정보 활용에 관한 법률
514. 공간정보산업 진흥법
515. 공공기관의 정보공개에 관한 법률
516. 행정기본법
517. 해상교통안전법
518. 농어업재해보험법
519. 문화유산의 보존 및 활용에 관한 법률
520. 자연유산의 보존 및 활용에 관한 법률
521. 국토의 계획 및 이용에 관한 법률
522. 건축법
523. 국민건강보험법
524. 계엄법
525. 환경친화적 선박의 개발 및 보급 촉진에 관한 법률
526. 해양폐기물 및 해양오염퇴적물 관리법
527. 연안사고 예방에 관한 법률
528. 전기안전관리법
529. 의약품 등의 안전에 관한 규칙
530. 공공보건의료에 관한 법률
531. 군보건의료에 관한 법률
532. 농어촌 등 보건의료를 위한 특별조치법
533. 보호소년 등의 처우에 관한 법률
534. 국가를 당사자로 하는 소송에 관한 법률
535. 간호법
536. 국립묘지의 설치 및 운영에 관한 법률
537. 주류 면허 등에 관한 법률
538. 부가가치세법
539. 자율운항선박 개발 및 상용화 촉진에 관한 법률

*** 해광출판사의 법령 시리즈는 계속 발행 됩니다.**
**** 각 도서의 개정판은 인쇄일을 기준으로 제작 되었습니다.**